工商管理优秀教材译丛

管理学系列 →

战略运营管理

第 4 版

[英] 史蒂夫·布朗（Steve Brown）
约翰·贝桑特（John Bessant） 著
贾甫（Fu Jia）

贾甫 杨小山 陈潇玮 译

Strategic Operations Management
(Fourth Edition)

清华大学出版社
北京

北京市版权局著作权合同登记号 图字：01-2019-3036
Strategic Operations Management，4th Edition
Steve Brown，John Bessant，Fu Jia
ISBN：978-1-138-56613-2
Copyright © 2018 Steve Brown，John Bessant and Fu Jia

All Rights Reserved.
Authorised translation from English language edition published by Routledge，a member of the Taylor & Francis Group.

Tsinghua University Press is authorized by Taylor & Francis Group to publish and distribute exclusively this Simplified Chinese edition. This edition is authorized for sale in the People's Republic of China only (excluding Hong Kong，Macao SAR and Taiwan). Unauthorized export of this edition is a violation of the Copyright Act. No part of this publication may be reproduced or distributed by any means，or stored in a database or retrieval system，without the prior written permission of the publisher.

本书简体字翻译版由Taylor & Francis Group.授权清华大学出版社独家出版发行。此版本仅限在中华人民共和国境内（不包括中国香港、澳门特别行政区及中国台湾）销售。未经授权的本书出口将被视为违反版权法的行为。未经出版者预先书面许可，不得以任何方式复制或发行本书的任何部分。

本书封面贴有Taylor & Francis公司防伪标签，无标签者不得销售。
版权所有，侵权必究。举报：010-62782989，beiqinquan@tup.tsinghua.edu.cn。

图书在版编目(CIP)数据

战略运营管理：第4版/(英)史蒂夫·布朗(Steve Brown)，(英)约翰·贝桑特(John Bessant)，贾甫著；贾甫，杨小山，陈潇玮译.—北京：清华大学出版社，2023.6
（工商管理优秀教材译丛.管理学系列）
书名原文：Strategic Operations Management(4th Edition)
ISBN 978-7-302-63835-3

Ⅰ.①战… Ⅱ.①史…②约…③贾…④杨…⑤陈… Ⅲ.①企业战略－战略管理－教材 Ⅳ.①F272.1

中国国家版本馆CIP数据核字(2023)第102765号

责任编辑：高晓蔚
封面设计：何凤霞
责任校对：王凤芝
责任印制：丛怀宇

出版发行：清华大学出版社
网　　址：http://www.tup.com.cn，http://www.wqbook.com
地　　址：北京清华大学学研大厦A座　　邮　编：100084
社 总 机：010-83470000　　邮　购：010-62786544
投稿与读者服务：010-62776969，c-service@tup.tsinghua.edu.cn
质量反馈：010-62772015，zhiliang@tup.tsinghua.edu.cn
印 装 者：小森印刷霸州有限公司
经　　销：全国新华书店
开　　本：185mm×260mm　印　张：25.5　插　页：2　字　数：644千字
版　　次：2023年8月第1版　　印　次：2023年8月第1次印刷
定　　价：88.00元

产品编号：078117-01

译者序

Strategic Operations Management

由英国南安普顿大学史蒂夫·布朗教授、埃克塞特大学约翰·贝桑特教授和约克大学贾甫教授合著的《战略运营管理》(Strategic Operations Management)是一本很有创新性的教材。本书的中心目标是在战略背景下处理运营管理问题，设计与实施运营战略，并汇集了战略运营管理最新的研究成果。本书适合高等学校经济管理类本科生和 MBA 学生使用，也非常适合企业管理者阅读参考。

本书具有以下特点。

1. 体系完善

第 1 章为运营管理导论；第 2 至 4 章为设计运营战略，分别是战略运营管理、服务运营管理、创新；第 5 至 10 章为实施运营战略，包括供应管理，库存管理、MRP、ERP 和 JIT，流程变革管理，人力资源和战略运营管理，管理并提高质量，能力和调度管理；第 11、12 章为展望战略运营管理，包括可持续性、运营管理的未来。

2. 突出战略

与以往运营管理类教材相比，本教材更倾向于从战略的角度思考运营管理的相关问题。本书的中心目标是在战略背景下处理运营管理问题，从而设计与实施运营战略。

3. 实用性强

本书从运营管理人员的实际工作内容出发，紧密结合运营管理的重要决策领域组织各个部分的内容，精心遴选了运营管理领域的最佳实践和案例，可引发运营管理人员的深层次思考。

4. 强调企业的社会责任和发展的可持续性

本书主张，运营管理人员不仅要熟知具体的运营管理操作，还需考虑其企业的社会责任，以及运营管理的可持续性发展问题。

5. 汇聚最新研究成果

本书汇集了很多运营管理领域的最新研究成果，包括国内外的权威运营管理类期刊最新发表的研究成果，不仅可以让运营管理人员开阔视野，还可以让他们将最新研究成果学以致用，付诸实践，从而提升运营管理绩效。

本书由英国约克大学管理学院供应链管理首席教授贾甫教授、闽江学院新华都商学院杨小山副教授、浙江理工大学建筑与工程学院陈潇玮副教授翻译、统稿和校对。翻译过程中,得到了英国约克大学管理学院博士生张天宇、山东海事职业学院杨静老师的鼎力支持,并得到了闽江学院本科生曹博扬、陈展海、叶姣姣、吴明璇、葛瑞欣、刘凡、林之懿、张月茹、耿祺、卢画同学的协助。

  书中翻译错误或不当之处,敬请读者批评指正。

  感谢清华大学出版社对本书出版的大力支持。

贾 甫

目 录
战略运营管理
Strategic Operations Management

第1章 运营管理导论 ·· 1

1.1 运营世界 ·· 1
    1.1.1 运营管理的定义 ··· 2
    1.1.2 运营是什么？运营管理者的主要职责范围 ·································· 7
    1.1.3 运营重要性的总结 ·· 10

1.2 运营管理和增值 ·· 12
    1.2.1 运营和外包 ·· 13
    1.2.2 生产/服务"鸿沟" ·· 14
    1.2.3 服务化的出现 ·· 16
    1.2.4 制造业的"问题" ·· 17

1.3 运营管理和市场 ·· 19
    1.3.1 与市场营销的关键联系 ··· 20
    1.3.2 运营管理随时间的变化 ··· 20
    1.3.3 推动运营管理变革的力量 ·· 23
    1.3.4 市场和行业动荡的时代 ··· 24

第2章 战略运营管理 ·· 30

2.1 某些关键问题 ·· 30
    2.1.1 什么是战略 ·· 31
    2.1.2 战略使命 ··· 35
    2.1.3 战略的"方式" ··· 36
    2.1.4 战略的重要作用 ·· 37
    2.1.5 战略失败 ··· 39

2.2 从商业战略到运营战略 ··· 43
    2.2.1 运营战略的过程和内容 ··· 44
    2.2.2 订单赢取和资格标准 ··· 48
    2.2.3 企业内部运营战略效益 ··· 49

2.3 为什么组织难以形成运营战略 ·· 51
    2.3.1 回顾 ··· 51

　　　　2.3.2 当前问题 ·· 53
　2.4 服务运营 ·· 54
　2.5 运营战略中的竞争性概况 ·· 60
　　　2.5.1 运营战略如何为企业的整体战略做贡献 ··· 60
　　　2.5.2 作为"核心竞争力"和"独特能力"的运营 ······································ 62
　　　2.5.3 基于战略的资源综述 ··· 62
　　　2.5.4 能力和竞争力 ·· 63
　　　2.5.5 动态能力 ·· 64

第3章 服务运营管理 ·· 73

　3.1 服务的定义 ·· 73
　　　3.1.1 服务业员工的百分比 ··· 74
　　　3.1.2 体验经济 ·· 77
　　　3.1.3 重新审视服务运营的输入/输出模型 ··· 80
　3.2 服务中的"关键时刻" ·· 83
　　　3.2.1 精益的服务 ··· 86
　　　3.2.2 杰出的服务 ··· 87
　　　3.2.3 制造和服务运营是如此不同吗 ·· 89
　3.3 管理服务的关键技巧 ··· 95
　　　3.3.1 管理服务运营 ·· 96
　　　3.3.2 服务管理系统 ·· 99
　　　3.3.3 冰山原则 ·· 101

第4章 创新 ·· 107

　4.1 创新势在必行 ·· 107
　　　4.1.1 它是一个移动的目标 ··· 110
　　　4.1.2 这不仅在制造业中很重要 ·· 111
　　　4.1.3 这不是一个新的挑战 ··· 112
　　　4.1.4 跟上环境的变化 ·· 113
　4.2 学会管理创新 ·· 115
　　　4.2.1 作为一个过程的创新 ··· 116
　　　4.2.2 创新中运营的具体参与 ·· 118
　　　4.2.3 主题的变化 ··· 119
　　　4.2.4 创新过程的模型 ·· 119
　　　4.2.5 创新战略——我们改变了什么,为什么改变 ································· 121
　4.3 管理不同的创新类型 ··· 125
　　　4.3.1 探索创新空间 ·· 125
　　　4.3.2 构建创新管理能力 ··· 129
　　　4.3.3 促进创新管理——动态能力 ··· 130

4.4 在前沿工作——管理创新的新挑战 ··· 131
    4.4.1 知识的竞争 ··· 131
    4.4.2 开放的集体创新 ··· 132
    4.4.3 可持续性 ··· 133

第 5 章 供应管理 ··· 138

5.1 定义和发展 ··· 138
    5.1.1 理念的发展 ··· 138
    5.1.2 供应链和供应基地的性质——战略供应和重点运营 ····················· 141
    5.1.3 供应和外包 ··· 144
5.2 供应管理：目标 ··· 146
    5.2.1 为最终客户增加价值 ··· 147
    5.2.2 建立供应基地 ··· 149
5.3 制定供应战略的要素 ··· 151
    5.3.1 建立供应战略 ··· 151
    5.3.2 供应政策及战略 ··· 151
5.4 采购战略 ··· 153
    5.4.1 内部战略对于采购过程的作用 ··· 155
    5.4.2 在组织中定位采购和供应管理 ··· 155
    5.4.3 全球采购和国际采购办公室 ··· 157
    5.4.4 采购和供应管理的过程 ··· 159
5.5 管理关系的技巧 ··· 160
    5.5.1 供应商关系管理 ··· 161
    5.5.2 供应关系管理中的假设与假定 ··· 161
    5.5.3 顾客还是别的 ··· 162
5.6 SRM 和绩效评估 ··· 163
    5.6.1 SRM 及其发展 ··· 167
    5.6.2 SRM 与信息共享：开卷谈判 ·· 170
    5.6.3 政策和战略 ··· 171

第 6 章 库存管理、MRP、ERP 和 JIT ··· 177

6.1 库存的主要战略问题 ··· 177
6.2 问题：库存管理的战术"解决方案" ·· 181
    6.2.1 回顾 ·· 183
    6.2.2 ABC 分析 ·· 188
    6.2.3 制造业物料需求计划(MRP)的出现 ··· 188
    6.2.4 从 MRP 到 MRP Ⅱ ·· 192
    6.2.5 解决与 MRP 相关的问题 ··· 194
    6.2.6 企业资源规划 ··· 195

6.3	精益运营	198
	6.3.1 准时生产(JIT)	203
	6.3.2 JIT 的挑战	205
	6.3.3 当 JIT 出错时	210
	6.3.4 关于准时生产的一些最后的想法	211

第 7 章 流程变革管理 … 218

7.1	流程自动化和技术中的财务因素	220
7.2	流程技术带来的机遇和威胁	222
7.3	布局和流程选择	225
	7.3.1 布局	225
	7.3.2 流程选择	228
	7.3.3 服务流程选择——使用矩阵	233
7.4	流程选择的战略重要性	237
	7.4.1 流程选择和竞争因素	239
	7.4.2 关于流程图	240
7.5	制造/运营时代对流程选择的影响	241
	7.5.1 大规模定制的出现	241
	7.5.2 柔性制造	248
	7.5.3 敏捷生产	250
	7.5.4 综合在一起	251

第 8 章 人力资源和战略运营管理 … 258

8.1	创建高绩效工作场所	259
	8.1.1 让技术发挥作用	262
	8.1.2 把人们从等式中去掉	264
	8.1.3 再把它们放回去	266
	8.1.4 通过人来提高生产力——向"精益"学习	267
	8.1.5 通过人员提高灵活性和生产力	270
8.2	当前战略人力资源管理的"良好实践"	270
	8.2.1 对作为战略资源的人的承诺	272
	8.2.2 共同的战略目标	273
	8.2.3 有利的结构——混乱的极限	274
	8.2.4 延伸和持续学习与发展	276
	8.2.5 共享参与——团队的重要性	278
8.3	变革管理和组织发展	280
	8.3.1 展望未来	282
	8.3.2 调动内在企业家精神	284
	8.3.3 与人的伙伴关系	286

第 9 章 做得更好——管理并提高质量 ············ 291

- 9.1 质量为竞争优势 ············ 292
  - 9.1.1 什么是质量 ············ 293
  - 9.1.2 服务怎么样 ············ 294
- 9.2 质量是一个战略问题 ············ 296
  - 9.2.1 回顾 ············ 297
  - 9.2.2 东方的承诺——质量管控的新方法 ············ 299
  - 9.2.3 重新学习西方的质量课 ············ 299
  - 9.2.4 现今的质量 ············ 301
- 9.3 从流程的角度看质量管理 ············ 302
  - 9.3.1 流程图 ············ 302
  - 9.3.2 质量的标杆管理 ············ 303
  - 9.3.3 打开质量管理工具箱 ············ 304
  - 9.3.4 从工具到"全面"质量管理 ············ 305
  - 9.3.5 质量功能部署（QFD） ············ 306
  - 9.3.6 质量管理小组 ············ 307
- 9.4 持续改进（CI） ············ 308
  - 9.4.1 持续改进之旅 ············ 310
  - 9.4.2 学习持续改进 ············ 311
  - 9.4.3 建立协作改进的文化 ············ 313
  - 9.4.4 保持整体质量——长期目标 ············ 313
- 9.5 展望未来 ············ 314

第 10 章 能力和调度管理 ············ 321

- 10.1 战略能力的例子 ············ 321
- 10.2 能力的定义和测量 ············ 325
- 10.3 能力管理的重要性 ············ 328
  - 10.3.1 输入和输出能力 ············ 329
  - 10.3.2 能力难题 ············ 330
  - 10.3.3 服务能力 ············ 332
- 10.4 多单元操作 ············ 333
  - 10.4.1 多单位企业的经营管理 ············ 336
  - 10.4.2 特许经营者——特许经营关系 ············ 338
- 10.5 大规模服务的能力和调度 ············ 339
  - 10.5.1 管理能力的策略 ············ 341
  - 10.5.2 能力/调度接口 ············ 344
  - 10.5.3 调度方法 ············ 344

第 11 章 可持续性 ... 350

11.1 定义:"三重底线" ... 351
11.2 展望 2010 年至 2050 年:不足为奇,令人担忧 ... 351
11.3 综合主题 ... 356
11.3.1 企业的社会责任 ... 356
11.3.2 生命周期评估/分析 ... 357
11.3.3 外部效应 ... 358
11.3.4 濒临灭绝的元素 ... 358
11.3.5 供应链输入 ... 359
11.3.6 食物里程 ... 362
11.4 过程:在运营中 ... 363
11.4.1 可持续发展的创新回应:精益思维 ... 363
11.4.2 产品和服务输出 ... 368
11.4.3 多层供应链的可持续性 ... 370

第 12 章 运营管理的未来 ... 380

12.1 在未来,我们可以期待什么 ... 380
12.1.1 服务理念 ... 380
12.1.2 一个可持续发展的未来 ... 382
12.1.3 解决产品的订户流动 ... 382
12.1.4 再制造 ... 382
12.1.5 租赁而非购买 ... 383
12.1.6 精益思想 ... 384
12.1.7 技术 ... 384
12.2 全球的未来 ... 385
12.2.1 新兴的地理逻辑 ... 385
12.2.2 区域内发展 ... 386
12.2.3 国内发展 ... 388
12.2.4 工业 4.0 和大数据对运营管理/供应链管理的影响 ... 390
12.3 对运营经理的启示 ... 392
12.3.1 技能 ... 392
12.3.2 应对创新、可持续发展和产品的订户流动 ... 393
12.3.3 90 亿人同一地球上的生活方式 ... 393
12.3.4 没有方向的"家" ... 393

第 1 章

运营管理导论

学习目标

本章介绍战略运营管理中管理活动的范畴,并帮助读者:
1. 理解商业管理活动的复杂性和多变性及其对现代运营管理带来的挑战。
2. 认识运营管理在提升组织竞争力方面的战略重要性。

在本章中,我们将讨论运营管理者的某些职责以及为什么这些职责对任何组织的绩效如此重要——无论是在制造业、服务业、私营部门还是公共部门。我们还要检验过去的一些错误观念,如果一个组织想要通过自身的运营能力来竞争,就需要纠正这些错误观念;我们还将关注将制造和服务联系在一起的重要性,以便为终端客户提供全部的产品和服务。

在第 2 章中,我们将把一些基础知识延伸到更广泛、更重要、更具有战略意义的运营管理知识中。其中,组织经常遇到的问题是没有看到其运营管理能力的战略重要性。我们将对该问题进行讨论,然后在下一章中,我们将在本章内容的基础上,深入了解运营管理的战略角色和重要性。

1.1 运营世界

欢迎来到今天的商界,这里的变化速度远超过去,组织面临的挑战是迎接和引导变革,以求成功提高竞争力,并将顾客、客户和其他关键的利益相关者分层。在过去的这几年中,我们可以看到,商界的变化速度加快了,其范围也在迅速扩张。现在,创新发生在所有可能的领域与环境之中,不再局限于苹果公司这样的高科技领域。例如:我们现在把"Google"(谷歌)这一词当作动词使用,比如说在网上"Google"一些东西。"云"不再只是指天空中导致降雨的东西,而是指公司用来在非常复杂的网络中存储海量的国际信息及数据的东西。作为"物联网"的一部分,大数据在各行各业都很常见,它的应用改变了很多组织的商业模式。3D 打印已经成为许多行业的常态,在医疗保健和军事等一些领域,3D 打印的普及速度令人瞩目。

在过去的几年里,战略往往是相当简单的,因为大型的、典型的垂直一体化的组织用其特有的战略来凸显自己的地位,以超越其他公司。如今,战略要复杂得多,以一家制造业公司为例:20 年前,在很多西方公司中,大多数的设计和制造都是在公司内部完成的;而如今,一个典型的状况是,公司将其设计或制造业务外包——例如一家美国的公司,其产品可能在中国制造,之后它将通过像亚马逊和其他物流公司,在非常复杂的网络中分销。由于公司可以根据顾客购买的"体验"向顾客提供全面的"服务",使得制造业和服务业之间的区别变得模糊。同时,随着服务化的出现,公司将众多服务捆绑在一起,而这一现象,在过去所谓的"纯制造业"的公司中已经变得非常重要和普遍。

正是这种变化速度,让运营管理者们不得不应对一系列行业的变化。然而,这在如此不定的情境下并非易事。但是,如果运营不善,组织就会失去市场的支持,也就无法生存。

我们可能常常意识不到,我们身边每时每刻都存在着各种形式的运营活动。当我们在餐厅吃饭的时候或我们在进行"服务体验"时,都会发生运营。例如,当我们生病时,会受到一系列的卫生保健服务;当我们上中学和大学时;或者当我们看到正在被组装的产品时。因此,运营不仅仅是生产线和高价值制造。**运营发生在各种各样的情境中——制造业和服务业、私营和公共部门**。运营管理对任何组织都是至关重要的,因为最终:

> 判断一个组织的依据,不是看它说要做什么,而是看它如何运营!

作为顾客,我们非常关注组织提供的运营能力,或者有时组织没有提供的运营能力。正如在第3章我们所看到的,我们关注服务运营,一旦我们对一个组织的运营产生一定的看法,就很难改变。因此,运营管理很重要——但什么是运营管理呢?

1.1.1 运营管理的定义

我们对运营管理的基本定义如下:

> 运营管理是指能使整个组织(而非一部分)将一系列基本输入(材料、能源、顾客需求、信息、技能、资金等)转换为终端顾客输出的各种行为活动。

我们会发现,运营确实并不是一个有限的、特定的功能;相反,它是一种全公司范围的、跨公司的活动,且包括许多不同的领域,利用起来以满足顾客和其他重要的利益相关者。这一点十分重要,因为运营并不是在组织的一个具体限定的领域中进行的。相反,各种形式的运营将在整个组织中同时进行。例如,在制造工厂中,我们可能认为运营仅发生在生产或组装环节——这种想法是有局限性的。事实上,除了产品的实际生产之外,还有其他一些运营活动已经发生或将会发生。其中包括:库存管理、供应和物流、生产能力和进度安排;质量控制;工艺技术管理;确保合适技能的人员安排到合适的岗位,并得到发展,进行人力资源管理;一系列与信息处理和行政部门有关的运营活动。

类似地,在服务业中,我们认为运营明显发生在服务提供者和接受者的直接接触和间接接触时,也发生在一系列的服务接触点。那些接触点有时被称作"口碑"。然而,在幕后(在服务中,这通常被称为"后台"运作),在此接触点之前需要进行许多运营活动。对此,我们将在第3章更深入地讨论。

组织使用不同类型的输入(转换型投入,如厂房、建筑物、机器和设备)以及无形但重要的投入(如学习、隐性知识和经验),并将这些投入转换为输出。

一个基本的、特定组织的运营模型如图1-1所示。

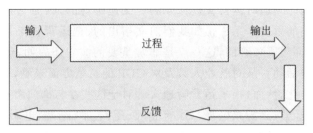

图 1-1 基础运营系统

正如 Hill(2004:5)所解释的：

  运营任务……涉及转换过程,包括获取输入并将其转换为输出,以及与此基本任务密切相关的各种支持功能。

这个基础模型,以类似的形式在许多管理类文章中出现,我们可以将其扩展,以确定运营内的主要活动,如图 1-2 所示。

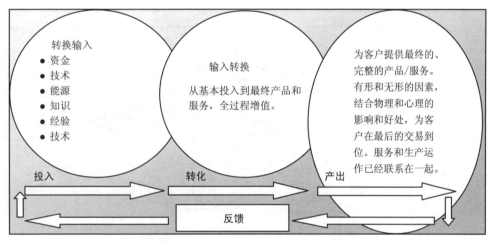

图 1-2 运营输入/输出模型中的因素

  尽管这种模型得以广泛应用,但我们认为现代的运营管理比这更复杂。其主要的问题是,现代运营管理不仅是组织范围内的特定活动,还包括跨组织的活动。显然,从其他组织购买商品和服务是输入输出转化过程中的重要部分。

  这种转换过程应用到主要的三个大类中,即材料、客户和信息。材料流程运营通常与制造相关;顾客流程运营与服务行业的一些部门相关;信息流程运营与另一部分服务部门相关。在实际中,大多数企业依赖于材料、客户和信息处理的有机组合。在工厂里,材料加工随处可见。而在许多服务运营中,这些转换(即部件到成品的转换)并不明显。例如,银行、医院、社会服务机构及大学都将输入转化为输出,所以它们也都进行着运营管理。对于输出是什么,很可能存在不同的观点,而且可能同时存在多种输出。例如,一所大学有许多输入(包括员工的专业知识和经验、政府的资助、由学生本人或其资助人提供的资助、时间的分配等),然后通过一系列运营(在课堂上花费的时间、安排学生学习特定课程等)来转换输入,提供输出。直接输出则是"成功的学生",像是那些获得了预期学历的学生。然而,也有一些更难辨认输出的受益者或接受者,包含潜在雇主或者社会整体。

上文引用的 Hill(2004)对运营管理任务的定义是中肯的,因为它指出了运营活动与更广泛的组织基础之间的重要联系。正如我们前文指出的,把运营看作是整个组织的核心活动,而不仅仅是一个部门所独有的,这一点是非常重要的。它还表明,运营管理可以应用于非常广泛的人类经济活动。从对就业人数及对 GDP 的贡献方面来看,一个经济体中有众多部门参与投入产出转化,然而,很多运营管理文章对于这些参与部门鲜有关注。这些参与部门包括旅游业(旅游经营、旅游景区等)、建筑业、医药、艺术(剧院、电影院、画廊)、公用事业(煤气、水、电、下水道)以及军队。因此,我们将在本文中尽力包括尽可能多的经济部门,以阐明运营管理的原则和实践。

在现代的运营管理中,组织不再将自己视为上述图表中的独立元素——"流程"——而是将自己视为更广泛的、扩展的企业中的一部分,如图 1-3 所示。在这个合作伙伴网络中,所有合作伙伴连接在一起,在一个行业内形成一个扩展企业。因此,当前和未来运营的运营管理模型不再局限于特定组织的领域。这意味着组织必须愿意跳出自己的圈子,并与以前存在竞争关系的组织形成战略关系。

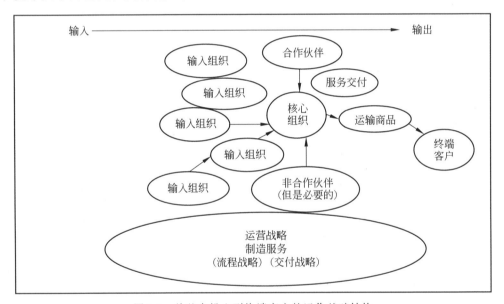

图 1-3 从基本投入到终端客户的运作基础结构

对于该模型应用的阐述会在第 4、5 章中出现,在第 5 章"供应链管理"中,组织必须处理与其他组织的合作关系(以及非合作关系);在第 4 章"创新"中,合作关系变得愈发重要。

过去,组织倾向于掌握从基本材料和输入到终端客户的供应链内的所有活动。例如,在 20 世纪 70 年代和 80 年代现金相对充裕的日子里,美国和欧洲的大型企业进行了大量的纵向整合,大型制造商通过管控其供应链以寻求控制及降低成本。在服务组织中,有些大公司也想要掌握其供应链。在英国,这一现象就很明显,比如当银行决定在房地产市场买入房地产经纪公司的远期合约。第 7 章主讲管理转换过程,从这一章中,我们可以看到,在复杂的供应链和网络中,这种变动所导致的问题是,在制造业和服务业的运营中,组织经常会被拖入太多方向不同、相互冲突的业务。对于那些有意追求垂直整合战略的组织来说,主要的困难是当组织进入它缺乏专业知识的领域时,组织就失去了它的关注点。一旦我们意识到运营不再是一个特定于组织的事务,而是一个涉及横向与纵向合作的、扩展的供应链的一部分,运营的战略重要性就开始成为焦点。

我们反复强调运营管理很重要,下面我们通过一个关于大众汽车的案例,来看一看运营管理到底有多重要。

案例 1-1

英国和荷兰车主联手,使"大众"面临柴油机丑闻的"超级索赔"

大众汽车(Volkswagen)正因"柴油门"丑闻在欧洲面临最大的法律挑战。由于这家汽车制造商收到了英国对其的集体诉讼,以及荷兰对其的类似指控。

英国 Harcus Sinclair 律师事务将其 4.1 万名索赔人与欧洲多达 18 万名受影响的大众汽车车主联合起来,造成了这项国际级的"超级索赔"。

通过合并这些指控,这家律师事务所为了争取到赔偿,希望能对这家德国汽车制造商造成更大的影响。

Harcus Sinclair 律师事务所的诉讼负责人 Damon Parker 表示:"通过我们的合作关系可以看出我们正与不同司法管辖区的律师事务所和实体采取合作方式。"

"我们客户的目标是尽一切可能支持欧洲各地的其他律师事务所和组织,确保大众汽车承担责任。"

2015 年,有消息称,在美国,在一次尾气排放检测中,大众汽车在一些柴油汽车上安装了"减效装置"。

他们在检测时启用某种污染控制装置,以达到要求的排放标准,但这没有在正常驾驶条件下使用。

这意味着大众汽车排放的污染水平是现代世界驾驶条件下允许排气标准的 40 倍——这一消息导致该公司股价暴跌。

大众汽车承认,在美国约有 50 万辆车受到影响,但全球有多达 1100 万辆汽车装有减效装置。

此后,大众汽车已同意向美国的车主支付数百亿美元补偿,并对他们的汽车贬值负责。它还同意在美国支付数十亿美元的罚款。到目前为止,还没有与其他国家的车主或有关当局达成类似的协议。

帕克补充称:"自丑闻曝光,已历时 18 个月,期间英国车主一直在苦苦等待'大众'接受他们的投诉,并对此做出公平的回应。"

他表示,这一指控不仅是为了赢得赔偿,还为了"防止企业管理者认为他们可以欺骗客户,损害他人的健康和环境而不受惩罚"。

"大众"已在美国支付了赔偿金和罚款。

合并后的指控还针对为"大众"提供尾气控制软件的供应商,即德国工程集团博世(Bosch)和一些荷兰本土公司。

Harcus Sinclair 律师事务所与欧洲律师事务所 AKD Benelux Lawyers 合作,在指控中,总称为"基金会"。

"自 2015 年成立以来,该基金会一直试图代表受害车主与'大众'达成合理的和解,但迄今没有取得任何进展"该基金会主任 Guido van Woerkom 说,"我们现在看到的唯一解决方案,就是动员所有受影响的车主,迫使'大众'、博世(Bosch)和汽车经销商承担责任,并提供合理的赔偿。"

英国交通特别委员会(Transport Select Committee)的议员们试图追究"大众"的责任,一再要求该公司的英国老板在听证会上作证。

在频繁的激烈讨论中,"大众"被控误导国会议员。因为该公司看似承诺将公布一项大型调查的全部结果,会针对那些了解内幕的汽车制造者进行追踪调查,但大众公司并未做到。

"大众"在一份声明中表示:我们打算坚决抗辩这些指控。没有证据表明这一问题对受影响车辆的残值造成任何不利影响,也没有证据表明装配尾气控制软件能够对车辆的性能产生任何不利影响。

"我们认为,在英国启动法律程序还为时过早,尤其是因为针对受影响车辆的技术措施仍在实施中。"

"博世"补充称:博世非常严肃地对待针对操纵柴油软件的指控。这些指控仍是调查和民事诉讼的主题,博世正配合不同司法管辖区的持续调查,并在诉讼中捍卫自己的利益。

常见问题 | 大众汽车排放丑闻

来源:PAP/ DPA/HENDRIK SCHMIDT

"大众"做了什么?

该公司伪造了柴油汽车的排放数据,以伪装它们的汽车比实际更加环保。

具体怎样做的?

通过在汽车上的电脑上安装一款软件,它能识别汽车何时被测试,这就是所谓的"减效装置"。这将对发动机性进行微调,以限制氮氧化物的排放。但是汽车上路行驶时,排放量会迅速上升。

涉及面多广?

全球有 1100 万辆汽车安装了该软件,其中 120 万辆在英国。

涉及哪些车型?

"大众"承认的指控包括 2009 年至 2015 年的捷达(Jetta)、甲壳虫(Beetle)、奥迪 A3(Audi A3)和高尔夫(Golf)车型,以及 2014 年至 2015 年的帕萨特(Passat)。奥迪、西亚特和斯柯达汽车以及大众面包车也受到影响。一些柴油车和汽油车在二氧化碳排放方面也存在"违规行为"。

接下来会发生什么?

"大众"提出修复受影响的车型,并于 2016 年 1 月开始召回。该公司正面临来自十几个国家的调查以及驾车者的诉讼。

截至2017年3月,"大众"尚未与英国车主达成赔偿协议,交通部长正在考虑对"大众"采取法律措施。

欧盟委员会(European Commission)已将英国列为七个将对其采取法律措施的国家之一,因其在这起丑闻中对消费者保护力度不够。

（资料来源：Daily Telegraph, 13th June, 2017）

该案例为运营管理提出了一些重要问题,包括以下所有关键领域。

道德问题：不出意料,当灾难发生,具体细节公之于众时,道德问题成为媒体真正关注的焦点。道德因素在经营管理中变得愈发重要,对此我们在将在第11章中进行讨论。

质量：很显然,质量问题在此案例中是主要问题,质量是任何运营系统的核心特性。许多人认为质量应该是有一定保障的,并认为它会以某种方式自动实现。这个案例表明,质量要求持续不懈地追求多种形式的改进。质量问题可能会带来可怕和灾难性的后果,而掩盖低质量问题和提供不准确数据的做法是行不通的。我们将在第9章中讨论质量的战略重要性。

供需关系：在第5章和第6章中,我们探讨了供需关系的战略重要性。对于"博世"而言,"大众"的角色很有趣——尽管"博世"与"大众"有着良好的关系,有意思的是,"博世"在面对诉讼中的主要目标,不是为自己辩护,而是捍卫自己的利益。

上述"大众"案例中的所有因素表明,运营管理包括重要的责任领域,需要我们进一步探索。

1.1.2 运营是什么？运营管理者的主要职责范围

有许多职责属于运营管理者的责任范围,如图1-4所示。

```
价值管理
可持续性
道德问题
能力管理
选址决策——决定设施的范围和位置
流程管理
技术管理
作为组织"扩展企业"的一部分建立战略性的供需关系
创新——新产品或服务介绍
人力资源管理
```

图1-4 运营管理者的职责范围

我们将依次处理以下问题：

价值管理

增值,在最简单的术语中,意味着从执行特定运营中获得的收入或收益大于执行该运营的成本。所有组织,不论是在私营部门或公共部门,或在制造业或服务业,都有运营存在。增值运营对于私营部门和公共部门愈发重要。在20世纪20年代末期的"信贷紧缩"时期,人们对银行和其他金融服务领域的实际增值活动提出了许多问题。在经济衰退时期,有限资源的充分利用变得极为重要,因此增加价值变得日益重要。

在私营部门,许多行业和市场竞争激烈,使组织无力参与非增值活动。这不仅与成本有关,还涉及非增值活动可能带来的问题,如交付速度慢、交付可靠性差以及缺乏灵活性。

传统上,运营管理一直非常关注管理成本,但这一重要的责任要素最近已转变为价值管理。早在1980年,哈佛大学教授迈克尔·波特(Michael Porter)就提出,理想情况下,企业要么凭借低成本来参与竞争,要么通过提供差异化产品,并以此来获取盈利以及避免"进退两难"的情况。然而,现在人们认为这一观点过于简化,因为在当今多变的市场需求中竞争的组织为了在市场具有竞争力,可能必须同时提供低成本和差异化产品或服务,以及具有持续的创新、快速的响应的能力和快速的交付时间。

这对运营管理者的影响是显而易见的。在注重价值的市场中,利润率通常非常微薄,必须谨慎控制成本和价格,例如,快餐业和其他高产量行业。这并不一定意味着劳动力数量的自动减少以及采取其他极端措施。相反,积累的知识、经验、技术的适当使用以及更好的流程质量管理,经过持续的提高或经营改善,将使组织降低成本(经营改善将在第9章中讨论)。这些都需要随着时间的推移而得以开发和保护(Barney, 1991; Teece et al., 1997; Schoenherr & Narasimhan, 2012)。或者,根据波特(1980)的观点,当组织提供差异化产品时,它可能会收取溢价。然而,这并不意味着忽略成本。在溢价细分市场中,运营管理者的任务之一就是在溢价和实际成本之间赚取高额利润。通过消除各种形式的浪费(精益思想的本质)可以实现这样的利润(Womack et al., 2003)。因此,需要更全面地看待运营管理,Crainer(1998)认为:

> 企业必须在其涉及的每一个流程中增加价值,然后将其转化为对顾客更高的价值。

能力管理

上述"大众"案例表明,企业可能会积极追求增长——但以质量为代价追求增长是危险的,这对组织来说可能是致命的。在确保向终端客户提供适量的货物和服务时,能力管理对于制造要素和服务要素来说都是很常见的。运营管理者需要了解整个公司的总体能力,以及内部特定部门的输入与输出能力。这将使运营管理者能够在不造成某些领域过载或"遭遇瓶颈"的情况下进行调度(能力管理将在第10章中讨论)。

选址决策

对于运营管理者来说,区位是一个重要的考虑因素,因为它与战略能力决策以及供应管理相关,这将在第3章中讨论。各组织将面临关于地点的重要选择,这适用于希望在原产国扩大销售的情况,也适用于希望通过国际/全球渠道来扩大销售的情况。日本在英国和北美的汽车产业移植,就是通过战略位置决策实现能力扩张的一个重要案例。包括麦当劳(McDonalds)和沃尔玛(Walmart)在内的一些美国服务巨头,在增长战略方面一直非常积极。这些战略都是通过确定业务的战略位置来实现的。

流程管理

运营管理者主要关注产品或服务所需要的管理流程。他们必须了解产品或服务的性质、规格和组装/交付问题。过度设计会给有意创新新产品和服务的组织带来重大问题,并会占用不必要的时间和能力。正如我们将在第4章中看到的那样,各组织内部愈发认识到应将运营奖励纳入制造和服务部门新产品开发的早期阶段。对于运营管理者来说,必须管理所提供的产品或服务的范围,以满足客户对数量和种类的混合需求。这是通过适当的流程管理技术来实现的,这些技术可以满足客户对数量和种类的需求。

技术管理

运营管理者的任务包括寻找和购买适当的设备。对运营管理者来说,对适当的设备或技术进行投资和再投资,并对其进行维护,是至关重要的决策。对一些运营管理者来说,不投资是一种诱惑,他们认为这种投资带来的风险是不必要的,因为目前的机制"能够应对"而且"我们过去做得很好"。事实上,如果技术的使用寿命短于组织回收投资所需的时间,虽然这种情况在十年前几乎不可能出现,但这可能是正确的决策。随着许多产品市场中产品生命周期的缩短,从购买设备到设备被新技术淘汰之间的时间是不确定的。然而,不投资的方法很难被称为战略性的,实际上可能是目光短浅的,与作出更适当决策的其他组织相比,这通常会很快地剥夺了组织的长期竞争能力。对必要技术的安全掌控是问题的关键,然而,如果现有技术过时,又未购买新技术,对于组织是非常不利的,甚至可能会导致破产。

人力资源管理

人力资源管理通常是运营管理者们关注的主要问题。人力资源,人力知识和能力是任何基础资源管理战略的核心(Terziovski, 2010; Schoenherr & Narasimhan, 2012)。此外,随着对狭义职务分配的需求减少,人力资源管理不再是一个部门(如人事、人力资源、管理开发等)的特权,而是任何未来世界级运营公司的一个整体特征。

人力资源影响运营管理者所关心的许多领域,包括创新理念(第4章)、质量改进(第8章)、流程开发(第7章)——所有这些都取决于人力资源的专业知识和创造。事实上,供应链的管理(第5章)也非常依赖整个供应链中形成战略伙伴关系的能力,而这种能力来自于人力资源能力,而不是技术或设备。

由于人力资源管理不善,无法改变根深蒂固的文化问题,体现在:

> 1988年1月21日,一位名叫Elmer Johnson的通用汽车(General Motors)高管写了一份勇敢而有预见性的备忘录。它的要点包含在这句话中:"我们大大低估了妨碍我们执行能力的组织和文化僵化根深蒂固的程度。"
>
> (资料来源:Wall Street Journal, "The Quagmire Ahead", 1th June, 2009)

运营管理者面临的一个大问题是,高层战略决策者通常会迅速裁员,或剥离与运营密切相关的企业领域。有时这样做是为了满足短期的财务标准,正如我们将在第2章看到的,当我们试图随着时间的推移发展世界级的运营能力时,这种急功近利的行为可能是致命的。对于企业裁员的轻率以及这种行为的愚蠢,《财富》杂志中曾特别指出:

> Hay的新研究表明,冠军企业尤其注重确保员工参与到工作当中。这些公司更有可能已经明确了员工参与度的含义、衡量员工参与的标准以及要求基层管理者对员工参与度负责,并与运作目标(例如生产力或效率)联系起来。这样的公司不仅更受赞赏,而且利润也更高。那么,为什么许多经理仍然毫无头绪呢?他们通常认为,如果他们不

精简人员,华尔街就会拉低公司股价。但贝恩咨询公司(Bain consulting)的研究显示,事实并非如此。通过裁员(而非出于并购整合等战略原因)来减少费用的公司,在接下来的一年,相比于那些留下优秀员工的公司,损失的股东将会更多……

我们必须要吸取教训,当经济衰退来袭时,行业领袖们并没有推出他们开明的人力资本理念。他们这样做了很多年,一旦衰退开始,就为时已晚了。一流企业的管理者们知道他们最宝贵的资产是什么,他们给予了这些资产所应得的投资——无论经济繁荣与否。

(资料来源:Fortune,22nd March,2010:82)

一体化和供需关系

首先要解决这样一个问题,即一个组织拥有和控制产品或提供服务所需的所有资源和运营的程度。在一些服务机构中,通过公司特许经营协议与大型运营商建立联系是其运营战略的关键要素。诸如特许经营、分特许经营和承包一类的联盟关系在服务组织中很常见,在制造业中也越来越普遍。这两个部门的公司都倾向于通过前向、后向或水平的整合(合并和收购)来扩大对资源的控制。例如,多年来,从事酿酒业的公司已经通过特许经营场所或酒吧,向前整合到分销和零售领域。

以上所列项目,彼此都会有影响。例如,3D打印不仅仅是产品设计和制造方面的创新。此外,正如《商业周刊》(2016)在文章《3D打印回收器》中指出的,它对我们的回收方式提出了新的挑战。3D打印对组织的影响列表如图1-5所示(Ben-Ner and Siemsen.,2017)。D. Avenie(2015)指出:

据一位行业首席执行官说,美国助听器行业在不到500天的时间里就转变为100%的增材制造,坚持传统制造方法的公司没有一家幸存下来。经理们需要判断,在进行某些投资之前,等待这种快速发展的技术成熟是否明智,或者等待的风险是否太大。他们的答案会有所不同,但对所有人来说,现在可以说是进行战略思考的时候了。

1.1.3 运营重要性的总结

由此可见,运营管理的责任范围非常广泛,它将利用组织内的一系列职能,而不限于某一特定部门。如果组织想要有效地竞争,理解什么是运营管理是至关重要的。正如我们所提到的,整个供应网络都在运作,以便转变和完成向终端客户提供货物和服务。这意味着运营管理者既要在自己的组织内负责,也要在供应链内与供应商和分销商的关系中负责。运营管理者参与整个供应链活动的程度取决于若干因素,包括:

行业性质——现在很常见的是在某些行业(例如,汽车和高科技行业中的市场部门),涉及两个或多个组织之间的运营管理者的双向协作。被视为最佳实践的一种手段,往往是创新的重要方式;

组织的声誉——例如,由于丰田丰富的专业知识,该公司经常与供应商合作,在供应商的工厂内开发专业技术与知识。这使专业技术与知识得以共享;

组织的规模——我们将在第5章中看到,尽管有合作的趋势,一些组织将对供应商或分销商施加影响。庞大的规模使它们能够做到这一点——这是通用汽车(General Motors)在20世纪90年代初使用的一种策略,正如我们将在后文探讨的,这种方法不一定能给较大的组织带来长期回报。

	传统制造	增材制造
生产费用	规模经济可以使单位成本大大降低，但需要销售大量的产品。	单位成本随规模变化不大，不需要销售大量特定产品。
设计需求	严格的制造设计要求限制了产品设计的可能性。	减少制造设计要求，允许新的设计。
专业化工具和模具	产品专用化工具的固定成本分布在生产的所有单元。	无产品专用工具和模具的固定成本。
订单的生产速度	串行进程，它依赖于关键路径的速度，以及导致队列瓶颈的程度。	并行进程，这取决于打印机的速度和使用的打印机数量。
订单的送货速度	生产的全球化需要较长的运输提前期，降低了送货速度。	本地化生产可以在订单完成后快速交货。
能力利用率	专用设备需要在特定产品中大量使用，以达到充分利用率。	灵活的设备要求在不同产品之间使用，以达到充分的利用率。
能力扩张	不稳定的扩张机会意味着工厂经常超负荷运转/能力不足。	更容易根据需求调整能力，因为能力可以以较小的增量购买。
学习曲线	生产过程可能需要对特定产品学习，产生规模经济。	学习是机器特有的，适用于机器上生产的不同产品。
预测	详细的产品组合预测可能导致统计汇总不足，无法做出准确的预测。	预测转向综合原材料和能力，使预制更加准确。
物料账单	由于主要供应商的产品组合扩散和专业化，零件数量高。	由于能够在打印过程中集成部件，因此部件数量较少。
支付	产品组合中单独的物料清单会导致供应商数量众多，所供应的部件数量较少。	原材料需求降低了采购组合的复杂性，并允许以更少的需求量进行有效的采购。
运输	利用规模经济需要聚集全球需求，增加零部件和成品运输的复杂性。	本地化生产意味着减少零部件和成品的运输；运输需求集中在原材料上，因为原材料的需求更集中，更便于运输。
材料使用	减色法会导致材料的过剩和浪费。	减少多余的材料和浪费：印刷品和其他材料的回收利用有良好的可操作性。
营销	进入全球市场需要对品牌进行投资，以创造全球意识和信任。	本地生产允许利用社会责任和本地网络来创建意识和信任。

图 1-5　3D 打印对多个区域的影响

运营管理者在工厂或服务本身中所承担的责任非常重要，范围也很广。管理资产是运营管理者角色的一部分。Hill(2004)观察到，多达 70% 的资产可能属于运营管理部门的责任。在制造环境的转换过程中，最大的单项成本通常是在物料管理方面。然而，正如我们将在第 5 章和第 6 章中看到的那样，物料管理仍然是许多组织面临的问题，原因有二：第一，物料管理被降级为一种行政战术性的采购职能,且没有出现在战略框架中;第二,组织需要与供应商建立良好的关系,而这种关系对于组织来说仍然是困难的,无法形成这些战略联系。

1.2 运营管理和增值

波特(1985)的价值链模型是跟踪从投入到产出的一种有效的方法,如图 1-6 所示。

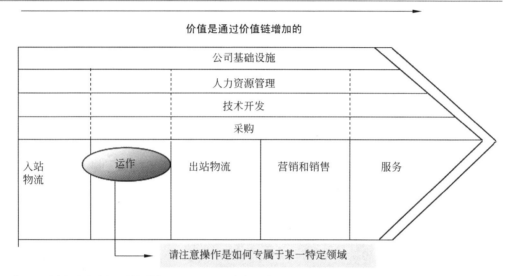

其理念是在每个阶段都要增加价值,而不仅仅是成本。然而,正如上面的模型所示,增值阶段之间没有任何联系。此外,我们将在第6章看到,通过价值链的供应并不像这个模型所显示的那样是线性和顺序的。也许更合适的方法是看到通过一系列的链接,价值得到了增加。

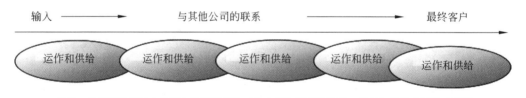

然后,公司可以通过专注于自己最擅长的工作来增加真正的价值,然后与其他公司结成联盟。

图 1-6 波特价值链
(基于 Brown,1996)

波特(1985:38)在解释价值链模型时指出:

"价值是指买家愿意为一个组织提供的服务支付的金额……"为买家创造的价值要超过组织提供服务的成本,这是任何组织的基本策略目标。在分析竞争地位时,必须使用价值而不是成本……

正如我们将在下一章中看到的,组织战略任务的一部分是分析它最擅长的那些活动,并将重点放在这些活动上。但运营管理者必须小心谨慎,原因有二:

(1) 企业擅长的运营可能不是客户和市场所需要的。例如,降低成本可能是企业的目标,但如果市场要求定制化、交付速度、创新和一系列其他竞争因素,那么降低成本可能收获甚微。

(2)市场需求通常变化很快,因此运营需要足够敏捷和快速,以应对市场需求的这种变化。

这意味着,中层管理者处理战略问题时,首先需要了解并关注组织的核心优势,并凭借这些优势为组织的客户提供附加价值。在这个过程中,组织必须依赖与其他组织的战略伙伴关系,以便在它所分包的领域和活动中提供价值。

组织要决定参与这种转换过程涉及范围的程度,这对组织来说非常关键。正如我们将在第2章中看到的,运营管理与关键的战略业务决策密切相关,如图1-7所示。

> 这家公司真正从事什么业务?
> 公司做得最好的是什么(会有什么影响)?
> 它应该外包一些业务吗?如果是的话,为什么、在哪里以及如何外包?
> 怎样迅速利用机遇?公司的能力如何帮助其抵御来自新对手和现有对手的外部威胁?

图1-7 运营管理中的关键战略决策

我们需要将运营管理视为原材料和最终客户之间流动、互动、互利的一系列关系中的一部分。

许多组织通过公司的宗旨来概括其从事的业务。这通常表示公司在未来某个时间的预期目标。然而,从运营的角度来看,采用所谓的"服务理念"会更有用。这清楚地表达了客户对公司所提供服务的看法,以及公司对其业务主张的看法。因此,它所包含的不仅仅是一个典型的使命陈述,它为企业中所有的利益相关者——尤其是客户、股东和员工,提供了一幅公司福利和所获成果的思维导图。虽然被称为"服务理念",但它同样适用于制造业。例如,大宇集团通过自己的销售链,采取综合方法在英国进行汽车制造和销售。其销售人员薪酬以工资的形式而非佣金取得报酬。

因此,运营管理者面对的部分问题是,他们要确定在哪些领域运营管理真正与组织其他部分整合起来,从而发挥运营管理的作用。这就是战略发挥作用的地方。战略是指组织将如何开展业务活动。

因此,组织不仅要关注向最终客户转移商品和服务,还必须以增值的方式提供给最终客户。

1.2.1 运营和外包

中层管理者需要面对的关键决策是,确定应该将多少业务外包给其他公司。正如我们看到的那样,有一些公司专注于服务,并将所有制造业运营外包,这一点变得越来越重要。这需要注意两个方面的问题:

一旦运营活动被外包(该活动通常会被出让),就几乎不可能收回它们——通常它们会永远消失。

外包公司必须小心,不要通过外包给供应商来制造竞争,这些供应商会复制产品和服务,然后自己销售。

然而,外包可以带来好处,但外包公司必须确保能够建立起顶级的买卖关系。外包业务中必要的互相依赖的案例如下:

案例 1-2

787是一艘中程巡航飞机,技术领先……同样值得注意的是,波音构造了其制造流程,这一举措,给小型供应商带来了前所未有的机遇,并为航空航天业开创了一个新时代。波音公司表示,70%的787客机的制造流程已被外包,其竞争对手空客公司(Airbus)目前正在开发的A350飞机约有50%依靠分包商。

(资料来源:"How Many Small Businesses Does It Take To Build A Jet?", Fortune, Jul/Aug, 2007, Vol. 17 Issue 6:42-45)

然而,如上所述,外包也存在风险:

然而,失衡的负面影响可能是巨大的。从培育新竞争对手的威胁说起。摩托罗拉聘请台湾明基公司设计和制造了数百万部手机,但是明基公司去年开始以自有品牌在中国市场销售手机,这促使摩托罗拉撤销了合同。另一个风险是,名牌企业将失去继续投资新技术的动力。波士顿咨询集团(Boston Consulting Group)高级副总裁吉姆·安德鲁(Jim Andrew)表示:"这是一个滑坡,如果创新开始出现在供应商身上,你会把自己置于一个所剩价值不多的位置。"

(资料来源:Outsourcing Innovation Business Week, 21st March, 2005:34)

1.2.2 生产/服务"鸿沟"

在本书中,我们的核心信息之一是,制造和服务运作经常结合起来,为组织的客户和其他关键利益相关者提供完整的建议或产品。我们并不认同管理服务和制造业运营的任务是相同的观点。很明显,二者是有区别的。但与传统的制造业与服务业的观点相反,认为制造业和服务业都是至关重要的。在现代经济中,两者显然相互依赖。例如,通过关注美国财富500强企业和财富世界500强企业就会发现,大规模的零售网点(服务机构)非常依赖制成品。但反之制成品又依赖于零售店的优质服务。这可能是显而易见的,然而,人们往往会把零售业与服务业混为一谈,好像零售业是一个完全独立于制造业的经济实体。

2017年全球70家最大的公司在《财富》500强中的收入排行,如表1-1所示。

表1-1 2017年世界500强企业

排名	名称	行业	收入(百万美元)	员工(人)	国家
1	沃尔玛(Walmart)	零售	485 873	2 300 000	美国
2	国家电网公司(State Grid)	电力公司	315 199	927 839	中国
3	中国石油化工集团	石油和天然气	267 518	810 538	中国
4	中国石油天然气集团	石油和天然气	262 573	1 589 508	中国
5	丰田汽车公司(Toyota)	汽车	254 694	348 877	日本
6	大众汽车集团(Volkswagen Group)	汽车	240 264	610 070	德国
7	荷兰皇家壳牌石油公司(Royal Dutch Shell)	石油和天然气	240 033	90 000	荷兰
8	伯克希尔-哈撒韦公司(Berkshire Hathaway)	企业集团	223 604	331 000	美国

续表

排名	名称	行业	收入(百万美元)	员工(人)	国家
9	苹果公司(Apple)	消费电子产品	215 639	110 000	美国
10	埃克森美孚(Exxon Mobil)	石油和天然气	205 004	75 600	美国
11	麦克森公司(McKesson)	卫生保健	198 533	68 000	美国
12	英国石油公司(BP)	石油和天然气	186 606	79 800	英国
13	联合健康公司(United Health)	卫生保健	184 840	200 000	美国
14	CVS健康公司(CVS Health)	零售	177 526	199 000	美国
15	三星电子(Samsung Electronics)	企业集团	173 957	319 000	韩国
16	嘉能可(Glencore)	大宗商品	173 883	102 388	瑞士
17	戴姆勒股份公司(Daimler)	汽车	169 483	284 015	德国
18	通用汽车公司(General Motors)	汽车	166 380	215 000	美国
19	美国电话电报公司(AT & T)	电信	163 786	281 450	美国
20	Exor集团	金融服务	154 894	303 247	意大利

(资料来源：Fortune, July 2017)

从上面的列表中可以看出,现在有很多这样的行业和部门,如果纵观500家上榜企业,各种形式的制造业和服务业的范围会更广。

制造业和服务业之间所存在的差异并不像我们通常认为的那样深刻,原因有很多。

首先,在供应链中,制造和服务运营通常联系在一起,以提供完整全面的客户服务。例如,汽车工业往往被视为纯粹的制造业的问题,许多研究都是针对日本与西方的制造方法的(Womack et al., 1990; Lamming, 1993)。然而,对于汽车消费者来说,在交易的关键点上,整体供应链的服务端对他们的购买决策有同样重要的影响。比如安排融资、提供担保和保证以及一般的售后服务等活动往往十分重要。在许多情况下,汽车制造商在汽车组装方面确实取得了长足的进步,但在掌控分销链方面仍有待提高。事实上,这是目前重要的研究和开发的主题,因为汽车装配商的目标是"三天出车"(即客户可以指定任何他们想要的车,并在三天内即可拥有它)。

在计算机行业,客户不仅要为硬件和软件等有形资产付费；而且售后服务是整体服务的重要组成部分,故障排查热线的保证也是整个交易的一个关键环节。因此,从这个意义上说,我们不应该把经营单纯地看成是制造或服务,而是把整个供应链的共同努力结合起来,作为满足客户需求的手段。因此,产品的质量问题不仅取决于汽车的性能,而且还取决于在销售点向顾客提供的服务质量。如图1-8所示。

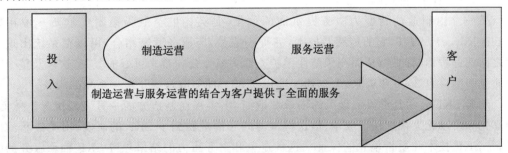

图1-8 给顾客提供服务中制造运营与服务运营交互作用

1.2.3 服务化的出现

近年来,之前的"制造企业",为了满足客户的需求和保持竞争力,开始提供一系列的服务。特别是服务化的出现(Baines et al.,2011),对此我们将对服务化进行讨论,并在第3章中详细展开。

在过去的20年里,为了增加各种服务,许多制造企业详细调查了它们向客户提供的产品,这已经超越了它们对生产技术的关注。原因主要有两个:首先,许多制造企业仅通过制造产品获得的利润微乎其微,因此它们必须致力于提供服务以获取更多的利润;其次,消费者越来越希望购买更加完整的产品,包括"解决方案"或其他捆绑服务,而不仅仅是购买产品本身。

一些企业与其他企业合作,来提供服务化业务,而其他制造企业则与服务供应商结成联盟或发展关系。不久前有迹象表明,零售商虽然销售商品,但作为购买体验的一部分,还必须向顾客提供保证。许多零售商将这类服务分包出去——取得了不同程度的成功,客户满意度也各不相同。

在全球市场上运营的制造业企业中,外包和离岸业务屡见不鲜。此类战略的主要动因是降低成本。正如我们将在第2章中看到的,还需要满足其他的同样紧迫的竞争需求,这些需求有时在离岸外包中被忽视。然而,面对这样的财务压力,企业逐渐寻求成为服务提供商,以增加产品的价值。"服务化"一词最早出现于1988年,由Vandermerwe和Rada提出。

Neely(2009)分析了来自23个国家的10000家制造商的数据,以调查服务化实施的程度。他发现,30%的公司以各种形式提供服务,约22%提供设计服务,16%提供系统和解决方案,12%提供零售和分销,12%提供维修和辅助服务。

同样,我们发现许多制造企业正在将服务作为它们业务的一部分。例如,DAF卡车虽仍将卡车生产作为核心运营业务,但是,该公司还发明了跟踪设备以确保其"绿色"的物流流程;该公司还参与培训公司内外的卡车司机,帮助他们提高里程使用率,这也是很多组织力求实现绿色发展愿望的因素。

同样,复印机生产商施乐(Xerox)也通过提供包括供应、维护、配置和用户支持在内的一系列服务来应对激烈的全球竞争。这种转型花了一定时间,以确保施乐可以提供如此广泛的服务,但施乐现在开始向包括能源、汽车生产商、公共图书馆、航空公司和大型零售商在内的多个不同领域的企业提供文件管理和其他咨询服务,与惠普(Hewlett-Packard)、柯达(Kodak)和佳能(Canon)等公司展开竞争。同样,IBM不再把自己看作是一个计算机制造商,而是一个提供"商业解决方案"的公司。

另一个由制造商转型为服务提供商的例子,是英国航空航天集团罗尔斯·罗伊斯(Rolls-Royce)。现在,它的传感器技术(一种制成品)与服务紧密结合,可以在系统出现问题之前就远程诊断问题,从而在预防性维护方面为航空公司带来更好的服务,这涉及整个客户质量问题。自2006年以来,罗尔斯·罗伊斯55%的年收入源于这一系列的服务。

瑞典SKF公司是世界上最大的轴承制造商,多年来在制造方面一直表现优异。然而,合理化和自动化大幅削减了成本,但这些微薄的利润威胁到了SKF的研发,出类拔萃的研发,是SKF技术和质量领先的保证。这种竞争和财务压力的结果导致SKF轴承服务的诞生,它不仅是为了提供轴承,也是为了提供"无故障运营"。如今,SKF提供资产管理状况监控和培训、物流等其他服务,这些服务已成为SKF业务组合的重要组成部分。

1.2.4 制造业的"问题"

实际情况是许多制造企业的规模和实力在跨行业中都有所下降。对于很多公司来说,已接受服务化,因为这些公司已经没有其他战略选择,他们的制造业运营也无处可去!尽管服务化已经变得越来越重要——甚至对许多细分市场来说也是一种要求——但涉足服务领域不能单纯地为不良的制造运营打掩护。此外,尽管我们并不是说制造业比服务业"更好",但我们必须指出,在许多国家,服务业出口未能弥补制成品进出口之间的逆差,这一点在英国和美国尤为明显。

例如,通过汽车行业,有些信息还是极具说服力的。因为汽车行业的重要性,我们可以用这个行业作为典型的例子——正如著名学者彼得·德鲁克所认为的,汽车行业可以被视为"行业中的行业",即指该行业的巨大规模以及对各国经济福祉的战略重要性。通过这些信息可见,如果汽车工业是一个国家,它将是第六大经济体!2017年主要汽车生产商,如表1-2所示。

表1-2 主要汽车生产商

排名	集团	国家	车辆总数(台)
1	丰田	日本	10 083 831
2	大众汽车集团	德国	9 872 424
3	通用汽车	美国	7 485 587(9 490 835)
4	现代/起亚	韩国	7 988 479
5	福特	美国	6 396 369
6	日产	日本	5 170 074
7	菲亚特克莱斯勒汽车	意大利	4 865 233
8	本田	日本	4 543 838
9	铃木	日本	3 034 081
10	雷诺	法国	3 032 652
11	标致、雪铁龙	法国	2 982 035
12	宝马	德国	2 279 503
13	上海汽车集团	中国	2 260 579
14	戴姆勒	德国	2 134 645
15	马自达	日本	1 540 576

(资料来源:Organisation Internationale des Constructeurs d'Automobiles,July 2017)

如表1-2所示,有相当多的国家,都试图在已经过度饱和的行业中竞争——据估计,如果北美所有的工厂都关闭的话,该行业的能力仍会过剩!然而,这种工业情况似乎并没有使以下国家感到不安,如表1-3所示。

表 1-3 按国家划分的汽车制造商

国　　家	汽车生产(辆)	国　　家	汽车生产(辆)
中国	28 118 794	法国	2 082 000
美国	12 198 137	泰国	1 944 417
日本	9 204 590	英国	1 816 622
德国	6 062 562	土耳其	1 485 927
印度	4 488 965	捷克共和国	1 349 896
韩国	4 228 509	俄罗斯	1 303 989
墨西哥	3 597 462	印尼	1 177 389
西班牙	2 885 922	伊朗	1 164 710
加拿大	2 370 271	意大利	1 103 516
巴西	2 156 356	斯洛伐克	1 040 000

(资料来源：July 2017：http://www.oica.net/category/production-statistics/)

显然,全球化是目前主要的问题,美国和其他西方各国正遭受着这种激烈竞争的影响。

认为制造业产出的损失会以某种方式由服务业自动补偿的观点是站不住脚的。正如我们所指出的,毫无疑问,这两个行业相互依赖,且它们并不互相排斥,但是制造业基础的薄弱会对各国的经济财富产生深远的影响。

例如,尽管美国在20世纪90年代成功地大幅提升了制造业基础,且现在拥有了许多堪称世界一流的工厂,但制造业问题对美国经济的损害仍在继续,因为美国进口的制成品仍然多于出口,而这种差异无法通过服务出口来弥补。多年来,许多学者对忽视制造业运营的问题就已经提出了警告,Garvin(1992：14)对此进行了说明：

> 高管们常常把制造业视为一种必要的累赘。在他们看来,这对公司的竞争优势几乎没有什么帮助。毕竟,制造业只是"制造东西";它的主要作用是将零部件和材料转化为成品。这只需遵循其他部门的指示。

Garvin(同上)认为,制造业的定义必须在更广泛的背景下看待,他引用了美国制造业研究委员会的出版物《走向美国制造业的新时代》,其中写道：

> 美国制造业的部分问题在于,对制造业的普遍定义过于狭隘。制造不限于在工厂进行的材料转化。它是一个包含设计、工程、采购、质量控制、营销和客户服务的系统。
> (Garvin,1992：14)

哈佛大学(Harvard)教授韦翰·斯金纳(Wickham Skinner)对我们理解战略环境运营的作用做出了开创性的贡献,多年前他就注意到了美国和许多欧洲国家面临的问题,当时他说：

> 企业高层对制造业普遍以错误的方式领悟,在工厂层面也是以错误的方式管理,在商学院以错误的方式传授。(Skinner,1985：55)

斯金纳的观点在今天同样正确,其可怕的后果已经在许多西方国家,尤其在美国的制造业基地大幅度衰退中得以证实。

2009年,在《哈佛商业评论》上,Pisano和Shih(2009：114)指出：

美国正努力从当前的经济危机中复苏,它将发现一个令人不快的事实:20世纪80年代和90年代初的竞争力问题并没有真正消失。它只是隐藏在泡沫时期繁荣的海市蜃楼的后面,而与此同时,美国的工业基础继续受到侵蚀。现在,美国最终将不得不严肃对待这个问题。重建其创造财富的机器,即恢复企业在美国开发和制造高科技产品的能力,是美国希望偿还巨额赤字、保持公民生活水平的唯一途径。

我们并不是说这些问题有简单的解决办法。然而,在第2章中我们将看到,公司内部外包、规模缩减和放弃公司内部生产活动的决策通常是由那些对运营知之甚少的人做出的。战略含义很明显:对于企业来说,摆脱制造运营相对容易,而收回这些运营活动几乎不可能。企业需要以战略的方式看待自己的运营。这意味着随着时间的推移,在运营中积累和开发其他竞争对手无法复制的能力。这意味着要摒弃典型的低成本金融短见,转而采用更长期的战略方法来管理运营。正如《工业周刊》(Industry Week)所指出的,这种改进在一定程度上与坦然面对运营失败的原因息息相关:

显然,美国制造业中就业岗位减少主要不源于国内原因(如客户服务下降、产品设计不佳、供应链断裂、库存膨胀或疏忽维护等小事)。当然,美国工会的管理层也没有机会以任何形式来辜负那些他们为之服务的工人。这很大程度上与企业更多倾向利用发展中国家的低成本劳动力相关。

(资料来源:Industry Week:September,2008(9):60)

1.3 运营管理和市场

进入新市场并与现有市场进行竞争的能力很大程度上取决于运营能力。当然,其他领域也非常重要——像市场营销、金融和其他主要职能。我们并不寻求运营在其他领域的中"得分",然而,我们认为运营管理是将这些其他领域和功能整合到组织的核心能力中,在制造业和服务业都是如此。

例如,众所周知,丰田在过去几十年中取得了巨大成功。丰田与日本其他世界一流的组织一样,在追求目标市场方面既积极进取,又成果显著。当然,2010年丰田汽车质量缺陷的问题让人们对该公司成功的神话产生了质疑。然而,我们应该谨慎行事,不要仅仅因为媒体在出现问题时偶尔(而且往往是不平衡的)关注而忽视丰田以及其他拥有世界级运营能力的公司。我们应该记住,在新世纪的前十多年里,本田、丰田,其运营能力仍然是评判其他汽车工业的标准。

日本的汽车企业和其他世界级企业是如何在与其他竞争对手的竞争中取得如此大成功的?Hayes和Pisano在1994年就完美地描述了它们的关键做法,今天也是如此:

20世纪70年代末,日本企业开始以愈发猛烈的攻势冲击世界多个行业的市场。它们的秘密武器是纯粹的制造技术。大多数公司生产与西方公司类似的产品,并以相似的方式营销。使这些产品具有吸引力的不仅是它们的成本,还有它们的较低的次品率,以及可靠性和耐久性。(Hayes and Pisano,1994:80-81)

这并不是说日本和其他世界级的组织都是目光短浅的,以运营为导向,而忽视客户的需求。我们当然不主张企业的战略应受其当前运营能力的限制。我们想说的是,世界一流的公司能够凭借其卓越的符合市场需求的运营能力,以此超越其他组织,满足客户需求。

1.3.1 与市场营销的关键联系

在第 2 章中,我们将讨论运营管理需要如何与客户需求相联系,以及运营管理的目标如何能够涵盖支持市场中的业务与促使组织能够成功地与其他参与者竞争。

Ridderstrale 和 Nordstrom(2000)完美地总结了运营面临的任务:

> 让我们告诉你所有客户想要什么?任何行业、任何市场的任何客户都迫不及待地想要更便宜、更好的产品。

(资料来源:Funky Business:157)

作为客户,这对我们来说是件好事,但缺点是它给运营管理者带来了巨大的挑战。为了让运营管理者满足这些客户需求,运营需要与营销紧密结合,并且必须对客户需求有良好的了解。因此,运营有助于在现有市场形成未来销售,也有助于确定进入新市场的可行性。因此,与营销密切合作,被称为最关键的责任领域之一,能力、质量、交付能力和成本都属于运营管理范畴。讨论这些特性成为市场营销整体信息的一部分,如图 1-9 所示。

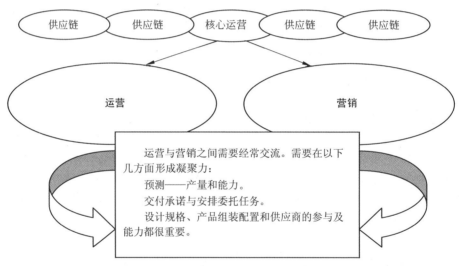

图 1-9　运营与市场营销之间的关系

在服务业中,运营和营销之间的联系往往是密切的。这是因为服务公司始终认为,让客户参与业务本身能为公司的销售和市场力量提供理想的机会,例如追加销售与促销。

到目前为止,在本章中,我们已经对运营的战略重要性提出了见解,我们将在第 2 章中阐述这一主题。在此之前,了解运营管理如何随时间的推移而变化也非常重要,现在我们将对此进行探讨。

1.3.2 运营管理随时间的变化

回顾……

在我们讨论下一章的战略要点之前,需要注意的是,战略之所以至关重要,是因为随着时间的推移,大多数运营的性质都发生了重大变化,如图 1-10 所示。

我们将讨论运营中的每一个关键时期,然后在第 2 章中,我们将通过解释来进一步阐述

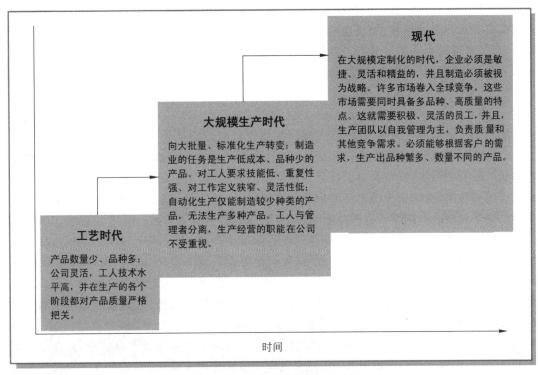

图 1-10　从工艺生产到战略运营的转变

"这些变化是如何对企业制定和实施战略的方式产生深远影响的"。

工艺时代

第一个主要的时代现在被称为"工艺"制造和服务"商店"交付。这种制度起源于欧洲，并与技能发展方式相联系：学徒—熟练工—大师的逐步发展导致了由掌握技能的人组成的工会的产生，这些人试图控制其特殊品的供应，并会在社会的一个分支内巩固技能（例如，技能从父亲传给儿子）。这一点因产品数量少、品种多而闻名，工人往往具有很高的技术水平，并在生产的各个阶段都对产品质量严格把关。它也适用于主要由国内供应，进出口极少的国内市场。当然，一些工艺制造在今天仍然存在于一些市场中，外来产品和服务可以通过一些独特的特点或高度的吸引力来控制需求。例如，一些房屋建筑、家具制造、钟表制造仍然是由熟练的手工匠/妇女以一次从事一项或几项生产的方式而制造出来的。虽然这些手工匠/妇女使用的过程和技术十分低效，但他们产品的独特质量却能使产品要价很高，如丹尼尔斯怀表或摩根汽车等产品的二手价值就说明了这一点。然而，以摩根为例得出乘用车行业仍有可能采用工艺生产的结论是错误的。摩根所在的部门更像是专业生产玩具的而不是生产个人交通工具的。摩根这种生产方式也是日落西山，其他的参与者（AC、阿斯顿马丁、劳斯莱斯等）已经被批量生产的厂商吞并，它们热衷于在国外的缝隙市场进行经营，其目的更接近于企业的宣传而非创收。在服装行业中的一个重要的行业分支——高级定制，也是基于工艺的制作方法。

在服务业，工艺时代也在继续——或许比制造业更甚。一些服务内部变化的速度较慢，这取决于客户处理运营所采用新技术和新系统的程度。与30年前相比,只有那些在运营层面不需要什么技能的服务(如快速消费品或汽油零售)或需要处理大量信息的服务(如金融服务)有了显著的变化。尽管有了新技术,但酒店、学校、医院、理发店、汽车维修和交通等诸多服务的核心性质几乎没有改变。

大规模生产时代

第二个主要的时代就是大规模生产时代,尽管它的原则仍是绝不限于制造业。这一体系在北美发展壮大以满足发展中的大国的三个主要需求:出口需要,为大量没有技能的劳动力提供就业的需要,以及将自己打造成世界强国的需要,这意味着美国理念将渗透到其他地区。简而言之,美国人无法遵守欧洲的行事规则,因此他们重建游戏规则:通过破坏工艺生产的竞争地位进行创新。这种体系取得了巨大的成功,在20世纪前30年改变了世界的工作和购买习惯。为了销售标准化操作生产的标准化产品,大规模生产也必须使市场需求标准化。幸运的是,当时的市场还不成熟,人们在很大程度上被告知他们可以拥有什么、不能拥有什么。因此,大规模生产颠覆了工艺生产的模式:产量高,品种少。亨利·福特的著名宣言为这种营销策略(以及由此而产生的生产策略)提供了例证,从此以后,"消费者可以选择任何他喜欢的颜色,只要它是黑色的!"在大规模生产中,工人通常缺乏技能。这一时代在很大程度上要归功于F.W.泰勒的科学管理,工人们对工作的定义非常狭窄,只涉及重复的任务,质量则留给了"质量专家"在整个过程的最后阶段来确保,而不是在每个操作步骤上都要做。

泰勒第一次使公司能够控制成本、时间和资源,而不再依赖熟练的工匠和妇女来决定什么是合适的操作。再加上欧洲工业革命期间机械化和员工协调方面的发展,泰勒的思想提供了一种完全不同的运营方式。

1926年,《大英百科全书》(*Encyclopaedia Brittanica*)请亨利·福特(Henry Ford)为他的系统命名,他称之为"大规模生产"(mass production)。其所指的是大批量生产的意思。也许他没有看到"mass"的另一种含义是"沉重、笨重",即一旦市场不再买他的东西,这个系统(就管理系统和上层建筑而言)就会变成这个样子。

这些起源于20世纪20年代的原则,它应用于服务业的速度十分缓慢,但到20世纪70年代,哈佛商学院(Harvard Business School)的Ted Levitt发现了服务的"工业化"(Levitt, 1972)和服务的"生产线"(Levitt, 1976)。他以快餐、银行外的自动柜员机和超市零售作为例证。Schmenner(1986)创造了"大众服务"一词来举例说明这种服务运营。Ritzer(1993)将这种大规模生产环境中工作生活的一些典型方面拓展到一般的生活中,他将之称为社会的麦当劳化。Levitt(1960)在《哈佛商业评论》(*Harvard Business Review*)上发表了一篇题为《营销短视》(*Marketing Myopia*)的文章,明确界定了大规模生产时代从"工艺"营销向市场营销的转变。在大规模生产中,客户购买供应的产品,生产者专注于降低成本,从而降低价格;也专注于通过积极的广告和销售力量向客户销售产品。由于组织是由产品主导的,所以运营管理相对直接。最低成本的大规模生产,意味着产品零部件及种类最少化,流水线生产,以及科学管理方法的运用。福特的成功使这一观点极具说服力。1909年,T型汽车的售价是950美元,但到了1916年,随着装配线的引进,它的售价降到了345美元,而美国道路上3/4的汽车是由福特制造的(Bryson, 1994)。

然而，正如 Levitt(1960)所指出的，福特最终被通用汽车超越，因为后者不是产品领先，而是市场主导。它给顾客他们想要的——更多的选择、更新的型号，以及一系列不同的车色（不仅仅是黑色！）

这个时代的标志是品牌。最初（在工艺时代），品牌是产品上的一个标记，通常是一个签名（如在一幅画上）或是符号，表示其所有权或起源。但在大规模生产中，品牌的意义要大得多。它成为一个产品（或服务）区别于竞争对手产品（或服务）的手段。宝洁公司（Proctor & Gamble）在1931年设立了品牌经理来销售不同的肥皂产品。后来，品牌也成为产品/服务质量的保证。1952年，凯蒙斯·威尔逊(Kemmons Wilson)开了第一家假日酒店，其动因是他自己对家庭度假时所住汽车旅馆的各种标准和肮脏感到失望。由于成功地传承了一系列服务的标准水平，20世纪50年代中期，Wilson每两天半就新开一家酒店。

现代

到20世纪90年代，品牌已经受到威胁。直至今日，市场变得高度分散，缝隙市场的扩散使得目标营销更加困难，产品和服务生命周期正在缩短，产品/服务创新比以往任何时候都要快，客户的日益成熟降低了广告的影响力。第三个时代（至少是当前和不久的将来中可能出现的情景）对于五花八门的事物的命名更难了。用来描述当前时代的术语包括：

(1) 规模化定制(Pine et al., 1993；Chatras, Giard & Sali, 2016)——反映了对数量的需求与对客户（或"消费者"）愿望的认可相结合。

(2) 灵活专业化(Piore & Sabel, 1984；Basole, 2016)——涉及企业（尤其是小企业）的制造战略，专注于部分增值过程，并在网络结构内合作生产整个产品。

(3) 精益(Womack et al., 1990, 1996；Kolberg, Joshua & Zuhlke, 2017)——发展自丰田卓越的生产系统，专注于从一个系统中去除所有形式的冗余（其中一些很难发现）。

(4) 敏捷(Kidd, 1994；Hobbs & Petit, 2017)——强调组织能够频繁在不同市场驱动的目标中切换。

(5) 战略性(Hill, 2004；Brown, 1996, 2000, 2010)——其中凸显出了将运营纳入战略框架的需求。

无论它被称为什么，当前时代的运营范式满足了以高数量、多样性及高质量为标准的需求，也满足了在许多市场中快速、持续的创新需求。就像一百年前的大规模生产一样，这种创新使得它所取代的体系显得多余。

然而，随着每个时代的出现，它并没有完全取代前一个时代。正如我们所看到的，少数手工制造业仍然存在。在化工厂和精炼厂以及其他高产量/品种单一的环境中，大规模生产仍然很常见。然而，由于现有的规模经济受到质疑，许多企业正在发生根本性的变化。因此，钢铁制造业面临着多样化的需求，必须发展"小型钢厂"，以降低经济批量，啤酒制造商和制药公司同样面临这种需求。

1.3.3 推动运营管理变革的力量

现在我们已经知道，运营管理经历了从手工生产到大规模生产到现代生产，三个阶段的变革。我们知道，各种经济体内的不同部门以不同的速度经历了这些时期。在某些情况下，这种转变是渐进式的，而在另一些情况下则是间歇性的，其通常是对某种新发明的反应。我们还了解到,在一些行业中,从旧的方法到最新的方法几乎已经完成了颠覆式的转变,而在另一些行业中,仍然存在很大比例的工艺制造或老式的服务形式。为什么会这样?如果我们能够理解其中的原因,那么我们就能够预测未来可能发生的变化。

我们认为,迄今为止的三个主要动力,分别是经济、社会和技术,或者更简单地说,是财富、时尚和创造。财富通过两种主要方式影响经济活动,从而影响运营管理。人们致富的愿望提供了积极主动的劳动力,财富的增加为各种商品和服务创造了一个不断增长的市场。在大多数人还相对贫穷时,提供商品和服务时,必须尽可能降低成本,同时消费者也准备接受标准化。富人能够负担得起定制产品,并借此来展示自己的财富。此外,社会和经济地位不仅是通过所拥有的财富来展现,而是通过风格、时尚或"生活质量"来体现。从美国经济学家 Thorstein Veblen 所说的"炫耀性消费"来说,拥有一台电视还不够,还要有一台数字电视;拥有一部手机还不够,还得是最新的高科技版本且配有个性化的键盘;拥有一辆汽车还不够,重要的是这辆汽车是"特别版"。从根本上说,商品和服务可以分为必需品和奢侈品。必需品是指人们认为必不可少的商品和服务。这些通常是食物、饮料、保健产品/服务、住房等。提供必需品是具有明显优势的,因为即使在财富短缺或经济低迷时期,消费者也会继续购买这些产品。然而,一个国家或一个群体认为必要的东西可能不是另一个人或群体想要的。而"时尚"不仅在不同的群体之间存在差异,在群体内部也会随着时间的推移而变化。曾经风靡一时的奢华的产品和服务,在现代也会变得过时。直到 20 世纪 60 年代,几乎每个人都戴帽子(任何一部在 40 年代或 50 年代内制作和拍摄的黑白电影都证明了这一点),现在已然不再如此。据称,制帽产业的衰退是由美国总统肯尼迪(Kennedy)导致。肯尼迪是 1 月在华盛顿参加就职典礼时第一个不戴帽子的美国总统,因此戴帽子变得不再流行。许多行业都是在不确定性的背景下运营的,而这种不确定性源于时尚的变化——比如玩具、服装、制鞋、娱乐、媒体、面料制造商等。

财富和时尚是推动对商品和服务需求的动力,而发明可以促进或限制供给。如果要降低成本,就需要新的做事方式。福特创造的降低成本的大规模装配解决方案并不适用于所有行业。在那些依靠零件组装进行生产的行业中,它可能是非常有效的,但是有许多行业,甚至在材料加工业中,都不采用这种方法。该方法在客户处理运营中也不太适用(尽管在俄罗斯,一些眼科手术是在病人身上进行的,病人被放在传送带上,传送带把他们从一个专业外科医生那里转移到另一个专业外科医生那里!)除了过程的重新设计,发明还可以创造可在转化过程中应用的新机器或新设备。在这方面最前沿且最重要的一项发明无疑是微处理器(1975 年),它已被纳入整个制造业和服务部门的机械和控制系统,以提高速度和精度,减少劳动力投入,等等。最后,发明也创造了前所未有的新型产品和服务。这意味着,专注于生产与提供服务是不够的,因为该产品或服务的市场,可能会被不同产品和服务需求所取代。这就对"最佳实践"和"世界一流"等词,提出了质疑:所谓的专长可能只是暂时的。有很多公司曾经是世界一流的或者是最好的实践者,现在已经不存在了,因为人们不再需要它们的产品或者服务,从而其相关的专业技能变得多余。

1.3.4 市场和行业动荡的时代

这种对推动变革动因的分析有助于解释当前的形势。当前的时代被称为"混乱时代"(Peters, 1987; Stacey, 1993; Cecen et al., 2004)。在制造业或服务业中,创造和保持竞争优势既复杂又困难,最近一些大型组织也无能为力,显然它们还无法做到这一点。遭受混乱市场环境影响的行业巨头,包括波音、卡特彼勒、代顿-哈德森、杜邦、德州仪器、西屋电气和施乐。1992 年,通用汽车亏损 235 亿美元,IBM 1993 年亏损 81 亿美元而在 1986 年盈利 60 亿美元。到 20 世纪 90 年代末,IBM 再次获得了大约每年 80 亿美元的利润。2008 年通用汽车(General Motors)亏损 390 亿美元(合 185 亿英镑),这是跨国公司有史以来最严重的亏损之一。

自 20 世纪 90 年代以来,其中的一些行业巨头已经重新崛起为世界级的企业,能够再次与当前最优秀的企业竞争。但是,这种能力来自于对运营能力的彻底重组。我们将在整篇文章中为此提供例证,施乐、IBM 和卡特彼勒等公司都不得不通过使其运营能力在本质上更具战略性,从而重塑自我——做好在动荡市场竞争的准备。

超快变化的主要结果之一是制造业中就业岗位的减少。这些变化来自一系列因素,包括全球竞争和技术,其中一些因素意味着,机器人已经取代了人类。这可以从图 1-11 中看出,图中显示了美国制造业就业岗位的下降。

这种不稳定的现象,让许多旁观者对跻身《财富》500 强企业的有效性和价值产生了怀疑。管理学大师彼得·德鲁克(Peter Drucker)就证明了这一点,他认为,"财富 500 强"的时代已经结束。对于许多进入《财富》500 强的公司来说,波动性似乎很常见。例如,在 1990 年至 2017 年间,《财富》500 强中超过 75% 的公司从榜上消失。所以说,在 1990 年曾经强盛的美国巨头企业中,现在只剩下不到 25% 的企业还健在——这一数字确实令人震惊。

造成这种"动荡"的原因很复杂,但从根本上说,可以追溯到上述三种动因——财富、时尚和发明/创新。过去,财富集中在小部分国家,而现在财富的分布更为广泛。这意味着,以重大经济活动形式出现的财富创造和市场需求是全球性的。这种全球化带来了复杂性。第二,时尚通过电影和电视的全球媒体变得全球化。当看到电影或体育明星频繁出现在特定类型的机构,穿特定类型的服装或使用特定类型的产品时,消费者的观点和价值观就会受到影响。对于某些类型的电影来说,电影中的付费支付广告现在占了很大一部分的利润。大多数体育明星从与商品制造商的合作中获得收入,这部分收入甚至超过了他们的工资或奖金。第三,创新的步伐正在加快,我们将在第 4 章中看到这一点。正如约瑟夫·熊彼特(Joseph Schumpeter)几十年前准确阐明的那样,新创新,会对现有产品和服务造成"创造性破坏"。然而,这种破坏的范围变得更广,包括一些组织本身的消亡。

所有这一切都要求组织必须从战略的角度来看待运营管理。如果组织希望在这样一个必须具备速度、可靠性、质量、库存管理和一系列其他运营能力的不稳定市场中竞争,这显得尤为重要。在下一章中,我们将讨论为什么这会给未来的组织带来问题的原因,以及其他组织中真正世界一流水平的例子。

总　　结

- 运营管理者在工厂或服务本身所承担的责任范围深远、重要又广泛。
- 运营管理涉及的是那些使整个组织(而非部分)能够将一系列基本投入转换为终端客户输出的活动。

- 运营管理的职责范围非常广泛,它将利用组织的一系列职能且不局限于某一部门。
- 运营管理是将这些领域和功能整合到组织的核心能力中。
- 运营管理不再局限于组织特定的活动。在现代运营管理时代,组织不再将自己视为整个"流程"中的独立元素,而是将自己视为更广泛的扩展企业的一部分。
- 组织不仅要把商品和服务转移给终端客户,还必须以增值的方式进行。简单来说,增值意味着从执行特定的运营中获得收入或这样做的收益大于该运营的成本。不论是在私营部门或公共部门,或在制造业或服务业,所有组织中都存在运营。增值运营对私营和公营部门越来越重要。
- 运营和营销之间的联系是至关重要的。为了满足客户的需求,需要经常进行调研。因为一方面的专长可能会被另一方面的不足所否定。
- 在理解基本投入终端客户交付的一系列相关联的活动时,我们应该从制造业与服务业的相互关联来看待,而不是单纯地从制造业与服务业的角度出发。
- 由于若干原因,制造业和服务业之间的区别并非通常所说的那样深刻,关键问题更可能是材料、客户或信息处理运营之间存在差异。

本书的中心目标是在战略背景下处理运营管理问题。因此,在第 2 章中,我们将探讨如何设计与实施运营战略。在随后的章节中,我们将讨论转型过程、创新、库存、供应、能力、人力资源以及发展与增长等关键战略问题。

关键问题

1. 运营管理者的主要职责是什么?
2. 在现代运营管理中,为什么跳出特定的组织投入/转换/产出模式很重要?
3. 服务化对现代运营带来了哪些挑战?
4. 当今的组织面临哪些全球性的机遇和挑战?
5. 企业在参与全球运营时需要应对哪些战略问题?

扩展阅读

Adner, Ron (2016) "Many Companies Still Don't Know How to Compete in the Digital Age" *Harvard Business Review* Digital Articles. 28th March 2016, pp.2-6.

Appleyard, M.; Chesbrough, H W. (2017) "The Dynamics of Open Strategy: From Adoption to Reversion". *Long Range Planning*. Vol. 50 Issue 3, pp.310-321.

Brown, S; Squire, B; Lewis, M. (2010): "The impact of inclusive and fragmented operations strategy processes on operational performance". *International Journal of Production Research*, Vol. 48 Issue 14, pp.4179-4198.

DaSilva, C. Peter Trkman (2014): "Business Model: What It Is and What It Is Not" *Long Range Planning* Volume 47, Issue 6, December 2014, pp.379-389.

Davenport, Thomas H. (2013) Analytics 3.0 *Harvard Business Review*. Vol. 91 Issue 12, pp.64-72.

Dixon, M; Karniouchina, E V.; Rhee, Bo van der; Verma, Rt; Victorino, L.(2014) "The role of coordinated marketing-operations strategy in services Implications for managerial decisions and execution". *Journal of Service Management*. Vol. 25 Issue 2, pp.275-294.

Garvin, David A. (2013) How Google Sold Its Engineers on Management *Harvard Business Review*. Vol. 91 Issue 12, pp.74-82.

Hautz, J; Seidl, D; Whittington, R. (2017) "Open Strategy: Dimensions, Dilemmas, Dynamics" *Long Range Planning*. Vol. 50 Issue 3, pp.298-309.

Lafley, A.G.; Martin, Roger L. (2017) "Customer Loyalty Is Overrated" *Harvard Business Review*. Vol. 95 Issue 1, pp.45-54.

Liu, Yang; Liang, Liting. (2015) "Evaluating and developing resource-based operations strategy for competitive advantage: an exploratory study of Finnish high-tech manufacturing industries". *International Journal of Production Research*. Vol. 53 Issue 4, pp.1019-1037.

Mack, D Z.; Szulanski, G. (2017) "Opening Up: How Centralization Affects Participation and Inclusion in Strategy Making." *Long Range Planning*. Vol. 50 Issue 3, pp.385-396.

Pinheiro de Lima, E; Eduardo Gouvêa da Costa, Sérgio; Reis de Faria, Avides.(2009): "Taking operations strategy into practice: Developing a process for defining priorities and performance measures" *International Journal of Production Economics*, Nov2009, Vol. 12 Issue 1, pp.403-418.

Schniederjans, M.; Cao, Q.. (2009): "Alignment of operations strategy, information strategic orientation, and performance: an empirical study": *International Journal of Production Research*, Vol. 47 Issue 10, pp.2535-2563.

Rosenzweig, Eve D.; Laseter, Timothy M.; Roth, Aleda V. (2011): "Through the service operations strategy looking glass: Influence of industrial sector, ownership, and service offerings on B2B e-marketplace failures." *Journal of Operations Management*, Vol. 29 Issue 1/2, pp.33-48.

Winston, Andrew. (2014) Resilience in a Hotter World *Harvard Business Review*. Vol. 92 Issue 4, pp.56-64.

参考文献

[1] Baines, T; Lightfoot, H & Smart, P. (2011): "Servitization within manufacturing - exploring the provision of advanced services and their impact on vertical integration". Journal of Manufacturing Technology Management, Vol. 22 Issue 7, pp.947-954.

[2] Barney, J. B. (1991): "Firm resources and sustained competitive advantage" *Journal of management*, 17, pp.99-120.

[3] Basole, Amit. (2016) "Informality and Flexible Specialization: Apprenticeships and Knowledge Spillovers in an Indian Silk Weaving Cluster Development & Change". Vol. 47 Issue 1, pp.157-187.

[4] Ben-Ner, A & Siemsen, E. (2017) Decentralization and Localization of Production: The Organizational and Economic Consequences of Additive Manufacturing (3d Printing). *California Management Review*. Vol. 59 Issue 2, pp.5-23.

[5] Brown S. (1996), *Strategic Manufacturing for Competitive Advantage* Prentice Hall, Hemel Hempstead.

[6] Brown, S (2000): Manufacturing the Future-Strategic Resonance for Enlightened Manufacturing

Financial Times Books,London.

[7] Bryson W (1994): *Made in America* London Minerva.

[8] *BusinessWeek*: March 21, 2005, p.34 "Outsourcing Innovation".

[9] Cecen, A.; Agirdas, C; Ugur, A; Tuzcu, (2004) "From Market Crashes to Heart Attacks: On the Empirics of Nonlinear Dynamics and Chaos in Nature and Society". *Journal of Economic & Social Research*. Vol. 6 Issue 2, pp.1-32.

[10] Chatras, C; Giard, V & Sali, M (2016) "Mass customisation impact on bill of materials structure and master production schedule development." *International Journal of Production Research*. Vol. 54 Issue 18, pp.5634-5650.

[11] Crainer, S (1998): *Thinkers that Changed the management World*. London Pitman.

[12] D'Aveni (2015) R "The 3-D Printing Revolution" *Harvard Business Review* Vol. 93 Issue 5, pp.40-48.

[13] *Fortune*, 30th Sept. 2002 "Fast Food, Slow Service".

[14] *Fortune* "How Many Small Businesses Does It Take To Build A Jet?", Jul/Aug2007, Vol. 17 Issue 6, pp.42-45.

[15] *Fortune* -22nd March 2010, p.82.

[16] Garvin D (1992): *operations Strategy, Text and Cases* Prentice Hall Eaglewood Cliffs New Jersey.

[17] Hayes R, & Pisano G (1994): "Beyond World-Class: The New Manufacturing Strategy" *Harvard Business Review* January-February, pp.77-86.

[18] Hill, T. (2004) *Production/operations management*. Prentice Hall. Hemel Hempstead .

[19] Hobbs, Brian, Petit, Yvan(2017) "Agile Methods on Large Projects in Large Organizations" *Project Management Journal*. Vol. 48 Issue 3, pp.3-19.

[20] *Industry Week*: September 2008 Issue 9, p.60.

[21] Kidd P. (1994) *Agile Manufacturing - Forging New Frontiers* Addison Wesley Reading MA.

[22] Kolberg, Dennis; Knobloch, Joshua; Zühlke, Detlef. (2017) "Towards a lean automation interface for workstations" *International Journal of Production Research* Vol. 55 Issue 10, pp.2845-2856.

[23] Lamming R (1993): *Beyond Partnership* Prentice Hall Hemel Hempstead.

[24] Levitt T. (1960) "Marketing Myopia" *Harvard Business Review* July-August, pp.35-56.

[25] Levitt, T. (1972) "The Production-Line Approach to Service", *Harvard Business Review* 50, 5, pp.20-31.

[26] Levitt, T. (1976) "The Industrialisation of Service", *Harvard Business Review*, 54, 5, pp.32-43.

[27] Neely, A. D. (2009) "Exploring the Financial Consequences of the Servitization of Manufacturing", Operations Management Research, 2, 1, pp.103-118.

[28] Peters T (1987) *Thriving On Chaos* Pan Books/Macmillan London.

[29] Pine, B., Bart, _x0016_ V, and Boynton A. (1993), "Making Mass Customization Work" *Harvard Business Review* September-October, pp.108-119.

[30] Piore, M. & Sabel C. (1984), *The Second Industrial Divide: Possibilities For Prosperity* Basic Books, New York 1984.

[31] Pisano, Gary P.; Shih, W C. (2009) "Restoring American Competitiveness". *Harvard Business Review*. Vol. 87 Issue 7/8: 114-125.

[32] Porter, M: (1980) *Competitive Advantage*, Free Press. New York.

[33]　Porter, M: (1985) *Competitive Strategy*, Free Press. New York.

[34]　Purves, M. "3D-Printing Recycler" Businessweek. 7th November 2016, Issue 4498: 46-46.

[35]　Ridderstrale & Nordstrom (2000) *Funky Business* FT Books London.

[36]　Ritzer, G. (1993) The McDonaldization of Society, Pine Forge: California.

[37]　Schmenner, R.W. (1986) How can services business survive and prosper? Sloan management Review, 27, 3: 21-32.

[38]　Schoenherr T. & R. Narasimhan (2012) "The fit between capabilities and priorities and its impact on performance improvement: revisiting and extending the theory of production competence" *International Journal of Production Research* Vol. 50, No. 14: 3755-3775.

[39]　Skinner, W. (1985), *Manufacturing, The Formidable Competitive Weapon* Wiley & Sons, New York.

[40]　Stacey R (1993): *Strategic management and Organizational Dynamics* Pitman London.

[41]　Teece, D., Pisano, G. and Shuen, A. (1997): "Dynamic capabilities and strategic management," *Strategic management Journal* volume 18, number 7, 1997: 509-533.

[42]　Terziovski, Milé (2010) Innovation practice and its performance implications in small and medium enterprises (SMEs) in the manufacturing sector: a resource-based view. Strategic Management Journal, Vol. 31 Issue 8: 892-902.

[43]　Vandermerwe, S. & Rada, J. (1988) "Servitization of Business: Adding Value by Adding Services", European Management Journal, 6: 314-324.

[44]　Wall Street Journal, "The Quagmire Ahead" June 1, 2009.

[45]　Womack J, Jones D & Roos D (1990): *The Machine That Changed the World* Rawson Associates New York.

[46]　Womack, J; & Jones, D(1996) "How to Root Out Waste and Pursue Perfection" Harvard Business Review. Vol. 74 Issue 5: 140-158.

[47]　Womack, J & Jones D. (2003) *Lean Thinking: Banish Waste and Create Wealth in Your Corporation*, New York: Simon Shuster.

第 2 章

战略运营管理

🎯 **学习目标**

1. 理解为什么所有组织都需要制定运营战略。
2. 洞察运营战略怎样随着时间的推移而发展的。
3. 为战略的过程和内容提供指导。
4. 懂得为什么有些组织在设计和实施运营战略方面会存在困难。
5. 领悟运营战略的重要作用。
6. 了解战略共鸣的必要性。

在本章中,我们将详细阐述在第 1 章中讨论的制造和服务环境中运营管理面临的一些重要问题。当许多市场出现波动时,需要注意的一个问题是需要制定策略应对这样的环境。这与多年的规划无关,更重要的是有一个清晰的认识和实施战略目标的计划。我们将探讨如何从战略性的角度来看待运营管理的主题,并讨论组织如何制定合适的战略以在现代商业环境中进行竞争。

在第 1 章中,我们研究了运营管理者面临的主要责任。正如我们所看到的,这些责任范围很广,而且非常重要。最重要的是,运营管理者的责任不仅仅是转型过程中的资产管理、成本管理和人力资源管理(这些管理职责同样重要!)。在当前的商业环境中,运营管理必须能够让公司能成功应对来自世界各地的与日俱增的竞争。这意味着运营管理与过去的执行方式完全不同。简而言之,运营管理会变成战略运营管理。

现代的商业要求组织接受持续创新,来应对各行各业中日益激烈的全球竞争。

2.1 某些关键问题

在《哈佛商业评论》的文章中,Collis 和 Rukstad(2008:82)指出:

这是一个见不得人的小秘密:大多数高管都无法用简单的陈述来表达他们业务的目标、范围和优势。如果他们不能,其他任何人都不能。

然后他们提出了挑战:

你能用 35 个字或更少的字总结你公司的战略吗?如果可以,你的同事会用同样的方式来完成吗?

Sull et al. (2015)观察到：

> 高管们对于战略目标了解甚少，而且往往看起来互不相关，与整体战略脱节。当多半高管们无法在战略优先级之间建立联系时，情况就相当糟糕了，但其他方面的问题更加严重。在中层行政主管中，只有不到 1/3 的人清楚地理解企业优先事项之间的关系，而一线主管和团队领导的这一比例则骤降至 16%。

本文的作者同意上述主张和挑战。但幸运的是，本章后面描述的方法可以帮助统一整个组织的战略制定和实施过程。

在我们的管理咨询经验和研究中，我们发现大多数 CEO 和其他高级管理人员要么难以阐明战略，要么不能与所有员工分享和实施战略，从而使问题变得更糟，因为许多 CEO 对运营管理或其对组织的潜在战略贡献知之甚少。例如，如果您要与组织内的高管人员交谈，那么很可能在短时间内，交谈会转向诸多管理术语，如核心竞争力、关键绩效指标以及关键成功因素等。向同一位高管询问运营和运营管理如何与这些术语相关联时，他可能会被这个问题所困惑。接下来，我们将探讨这方面的主要原因，但我们首先要指出：**运营流程和运营管理对组织具有战略重要性**。

这是因为现代组织渴望在以下任何一方面都应出类拔萃：大规模定制、精益生产、敏捷制造、以顾客为中心的供应等。而这又取决于组织实际执行力以及具备相应的运营能力 (Sull et al., 2015)。有些组织的问题在于，它们根本没有具备运营潜力的高管。因此，企业往往要么没有发展这种运营能力，更糟糕的是，要么通过剥离组织内的工厂和服务而舍弃这种运营能力 (Brown & Blackmon, 2005; Brown et al., 2007)。但是，如果战略被明确地界定及妥善实施的话，优势可能是巨大的，见案例 2-1。

案例 2-1

爱德华琼斯（Edward Jones）的战略

爱德华琼斯，一家总部位于圣路易斯的经纪公司。作为美国第四大股票经纪公司，琼斯在过去二十年市场份额翻了两番，不论身处牛市还是熊市，该公司在投资回报率方面表现一直优于竞争对手，并一直是《财富》(Fortune) 杂志评选的"最适合工作的公司"之一。可以肯定的是，该公司 3.7 万名员工中，几乎每个人都能表达出公司简洁的战略目标。琼斯的目标是通过由一个个理财顾问组成的全国性网络，向申请委托的个人投资者提供可信赖且方便的面对面理财建议，从而将金融顾问数量从目前的 1 万名左右增加到 1.7 万名。

(Collis & Rukstad, 2008)

2.1.1 什么是战略

"战略"来自希腊语"strategos"，在军事语境中译为"将军"，这也暗示了战略负有领导、指挥等作用。这种军事联系在《孙子兵法》一书中得到了进一步的体现。《孙子兵法》是一本公元前六世纪后期由孙子撰写的中国军事专著。因此"商业战略"中的"战略"一词起源于军事术语。但是一些作家并不喜欢这种类比(例如,Kay,1993),因为战略并不总是致力于消除竞争。我们不会假设战略是简单的或直接的。战略显然是一个复杂的问题(Whittington,2001;Mintzberg et al.,2000)。例如,Chaharbaghi 和 Willis(1998)列出了一些关于战略真正含义的观点,这些观点往往是相互矛盾的,这表明了战略是多么复杂。其中一些很有趣:

什么是战略:某些有趣复杂性的情况

战略是:

一场奇怪的比赛(Stacey,1993);

一个计划,一个总体规划,一个模式,一个立场,一个策略,一个观点(Mintzberg,1994;Wheelen & Hunger,1992);

一张综合蓝图(Hax,1990);

一种思维方式或心态(Dixit & Nalebuff,1991;Ohmae,1982);

一种创新(Baden-Fuller & Pitt,1996);

一门黑色艺术(Hax,1990);

一门语言(Goddard & Houlder,1995);

一个学习过程(Senge,1990)

战略也被认为是:

标准化(Douglas & Wind,1987);

差异化和成本领先(Porter,1985);

善于布局(Peters & Waterman,1982);

适合和范围(Johnson & Scholes,1997);

拉伸和杠杆(Hamel & Prahalad,1994);

区分管理任务和断言极其重要的联结(Hax,1990);

利用杠杆(Lele,1992);

生存(Booth,1993);

获胜(Ellis & Williams,1995);

全球统筹(Prahalad & Doz,1986);

依赖、独立和相互依赖(Bartlett & Ghoshal,1987);

市场推广(Daems,1990);

意图(Hamel & Prahalad,1989);

发展核心竞争力(Prahalad & Hamel,1990);

预见变化(Peters & Waterman,1982);

愿景(Mintzberg,1995);

应对外部机遇和威胁,确定目标以及对利益相关者做出经济和非经济的贡献(Hax,1990);

前瞻性思维(Pascale,1984);

发展增加价值的独特能力(Kay,1994);

母公司优势和增加价值(Goold & Campbell,1991);

> 逻辑渐进主义(Quinn，1978)；
>
> 应对竞争(Porter，1979)；
>
> 实施(Hrebiniak & Joyce，1984)；
>
> 基于时间的竞争优势(Stalk，1988)；
>
> 基于功能的竞争(Stalk et al.，1992)；
>
> 超越(Gilbert & Strebel，1989)；
>
> 投资组合规划(Haspeslagh，1982)；
>
> 投资组合管理、重组、转移技能和共享活动(Porter，1987)；
>
> 结构(Chandler，1962)；
>
> 合作(Contractor & Lorange，1988)；
>
> 联盟(Reve，1990)；
>
> 协作(Hamel et al.，1989)；
>
> 对抗(Cooper，1995)；
>
> 网络阵地(Johanson & Mattsson，1992)；
>
> 从混乱中恢复秩序(Stacey，1993)；
>
> 选择好的公司(Baden-Fuller & Stopford，1992)；
>
> 选择好的行业(Porter，1980，1990)
>
> **战略还可以是：**
>
> 一般性的(Porter，1980)；
>
> 从容的或紧急的(Mintzberg，1994)；
>
> 理性的或渐进的(Johnson，1988)；
>
> 规范性、描述性或结构性的(Mintzberg & Ansoff，1994)；
>
> 含蓄的或明确的(Mintzberg & Ansoff，1994)
>
> （改编自 Chaharbaghi & Willis，1998）

因此，正如我们所看到的，战略可能很复杂。但是，我们会对一些经常重复出现的且对管理者们很有用的主题提出一些建议。基于这些主题我们可以说：

> **战略是：**
>
> 满足现有市场需求以及开拓潜在细分市场的机会(Kim & Mauborgne，2002；Nunes & Cespedes，2003)；
>
> 资源的充分利用，并单独或与合作伙伴共同利用这些资源(Wernerfelt，1984；Barney，1991；Dierickx & Cool，1989；Hines，1994；Stump et al.，2002；Ireland et al.，2002)。例如在中国，"奥美中国"通过与共青团中央、中国青少年社会服务中心等主办的青年创业行动培训合作，拓宽了对消费者需求的理解。总部位于印度的柴油发动机的制造商康明斯公司(Cummins)，缺乏训练有素的工程师，因此它与位于普纳(Pune)有着112年历史的女子教育机构 Maharshi Karve Stree Shikshan Samstha 合作，创建了一所新的女子工程学院。(Ghemawat & Hout，2008)

公司内部中层管理者的最终责任——当然,我们认识到了公司内部和与企业保持永恒联系的过程中一系列利益相关者的至关重要性。(Frambach et al., 2003; Hax & Majluf, 1991; Dougherty & Corse, 1995)。

关于制定和实施能够使企业竞争并且在理想条件下创造竞争优势的流程(Whittington, 2001; Hamilton et al., 1998)。

关注在公司运营中开发优于其他竞争对手的能力,而其他竞争对手无法复制或发现极难复制的能力(Teece et al., 1997; Eisenhardt & Martin, 2000)。

最后一个因素对新市场具有重要意义,如下面的宝洁公司在中国的例子所示:

 案例 2-2

宝 洁 中 国

宝洁在中国之所以如此成功,是因为它能做一些中国竞争对手还无法做到的事情。例如,它有能力派遣当地的产品开发人员到全球研发机构,与经验丰富的技术专家合作,为中国创造更好的细分产品。因此,在其参与竞争的 16 个产品类别中,宝洁几乎在所有类别中都处于总体领先地位。宝洁很可能继续扩大其在中国较低端细分市场的影响力,而在这些领域,本土企业一直占据优势。

(资料来源:Tomorrow's Global Giants, Ghemawat & Hout, Harvard Business Review, 2008, (86)11)

战略的这些指示很重要,因为它们都以各种方式与运营管理相关联。这本身就是一个挑战,但是由于企业通常不会以某种方式组织自己,这种方式要求它们最大可能地利用其运营能力,致使战略变得更加困难。制造业和服务业组织都是如此。服务业组织的情况甚至更糟,过去 30 年发生的制造业革命拉开了它们与制造业的差距。虽然现在一些商学院已经建立了完善的服务管理学科和新兴的研究议程,但都是最近出现的。

对于一些公司而言,将运营视为"战略"因素的想法仍然是一个问题,这些公司的总体战略可能由公司高层的几个人管理,而这些人可能对生产和运营管理知之甚少。因此,商业决策背后的基本原理以及其成功的衡量标准,几乎完全取决于短期的财务标准。正如我们在第 1 章中所指出的那样,这种方法可能经常剥夺公司的重要投资,以支持和维持关键运营领域,如技术、工厂现代化和持续培训。

管理会计工具的使用和"数据证明"虽然很重要,但还不够。例如,如果公司不投资这些关键领域,就得不到确立财务比率或结果的公式。最终,如果公司没有投资——正如我们将在第 7 章中看到的那样,"砸钱解决问题"也不是办法——那么最终的结果就是公司将无力竞争并面临衰落。

投资不足所带来的扭曲,被一位哀叹美国现状的美国学者完美地捕捉到了:

> **运营管理者的投资问题**
>
> "这种对季度利润的关注对大型上市公司来说是致命的。如果有一线希望的话,那就是国家的私有中型企业。"他说,"我认为它们更愿意在有利于公司竞争力的投资中承担更大的风险,而不仅仅是让投资回报率在短期内看起来更好。我认为它们在外包方面有更好的平衡。如果我能改变关系一个国家的某件事,那就是通过一项法律,禁止每季度报告公司利润。我认为对短期利润的关注,对制造业造成的伤害可能比其他任何事都要大,从长远来看,这会有助于改善制造业的发展状况。"
>
> (资料来源:quote from Professor Edward W. Davis in "Waking Up To a New World", Industry Week June 2003,(252)6)

企业面临着日益激烈的竞争,这在许多行业中变得越来越全球化,应对这种竞争要制定适当的战略,因为很少有做好准备并随时采取行动的企业,有的话也是意外或偶然发生。

2.1.2 战略使命

正如我们在第1章中提到的那样,公司通常会明确表达与其战略相关的使命。这个核心任务不必特别冗长,也不必特别清楚,但它必须具有意义。例如,"Maru-C"对小松公司(Komatsu)的使命——围绕小松的主要竞争对手卡特彼勒;可口可乐公司打算让世界上的每一位消费者都能伸手可及地买到可口可乐。这些使命对于这些公司是合适的。这项任务取决于该公司通过其运营能力所能完成的工作。有时,核心任务的意图可能是戏剧性的,比如本田(Honda)的例子:

> 当本田超越雅马哈成为日本头号摩托车制造商时,该公司宣称"我们将彻底击溃雅马哈!"(Whittington 2001:69)

本田之所以能够在短时间内推出如此多令人印象深刻的创新,是因为它调动了本田多年来开发的一系列能力。随后这些运营能力得以在市场上得到利用,以抵御竞争进展。然而,如果没有运营能力,那么坚持一种战略是徒劳的。20世纪90年代康柏在个人电脑(personal computer,PC)行业就是一个很好的例子。

> **康柏的战略问题**
>
> 康柏公司的问题始于1994年,当时其前任首席执行官Pfeiffer宣布康柏将在1996年之前按照订单生产所有的PC机。在Pfeiffer发布"按订单生产"的声明时,康柏按订单生产的电脑还不到5%。在新的千禧年开始之际,康柏在按订单生产能力方面远远落后于戴尔,戴尔在首次面向美国企业销售台式电脑方面也超越了康柏。康柏前首席执行官Pfeiffer之所以丢掉工作,或许最重要的原因是缺乏以客户为中心的运营策略。康柏的失败也导致了与惠普的合并——惠普一直是此次合并的主要合作伙伴。

运营战略的成功与否与规划过程的持续时间无关,也与向公司员工展示的战略多好、多精彩无关,而实际上,战略往往不会向员工阐明。相反,运营战略的成功将取决于它将运营工作集中到一种综合能力的程度。反过来,这些能力应该使公司能够在日益激烈的环境中进行竞争。并不是说制造/运营经理必须在商业战略中起主导作用,而是说他们应该是战略规划过程中不可或缺的一部分。如果没有运营经理的能力,最好的营销和企业计划几乎不可能实现。《财富》杂志强调了战略愿景一旦形成就有机会实现的重要性:

> 世界上大多数最受尊敬的公司不仅都有一个制胜的战略,而且能够实施这个战略。这是合益集团(Hay Group)在 2003 年第四季度的一项后续研究的结论。研究发现,最受尊敬的公司和其他受访公司之间的一个最大区别在于执行力。宝洁公司(Procter & Gamble)首席执行官(A.G. Lafley)表示:"需要做什么已经不是秘密了。挑战在于将战略、系统和能力落实到位,然后推动部署和执行。"该公司在家庭和个人产品方面位居榜首,并在 346 家公司中总得分最高。
>
> (资料来源:The Secrets of Execution,Fortune 8th March,2004:42)

2.1.3 战略的"方式"

如果公司的使命是陈述公司要做什么,那么战略就是公司如何实现这一使命。本田的例子中,它的使命是"彻底击溃雅马哈!",但其战略或"如何"实施——是在 18 个月内以惊人的速度推出一系列产品。

那么,从本质上来讲的基本策略说明如图 2-1 所示。

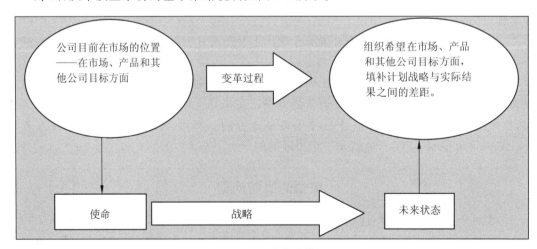

图 2-1 基本战略模型

然而,为了解组织能够做什么,不能做什么,高级战略人员需要很好地理解运营能力——包括优势和劣势。当然,在一个越来越注重建立网络结构的商业世界里,重要的是,战略家不能把自己局限于公司内部的运营。但是,任何希望参与供应链/网络的公司都必须在同一网络结构中在某些方面"为各方带来一些东西",这些方面包括同一网络中的其他公司不具备或不打算获得的一系列能力(Marshall et al.,2016)。

重要的是，我们不要将运营视为战略制定中的限制因素。事实上，许多公司都有高级战略家，他们了解公司内部的能力，并且能够考虑到如何将这些能力定位到公司目前尚未开发的领域。例如，在许多不同市场，索尼以其小型化运用能力而闻名。这种"反向营销"方法，即运用运营能力来瞄准未来市场，是资源基础观战略的一部分，我们将在稍后讨论。在战略制定中使用运营功能如图 2-2 所示。

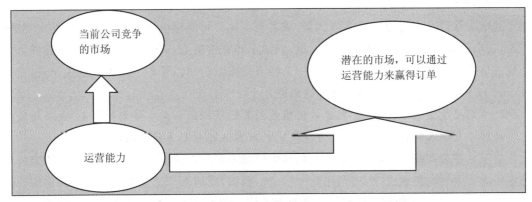

图 2-2　在战略制定中使用运营功能

要理解战略，最好从流程和流程中涉及的内容两方面来考虑。两者基本差异如图 2-3 所示。

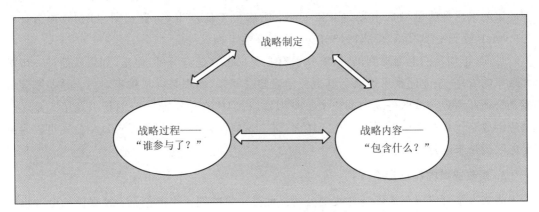

图 2-3　了解战略的过程和内容

实际上，过程（"谁"）在很大程度上界定了战略的内容（或战略是什么）。例如，如果战略是由高级管理人员制定的，那么相比于注重功能的管理人员制定的战略，其内容和范围通常会更广泛，更"以业务为中心"。但是，正如我们将看到的，为了使战略有意义，业务和运营战略之间的联系至关重要。

2.1.4　战略的重要作用

正如我们之前看到的，对"战略"有很多定义。虽然对"战略"的定义可能没有绝对的一致意见，但至少有四个特征可以区分战略决策和战术决策。

1. 高层管理者的角色

我们可以说,战略制定往往是公司内部高层管理者的特权,关于公司方向的最终决策将由这些高层管理者决定。公司其他级别的管理人员也可能参与战略计划的制定,但是,这些人员肯定会参与战略计划的实施(参见 Whittington 等人(2017)对战略制定的讨论)。

2. 创造竞争优势

战略决策旨在为公司创造竞争优势,或者至少使公司能够继续在其选定的市场中竞争。但是,它应该属于公司内部战略家的领域,以确定和利用机会,同时,战略家要意识到并分散其他竞争者的潜在威胁。因此,战略的一个特点是需要公司以外形成意识并达成愿景,正如 Hamel 和 Prahalad(1994:78)所解释的那样:

> 想要展望未来,高层管理者必须能看到其他顶级团队没有看到的机会,或必须能够通过先发制人和持续不断的能力建设来利用其他公司无法利用的机会。

对于一些公司而言,这将意味着向那些主要竞争者没有注意到,或者认为某个特定的细分市场无关紧要的领域进攻,或利用这个机会。例如,通用汽车已经失去了大量的市场份额(它从 1980 年的 61% 的国内市场高位下降到 2017 年的 16% 左右),在通用所忽视的细分市场上,它受到了来自本田、马自达、丰田、克莱斯勒和福特所创造的细分市场的威胁。这些被轻视甚至无视的领域包括四轮驱动、次紧凑型汽车、涡轮增压器和小型货车。

另一方面,雅高酒店集团(ACCOR Hotels)通过特意制定基于所有细分市场的酒店品牌的策略来主导法国酒店市场,F1 和 Urbis 酒店位于低端市场,奥比斯(Orbis)和诺富特(Novotel)位于中端市场,索菲特(Sofitel)位于高端市场。

然而,正如我们上面提到的,战略并没有必要损害其他竞争者,但是,如果我们进一步扩大战略的应用,企业通常可能会与其他竞争者建立联盟,而不是寻求损害对方。这些联盟可能是公司在特定领域取得成功的一个主要因素,我们将在第 4 章——创新以及第 5 章——供应链战略伙伴关系中看到这一点。然而,进入这些联盟的关键,是要求每个公司可以为特定的联盟带来运营能力。

3. 战略决策的深远影响

战略决策可以深刻地影响并改变公司。此类决策的例子可能包括:大规模的金融投资(例如通用汽车 800 亿美元的技术投资);整个业务结构的彻底重组(正如包括 IBM 在内的许多美国"巨头"所经历的那样);企业内部的大规模裁员(从 20 世纪 90 年代到现在,许多美国巨头再次证明了这一点)。例如,自 2011 年 Meg Whitman 接任首席执行官以来,惠普(Hewlett Packard)已裁员近 8.8 万人。2015 年底,微软在手机业务方面裁员 7800 名员工,这发生在微软收购诺基亚后近两年后。此次收购受到了批判,因为微软被认为是在收购一家老龄化产业。后来,手机业务合并到了微软的 Windows 系统和设备部门。

与供应相关的运营战略可能会导致组织的重组,包括外包和内包运营,以及配置内部供应链,从而深刻改变组织的性质并影响其业务模式的整体特征。

当企业战略决策存在缺陷时,可能会造成严重的后果,像是克莱斯勒和戴姆勒之间命运多舛的合并,其结果导致了克莱斯勒的衰落。

克莱斯勒(Chrysler)面临的问题

小型货车(汽车历史上最畅销的创意之一)的发明者克莱斯勒开始将自己转变成其他汽车的营销商和合约制造商。为了填补重型卡车生产线的空缺,美国汽车制造商已经计划在重新设计的日产汽车 Versa 小型汽车上贴上克莱斯勒徽章。现在有消息称它正在与日本公司谈判,开始销售 Altima 系列轿车。此外,为了弥补卡车和小型货车工厂的不足,克莱斯勒的目标是成为任何需要这些车辆的制造商的雇佣装配工。这个计划不是出自于一个汽车人的大脑,它更像是根植于克莱斯勒运营中的金融家的想法。赛伯乐资本管理公司(Cerberus Capita Management)斥资 74 亿美元收购了该公司 80% 的股份,由于低估了扭亏为盈的难度,该公司正寻求削减成本和节省现金的方法。

(资料来源:Business Week,25th August,2008:28-29)

4. 长期视野

战略决策可能对公司产生长期影响,因此时间因素对战略家来说非常重要(Das,1991;Itami & Numagami,1992;Short & Payne,2008)。值得注意的是,战略规划不仅仅是简单的预测未来。要使战略有效,还需要在战略的实施中有着一种时间感和紧迫感。

图 2-4 中列出了许多同时具有战术和战略意义的操作领域。许多公司面临的问题是,战术问题向生产/运营人员开放,而战略问题并非如此。

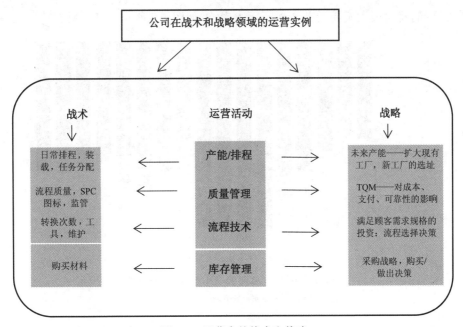

图 2-4 运营中的战术和战略

2.1.5 战略失败

对于许多公司来说,问题一部分在于它们的"战略"根本就不是战略。这些战略决策往往受到目光短浅的影响,并没有为公司创造长期竞争优势。当许多公司都这样时,在全国范围内可能也会出现问题,掠夺这个国家的技能、知识,以及在运营中"边做边学"的可能性。Pisano 和 Shih(2009)对此进行了很好的描述。

运营策略的失败

在过去 20 年的大部分时间里,美国经济的惊人增长在学术界、商界和政界倍受称赞,这证明美国的竞争力问题与护腿和爵士乐(Jazzercise)一样被人们抛在脑后。而数据显示并非如此。从 2000 年开始,美国高科技产品的贸易差额开始下降,高科技产品历来是历史上美国实力的中流砥柱。到 2002 年,它首次出现负增长,并在 2007 年继续下滑。那么,当事情看起来如此顺利时,究竟发生了什么呢?在美国运营的公司,正在稳步地将开发和制造工作外包给海外专门的厂商,并削减自身在基础研究上的开支。在做出外包决策时,高管们正在听取商业大师和华尔街的建议:专注于你的核心竞争力,减少低价值的活动,并将节省下来的资金重新部署到创新上来,创新才是竞争优势的真正来源。但实际上,外包并没有止步于简单的装配或电路板填充等低价值任务。支持各种产品创新的复杂的设计和制造能力,也迅速地被外包出去。结果,导致美国失去了或正在失去制造许多其发明的尖端产品所需的知识、技术人员和供应商的基础设施。

(资料来源:Restoring American Competitiveness, Pisano & Shih, Harvard Business Review, 2009,(87)7/8:114-125)

毫无疑问,这对美国贸易逆差产生了巨大影响,如图 2-5 所示。

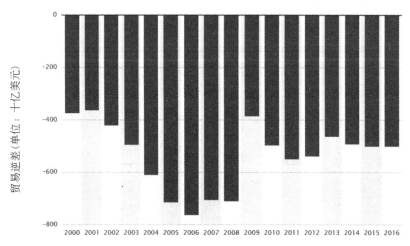

图 2-5　美国 2000 年至 2016 年的贸易差额
(资料来源:Statista, 2017)

现在,在一系列工业领域中,许多公司的战略决策,意将制造业务在中国和东南亚、南亚地区进行,而不是美国或欧洲,如下所示:

中国的生产商组装了世界上大多数的笔记本电脑和台式电脑,而且几乎所有这些工作都由中国台湾的工厂完成——例如鸿海(Hon Hai)、广达(Quanta)和华硕(Asustek),这些专门的制造厂商与戴尔、惠普及其他跨国公司签约。它们的商业模式是在中国进行装配和测试工作;建立庞大的规模(鸿海是这些专业公司中最大的一家,全球收入为 510 亿美元,净收入为 23 亿美元,深圳园区拥有 27 万名员工);并坚持狭窄的增值重点,只增加不到 5% 的产品总成本。同时,这些厂商还生产手机和其他电子产品。

(资料来源:Ghemawat & Hout, Tomorrow's Global Giants, Harvard Business Review,2008,(86)11)

这对美国经济造成的影响是灾难性的,截至 2018 年,美国的债务已经超过 20 万亿美元,而且目前还看不到任何解决方案。

收入和成本之间的差距如图 2-6 所示。

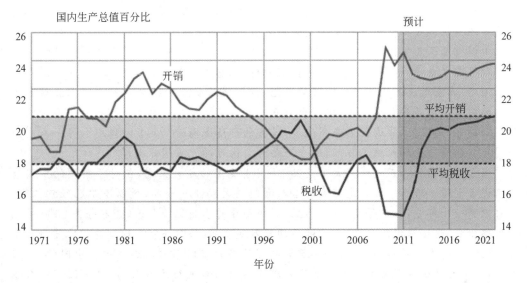

图 2-6　美国预算缺口

(资料来源:国会预算局)

然而,具有讽刺意味的是,就在许多西方公司将业务外包给中国的同时,一些中国公司却在西方建立了自己的公司。

 案例 2-3

美国制造……中国拥有

中国的公司正在花费数十亿美元在美国建厂,并为美国工人创造新的就业机会。

距离南卡罗来纳州斯巴达堡郊区的 Bountiful Blessing 教堂大约一英里,右转,在一排比我高不了多少的樱桃树苗后面的工业园里,有一家生产橡皮图章的公司和另一家将标识贴在帽子和袋子上的公司,这是一家全新的工厂:美国最先进的运城凹印滚筒厂。由于现在可以随时开放,它将制造用于打印标签的圆筒,像是塑料汽水瓶周围的那些标签。但与斯巴达堡的邻居不同,运城是一家中国公司。它来到南卡罗来纳州,是因为相比于在中国的标准,美国便宜得多。

运城在斯巴达堡以35万美元购得6.5英亩土地,价格仅为上海或东莞的四分之一,东莞是中国广东一个繁荣的城市,该公司已经运营了三家工厂。电力也更便宜:在中国用电高峰期,每千瓦时支付高达14美分,在南卡罗来纳州仅支付4美分,而且也不会限电,这在中国则是个偶发性问题。诚然,美国工人的工资要高得多,而在中国生产一件产品的总成本仍然较低,而且可能永远如此。

但对于像运城这样的数百家中国企业来说,美国已成为一个更好、更便宜的开店地点。仅在南卡罗来纳,中国企业就已投资2.8亿美元,创造了1200多个就业岗位。

今天,大约33个美国州、港口和市政当局已经派遣像Ling这样的代表到中国,把一度流失到中国的工作机会吸引回美国。除了负担得起的土地和可靠的电力外,美国各州和城市还提供税收抵免和其他激励措施来吸引中国制造商。

中国企业认为美国不仅仅是一个制造业中心。它们在内华达州建造一座风能涡轮机厂和风力发电场,创造了1000个美国就业机会;它们买下了拥有400名员工的洛杉矶万豪酒店;在密尔沃基收购了一家百货商店,计划将其变成容纳200家中国零售商的大型购物中心。从某种程度上说,中国企业正在复苏那些奄奄一息的美国企业。在斯巴达堡以西约70英里处,靠近佐治亚州边境,过去的标语上写着"24小时炸鸡",另一家中国公司正在招聘冶金和机械工程师,其中一些来自附近的克莱姆森大学。

海尔在美国的工厂也生产大型产品,适用于美国的超大豪宅,但对于典型的中国家庭来说太大了。现在中国越来越多的富人也想要大尺寸的产品,所以海尔已经意识到,它可以将一小部分(或许每年4000台)最高端型号的冰箱运回国内,并以每件2600美元的价格出售,这比中国约2000美元的年均收入还要高(海尔还将美国制造的冰箱运往印度、澳大利亚、墨西哥和加拿大)。目前还没有足够的富裕客户改造海尔在中国的29家工厂,但附近的南卡罗来纳州查尔斯顿的深水港使出口变得足够容易。"中国有些人想要高端产品,"海尔美国工厂总裁Joseph Sexton表示,"中国与人们想象的大不相同。"

(资料来源:Fortune, 24th May 2010, 161(7):84-92)

这一趋势是我们在第1章中讨论过的"回流"之外的。在"回流"中,公司会将业务返回到"本土"。2017年,中国在美国的投资进一步给出了证明。

与中国同行相比,美国工人赚的钱很多,但是当考虑到整体成本时,美国仍然可以跻身榜首。据杭州纺织企业科尔集团有限公司(Keer Group)的总裁朱善庆介绍,美国工人的平均工资是中国工人的两倍。但总的来说,在美国生产还是要比在中国便宜得多。

"在美国,土地、电力和棉花都便宜得多,"朱善庆说,"我的每吨纺织品的生产成本降低了25%。"此外,他说,在过去十年的大部分时间里,他在中国的工资每年增长30%。他已承诺投资2.2亿美元在南卡罗来纳州建设和扩建一家工厂,并计划最终将整个业务迁至美国,以及计划在今年年底雇用500多名员工。

朱善庆说:"再加上将企业税降低至15%的可能性,对许多制造商来说,美国将成为许多制造商的明智之选。"

(资料来源:CNBC "'Made in China' could soon be made in the US", Eunice Yoon, 31st May 2017)

2.2 从商业战略到运营战略

战略的制定没有最好的方法。关于战略,是否应该是内部的、基于资源的,还是完全外部的、由市场驱动的,可能被视为最感兴趣的辩论主题。在实践中,就像对待创新一样,许多组织既要考虑内部因素,也要考虑外部因素,因为它们倾向于既要"推动技术"(来自内部发展),也要"拉动需求"(来自市场需求)。这些能力不仅限于运营,还必须包括运营能力,包括质量、创新、数量和种类要求的灵活性、交付速度和可靠性。虽然组织内部需要具备出色的营销技能,但如果没有世界一流的运营管理能力(内部和外部)来支持组织的营销意图,那么它们就没那么有用了。每家公司都必须意识到外部问题,包括宏观经济因素、社会和技术变革。PEST 模型(政治、经济、社会和技术要素)是一种方便但不详尽的观察外部问题的方法。但是,公司还必须高度重视内部能力,并将其与可能影响公司的机会和威胁联系起来。Brown 等(2001)提供一个简单的模型来管理此战略过程,如图 2-7 所示。

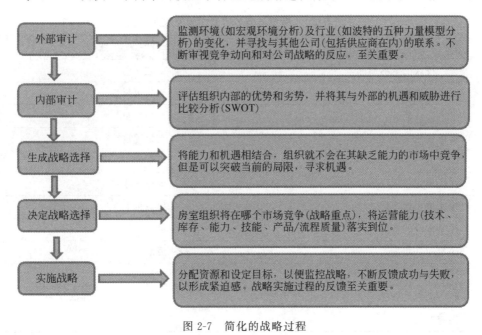

图 2-7 简化的战略过程
(来自 Brown et al., 2001)

在一些公司中,运营人员从第二阶段开始参与。然而,一些公司从第四阶段才开始涉及运营。但是,在那个阶段,原始的公司目标可能与生产/运营能力早已"脱节"。

正如战略过程中没有固定的方式一样,最好将战略内容视为动态的而非固定的实体。但是,我们建议至少应包括以下内容:

流程选择——选择正确的生产商品或提供服务的方法;
创新——调整或更新组织的流程或产出,以确保它们适应外部环境的变化;
供应链管理——与供应商关系的外部管理,以确保有效和高效的投入供应;
控制资源——库存的内部管理;
生产控制——有效和高效的流程管理;

工作组织——组织内员工的管理和组织；

客户满意度——质量管理。

如果以上任何一项出现管理不善的情况，那么组织就岌岌可危。正是出于这个原因，每一点都有一个章节来做专门的讨论，并确定了管理这些项目的关键方法。具体而言，运营战略必须至少包括以下内容：

组织实现其目标所需的能力；

设施的范围和位置；

支持流程和产品开发的技术投资；

作为组织"扩展企业"的一部分，形成战略性的买方——供应商关系；

新产品或服务的引入率；

组织结构——反映公司"做得最好"的东西，通常需要外包其他活动。

运营经理制定战略的关键任务之一，是这些管理人员要了解竞争因素，以便发挥进行竞争所需要的能力。这些要求和运营能力之间的联系如表2-1所示。

表2-1 运营与竞争因素之间的联系

竞 争 因 素	运 营 任 务
提供持续的低劣质品率	工艺质量
提供可靠的交付	交货可靠性
提供高性能的产品或设施	产品质量
提供快速交货	交货速度
根据客户需求定制产品和服务	灵活性
在价格竞争市场中获利	低成本生产
快速推出新产品	快速创新
提供广泛的产品线	灵活性
快速改变数量	灵活性
快速改变产品结构	定制；灵活性
使产品容易获得	交货速度/可靠性（分配）
快速改变设计	灵活性

（改编自 Brown，1996）

所有这些能力在很大程度上取决于以战略方式管理生产/运营。作为整体业务战略的一部分，形成与整体业务战略相关联运营战略，也是团结组织的一个重要因素。

2.2.1 运营战略的过程和内容

广义地说，制造战略是运营战略的先驱。美国学者的主要贡献是将制造战略确立为运营管理的核心议题，这些学者包括 Skinner（1969，1978，1985），Hayes 和 Wheelwright（1984），特别是英国的 Terry Hill（1995）。Skinner（1969）曾指出，不仅制造功能在规划过程中的战略要素被忽视，而且制造与战略规划之间的联系也是难以琢磨和界定的。自 Skinner 做出开创性贡献40多年来，据估计，在30多种主要期刊上发表了250多篇关于制造战略的概念和经验论文（Dangayach & Deshmukh，2001）。关于制造战略的作用和目的的讨论都十分广泛，包括许多用于确定战略运营决策的框架，我们将在这里讨论其中一些。

Hayes 和 Wheelwright 的模型

Hayes 和 Weelwright(1984)对战略的过程和内容进行了明确的说明，他们谈到了四个阶段，在这四个阶段中，制造战略作为运营战略的一部分，可以出现在公司的规划过程中，并对其作出贡献。

第一阶段：内部中立——这一阶段确保制造不会破坏公司的意图，而制造的角色纯粹是对已经制定的战略做出反应。

第二阶段：外部中立——这一阶段是为了让制造商向外部看，并确保它能与竞争对手平起平坐。

第三阶段：内部支持——制造的存在是为了支持企业战略。对制造能力进行审核，并考虑拟议的业务策略对制造的影响。

第四阶段：外部支持——在这里制造是决定企业战略性质的核心，它们的参与要积极得多。

如图 2-8 所示。

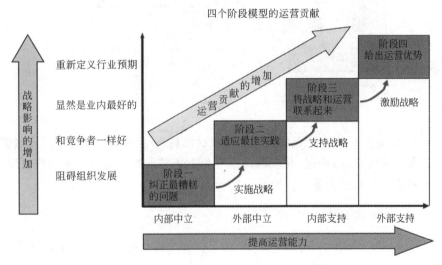

图 2-8　Hayes 和 Wheelwright 的四个战略阶段

尽管该模型本质上与制造业战略的制定有关，但我们建议，同样的模型可以用于服务，而且无论如何，应该从运营战略的更广泛的视角来看待。Hayes 和 Wheelwright(1984)的贡献非常重要，因为它有助于解释制造/运营策略应包含的内容：

> 制造战略包括一系列决策，随着时间的推移，基于这些战略，业务部门能够实现理想的制造结构，得到所需的基础设施和形成一系列特定能力。

Platts 和 Gregory 的模型

Platts 和 Gregory(1990)同意 Skinner 的观点，即制造被排除在公司辩论之外。Platts 和 Gregory(1990：6)认为：

多年来，制造一直被认为对商业战略没有贡献。战略，按照惯例，它通常是自下而上管理的。将制造系统分解开来，对各要素操作进行分析、优化，然后再进行系统重组。他们提出了将运营设计分为五个广泛阶段的战略：(1)明确制造目标；(2)制定制造战略；(3)设计详细的制造系统；(4)安装系统；(5)运作系统。他们承认"各阶段之间存在相当大的重复"，但补充说"如果将它们视为一个连续的过程，并通过现有审计方法的确定投入，则可以清楚地看到这些方式的作用，并且主要差距也就变得明显"。然后，他们建议管理者应该根据审计程序在自己的公司内进行行动研究。该过程如图2-9所示。

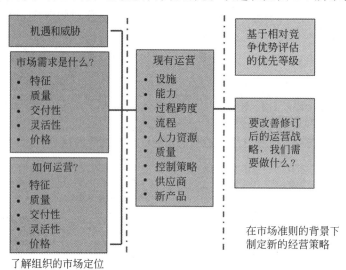

图 2-9　Platts-Gregory 程序

Platts 和 Gregory(1990)流程的主要作用是确保制造/运营部门充分了解市场需求。这阻止了"突出错误事情"的功能，并应确保运营与市场需求的一致性。我们将看到，这种一致性对基于资源的战略至关重要。如图2-9所示。

Brown 战略共鸣过程

Brown(2000)以及 Brown 和 Blackmon(2005)将战略共鸣定义为一个持续的、动态的、战略性的过程，在此过程中，客户的需求和组织的能力是和谐的，能够产生共鸣。战略共鸣不仅仅是战略契合——战略契合这个术语在过去常被用来描述企业能力与其服务的市场之间的契合度。战略共鸣不止于此。战略上的配合就像是拼图，所有的部分拼到一起。这一观点非常有用，但它好像给人一种静止的感觉，在战略上，就好比一旦各就各位，战略规划就完成了。

相比之下，战略共鸣是一个动态的、有机的过程，以确保以下各项之间的持续联系和协调：

市场和公司的运营能力；

公司的战略和运营能力；

公司内的所有职能和各个级别。

企业需要找到并利用各种战略共鸣，包括市场和企业之间、公司内部，以及高级战略家和工厂运营能力之间的战略共鸣。战略共鸣的概念如图 2-10 所示。

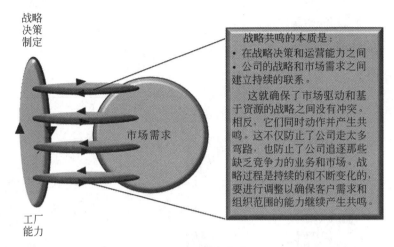

图 2-10 战略共鸣

（改编自布朗 2000：6）

本质上，战略共鸣是指管理两套需要同时具备的能力，这些能力包括：

（1）在公司的职能范围内形成凝聚力和战略一致性。

（2）公司的能力和公司希望的在细分市场中的竞争力。

战略共鸣也是确保公司将开发和保护那些可以用来把握市场机会的能力。正如我们所指出的，这种能力不是偶然产生的。

战略共鸣与以资源为基础和以市场为导向的战略观点之间的关系如图 2-11 所示。

充分理解战略共鸣概念，并确实在企业中加以关注，这一点是非常重要的，因为当前的竞争环境的特征越来越倾向于新产品和现有产品的快速技术变化，至少部分产品是由于竞争水平的提高而产生的。

战略共鸣可能被视为由 Teece 等人（1997）定义动态能力中的更广泛的一个要素，我们将在本章后面探讨。然而，战略共鸣的作用在于了解当前战略层面领域内的需要纠正的问题，以便随着时间的推移来开发能力，并根据需要对其加以利用，以创造或应对市场机遇。

战略共鸣以三种方式处理战略的过程和内容：

（1）这是一个动态过程，高级战略家与运营人员进行沟通，以便了解公司运营中的能力（以及能力不足的地方）；

（2）这是一个动态过程，确保公司与现有客户之间的共鸣；

（3）这是一个动态过程，利用功能寻找新的细分市场。

Hill 的框架

对运营战略的另一个重要贡献来自 Hill(1995,2000)。Hill 谈到有必要建立一个动态的流程，将企业、营销和运营战略置于一个统一的流程中，如图 2-12 所示。

可见，企业、营销和运营战略之间的联系是非常明确的，它们之间的对话是至关重要的。

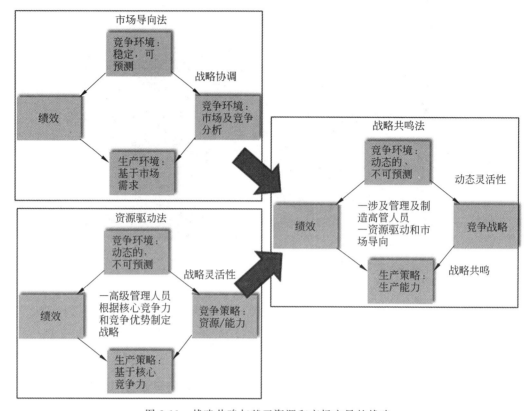

图 2-11 战略共鸣与基于资源和市场主导的战略

毫无疑问,该模型有助于深刻理解战略过程。然而,尽管这个模型很重要,但它的重点在于企业内部的战略。同样重要的是,该公司要放眼外部,了解如何在日益复杂的网络中进行布局。这里有一个关于订单获胜和订单合格标准的说明。

2.2.2 订单赢取和资格标准

Hill(1995、2005)提出了将运营能力与市场需求联系起来的方法,他讨论了理解订单赢取和订单资格标准的必要性。订单赢家具备哪些在市场上比其他竞争者赢得订单的因素;订单合格要素是公司为了在市场上竞争所需要的因素。没有这些能力,公司将失去订单,事实上,订单合格要素可能成为公司失去订单的要素。因此,应等同对待订单资格标准应与订单赢得标准,因为达不到这些标准,将导致公司衰落。在高科技行业,订单合格要素必须包括最新技术——如果没有这一点,公司就无法竞争而衰落。然而,一系列订单赢取标准发挥作用时:低成本是显而易见的,但交付要求也很重要;此外,根据客户需求进行配置的(由于大规模定制)的能力也很重要。同样,当 John Martin 将 Taco Bell 变成一家快餐巨头时,他发现提供墨西哥食物只是一个订单合格的一个因素。客户的订单赢取标准被称为 FACT (快速、准确、清洁、及时)。

这种方法——区分订单合格标准和赢取标准——提供了一种有用的见解,但需要注意以下几点:首先,订单合格和赢取标准可能会随着时间而变化。一旦公司对这些标准进行

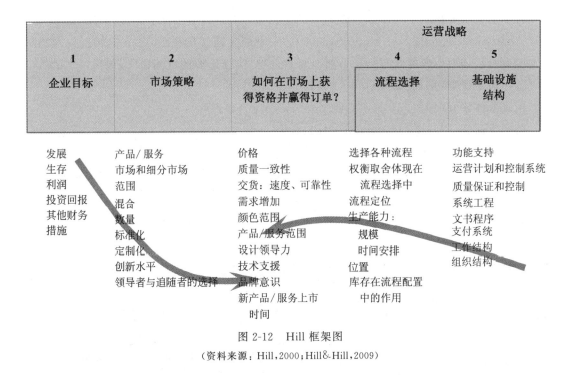

图 2-12 Hill 框架图

(资料来源：Hill，2000；Hill&Hill，2009)

了审核，就必须做好准备，随标准本身的变化进行调整。换句话说，对订单赢取/合格标准的评估必须是一个持续的、动态的过程。

其次，Terry Hill 所做的订单赢取/合格标准与流程选择之间的联系受到了质疑（我们在第 7 章中强调了这个问题）。需要关注的是，公司可以在一种工艺选择下生产类似的产品，但这些产品可能不止针对一个细分市场，并且这些细分市场对于同一种工艺生产的相同产品可能存在冲突和不同的要求。

再次，消费者不一定会区分订单合格和订单赢取标准，而是可以查看所提供的整体价值或包装。例如，在购买个人电脑时，顾客可能对价格和基本规格有一个大致的指导或指示，但当整体的包装变得更加清晰时，他们会对这两者进行调整。

最后，组织必须做好准备，并能够同时改进运营管理的各个方面。同样，这在高科技市场中非常明显，在这些市场中，必须同时实现最新技术、新产品的快速创新、高质量水平和低成本的目标。

2.2.3 企业内部运营战略效益

以上讨论的内容，证明了研究运营的学者充分意识到，运营战略至少要与市场形势保持一致(Skinner 1969，1985，Hayes & Wheelwright，阶段 1～3)，或者作为基于资源战略的一部分（特别是 Hayes 和 Wheelwright，在其模型第四阶段所述；Brown 和 Blackmon，2005）。然而，是否有证据表明，运营策略可以对企业在一系列标准下的表现产生影响？找到战略过程及其实施与随后的成功两者之间的联系，是管理学的重大成就，但一些有趣的影响已经显现出来，这可能很好地支持了运营能够包含在战略主流辩论中的理由。

许多实证研究揭示了与卓越绩效相关的运营策略(Shan & Ward, 2003; Swink et al., 2005; Amoako-Gyampah & Acquaah, 2008)。一系列主题(Chatha & Butt, 2015)以及详尽的文献调查已经对运营战略进行了分析。意料之中,实证研究的范围很广,包括:

公司特定研究(例如 Miltenburg, 2015);

国家具体研究(例如 Jayaram Oke & Prajogo, 2014);

跨国家研究(Ehie & Muogboh, 2016);

还有一些研究主张研究运营战略对可持续发展的重要性(Ocampo & Clark, 2015)。

对中小企业(Löfving, Säfsten & Winroth, 2014)以及包括医疗保健在内的服务业(Matthias & Brown, 2016)人们也引发了兴趣。

此处总结了一些将运营战略和绩效相联系的文献,如表 2-2 所示。

表 2-2 运营战略与绩效之间的联系

作　　者	记录的要点
Tunalv (1992); Dangayach & Deshmukh (2001); Papke-Shields & Malhotra (2001); Sun & Hong (2002)	企业业务和运营战略之间的协调对企业绩效产生积极影响。
Papke-Shields & Malhotra (2001)	明确测试业务和运营战略与公司绩效之间的一致性,并发现了正相关。
Sun & Hong (2002)	发现一致性与企业绩效的四个主观衡量指标之间正相关(虽然不是线性的)。
Joshi et al. (2003); Acur et al. (2003); Da Silveria (2005); acquaah (2007)	运营职能部门在业务战略制定中的更高程度参与对业务绩效产生积极影响。
Brownet et al. (2007, 2010)	在个人计算机行业的一系列关键参数中,特定类型的战略制定与运营功能之间存在联系。
Dangayach & Laosirihongthong (2012)	运营战略的传播对新兴经济体国家企业的绩效产生了积极影响。
Prajogo & McDermott (2008); Spring & Araujo (2013)	运营策略有助于增强服务的能力。
Brown (1998, 2000); Brown et al. (2007, 2010)	这些是复制的工厂水平的研究案例,用于测量有共鸣的/开明的厂家与没有共鸣的/传统厂家之间的差异——在每种情况下,有共鸣的厂家的表现都优于没有共鸣的厂家——质量测量、库存管理、吞吐量时间与创新能力。

运营战略必须在三个关键领域将运营能力适配市场需求:

运营战略必须通过与业务竞争战略保持一致,来支持战略业务部门(SBU)的目标(Skinner, 1969; Hayes & Wheelwright, 1984);

运营战略必须与其他职能层面的战略保持一致,特别是 SBU 的营销和人力资源战略(Berry et al., 1995; Deane et al., 1991; Menda & Dilts, 1997);

运营战略必须与内部的运营职能保持一致(例如,Hill, 2000)。

2.3 为什么组织难以形成运营战略

公司里的聪明人有很多,但他们往往反对运营战略的概念。我们认为,这一问题主要与运营管理随着时间的推移而变化有关,这一点,我们在第 1 章中讨论过。在这里,我们提供了一些关于这些变化如何对运营战略的制定产生重要影响的见解和策略。

2.3.1 回顾

为什么运营战略在企业战略的辩论中常被忽视?从公司层面上来看,其原因与生产流程从手工生产到大规模生产的转变,以及随之而来的组织结构变化有关。在 20 世纪初大规模生产出现之前,手工生产是将一系列投入转化为产出的唯一手段。手工生产的典型特征是,由高技术工人生产出批量少但种类丰富的产品。这些组织通常是中小企业(SMEs),具有扁平的层级组织结构,通常负责经营企业的人员,曾在运营职能部门工作过,或者他们是从企业基层做起,因而了解企业如何运营。因此,一个组织所执行的运营与其追求的战略密切相关,运营职能在董事会会议中具有重要的战略地位(Brown & Blackmon, 2005; Rugman & Verbeke, 2002)。

20 世纪初,北美出现了大规模生产,以帮助技能日益缺乏的劳动力向世界其他地区出口商品。与工艺生产不同,这些生产的典型特征是,由低技术工人生产出批量大但种类少的产品。企业采用"泰勒主义"管理方法来控制成本、时间和资源,而不是依靠熟练的工匠/工人来决定什么是合适的(Womack et al., 1990; Wagner-Tsukamoto, 2007)。这显著改变了组织内使用的运营过程(Womack et al., 1990)。从工艺到大规模生产的变化如何影响组织内的战略过程如图 2-13 所示。

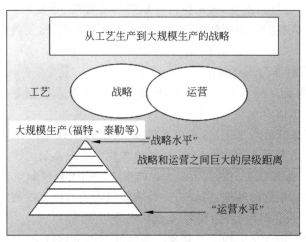

图 2-13 从工艺生产到大规模生产以及对战略的影响

从工艺生产到大规模生产的变化与其他主要变化同时发生,包括:
所有权与控制权的划分(Berle & Means, 1932; Berle, 1954; Chandler, 1992);
组织使用的管理结构(Simon, 1947; Woodward, 1965);

战略发展与公司内部日常运营的分离(Coase，1937；Penrose，1959；Wernerfelt，1984；Lazonick，1990；Nelson，1991)。

正如 Brown(2000)以及 Brown 和 Blackmon(2005)所观察到的那样,限制讨论从工艺生产向大规模生产的转变,对于运营流程变化的影响是缺乏远见的。从工艺生产到大规模生产的转变,深刻改变了运营职能在业务战略规划过程中的地位,主要有四个原因：

(1) 运营职能部门人员通常不被授予公司内部的高级战略级别的职位。

运营部门的作用被认为是简单地降低成本,而销售、营销和财务等其他职能被认为更具战略重要性。正如 Fligstein(1987：52)评论：

> 制造人员在1929年在董事会中占主导地位,随后下降。在1929年至1959年期间,销售和营销人员作为大公司负责人的数量稳步上升,但仍未超过制造人员。从1959年起,制造业人员的控制权下降。最后,财务人员从1949年到1979年逐步控制大公司,并在1979年成为最大的单一董事团体。

这产生了深远的影响,因为正如我们将要讨论的——高级管理人员在公司基于资源的基础战略中所起的保护能力作用,这些高级管理人员和首席执行官经常选择外包业务以获得短期财务收益,从而丧失了积累和发展这种能力的可能。

(2) 运营经理成为技术专家而不是战略思想家。

运营经理专注于寻找使用技术来降低运营职能执行的重复例行工作的成本的方法(Nelson，1991),因此,运营经理与底层车间工人的联系,要比与高级经理的联系更紧密(Lazonick，1991)。Lazonick(1991：49)在评论英国的状况时提到此类观点：

> 训练有素的技术专家倾向于与底层的车间工人更紧密地结合在一起。

这进一步强化了这样一种观点,即运营人员只是执行了一系列例行程序,而设计、制定和实施战略的是高级管理人员。鉴于这种对于运营的狭隘观点,运营功能被视为"非战略性",也就不足为奇了。虽然这样,关于执行一系列高度常规、重复和狭义定义的任务的"战略性"是什么？为什么我们认为那些能够执行或管理这些平凡、重复的过程的人应该被提升到高级职位？

(3) 运营经理没有参与战略讨论。

运营经理的作用是以尽可能低的成本来实施高级管理人员所制定的计划(Brown & Blackmon，2005)。正如 Pine et al.(1993：114)所说：

> (在大规模生产的情况下)信息向上传递,决策向下传递。员工被视为车轮上的齿轮,他们的报酬通常是基于标准化的、狭隘的工作水平或类别。

然而,虽然 Pine 等人(1993)说为了从大规模生产转向大规模制定,这种方法必须改变,但他们并没有说明,实现这种转变,需要将运营职能纳入公司内部的战略辩论。

(4) 运营经理被视为战略性"阻碍者",而不是"推动者"。

告诉运营经理"要做什么",而不是让他们参与战略辩论和讨论,意味着他们经常推迟战略的实施或造成预期战略和实施战略之间的不一致(Mintzberg，1990；Das & Teng，2001)。尽管明茨伯格(Mintzberg，1990)暗示了将运营职能纳入战略实施的重要性,并强调了将战略制定与实施分离的问题,但他没有明确说明将运营职能纳入战略制定的必要性。从工艺生产到大规模生产,再到现代生产的战略过程中运营角色的变化如表 2-3 所示。

表 2-3　公司从工艺到大规模到当前时代的战略过程中的操作功能的变化

	工 艺 时 代	大规模生产时代	现代（精益、大规模定制和敏捷生产）
市场环境	产量相对稳定。	高产量非常稳定。	产量变化范围极不稳定。
组织结构	小公司通常垂直整合。	大公司经常垂直整合。	中型企业在大型供应网络中运营。
等级层次	少数。	许多大型美国公司通常超过20层。	很少——专注于流程或产品服务,灵活且易于变革。
运营流程	劳动技能高,自动化水平低。	劳动技能低,自动化水平高。	劳动技能高,科技水平高,管理大型供应网络的信息流和物料流。
战略过程	公司内部根深蒂固,高级管理人员对组织的运营有丰富的知识和经验,正在执行的战略与正在执行的运营之间有密切联系。	自上而下的过程,高级人员对运营知之甚少,运营人员不参与战略决策过程。	持续的动态过程。高级管理层需要确定和发展其中的关键能力和公司的运作及应用能力,以吸引和留住顾客。
生产环境	品种多、产量低的产品和服务,劳动技能高,设备利用率低,加工工艺低。	品种少,产量大,劳动技能低,设备利用率高,加工工艺高。	种类繁多、产量较小的产品和服务,劳动技能高,设备利用率高,加工工艺高。
能力和胜任力的作用	必需的。由于学徒制、行会和其他专业领域等因素,从而导致某人成为某一特定工艺或职业的"大师"。	非必需的。单调的、重复任务的时代,常被称为例行公事。	必需的。应对快速变化、波动和定制的能力取决于是否拥有一项准备就绪的技能,以满足客户在关键领域的需求,包括质量、设计、低成本和交付速度。

2.3.2　当前问题

企业中的许多战略决策,都是由那些可能对运营知之甚少的人做出的,他们的战略方法通常由纯粹的财务以及短期应用决定的。因此,即使是可能具有长期影响的决策——例如,在制造业或服务业中,对工艺技术的投资有时也是一种权宜之计,用以降低成本,而不是为了在许多竞争领域提高能力。因此,公司往往会把过多的注意力放在错误的事情上。例如,"生产力"和"股本回报率或资本利用率(ROCE)"——经常被企业管理部门吹捧,企业内部的信息很容易被扭曲,使其看起来比实际情况更好,而通过看透数据背后的意义以及凭借计算来明确数据的实际含义,是至关重要的。例如,公司的生产率是通过产出除以投入得出的。在英国,制造业基地的总体面积,在1980年至2000年期间下降了,但在此期间,英国的生产率仅次于日本,原因完全不同。在英国,投入下降(有时对于整个行业来说),Hamel和Prahalad(1994:9)对这种方法的成本做了最好的概括:

在1969年到1991年之间,英国的制造业产出实际上涨了不到10%。然而在同一时期,英国企业的就业人数下降了37%。在20世纪80年代早期和中期,英国制造业生产率的增长速度超过了除日本以外的任何其他主要工业化国家。英国公司,事实上放弃了全球市场中的份额。

同样,资本回报率(ROCE)本身也没有什么意义。当然,了解公司如何利用资金,并评估它是否可以更有效地用于其他方面是很重要的(这是ROCE比率背后的原因之一),但如果一家公司想要有健全的ROCE,它可以很容易实现这一点——只要在一段时间内不投资工厂或服务。当然,制造工厂或服务业将无法与世界上最好的企业竞争,但就 ROCE 而言,该公司将"看似很好"。必须寻求更好的方法获取公司的成功,其中,最佳方式之一,就是利用运营战略的作用。

存在于制造业和服务业的问题是,高级管理人员通常与一线运营和客户分离,这是因为要适应从工艺生产到大规模生产的变化。自大规模生产发展以来,市场需求发生了显著变化,正如我们将要看到的,市场需求现在很不稳定。这需要采取战略来应对这种不稳定,但对于许多组织而言,战略和运营之间的差距仍然存在。这意味着那些发展战略对运营几乎一无所知。Hemp(2002)对此进行了完美的总结:

> 高级管理人员经常强调接近客户的重要性,以预测他们的需求,走在他们的期望前边。但是他们中有多少人曾经在一线亲身体验过?如果他们试图寻找,他们会发现什么?特别是在一家以对客户服务的执着承诺而闻名的公司。当然,通过近距离观察操作,他们能学到很多东西。但是,他们还可以从参与运营、从员工的立场上,以及从深入了解并试图满足客户苛刻需求的员工的想法之中获得有用的见解。

Hemp(2002)得出结论,战略的一个关键部分必须由该组织的员工拥有:

> 你不会强求员工说"当然,我很乐意",直到他们自己觉得合适为止。你不会盲目地假设,每位顾客都想得到特殊招待,有些人只想吃他们的晚餐。最近康奈尔大学酒店管理学院的研究人员对酒店工作人员进行一项研究后发现,虽然工作满意度在员工留任方面起着重要作用,但它不是酒店提供优质客户服务能力的关键因素,相反,员工的情感承诺——主要通过一些仪式来增强员工对公司的认同感——对卓越绩效的贡献最大。每家公司,即使是两年的初创公司,都有传统甚至传说,以此可以提高员工的敬业度。

2.4 服务运营

许多与运营战略的过程和内容有关的文献也与服务战略直接相关。我们将用一整章(第 3 章)来讨论服务,也还会对服务操作策略的细节进行讨论。与运营公司类似,服务组织必须考虑能力管理(我们将在第 10 章讨论)。对于像印度这样的新兴经济体,也是如此,如下所示。

在印度增加的服务和运营能力

印度最大的手表和珠宝零售商 Titan Industries Ltd(TITN. BO)计划增加 80 家至 100 家零售店,并且由于强劲的需求,每年的手表产量将增加 300 万套,一位高级官员表示。"扩张将与零售销售额密切相关。在明年,我们预计将增加 25% 的产能,并且,我们将开设零售店。"Titan 总经理 Bhaskar Bhat 于 2 月 3 日星期三对路透社透露。

Titan 目前拥有 518 家零售店,销售各种品牌的手表,包括高端品牌 Titan 和经济型品牌 Sonata。它有两家珠宝零售连锁——Tanishq 和 Goldplus。Bhat 表示,Titan 可能会在下一财年增加 80 家至 100 家零售店,但具体数字尚未最终确定。增加的商店将归入不同的品牌,如 World of Titan,Tanishq,GoldPlus,Fastrack 和 Titan Eye。他说,商店扩张的很大一部分将通过特许经营完成,因此不需要提供资金。他表示,目前该公司基本完成其本财年 7 亿卢比的目标投资额度,但尚未确定下一年度的财政金额。为了跟上消费者日益增长的需求,它花费了大约 1 亿卢比,在北部的 Uttarakhand 建立了一个新的手表组装工厂。Bhat 表示,该工厂拥有每年生产 300 万只手表的能力,并有可能将产能提高到每年 1800 万件。"预计将在未来 3~4 个月内投入运营。"他说。

同样生产眼镜等配件的 Titan 上周报告称,由于珠宝和手表业务的强劲增长,季度利润和销售额均超出预期。该公司珠宝业务的销售额,在 12 月底的第四季度增长了近 34%,而手表业务的收入增长了 25%,表明消费者信心有所好转。其整体销售额增长超过 30%。Bhat 表示,尽管金价上涨,但 1 月至 3 月珠宝业务量预计将增长 3% 至 5%。截至 12 月 31 日,Titan 的珠宝销量同比增长 4%。

Titan 并没有改变其手表的价格,也没有立即修改计划。"珠宝的定价取决于黄金的价格,今年黄金价格上涨了约 25%。"Bhat 说。他还表示,公司将在未来几个季度持续看到强劲的增长,尽管可能无法与 12 月份的增长相比,因为节日销售有助于 12 月份的增长。

(资料来源:Titan to add retail stores, watch capacity: 3rd Feb, 2010 (Reuters))

在向客户提供服务的战略定位方面,运营战略对服务企业至关重要。例如,新加坡航空公司以"卓越的服务"闻名于世(Heracleous & Wirtz, 2010),在提供卓越服务的同时,它也是行业的成本领先者之一。这与一些战略学派的观点背道而驰。

新加坡航空公司差异化和成本领先的双重战略的成功实施实属罕见。事实上,管理专家 Michael Porter 认为,在一段时间内,维持双重战略是不可能的,因为双重战略中的投资和组织过程是矛盾的。然而,新加坡航空公司和其他一些新兴经济体的公司认为,这种二元对立性,构成一个新经济体系的一部分。新航通过管理四个悖论来实施其双重战略:以低成本和高效益来实现卓越的服务,促进集中式和分散式的创新,成为技术的领先者和追随者,以及通过标准化来实现个性化。结果不言而喻:新加坡航空交出了一份健康的财务报告,它从未有过年度亏损,除了最初的资本投入,该公司每年都在分红的同时,为自己的增长提供资金。(Heracleou & Wirtz, 2010)

我们需要记住:这种能力不是偶然产生的,而是通过战略的设想、实施和执行实现的。正如 Prajogo 和 McDermott(2008)在审查服务业的运营战略与运营活动之间的关系时发现,绩效高的服务公司,在经营策略和运营活动之间的关系,比绩效低的公司更紧密。在新加坡航空的案例中,采用这种策略的回报显而易见,如图 2-14 所示。

有时,成功的服务运营取决于向客户提供的整体服务中更"硬核"的有型元素。我们在第 1 章中提到了服务化的重要性,我们将在第 3 章再次提到,这种战略是传统的"制造业"企业自己创造利润的少数几种方式之一。它们通过为公司的客户提供增值服务来做到这一点。

由于机床制造商和其他生产设备供应商所创造的新的竞争模式,服务正在演变为"超级服务"。服务不再单纯是一种烦琐的售后服务,而是创建与建立声誉,销售产品并为供应商和客户创造新的商业潜力的战略。客户经验:利用供应商的服务战略。

(资料来源:Winning With Service Industry, Week 1st April, 2006)

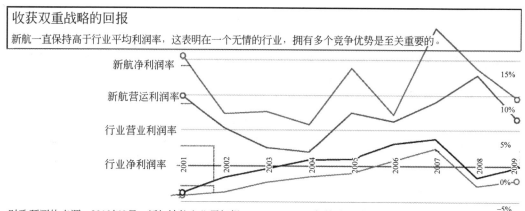

图 2-14 新加坡航空公司的成功
(改编自 Heracleous & Wirtz, 2010)

如下所述,忽略对顾客提供服务的至关重要性可能是致命的。

 案例 2-4

Akimbo 及其服务产品问题

这是一个警示故事:2004 年,当在线视频提供商 Akimbo 决定将机顶盒与电影下载服务相结合,这似乎是完美的产品。产品和服务有着千丝万缕的联系,二者相互依托。DVR 的销售推动订阅费用的稳定收入,顾客想要方便地下载视频,就需要购买机顶盒。但是当该公司将产品组合中价值较低的机顶盒(机顶盒)的价格定在 199 美元的高价时,该公司没有意识到真正的盈利潜力是在下载服务中。当公司向用户收取电影服务时,就出现了问题。这些节目质量不高,顾客们对于高价购买机顶盒之后,再为这些节目支付费用而感到不满。此次发售以失败告终,该公司也于 2008 年倒闭。

(资料来源:Shankar, et al., 2009)

对于一些服务公司而言,战略是提供所谓的集成解决方案。根据 Brax 和 Jonsson (2009:541)做的定义集成解决方案是:

一组实体产品,服务和信息无缝结合,提供比单独部分更多的价值,以满足客户对其业务系统中特定功能或任务的需求。将供应商长期整合称为客户业务系统的一部分,旨在优化客户的总成本。

例如,英特尔在新兴的医疗保健信息技术领域开发了许多移动通信和计算产品,并通过集成服务的概念在该领域展开竞争。该概念及其组件的开发(例如,电子病历解决方案;移动医疗点解决方案,使得患者信息可以在床边、实验室和手术室中访问;安全的患者基础设施解决方案)是通过与北美和欧洲的研究医院和诊所的合作共同开展项目来实现的。

下面有不同形式的客户整合和共同创造,如图 2-15 所示。

特征	服务共建模式		
	顾客驱动	供应商驱动	平衡
企业案例	MySAP、MySQL、Nowpublic	Apple、iTunes、Dell、Google、Microsoft、Nokia	Intel、McAfee、Skype、TVU、Neworks
竞争优势	• 价值主张通常是通过卖方驱动的市场拉动，直接指向已知的客户及其明确的需求 • 以客户为中心的创新活动通过明确的市场导向方案最优地服务于现有需求	• 技术推动以创新为导向的服务开发，以潜在客户为目标 • 由供应商驱动的开发活动可能会创建新的创新服务，否则这些服务将不存在	• 技术推动以创新为导向的服务开发，以潜在客户为目标 • 由供应商驱动的开发活动可能会创建新的创新服务，否则这些服务将不存在
关系复杂性	• 过分关注直接客户需求，在合作关系中形成了偏见，降低了服务再现性 • 客户对供应商不愿投资于客户驱动的创新非常敏感，这可能会影响服务关系承诺	• 供应商驱动的创新活动对顾客是否愿意让服务供应商的优先了解其意愿提出了挑战 • 不断要求客户适应服务创新，会带来经济和社会负担，造成关系摩擦	• 客户—服务供应商之间的协作在服务共建中，热衷于双赢局面 • 以伙伴关系为导向，高度复杂且有时冲突的利益，对集体价值创造构成了挑战
运营优先事项	• 客户引导服务协同开发活动，并要求供应商调整其能力，以满足客户需求 • 高效的服务共建，取决于客户开拓服务提供商资源的能力	• 服务提供商积极主动地为未来探索新的服务机会 • 服务提供商愿意承担打破开展传统业务框架的风险	• 高效的服务协同设计需要同时利用和适应服务提供商和客户的能力 • 服务整合了客户的需求和提供商的服务
紧急认知	• 谦卑和对客户状况的反应是服务提供者的典型行为 • 客户对服务的需求和对需求具体化的信心推动了创新活动	• 服务提供者需要勇气来优先考虑未来的机会而不是当前的需求 • 顾客要对现有需求的部分的满足而产生满足感	• 对服务提供者和客户来说，合作和致力于共同目标的愿望是一个重要需求 • 集体创新活动需要合作中的开放和信任

图 2-15　服务创新活动模式：共同创造的关键方面

(Möller et al., 2008)

服务运营——服务利润链一说，源于 1976 年 Sasser、Olsen 和 Wyckof 关于这一主题出版的书籍。战略运营之所以如此重要，原因之一可能源于一群哈佛学者对成功企业的长期研究计划。1997 年，Heskett、Sasser 和 Schlesinger 发表了他们关于"服务利润链"的书，该书简单地指出保持利润、增长、客户忠诚度、客户满意度、提供给顾客的商品和服务价值、员工能力、满意度、忠诚度和生产力之间存在着密切的关系。尽管他们的研究主要针对服务公司，但他们自己也认为这可能适用于商品和服务。他们的模型如图 2-16 所示。

服务利润链的基本理念是，为了实现公司的利润和促进公司的发展，必须有一个适当的运营战略。这一战略确定了企业应该向何处发力，如何控制质量和成本以及如何根据竞争衡量绩效。由此衍生出来的，是所谓的"服务交付系统"，即实现该战略所需的设施、布局、设备、流程、技术和员工的具体组合。Heskett 等人认为，他们研究过的那些非常成功的公司，如西南航空和沃尔玛，都是通过制定和实施运营战略而取得成功的。沃尔玛的战略与其价值主张相关联：

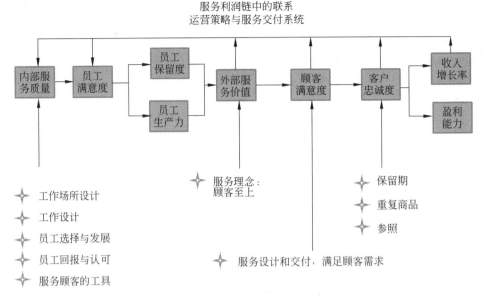

图 2-16 服务利润链

(改编自 Heskett et al., 1997, 2008)

沃尔玛的价值主张

沃尔玛的价值主张可以概括为"在方便的地理位置,各种各样的商品都有现货,而且价格非常便宜"。相对于竞争对手,沃尔玛在客户体验方面做得更好,但在环境和助销等方面表现不佳。这是一种战略选择,可以节省成本,从而增强公司的价格优势。

(Collis & Rukstad, 2008)

Heskett 等人(1997,2008)研究结果的一个关键要素,是证明成功企业中存在三个密切的联系。首先,员工满意度和能力之间存在某种联系。简而言之,快乐的员工更高效,工作质量也更高。例如,在墨西哥风格的连锁餐厅 Taco Bell,人们发现,员工保留率(员工满意度的主要指标)最高的门店始终优于员工流动率高的门店。二者差异很大——平均而言,前者的销售额是后者的两倍,利润比最差的高出 55%。金融服务部门也报告了类似的联系(Zornitsky,1995)。员工满意度会带来更好的公司绩效,与此相关的是员工与客户满意度之间的明确联系。Heskett 等人(2008)在 Chick-Fil-A、爱尔兰银行、MCI、Swedbank 和 AT&T Travel 中发现了这一点。实际上,这种观点已被一些公司作为一种基本的经营理念。例如,JW Marriott Snr 常被引用的一句话为"只有快乐的员工才能创造快乐的顾客"。第三个密切的联系可能并不令人惊讶——它介于客户满意度与发展/利润之间。Heskett 等人(2008)的报告说,Banc One 发现,在所有运营部门中,盈利能力与忠诚客户之间存在直接关系,而废物管理部门表示,客户满意度最高的部门的盈利能力提高了 65%。Heskett 等(2008)均认可员工参与的重要性:

包括 Banc One、Intuit、Southwest Airlines、ServiceMaster、USAA、Taco Bell 和 MCI 在内的越来越多的公司知道,当把员工和客户放在首位时,公司的管理和衡量成功的方式会发生根本性的转变。新的服务经济学需要新颖的测量技术。这些技术可以校准员工满意度、忠诚度和生产率对产品和服务价值的影响,从而使管理者能够建立客户满意度和忠诚度,并评估对盈利能力和发展的影响。事实上,忠诚客户的终身价值可能是天文数字,特别是考虑到客户保留和重复购买相关产品的经济因素时。例如,忠诚披萨食客产生的客户终身销售额可达 8000 美元,凯迪拉克车主产生的终身销售额达 332,000 美元,而商用飞机的企业购买者的终身销售额可达到数十亿美元。

(Heskett et al., 2008)

西南航空公司对其竞争对手的表现令人印象非常深刻,如图 2-17 所示。

美国西南航空公司与其竞争者的比较

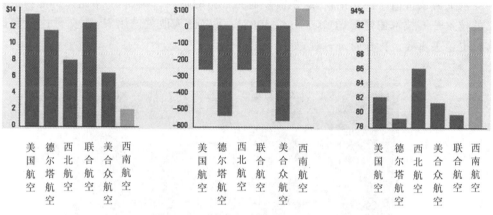

图 2-17 西南部的表现优于竞争对手

因此,服务利润链概念为支持战略运营管理提供了强有力的论据。它还表明,企业如何衡量其战略绩效,这一问题也值得考虑。Heskett 等人是平衡计分卡方法的热情提倡者,沃尔玛就是一个很好的例子,如图 2-18 所示。

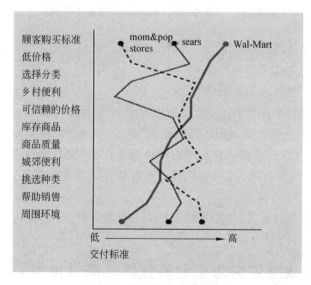

图 2-18 沃尔玛的平衡计分卡

(Heskett et al., 2008)

2.5 运营战略中的竞争性概况

组织进行外部审计的一部分,是以同行竞争对手的"最佳实践"为标杆,或者通过观察行业以外的情况,看看能否从其他行业获取经验。例如,大型计算机公司并不是在服务领域互相比较。相反,它们通常会将"最佳服务"公司视为服务绩效的良好标准。英国的NHS已经以包括航空公司在内的运输公司为标杆,以增加医院内外移动患者的经验。当然,从表面上看,它们完全属于企业,但它们确实有一个共同的关键流程:在服务中调动人员。

但是,重要的是不仅要以其他组织为标杆,还要质疑组织可能拥有的特定功能是否具有任何竞争优势或价值。换句话说,组织需要避免常犯的错误。例如,一个组织可能会沉迷于自己的技术——技术偏好问题(Bessant, 1993),而忘记其他关键因素,如交付速度和成本对客户也至关重要。标杆管理过程,如图2-19所示。

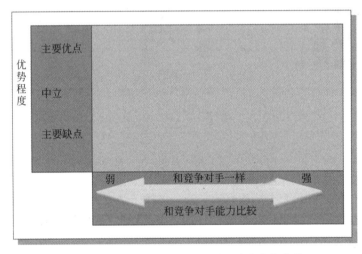

图 2-19 使用运营能力基准测试确定竞争优势

将基准测试作为公司战略制定的一部分时,有两个关键问题需要解决:
1. 组织的能力是否优于竞争对手?
2. 较弱的地区会导致主要劣势吗?

这种分析很重要,因为没有它,公司容易做太多错误的事情!文献中(Johnston & Clark, 2001)提到的另一种方法是根据"商品"或"能力"驱动的程度来描述流程。"商品驱动流程"本质上导致那些产量高但品种有限的产品的生产。"能力驱动流程"则导致数量相对较少但种类繁多的产品的生产。这两种流程具有对特定服务流程进行分析的特征,如图2-20所示。

概要分析与标杆管理有关,这是运营战略的一个重要特征——对于它的注意事项,我们将在第9章讨论。

2.5.1 运营战略如何为企业的整体战略做贡献

运营战略对于实现业务目标和至少以两种方式获得竞争优势至关重要。首先,它对实

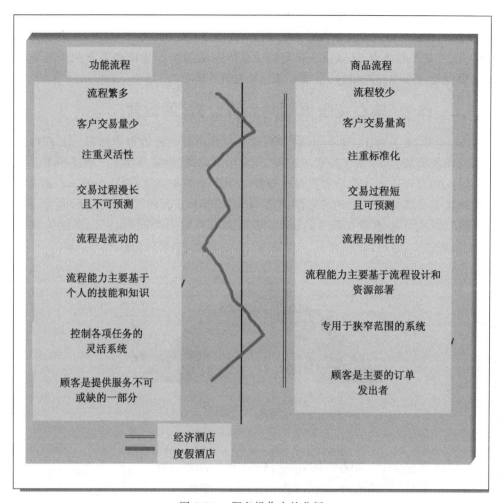

图 2-20　服务操作中的分析

施已制定的业务战略至关重要,正如我们已经指出的那样,业务人员可能帮助制定了业务战略,也有可能没这么做。在这种方法中,运营角色对于集中精力和资源提供"战略契合"非常重要,因此运营战略与已经设计的业务战略一致,并有助于支持这些战略(Hayes & Wheelwright, 1984; Miller & Roth, 1994)。

其次,运营策略可以用于更积极主动的方法。在这里,运营能力将被视为核心能力/竞争能力的一部分(Hamel & Prahalad, 1994),这些能力/竞争能力可被用于创造新的机会和瞄准新的领域。在这种方法中,运营贡献将是业务战略规划阶段的核心,并不仅限于已经设计的战略的实施。这种基于资源、能力的战略方法,已成为战略文献中的一个重要特征(例如:Stalk et al., 1992; Collis & Montgomery, 1995; Felin, 2016)。这种方法等同于 Hayes 和 Wheelwright(1984)模型的第四阶段,我们将在下一节讨论,其中运营的角色是创造战略以获得竞争优势的核心。这种方法从公司目标的一致性和对与公司目标的持续追求的角度出发,高度重视运营战略和业务战略之间的联系。

特定组织的能力虽然非常重要,但也需要在更广泛的能力范围内看待,这些能力常常存在于复杂的网络中(Kouvelis et al., 2006; Boyer et al., 2005, 2006; Buhman et al., 2005;

Holcomb & Hitt,2007；Rudberg & West,2008)。网络内部组织的背景成为拓展的资源基础理论的一部分(Arya & Lin,2007)。例如,Wilk 和 Fensterseifer(2003)认为,竞争力不仅取决于个人资源和能力,还取决于供应链或供应网络内企业集群内共享的个人资源和能力,我们将在第5章中讨论供应,在第6章讨论管理库存。

2.5.2 作为"核心竞争力"和"独特能力"的运营

Ferdows 和 De Meyer(1990:178)谈到企业需要通过改进计划来追求一系列特定的积累能力,从而发展能力,并基于特定的过程,开发出所谓的"沙锥模型":"想要积累并建立持久的制造能力,管理层的注意力和资源应该首先专注于提高质量;然后在进一步提高质量的同时,应该注意提高生产系统的可靠性;然后随着前两个方面的进一步加强,同时也应该提高生产灵活性(或反应速度);最后,在进一步扩大所有努力的同时,可以直接关注成本效率。"模型如图 2-21 所示。

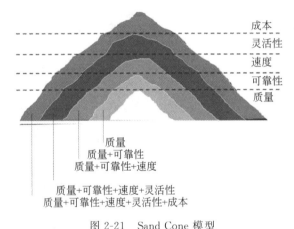

图 2-21　Sand Cone 模型

(改编自 Ferdows & De Meyer,1990)

显然,在大规模定制的时代,同时具备各种能力是必要的,这与 Skinner 在他的开创性作品中首次写到的竞争舞台形成了鲜明的对比,即大规模生产。如图 2-21 所示。

2.5.3　基于战略的资源综述

即使运营对市场主导战略的贡献似乎很难让主流战略学者信服,但他们也必须认真考虑基于资源的战略。事实上,运营战略与商业战略之间,最自然的联系是在基于资源的战略领域。公司的资源基础观以及其与规划战略的关系最近越来越流行,这种方法可以追溯到彭罗斯(Penrose,1959:24),她将企业描述为:"不仅仅是一个行政单位,它还是一个生产资源的集合"。

Spring 和 Araujo(2014:160)在运营期刊中描述:"Penrose 经常被称作公司资源基础观(RBV)的先行者,但对她作品的讨论通常不会超出引用。在彭罗斯的文章中有很多值得密切关注,这正是战略运营和创新管理的核心所在。"

显然,彭罗斯是在大规模生产的背景下写作的。大规模生产中的战略过程,我们在前文已经讨论过。尽管她的作品具有开创性意义,但必须认识到,她的贡献在当今的应用可能存在局限。简而言之,我们相信彭罗斯是"正确的",但她的贡献时间(在大规模生产中)并不能让她充分发掘运营在未来大规模定制时代所具有的战略潜力。当然,我们不能指望彭罗斯或任何受人尊敬的学者能完成这点。

资源基础战略,被认为是企业获得竞争优势的长期的竞争武器(Terziovski,2010)。但是,对于公司如何评估和制定战略,以实现其竞争战略的目标却鲜有共识。有些人建议,企业不应该在公司内部有标准的能力列表,而应该开发动态能力,可以根据特定的市场需求激活并加以利用(Gonçalves-Coelho & Mourão, 2007)。这属于我们前文说到的敏捷制造的范畴。敏捷制造是当代术语之一,敏捷性被视为制造企业实现可持续竞争优势的关键(Inman et al., 2011)。

基于资源的方法非常重视战略,以便有能力可以应对这些挑战,而 Teece 和 Pisano(1994)将其称为"管理能力"。20 世纪 90 年代,将竞争能力作为资源的观点以及其对公司业绩和长期经济增长的影响,在 20 世纪 90 年代越来越流行(Prahalad & Hamel, 1990; Carlsson & Eliasson, 1994)——从大规模生产转向精益生产的时期,大规模定制和敏捷等术语开始出现在文献中。

在资源基础观下,高级战略家负责确定资源的最佳利用,并在特定公司的基础上单独利用这些资源(Fiorentino, 2016)或与合作伙伴一起利用(Wernerfelt, 1984; Barney, 1991; Dierickx & Cool, 1989; Hines, 1994; Stump et al., 2002; Ireland et al., 2002)。因此,最高级的战略家需要能够评估公司的资源,并开发和积累资源。然后利用这些资源,将独特的能力转化为符合市场要求的竞争优势(Grant, 1991)。这些能力作为获得竞争优势的手段非常重要。

运营学者试图证明在基于资源的战略中运营的整体重要性。例如,Schroeder、Bates 和 Mikko(2002)认为:

> RBV 区分了可以在要素市场中获得的资源和在公司内部开发的资源。为了获得竞争优势,资源不能为所有竞争公司拥有,必须难以通过其他方式模仿或复制,并对业绩做出积极贡献。

因此,基于资源的战略依赖于高级管理人员,他们关注的是开发和保护公司运营时优于其他竞争对手的能力,而其他竞争对手对这些能力要么无法复制,要么极难复制(Teece et al., 1997; Eisenhardt & Martin, 2000)。这些能力存在于一系列本质上无形的操作过程中(Leonard-Barton, 1992; Winter, 1987)。这些能力还取决于公司特定的知识,这些知识源于组织内部的学习(Teece et al., 1997)。

2.5.4 能力和竞争力

企业的能力本位理论源自更普遍的资源基础观。Prahalad 和 Hamel(1990)认为,核心竞争力涉及许多重要问题:首先,竞争对手难以模仿核心竞争力,"如果对个别技术和生产技能进行复杂的协调,那将是很难去模仿的。"(Prahalad & Hamel, 1990:80)。其次,管理和利用能力是最高级管理团队的最终责任,包括首席执行官——并且首席执行官将"根据他们识别、培养和开发核心竞争力的能力来评判……"(同上)。再次,正如我们之前所说,随着时间的推移,从积累的技能中所获得的知识,是一个核心特征,因为"核心能力是组织的集合性知识,尤其是如何协调多样化的生产技能和整合多种技术流。"(同上)。最后,对公司来说,核心竞争力提供机会,而不是产生限制。这四点可能对运营学者和从业者有一定帮助。

然而,在追求基于能力的战略方面存在着一些重大挑战,关键问题在于确定一组核心能力,可能并不像一些文献理说的那样容易,因为公司内部的战略家对于什么才是真正具有战略重要性结论,可能无法达成共识(Schroeder & Pesch, 1994)。

此外,核心竞争力可能成为"核心僵化"(Leonard-Barton, 1992),这是大规模生产的危险所在,因为它强调重复性任务和惯例。为了解决这个问题,Teece 和 Pisano(1994：542)一直倡导通过以下方式获得竞争优势:

> 及时响应和快速的产品创新,以及有效协调和重新部署内部及外部能力的管理能力。

显然,基于能力和基于资源的战略,取决于那些包括 CEO 在内的能够识别和利用这种能力的高级职员。然而,几乎没有证据表明,从工艺生产到大规模生产所发生的变化,以及所形成的固有运营和战略分离,在当前的竞争时代已经得到了纠正。事实上,运营和战略领域之间的分歧似乎更大了。(Pisano & Shih, 2009)。

2.5.5 动态能力

能力概念已经延伸到动态能力概念(Eisenhardt & Martin, 2000；Teece, 1997)。动态能力包括人类的信息、知识和思想,有助于创造和增强动态灵活性以及战略能力(Jayaram et al., 1999)。

动态能力的概念认为,公司能够持续创建、扩大、升级、保护并保持与企业独特的资产基础的能力。根据 Teece(2007)的说法,动态功能可以分为三类:

- 感知(识别和评估机会和威胁);
- 把握(调动资源以应对机会和威胁);
- 重新配置(也称为转型。持续更新公司的有形和无形资产)。

Birkinshaw、Zimmermann 和 Raisch(2016：37)的观察发现:

> 亚马逊 2006 年推出了 Kindle,感知到核心图书销售业务即将面临的威胁,通过快速开发第一代电子书阅读器把握机遇,然后逐步重新配置其内部活动,以确保 Kindle 成为其整体市场供应的一个组成部分。

这是事实,但它反映了一个问题:如果不是运营,这些"内部活动"是什么?为什么不使用"运营"这一术语?问题是"运营"本身是否被大规模生产下从事平凡工作的人们的糟糕工作环境所影响,使得"运营"这个术语本身无法出现在优雅的主流战略文学的词语中?

例如,2016 年,《加州管理评论》专门讨论了"动态能力"这一主题。我们在特刊中搜索了任何提到关于运营战略重要性的地方,但一无所获。我们分析了所有论文,发现运营的作用没有得到发展,除了被提及是一个可以外包的实体,因为它不是"高级能力"。关于运营是动态能力一部分的讨论,在很大程度上被忽略了。相对于其他期刊,我们并不批判 CMR,我们反而应用此杂志,因为它体现了主流管理期刊对运营的态度。

现代服务公司,如其运营对手,现在通过为低成本服务增加价值,将大规模服务扩展到大规模定制。在许多方面,这意味着允许消费者从一系列服务选择中进行选择,所选的每种服务的价格不同。现在,在美国,加油站通常有两排泵,一个是自助服务,另一个是有人值班的。如果由服务员提供服务,汽油通常每加仑要贵几美分。未来的超市消费者将面临一系列的选择,包括编制自己的购物清单或让超市为您服务;通过电子邮件将你的清单发送到超市,放在超市,或随身携带;自己购物或让他人为你做;结账是通过柜台或是用购物车上的手持机器来结账。

一些服务公司定制能力是基于其计算机化的系统。服务公司对客户的购买行为了如指掌。"数据挖掘"或对该客户信息的分析使银行、零售商、酒店经营者和餐馆老板等服务提供商能够非常准确地预测客户的需求,有时甚至在客户意识到这些需求之前,他们就能预测到。

然而,所有这些对定制、敏捷、精益等的要求,都源于更高水平的竞争。实现这些愿望的能力将归功于运营能力以及为客户积累和利用这些能力的战略。

总　　结

- 除了管理关键资产、成本和人力资源的巨大管理责任外,生产和运营管理的贡献至关重要,因为它可以为企业提供许多竞争机会。
- 如果组织要在一个混乱的商业世界中竞争,需要快速和持续地创新,并在许多行业和市场竞争中向全球开放,就必须制定战略。
- 在日本和其他世界级公司中,运营管理对业务规划的贡献是至关重要的。运营的介入,有助于指导将公司的核心竞争力与市场需求相匹配。
- 从工艺生产到大规模生产,再到当前的大规模定制、敏捷、精益和战略制造,转变巨大。每一阶段都是重大的全球性创新,对战略制定和人们的工作方式产生了深刻的影响。在每种情况下,新范式都使之前的范式在很大程度上(但并非完全)变得多余。
- 作为更广泛的业务战略的一部分,运营战略在整合主要竞争要求(包括成本、交付速度、交付可靠性、灵活性和客户特定配置)方面至关重要。
- 制定运营战略非常重要,因为敏捷、精益和灵活的能力并非偶然;这种能力是通过组织的充分准备来实现的。
- 运营战略成为实现能力的手段。

关键问题

1. 运营战略与业务战略之间有什么联系?
2. 在制定运营战略时可能遇到的问题是什么?
3. 为什么随着时间的推移,某些公司的业务和业务战略会分开?
4. 为什么运营战略在现代运营管理中至关重要?
5. 结合 Hill 模型以及 Brown 和 Blackmon 战略共鸣方法,讨论运营战略的形成。选择任一行业,并将这些模型应用于该行业中。

扩展阅读

Brown S & Blackmon K (2005): "Aligning Manufacturing Strategy and Business- Level Competitive Strategy in New Competitive Environments: The Case for Strategic Resonance" *Journal of Management Studies* 42: 4, pp.793-815.

Hayes & Pisano (1994) "Beyond World Class: The New Manufacturing Strategy" *Harvard Business Review* Jan-Feb, pp.77-86.

Hill, A, & Brown, S. (2007). "Strategic profiling: A visual representation of internal strategic fit in service organizations", *International Journal of Operations & Production Management*, 27（12）, pp.1333-1361.

Jullens, J. (2013) How Emerging Giants Can Take on the World *Harvard Business Review* Vol. 91 Issue 12, pp.121-125.

Kim, J & Arnold P. (1996). "Operationalizing Manufacturing Strategy - An Exploratory Study of Constructs and Linkages" *International Journal of operations & Production management* Vol.16 No.12, pp.45-73.

Mudambi, R; Saranga, H; Schotter, A. Mit (2017) "Mastering the Make-in-India Challenge" Sloan Management Review. Vol. 58 Issue 4, pp.59-66.

Pisano, G & Shih, W. (2009) "Restoring American Competitiveness" *Harvard Business Review*. 87 (7/8), pp.114-125.

Singh P J., Wiengarten F, Nand A. and T. Betts (2014) "Beyond the trade-off and cumulative capabilities models: alternative models of operations strategy" *International Journal of Production Research*, Vol. 53, No. 13, pp.4001-4020.

Sting, F.J.; Loch, C.H (2016) "Implementing Operations Strategy: How Vertical and Horizontal Coordination Interact" *Production and Operations Management*, 25(7):1177-1193.

Weeks, M. R. & Feeny (2008): "Outsourcing: From Cost Management to Innovation and Business Value". *California Management Review*, Summer, Vol. 50 Issue 4, pp.127-146.

Yang L. & Liting L. (2015) "Evaluating and developing resource-based operations strategy for competitive advantage: an exploratory study of Finnish high-tech manufacturing industries" *International Journal of Production Research*, Vol. 53, No. 4, pp.1019-1037.

参考文献

[1] Amoako-Gyampah, K. & Acquaah, M. (2008). "Manufacturing Strategy, Competitive Strategy and Firm Performance", *International Journal of Production Economics* 11, (1): 575-592.

[2] Arya, B., Lin, Z. (2007). "Understanding collaboration outcomes from an extended resource-based view perspective: the roles of organizational characteristics, partner attributes, and network structures", Journal of Management, Vol. 33 No.5, pp.697-723.

[3] Barney, J. B. (1991): "Firm resources and sustained competitive advantage" *Journal of management*, 17, pp.99-120.

[4] Berle, A. A. & G. C. Means (1932). *The Modern Corporation and Private Property*. Macmillan, New York.

[5] Berry, William L; Hill, Terry J & Klompmaker, Jay E., (1995)"Customer-driven operations" *International Journal of operations and Production management*; Vol. 15 No. 3. pp.4-16.

[6] Bessant, J (1993): The Lessons of Failure: Learning to Manage New Manufacturing Technology" *International Journal of Technology management*, Special Issue on Manufacturing Technology, vol. 8, nos. 2/3/4: pp.197-215.

[7] Boyer, K., Hult, G. & Tomas M. (2005).Extending the supply chain: Integrating operations and marketing in the online grocery industry. *Journal of Operations Management* 23 (6)642-661.

[8] Boyer, K. & Frohlich, M.T., (2006).Analysis of effects of operational execution on repeat purchasing for heterogeneous customer segments. *Production & Operations Management*, 15(2) 229-242.

[9] Brax, S. Jonsson, K. (2009). "Developing integrated solution offerings for remote diagnostics", *International Journal of Operations & Production management*, Vol. 29 No.5, pp.539-560.

[10] Brown S. (1996). *Strategic Manufacturing for Competitive Advantage* Prentice Hall, Hemel Hempstead.

[11] Brown S. (2000). *Manufacturing the Future - Strategic Resonance for Resonant Manufacturing* Financial Times/Pearson Books London.

[12] Brown, S Blackmon, K, Cousins, P & Maylor, H. (2001). *Operations Management - Policy, Practice and Performance management* Butterworth Heinemann.

[13] Brown S & Blackmon K (2005). "Linking Manufacturing Strategy to the Strategy Mainstream: The Case for Strategic Resonance" *Journal of Management Studies* 42:4, pp.793-815.

[14] Brown S, Blackmon K & Squire, B. (2007). The contribution of manufacturing strategy involvement and alignment to world class manufacturing performance. International Journal of Operations & Production Management,27 (3): 282-302.

[15] Brown, S, Squire, B & Lewis M, (2010). "The impact of inclusive and fragmented operations strategies on operations performance", *International Journal of Production Research*, Vol. 48 Issue 14, pp.4179-198.

[16] Brown S, Lamming R. & Bessant J. (2013). *Strategic Operations Management* (3rd edition) Routledge Oxford.

[17] Buhman, C., Kekre & T, Singhal, J. (2005). Interdisciplinary and interorganizational research: establishing the science of enterprise networks. *Production & Operations Management*, 14(4): 493-513.

[18] Birkinshaw J. Zimmermann A. & Raisch S. (2016) ."How Do Firms Adapt to Discontinuous Change? Bridging the dynamic capabilities and ambidexterity perspectives" *California Management Review*, Vol. 58, No. 4, pp. 36-58.

[19] *Business Week*; 25th August (2008),pp.28-29.

[20] Carlsson, B & Eliasson, G (1994). "The Nature and Importance of Economic Competence". *Industrial & Corporate Change*, 3 (3): 687-711.

[21] Chandler A. (1992). "Corporate Strategy, Structure and Control Methods in the United States During the 20th Century" *Industrial and Corporate Change* Vol. 1, No. 2, pp.263-284.

[22] Chaharbaghi C & R. Willis (1998). Strategy: the missing link between continuous revolution and constant evolution *International Journal of operations & Production management*, Vol. 18 No. 9/10, pp.1017-1027.

[23] Chatha, K. & Butt, I. (2015). Themes of study in manufacturing strategy literature. International Journal of Operations & Production Management. Vol. 35 Issue 4, pp.604-698.

[24] CNBC "'Made in China' could soon be made in the US" Eunice Yoon 31 May 2017.

[25] Coase, R.H (1937). "The Nature of the Firm" *Economica* 4,(16): 386-405.

[26] Collis D. & Montgomery C. (1995). "Competing on Resources: Strategy in the 1990s". *Harvard Business Review*, Vol. 73, No. 4, pp.118-128.

[27] Collis, D. J. & Rukstad, M. G.. (2008). Can You Say What Your Strategy Is? *Harvard Business Review*, Vol. 86 Issue 4, pp.82-90.

[28] Dangayach, G.S. & Deshmukh, S.G. (2001). "Manufacturing strategy: Literature review and some issues", *International Journal of operations & Production management*, 21(7) : 884-932.

[29] Das TK (1991) "Time: the Hidden Dimension in Strategic Planning" *Long Range Planning* vol. 24, no.3, 49-57.

[30] Das, S.R. & Joshi, M.P., (2007). Process innovativeness in technology services organizations: roles of differentiation strategy, operational autonomy and risk-taking propensity. *Journal of Operations Management*, 25 (3): 643-660.

[31] Das, T. K. & Teng, B.-S. (2001). "Market Priorities, Manufacturing Configuration, and Business Performance. Trust, Control, and Risk in Strategic Alliances: An Integrated Framework". *Organization Studies*, 22, (2): 251-283.

[32] Deane, R.H., McDougall, P.P. & Gargeya, V.B. (1991). "Manufacturing and marketing interdependence in the new venture firm: An empirical study", *Journal of operations management*, 10(3): 329-343.

[33] Dierickx, I. & Cool, K. (1989). "Asset stock accumulation and sustainability of competitive advantage", *management Science*, 35: pp.1504-1511.

[34] Dougherty, D. & Corse, S.M. (1995). "When it comes to product innovation, what is so bad about bureaucracy?" *Journal of High Technology management Research*, vol. 6: 55-76.

[35] Ehie, I & Muogboh, O. (2016). Analysis of manufacturing strategy in developing countries. Journal of Manufacturing Technology Management. Vol. 27 Issue 2, pp.234-260.

[36] Eisenhardt, K. M. & Martin, J. A. (2000). "Dynamic Capabilities: What Are They?" *Strategic management Journal*, Vol. 21 Issue 10/11, pp.1105-1122.

[37] Felin, T. (2016). "When Strategy Walks Out the Door". *MIT Sloan Management Review*. Vol. 58 Issue 1, pp.94-96.

[38] Ferdows, K. & DeMeyer, A. (1990). "Lasting improvements in manufacturing capabilities: in search of a new theory", *Journal of Operations Management*, Vol. 9 No. 2, pp.168-84.

[39] Fiorentino, R. (2016) ."Operations strategy: a firm boundary-based perspective". *Business Process Management Journal*. Vol. 22 Issue 6, pp.1022-1043.

[40] Fligstein, N. (1987). "The Intraorganizational Power Struggle: Rise Of Finance Personnel To Top Leadership In Large Corporations, 1919-1979". *American Sociological Review*. 52, (1): 44-58.

[41] *Fortune*, 8th March (2004). *The Secrets of Execution*, p.42.

[42] *Fortune*, 24th May (2010). Vol. 161 Issue 7, pp.84-92.

[43] Frambach, R.T., Prabhu J. & Verhallen T.M.M. (2003). "The Influence Of Business Strategy On New Product Activity: The Role Of Market Orientation", *International Journal of Research in Marketing*, Vol. 20, Issue 4, pp.377-397.

[44] Ghemawat, P. & Hout, T. (2008). Tomorrow's Global Giants. Harvard Business Review, Vol. 86, Issue 11.

[45] Gonçalves-Coelho, A. Mourão A. (2007). "Axiomatic design as support for decision-making in

a design for manufacturing context: A case study" *International Journal of Production Economics* Volume 109, Issues 1-2, pp.81-89.

[46] Grant, R. M. (1991). "Market Priorities, Manufacturing Configuration, and Business Performance Market Priorities, Manufacturing Configuration, and Business Performance. The resource-based theory of competitive advantage: Implications for strategy formulation". *California Management Review*, 33, (3), pp.114-135.

[47] Hamel, G. & Prahalad, C. (1990). Strategy as stretch and leverage. *Harvard Business Review*, 71(2), pp.75-84.

[48] Hamel, G. & Prahalad, C. (1994). *Competing for the Future*. Cambridge, MA: Harvard Business School Press.

[49] Hamilton, R.D. III, Eskin E. & Max P. Michaels M.P. (1998). "Assessing Competitors: The Gap Between Strategic Intent And Core Capability", *Long Range Planning*, Vol. 31, Issue 3, pp.406-417.

[50] Hax, A & Majluf, N (1991). *The Strategy Concept & Process* Prentice Hall Eaglewood Cliffs New Jersey.

[51] Hayes R & Pisano G (1994). "Beyond World-Class: The New Manufacturing Strategy" *Harvard Business Review* January-February, pp.77-86.

[52] Hayes R. & Wheelwright S. (1984). Wiley & Sons, New York.

[53] Hemp, P. (2002). My Week at the Ritz as a Room-Service Waiter. *Harvard Business Review*, Vol. 80, Issue 6.

[54] Heracleous, L. & Wirtz, J. (2010). Singapore Airlines' Balancing Act Harvard Business Review, Vol. 88 Issue 7/8, pp.145-149.

[55] Heskett, J., Sasser, E. & Schlesinger, L. (1997). *Service Profit Chain*. New York: Free Press.

[56] Heskett, James L.; Jones, Thomas O.; Loveman, Gary W. & Sasser, Jr., W. Earl & Schlesinger, Leonard A. (2008). Putting the Service-Profit Chain to Work. *Harvard Business Review*.

[57] Hill T.(1995). *Manufacturing Strategy* Macmillan, Basingstoke.

[58] Hill T.(2000). *Manufacturing Strategy* Macmillan, Basingstoke.

[59] Hill T.(2005). *Operations Management* 2nd edition. Macmillan, Basingstoke.

[60] Hines, P. (1994). *Creating World Class Suppliers: Unlocking Mutual Competitive Advantage*. London, Pitman.

[61] Holcomb T. & Hitt M., (2007). Toward a model of strategic outsourcing. *Journal of Operations Management*, 25, (2), pp.464-481.

[62] *Industry Week* June, (2003), Vol. 252, Issue 6.

[63] *Industry Week* Winning With Service, 1st April 2006.

[64] Inman, R. A., Sale, R. S., Green, K. W. Jr & Whitten, D. (2011). "Agile manufacturing: Relation to JIT, operational performance and firm performance". *Journal of Operations Management* 29 (4): 343-355.

[65] Ireland R.., Hitt M. A. Vaidyanath, D (2002). "Alliance management as a Source of Competitive Advantage", *Journal of management*, Vol. 28, Issue 3, pp.413-446.

[66] Itami H & Numagami T (1992). "Dynamic Interaction Between Strategy and Technology" *Strategic management Journal* vol.13, pp.119-135.

[67] Jayaram J, Droge C Vickery S. (1999). "The impact of human resource management practices on manufacturing performance". *Journal of Operations Management* 18(1), pp.1-20.

[68] Jayaram, Jayanth & Oke, Adegoke; Prajogo, Daniel (2014). The antecedents and consequences of product and process innovation strategy implementation in Australian manufacturing firms. International Journal of Production Research. Vol. 52 Issue 15, pp.4424-4439.

[69] Johnston R. & Clark G. (2001). *Service operations management* Financial Times London.

[70] Joshi, M. P, Kathuria, R & Porth, S. J. (2003). Alignment of strategic priorities and performance: An integration of operations and strategic management performance.*Journal of Operations Management* 21(3), pp.353-369.

[71] Kay J. (1993). *Foundations of Corporate Success* Oxford University Press, Oxford.

[72] Kim, W C. & Mauborgne, R. (2002). "Charting Your Company's Future", *Harvard Business Review*, Volume 80, Issue 6, June pp.76-83.

[73] Kouvelis, P, Chambers, C. & Wang, H., (2006). Supply chain management research and production and operations management: review, trends, and opportunities. Production & Operations Management, 15(3), pp.449-469.

[74] Lazonick, W. (1990). *Competitive Advantage on the Shopfloor* Harvard University Press, Cambridge Mass.

[75] Lazonick W (1991). *Business Organization and the Myth of the Market Economy* Harvard University Press Cambridge MA.

[76] Leonard-Barton, D. (1992). "Core capabilities and core rigidities: A paradox in managing new product development". *Strategic Management Journal*, 13, (5) 111-125.

[77] Löfving, Malin; Säfsten, Kristina & Winroth, Mats. (2014). "Manufacturing strategy frameworks suitable for SMEs". *Journal of Manufacturing Technology Management* Vol. 25 Issue 1, pp.7-26.

[78] Marshall, D; Mccarthy, L; Mcgrath, P & Harrigan, F. (2016). "What's Your Strategy for Supply Chain Disclosure?" MIT *Sloan Management Review*. Vol. 57 Issue 2, pp.37-45.

[79] Matthias, O. & Brown, S. (2016). "Implementing operations strategy through Lean processes within health care: The example of NHS in the UK". *International Journal of Operations & Production Management*, 36(11), pp.1435-1457.

[80] Menda, R. & Dilts, D. (1997). "The operations strategy formulation process: Linking multifunctional viewpoints",*Journal of operations management*, 15: 223-241.

[81] Miller J & Roth A. (1994). "Taxonomy of Manufacturing Strategies" *management Science*, vol. 40, no. 3, pp.285-304.

[82] Miltenburg, J.(2015). Changes in manufacturing facility-, network-, and strategy-types at the Michelin North America Company from 1950 to 2014. International Journal of Production Research. Vol. 53 Issue 10, pp.3175-3191.

[83] Mintzberg, H. (1990). "The Design School: Reconsidering The Basic Premises Of Strategic Management". *Strategic Management Journal.* 11,(3), pp.171-195.

[84] Möller, K. Rajala, R. & Westerlund, M. (2008). Service Innovation Myopia? A New Recipe For Client-Provider Value Creation. *California management Review*, Vol. 50 Issue 3, pp.31-48.

[85] Nelson, R. R., (1991). "Why Firms Differ, and How Does it Matter?" *Strategic Management Journal*, 12, (8), pp.61-74.

[86] Nunes, P.F & Cespedes, F. V (2003). "The Customer Has Escaped", *Harvard Business Review*, Vol. 81, Issue 11, November, pp.96-105.

[87] Paiva, E., Roth, A. & Fensterseifer, J. (2008). Organizational knowledge and the

manufacturing strategy process: a resource-based view analysis. *Journal of Operations Management*, 26 (1), 115-132.

[88] Papke-Shields, K. & Malhotra, M. (2001). Assessing the impact of the manufacturing/operations executive's role on business performance through strategic alignment. *Journal of Operations Management*, 19 (1), pp.5-22.

[89] Penrose E. T. (1959). *The Theory of the Growth of the Firm*. Oxford University Press, Oxford.

[90] Pine, J., Victor, B. & Boynton, A. (1993). "Making Mass customization work", *Harvard Business Review*, 71 (5), pp.108-119.

[91] Pisano, G & Shih, W. (2009). "Restoring American Competitiveness" *Harvard Business Review*. 87 (7/8), pp.114-125.

[92] Platts, K & Gregory, M. J. (1990). "Manufacturing Audit in the Process of Strategy Formulation", *International Journal of Operations & Production Management*, Vol. 10 Issue: 9, pp.5-26.

[93] Porter, M: (1980). *Competitive Advantage*. Free Press. New York.

[94] Porter, M: (1985). *Competitive Strategy*. Free Press. New York.

[95] Prahalad, C. & Hamel, G. (1990). "The core competence of the corporation", *Harvard Business Review*, 68, (3), pp.79-91.

[96] Prajogo, D. M & McDermott D. (2008). The relationships between operations strategies and operations activities in service context *International Journal of Service Industry Management* Volume 19 issue 4, pp.506-520.

[97] Rudberg M. & West B., (2008). Global operations strategy: Coordinating manufacturing networks. Omega, (36), 1, pp.91-106.

[98] Sasser, W.E., Olsen, R.P. & Wyckoff, D.D. (1976). The management of Service operations, Allyn & Bacon: Boston, MA.

[99] Schroeder. R Pesch M. (1994). "Focusing the factory: Eight lessons" *Business Horizons* Volume 37, Issue 5, September-October 1994, pp.76-81.

[100] Schroeder, R. Bates, K & Mikko. (2002). A resource-based view of manufacturing strategy and the relationship to manufacturing performance Strategic Management Journal 23, Issue 2, pp.105-117.

[101] Shah, R. & Ward, P. (2003). "Lean Manufacturing: Context, Practice Bundles, and Performance", *Journal of Operations Management*, 21(2), pp.129-149.

[102] Shankar, V., Berry, L. & Dotzel, T., (2009). A Practical Guide to Combining Products + Services. *Harvard Business Review*, Vol. 87, Issue.

[103] Short, Jeremy C. & Payne, G. T. (2008). "First Movers and Performance: Timing Is Everything". *Academy of Management Review*. Vol. 33 Issue 1, pp.267-269.

[104] Simon, H. A. (1947). *Administrative Behavior: a Study of Decision-Making Processes in Administrative Organization* 1st ed.. New York: Macmillan.

[105] Skinner, W. (1969). "Manufacturing - The Missing Link in Corporate Strategy" *Harvard Business Review* Vol. 47 Issue 3, pp.136-145.

[106] Skinner, W. (1978). *Manufacturing in the Corporate Strategy*, Wiley, New York, NY.

[107] Skinner, W. (1985). *Manufacturing, The Formidable Competitive Weapon*, Wiley & Sons, New York.

[108] Spring, M. & Araujo, L. (2013). "Beyond the service factory: Service innovation in manufacturing supply networks" Industrial Marketing Management. 42, 1, pp.59-70.

[109] Spring, M. & Araujo, L. (2014). "Indirect capabilities and complex performance Implications for procurement and operations strategy" *International Journal of Operations and Production Management* 34 Iss 2, pp.150-173.

[110] Stalk, G., Evans, P. & Shulman L.(1992). "Competing On Capabilities: The New Rules of Corporate Strategy" *Harvard Business Review*, Vol. 70, No. 2, pp.57-69.

[111] Sull, D; Homkes, R & Sull, C (2015). "Why Strategy Execution Unravels— and What to Do About It". *Harvard Business Review* Vol. 93 Issue 3, p.57.

[112] Sun, H. & Hong, C. (2002). The alignment between manufacturing and business strategies: Its influence on business performance. Technovation, 22(4), pp.699-705.

[113] Teece, D., Pisano, G. & Shuen, A. (1997). "Dynamic capabilities and strategic management," *Strategic management Journal* volume 18, number 7, 1997, pp.509-533.

[114] Terziovski, M. (2010). Innovation Practice and its Performance Implications in Small and Medium Enterprises (SMEs) in the Manufacturing Sector: A Resource-Based View. Strategic Management Journal. 31 (8): pp.892-902.

[115] Tunalv, C. (1992). Manufacturing strategy - Plans and business performance. International Journal of Operations and Production Management, 12(3): 4-24.

[116] Wagner-Tsukamoto S. (2007). "An institutional economic reconstruction of scientific management: on the lost theoretical logic of Taylorism". *Academy of Management Review*, 32(1), pp.105-117.

[117] Wernerfelt, B. (1984). "A resource-based view of the firm" *Strategic management Journal* Vol. 5, No. 4, pp.171-180.

[118] Whittington, R. (2001).*What Is Strategy - and Does it Matter?* London: Routledge.

[119] Whittington R, Regnér P., Scholes K. & Angwin D. (2017). *Exploring Strategy* 11th ed. Pearson, Hemel Hempstead.

[120] Wilk, E.O. & Fensterseifer, J.E. (2003). "Use of resource-based view in industrial cluster strategic analysis", *International Journal of Operations & Production Management*, Vol. 23 No. 9, pp.995-1010.

[121] Womack J, Jones D & Roos D. (1990). *The Machine That Changed the World*, Rawson Associates, New York.

[122] Woodward J, 1965. Industrial Organization: Theory and Practice Oxford, Oxford University Press.

[123] Youndt, M.A., Snell, S.A., Dean, J.W. Jr. & Lepak, D.P. (1996). "Human resource management, operations strategy, and firm performance". *Academy of management Journal*, 39(4): 836-865.

[124] Zornitsky, J.J. (1995). "Making Effective Human resource Management a Hard Business Issue" *Compensation & Benefits Management*, Winter, pp.16-24.

第 3 章

服务运营管理

🎯 **学习目标**

1. 了解服务对全球大多数经济体的重要性。
2. 认识到其定义和管理服务的一些复杂性。
3. 尽管存在这些复杂性,但仍可以深入了解具体如何进行管理服务。

我们在第 1 章中提到了运营和营销人员通过密切合作确保成功的重要性。在服务环境中,这两个职能部门之间的关系是至关重要的,没有两者的密切合作,服务将失败或质量下降。那么,什么是服务? 它并不像我们想象的那么简单,如下所示。

> 尽管有超过 25 年的研究,学者们对于什么是服务尚未达成共识。问题在于,如何用几句话来描述发达国家 75% 的经济活动?(Haywood-Farmer & Nollet, 1991: 5)

3.1 服务的定义

服务的概念以不同的方式定义。Grönroos(2001: 7)将服务概念定义为:

> 或多或少的、无形的一种活动或一系列活动,通常但未必在顾客与服务人员和/或实体资源或服务提供者的货物和/或系统之间的互动中发生,用以解决顾客的问题。

Edvardsson 等人(2005: 107)通过建议这个定义中的三个核心维度来增加我们的理解:
(1) 活动;
(2) 互动(我们可以说是与实体产品分开的服务);
(3) 解决顾客的问题

其他人则提供了有关服务本质的见解。例如,Johnston 和 Clark(2001)将服务概念定义为:
(1) 服务运营:服务的交付方式;
(2) 服务体验:顾客对服务的直接体验;
(3) 服务结果:为顾客提供服务的好处和结果;
(4) 服务的价值:顾客的利益。

因此,这里的关键要素是运营、体验、结果和价值。在管理服务运营时,牢记这些要素对管理者来说非常重要。

Fitzsimmons 和 Fitzsimmons(2007:5)对服务做出了深刻的定义：

> 服务是生产者为客户提供的耗时的、无形的体验，同时，客户以合作者的身份参与服务全过程。

所以这里的关键因素是，服务往往是：

(1) 耗时的(但不是服务的所有方面)；
(2) 无形的体验；
(3) 服务的提供者和接收者合作，共同参与。

我们将在本章中进一步探讨合作生产，因为它有助于我们了解服务运营管理如何随时间推移而变化。

在此之前，我们通过一个案例展示了服务运营的一些危险。应当注意的是，一些服务运营的门槛较低(Porter，1980)。这意味着竞争对手能够相对轻松地挤入行业并进行激烈竞争。此外，服务运营的另一个风险是服务的许多方面都易于复制。

3.1.1 服务业员工的百分比

毫无疑问，与服务有关的各个部门的就业人数显著增加。例如，我们可能认为英国和美国就是这样。然而，服务部门员工数量的增长趋势已遍及全球，包括制造业大国，例如德国和日本。这种服务的增长，早在 1972 年就被注意到了，当时 Levitt 就表示："我们现在都在服务中"(Levitt，1972:72)。

Grönroos 声称"每项业务都是服务业务"(Grönroos，2000)，"产品只是提供整体服务的一个要素"(Grönroos，同上)。我们将在下一节中阐述将产品与服务相结合的重要性。在此之前，列举一些有关世界各地服务业的重要案例。自 1960 年以来服务业员工的比例急剧上升，如 图 3-1 所示。

服务部门在职工作人员百分比										
国家	1960	1965	1970	1975	1980	1985	1990	1995	2000	2005
美国	58.1	59.5	62.3	66.4	67.1	70.0	72.0	74.1	76.2	78.6
英国	49.2	51.3	53.6	58.3	61.2	64.1	66.7	71.4	73.9	77[a]
荷兰	50.7	52.5	56.1	60.9	65.1	68.3	69.5	73.4	75.2	76.5[b]
加拿大	54.7	57.8	62.6	65.8	67.9	70.6	72.4	74.8	74.9	76.0
澳大利亚	n/a	54.6	57.3	61.5	64.9	68.4	70.5	73.1	73.9	75.8
瑞典	44.6	46.5	53.9	57.7	62.9	66.1	67.9	71.5	73.4	75.6[a]
法国	40.7	43.9	48.0	51.9	56.3	61.4	65.6	70.0	72.9	73.4[a]
日本	41.9	44.8	47.4	52.0	54.8	57.0	59.2	61.4	64.3	68.6
德国	40.2	41.8	43.8	n/a	52.8	51.8	45.0	60.8	64.3	68.6
意大利	33.4	36.5	40.1	44.0	47.7	55.3	58.6	62.2	64.9	65.5[a]

图 3-1 服务部门在职工作人员百分比

资料来源：U.S. Bureau of Labor Statistics www.bls.gov(02 October 2006)，U.S. Department of Labor, Foreign Statistics, Comparative Civilian Labor Force Statistics, Ten Countries, Table 6 in Civilian Employment Approximating U.S. Concepts by Economic Sector.

a 最近年份为 2004 年
b 最近年份为 2002 年

显然，服务经济的崛起是世界范围的。如今，超过75％的美国就业人员都从事服务业。可从以下网站所获得对服务部门进一步的统计数据：www.bls.gov（美国劳工部）。

有些人认为，大量创新存在于服务领域。正如Möller等人（2008）指出：

> 我们正处于服务驱动的商业革命之中。Google、MySQL和Skype等创新服务提供商致力于促进与顾客的服务合作，因为服务成为公司的关键价值驱动因素。在目前的财富500强企业名单中可以看出这一点，其中服务收入的份额在过去几十年中大幅增加。这场服务驱动的革命推动了经济的繁荣，其中大多数经济活动都是由服务组成的。

然而，像制造业一样，Youngdahl等人（2010：798）解释说，有些服务有外包的风险：

> 服务流程和基于知识的离岸外包，重新描绘了21世纪头10年的运营管理格局。

并且：

> 这些流程涵盖了常规后台功能和呼叫中心（业务流程离岸外包，BPO），以及重点研究支持功能（知识流程离岸外包，KPO）。麦肯锡估计，到2010年，离岸服务的总目标市场将达到接近3000亿美元。最近，Gartner报告称，到2012年，仅在BPO领域，预计收入就将达到2390亿美元。（Youngdahl, et al., 2010：799）

显然，这种趋势对一些公司构成了威胁，当许多公司的业务外包时，对整个国家的经济福祉都有影响。这是因为，服务业对全球经济的贡献是相当大的，如图3-2所示。

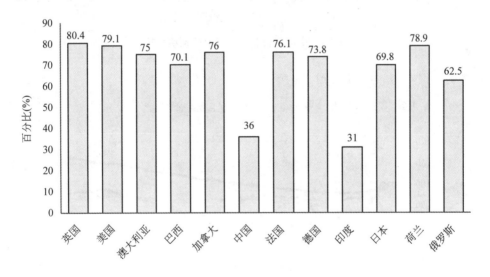

图3-2 选定国家服务业劳动力的百分比

（2016年最新）

虽然印度和中国的工人比例都很高，但是我们应该注意到，2016年最大的增长来自服务业。印度的主要企业集团TATA，已将服务置于整体投资组合的核心。正如财富（2017）指出：

> 首席执行官开始将咨询公司转变为印度最有价值公司之一，市值为710亿美元。

服务业的预期增长将继续，对GDP的贡献可能显著增加，如图3-3所示。

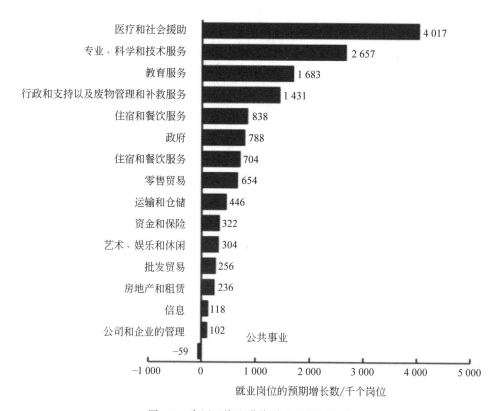

图 3-3 中国工资和薪资就业的预期增长

服务对英国 GDP 的贡献如图 3-4 所示。

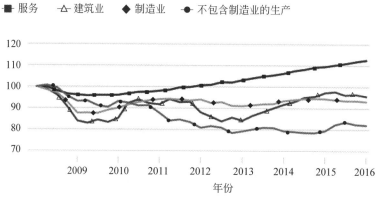

图 3-4 按行业划分的英国 GDP(2008 年为基数 100)

(资料来源：City A.M.，3rd June,2016)

服务部门的范围很广,每个特定部门都要求特定部门的运营能力到位,以满足顾客。顾客和其他关键利益相关者的需求如图 3-5 所示。

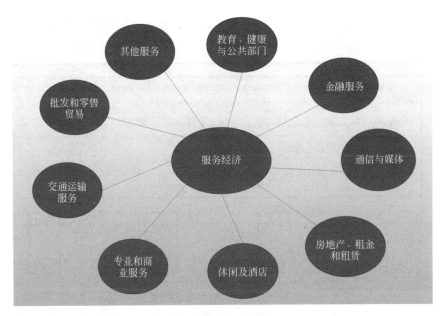

图 3-5　服务部门范围的指示

(资料来源：Hoffman et al.,2009,Services Marketing：Concepts, Cases and Strategies. Cengage Learning)

3.1.2　体验经济

与服务相关的一个重要发展是所谓的"体验经济"的出现。这一概念源于认识到顾客不购买"产品"或"服务",而是购买包含商品和服务的"体验"。正如 Pullman 和 Gross(2004：553)所解释的：

> 当顾客与服务提供商创建不同的环境元素,进行某种程度的交互而产生任何感觉或知识时,就会出现体验。成功的体验是顾客发现独特、令人难忘和可持续的,想要重复和建立的经验,并通过口口相传积极推广的体验。

许多文章对制造和服务运营进行了全面的区分。正如我们将在本章后面看到的,我们认为在尝试管理运营时,这并不总是有用。将制造和服务运营视为向顾客提供商品和服务的协作活动能够提供更好的见解。或许更为相关的区别是区分处理材料的操作和处理客户的操作。需要记住的是,材料不会自己思考或行动,而顾客会这样。服务公司忘记了这一点,开始将顾客当作材料对待,即使它们提供了卓越的价值,也无法长期生存。

在第 2 章中,我们看到了运营战略的重要性。我们认为,运营战略既包括制造业务,也包括服务业务,我们需要合二为一,形成一种综合的整体方式。但是,我们发现这些部门可能会处理不同的事情,我们将其归类为材料、客户和信息。这可能会对战略的具体实施产生影响,但对运营管理原则或问题本身却没有影响。比较制造业和服务业会很有用,但在运营管理的背景下,我们认为它们之间的某些划分被夸大了。

例如,1997 年的"哈佛商业评论"回顾了 75 年间的管理思想,追溯了从 1922 年"生产"的运营管理主题,其中包括"库存控制"机械化等功能;到 20 世纪 70 年代中期,"服务管理日益受到重视";再到 80 年代后期"精益制造"和 90 年代中期"供应链管理"的运营管埋思路。在这些故事结尾,我们关注到的一个核心术语是"增值"(Harvard Business Review supplement,Sept-Oct 1997)。

同样，Gilmore 和 Pine(1997)追踪了运营随时间的发展，认为消费者将越来越多地考虑"体验"，而不是制造或提供服务，如图3-6 所示。

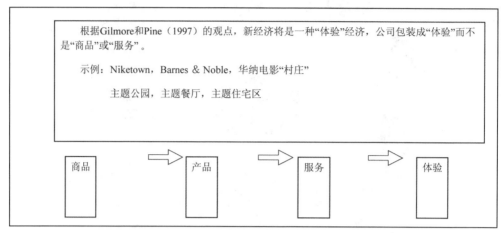

图 3-6 从"商品"到"体验"的变化

同样，著名的管理学者 CK Prahalad 在 2002 年表示：

> 人们谈论技术的融合。我认为最根本的融合是生产者的角色和消费者的角色，消费者从一个非常被动的角色变成一个非常活跃的产品服务和价值的共同创造者。公司在 20 世纪注重管理效率，它们必须经受 21 世纪的新管理体验。
>
> （资料来源：Financial Times：13th December，2002：14)

然而，除了门槛低的威胁之外，服务运营经理面临的另一个挑战是竞争对手会复制现有的运营能力。有时，随着技术的发展，提供的某些服务可能消失。例如，就在几年前，著名的书店 Borders 被誉为服务体验的典范。其原因在于，商店从销售书籍发展到提供一种愉快的体验，顾客可以在决定购买哪些书籍和其他商品时，进行消遣、放松和买咖啡。然而，Kindle 的出现已经消灭了这个商业模式，现在已经停业的 Borders 如下所述：

Borders 案例相关链接如下：http://www.usatoday.com/money/industries/retail/2011-07-20-Borders-Effect_n.htm。

 案例 3-1

Broaders 的倒闭预示着图书销售行业的变化

纽约——Broaders 破产了该怎么办？
取决于你问谁。

在这家破产的连锁店表示将寻求法院批准,出售其资产并关闭其剩余的399家书店的第二天,从出版商到消费者,每个人都在思考,如此大型书商的消失意味着什么。此行动可能会对出版商到消费者,再到竞争对手之间的所有人,产生广泛而不同的影响,因为当时该行业正在拼命地尝试适应新一代读者,这些读者宁愿在电子书上或平板电脑阅读,也不愿翻开平装书。

图书出版业可能会出现最大的变化:随着Borders书店的消失,图书销售领域可能会迅速发生变化,迫使图书作者寻找其他渠道推销他们的作品。

纽约大中央出版社宣传执行董事Jennifer Romanello说,在2月份Broaders宣布破产后,他们已经停止派作家去Broaders进行图书签售。她已经在寻找其他渠道来推广作者的作品。

"这就减少了一个我们推广作品的渠道,"她说,"还有其他渠道,我们看看附近是否有独立的书店。但书店的数量一直在收缩,所以对于签售作者的选择很严格。"

这最终可能为Barnes & Noble带来更多业务,Barnes & Noble是一家拥有705家连锁店的书店,也是Borders的主要竞争对手之一。事实上,尽管购物者涌向Borders的清算销售,Barnes & Noble的收入最初可能受到损害,巴克莱资本分析师Alan Rifkin预测,如果该连锁店关闭,该连锁店最终可能获得2.2亿美元至3.3亿美元的收入,约占Borders年收入的10%至15%。

尽管如此,Rifkin表示尽管Barnes & Noble比Borders更积极和成功开拓电子书——如Barnes & Noble的Nook电子阅读器和电子书店,但它仍然面临来自在线零售商的激烈竞争。

"随着对实体书籍需求的持续下降,对大型实体书店的需求也可能继续下降。"他在客户报告中写道。

分析师和消费者都表达了这种观点,他们认为Borders的消亡可以为实体书店画上句号,并为数字阅读开启一个新的篇章。可以肯定的是,实体书店并没有像恐龙一样灭绝,但有些人说这只是时间问题。

例如,来自纽约州威斯特彻斯特的房地产经纪人,36岁的Adrian Sierra走出纽约宾州车站的一家Borders书店,书籍没有装满购物袋。然而,他带着他的iPad。

"我会想念平装书,"他说,"但是,我这辈子都不会再买它们了,没有理由再这样做了。"

他说:"阅读量大的人不会仅因为400家书店关门而减少阅读。随着Borders的消失,人们可能会认为与其对数字化的购物、浏览或购买不满意,我还不如适应它。"

Simba Information资深贸易分析师Michael Norris不同意这种说法,如果Borders破产,实际上可能会减少电子书的销售量,因为购买电子书以便在电子购买之前浏览和研究新书的地方越来越少。

"书店是发明电子书的巨大载体,"他说,"我们经常试图量化那些在书店浏览然后在Kindle或iPad上订购书籍的消费者的确切数量。这很难量化,但我们知道,这已经发生了。"

> Morningstar 分析师 Peter Wahlstrom 表示,那些喜欢占便宜的消费者可能会适应。"作为纯实体书籍读者,将另寻出路,无论是独立的书店还是 Targets 或 Costcos。"他说。
>
> 确实还有很多其他地方可以去了解书籍。不过,一些喜欢在 Borders 浏览的消费者表示,如果连锁店关闭,他们很难调整。
>
> 纽约时报畅销书作家、《美丽的女孩的故事》的作者 Rachel Simon 每周去 Broader 几次。她说:"当这些商店消失的时候,偶然发现一本书,或者偶然遇到一个陌生人为你推荐一本书,这些文学旅程中的偶然也随着实体书店的消失而消失了。"
>
> 自 1971 年开始,Borders 曾在 2003 年的高峰期经营 1249 家 Borders 和 Waldenbooks 书店。但它未能迅速适应不断变化的行业,书籍、音乐和视频销售被互联网和其他竞争者取代。该公司于 2 月份申请破产保护,此后关闭了商店并解雇了数千名员工。
>
> 私募股权公司 Najafi Cos. 的 2.15 亿美元的"白骑士"出价,使得 Borders 上周试图继续努力经营,在债权人和放款人的反对下迅速解散。这些债权人和放款人认为,如果该连锁企业立即清算,它将会更有价值。周四,Borders 预计在预定的听证会上,要求纽约南区的美国破产法院允许其出售其所有资产。如果法官批准此举,清算销售可能会在周五开始,该公司可能会在 9 月底停业。
>
> (资料来源:USA Today, 20th July, 2011)

3.1.3 重新审视服务运营的输入/输出模型

我们在第 1 章中看到输入/输出模型如何作为映射操作的起点。正如我们之前所说,现在我们再次强调,由于各种投入的作用,这种模式会变得非常复杂——例如,供应商可能随后成为客户!此外,供应商可能会成为竞争对手,这取决于我们在第 3 章中讨论的供应网络的复杂性。将客户视为输入而不是输入/输出模型中的输出,使得这一基本模型受到挑战,这是由"客户作为共同创造者"的概念产生(我们将在第 5 章和第 6 章讨论买方—供应商关系的性质时再讨论这一概念)。

Vargo 和 Lusch(2004)建议"客户永远是共同创造者""通过服务流程,客户为生产过程提供重要的投入"(Sampson & Froehle, 2006:331)。这种观点在服务运营的新兴服务主导逻辑中很重要(Vargo & Akaka, 2009)。

戴尔计算机的客户作为联合制作人的想法来自以下方面:

> 迈克尔·戴尔预测客户关系将"继续更加亲密"。他甚至谈到"共同创造产品和服务",这是一家大型制造商的激进观念。"我确信有很多事情我甚至无法想象,但我们的客户可以想象,"戴尔说,"仍然听起来很滑稽,这样规模的公司不会仅由几个人想创意,这将是由数百万人提出并汇集这些创意精华。"

(资料来源:Business Week, 29th Oct., 2007:118-120)

因此,运营和营销人员需要有一个统一的视角,希望能够为客户提供世界一流的产品。毫不奇怪,这种观点被一些提到服务主导逻辑的营销人员所认同,以下内容明确操作的重要性:

> 在服务导向(S-D logic)模式中,服务被定义为通过行动、过程和表现,为另一个实体或实体本身的利益所利用的专门能力,值得注意的是,服务导向(S-D logic)使用单一

的术语"服务",它反映了为某一实体做一些有益的事情并与之合作的过程。(Vargo and Lusch,2008:26)

尽管这一概念在服务中越来越受欢迎,但它并不是全新的。早在1986年,Normann发现:

> 顾客通常不仅仅是顾客——他是服务生产的参与者。例如,理发、支票兑现、教育,如果没有消费者的参与,这些都不可能产生。因此,服务公司不仅要与消费者保持联系,与他们进行社交互动;作为生产力的一部分,"管理"他们也是必要的。(Normann,1986:7)

因此,服务主导逻辑改变输入/输出模型,如图3-7所示。

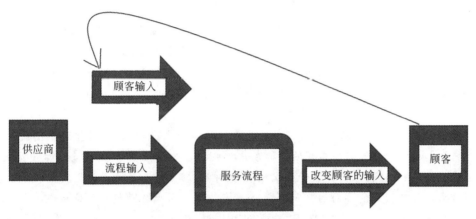

图 3-7 修改服务操作的输入输出模型

产品导向(G-D logic)模式关注的是有形资源,而这种模式将服务作为运营的驱动力。这反过来导致了术语的变化,正如 Lusch 和 Vargo(2006a:286)的图表,如图3-8所示。

服务导向(S-D logic)术语		
商品主导的逻辑概念	过渡的概念	服务主导的逻辑概念
商品	服务	服务
产品	提供物	体验
特征/属性	利润	解决方案
附加值	联合生产	共同创造价值
利润最大化	金融中介服务	财务反馈/学习
价格	价值交付	价值主张
平衡系统	动态系统	复杂自适应系统
供应链	价值链	价值创造网/排列
促销活动	整合营销传播	对话
促销	市场导入	市场共建
产品定位	市场定位	服务定位

图 3-8 服务导向术语

(资料来源:Lusch & Vargo(2006a:286))

此外，正如Cova和Salle(2008：271)所说，这不仅仅是为了自己的利益而改变模式。以下内容将提供更多见解：

> 服务导向(S-D logic)将营销的方向从"市场导入"转移到"市场共建"的体系中，在"市场导入"的体系中，促销、定位并获取客户；而在"市场共建"的体系中，客户和供应链伙伴在整个营销过程中都是协作者(Lusch & Vargo, 2006a)。因此完全符合后现代趋势(Cova & Salle, 2003)和消费文化理论(CCT)传统(Arnould, 2006)。Lusch和Vargo(2006)提出了"服务导向"(S-D logic)一词，以摆脱产品主导(G-D logic)模式的局限。

并且：

> 服务导向(S-D logic)模式还意识到客户和供应商都是资源整合者，符合价值共存的概念。服务导向(S-D logic)模式不仅使客户参与共同创造价值的过程，而且还将组织的合作伙伴带入整个价值网络。因此，服务导向(S-D logic)模式还意识到每个实体应与其他实体协作，并将资源与它们的资源整合(Cova & Salle, 2008：271)。

此外，Payne等人(2008：85)描述了：

> 价值共同创造过程包含供应商创造卓越的价值主张，在客户消费商品或服务时，与客户一起确定价值。与供应商的目标客户相关的卓越价值主张，应该会带来更大的共同创造机会，并使得供应商通过营业收入、利润分红、客户介绍等方式获得利益(或"价值")。通过成功管理价值的共同创造和交换，公司可以寻求最大化理想客户群的终身价值。

服务导向(S-D logic)模式，基于"物联网"中与供应商和客户的紧密合作，辅以先进技术，加强双方沟通(Woodside & Sood, 2017)。

我们在第1章中看到，对于许多公司来说服务化是如何变得重要的。这样做的两个主要原因是：

1. 许多"制造"公司仅凭产品获利很少，因为利润微薄。
2. 客户越来越需要完整的"解决方案"，因此供应商提供的"优惠"必须不仅仅是单纯的产品转让，而是提供帮助、支持、技术诀窍、经验和一系列服务(Baines & Lightfoot, 2014；Mahut et al., 2017)。

采用服务导向(S-D logic)模式的制造公司不仅将更多的服务作为其基于产品的总提供物的一部分，而且还将服务概念作为其业务的基础。因此，随着新的竞争对手出现和顾客战略的不断变化，工业公司需要了解如何与买家共同管理其产品的共同创造，并重组他们现有的买方关系。这极大地影响了顾客或买家的参与，使他们从被动的角色转变为与供应商共同创造价值的角色：

> 服务导向(S-D logic)模式的出现挑战了买方作为被动消费者的观点，并认为顾客始终是价值的共同创造者，将买方纳入价值创造过程中。从这个角度来看，商品仅仅是"其他操作性资源(顾客)用作价值创造过程中的工具的中间产品(Vargo & Lusch, 2004：7)。

并且：

> 消费者可以充当资源整合者，当他们利用自己的能力、工具、原材料，有时甚至是专业服务，为自己制作维护服务、娱乐、餐饮等。(Xie et al., 2008：109)

Cova和Salle(2008：271)提供了一个简单但富有见解的模型，如图3-9所示。

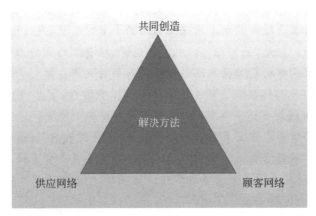

图 3-9 Cova 和 Salle 模型：服务中购买者和供应商之间的联合生产过程

从这里可以看出，供应商和顾客网络变成了综合的、整合的实体，而不是通常情况下的对立方。不是对抗，而是双方共同努力，提供顾客经常需要的解决方案。

我们在第 2 章中看到了战略对制造业务的重要性，服务业也是如此，当然，这两个要素往往以多种方式融合。为此，作者提出了我们在第 2 章中看到的服务策略模型。其中一个来自 Goldstein 等人（2002：126），如图 3-10 所示。

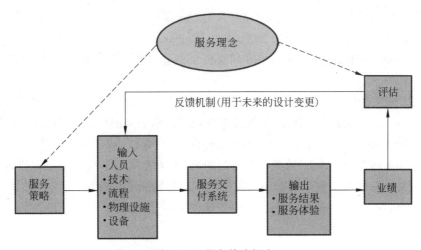

图 3-10 服务战略概念

3.2 服务中的"关键时刻"

一旦顾客和供应商参与交易——无论是在消费者还是商业（B2B）情境中——组织必须确保资源用于生产服务，以便在这种接触中发生的"关键时刻"（Normann，1991）是非常积极的。然而，问题的一部分在于，许多高级管理人员喜欢提供客户服务的言论，但是在服务环境中，战略和运营之间的脱节与制造企业一样大，正如我们在第 2 章中所讨论的那样。Hemp（2001：51）对此进行了很好的总结。

高级管理人员很容易理解接近客户、预测他们的需求、超越他们的期望的重要性。

但是他们中有多少人曾经在一线亲身体验过？如果他们试图寻找，他们会发现什么，特别是在一家以对客户服务的执着承诺而闻名的公司？当然，通过近距离观察操作，他们能学到很多东西。但是，他们还可以从参与运营、从员工的立场上以及从深入了解并试图满足客户苛刻需求的员工的想法之中获得有用的见解。

然而，一些 CEO 和其他高级管理人员确实看到了重要性，宝洁（Proctor & Gamble）的前首席执行官 Lafley 提出了这一见解：

> 我强调我们所有人都需要关注两个消费者的"关键时刻"。第一时刻是消费者决定购买产品。宝洁确保它在第一时刻获胜。第二个时刻是消费者使用产品的时刻。在那一刻，他们必须满足并感受到质量和价值。这确保了他们将再次购买该产品并成为忠诚的消费者。

资料来源：A Conversation with Procter & Gamble CEO A.G. Lafley AMR Research 18th April, 2008）

不能过分强调积极的"关键时刻"的重要性。关键时刻往往会在顾客在关键接触点评估体验时出现。这可以包括顾客何时想要结束与组织的关系。同样，当出现问题时，顾客可能会大肆宣扬他们的不满。关键问题是：

非常满意的顾客（回头客）的回购次数为 6 次（Heskett，1994）；

优秀的服务提供商超越市场：增长率为 89%，而平均增长率为 33%（Business Week，1993）；

关注服务质量意味着将客户保留 50% 以上（Zemke，1997）；

顾客忠诚度提高 5%，利润增长 25%-85%（Reicheld，1996）；

需要非常高水平的服务质量和顾客满意度来防止流失（65% 流失的顾客是"满意的"）（Reicheld，1996）；

但是，以下链接提供了某人试图取消其美国在线（AOL）账户的示例。当它出错时，结果是它被 NBC 的今日秀所选中，因此数百万观众意识到了美国在线（AOL）的问题：

http://www.youtube.com/watch?v=xmpDSBAh6RY

正如你在美国在线（AOL）的视频中看到的那样，关键时刻不仅发生在提供者和服务接受者之间的初始接触——整个接触中的每一次体验都变成了"关键时刻"。

"关键时刻"可以分阶段进行。Lovelock 等（2009：9）描述了这些阶段是如何发生在餐厅情境中的，如图 3-11 所示。

第一幕：场景介绍

第二幕：核心产品交付

⇒鸡尾酒、座位、点餐、酒和酒服务

⇒潜在败笔：菜单信息是否完整？菜单是否易理解？菜单所有内容是否都有？

⇒信息传递的错误是导致失败的常见原因。比如，糟糕的笔迹。

⇒不善言辞的顾客不仅会评价食物和饮料的质量，还会评价服务的质量、服务人员的态度或服务风格。

第三幕：结尾

⇒结账，顾客支付，取钥匙/外套，离开。

⇒顾客期望：准确、易懂又及时的账单，礼貌处理付款及感谢顾客的光临。

图 3-11　餐厅的关键时刻

（改编自 Lovelock, et al., 2009）

正如 Voss 和 Zomerdijk(2007：6)正确地指出的：

> 顾客与组织的每一次接触都是一种体验,无论交付的产品或服务多么平凡。

同样,在服务提供的每个阶段的积极体验的重要性是至关重要的——当然,我们在之前的美国在线(AOL)案例中看到了这一点。

正如 Chase 和 Dasu(2001：81)所说：

> 大多数服务提供商认为,在顾客眼中,接触的开始和结束——所谓的服务簿记——是同等重要的。他们错了,结尾更为重要,因为它是顾客记忆中留下的东西。当然,重要的是在开始时达到令人满意的基本水平,但是公司在开始的时候相对较弱,结束时略有上升,这也比风行一时的开始和马马虎虎的结尾更好。

一些公司现在不懈地追求通过卓越的服务运营以使客户满意。

同样,运营战略的作用在这里很重要,因为这些结果不仅仅是机会。相反,服务提供商必须具有战略意图。Goldstein 等人(2002：122)注意到：

> 无论服务组织如何定义其服务以及顾客如何感知服务,交付的服务都应无缝运行,以便顾客正确地感知(即按照设计)。顾客对服务的概念有一个先入为主的概念,即使他们以前没有体验过。换句话说,顾客对服务概念有一个印象,无论它是否有通过口碑或其他信息来源或实际服务体验来定义。

2017 年戴尔和 EMC 合并背后的部分原因是为顾客提供持续的、积极的关键时刻,以应对云数据、大数据等的变化,它们的一些产业顾客将需要：

> (公司)不需要大数据战略,而是需要一个包括大数据、分析和推动因素的综合业务战略。戴尔 EMC 是市场上为数不多的一级物联网设备供应商之一,还通过新服务和即将举办的研讨会,使物联网的应用变得更加容易。
>
> 物联网技术咨询服务可帮助企业识别利用传感器、信标、移动电话、可穿戴设备和其他连接设备的大数据所需的物联网功能。物联网货币化研讨会将提供数据、分析和技术路线图,使企业能够尽早启动物联网旅程。

(资料来源：Preimesberger,2017)

Chase 和 Dasu(2001：81)提供了一个例子,说明邮轮如何举办一系列活动,以便在整个旅程中使整个体验变得积极,如图 3-12 所示。

邮轮为什么能做到?
现代邮轮公司运用了许多行为科学提出的运营法则。

法　则	邮轮公司所做
强调结尾	用漂流、比赛、表演等来结束每一天; 以船长的晚宴结束本次航行; 到达港口后,分发纪念品或葡萄酒。
娱乐细化	在短暂的航程中安排多项活动。
仪式感的创建	提供船长晚宴和午夜自助餐。

图 3-12　邮轮为什么能做到
(来自 Chase & Duru,2001：81)

毫不奇怪，迪士尼主题公园在其服务运营战略中，对于确保客户有积极的体验，非常重视。如图 3-13 所示。

每位剧组成员都要负责在离他们几米之内的顾客的感受，如果可以的话，还要加强他们的体验。

迪士尼苗圃公园里成千上万棵树都有一个替补，所有如果树木生病或者受损，可以在一夜之间更换。

他们承诺会下雪，而且确实下雪了，每天晚上准时，在指定的地方，迪士尼的魔术师们会制造一串串的小泡泡，看起来和动作都像雪花。

奥兰多的迪士尼乐园地下有隐藏的隧道网络，有商店和控制中心，通过一条地铁将演员和戏服运送到公园周围，在陆面上根本看不见。

图 3-13　迪士尼体验

（资料来源：Ritzer, G., 2005）

3.2.1　精益的服务

精益往往与制造业有关。但是，有许多在服务中使用精益的例子。我们特意在多个章节中讨论精益，因为精益的范围很广泛，精益并不完全只存在于一章内。

Womack 和 Jones（2007）在精益思想中描述了必须指导精益实施的关键原则。Womack 和 Jones 描述了应该指导整个组织转型的三个基本业务问题：

目的：企业为实现自身繁荣的目的而解决哪些客户问题？

流程：组织如何评估每个主要价值流，以确保每个步骤都有价值、有能力、可用、充分、灵活，并且所有步骤都通过流动、拉动和调节平衡相关联？

人员：组织如何确保每个重要流程都有人负责在业务目标和精益流程方面持续评估价值流？如何让每个接触价值流的人都积极参与正确的操作并不断改进现金流？

他们使用木匠的比喻说："正如木匠需要建立什么样的构想才能有效获得锤子的利用价值，精益思想家在拿起我们的精益工具之前需要一个愿景。深入思考目标、过程，人才是实现这一目标的关键。"

《工业周刊》（2013）展示了对服务中精益的常见误解：

如果你是服务组织的一员，你经常听到有人说："我们不能在这里做精益。精益只是用于制造，不是吗？我们不是某种制作装配线，每 10 秒钟将一件装到另一件装配线上！我们的流程漫长而复杂，每笔交易都是独特的，需要特别考虑。此外，我们所做的大部分工作都发生在我们人类的脑海中和计算机屏幕后面。我们没有办法在这里使用精益。"

Sahni 等人（2015）在他们的 HBR 论文中表示，他们认为医疗保健可以减少超过 1 万亿美元，这表明：

降低成本和提高质量有两种主要方法：一种是全面的需求方策略，为消费者提供更好的医疗保健激励和信息；另一种是积极的供应方战略，它改变了供应商的支付方式，使其利润率与结果和效率紧密相关，而不是与提供的服务量紧密相关。

然后，他们通过确定可以降低成本的关键领域提供有用的见解，如图 3-14 所示。

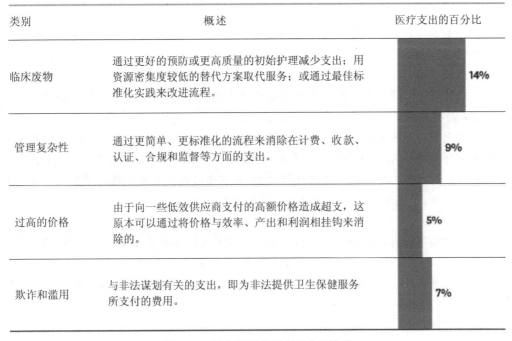

图 3-14　卫生医疗保健支出中的浪费

Matthias 和 Brown（2016）在英国国家卫生服务部门对精益工作的研究得出的结论认为，精益要求经常失败是因为缺乏针对医院的服务运营策略。相比之下，在制定了具体的运营战略的情况下，精益计划在一系列参数方面有所改进。

3.2.2　杰出的服务

因此，很明显，服务运营必须充分调整，以确保服务的所有方面都能满足并在可能的情况下超出客户的期望。杰出的服务公司年度出版物越来越多，如下所示，其中列出了它们被选择作为杰出服务提供者的原因。

(1) REI

谁会不喜欢一个即使在你购买靴子3年后仍能换货的品牌呢？REI提供出色的店内体验，拥有知识渊博的员工，他们更像是顾问而不是销售人员。此外，他们还通过博客、学习中心和问答部门提供全方位的全渠道支持和丰富的在线知识库。REI的良好客户服务声誉是当之无愧的，这也是他们在我们的榜单中名列前茅的原因。

(2) 维珍美国

很多优质的客户服务都归功于尽职尽责的CX设计，维珍美国公司的表现非常出色。虽然其他航空公司采用过于认真的方式来设计用户体验，但维珍美国航空公司通过机上有趣的安全视频、照明以及机场航站楼的顶级商店选择来提升用户体验。维珍美国的生动方式表明，客户服务不一定是沉闷的，它可以像你喜欢的那样富有创意且开启即用。

(3) 亚马逊

虽然电子商务巨头必须将其注意力分散在亚马逊视频和Amazon Fresh等新的宠物项目中，但还有一件事——提供一流的客户服务是其核心。亚马逊可靠、快速的分销，快速的全渠道客户支持以及具有竞争力价格的丰富产品选项，使亚马逊保持在此榜单的首位。它能够即时满足客户的需求并提供近乎完美的体验，这是亚马逊的优势所在。

(4) 诺德斯特龙

这家奢侈品百货公司并没有免费提供出色顾客服务的几十年声誉。诺德斯特龙一直是许多公司的参考点，因为它的退货政策宽松，店员乐于助人，结账排队短，客户支持渠道的响应时间快。聆听我们的网络研讨会，与罗伯特斯佩克特合作的诺德斯特龙卓越客户服务之路，了解您的品牌如何模仿诺德斯特龙模型。

(5) Trader Joe's

与沃尔玛等公司提供的低价格和大幅折扣同时在超市行业中与同行竞争，同时跟上Whole Foods领导的有机食品趋势，绝非易事。然而，由于Trader Joe's始终如一地提供出色的客户服务，从彬彬有礼、友好的员工到快速结账，使得它成功地在竞争对手中脱颖而出。

(6) 万豪国际

万豪国际集团凭借积极的努力将员工置于业务中心，包括员工和客户，在我们的名单上赢得了一席之地。通过为员工提供具有竞争力的福利待遇、卓越的培训和增强他们的决策能力，万豪聘请了一支真正喜欢每天上班的全明星团队，并竭尽全力让客人有宾至如归的感觉。

(7) 苹果

苹果公司的已故创始人乔布斯(Jobs Stevens)从第一天起就把客户服务放在第一位。公司客户体验的设计，反映其产品的品质和用户满意度。苹果的CX理念可以概括为一个词——轻松自如，在友好的"天才"工作人员的帮助下，顾客在店内享受无缝对接的客户体验过程，结账也很方便，因为不需要排队。

(8) Chick-fil-A

在客户服务方面,这家快餐连锁店领先于竞争对手。它以客户为中心的领导模式,通过灌输礼貌和礼节的政策、厨房的快速食品生产以及每家餐厅的清洁,逐渐渗透到每个员工心中。Chick-fil-A 也为其员工招聘感到非常自豪,期望每个新员工都遵守公司的价值观,包括谦逊、对服务的热情和真诚。

(9) State Farm

State Farm 的口号是"像一个好邻居一样,State Farm 就在那里!"毫不奇怪,State Farm 的客户声称感受到了对于该品牌的感情。与其他保险公司相比,State Farm 以其友好而快速的客户服务以及随时准备有效解决客户问题的态度而著称。

(10) Slack

尽管这个公司高速增长,但规模仍然很小,能被列为提供最佳客户服务的企业,着实令人惊讶。但我们认为,优秀客户体验的一个重要因素,是能掌握优雅解决问题的艺术。在 2015 年 11 月下旬,Slack 像专业人士一样处理应用程序的中断问题,以迅捷和谦逊的态度回应社交网络上的每一个投诉,并定期更新,直到问题得到解决。有时,当事情进展不顺利时,公司的真正的底色就会出现。

(资料来源:Talkdesk(2016)10 Companies That Provided the Best Customer Service in 2015, https://www.talkdesk.com/blog/best-customer-service-companies-2015)

3.2.3 制造和服务运营是如此不同吗

自 2000 年第一版以来,我们一直主张制造业和服务业在运营乃至业务方面是互补的,而非矛盾的。这两个部门通常被视为相互排斥的,或者充其量是有不同程度的相似性重叠。我们认为,区别并不像最初想的那么明确。这得到了 Normann(2001:114)的认可,他认为商品和服务之间的传统区别具有误导性:

> 服务是使各种元素的新关系和新配置成为可能的活动(包括使用关键产品),将经济视为一个活动和活动参与者的网络,活动者相互关联,共同创造价值,这让我们对(服务)"产品"的性质有了另外一种更有创意的看法。产品旨在更有效地实现和组织价值共创。

有些区别并不像最初出现的那么明显。例如,我们可以看到有关服务行业的典型陈述及其与制造业务的对比,如图 3-15 所示。

> 产品无形;
> 服务不能库存;
> 服务各不相同,无法大规模生产;
> 客户联系紧密;
> 客户参与服务;
> 设施位于客户附近;
> 服务是劳动密集型的;
> 质量难以衡量;
> 质量在很大程度上取决于服务人员。

图 3-15 制造和服务之间的感知差异

我们现在将依次对它们进行探讨。

服务是无形的？

是否一定如此？服务组织越来越多地对顾客提到"产品"。这一点在一系列金融服务中非常明显，在这些服务中，使用了"产品"这一术语，使"无形"变成了"有形"。例如，选择抵押贷款的顾客可以考虑一系列产品，包括固定利率和可变利率、贷款期限以及与特定报价相关的各种利率之间的比较。假期或度假套餐属于服务范畴，但假期组织则以"产品"来表达。同样，分时度假组织在购买和积累一些积分以获得特定假期或时间时，会使无形资产更具有识别性。为顾客提供"航程累积"的航空公司提供的方法相同。在教育方面，大学能够提供一系列"产品"，或者在特定学位上提供不同的入学模式。例如，MBA可以通过远程学习提供，或者通过1年的强化课程，或2-3年的半脱产模式，或者在不同时间以零星参与的教学周进行密集的模块化设计。能够提供一系列产品，意味着虽然提供专业服务，但是该课程的潜在学生可以选择一种特定的服务，而不是某些可识别、确定的有形服务，如课程为期时间、出勤方式等。

虽然发生的交易（如医生诊疗中的建议）是无形的，但并不意味着整个体验也是无形的，并且注重服务的物理环境至关重要。在医生的手术中，我们为医生的建议而付费。但是，如果墙上有油漆剥落，或等候区环境变脏或地毯已磨损，我们会注意这些——并告诉其他人。正是由于这个原因，世界级服务提供商非常重视服务的物理环境，如下所示：

> 迪士尼花费大量时间、精力和金钱为其提供给客户的体验设计最佳环境。其中一个例子就是勤奋的神奇王国和迪士尼乐园的主街画家。他们全年唯一的责任是从主街的一端开始，为所有建筑物和其他结构涂漆，直到另一端，然后重新开始。每次涂漆，都是将扶手打磨至裸露的金属表层，再重新刷漆，每年五次，为游客提供梦幻体验的服务景观需要一个干净、新粉刷的公园，而破损或脏旧的油漆，会大大降低顾客的体验质量。
>
> (Ford et al.,2001)

通常，服务在物理环境上，可以产生巨大差异，这就是为什么现在如此关注所谓的服务景观，其中的一个例子如图3-16所示。

在所有类型的服务中，服务的物理环境的贡献至关重要。它将对服务提供的心理反应产生深远的影响，如图3-17所示。

服务不能库存？

在有形服务（如餐馆、快餐连锁店和汽车维修店）中，服务的支持元素——供应——是明确的，并可以保持库存。在服务零售店中，商品必须可供顾客使用。例如，在专业服务中——例如律师、医生或顾问，很明显，服务的提供取决于智力资本、经验和"技术诀窍"。在这种情况下，我们可以谈论随时间积累的知识或技能，并"存储"在准备状态。这可能是由一个专业领域的特定个人或可以提供各种专业服务的专业人士组成。同样，有些产品不能长期保存——最明显的是易腐食品。但其他受到快速短期需求变化影响的市场，如流行音乐产业，也受到需求快速短期变化的影响，因此持有存货时间过长也不可取。虽然一张CD的物理货架寿命可能是很多年，但可销售的货架寿命只会随着音乐的流行而延长。此外，通过互联网进行的下载也对CD或任何其他存储设备的需求提出了挑战。

耐克城

- 商店氛围

    通过设计、色彩和内、外布局，营造商店的氛围。

- 体验式营销

    创造一种体验，在这种体验中，希望的结果是与一个人、品牌、产品或想法之间的情感联系。

- 像耐克城这样的零售店是为了创造顾客体验而设计的，而不是为了销售。

图 3-16　耐克作为服务场景的一个例子

(资料来源：Wilson, A., Zeithaml, V., Bitner, M. & Gremler, D., 2008)

服务多种多样，不能大规模生产？

同样，这样的观点取决于我们审视服务的角度和方式。作为一个通用术语，快餐店属于服务而不是制造。显然，如果有相当高的有形特性或输入作为服务提供的一部分，我们可以说产品可以批量生产，在服务交付时并不是一个真正独特的事件。所有快餐在一定程度上都是大量生产的。在俄罗斯，白内障的眼科手术已经形成"生产线"。在教育领域，远程学习提供高度标准化的学生体验。数量和种类问题对制造业和服务业来说是一个重要问题，这将在第 7 章中讨论。

客户联系紧密？

技术和互联网在调和方面发挥了很大的作用。显然，在许多金融交易中，可能很少或没有顾客/客户联系。此外，如果您乘坐长途航班，您会发现即使在"客户关怀"服务中，客户与提供商之间的实际联系可能也很少。其中有位作者估计，在从美国飞往英国的八小时航程中，与工作人员接触的时间不超过两分钟。这不是对这项服务的批评——实际上当一名乘客想要在旅途中休息时，他最想要的就是不被不必要的服务所打扰。

在制造环境中，虽然可以说在供应链的制造端，顾客不太可能与制造工厂本身接触，但情况并非总是如此。例如，在作业车间环境中(参见第 7 章)，顾客与供应商可能会建立联合设计和强大的联系。相反，在服务领域，顾客联系并不总是很频繁。金融服务就是一个例子。在提供服务期间，顾客通常不与其他人联系。实际上，有时顾客可能不需要这种联系，如从自动提款机提款几乎不需要这种联系，因此完全适合这种情况。即使在专业服务中，也可能没有大量的顾客参与(尽管顾客将根据专业人员花费的时间而付费)。

必须注意的是，在有些情况下，特别是在交易中，专业技能非常重要，提供商和顾客之间的联系非常紧密。这属于专业服务的内容，我们将在第 7 章进一步讨论。这种与顾客的密切联系通常是由于顾客/客户定制的高要求，如图 3-17 所示。

受体	环境刺激	对环境用户的影响	例子
视觉	颜色	情绪和情绪状态	Ornstein(1990)
	颜色	健康/生理	Bellizzi et al.(1983)
	颜色	味知觉	Tom et al.(1987)
	颜色	温度感知	Hayne(1981)
	颜色	空间划分和店内移动方向	Razzano(1986)
	照明亮度	用户满意度	Lewison(1994)
	照明亮度	产品的吸引力	Areni & Kim(1994)
	照明亮度	任务绩效	Butler & Biner(1987)
	照明亮度	形象感知	Smith(1989)
	照明亮度	条件等色——颜色知觉	Green(1986)
	照明亮度	店内活动的方向	Cobb(1988)
	照明亮度	视觉的隐私	Gifford(1987)
	视觉灯/窗户	心理和情绪	Heerwagon(1990)
	模式	店内活动的方向	Proctor(1990)
		象征性的协会/内涵	
	形状	关联	Proctor(1990)
	空间布局	与他人互动和对空间限制的反应	Martin & Pranter(1989)
	空间布局	工效学和生产力	Barron(1991)
	空间布局	有效流动的店内移动	Newman(2002)
	空间布局	情绪反应,比如快乐	Spies et al.(1997)
	空间密度/空间利用率	避免行为/压力	Mehrabian & Russell(1974)
	清楚地划分区域	持有人	Russell & Ward(1982)
		视觉和听觉的隐私——压力	
	个人空间	表现	Wineman(1982)
听觉	音乐	运动的速度	Milliman(1986)
	音乐	情绪反应	Gordon(1990)
	声音/噪声	感知购物旅行的持续时间	Yalch & Spangenberg(1988)
	声音/噪声	唤起,任务表现	Wineman(1982)
	背景噪声	声的隐私	Wineman(1982)
触觉	温度	表现,与他人互动	Gifford(1987)
	舒适——硬的和软家具	运动速度/在某一区域停留的时间	McGolddrink & Greenland(1994)
	对比面料	触觉质量协会/评估	Solomon et al.(2002)
嗅觉	污染物/空气质量	侵略 刺激	Evans et al.(1982)
	负离子	性能	Baron(1987)
	味道和气味	情绪/行为	Russell & Ward(1982)
	味道和气味	感知服务质量	McDonnell(1998)
	味道和气味	刺激购买	Bainbridge(1998)
	味道和气味	学习与记忆	Smith et al.(1992)
味道	食物/饮料样品	唤醒	Mehrabian & Russell(1974)

图 3-17 服务中物理元素的重要性

(资料来源:Greenland & McGoldrick,2005)

注意:因素可同时影响多种感官。因此,有些内容可以列入其他项目。

  (组织)已经积累了大量存储在各种系统中的信息,但这些公司多年来建立起来的分析能力已经不足以提供客户要求的电信服务支持和定制。大数据允许的消费者的独特定制,不再是一种福利,这是许多企业的入场费。通过互联网,消费者获得了更多的权利,并且能够支配他们想要的服务。企业现在必须迎合一个人的市场,而不是迎合许多人甚至少数人的市场,每个消费者都需要被理解和欣赏,因为他们有独特的需求。

(资料来源:Business Week,2015)

客户参与服务?

正如我们所指,情况不一定如此,或者如果存在"参与",则参与程度可能很小。当技术在流程中占主导地位时,这一点就明显,并且有助于加速流程,从而减少客户在服务交易中所需的时间。

设施靠近顾客?

这一点曾经是制造业和服务业之间的关键区别。在过去,我们可以很自信地说,为了方便运输,制造工厂靠近供应商。相比之下,服务就在顾客身边。在某些情况下,制造和服务之间的区别仍然有效。大型零售组织通常位于大城镇附近或靠近城市以吸引顾客。在这里,关键因素是客户的能力,特别是在确定客户的停车设施的规模和便利性时。然而,在许多服务运营中,技术的增加通常减少了靠近物理设施的需求,因为大部分交易可以通过计算机、电话或其他类型的技术实现自动化,如保险、酒店预订或银行服务。互联网将在这种脱钩中发挥核心作用,正如亚马逊的成功所证明的那样,它的零售业务提供了种类繁多的产品。

服务是否是劳动密集型的?

我们需要关注具体的服务行业,以评估是否为劳动密集型服务。当然,在大批量生产中,可以说直接劳动力成本相对较小,在汽车和"高科技"市场等行业中通常不到10%。在制造业中,最大的成本往往集中在材料或库存管理上。但是,在服务业中,如果服务的整体提供有很大的有形要素(例如快餐),那么劳动力将同样占整体成本的一小部分。服务技术越来越有助于减少交易过程中劳动力的参与程度,因此劳动力成本也相应降低。

质量难以衡量?质量取决于服务器?

有关服务提供的一个谜,就是质量无法衡量。当然,在制造工厂内质量的衡量可能会更容易,因为产品可以在重量、高度和整体尺寸等方面来测量。但这种衡量只是整体质量评估的一部分(我们将在第8章进一步讨论),可以说,近年来质量方面发生了重大转变,特别是在专业服务方面。在服务中,时间是衡量质量的一个重要维度,响应的速度和可靠性是可衡量和可量化的。这些标准用于衡量消防服务——例如,在指定标准内及时响应火灾警报的频率。在救护人员对紧急情况的响应也采用了相同的措施。在医疗保健中,诸如手术患者等待名单,或在事故和紧急单位的等待时间,或患者总等待时间以及其他与时间相关标准,都作为质量确保标准的一部分。然而,响应时间的速度可能不够,我们可以在下面的示例中看到:

  一家大型美国汽车保险公司有一条长期规则,即当客户打电话取消保单时,它会立即兑现请求,以提高效率。不过,最近,该公司启动了一项试点计划,从即将离开的客户那里收集信息。熟练、温和的提问让公司不仅可以确定取消的原因(这是非常有价值的营销信息),而且还保留了17%曾打电话要求取消的客户。当然,平均讨论时间增加了,但代理商产生了大量的额外收入。此后,该公司已经放弃了不惜一切代价只注重速度的政策。

(资料来源:Arussi,"Don't Take Calls,Make Contact",2002)

  在专业服务中,质量问题非常重要。例如,英国律师协会比过去更加关注律师所提供服务的质量方面。这至少部分是因为顾客(委托方)对他们的律师采取行动的可能性远远超过以前,他们能这样做是由于他们对专业服务中围绕服务质量的关键问题有了更多的理解和认识。

  在消费者服务、零售店或各种类型的特许经营中,公司将利用"神秘购物者"获得反馈,从而衡量服务器的性能。有时这种反馈可能非常消极,如下所示:

  麦当劳的一份备忘录指责特许经营者的服务不足,麦当劳对此十分不悦。在《财富》杂志获得的三页文件中,副总裁 Marty Ranft 引用了"令人震惊的研究",显示服务质量有多糟糕。该公司雇用的"神秘购物者"进行暗访,发现餐馆只有46%的时间符合服务速度标准,每10位顾客中有3位等待用餐时间超过4分钟——在快餐业务,他还指出了一系列问题,包括"粗鲁服务、服务缓慢、不专业的员工和服务"。这封信令人惊叹。多年来,首席执行官 Jack Greenberg 坚持认为,他昂贵的"为你量身定做"的食品制备系统会刺激低迷的销售。"他们终于承认这项服务是一个大问题。"位于圣地亚哥的特许经营顾问 Dick Adams 说。也许更大的问题是股票:它最近达到七年来的低点。

(资料来源:"Fast Food,Slow Service",Fortune,30th Sept,2002)

在医疗保健方面,质量是一切,但有时因为其中存在的问题而引人注目。

"美国儿童医疗保健短缺"

  一些更令人吃惊的发现:

  ——在年度检查中,有69%的3岁至6岁儿童没有测量身高和体重,只有15%的青少年测量体重,即使三分之一的美国儿童超重或肥胖。

  ——诊断为哮喘的儿童中有54%没有得到推荐的治疗。

  ——虽然建议所有婴儿接受检测,但仍有62%的儿童在出生后的头两年没有接受过贫血筛查。

  ——只有38%的儿童接受了急性腹泻的适当护理,这种病这是5岁以下儿童住院的主要原因之一。

  研究人员将保险公司的大部分医疗费用归咎于保险公司,他们说保险公司要求医生只花10分钟进行定期检查,这样他们就没有多少时间进行所有推荐的检查。此外,儿科医生接受过急性疾病而非预防性治疗的培训,因为他们的住院培训全部在医院,他们不进行定期检查,除了某些严重的疾病。"直到现在,大多数人都认为质量对儿童来说不是问题，"兰德健康部副主任和该研究的合作者 Elizabeth McGlynn 说，"这项新研究告诉我们，事实并非如此。"

(资料来源：Business Week, 11th Oct, 2007)

我们需要记住的是，今天，患者去其他国家接受医疗保健，这一过程被称为"医疗旅行"。因此，医疗保健提供者应该意识到，他们的患者不再像过去那样，在地理上"锁定"，而是准备好长途旅行。

长期以来，医疗保健似乎是所有行业中最为本地化的。然而，在这背后，全球化正在蓬勃发展。记录保存和 X 射线阅读的外包已经是一项价值数十亿美元的业务。尽管有争议，富裕国家招募发展中国家的医生和护士也很常见。该行业的下一个增长领域是患者在另一个方向的流动——被称为"医疗旅行"——这是一个戏剧性繁荣的门槛。

(资料来源：Economist, "Importing competition", 16th August, 2008)

3.3 管理服务的关键技巧

服务性质多种多样，总是很难规定"一体适用"的方法。然而，一些好的见解来自 Frei (2008)：

诊断服务设计

服务业务的成功或失败，归结为四件事情是对还是错，以及是否有效地平衡它们。这里有一些让经理们更加敏锐的问题，从每个维度思考，并帮助公司衡量它们整合起来的服务模式有多好。

- 1. 提供物：哪些服务具有便利性？友好吗？公司追求卓越吗？为了达到目的，它会妥协哪些呢？其他领域的优秀？它的服务属性如何与目标匹配客户的优先级？
- 2. 融资机制：顾客的支付是否尽可能的实惠？能否从服务中获得运营效益特征？顾客是否乐于选择执行工作（没有折扣的诱惑）或只是试图避免更没用的选择呢？
- 3. 员工管理制度：是什么让员工能够合理地卓越生产？是什么让他们如此有动力去生产呢？工作设计是否现实？给员工选择、培训、动机挑战了吗？
- 4. 客户管理系统：哪些客户是你要并入到你的运营中？他们的工作设计是什么？你做了什么来确保他们有能力做这份工作？你将如何管理他们业绩中的差距？

整个服务模式：你所做的决定是一维的吗？得到了来自其他人的支持了吗？服务模型是否创造了长期的顾客价值、员工价值和股东价值？扩展到你的核心业务有多合适使用现有的服务模式？你是想为所有人做一切，还是为特定的人做特定的事？

图 3-18 诊断服务设计

在 2008 年哈佛商业评论文章中，Frei 建议，如果服务对客户有用，则需要有四个关键事项。但是，尽管这些都很重要，关于服务运营经理如何帮助确保服务得到妥善管理的指导往往很少。在下一节中,我们将提供一些可能有助于完成这项具有挑战性任务的特定工具。

3.3.1 管理服务运营

管理服务运营的挑战之一是可能存在"服务就是服务"的感觉,并且所有服务都是相同的。很明显,它们不是这样的,我们提供了一些需要管理服务的方法,但没有过多的规定。我们称这些为管理服务的关键技巧。

关键技巧 1:在可能的情况下,使服务的"无形"性质尽可能有形。

我们的意思是,对于服务提供商来说,必须摆脱对客户的模糊服务,转而提供更明确的产品。这可以更清楚地了解服务提供的性质——无论是医疗保健,还是通过为患者指定"健康包"来明确界定医疗服务将包括什么,不包括什么;或咨询项目开始之前,对于咨询的范围、时间和规格就已经非常清楚,等等。此外,正如所指出的,始终重要的是:

注意服务的物理方面。我们注意到,我们在许多专业环境中为无形的建议而付费。但是,专业服务必须关注服务提供的物理方面——因为顾客、患者或其他利益相关者,将关注服务提供的物理特征。当然,并非所有服务都是相同的,物理方面起着至关重要作用的程度将取决于当时的环境,如图 3-19 所示。

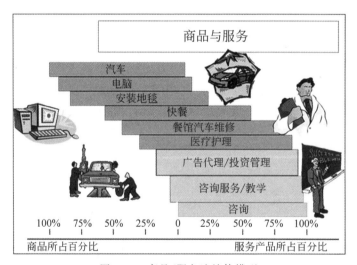

图 3-19 商品/服务连续体模型

关键技巧 2:专注,专注,再专注!

服务的一个问题是竞争对手可以轻易复制一些。这对服务公司来说是一个持续的挑战,它们认为自己提供了"服务突破",却被竞争对手复制,特别是在可以安装和使用类似技术的情况下。因此,一些组织会"漫游"到不同的细分市场。其原因在于,在许多服务业中,"进入壁垒"(Porter,1980)相当低。例如,建立和经营餐馆非常容易,如果没有特定的经营餐馆的专业知识,通常会带来灾难性的后果。同样,过多的管理顾问也表明建立服务公司是多么容易。当然,训练有素的专业人员所从事的服务领域是难以复制的,我们不可能一夜之间成为脑外科医生。但我们可以决定经营一家酒店,同样,由于缺乏成功所需的知识和经验,失败的概率很高。

服务提供商需要明确服务行业和细分市场的具体需求。例如,图3-20显示了"服务"一词下的各种业务,如何管理这些取决于它们的运营环境。

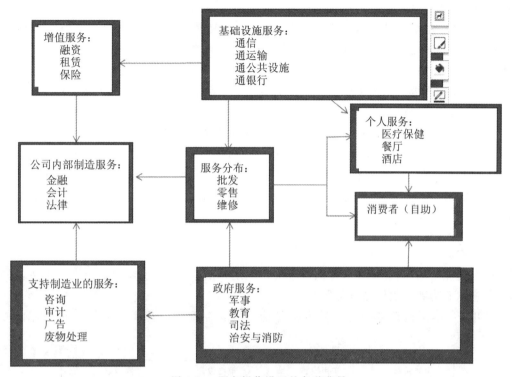

图3-20 服务操作设置的各种背景

Zeithaml(1981)认为,从客户的角度看待服务提供的一种重要方式是评估的简便程度。她还建议顾客选择服务时"搜索"和"体验"属性之间存在差异,如图3-21所示。

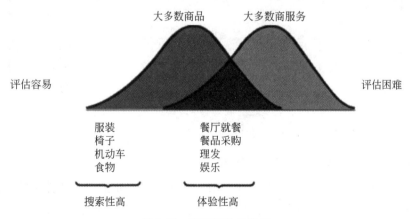

图3-21 客户评估的类型

(资料来源:改编自 Valarie A. Zeithaml,"How Consumer Evaluation Processes Differ Between Goods & Services", in J. H. Donnelly & W. R. George, Marketing of Services (Chicago: American Marketing Association, 1981))

对于关注的需求在航空业很明显,具体如下。

> 问:提供全方位服务的航空公司可以做些什么来恢复健康?
> 答:不。它们处境极差。它们的成本非常高,效率非常低,并且它们被锁定在收益率持续下降的业务中。这些都是愚蠢的业务,因为它们占用了大量的资金。它们从不赚钱。
> 问:每个人都担心商务旅行。你认为有多少商务舱旅行者已经永久消失?
> 答:关于欧洲的短途旅行,在接下来的四五年内,可能100%我们所谓的商务舱将会消失。在商务舱中,早上6点喝香槟,吃那些你花费了500美元但难以下咽的食物。
> 如果关注美国的短途旅行,不论是一小时、两小时和三小时的飞行,即使是头等舱,你仍然无法吃饱。我认为整件问题应该转向经济产品。在未来的五年内,短途旅行中,没有人会得到食物,有的话也只是饮料和花生,仅此而已。早上喝香槟的时代已经过去了。
>
> (资料来源:Full-Service Airlines Are "Basket Cases". Business Week, 9th December, 2002)

航空业竞争激烈,大量合并导致服务提供商越来越少,个体规模越来越大。当然,这并不总是意味着为顾客提供更好的服务。

使用 Focus 管理服务的另一种方法是确定顾客在服务流程中花费的时间,如图 3-22 所示。

设施用时	实用设施	消费设施	娱乐设施
分钟	干洗店 出租车 邮局	咖啡店 讲座会场 美发师	游戏街机 桑拿 游乐园
小时	医院门诊 超级市场 律师	酒吧 机场/飞机 博物馆	购物中心 赌场 剧院
天	学校 医院 培训中心	健康水疗 大篷车公园 旅馆	游轮 主题公园 培训之旅

图 3-22 物理服务环境的分类

(资料来源:Wilson, A., Zeithaml, V., Bitner, M. & Gremler, D., 2008)

关键技巧 3:通过过程流程图管理服务。

毫无疑问,过程流程管理服务起源于最早一代 FW Taylor 的工作研究中的制造。但是,服务应用程序在服务中非常重要且相关。

在过去,过程流程图/工作研究的看法不过是它造成了管理人员/工人的分离。在最糟糕的情况下,人们认为它创造了《辛德勒的名单》中的场景,纳粹将军要求一名工人做铰链,然后是用秒表计算工人应该做的铰链数量和实际做出来的数量,然后试图射杀工人。因此,对于几代人来说,其是作为工作研究不可分割的一部分,工作研究和过程流程图的形象十分糟糕,并且最好避免这个过程!但随着时间的推移,这一场景发生了变化。

过程流程图在方法研究中，通过一个名为 SREDIM 的过程进行，该过程是以下内容的首字母缩写，如图 3-23 所示。

```
选择（Select）：要研究的工作
记录（Record）：所有相关事实
检查（Examine）：重要的实况
制定（Develop）：最实用有效的工作方法
实施（Install）：以新方法作为标准
保持（Maintain）：通过定期检查
```

图 3-23　SREDIM 模型

通过一系列方法记录过程（今天通常不使用秒表），然后反馈信息。在更开明的服务运营环境中，不会发生"指责"，我们将在第 9 章讨论持续改进（CI）小组将进行头脑风暴，以便开发更好的管理服务运营。为此，通常会检查一系列比率，包括生产率和效率比：

$$生产率 = \frac{投入}{产出}$$

$$效率 = \frac{实际产出}{"预计"/"标准"产出}$$

方法研究中使用的五个符号可以作为一种简单但功能强大的方法来测量当前的流程，在时间和其他因素方面进行改进。五个符号如图 3-24 所示。

```
O 运营（Operation）
D 延迟（Delay）
⇨ 运输
□ 检查
▽ 控制存储
```

图 3-24　流程图中使用的典型符号

工作研究和过程流程如图，可能（但不一定）变得非常复杂。仅 SREDIM 的五个符号将使许多服务组织能够发现许多提议中的价值和浪费。进行流程图可视化方面的练习通常可以澄清问题。

当然软件既有帮助也有阻碍。大多数软件将使用以下符号（如图 3-25 所示）：

3.3.2　服务管理系统

Normann（2000）提供了一个有用的模型，它确定了服务管理系统的五个重要方面，如图 3-26 所示。

我们将依次讨论这五个方面。

细分市场

市场细分很重要，因为它描述了服务管理系统所针对的特定类型的客户。它定义了组织选择的位置以及不应选择的位置。

	活动	活动在带有矩形的流程图内进行描述。每个流程都有一系列步骤（包括增值和非增值），帮助将输入转换为输出。
	决策点	决策点用菱形表示。过程可包括导致不同结果的选择。
	流程线	连接符号的方向箭头表示数据、信息或实物的流动。
	启动/停止	椭圆应该同时指定进程的触发器和任何终止点。如果流程中存在决策，则可能存在多个终止点。
	阶段	通常，一个流程可包含多个子流程，这些子流程需要被可视化地分隔开来，以对它们进行区分。
	页面联接	当示意图的观感被边缘化时，在页面上使用圆圈表示的联接器来减少杂点。这些圆圈可以使用相同字母来相互参照。
	页面联接器	当流程映射跨越多个页面时，可使用闭页联接器。这些联接器是通过页码的。

图 3-25　流程图符号

（资料来源：Bradford, 2015）

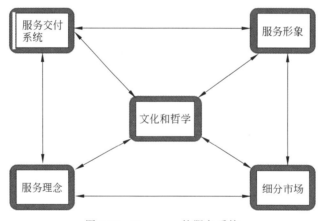

图 3-26　Normann 的服务系统

文化与哲学

Normann 认为服务管理系统的核心是公司的文化和理念。这描述了指导组织的总体价值观和原则，包括有关人类尊严和价值的价值观。这对一些公司来说至关重要，并构成他们使命的一部分。

服务形象

形象非常重要，因为在服务中，顾客通常参与服务的生产及消费。因此，产生服务的物理环境具有重要影响。

外部环境，包括位置、房屋、便于出入、环境；

内部环境,包括服务人员操作的气氛和结构。

因此,服务形象成为影响客户信息系统的一部分。

服务理念

服务理念是描述服务好处的规范。当服务提供商和顾客实际见面时,这成为顾客对"关键时刻"产生认知的关键因素。服务理念可以包括一系列复杂的价值观,如生理、心理和情感,这些对公司的工作以及顾客和客户对其的看法产生重要影响。服务理念还描述了组织希望其员工和利益相关者了解其服务产品的方式。

服务概念包括服务中的服务组合,涵盖括服务产品的物理和有形元素及其智能/无形元素。总服务组合(商品和服务捆绑(Heskett et al.,1990))包括:

实体物品——正在转手的物质商品(如果有的话)(通常称为服务中的辅助商品);

感官享受——通过感官系统可以体验的方面(明确的无形资产);

心理益处——情感或其他方面(隐性无形资产)。

服务交付系统

服务交付系统是将服务概念和服务包实际交付给消费者。该过程包括顾客参与商品的设计和交付方式,以及人员、顾客、技术和物理支持。服务交付系统由服务理念决定和界定。

3.3.3 冰山原则

在第 1 章中定义运营管理时,我们强调,将运营视为一种活动的重要性,这种活动发生在整个组织内部,以及通过网络链接在一系列业务中。通常,其中一些操作是无形的,顾客或客户可能不会直接遇到这些操作。但是,它们至关重要。在幕后(在服务中,这通常被称为"后台"操作)将需要进行许多操作。在服务方面,接触点和所有支持活动之间的差异被比作"冰山"(Normann,2000),如图 3-27 所示。

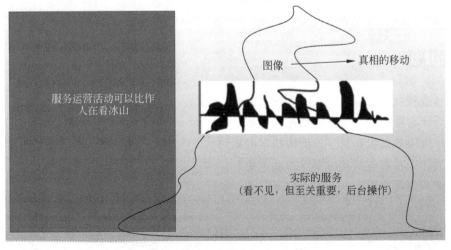

图 3-27 服务运营中的冰山原则

因此，管理者必须确保必要的资源被提供到冰山表面之下，因为这些资源对于为顾客提供优质服务至关重要。这些活动可包括规划床位和购买医疗保健的资本设备，以及许多金融服务中发生的一系列技术后台操作。这些操作看不见，但它们对于运营具有战略重要性。

正如我们所看到的那样，服务在全球经济中发挥着极其重要的作用。我们不应该从制造业与服务业的角度来考虑，而是必须看到两者在向顾客提供整体服务方面的重要性。许多公司已将服务化作为向客户提供利益的手段（Raddats et al., 2016）。在投入/产出模型中，越来越多的顾客被视为投入，而不产出。许多组织都在从与客户一起创造的角度思考，而非为客户创造。要想成功管理服务，要做的有很多，而且这样做的能力可以带来强大的战略优势。

总　　结

自20世纪60年代以来，服务业员工的比例大幅增长，服务业对全球GDP的贡献对各国也至关重要。

为了摆脱"服务就是服务"的概念，关注的重点对于管理服务至关重要。服务是需要针对特定领域和行业的特定方法和基础设施。

在一个客户购买包括体验在内的"提供物"的时代，运营管理中传统的制造模式和服务模式毫无意义。

我们越来越多地参与体验经济，在这种经济中，需要建立捆绑的产品和服务以满足顾客的需求。

投入产出模型受到服务主导逻辑的挑战，该逻辑将顾客视为一种投入，即营销与顾客合作，而不仅仅是为顾客服务。

重要的是在整个顾客体验中尽可能保持真实，而不仅仅是在初始接触的开始时。

服务很难管理，但我们提供了一些管理它们的关键技巧。

过程流程图可以在服务运营中发挥至关重要的作用。

关键问题

1. 制造和服务运营之间有多大的差异？
2. 为什么服务对全球经济如此重要？
3. 许多服务组织在竞争方面面临哪些威胁？
4. 为什么在管理服务时聚焦如此重要？
5. 您如何将冰山原则应用于以下行业：银行、酒店、餐厅？

扩展阅读

Baines, T., Bigdeli, A., F. Bustinza, O., Shi, V. G., Baldwin, J., & Ridgeway, K. (2017). "Servitization: revisiting the state-of-the-art and research priorities". *International Journal of Operations* and Production Management,37(2),pp.256-278.

Brandt,John R. (2008). Customer Service From Hell. *Industry Week* May Vol. 257 Issue 5,p.88.

Ford,R. Heaton,C.S.W. Brown (2001):"Delivering Excellent Services" *California Management Review* Fall,pp.39-56.

Hemp (2002):"My Week as a Room Service Waiter at the Ritz" *Harvard Business Review*,June,pp.4-11.

Hill A and Brown S (2017) "Understanding how service operational fit impacts business performance in markets with different needs" *International Journal of Operations & Production Management* Vol 37,Issue 10.

Karmarkar,U (2004):"Will You Survive the Services Revolution?" *Harvard Business Review*,Vol. 82,Issue 6,pp.101-107.

Swank,Cynthia Karen. (2003):"The Lean Service Machine". *Harvard Business Review*,Vol. 81 Issue 10,pp.123-129.

Womack,J.;and Jones,D T. (2005):"Lean Consumption". Harvard Business Review,Vol. 83 Issue 3,pp.58-68.

Woodside,A.G.;Sood,S. (2017) "Vignettes in the two-step arrival of the internet of things and its reshaping of marketing management's service-dominant logic".*Journal of Marketing Management*. Vol. 33 Issue 1/2,pp.98-110. p.13.

Zeithaml,V A.;Rust,R T.;Lemon,K N. (2001) "The Customer Pyramid" California Management Review Summer,pp.118-142.

参考文献

[1] Arussy,L. (2002) Don't take calls,make contact. *Harvard Business Review*,80(1),16-18.

[2] Baines,T.,& Lightfoot,H. W. (2014)."Servitization of the manufacturing firm:exploring the operations practices and technologies that deliver advanced services".*International Journal of Operations and Production Management*,34(1),pp.2-35.

[3] Bitner,Mary Jo (1992),"Servicescapes:The Impact of Physical Surroundings on Customers and Employees", Journal of Marketing,Vol. 56,No. 2. (Apr.,1992),pp. 57-71.

[4] Bradford,M. (2015). *Modern ERP:Select,Implement and Use Today's Advanced Business Systems*. 3rd edition. Raleigh,NC:Lulu Press.

[5] *Business Week* Full-Service Airlines Are "Basket Cases." 9th December 2002.

[6] *Business Week* Health Care for U.S. Kids Falls Short 11th Oct. 2007.

[7] *Business Week* 29th Oct. 2007 Dell Learns to Listen pp.118-120.

[8] Businessweek "Data Analytics:Go Big Or Go Home".27th July 2015 Issue 4436,pp.S1-S6.

[9] Chase and Dasu (2001):"Want to Perfect Your Company's Service?" *Harvard Business Review*,June,pp.79-84.

[10] Cova,B and R. Salle (2008):Marketing solutions in accordance with the S-D logic:Co-creating value with customer network actors Industrial Marketing Management 37,pp.270-277.

[11] *Economist*,"Importing competition". 16th August,2008.

[12] Edvardsson,B. Gustafsson,A. Roos I. (2005):Service portraits in service research:a critical review *International Journal of Service Industry Management* Volume 16 issue 1,pp.107-21.

[13] Edvardsson, B, Maria Holmlund, M Tore Strandvik, T (2008): Initiation of business relationships in service-dominant settings *Industrial Marketing Management* 37, pp.339-350.

[14] Financial Times (2002) "An interview with C.K. Prahalad", 13 December, p. 14.

[15] Fitzsimmons, J.A. and Fitzsimmons, M.J. (2007) *Service Management*, 6th edition, New York: McGraw-Hill.

[16] Ford et al (2001): "Delivering Excellent Services" *California Management Review* Fall, pp.39-56.

[17] *Fortune*, Fast food, slow service, 30th September, 2002.

[18] *Fortune* "Upgrading the business-class jet", 15th October, 2007.

[19] Fortune (2017) "India's Marathon Man". 1st August Vol. 176 Issue 2, pp.94-10.

[20] Frei, Frances X. (2008): The Four Things a Service Business Must Get Right. *Harvard Business Review*, Vol. 86 Issue 4, pp.70-80.

[21] Gilmore, J.H. and Pine, J. (1997) Beyond goods and services. Strategy and Leadership, 25(3), pp.10-18.

[22] Goldstein, S. Johnston, R. Duffy, J Rao, J (2002): The service concept: the missing link in service design research? *Journal of operations Management* 20, pp.121-134.

[23] Gronroos, C. (2000), *Service Management and Marketing*, Wiley, Chichester.

[24] Grönroos, C. (2001), *Service Management and Marketing: A Customer Relationship Management Approach*, 2nd ed., Wiley, New York, NY.

[25] Haywood-Farmer, J. and Nollet, J. (1991), *Services Plus: Effective Service Management*, Morin, Boucherville, Que.

[26] Hemp (2002): "My Week as a Room Service Waiter at the Ritz" Harvard Business Review June, pp.4-11.

[27] Heskett, J.L., Jones, T.O., Loveman, G.W., Sasser Jr., W.E. and Schlesinger, L.A. (1994) "Putting the service-profit chain to work", *Harvard Business Review*, 72(2), pp.164-70.

[28] Heskett, J., Sasser, E. and Hart, C.W. (1990) *Service Breakthroughs*, New York: Free Press.

[29] Hoffman J, Colorado Bateson J, Wood, E. Kenyon A (2009): *Services Marketing* Cengage Learning EMEA Andover.

[30] *Industry Week*: (2013) Lean is Even More Important in Services than Manufacturing Dec 13.

[31] Johnston, R., Clark, G. (2001). *Service operations Management*. Prentice-Hall, Harlow, UK.

[32] Levitt, T. (1972), "Production-line approach to service", *Harvard Business Review*, Vol. 5 No. 5, pp. 41-52.

[33] Lovelock, C.H. Wirtz, J and Chew, P: (2009): *Essentials of Services Marketing* Prentice Hall.

[34] Lusch, R. F., & Vargo, S. L. (2006a). The service-dominant logic of marketing: Reactions, reflections, and refinements. *Marketing Theory*, 6(3), pp.281-288.

[35] Lusch, R. F., & Vargo, S. L. (2006b). *The service-dominant logic of marketing: Dialog, debate, and directions*, Armonk, NY: M.E. Sharpe.

[36] Mahut, F; Daaboul, J; Bricogne, M; Eynard,. (2017) "Product-Service Systems for servitization of the automotive industry: a literature review". *International Journal of Production Research*. Vol. 55 Issue 7, pp.2102-2120.

[37] Matthias, O., & Brown, S. (2016). "Implementing operations strategy through Lean processes within health care: The example of NHS in the UK". *International Journal of Operations & Production Management*, 36(11), pp.1435-1457.

[38] Möller, K. Rajala, R.; Westerlund, M. (2008): Service Innovation Myopia? A New Recipe For Client-Provider Value Creation. *California management Review*, Vol. 50 Issue 3, pp.31-48.

[39] Normann, R.(1986) Service Management: *Strategy and Leadership in Service Businesses*, John Wiley, New York.

[40] Nomann R. (1991): Service management: Strategy and Leadership in Service Business, 2nd edn. Richard Normann, Wiley, Chichester.

[41] Normann, R. (2001). *Reframing Business: When the Map Changes the Landscape.* Chichester: Wiley.

[42] Payne A., Storbacka K and Frow P (2008): Managing the co-creation of value *Journal of the Academy of Marketing Science* 36:83-96.

[43] Porter, M. (1980) *Competitive Strategy*. Free Press. New York.

[44] Preimesberger, C. (2017) "By the Way, Dell EMC Also Launched New IoT Services in Las Vegas" eWeek 16th May.

[45] Pullman, M. and M. Gross (2004). "Ability of Experience Design Elements to Elicit Emotions and Loyalty behaviors." Decision Sciences Journal, 35, Summer (3), pp.551-578.

[46] Raddats, C., Baines, T., Burton, J., Story, V. M. & Zolkiewski, J. (2016)."Motivations for servitization: the impact of product complexity". *International Journal of Operations and Production Management*, 36(5), pp.572-591.

[47] Reicheld, F.F. (1996) "The satisfaction trap", *Harvard Business Review*, 74(2), pp.9-58.

[48] Ritzer, G. (2005) Enchanting a Disenchanted World - Revolutionizing the Means of Consumption Second Edition Pine Forge Press.

[49] Sahni, N, Chigurupati,A Bob Kocher, MD and D M. Cutler (2015) "How the U.S. Can Reduce Waste in Health Care Spending by $1 Trillion"Digital Articles. 13th October /2015, pp.2-7.

[50] Sampson, S.E. and Froehle, C.M. (2006), "Foundations and implications of a proposed unified services theory", *Production and operations Management*, Vol. 15 No. 2, pp.329-43.

[51] Schmenner, R.(2004): Service Businesses and Productivity *Decision Sciences* Vol.35 Number 3: 333-347.

[52] Vargo, S. L., & Lusch, R. F. (2004). Evolving to a new dominant logic for marketing. *Journal of Marketing*, 68, pp.1-27.

[53] Vargo, S. L., & Lusch, R. F (2008): Why "service"? *Journal of the Academy of Marketing Science*, 36: 25-38.

[54] Vargo, Stephen L., Maglio, Paul P., and Archpru Akaka, Melissa (2008), "On value and value cocreation: A service systems and service logic perspective," European Management Journal, 26 (3), pp.145-152.

[55] Vargo, Stephen L. and Akaka, Melissa Archpru (2009), "Service-dominant logic as a foundation for service science: clarifications", Service Science, 1 (1), pp.32-41.

[56] Voss C. and L. Zomerdijk (2007): "Innovation in Experiential Services -An Empirical View" appeared as Chapter 4 in *Innovation in Services*, DTI Occasional Paper No. 9, published by the Department of Trade and Industry.

[57] Womack J and Jones D.T.(2007) Lean Thinking, 2nd Edition Simon & Schuster New York.

[58] Xie C. Bagozzi R. Troye S. (2008): Trying to prosume: toward a theory of consumersas co-creators of value *Journal of the Academy of Marketing Science*, 36:109-122.

[59] Youngdahl, W. Kannan, R, K C. Dash, (2010) "Service offshoring: the evolution of offshore operations", *International Journal of Operations & Production Management*, Vol. 30 Iss: 8, pp.798-820.

[60] Zeithaml, V. (1981): "How Consumer Evaluation Processes Differ Between Goods & Services", in J. H. Donelly and W. R. George, Marketing of Services Chicago: American Marketing Association.

[61] Zemke R. (1997) *Service Recovery: Fixing Broken Customers*, New York: Productivity Press.

第 4 章

创 新

🎯 学习目标

1. 了解创新的战略重要性。
2. 认识到创新的核心过程是从创意中创造价值。
3. 了解创新如何在不同的环境中发挥作用。
4. 理解运营管理在创新过程中扮演着怎样的中心角色。

4.1 创新势在必行

> 能够生存下来的不是最强的,也不是最聪明的物种,而是最能适应变化的。
> ——达尔文(Charles Darwin)

本章着眼于创新的主题——为什么创新很重要、它包括什么以及如何有效地组织和管理创新。任何组织都有可能幸运地获得一次创新的机会,但要提供持续不断的新产品和服务,并改进和更新运营,需要采用一种更系统化的方法。创新是与更新组织的工作和向世界提供的服务相关的核心业务流程,因此是战略运营管理的一个关键重点领域。

达尔文的观点不仅仅是指生物有机体——它是理解商业进化动态的一个非常有用的指南。如果组织想要生存,那么就需要创新。从历史来看,这一点很清楚:生存并不是强制性的,但那些能够生存和成长的企业之所以这样做,是因为它们有能力进行有规律、有重点的变革。重要的是,变革是一把"双刃剑"——对于那些老牌企业来说,跟不上时代的步伐可能会威胁到它们的生存,但对于寻求进入甚至创造市场的企业家来说,这是一个黄金机遇。

创新当然与经济增长有关——马克思(Karl Marx)将其称为资本主义社会的"经济发展的主要动力",并非没有原因。正如经济学家威廉·鲍莫尔(William Baumol)所指出的那样,"实际上,自 18 世纪以来发生的所有经济增长,最终都归因于创新",世界各地的各种研究都强调了这种相关性(Baumol,2002)。

创新在许多方面助长战略优势——不仅在商业市场,而且在更广泛的社会背景下,竞争可能在处理社会需求方面,如文化素养、医疗保健或粮食安全助长战略优势,如表 4-1 所示。

表 4-1　通过创新获得的战略优势

机　制	战略优势	例　子
产品或服务提供的新颖性	提供别人无法提供的东西。	向世界介绍第一个随身听、钢笔、相机、洗碗机、电话银行、网上零售商等。
新奇的过程	以别人无法比拟的方式提供——更快、更低成本、更多定制等。	皮尔金顿浮法玻璃工艺、贝塞默炼钢工艺、网上银行、网上图书销售等。
复杂性	提供别人觉得难以掌握的东西。	劳斯莱斯和飞机引擎——只有少数竞争对手能够掌握复杂的机械加工和冶金技术。
知识产权的法律保护	提供别人做不到的东西,除非他们购买许可证或交纳其他费用。	引起轰动的药物,如扎那达、百忧解、伟哥等。
增加/扩大竞争因素的范围。	竞争的基础——例如从产品或服务的价格到价格、质量、选择等多种因素。	汽车制造业的竞争议程已经从价格到质量,从灵活性到选择,从缩短推出新车型的时间等,每次都不是相互交换,而是提供所有的产品。
时机	先行者的优势——在新产品或服务领域占据重要的市场份额。快速跟随者的优势——有时候做第一个人意味着你会遇到许多意想不到的初期问题,而更好的做法是看着别人犯早期的错误,然后快速进入后续产品。	亚马逊(Amazon.com)、雅虎(Yahoo)——其他公司也可以效仿,但优势始终在先行者身上。个人数字助理和智能手机占据了巨大且不断增长的市场份额。事实上,这一概念和设计早在 Palm 成功推出其试用系列产品的五年前,就已经在苹果(Apple)命运不佳的 Newton 产品中体现——但软件问题,尤其是手写识别方面的问题导致了它的失败。相比之下,苹果 iPod 作为 MP3 播放器的成功,是因为它们进入市场的时间相当晚,能够学习并将关键功能纳入主导设计。
稳健/平台设计	提供一个平台,在这个平台上可以构建其他变体和下一代产品。	索尼最初的"随身听"架构催生了几代个人音频设备——通过小型磁盘、CD、DVD、MP3 和 iPod。波音 737 已经有 50 多年的历史了,它的设计还在不断进行调整和配置,以适应不同的用户——就销量而言,它是世界上最成功的飞机之一。英特尔和 AMD 拥有各自微处理器家族的不同变体。
重写规则	提供代表全新产品或流程概念的东西——一种不同的做事方式——会使旧的东西变得多余	打字机与计算机文字处理、冰与冰箱、电灯与煤气灯或油灯。
重新配置流程的各个部分	重新思考系统各部分协同工作的方式。建立更有效的网络、外包和与虚拟公司的协调等。	飒拉(Zara)、贝纳通(Benetton)的服装,戴尔(Dell)的电脑,丰田(Toyota)的供应链管理。

续表

机　　制	战略优势	例　　子
跨越不同的应用程序环境进行传输	为不同的市场重新组合已建立的要素。	在低成本航空公司中使用的制造技术的快速转变,为机场的快速周转提供了便利。聚碳酸酯车轮的应用市场,从如滚动行李之类的市场,转移到儿童玩具——轻型微型摩托车市场。
其他人呢？	创新就是找到做事的新方法,获得战略优势——因此,将有空间找到获取和保持优势的新方法。	点对点文件共享、社交网络平台、相互联络的网络。

(资料来源：Tidd & Bessant, 2013)

当然,并非所有的创新都是为了创造商业价值。医疗、教育和社会保障等公共服务可能不会产生利润,但它们确实影响着数百万人的生活质量。在国家财政压力越来越大的时候,实施良好的方法可以带来有价值的新服务和现有服务的有效交付。新的想法——无论是坦桑尼亚的发条收音机还是孟加拉国的小额信贷融资计划——都有可能改变世界上一些最贫穷地区人民的生活质量和机会。创新和创业有很大的空间,而我们在这里讨论的是生死攸关的现实问题。

案例 4-1

阿拉文眼科护理系统

阿拉文眼科护理系统总部位于印度马杜赖(Madurai, India),已成为世界上最大的眼科护理机构。这里的医生进行了 20 多万次白内障手术,凭借这些经验,他们开发了最先进的技术来配合他们出色的设施。这些手术的费用从 50 美元到 300 美元不等,超过 60% 的病人可以免费接受治疗。尽管只有 40% 的付费客户,但该公司利润丰厚,平均每次手术(包括免费和付费病人)25 美元的成本令全球大多数医院羡慕不已。

开发阿拉文眼科护理系统的关键部分之一,是借鉴了另一个关注低成本、高质量供应行业的理念。这一行业是汉堡行业,该行业由 Ray Croc 开创的汉堡业务,是麦当劳的支柱。通过将相同的流程创新方法应用于标准化、工作流和根据技能定制任务,他创建了一个不仅提供高质量产品,而且可复制的系统。这种模式现在已经广泛传播——泰米尔纳德邦(Tamil Nadu)现在有 5 家医院提供近 4000 张床位,其中大部分是免费的。它已从白内障手术扩展到教育、晶状体制造、研究开发以及围绕改善视力和获得治疗主题开展的其他相关活动。

在实现这一愿景的过程中,阿拉文眼科护理系统的创始人文卡塔斯瓦米博士不仅显现出相当的创业天赋,还创建了一个模板,包括发达工业经济体的医疗服务提供者,都在密切关注这个模板。

医疗保健面临的挑战是巨大的,其中很大一部分与改善运营管理有关。英国莱斯特皇家医务室和瑞典斯德哥尔摩卡罗林斯卡医院等,通过创新,使护理服务在速度、质量和有效性上都取得了根本性的进步,比如将择期手术的等候名单减少了 75%,取消了 80%。

对社会创新至关重要的另一个领域,是人道主义援助。想想地震时,当路上满是无法辨认的岩石块和裂缝时,运送食物和药品的问题就变得复杂得多。当管道破裂时,你如何处理水和卫生?当你的电话线断了时,你是如何交流的?当医院成为废墟时,你如何提供医疗服务?你如何安置成千上万的家园已经变成废墟的人?在这种情况下,我们需要尽可能多的创新。

幸运的是,在这方面有一些令人印象深刻的创新例子。例如:

使用轻质耐用材料建造的紧急避难所,可由非技术人员快速组装。

3D打印技术被用来提供关键部件,以维持破损的基础设施运转。

简单的低成本卫生产品,避免卫生感染和提供清洁的饮用水。

新颖的医疗解决方案,以快速有效地治疗受害者并防止疾病的传播。

以现金为基础的选择(通过优惠券或手机)为人们提供资源,让他们获得照顾家人所需的食物、衣服以及护理。

我们将把这一过程视为创新的核心——获取知识并使之为最终用户创造价值。有时,这是新研发的结果,例如使用无人机在被破坏的地区运送救援物资,或使用大数据帮助管理大型临时定居点,如难民营的后勤保障。但在大多数时候,它是在调整和配置现有的知识,以适应新的目的;有时候,它只是借用了其他地方的一个想法;有时候,它是创建一个平台,在这个平台上,可以发生许多变化。

 案例 4-2

灾 区 创 新

2010年海地遭受毁灭性飓风袭击时,太子港的大部分地区都成了废墟。然而,在很短的时间内,救援人员和当地居民开始研究临时的解决方案来解决他们的问题,因为很多人都可以使用手机和移动电话。他们很快就拿出了以下方案。

建立一个"即时"银行系统,救援机构可以在这个系统上分发现金,用于购买食品、药品和其他必需品

公开街道地图,提供受影响的人口、受损的基础设施、主要紧急地点等最新信息。

利用电话、网络作为数据库和通信中心,使流离失所的人重新团聚。

危机映射和紧急通信。

创造在线获取关键信息的机会,也提供就业机会。

当然,还提供了复原能力和快速实施语音通信。

4.1.1 它是一个移动的目标

这是一个令人不安的想法,但大多数公司的寿命明显短于人类。即使是最大的公司也可能表现出令人担忧的脆弱的迹象——例如,像数字设备和王氏实验室,这种在20世纪70年代就主导计算机行业的公司已经消失了,而像IBM这样的巨头,不得不彻底改变自己,以避免类似的命运。对于较小的公司来说,死亡率统计数据更加令人担忧。

有时是个别公司面临这个问题,有时是整个行业。例如,英国曾经被称为"世界工厂",

但它引以为豪的制造业——例如机床、摩托车和造船,一个一个都消失了,这些领域的领导地位转移到了世界的其他地方,可见,竞争优势是多么脆弱。这些行业能快速进步也能快速后退。

令人高兴的是,前景并非完全是黯淡的——也出现了许多新公司和新产业,来取代那些已经死亡的公司。在过去的15年里,一些主要的新公司已经出现在全球的舞台上,并主导着它们的行业——例如,亚马逊在网上零售领域,eBay在电子拍卖领域,Skype在互联网电话语音领域,以及从搜索引擎、广告到移动电话等各个领域的谷歌。还有其他的例子,文艺复兴时期的老品牌或利基市场的参与者,通过改变提供的产品和方式,进入了舞台的中心——例如,在在线音乐和通信的推动下,苹果迎来了重生,并有望取代微软,成为全球最大的IT公司;诺基亚——曾经是一家以纸张和森林产品为基础的庞大企业集团,现在是全球移动通信市场的关键参与者。(诺基亚很容易被认为是一家未能跟上智能手机业务步伐的手机制造商,尽管手机制造和销售已经淡化了提供网络基础设施的核心业务,但该公司仍然主导着这一领域。)

Arie de Geus(多年来,他一直是壳牌公司的规划总监,负责帮助该公司在石油行业的汹涌波涛中航行)举了瑞典斯托拉公司的例子,该公司成立于12世纪,是一家木材采伐和加工企业,但时至今日,仍在蓬勃发展——尽管是在截然不同的食品加工和电子产品领域(de Geus,1996)。

4.1.2 这不仅在制造业中很重要

2001年,在一个重要经济部门的年度会议上,呈递了一份有影响力的报告,明确阐述了创新的挑战:我们正处于前所未有的、指数级的变革的边缘,我们必须愿意并能够抛弃旧的模式,创造并接受所发生的变革……这些必要的改变,包括实施新的以客户为中心的流程和产品,通过应用IT和业务流程再造来削减成本和改善服务,以及建立可持续创新的系统和文化。

2006年的另一项研究,审查了该部门内企业处理创新的能力,并强调了以下几点:
没有创新文化;
没有战略来确定创新工作的重点;
创新被认为与支付费用相冲突;
工作经常不受到重视;
不存在正式的创新过程;
项目管理技能非常有限。

乍一看,这些似乎是关于制造业经济中创新的重要性和单个企业——尤其是规模较小、经验较少的企业——在试图管理这一过程时所面临的困难的典型说法。但实际上这些都是服务行业的例子,第一个是美国律师协会报告,第二个是对英国40个专业律师事务所的调查的结果,这些事务所正试图为Clementi(2004)对放松监管的审查可能带来的巨大变化做准备。

竞争优势无疑可以来自服务创新。花旗银行是第一家提供自动取款机服务的银行,作为技术领导者,在这一过程创新的背景下,形成了强大的市场地位,而美国银行是通过在分行网络中实验新技术和组织安排而进行创新服务的典型。贝纳通(Benetton)成为世界上最成功的零售商之一,主要得益于其先进的 IT 主导生产网络,该生产网络十年为一个创新周期,Zara 已经从西班牙北部一个纺织业并不闻名的地区的初创企业,凭借其"快速时尚"的创新模式,成为世界上最强大的品牌之一。(参见案例"重新发明纺织业"和配套网站上的详细版本。)尽管西南航空的规模比竞争对手小得多,但它仍获得了令人羡慕的地位,成为美国最有效的航空公司。它的成功得益于流程创新,比如减少机场周转时间。这种模式后来成为新一代低成本航空公司的模板,这些航空公司的努力彻底改变了曾经舒适的空旅业。

通过重写游戏规则,获得商业成功

有很多例子表明,企业通过采取不同的做法——无论是在提供什么产品方面,还是在如何生产产品方面——对已经成熟的行业产生了影响。例如:

由于早期采用互联网作为广告、订购和分销图书的一种机制,亚马逊公司(Amazon.com)彻底改变了出版业和图书业。这个项目非常成功,现在几乎所有的主要书商都在他们现有的实体书店中增加了互联网业务。当然,亚马逊也采取了同样的方法来革新在线零售,然后进军娱乐甚至交通等新领域。

美体小铺以环保产品和对国际发展援助的坚定承诺为基础,在成熟的化妆品和化妆品零售领域开辟了新的天地。其成功再次促使该领域的其他参与者改变自己的行为,如生产产品、重新设计包装和零售业务以与之匹配。像英国 Lush 或巴西 Natura 这样的新公司的成功,在很大程度上归功于这种开创性的模式。

戴尔电脑利用几项技术和社会变革,将电脑重新定义为一种消费品。戴尔不仅提供快速的交货和低廉的价格,而且还提供定制服务——每台机器都是根据客户的具体要求制造的。实现这一点是通过精心的模块化设计和外包能力扩展网络的管理——在制造、分销、服务等方面。其结果是一个非常成功的大规模定制公司,从一个很小的核心运作开来——一个真正的*虚拟企业*。

易捷航空(Easyjet)、瑞安航空(Ryanair)、柏林航空(Air Berlin)以及其他许多航空公司都以其低成本定期航班在服务方面进行了创新,并由此彻底改变了航空旅游业。低成本的定期航班最初是由美国西南航空公司开发的,从市场定位的创新(向非飞行人员开放航空旅行)开始,开发了一系列的产品和流程创新,使低成本模式得以运作。

4.1.3 这不是一个新的挑战

创新势在必行,并在全球范围内,在公共部门和私营部门变得越来越重要。像印刷业这样老牌的行业,几个世纪以来,变革的步伐相对缓慢。著名的管理学作家彼得·德鲁克(Peter Ducker)评论道:

> 从 1510 年左右到 1750 年,我的祖先都是阿姆斯特丹的印刷工人……在这段时间里,他们不需要学习任何新东西。
>
> (资料来源:Business 2.0,22nd August,2000)

将这 250 年的稳定格局与过去 25 年印刷行业的变化进行对比,我们发现在 20 世纪 80 年代末,我们拥有一个基于物理技术的产业,以及一个由专业供应商组成的网络,他们为这个复杂的出版问题发挥了自己的特殊作用。例如,文字或图片由专业记者或摄影师生成。然后发送给不同的编辑,他们会检查、选择设计和布局等。接下来是排版,制造用于印刷的物理材料——热金属被铸造成字母,并分组成块,在特殊的框架内形成单词和句子。图片和其他物品将被转移到印版上,然后将铅字架或印版固定在印刷机上,然后用油墨涂上,并进行一些测试。最终印刷本会出现,再由其他人分发。

卡克斯顿和古腾堡——15世纪印刷业的先驱——或许仍能辨认出这种方法。但可以肯定的是,他们对如今强调信息技术的出版运作方式一无所知。现在这个过程改变了,一个人可以进行全部的操作——在文字处理器上创建文本,在页面格式化程序上设计和布局文本,将图像和文本整合,当满足要求时,可以将其打印到物理媒体上,或者越来越多的人,选择以电子形式在全球范围内发布。

 案例 4-3

再造纺织业

尽管全球纺织和服装制造业向发展中国家转移,但西班牙公司 Inditex(通过包括 Zara 在内的多个品牌的零售店)开创了一种高度灵活、快速转型的服装业务,在52个国家拥有2000多家门店。它是由 Ajaccio Ortega Goanna 创立的。他在西班牙西部的拉科鲁尼亚(La Coruna)建立了一家小型企业,并于1975年在那里开了第一家店。拉科鲁尼亚此前并不以纺织品生产闻名。Inditex 理念的核心是设计、制造和零售之间的紧密联系,其商店网络不断反馈有关趋势的信息,这些信息被用于生成新的设计。Inditex 还直接在公众面前试验新创意,尝试布料或设计的样品,并迅速获得流行趋势的迹象。尽管面向全球,但大多数制造仍然在西班牙完成,Inditex 已经设法将创新的触发信号和响应之间的周转时间缩短到大约15天。

你可以在伙伴网站上找到 Zara/Inditex 故事的更详细描述。

4.1.4 跟上环境的变化

大力推动创新步伐背景下出现的大规模生产和加速转变的一些想法,使得创新比以往任何时候都更加迫切。如表4-2所示。

表 4-2 创新管理环境的变化

环境变化	指示性的例子
知识生产的加速	经合组织估计,每年(公共和私营部门)在创造新知识方面的支出为7500亿美元,从而扩大了可能出现"突破性"技术发展的前沿领域。
知识生产的全球分配	越来越多新的参与者参与到知识生产中来,特别是在金砖四国(巴西、俄罗斯、印度、中国)等新兴市场领域——因此,对搜索程序的需求增加了,因为需要搜索程序来覆盖更广泛的搜索空间。

续表

环境变化	指示性的例子
市场细分	全球化极大地扩大了市场和细分市场的范围——这给搜索程序带来了压力,要求它们覆盖更多的领域,通常远离"传统"经验——比如许多新兴市场的"金字塔底部"条件(Prahalad,2006)或"长尾"(Anderson,2006)。
市场虚拟化	越来越多地使用互联网作为营销渠道意味着需要开发不同的方法。与此同时,大型社交网络在网络空间的出现对市场研究方法提出了挑战——例如,Facebook目前拥有超过7亿的用户,使其成为全球第三大社交网络,世界上人口最多的国家!
活跃用户增加	尽管活跃用户创新并不是一个新概念,这一切正在加速发生(Von Hippe,l2005)在媒体等领域,消费者和开发者之间的界线越来越模糊,例如Youtube每天有大约1亿个视频被观看,但它的新用户也每天上传超过7万个视频。
技术和社会基础设施的发展	围绕互联网和宽带的信息及通信技术,使更多的联系成为可能,并加强了其他社交网络的可能性。与此同时,越来越多的仿真和原型工具减少了用户和生产者之间的分离(Schrage,2000;Gann,2004)。

(资料来源:Bessant and Venables,2008)

当然,并不是所有的公司都意识到变革的必要性。对一些企业来说,在规模上或以往的技术成功上似乎是安全的。以IBM为例,它可以理直气壮地宣称,自己是奠定了IT行业基础的巨头,逐渐主导了硬件和软件架构以及计算机营销方式。问题在于,这种核心优势,有时会成为发现变革需求的障碍——事实证明,20世纪90年代初,该公司在应对网络技术威胁方面的问题行动迟缓——在这个过程中,几乎失去了所有的业务[1993年,IBM亏损近80亿美元,全球裁员近10万人。1993年,在新任首席执行官、前咨询师郭士纳(Louis Gerstner)的领导下,IBM恢复了良好的状态。郭士纳在给员工的公开信中写道:"基本上,在IBM余下的职业生涯中,你需要时时刻刻改变你的思维和行动方式。如果你习惯了传统和程序,你可能会发现所有这些即使不是不可能,也是很难完成的。"]。

对大公司来说,核心优势往往很难改变——通用汽车就是另一个例子,多年来,来自"精益生产"的挑战一直被忽视。建立在"核心竞争力"上是很重要,但同样重要的是要记住,这很容易就会变成Dorothy Leonard(1992)所说的"核心僵化"。

案例 4-4

冻结时代

有时候,改变的步伐似乎很慢,旧的方法似乎很有效。在业内人士看来,他们自身似乎理解游戏规则,并对可能改变现状的相关技术发展有很好的把握。但有时,变革来自行业外部,当行业内部的主要参与者做出反应时,往往为时已晚。例如,在19世纪末,新英格兰有一个繁荣的工业,其基础是冰的采集和分配。在它的全盛时期,冰收集者能够进行长达6个月的航行将数百吨的冰运往世界各地,而且仍然有超过一半的货物可供出售。到19世纪70年代末,美国波士顿地区的14家大公司每年削减70万吨的产量,雇佣了数千名员工。

> 制冰业利用各种新颖的技术在世界各地切割、隔热和运输冰。但随着林德制冷技术的发明和现代冷藏工业的发展,整个行业被彻底颠覆。麻省理工学院(MIT)的 James Utterback 在他研究多个行业的著作中指出,问题在于,现有的参与者往往无法对来自行业外部的新信号做出足够快的反应。然而,在他所考察的改变行业的创新中,有 3/4 来自行业之外!
>
> (Utterback,1994)

对于规模较小的企业来说,可能没有足够的资源来抵御危机——变革失败可能会毁掉整个企业。然而,从本质上讲,这些组织常常非常专注于日常的危机管理,即持续进行"灭火",从而错过了外部环境中的重要转变。就像 IBM 一样,但由于原因不同,它们很快就会被孤立,无法察觉到威胁变革的信号,直到为时已晚。

因此,创新不是奢侈品,也不是可选的额外产品——它对一个组织的生存至关重要。但仅仅为了改变事物本身而改变,并不一定是正确答案。创新的问题在于它是不确定的——就其本质而言,它涉及风险,而且没有成功的保证。这就使创新管理成为企业的首要战略任务。

马绍尔斯在伙伴网站上的案例研究,很好地说明了企业如何通过不断的创新来实现生存和发展,即使在 100 多年的时间里,它们的技术和市场环境是动荡和困难的。

4.2 学会管理创新

创新并不是偶然的——它是人类的聪明才智和创造能力的产物,这些才智和创造力被用来创造价值。创新的核心是,组织要做什么来更新它们所提供的内容,以及它们如何创造和交付这些内容。出于这个原因,战略运营经理最关心的问题是协调创新能力的开发和部署。

那么,我们从成功的创新管理中学到了什么呢?我们可以提炼过去 80 年创新研究的主要发现(参见 Ernst 2002;Adams, Phelps et al., 2006;Tidd & Bessant,2013),以获得更全面的描述。好消息是,有证据表明创新是可以管理的——而不是靠运气的!研究强调定期的重要实践,这些实践有助于解决问题,而这些实践的缺失则与失败有关,所以有一个基本模型可拿来借鉴。但这并没有消除战略运营经理所面临的挑战——相反,它将人们的注意力牢牢地放在了它们身上,因为真正的挑战不是找到基本模型,而是实际创造并继续创造不同的模式。

以 3M 为例,该公司致力于创新,以"创新——为你工作"等主题为广告打造品牌。3M 将战略优势体现在能够定期推出一系列创新产品,它制定了一项政策,50% 的销售额应来自过去三年发明的产品。实际上,这意味着它相信,自己有能力将新的创意推向市场,这不是一两次,而是始终如一,对覆盖全球约 6 万种产品这样做。支撑这一目标的,是 3M 公司一套特有的能力——随着时间的推移,学习、调整和发展这些能力,它们奏效的次数比失败的次数要多得多。虽然会存在一些问题,偶尔也会出现灾难,但该公司在创新方面的记录(从砂纸、透明胶带、投影胶片、磁带和光盘到便利贴)强烈支撑着它独特的做事方式。

在其合作伙伴网站上,你可以找到 3M 的详细案例研究,以及该公司如何开发出自己独特的创新管理方法的分析。

不仅仅是3M,许多不同形态和规模的智能组织,都有一个共同的特点,那就是它们反思、积极尝试、管理和改进其创新系统和流程。例如,丰田(Toyota)、惠普(HP)、苹果(Apple)、宝洁(Procter & Gamble)、谷歌(Google)都是积极反思和创新自己独特方法的组织。

特定的结构、政策、程序和技术组合决定了特定公司的"创新管理方式",可以称之为"创新能力"。例如,惠普鼓励研究人员,把10%的时间花在自己喜欢的项目上,并允许他们24小时使用实验室和设备。该公司试图保持积少成多,聚沙成塔的理念。在默克制药公司,研究人员有时间和资源去追求高风险、高回报的产品,而在强生公司,"失败自由"原则是公司的核心价值观。通用电气特别强调与客户共同开发产品——例如,通过与宝马合作,在这种方法帮助下,开发了第一款汽车专用的热塑性车身面板。

这类企业特有行为的一个重要特征是,它不容易被复制——必须通过经验以及错误尝试的艰苦方式来学习。例如,许多公司都试图效仿3M公司著名的15%法则,即允许员工在15%的工作时间内"玩弄"创意和直觉,从而鼓励员工的实验精神和好奇心。这有助于创造一个"空间",在这个空间里,创新理念可以在3M内蓬勃发展。但这个方法不一定会适用于其他公司,而它们需要发展自己独特的方式来创造一些"空间"(Augsdorfer, 1996)。

但好消息是,尽管这些公司和其他公司学会了以自己独特的风格进行创新,但它们使用的基本模型是相同的。首先要认识到,创新不像卡通片里那样,一个灯泡在一个人的头上闪烁,然后其余就很简单。相反,创新是一个具有特定阶段和活动的过程——战略运营管理的熟悉领域。

"创新"这个词有很多定义——就我们的目的而言,我们想说的是"用想法创造价值"(包括着商业和社会价值);另一个是"将想法转化为金钱";而第三个可能是"成功地利用新想法"。这个词本身来自拉丁语innovare,意为创造新事物或改变。我们可以更详细地定义——例如,Chris Freeman的一个关键主题作者认为"工业创新包括技术、设计、制造、管理和销售新(或改进)产品或新(或改进)工艺或设备的首次商业使用所涉及的商业活动"(Freeman & Soete, 1997)。无论我们谈论的是实物产品还是服务,关键是创新本身是一个过程。

4.2.1 作为一个过程的创新

> 如果有人问你"你最后一次使用斯宾格勒是什么时候?"他们很可能会以一种好奇的眼神来看你。但如果他们问你"上次用胡佛电动吸尘器是什么时候?",回答会相当容易。然而,并不是胡佛先生在19世纪末发明了吸尘器,而是J. Murray Spengler。胡佛的天才之处,在于把这个想法变成了商业现实。与此类似,提到现代缝纫机之父,Isaac Singer的名字会跳入人们的脑海,印在世界各地数以百万计的机器上,但是他并不是现代缝纫机之父。1846年发明这台机器的是Elias Howe,而把它带到技术和商业成果的是Isaac Singer。我们需要认识到,想法很重要,但它们与创新不同——要实现一个想法的潜在商业或社会价值,还有很多事情要做,而不仅仅是拥有它。

在把想法变成现实方面,也许成功创新者的教父是托马斯·爱迪生,他一生中注册了

1000多项专利。他的组织负责的产品包括灯泡、35毫米电影胶片,甚至电椅。他的许多著名发明实际上并不是由他发明的,例如电灯泡,而是由爱迪生和他的团队在技术上开发和完善的,市场也是由爱迪生和他的团队开拓的。

爱迪生比任何人都明白,发明是远远不够的,仅仅有一个好主意并不能使它被广泛地使用。需要做的还有很多,正如爱迪生所说:"这是1%的灵感加99%的汗水!"——把想法成功地变成现实。他在这方面的技能创造了一个商业帝国,按今天的价格计算,价值约216亿美元。他很好地利用了创新互动的本质,认识到技术推动(他把世界上第一个有组织的研发实验室系统化)和需求拉动都需要调动起来。

以灯泡为例。要实现这一目标,需要在产品和生产过程中进行大量的技术开发,以适当的成本和质量生产它,还需要创造和发展一个可以销售这种产品的市场。但爱迪生也认识到,尽管电灯泡是个好主意,但在一个没有电源插座的世界里,它几乎没有什么实际意义。因此,他的团队着手建立一个完整的发电和配电基础设施,包括设计灯座、开关和电线。1882年,他接通了曼哈顿第一家发电厂的电源,点亮了该地区800个灯泡。在随后的几年里,他在世界各地建造了三百多座工厂。

换句话说,发明只是将想法转化为现实的发展过程中的第一步,它是运营管理中的核心问题。创新是一个过程——一系列导致结果的活动。在本组织中,这是一个涉及更新——创造和重新创造未来的核心进程。图4-1以简单的形式对此进行了说明,Tidd & Bessant (2013)中对模型进行了更全面的讨论。如图4-1所示。

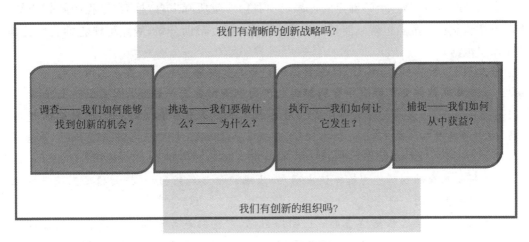

图4-1 创新过程的简单模型

它包括:

搜索——扫描环境(内部和外部),寻找可能触发变化的信号。这些可能是正式研发工作的结果,是倾听客户需求的见解,是我们看到的竞争对手提出的好主意,是政府的监管迫使我们改变方向的结果,甚至是在淋浴时产生的好主意!重要的是确保我们广泛和积极地寻找变化的信号。

选择 决定响应哪个信号(基于企业如何才能最好地发展的战略观点)。

执行项目(包括确保我们能够获得资源以支持响应,并通过不可避免的不确定性进行管理,这些不确定性将涉及创建或执行新内容)。

获取价值——确保我们提供的新事物被市场接受并广泛传播,或者我们引入的新流程变成了人们"购买"的流程,或者我们改变世界的社会创新确实做到了这一点。我们在时间、金钱、精力和资源上的投资得到了回报——无论是经济上的还是社会上的。在这个阶段,另一个极具价值的部分是,我们有机会学习下次如何做得更好,积累和培养未来更有效管理创新的能力。

当然,这个过程不是在真空中发生的——它受到一系列内部和外部因素的影响,这些影响决定了什么是可能的,什么是实际出现的。创新尤其需要。

明确的战略领导和方向,以及为实现这一目标而投入的资源。创新意味着冒险,意味着进入新的,有时甚至是完全未知的领域。任何组织都不能随意浪费资源——创新需要策略。

一个创新的组织,其中的结构和气氛使人们能够发挥他们的创造力,分享他们的知识,以此带来变革。

跨组织内部边界的积极联系,以及与许多能够在创新过程中发挥作用的外部机构(供应商、客户、资金来源、熟练资源和知识等)的联系。21世纪创新是一个全球性的游戏,在这个游戏中,联系以及发现、形成和部署创造性关系的能力至关重要。

4.2.2 创新中运营的具体参与

毫无疑问,创新是一个不确定的过程——我们希望所有来自"搜索"过程的新想法都成为新产品和服务。虽然运营不能做出担保,但至少可以帮助公司,避免可能犯的一些错误。具体建议包括:

减少组织内部的层级——组织创新之一就是减少层级。在大规模生产时代,创新时间比今天慢得多,美国大公司内部层级超过20层的现象并不罕见——IBM一度拥有27层,通用汽车有25层。现在一切都变了,但日本人敲响了警钟,他们采取了扁平等级制度——相比之下,丰田和本田只有7级,而通用汽车有25级!

根据供应商的创新能力选择供应商,并让他们参与创新(这在很大程度上是日本在全球采取的做法的一部分)。

确保过程转换过程是适当的——问题包括:"我们是否有到位的正确的流程选择等",并应尽早讨论推出新产品和服务的可行性。如果企业没有正确的流程选择,并不意味着放弃一个好主意。但该公司要么需要获得正确的技术,要么与另一家拥有正确转换过程的公司结成联盟。我们在第7章中会深入探讨,如果不理解流程选择,可能会产生灾难性后果——正如我们在第7章看到的,巴布科克和威尔科克斯在试图发射核潜艇时所发现的那样。

在很早的概念阶段就涉及运营——这是源自日本的实践"技术"之一,就像供应商参与一样,已经作为世界级实践的一部分,并在世界范围内被采用。这是因为设置成本、可能需要的产出(容量)流程选择、布局和库存都是应该尽早研究的关键问题,在考虑新产品和服务时,应该尽早探索,而不是事后才考虑。

4.2.3 主题的变化

无论其规模或部门大小,所有组织都在努力寻找这个管理创造和更新过程的方法。这没有"标准"的答案,但每个问题都需要针对其具体情况,找到最合适的解决方案。例如,那些关注大型的以科学为基础的活动的公司(如制药公司或电子技术公司)将倾向于制定管理创新问题的解决方案,包括公司内外的正式研发、专利保护、搜索和国际化等。相比之下,小工程分包商可能发展截然不同的解决方案,旨在培养快速反应能力。零售业的公司可能不会在正式的研发上投入太多资金,但它们可能会强调对环境进行研究,以发现新的消费趋势,并把重点放在营销上。涉及研发电子等产品的重型工程公司可能是设计密集型企业,并严重依赖于实施阶段的项目管理和系统集成方面。消费品生产商可能更关心产品的快速开发和推出,往往伴随着基本产品概念的变化和重新定位。

出于同样的原因,决定安装新的流程技术也遵循这种模式。关于需求的信号——在本例中是内部信号,例如现有设备的问题和新的技术手段的处理,为发展战略概念提供投入。这就需要确定一个现有的选项,或者发明一个新的选项,然后必须将其开发到一个能够在内部客户中有效实施(即由企业内的用户发起)的程度。需要了解它们的需求并为有效的投放做好市场准备,使其和产品创新一样适用。

服务包括类似的搜索过程(尽管服务更强调需求方面)、实验和原型(这可能将"实验室"概念扩展到针对潜在最终用户的试点),以及再逐步扩大投入和活动以推动启动。服务企业可能没有一个正式的研发部门,但它们确实从事这类活动,以提供一系列创新。重要的是,它们所使用的知识集合包含更高层次的用户洞察力和体验。

该模型也适用于所谓的"复杂产品系统"。这些典型的产品/系统,将许多不同的要素组合成一个整体,通常涉及不同的公司、较长的时间跨度和高技术风险。例如大型建设项目或开发和推出新的电信网络。尽管这些项目可能与核心创新过程(例如,为大众市场生产一种新的肥皂粉)有很大不同,但基本过程仍然是,仔细了解用户需求,并满足这些需求。关键阶段的强度是不同的——例如,用户在整个开发过程中的参与,以及不同观点的密切结合,将特别重要,但整个过程是一样的。

正如我们已经说过的,创新不仅仅是商业组织的事情。公共部门的创新也是至关重要的,但如何组织和管理这一创新,将存在很大差异。不仅如此,公共服务还涉及风险、回报(商业创新的典型平衡)和可靠性之间的三方权衡,对于许多服务,比如健康、福利和教育,失败根本无法被接受。

社会企业也需要组织和管理创新的过程,但它们的模式往往需要建立广泛的网络和联系,以获得支持和资源,维持和扩大其运营。

4.2.4 创新过程的模型

我们需要更仔细地观察,我们如何思考,这个过程是如何发生的——尤其是因为我们的思维模式,往往决定了我们如何在实践中组织和管理创新。在极端情况下,一个这样的模型可能是创新的卡通形象,它仅仅涉及"电灯泡"时刻或阿基米德式的灵感闪现。如果这就是我们所认为的创新的全部,那么我们将关注并支持产生许多想法的活动,但我们可能会创新失败,因为我们没有考虑这些想法的进一步发展,或者成功启动和传播这些想法所涉及的问题。

表 4-3 给出了一些例子，阐明了如果我们对过程如何发生的思维模式被限制了，会发生什么。

表 4-3　部分创新观念存在的问题

如果创新仅仅被看作是	结果可能是
较强的研发能力。	未能满足用户需求而可能不被接受的技术——"没有人想要的更好的捕鼠器"。
研发实验室里穿着白大褂的专家的领域。	缺乏他人的参与，缺乏从其他角度输入的关键知识和经验。
满足客户需求。	缺乏技术进步，导致无法获得竞争优势。
技术的进步。	生产市场不需要的产品或者设计不符合用户需要的相反的工艺。
这个省只有大公司。	弱小的小公司过于依赖大客户。
只有"突破性"的变化。	忽视了渐进式创新的潜力。此外，由于渐进式性能棘轮不能很好地工作，无法确保和加强从根本性变化中获得的收益。
只与关键人物有关。	未能充分发挥其余员工的创造力，未能确保他们的投入和观点能够促进创新。
只有内部生成的。	"非本地发明"效应，即来自外部的好主意遭到抵制或拒绝。
只有外部生成的。	创新变成了一个简单的从外部填满购物清单的问题，而很少有内部的学习或技术能力的发展。
只有产品。	服务组织并不认为自己需要创新。

（资料来源：Tidd & Bessant, 2009）

如何组织和管理创新的早期模型，是简单的线性事务，主要是关于物理产品和过程的——典型的、老一套的"技术推动"或"需求拉动"。如今，我们认识到，这更是一个"各有所长"的问题——我们需要不同的、灵活的模型，其中涉及许多不同参与者之间创造和传播不同类型的创新的相互作用。

下表根据具体情况概述了一些不同的组织创新的方法，如表 4-4 所示。

表 4-4　组织创新的不同方式

模　型	它是什么？	在哪里使用它？	如何支持它？
研发导向	创意是由专家开发、提炼、开发和推出的。	适用于以科技为基础的产品，但不应使用在需要高度谨慎的领域。	目前拥有最强的支持。与具有良好技术创新记录的公司建立联系。
高介入	所有员工都参与了增量式问题解决的过程。	适合在要求高度统一和员工判断力差的领域开发增量过程创新。	专注于最大化员工在其职责范围内的自由裁量权，为员工提供发展和采纳创意的空间、奖励和认可。
网络	思想通过网络发展、适应和采纳。	在需要高度谨慎的领域尤其重要。	确保网络得到适当的资源和支持。

续表

模型	它是什么？	在哪里使用它？	如何支持它？
激进的/不连续的	团队被允许去思考不可想象的事情，并在边缘或主流之外发展想法。	适合开发完全不同的服务或做事方式。	需要一个拥有许可证的自治单位来"思考不可想象的事情"，一个多学科的团队和主流体系中的"教父教母"。
企业家驱动	想法是在组织内部或外部小规模发展起来的。	潜在地进入公共部门及其周围的社会创业的丰富脉络。空间和支持应该持续存在。	支持并与为创业者提供"全方位"支持的中介机构或代理机构合作。为创新提供空间、奖励和认可。
重组	适应于一种环境的观念被采纳到另一种环境中。	无论是在自身行业还是其他领域，组织应该不断地对来自外部的想法保持开放的态度。	在不同的世界之间架起桥梁的机制（例如，创新侦察员）和用于适应创新的转换器以及具有学习文化的多孔组织。
用户引导	用户通过与专业人士合作、使用语音或选择来创新。	客户洞察力在所有模型中都很重要。联合生产或选择特别适合处理不良问题的关系服务。	可以通过平台创新（例如个人预算）或鼓励一线员工与用户共同开发解决方案来支持。

（资料来源：Bessant，Richards & Hughes，2010）

4.2.5 创新战略——我们改变了什么，为什么改变

到目前为止，我们已经看到了如何创新的问题——我们必须做些什么才能有效地管理这个过程。但我们也应该考虑"改变了什么？"和"为什么改变？"的问题——创新将如何推动我们的组织向前发展？我们可以改变很多东西——产品或服务的提供，支撑我们运营的流程，我们提供产品的市场，甚至是我们思考和构建业务的方式。我们可以通过渐进或激进的方式来实现这些改变。但是可以肯定的是，尝试做任何事情都可能一无所获——我们需要一种战略方法。

在下一部分中，我们将研究工作中出现的不同类型的创新，以及我们如何将它们组合成一个连贯的组织创新战略。

1. 渐进或激进？

虽然我们可能把创新与巨大的飞跃联系在一起，但事实是，在大多数时候，创新实际上是在做我们已经做得更好的事情。大多数情况下，变化是随着一系列微小的积累的改进而逐渐前进。例如，尽管电灯泡的发明是一个戏剧性的突破，从 1880 年到 1896 年（Bright，1949），在灯泡的设计和制造过程中，不断的小改进导致价格下降了 80% 以上。因此，这一创新能够广泛传播，并取代天然气或石油照明，成为家庭照明的主要形式。

"渐进式"创新和"激进式"创新的区分是很重要的，因为我们要组织和管理流程以支持这两种创新过程的方式可能不同。把创新看作是一个光谱是有帮助的。一端是渐进式的"做得更好"。在光谱的另一端，我们有重大变化的创新，通常代表着我们提供的东西或我们如何创造的重大转变。创新的极限是"不连续的"变化，此时创新包括转到完全不同的东西上以及重写游戏规则。

案例 4-5

看到新的解决方案

玻璃窗生意已经有至少 600 年的历史了，因为大多数的房子、办公室、旅馆和商店都有很多窗户，这是一个非常有利可图的生意。但是在这 600 年的大部分时间里，制造窗玻璃的基本工艺并没有改变。玻璃是由近似平整的薄片制成的，这些薄片被磨成足够平整的状态，直到人们可以透过它们看到东西。打磨的方式已经改进——过去是劳动密集的流程变得越来越机械化，甚至自动化，工具和磨具也变得越来越复杂和有效。但在同样的核心过程下，打磨成平面的过程仍在进行。

1952 年，Alastair Pilkington 在一家与其名字相同的英国公司工作，他开始研究一种工艺，在接下来的 50 年里彻底改变了玻璃制造。在洗碗时，他萌生了想法，他注意到盘子里的油脂浮在水面上，他开始思考以这样一种方式生产玻璃，它可以被铸造成漂浮在其他液体的表面，然后让它凝固。如果这可以完成，就有可能在不需要打磨和抛光的情况下创造出一个完全平坦的表面。

经过五年时间，耗费数百万英镑和超过 10 万吨的废玻璃，该公司后来建成了一个运转良好的试点工厂，并在接下来的两年开始销售浮法玻璃工艺生产的玻璃。该工艺的优点包括节约约 80% 的劳动力和 50% 的能源。加上由于减少了对磨料、研磨设备等的需要，工厂可以做得更小，生产玻璃的总时间可以大大缩短。这个过程如此成功，以至到现在，仍是世界上制造平板玻璃的主要方法。

在合作伙伴的网站上，你可以找到照明和音乐行业创新模式的案例，在这些领域，可以看到渐进式和激进式变化之间的相互作用。

汽车就是激进创新过程的一个很好的例子。19 世纪末，亨利·福特和他的工程师团队开始研究汽车，这个过程本质上是手工制造。小组形式工作的熟练工人，或多或少会手工制造一辆汽车，在通用机器上一个接一个地加工零部件，而生产的关键就掌握在操作者的头脑和手中。这些汽车花了数周的时间来制造，每一辆都略有不同——就像一套手工制作的西装是为个别客户量身定做的一样。毫不奇怪，这个过程既昂贵又缓慢。

这并不是不变的——在工艺生产运作的方式上，例如在使用的材料或涉及的机械方面，有连续不断的微小改进。但是福特和他的团队引入的转变是根本性的——从手工生产到我们现在所说的"大规模生产"的早期版本的根本性飞跃。新的组织实践（基于泰勒的"科学管理"思想）与产品和过程元素标准化相结合，意味着生产力的巨大提高是可能的——例如，在 1912 年（工艺）到 1913 年（早期大规模生产）之间，发动机制造的生产力跃升了 800%（Womack, Jones et al., 1991）。

这种模式并没有止步于汽车行业——它成为大部分制造业的主导方式，并扩展到银行和保险等服务业。创新的另一个关键方面，是持续变化的特性，因此"大规模生产"模式让位于其他创新，例如"精益思维"和"大规模定制"。

类似的模式可以在服务业看到——例如，当时有许多渐进式的零售创新，但自助购物（超市模式）的发展，首先使美国零售业发生了革命性的变革，后来又使全球零售业发生了革命性的变革,因为它使生产力发生了巨大变化。

你可以在公司网站上找到关于福特 T 型车的详细描述。

这些例子主要是关于"流程创新"——我们创造和交付产品的方式的变化。但我们可以在产品领域看到其他例子,例如电话。这经过了一个阶段的激进创新,当它首次发明,然后稳定到一个渐进的改进模式——无论是在外部造型、形状和内部机电功能。在手机发展中,有很长一段时间都在进行这种渐进式的发展,其间不时出现一些根本性的变化——例如,转向电子机制、移动通信,现在又转向涉及计算和通信融合的"智能"手机。

近年来,由于信息和通信技术发展,银行和保险等信息密集部门都受到了重大影响。在"互联网泡沫"破裂之前,人们曾对许多其他包含信息处理业务的行业(例如旅游、媒体、零售业等)的命运做出过可怕的预测,但这些行业受到的影响却大相径庭(Evans & Wurster, 2000)。关于人工智能对许多行业的影响,现在也提出了类似的预测,尤其是对"白领"工作的影响。

当然,许多客户的加工业务经历的创新动荡要少得多。一系列部门继续使用流程并提供变化相对不大的产出——旅馆、电影院、美发师、学校等等。但仔细研究这些,就会发现渐进性创新在提高效率、差异化服务、建立客户忠诚度等方面所发挥的作用。

该网站有一个视频案例研究了炸鱼薯条店——它是不会让人立即联想到创新的地方!但这段视频展示了在这类企业中,有多少创新空间,以及如何通过创新来发展和维持竞争优势。

渐进式创新和激进式创新之间的界限很难确定——因为创新在旁观者眼中看来是不同的。对于一些公司来说,创新可能是渐进改进过程中简单而合乎逻辑的一步。但对其他人来说,这可能代表着一个重大转变。

创新往往局限于企业的层面,但也有影响和塑造整个行业的时候——比如玻璃行业(这种根本性变化的其他例子包括,贝塞默法使炼钢技术发生了变化,或苏维连续法取代分批式勒布朗法用于生产纯碱和其他关键碱金属产品,从而使化学制品发生了变化)。而且,周期性地会有一些新事物出现,它会对各个行业产生影响,并影响整个社会——例如,蒸汽动力在第一次工业革命中的出现,或当前的"革命",即计算、通信和电子技术的融合所带来的变革。

2. 组件级还是系统级?

我们还需要经常把创新想象成俄罗斯娃娃——我们可以在组件的层面上改变事物,或者我们可以改变整个系统。例如,我们可以把一个更快的晶体管放在电路板上的微芯片上,用于计算机的图形显示。或者我们可以改变几块板子放在电脑里的方式,赋予电脑特殊的功能——游戏盒、电子书、媒体 PC。或者我们可以把计算机连接到一个网络,来驱动一个小型企业或办公室。或者我们可以用网络和其他人连接到互联网上。每个层次都有创新的空间,但更高层次体系的变化往往会对更低层次体系产生影响。例如,如果汽车,作为一种复杂的组装——突然被设计成由塑料(而非金属)制成,那么汽车组装商仍有机会生产汽车,但这将让金属部件制造商过得不安!

这个问题是当代创新的强人驱动力之———转向创新平台。举个例子,乐高有能力用一套通用的标准组件,连接成一些常见的体系结构,打造出一个庞大的全球玩具制造商。同样,手机也提供了一个平台设备,它有一个基本的架构,你可以在上面添加一系列你想用的应用程序。尽管现在这一次平台引起热议,实际上平台已经存在很长时间了。早在20世纪20年代,Harry Ferguson就发明了一种安装在拖拉机后部的装置,使农民们能够把各种工具和设备连接起来。商业模式很简单——购买基本的拖拉机并添加您想要的工具。Ken Wood对家用厨房设备的想法也遵循了同样的模式,百得公司(Black and Decker)和其他电动工具制造商将这种模式引入了DIY市场。IBM开发了个人电脑业务,推出了一个平台架构,成千上万的硬件和软件开发人员可以围绕这个架构工作。

平台思维就是这样一种思考组织的资源基础以及如何有效利用它的方式。它可能体现在实体产品或服务中,但本质上是关于知识,以及如何通过在为不同用户创造价值的创新中广泛应用知识来抵消学习某些东西的成本。平台提供了几种重复利用来之不易的知识的方法——如案例4-6框所示。

 案例 4-6

创 新 平 台

重复利用昂贵的核心产品和过程知识——布莱克和德克尔做到了,他们的工具在许多主题上都有共同的动力。"产品族"的概念是一个古老的概念,但是要使它发挥作用,需要对流程(在系统中创建灵活性)和产品(在这些参数中进行设计)进行仔细的规划。同样的事情也发生在服务领域,其中创建平台的核心知识(用于拼车、拍卖或其他用途)可以在不同的应用程序中得到利用。

知识扩展——通过在核心模型上增量构建来扩展设计以涵盖开发成本。例如,最初于1935年推出的道格拉斯DC3,销量超过1万辆,至今仍在飞行。它被波音737取代,波音737自1965年首次飞行以来一直在生产新型号。早在20世纪80年代,Roy Rothwell和其他人就在讨论"稳健设计"——本质上是在尽可能广泛的应用领域和尽可能长的时间内传播核心知识的方法(Rothwell & Gardiner, 1985)。

知识重组——在不同的市场中使用相同的核心知识。例如,宝洁公司(Procter & Gamble)开发了环糊精化学,通过将有害分子与环糊精的核心结构结合,来处理掩盖气味的问题。该技术最初作为一种喷雾应用于Febreze除味剂,后来应用于香水、油扩散器、空气清新剂和蜡烛中。

启用基于核心加附加模块架构的业务模型,该架构能够处理许多不同的细分市场。易捷航空在航空业的优势在于,它建立了一个有效的低成本核心平台,然后又增加了(非常有利可图的)服务(比如商务休息室或优先选座)。特斯拉将这一概念更进一步,将许多功能融入所有汽车中,通过软件为那些需要这些功能(并准备为其付费)的用户提供服务。

通过允许免费试用核心功能,然后允许用户购买他们看重的附加功能和功能——"免费增值"模式,加速创新的采用。

在一个更大的拼图中提供关键的一块。弗格森拖拉机系统使许多人提供了附加组件,创造了一个系统模型,几十年后,英特尔利用了这个模型。正如Annabelle Gawer和Michael Cusumano的工作所显示的,"英特尔内置"不仅仅是一个营销口号,它准确地描述了一个非常成功的平台策略(Gawer & Cusumano, 2002)。

> 与用户共同创建——允许用户访问平台,创建他们自己的应用程序,扩大自己的提供范围,并建立新的市场。乐高非常成功地吸引了用户设计师,并在更广泛的市场分享他们的想法和产品。乐高创意平台不仅为自己的设计提供了一个有价值的放大器,而且提供了与关键趋势有关的有价值的市场和设计情报。
>
> 构建开放社区,其中核心平台成为连接的生态系统的基础,快速共享新思想和变体。例如,在2010年海地地震期间,一个社区迅速出现一些成员,他们使用一个手机平台为流离失所的家庭编写应用程序,提供实时灾难和破坏地图,并提供紧急现金转移的服务,帮助灾民获得食物和药品。

这种区别——我们可以称之为"组件级"和"系统级"创新之间的区别,对于构建我们不同类型的创新示意图非常重要。图4-2给出了一个概述。

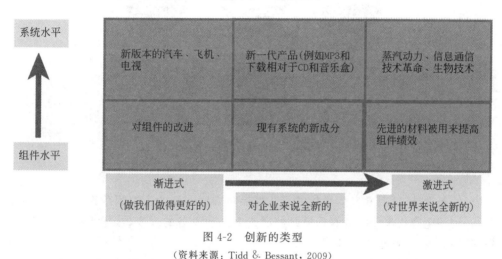

图 4-2　创新的类型

(资料来源:Tidd & Bessant,2009)

4.3　管理不同的创新类型

为什么思考不同类型的创新很重要? 简而言之,创新需要不同的管理方式。在熟悉的环境中,过程中的渐进型变化的风险并不高,并且可能以日常方式进行管理——例如作为车间日常"评审和改进"活动的一部分。同样,在新市场推出的激进的新产品将需要注意的管理风险和资源流动,并可能成为一个特殊项目团队工作的基础。在极限情况下,产品、流程和环境的根本性变化可能提供了改变商业游戏规则的机会——但这需要非常谨慎和专注的管理。为了成功地对创新过程进行战略运营管理,我们需要一个组合方法,在下一节中,我们将研究一个系统模型,用于探索和填充一个组织的创新空间——它可以做出哪些改变?

4.3.1　探索创新空间

正如我们所看到的,变化可以以许多不同的方式发生,因此,想出一种"创新罗盘"来描绘这些变化是有帮助的。我们可以确定四个关键方向:

"**产品创新**"——组织提供事物(产品/服务)的变化;

"**流程创新**"——创造和交付流程方式的变化；
"**位置创新**"——产品/服务引进时的环境变化；
"**模式创新**"——组织行为基本思维模式的变化。

这些"4Ps"如何为组织可用的创新空间图提供框架，如图 4-3 所示。

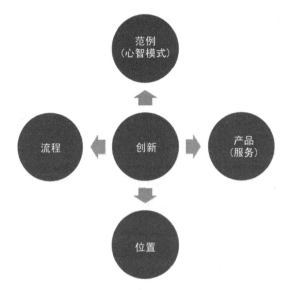

图 4-3　创新空间的 4Ps

(资料来源：Tidd & Bessant，2009)

汽车的新设计、针对易发生事故的婴儿新保险方案和新的家庭娱乐系统都是产品创新的例子。用于生产汽车或家庭娱乐系统的制造方法和设备的改变，或用于保险业务的办公程序和顺序的改变，都是过程创新的例子。

有时它们的界限有些模糊——例如，一艘新的喷气动力海上渡轮，既是一种产品创新，又是一种过程创新。服务代表了产品和流程方面经常合并的特殊情况——例如，一个新的度假套餐是一个产品还是流程的更改？

创新还可以通过在特定的用户环境中对已建立的产品或流程的感知来实现重新定位。例如，哈根达斯能够赋予著名工艺生产的老产品(冰淇淋)新的、有利益的生命。它的策略是瞄准一个不同的细分市场，将产品重新定位为成年人可以享受的感官享受——本质上讲的是一个"成人冰淇淋"的故事。当然，这也是低成本航空公司的策略，用来开拓新的空间和挑战行业中的老牌企业，这就是任天堂对 Wii 上所做的——一个简单的(与 X-Box 和 Playstation 相比)电脑游戏设备，打开了面向家庭的游戏市场。

 案例 4-7

格莱珉银行与"小额信贷"的发展

格莱珉银行(Grameen Bank)项目率先发展的"小额融资"就是一个很好的位置创新的例子。生活在贫困线以下的人，面临的最大问题之一是他们难以获得银行和金融服务。

因此,他们往往依赖于放债者和其他非官方来源——如果他们借款,往往会被收取过高的利率。这增加了他们储蓄和投资的难度,也阻碍了通过开始新的创业来打破这一恶性循环的方法。意识到这一问题后,吉大港大学(University of Chittagong)农村经济项目负责人 Muhammad Yunus 启动了一个项目,研究发起了一个项目,旨在检测通过设计一个信贷发放系统,为农村贫困人口提供银行服务的可能性。1976年,格莱珉银行项目(Grameen 在孟加拉语中的意思是"农村"或"村庄")成立,旨在——

向穷人提供银行服务;

消除放债人对穷人的剥削;

为孟加拉国农村的失业者创造发展个体经济的机会;

为弱势群体提供一种他们能够理解和自行管理的组织形式;

扭转"低收入、低储蓄、低投资"的古老恶性循环,进入"低收入、信贷、投资、多收入、多储蓄、多投资、多收入"的良性循环。

最初的项目是在 Jobra(吉大港大学附近的一个村庄)和一些邻近的村庄建立的,并在 1976—1979 年间运行。其核心理念是"小额融资"——让人们(主要是女性)能获得小额贷款,来创办和发展小型企业。在孟加拉国中央银行的赞助和国有商业银行的支持下,1979 年该项目扩展到丹盖尔区(孟加拉国首都达卡以北的一个区)。它在那里的进一步成功使这一模式扩展到该国其他几个地区,并在 1983 年通过政府立法而成为一个独立的银行。如今,格莱珉银行被其服务的农村穷人所有。该银行 90% 的股份由借款人持有,其余 10% 由政府持有。现在,它为 500 多万客户提供服务,每个月帮助 1 万个家庭摆脱贫困。

格莱珉银行已将业务拓展到其他领域,采用同样的模式——例如,格莱珉电话是亚洲最大的移动电话运营商之一,但其模式的基础是通过创新的定价模式,为社会上最贫穷的成员提供通信渠道。

有时候,当我们重新定义看待事物的方式时,创新的机会就会出现。当我们看到亨利·福特(Henry Ford)从根本上改变了交通运输的面貌,不是因为他发明了汽车(相对来说,他是这个新行业的后来者),也不是因为他开发了将汽车组装在一起的制造工艺(因为基于工艺的专业工业汽车制造已建立了约 20 年)。他的贡献是改变了基本的模式,从向少数富有的客户提供手工制作的专业产品,到向普通人提供他们能负担得起的价格的汽车。随之而来的从手工生产到大规模生产的转变,完全是一场汽车(以及后来不计其数的其他产品和服务)生产和交付方式的革命。

最近"模式"创新的例子——思维模式的改变——包括提供在线保险和其他金融服务,以及将咖啡和果汁等饮料重新定位为高端"有品牌"的产品。对全球变暖和能源、材料等关键资源可持续性的担忧,无疑为许多行业的一些重大模式创新奠定了基础,因为企业正在努力重新定义自己及其产品,以适应这些重大社会问题。

下图给出了一些"商业模式"创新的例子。

案例 4-8

商业模式创新的例子

例子	价值主张	目标客户	供应方的关键角色是谁	交付该价值的核心活动
刀片	每次都用锋利的刀片刮胡子,而不是每次都要打磨剃刀	男性(后来是女性)	制造商,比如吉列(Gillette)	刀片的设计、开发、制造、销售、广告、营销等
英国国民健康服务	所有人的医疗保健都是免费的	所有人(而不是那些负担得起医疗保险的人)	调动整个初级和二级医疗系统	医疗保健服务
网上银行	7天24小时营业,能够独立于实体银行办公	无法或不愿使用"正常"银行办公时间的客户,但他们很享受这种便利;最终面向所有的客户——成为主导模式	IT平台、呼叫中心人员等客户界面。后台系统和供应商	客户服务和关系管理
流媒体音乐服务——例如 Spotify	租用大量的音乐收藏,并让它在许多移动设备上可播放	客户渴望获得大量和各种各样的音乐,并随时可以得到他们想要的音乐	IT平台,与音乐提供商的知识产权关系	访问控制 IT分销和流媒体权限管理 租赁处理

表 4-5 提供了一些映射到这个 4P 模型的创新示例。

表 4-5 映射到 4P 模型的一些创新示例

创新类型	渐进式——做我们能做的,但要做得更好	激进式——做一些不同的事情
"产品"——我们向世界提供的东西	• Windows 7 取代 Vista,取代 XP——本质上是对现有软件理念的改进 • 大众 EOS 取代 the Golf——本质上改进了现有的汽车设计 • 改善白炽灯的性能	• 全新的世界软件——例如第一个语音识别程序 • 丰田普锐斯——带来了一个新的概念——混合动力引擎 • LED 照明,使用完全不同和更节能的原则
流程——我们如何创建和交付产品	• 改善固定电话服务 • 扩大股票经纪服务范围 • 改善拍卖行运作 • 通过升级设备提高工厂运营效率 • 改善分行提供的银行服务范围	• Skype 和其他 VOIP 系统 • 在线股票交易 • 易趣(eBay) • 丰田生产系统和其他"精益"方法 • 肯尼亚的移动银行 • 菲律宾——使用手机作为银行系统的替代品

续表

创新类型	渐进式——做我们能做的，但要做得更好	激进式——做一些不同的事情
位置——我们如何创造和提供这种服务	• 哈根达斯将冰淇淋的目标市场从儿童转变为成年人 • 低成本航空公司 • 凤凰城大学（University of Phoenix）等机构通过在线方式建立大型教育业务，以触及不同的市场 • 戴尔和其他公司为个人用户细分和定制计算机配置 • 银行服务的对象主要是学生、退休人士等	• 针对服务不足的市场——例如 Tata Nano，它使用低成本的航空公司模式，瞄准庞大但相对贫穷的印度市场——目标成本为 10 万卢比（约 3000 美元） • "金字塔的底部"采用了类似的原理——阿拉文德眼部护理、Cemex 建筑产品 • 每个孩子一台笔记本电脑项目——100 美元的通用电脑 • 小额信贷——乡村银行为穷人提供信贷
模式——我们如何构建我们所做的事情	• 鲍希和隆布——将商业模式从"眼镜"转变为"眼部护理"，有效地摆脱了眼镜、太阳镜（雷朋）和隐形眼镜的旧业务，所有这些都成为商品业务。相反，他们进入了更新的高科技领域，如激光手术设备、专业光学设备和人工视力研究。 • IBM从一家机器制造商转型为一家服务和解决方案公司——出售其电脑制造业务，并建立其咨询和服务部门。 • VT 从维多利亚时代的造船厂转型为服务和设施管理企业	• 乡村银行和其他小额信贷模式——重新思考关于信贷和穷人的假设 • iTunes 平台——一个完整的个性化娱乐系统 • 劳斯莱斯——从高品质的航空发动机到提供"按小时计费"的服务公司 • 太阳马戏团——重新定义马戏团的体验

（资料来源：Tidd & Bessant，2009）

在合作伙伴网站上，你可以观看 John Bessant 解释探索创新空间和使用 4Ps 模型的一些挑战视频。

4.3.2 构建创新管理能力

如果创新管理问题的解决方案只涉及一两个简单的行动，那就太好不过了——例如，"在研发上花更多的钱"或"增加你的市场研究预算"。不幸的是，对创新过程的广泛研究表明，事实并非如此——与其说创新管理是精通一种乐器，不如说是指挥一支庞大的管弦乐队，让每个人都能及时演奏，将他们的独特技能和创造力带到创新过程中，同时还要确保他们在乐谱上保持一致，当他们在演奏同一段音乐。创新研究人员 Keith Goffin 和 Rick Mitchell 使用田径运动中的五项全能的比喻——只擅长一门学科是不够的——你需要掌握许多不同的技能（Goffin & Mitchell，2010）。

没有一个组织天生就具有管理创新的完美能力。刚起步的创业者可能很幸运，第一次就成功了，但即便是成功了的人，也会反思自己本可以做得更好的事情。而那些超越最初成功创新的企业，则是通过学习——通过尝试和错误、运气和判断、反思和意外——来学习如何做得更好。我们可以把这个过程看作是一个进化的过程，随着时间的推移，学习和发展能力，并在成熟的过程中经历许多阶段。

例如，一个没有明确创新战略、技术资源有限、没有发展计划、项目管理薄弱、外部联系薄弱、僵化且缺乏支持的组织，就不太可能在创新中取得成功。相反，一个公司若注重战略目标明确，建立长期联系以支持技术发展，有一个明确的项目管理进程，得到高级管理人员的大力支持，并在创新的组织环境中运作，将有更大的成功机会。

让我们回到我们的流程模型图 4-1，创新过程的简单模型，并回想整个流程模型。从本质上讲，成功的创新管理就是围绕我们如何建立这个体系，以及我们如何继续评估和发展这个体系提出问题。

基于该模型，任何组织都需要在以下五个关键领域问自己：

我们是否有有效的机制来支持创新过程——搜索、选择、实现和获得？

我们是否有一个清晰的创新战略，并有效地进行沟通和部署？

我们是否有一个创新的组织，一个为创新提供支持环境的组织？

我们是否建立和管理丰富的外部联系，以实现"开放创新"？

我们是否通过学习来提高创新管理能力？

在附属网站上，你可以观看 John Bessant 解释该模型基础的视频。有一个自我评估审计框架来帮助解决这些问题，并确定一个组织在哪些方面是强大的，以及它可能在哪些方面进一步发展其能力。

4.3.3　促进创新管理——动态能力

有一个模型框架来阐明与成功的创新管理相关的基本行为模式是非常有价值的——有很好的证据表明，组织能够学习和构建创新管理能力。但在不断变化的环境中，这种能力可能还不够——面对多个维度（市场、技术、竞争来源、游戏规则）的目标变化，我们必须能够适应和改变我们的框架。我们需要一种"创新模式的创新"。

这个不断修改和发展我们创新能力的过程——添加新的元素，加强现有的元素，有时放弃旧的和不再合适的元素——是所谓"动态能力"的本质（Teece，Pisano et al.，1992）。

要一直关注的关键问题是：

我们还需要做什么，加强什么？

我们需要少做什么，或者停止做什么？

我们需要开发哪些新的程序？

我们不这样做的风险是我们可能会发现过去有效的老方法不再适用——到极端情况下，我们无法通过创新生存和成长。前面的例子，当我们考虑"创新的必要性"时，它提醒我们没有一个组织能够保证永远持续下去——它需要改变，并且不断地改变。近年来，关于"不连续创新"问题的一些最令人烦恼的研究有所减少。"不连续创新"指的是，当新技术、不断变化的市场或创新领域的其他戏剧性变化突然改变了游戏规则，会发生什么？这里的证据是，已建的公司和组织经常处于困难之中——但也有许多公司不是盲目地抗拒改变，而是尝试应用老方法（过去这些方法对它们很有用）——但发现这些方法已不再奏效。

环境可能会发生变化——想想一个在 20 年代末运营的组织。它可能在创新能力方面做了大量的工作，但如果它不利用日益增长的互联网资源开发新的方法和模型，它管理创新的能力将受到严重限制。

在附属网站上有一些"不连续创新"的例子以及一些组织用来对新出现的威胁和机遇发出预警的工具，以及评估这一领域能力的审计工具。

4.4 在前沿工作——管理创新的新挑战

在本章中,我们探讨了围绕创新的主题,以及为什么创新是生存和增长的必要条件。我们需要不断改变我们的创新模式,但如何做到这一点同样重要,我们要把注意力集中在一些关键的战略运营管理活动上。在这最后一节中,我们将简要展望未来,并尝试了解一些主要的新领域,以便进一步发展我们前沿的创新管理能力。

我们将特别关注三个可能需要修改和扩展我们管理创新的模型的领域——知识竞争、开放的集体创新和可持续性。

4.4.1 知识的竞争

首先,我们需要认识到,创新永远是一场比赛,在这场比赛中,领先的选手不断被追赶并被赶超。找到能够带来可持续和可保护的竞争优势是一个关键挑战——我们已经意识到,在全球经济中,这并非易事。特别是区位优势、廉价劳动力或原材料的获取往往是不可持续的,因为全球化意味着其他人可以搬到拥有类似或更好资源禀赋的地方,甚至连技术都不是一个好的解决方案——有强大的智能的机器并不是真正的优势,因为别人有足够的钱也可以购买这种机器——或者,如果根本的技术未受到保护,他们可以进行逆向工程,甚至窃取创意!

基于这些原因,我们开始认为,竞争优势根本上在于知识——那些我们所知道的以及我们能够在新产品或流程中应用的知识。这将重点放在创新的各个方面,即获取和管理公司的知识库作为关键任务(Teece, 1998)。这样的思考为管理创新带来了新的视角——我们需要认识到,创新本质上是一个知识的创造和运用过程(Leonard-Barton, 1995)。发展学习能力成为战略业务管理的核心。

战略运营管理的关键信息是确保组织执行其各种任务的方式与获取和使用知识相适应。其中很多都是通过实践学到的,尝试新事物,并从这次经历中吸取下次有用的经验教训。好消息是,我们知道如何做到这一点——正如我们将看到的,战略运营管理在很大程度上关注学习和优化使组织能够运行的系统。例如,在第 8 章和第 9 章中,我们将研究员工如何通过持续的渐进的改进来构建丰富的知识库,从而获得竞争优势。丰田也许不是最令人喜爱的汽车制造商,但在过去的四十年里,它一直是生产力最高的。这种优势主要来自其擅于调动和管理庞大劳动力的思想和创造力,并将其引导去建立丰富的知识库的能力。我们还将研究企业如何越来越多地利用协作平台,如在线机制,以确保其有效地调动和部署其丰富的知识库。例如自由环球航空公司、汉莎航空系统公司和空中客车公司,探讨了在支持制造业、服务业和公共部门组织的创新活动方面,高度参与所发挥的日益重要的作用。

在第 5 章中,我们将看到管理供应和物流网络如何开发获取和使用来自协作参与者的丰富网络的知识的方法——这些知识可以用来提供一系列产品、服务和流程改进。Zara、贝纳通(Benetton)、戴尔(Dell)和丰田(Toyota)等公司的持续竞争优势,在很大程度上归功于它们通过网络调动和管理外部知识的能力。

4.4.2 开放的集体创新

创新一直是一个多人参与的游戏,其中包括将许多不同的"知识链条"编织在一起,来创造出一些新的东西。所以与潜在创新源建立丰富和广泛的联系,一直是十分重要的,例如,20世纪50年代英国的研究发现,成功和不太成功的创新企业之间的一个关键区别,在于他们对待创新来源的态度是"世界性的"而不是"狭隘的"(Carter and Williams,1957)。

美国教授亨利·切萨布鲁夫(Henry Chesbrough)创造了"开放创新"(open innovation)一词,用来描述即使是大型组织,在追踪和获取外部知识而不是依赖于内部产生的想法方面所面临的挑战(Chesbrough,2003)。简而言之,开放创新包括认识到"并非所有聪明人都为我们工作"。

如今,不仅仅是有关科学和技术的新研发知识在爆炸式增长——市场需求方面也出现了类似的转变,用户的兴趣也发生了变化,他们希望更大程度地进行定制,甚至参与创新。这意味着创新搜索在许多融合领域的开放速度将显著加快——随着出现更多相关的参与者,战略运营管理的挑战也随之增加。

这一挑战的一部分在于与外部世界建立有效的联系,而正是在这一点上,围绕管理供应和分销扩展网络的一些核心技能和工具可以发挥明确的作用。IBM定期对首席执行官们进行调查,了解大公司建立和维持竞争力的方式。值得注意的是,过去五年发展的一个关键主题是将合作网络用作优势来源——如今这一主题是关于学习管理系统。

"开放式创新"模式的早期使用者之一是宝洁公司(Procter & Gamble),该公司首席执行官为公司设定了一个雄心勃勃的目标,即将50%的创新外包给外部。对于一家传统上一切都由自己完成的公司来说,这是一个重大转变。在网站上有一个关于"连接和发展"的案例研究——这是其开放创新项目的名称——该业务的高级经理Roy Sandbach在播客中解释了这给他们带来的一些挑战。

这一挑战的另一个方面在于"用户主导创新"的概念。麻省理工学院(MIT)的埃里克·冯·希佩尔(Eric von Hippel)多年来的研究表明,认为"用户只是新产品和服务的被动消费者"的观点过于简单化(von Hippel,2005;von Hippel,2016)。大多数用户对这些创新都有自己的看法、观点、想法和反应,并且有相当一部分人准备将他们的不满、灵感或对不同事物的渴望付诸行动,即创造自己的产品。通常,这些都是简单的草图或粗略的原型,但是它们可以被制造和服务组织采用,经过改进和开发,最终提供给更广泛的市场。

这种模式在许多关于创新的研究中都很明显,在某些领域——比如医疗设备——专业用户创新者的角色具有关键的战略重要性。但是,强大的通信技术的出现,加速了这一趋势,这些技术使得用户社区能够在共同创造和传播创新方面进行积极合作。组织现在需要认真研究用户作为创新的积极创造者的潜在贡献,这一趋势反映在"大规模定制"的许多工作中(Pine,1993)。

战略运营管理再次面临着挑战,但还有机会建立优势。从密切的客户联系中吸取的经验教训——尤其是在服务运营方面——都意味着已经有一套行之有效的工具和技术可供借鉴。许多关于制造业"服务化"的工作(见第3章)表明,在用户成为长期基于服务的关系中的积极合作伙伴时,有必要将这种服务视角扩展到与用户的共同创建中。

在伙伴网站上,有一段John Bessant谈论管理"知识链条"的视频,这为当今的创新环境提供了充足的机会。还有一些案例——例如乐高(Lego)、Threadless.com 和 Local Motors——凸显出用户在创新过程中,作为共同创造者发挥的作用越来越重要。还有一个关于麻醉医疗系统的音频采访,说明了用户主导创新的原则。

4.4.3 可持续性

战略运营经理在管理创新过程中,面临的第三个重大挑战是可持续性的概念。创新中隐含的一个问题是,它假设一切皆有可能,产品或流程中总会产生新东西。这种观点的问题在于,它忽略了这样一个事实:我们生活在一个资源有限的星球上,其中许多资源是不可再生的。公众日益关注的变化,似乎对我们生活的世界或生活质量产生了负面影响,不仅是对我们自己,而且对贯穿从原材料到成品的整个价值链都产生了影响。例如,人们喜欢家具的新设计,但当他们发现这些创新产品是通过破坏印度尼西亚一片不可再生的柚木森林制成时,就不再那么感兴趣了。

网站上有一段视频,是对英国创新公司 Mike Pitts 的采访,它谈论了可持续发展方面的创新挑战。

考虑更可持续的产品和消费形式正变得越来越重要,并影响到运营管理的许多方面。在创新背景下的挑战,在于利用组织内部的创造力,找到有助于可持续发展的产品和流程,同时保留和开发商业机会。

加拿大商业可持续性网络开发了一个思考创新和可持续性的有用模型。这将"旅程"的完全可持续性视为三个维度,这三个维度支撑了从治疗问题症状到最终处理问题产生的系统的整体方法的改变。如图 4-4 所示。

图 4-4　可持续创新之旅

特别地,我们可以想到 SLI 发展的三个阶段,从简单的遵从性和"做我们能做得更好的事"创新,到对新的商业机会更彻底地探索。第三个阶段完全是关于系统的改变,在此阶段可以实现显著的效果,但依赖于利益相关者群体之间对于创新解决方案的合作和共同发展。

在网站上有一个飞利浦的详细案例(与这个模型相关联),并有这家大公司如何重组其创新流程,使可持续性成为其未来产品和服务以及内部流程的核心特征。

"节俭"这个词的意思是"小心使用资源"。在商界,它越来越多地被用来描述一种简单而可持续的创新方式。它产生于一些地方的经验,在这些地方,关键资源短缺,需要巧妙地解决问题,而这些创新的简单性使它们得以广泛传播。

节俭创新的基本理念是将产品和服务简化,以满足广泛的需求,但不浪费过多或不必要的功能。这种方法在满足新兴世界的需求方面变得非常重要,因为在新兴世界,人口众多代表着重要的市场,但个人购买力是有限的。管理研究员C.K. Prahalad在他的著作《金字塔底部的财富》中对此进行了令人信服的论述,认为虽然数十亿人生活在收入少于一天2美元的情况下,这并不意味着他们没有对商品和服务有需求和欲望,只是那些设计和交付产品方式需要转变(Prahalad,2006)。

从消费品到汽车、电信和医疗保健,这一创新挑战在许多领域变得越来越明显和重要。使用不同的标签——例如"jugaad innovation",这是印地语,意思是即兴和灵活地解决紧急问题(Radjou, Prabhu et al., 2012)。虽然低成本创新与购买力较低的新兴市场条件有关,但这种想法在工业化市场的潜力很大。通用电气公司(GE)开发了一种用于印度农村的简易心电图机(MAC 400),由于其简单和低成本,在这方面获得了广泛的成功,目前在其他市场上已成为畅销商品。它是在18个月的时间里开发出来的,产品成本降低了60%,零售价格为800美元左右,而最接近它的竞争对手的价格为2000美元。值得注意的是,它作为一种成本低廉、质量达标的机器,在世界各地的市场上非常受欢迎。

西门子(Siemens)在开发Somatom Spirit时也采用了类似的方法。Somatom Spirit在中国被设计为一款低成本的计算机身体扫描仪(CAT)。目的是让拥有低技能水平的员工买得起,且易于维护和使用。所得到的产品成本为全尺寸机器的10%,可检查病人数量增加了30%,辐射减少了60%。每年售出的数百辆汽车中,有一半以上销往国际市场。特别是西门子采用了一种基于关键原则的"智能"方法——简单(用帕累托观点看待所需的主要功能,而不是追求最先进的功能)、可维护、可负担、可靠、(快速)上市。

回到印度,在2013年的首次尝试中,曼加拉亚号火星轨道飞船成功发射了。尽管这很复杂,但它的开发速度是国际竞争对手的3倍,成本仅为它们的1/10。它的成功归功于节约原则——简化有效载荷,重复使用经过检验的组件和技术,等等。

在汽车行业,雷诺-日产(Renault-Nissan)等公司率先在节俭领域取得了重大进展。雷诺-日产董事长Carlos Ghosn创造了"节俭工程"这个词,并在"节俭"模式(欧洲的Dacia/Logan平台)取得成功的基础上,在Chennai建立了一个设计中心,旨在为印度大众市场制造一款汽车。Kwid于2016年推出,售价4000欧元,尽管竞争激烈,但其凭借良好的订单打破了销售纪录。

总 结

- 创新不是奢侈品而是必需品。它对生存和成长至关重要。
- 虽然创新过程是不确定的,但它不像是彩票。有证据表明,创新可管理并以此获得竞争优势。
- 关键在于认识到这是一个过程,就像组织生活中的其他过程一样,不同之处在于,这个过程涉及更新事物和组织提供的东西,以及组织创建和交付这些事物的方式。因此,这一过程是战略运营管理的核心问题。
- SOM致力于将这些原则转化为实践,从而在不同环境下实现创新。

关键问题

1. 当被问及成功创新的秘诀时,主要设计者/制造商给出的回答是"仅仅有发明是不够的"。你认为还需要管理哪些其他因素来确保一个好主意能够成功实现?

2. 在本章中,我们只触及创新的表面问题,并给出了流程工作的一般模型。哪些因素(例如,行业、产品类型等)可能影响特定公司执行流程的方式?它们将如何影响公司的管理?

3. 引入流程创新——改变"我们在这里做事的方式"——可以被看作是试图在商业市场上推出一种新产品的方式。两者之间可能有哪些相似之处和不同点?对两者成功管理的启示是什么?

4. "创新是生存的必需品,而不是奢侈品!"回想你熟悉的一家公司,想想这句话是否适用——如果适用,你能从它的历史中找到什么样的创新?是什么触发了它们进行创新——它们带来了什么不同?

5. 在本章中,我们将创新定位为企业的核心流程,关注更新组织提供的内容和方式。这一过程与当前运营相关的过程同时进行——从管理供应到满足客户。不可避免的是,今天的管理和未来的建设之间会有冲突。你认为这些"冲突点"会出现在哪里?作为运营经理,你会如何应对?

扩展阅读

Bason, C. (2011).Leading public sector innovation. London, Policy Press.

Bessant, J. R. and J. Tidd (2015).Innovation and entrepreneurship. Chichester, Wiley.

Chesbrough, H. (2003). Open innovation: The new imperative for creating and profiting from technology. Boston, Mass., Harvard Business School Press.

Chesbrough, H. (2011).Open services innovation. San Francisco, Jossey Bass.

Christensen, C., S. Anthony, et al. (2007).Seeing what's next. Boston, Harvard Business School Press.

Freeman, C. and L. Soete (1997).The economics of industrial innovation. Cambridge, MIT Press.

Kelley, T., J. Littman, et al. (2001). The Art of Innovation: Lessons in Creativity from Ideo, America's Leading Design Firm. New York, Currency.

Prahalad, C. K. (2006).The fortune at the bottom of the pyramid. New Jersey, Wharton School Publishing.

Tidd, J. and J. Bessant (2013). Managing innovation: Integrating technological, market and organizational change. Chichester, John Wiley and Sons.

Verganti, R. (2009).Design driven innovation. Boston, Harvard Business School Press.

Von Hippel, E. (2005).The democratization of innovation. Cambridge, Mass., MIT Press.

参考文献

[1] Adams, R. (2006). Innovation management measurement: A review. *International Journal of Management Reviews*, 8(1), pp.21-47.

[2] Baumol, W. (2002). *The Free-Market Innovation Machine: Analyzing the Growth Miracle of Capitalism,*. Princeton: Princeton University Press.

[3] Bessant, J., Richards, S., & Hughes, T. (2010). Beyond Light Bulbs and Pipelines: Leading and Nurturing Innovation in the Public Sector. Sunningdale: Sunningdale Institute, National School of Government.

[4] Bright, A. (1949). *The electric lamp industry: Technological change and economic development from* 1800 to 1947. New York: Macmillan.

[5] Carter, C., & Williams, B. (1957). *Industry and technical Progress*. Oxford: Oxford University Press.

[6] Chesbrough, H. (2003). *Open innovation: The new imperative for creating and profiting form technology*. Boston, Mass.: Harvard Business School Press.

[7] Ernst, H. (2002). Success factors of new product development: a review of the empirical literature. *International Journal of Management Reviews*, 4(1), pp.1-40.

[8] Freeman, C., & Soete, L. (1997). *The economics of industrial innovation* (3rd ed.). Cambridge: MIT Press.

[9] Goffin, K., & Mitchell, R. (2005). *Innovation management*. London: Pearson.

[10] Von Hippel, E. (2005). *The democratization of innovation*. Cambridge, Mass.: MIT Press.

[11] Pine, B. J. (1993). *Mass customisation: The new frontier in business competition* (p. 333). Cambridge, Mass.: Harvard University Press.

[12] Teece, D., Pisano, G., & Shuen, A. (1992). Dynamic capabilities and strategic management. University of Berkeley.

[13] Tidd, J., & Bessant, J. (2013). *Managing innovation - Integrating technological, market and organizational change* (4th ed.). Chichester: John Wiley.

[14] Adams, R., R. Phelps and J. Bessant (2006). "Innovation management measurement: a review". International Journal of Management Reviews 8(1): 21-47.

[15] Augsdorfer, P. (1996). Forbidden Fruit. Aldershot, Avebury.

[16] Baumol, W. (2002). The Free-Market Innovation.

[17] Machine: Analyzing the Growth.

[18] Miracle of Capitalism,. Princeton, Princeton University Press.

[19] Bessant, J. and T. Venables (2008). Creating wealth from knowledge: Meeting the innovation challenge. Cheltenham, Edward Elgar.

[20] Bright, A. (1949). The electric lamp industry: Technological change and economic development from 1800 to 1947. New York, Macmillan.

[21] Carter, C. and B. Williams (1957). Industry and technical Progress. Oxford, Oxford University Press.

[22] Chesbrough, H. (2003). Open innovation: The new imperative for creating and profiting form technology. Boston, Mass., Harvard Business School Press.

[23] De Geus, A. (1996). The living company. Boston, Mass, Harvard Business School Press.

[24] Ernst, H. (2002). "Success factors of new product development: a review of the empirical literature." International Journal of Management Reviews 4(1): 1-40.

[25] Evans, P. and T. Wurster (2000). Blown to bits: How the new economics of information transforms strategy. Cambridge, Mass., Harvard Business School Press.

[26] Freeman, C. and L. Soete (1997). The economics of industrial innovation. Cambridge, MIT

Press.

[27] Gann, D. (2004). Think, play, do: The business of innovation. Inaugural Lecture, Imperial College, London, Imperial College.

[28] Gawer, A. and M. Cusumano (2002). Platform leadership. Boston, Harvard Business School Press.

[29] Goffin, K. and R. Mitchell (2010). Innovation management. London, Pearson.

[30] Leonard, D. (1992). "Core capabilities and core rigidities: a paradox in new product development." Strategic Management Journal 13: 111-125.

[31] Leonard-Barton, D. (1995). Wellsprings of knowledge: Building and sustaining the sources of innovation. Boston, Mass., Harvard Business School Press.

[32] Pine, B. J. (1993). Mass customisation: The new frontier in business competition. Cambridge, Mass., Harvard University Press.

[33] Prahalad, C. K. (2006). The fortune at the bottom of the pyramid. New Jersey, Wharton School Publishing.

[34] Radjou, N., J. Prabhu and S. Ahuja (2012). Jugaad innovation: Think frugal, be flexible, generate breathrough innovation. San Francisco, Jossey Bass.

[35] Rothwell, R. and P. Gardiner (1985). "Invention, innovation, re-innovation and the role of the user." Technovation 3: 167-186.

[36] Schrage, M. (2000). Serious play: How the world's best companies simulate to innovate. Boston, Harvard Business School Press.

[37] Teece, D. (1998). "Capturing value from knowledge assets: The new economy, markets for know-how, and intangible assets." California Management Review 40(3): 55-79.

[38] Teece, D., G. Pisano and A. Shuen (1992). Dynamic capabilities and strategic management, University of Berkeley.

[39] Tidd, J. and J. Bessant (2013). Managing innovation: Integrating technological, market and organizational change. Chichester, John Wiley and Sons.

[40] Utterback, J. (1994). Mastering the dynamics of innovation. Boston, MA., Harvard Business School Press.

[41] Von Hippel, E. (2005). The democratization of innovation. Cambridge, Mass., MIT Press.

[42] Von Hippel, E. (2016). Free innovation. Cambridge, MA, MIT Press.

[43] Womack, J., D. Jones and D. Roos (1991). The machine that changed the world. New York, Rawson Associates.

第 5 章

供 应 管 理

学习目标

1. 从概念和实践两个方面理解什么是供应管理,供应管理随着时间是怎样变化的。
2. 深入了解供应在运营中的战略重要性。
3. 了解供应管理是如何在实践中进行,并对一些方法形成一些批判的观点。
4. 评价精益供应、敏捷性和供应链关系管理等概念。

5.1 定义和发展

十年前,我们在开始这一章的时候说:"也许有必要在一开始就解释一下,为什么我们用了整整一章来讨论供应管理,以及我们所说的供应管理是什么意思。"在这期间,发展供应链管理专业知识的重要性已被商业的各个领域所接受,这一课题现在是该领域最受欢迎的研究课题之一。"它在全球业务中,包括在追求可持续性方面也是至关重要的(见第 11 章)。

5.1.1 理念的发展

买卖是世界上最古老的"交易"之一。考古学家在美索不达米亚(今伊拉克)的城市遗址中,发现了 6000 年前的交易记录,与今天的采购订单和材料清单惊人地相似。古往今来,市场、商人、教育需求和国际交通,一直是社会、城市和战争的生计和驱动力。最近发生的变化是,买方和卖方必须考虑供应的范围,以确保其组织的生存和繁荣。古代乌尔曾经是一个港口,但现在是内陆,靠近现代伊拉克城市纳西里耶的铜商人可能已经从迪尔蒙(巴林岛)向商人支付了从马坎(阿曼,西南亚国家)购买矿石的费用,并且在很远的地方做生意。今天,同样的距离,乘飞机只需要几个小时,这些国家的现代贸易通过互联网、移动电话、无线电话与全球各地的合作者、客户和竞争对手进行交易。(与此同时,铜价在 2009 年至 2011 年间翻了一番。)

因此,管理组织运营所需资源的供应——一个有多种名称如采购、采买、购买和原材料管理(purchasing, procurement, buying and materials management,用哪个词并不重要)的功能。现在越来越多的是争夺稀缺商品的问题,而这些商品或服务在客户或消费者眼中可能会有所不同。正如我们将在第 5 章中看到的,这将供应管理与可持续发展以一种非常深刻的方式联系起来。将此类活动与组织的运营战略联系起来是一个简短且简单的步骤。

当然，供应链一直都存在。如果你观察任何军事行动的战功，你会发现从亚历山大大帝（公元前356—公元前323年）到现代冲突，许多成功和失败都可以同等地归因于供应管理的好坏和战争中的战略。正如拿破仑所说（虽然这几句可能源于腓特烈二世）："军队是靠吃饱肚子前进的。"

在贸易领域，供应链改变社会的历史例子也很多。各国为了将金属、珠宝、香料和劳动力等贵重商品从遥远的地方带回国内，常常不惜一切代价，包括战争。遗憾的是，马可·波罗（Marco Polo）从中国把面条带到了意大利，从而发明了意大利面的神话并不真实！

对于商业（以及运营管理）来说，目前供应链的重要性可以与20世纪早期国际大规模生产的兴起联系起来（见第1章）。北美制造商开始组装产品，尤其是汽车，在几个地理位置距离遥远的地点，它们创造了"网络化"组织。这就需要将材料和部件按时、按量、按质，以合适的成本及正确的地点从供应商运送到装配厂。我们知道很多供应链（当然以今天的标准来看都是相对简单的产品）在一百年前就已经得到了很好的管理：在20世纪80年代的日本观察到的著名的"just in time"系统，早在半个多世纪前在英国的福特组装厂就得到了证明。

或许主要是现代市场对产品和服务需求的复杂性，再加上技术发展和不间断的营销的刺激，使得研究日常商业中的供应链变得至关重要，而事实证明，经济学提供的理论模型在实践中对我们帮助不大。我们不会详细讨论这个问题，但重要的是，我们应该反思新古典主义经济范式。基于此背景，在过去100年，新古典主义经济范式在很大程度上推动了商业政策的制定。简单地说，这种规范范式假设市场是有效的；理论上，每个买家对每个卖家都有完全的了解，反之亦然。所需要做的就是将商品的价格降低到边际成本（供应商能够承受的最低销售成本），然后进行交易。该理论的另一个特点是，交易（买卖）不存在商业成本，因为市场机制将导致交易缩小或消除。

对于供应战略师来说，重点是，新古典主义经济学家会辩称，在市场上买卖（合作或其他方式）的公司之间的工作关系只是市场失灵——理论上不应该存在这种关系。当然，问题是在实践中它们确实存在！1936年，英国经济学家罗纳德·科斯（Ronald Coase）发表了一篇影响深远的经济学文章，首次探讨了这种反常现象。他指出，企业理论存在缺陷。美国学者Oliver Williamson（Coase的学生），在1975年出版的一本书中提出了交易成本经济学的概念。Williamson关注的是"二元"关系（即两个组织之间的关系），而不是链条或网络。这一影响深远的思想已经被讨论和发展了30多年。我们不需要在这里过多地探讨这一点，但我们应该认识到，理论已经赶上了实践，我们现在有了一系列有用的概念来理解供应链关系中发生的事情（我们将在稍后讨论它的实践方面）。

"供应链管理"的概念起源于20世纪80年代初的管理咨询概念，出现便立即引起了理论界和实务界的广泛关注（最早由Houlihan于1987年解释）。它还起源于工业动力学（现在的系统动力学）领域，始于Jay Forrester在二战后开创性的工作（1958：Houlihan题词，一篇值得一读的文章）和他对沿着供应链从最终用户、制造商、零部件供应商到原材料的需求放大的分析。这被称为Forrester效应，在物流中也被称为牛鞭效应。这体现在著名的"啤酒游戏"中——一个非常值得体验的模拟练习（20世纪60年代在麻省理工学院开发）。

物流是供应链管理的可见的、实体的部分，包含运送货物、材料仓库、船舶、飞机、火车和卡车以及伴随和支持它们的信息系统。在本书中，我们不会过多地讨论供应的这方面。我们感兴趣的是运营的管理，包括供应链关系，包括单独和集体的供应链关系，重要的是要认识到,如果我们谈论的是物流(主要关注库存在哪里,主要由市场研究人员进行研究),而不是战略供应管理(它们在这方面有着非常相同的含义),那么精益和敏捷等概念就有非常不同的含义。

"链"的比喻很简单:在实践中,事情不会以直线或者链的形式发生。现实要复杂得多。供应战略的关键是要搞清一团乱麻——一群杂乱无章的组织和中介机构,它们因不同的商业动机、知识产权、民族文化等因素而处于紧张状态——然后让它按照你希望的方式运转。第一步是要认识到,这是一个网络,而不是一个链条,甚至这也在把混乱简化成我们可以处理的东西。这一概念的实际版本通常被称为"供应基础"——意味着一项业务所依赖的供应商的"坚实"基础,可能在某种程度上是有组织的、协调的或结构化的。这种认识已经很普遍了,但正是这种链条隐喻的力量(在许多语言中,它在人类心灵中找到了非常强烈的共鸣,或许与食物链、连锁反应或指挥链等概念有关)使其得以延续了30年。因此,当有人提到供应链时,他们指的不是简单的线性供应链,而是一个混乱、复杂的系统,至少可以简化成一个网络。Choi 等人(2001)利用 Pfeffer 在 1997 年首次提出的复杂自适应系统的概念,对这一点进行了有趣而有益的讨论。他们的结论是,在供应网络中,企业之间共享更多的工作规范、流程和语言,将增加企业之间的"运营契合度",即改善供应链关系。我们稍后会进一步探讨,目前,简单性和复杂现实之间的差异,如图 5-1 所示。

供应链通常表示为简单的线性系统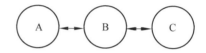

实际上,它们是一种需要供应链管理者每天要去处理的烦琐的问题。这些符号象征着复杂的、未知的、浪费的或者说是非商业的因素。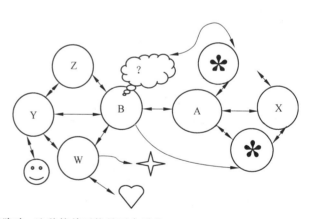

图 5-1　供应链隐喻:这种简单可能是不合适的

通常在供应链中提到"上游"和"下游"企业,但也经常发现这两个术语使用不当。显然,这两个术语是根据焦点企业来说的。供应商是上游,而分销商和客户是下游。想象一条小溪从山泉流向大海,你就能想到这个画面!

有许多不同类型的供应网络,并已做出许多分类的尝试(参见 Harland,1996;Lamming,et al.,2000;and Christopher et al.,2006)。管理实践有时难以处理这个问题,开发控制供应链的模型是基于一个组织可以干预另一个组织的业务活动的假设。我们以后再研究这个棘手的问题。然而,为本组织在其所有权和实际存在范围之外的运营问题制定战略的过程不能依赖于远程控制的概念,需要一些更好的理论来指导管理人员的工作,这就是供应管理的作用所在。

一组来自世界各地的学者,统称为产业营销和采购(IMP)小组,经过30多年的研究得出结论,认为网络是不能管理的——相反,有人建议,组织可能只寻求在内部进行管理[他们的工作被 Hakansson 等人(2019)很好地结合在了一起]。到目前为止,该领域的研究并没有推翻这一观点,在将供应战略作为经营战略的一部分进行讨论时,我们将保留这一假设。将供应战略作为运营战略的辅助,首先要管理组织与直接打交道的其他组织之间的关系。由于这种"关系管理",网络中其他组织的活动可能会受到影响,这些组织参与提供构成供应战略重点的商品和服务。20世纪在日本形成的一些强大的企业联盟似乎确实由其主要公司控制,尽管1999年的研究表明,随着日本经历了10年的经济衰退和全球业务的影响,这种情况发生了深刻的变化(参见 Lamming,2000)。在供应管理术语中,集团公司组织是层级结构,而不是网络。

这对于战略家来说是一种自然的方法:为自己的活动制定一个计划,然后试图(直接或间接)影响他人,这样它就可以得到补充,从而取得成功。它不是一个链条,你无法管理它:但是"供应链管理"这个术语已经成为世界各地的通用术语——不论对经理、学者、管理顾问还是政治家。我们将在这里使用这一词,但我们将集中于供应管理(即组织选择从外部获得的商品和服务的管理,而不是一些假定的管理供应商或网络的能力)。我们特别关注供应商关系管理,即管理两个组织之间的供应关系(包括可能被称为"采购"和"销售"的活动)以改善供应管理。

我们将从供应链和供应基地的本质出发,探索制定供应链战略的要素。简而言之,这些是:供给定位的政策,以及实施该政策的战略;有关组织内部采购及供应流程位置的内部战略,以及一套组织间关系管理的技术——供应的本质。

5.1.2 供应链和供应基地的性质——战略供应和重点运营

供应管理一直在组织的定义和组织中扮演着重要角色。20世纪初,在开发著名的T型车的过程中,亨利·福特计划在底特律附近的瑞弗·鲁兹工厂自己制造一切。实际上,他经营了一段时间,甚至自己制造玻璃和轮胎,以及发动机、车身、底盘和电器——拥有非常广泛的制造技术和技能。这是全面的垂直整合——从上到下,制造被设想并精心组织为一个单一的、可控制的且特有的实体。然而,随着业务的增长,福特不可能在所有方面都保持最佳状态,必须找到其他专业制造商来分担一部分工作,为他的汽车提供一些零部件。这是一种非一体化的战略,并在20世纪末这一进程加速发展。正如我们在第4章看到的,这种想法类似于 Sun Microsystems 联合创始人 Bill Joy 表达的"开放创新"概念:"不是所有的聪明人都为我们工作。"

到1980年,福特自己的制造(更准确地说,是装配,但包括零部件部门)约占汽车成本的87%;如今这一比例约为40%(福特于1997年将其大部分零部件制造业务组建为一家新公司——Visteon,并于2000年将其从母公司剥离出来)。通用汽车也采取了类似的战略,成立了德尔福。尽管伟世通蓬勃发展,但德尔福在2005年进入清算程序,其资产被出售,它现在被称为DPH控股公司。虽然有着不同的命运,但不难看出,从价值的角度看,对制造商来说供应管理的重要性可能超过制造。

IBM提供了类似的案例。过去，这家大型计算机系统公司为其计算机生产硅、软件和硬盘驱动器。这种方法被外包战略所取代，从字面上讲，就是寻找外部来源（供应商），从他们那里购买材料、零部件和服务，而不是"在内部"生产。起初（在20世纪80年代）这意味着停止生产，让别人来做。然而，IBM的战略改变了公司，因为它完全退出了小型硬件业务，转而专注于业务系统和服务。如今，一个新的、以产品为基础的企业通常不会从计划如何自己制造开始，而是选择一家公司来为其制造——完全垂直解体。如果选定的制造商在遥远的、劳动力成本低的国家，例如中国或印度，企业将必须发展供应管理（而不是制造）方面的专门知识，以确保其产品以适当的质量和价格及时交付市场。

对于大型组织和中小企业，运营管理依赖于一种战略平衡：自己做什么，别人为你做什么，供应管理的重要性反映在所做的决策。当然，这是很经典决定自己制造还是购买。在决定这一点时，运营战略师定义了组织的重点（正如我们在第1章中看到的，参见图1-5）。聚焦可能是非常具体的，会对公司有深远的意义。一个组织可以通过多种方式聚焦，包括：

- 选择它所服务的客户群和细分市场。
- 采用一种特殊类型的制造工艺——正如我们在第1章中所看到的，工艺或技术的选择在很大程度上决定了企业能做什么和不能做什么。
- 将工厂集中在一些不同但特定的区域。这些生产或服务单元的"单元"可以按客户、流程、地理区域、产品或服务进行划分。
- 外包其在国际市场上没有竞争力的领域的业务。
- 专注于供应链内在的具体活动，形成战略性的"购买者—供应商"关系，进行其他活动，从而发展供应网络或供应基地。

最后两点显然直接与供应管理有关。

因此，在发展供应管理时，聚焦决定了组织本身不会做什么，必须从其供应网络中获得什么，这一选择是其运营战略的一部分，同时也是可以进行转换的。例如，在1991年惠普决定进入个人电脑市场时，专注于供应网络发挥了关键作用。惠普在这方面做得非常努力，到1997年已成为全球四大PC生产商之一。后来，惠普决定从制造商转型为产品组装商。这种重心的转移更加强调了整个供应链中需要建立良好的供应商关系，特别是与惠普高度依赖的供应商之间的关系。这也使该公司不必在制造工厂和技术上进行昂贵的投资。后来，惠普意识到，如果将成品组装外包出去，它的处境会更好。2001年惠普与其竞争对手康柏电脑公司（Compaq）合并时，整合供应链和外包战略是成功的关键。10年后，惠普收购了更多的IT公司，包括智能手机生产商Palm Inc.、数字电子产品制造商3Com和IT公司EDS。另外，1993年沃尔沃和雷诺的合并计划在最后阶段被放弃了，这是不太令人高兴的，很大程度上是因为双方显然无法就如何实现这一合并达成一致。惠而浦和美泰克在2005年的表现要好得多，见案例5-1。

今天，这样的战略影响了所有著名的电脑公司，导致这一行业发生了巨大的变动，因此现在大多数笔记本电脑都是由少数几家公司制造，在国际上运营销售但制造几乎完全在东亚。然后，以这种方式生产的设备被贴上标签或"标记"，供全球各大品牌进行营销。

案例 5-1

惠而浦与美泰克的供应链合并

每当两家大型制造商合并时,供应链都是需要关注的众多领域之一。一方面,合并代表着一个解决系统效率低下问题的机会。然而,当业务的这一方面长期未被检查和更改时,对它的重新加工来说可能是昂贵和冗长的。当公司有其他各种紧迫的事情需要处理时,比如整合劳动力和削减成本,就需要这样做。

幸运的是,家电制造商惠而浦(Whirlpool)在 2005 年收购美泰克(Maytag)时,已经开始认真审视自己的供应链。据该公司负责供应链的副总裁 Brian Hancock 表示,"该公司意识到自己的系统已经过时。惠而浦已经意识到,它一直把重点放在产品和品牌上,以此来争取市场。但随着市场的变化,供应链一直是我们作为一家公司所忽视的东西。"

惠而浦认为,家电行业发生了重大转变,其根源是一种新的消费者心态。"考虑购买"的说法,是因为旧的坏了不得不换。但现在大多数顾客开始更快地购买新的洗衣机,甚至把他们视为某种程度上的随意购买,而不是像传统上人们购买主要电器时,要经过长时间的考虑。他表示:"供应链必须能够在 48 小时内将设备送达消费者手中。"

为了满足这种更快的需求,惠而浦决定将削减之前交付给零售合作伙伴的庞大库存,将自己的仓库整合成更少、更大的区域配送中心,并优化技术,以实现更快、更可靠的发货跟踪。Hancock 将这最后一个关键组成部分称为"计划实现"——确切地说,就是知道产品的位置,以确保(零售合作伙伴)明确地知道从这条线上下来的是什么。这种及时处理成品库存的方法变得至关重要,因为人们购买电器时希望商店能在短短几天内送货上门。能够满足消费者的期望对零售商来说尤为重要。

惠而浦在新供应链战略实施 9 个月后宣布,以 27 亿美元收购家电竞争对手美泰克(Maytag),彻底改变了该计划的范围。"因为这两家公司的规模差不多,所以复杂性就增加了两倍,"Hancock 说,"我们都需要加固建筑物,需要优化和整合的技术,还有现金流可能需要两亿到三亿(美元),这与我们预期的不一致。"尽管如此,惠而浦精简供应链的新举措帮助管理人员在两大制造商的整合过程中起到了决定性的作用。截至 2009 年,惠而浦已经关闭了约 100 家门店,并完成了 10 个区域配送中心的建设。最终,该公司将从供应链中削减约 6000 万美元的运营成本。

Hancock 只对这一过程中的一个小问题感到遗憾:在新建筑许可方面进展太慢。他说:"在一些较大的城市,建设一个 100 万平方英尺或 200 万平方英尺的设施可能需要很长时间,所以我会尽快开始。"

(摘自:Douglas MacMillan, Interactive Case Study, BusinessWeek 24 October 2008. http://www.businessweek.com/managing/content/oct2008/ca20081024_801808.htm)

从经济学的角度来看,当一个组织专注于运营时,这意味着它必须分析生产过程或服务提供的具体方面,以确定它在哪些方面能够真正以具有竞争力的成本增加价值,同时还能为股东赚钱。对于不可能的活动,可以将工作外包。供应商有责任对运行部分服务、制造零件或整个产品,以及管理其他投入的资源,例如原材料的供应等方面进行全面考量。正如我们所看到的,这样的战略可能会改变整个业务的性质,因此供应商不可避免地会成为流程中更重要的战略参与者。20世纪90年代,在这种背景下出现了一个全新的行业——合同制造商——伟创力(Flextronics,成立于1969年,在20世纪90年代得到蓬勃发展)、天弘商业发展(当时是IBM的子公司)和中国的富士康(Foxconn)等公司都在崛起。

关注运营甚至可能意味着公司变成(或开始成为)一个虚拟的组织,雇佣很少的人,但是实现了与一个更大的企业相关的业务目标。例如,得克萨斯州的一家小公司TopsyTail在20世纪90年代中期出售了价值1亿美元的美发设备,尽管该公司实际上没有自己的固定员工。分包商负责该组织的几乎所有活动:设计、制造和营销。意大利摩托制造商Aprilia通过从其位于威尼斯梅斯特雷(Mestre)总部附近的供应商那里采购自行车和小型摩托车的所有零部件。Aprilia凭借其出色的设计技能,简单地按订单组装,并据此管理供应,从而获得成功。它自己的组织很小,代表着构成虚拟组织的网络中心。这似乎是一种日益流行的组织战略。它提出了一个问题:外包仅仅是一种供应管理形式(包括买方-供应商关系管理),还是一种更具结构性战略意义的形式?

5.1.3 供应和外包

正如我们所看到的,聚焦可能意味着一家公司剥离其在多样化时期开发的资产:明确决定退出某一特定技术,并从更精通该技术的供应商那里购买所需任何东西。然而,外包更多的是与战略决策联系在一起,即部分在公司内部、部分在公司外部的配置业务。同样,这也是基于哪个组织最适合以最低的成本和最可持续的质量来增加价值,从而达到最佳的整合程度。有时一家公司会称其供应链为"整合的",但这是令人困惑的;在通常的术语中,整合意味着"拥有"。正如我们在上面看到的,将生产外包作为一种常态的做法已经改变了制造业,并带来了一些强大的新参与者,然而它们的名字并没有出现在商店的产品上。

在美国,小型制造业企业的这种外包已经显著增长,到20世纪90年代中期,雇员少于100人的公司在美国37万家制造业公司占85%(《经济学人》,1996)。此外,出现了一个非常大的"合同制造商"部门,我们以后再讨论这个问题。服务业紧随制造业之后发展起来,例如,随着呼叫中心(用于销售查询和客户服务)的发展,这些中心都设在了海外。这些通常需要将业务从美国或英国转移到印度或马来西亚等使用英语的国家。2002年,美国弗雷斯特研究集团(Forrester Research Group)的一份关于"外包"的报告估计,到2015年,330万个美国白领岗位(其中50万个在IT行业)将转移到海外,流向印度等国家。摩根士丹利(Morgan Stanley)首席经济学家斯蒂芬·罗奇(Stephen Roach)将外包所代表的机遇描述为一种"新的、强大的全球劳动力套利",导致高工资工作岗位加速向印度和其他地区转移。主要的趋势是由美国/英国转向印度(印度有23%的人说英语),也有日本离岸外包到中国东北地区的案例,或者从俄罗斯外包到东欧,从瑞士外包到捷克共和国。除了低廉的劳动力成本外,国际电话成本的下降和互联网连接的增加也推动了海外外包。但这种活动并不总是成功或者总是受消费者欢迎,见案例5-2。

案例 5-2

英国公司认为是时候挂断印度呼叫中心的电话了

2011年7月,桑坦德银行(Santander)加入了越来越多的抛弃印度呼叫中心的英国公司行列,并将客户服务业务带回英国。该公司表示,从即日起,桑坦德英国银行每月150万个客户服务电话将全部在英国接听。

这家英国第三大银行在格拉斯哥、莱斯特和利物浦创造了500个工作岗位,以吸纳本会打到班加罗尔和浦那的电话,使集团在英国的呼叫中心员工总数达到2500人。桑坦德银行英国区首席执行官 Ana Botin 表示,此举是对需求的直接回应。在2010年桑坦德银行被评为英国客服第三糟糕的银行之后,Botin 一直在努力改善该行的客户服务业绩。

Botin 昨日表示:"我们的客户告诉我们,他们更希望我们的呼叫中心设在英国,而不是海外。我们已经听取了反馈并采取了行动,在这里重建了我们的呼叫中心。"

将客户服务业务转移到印度的趋势始于20世纪90年代,在成本削减40%的承诺吸引下,呼叫中心密集型企业纷纷迁往印度。从一开始,公众就对此持怀疑态度。尽管业内一再保证,本土呼叫中心行业的增长速度足够快,能够轻松抵消小部分工作岗位转移到海外的影响,但从全国铁路咨询公司(National Rail Enquiries)到保诚保险(Prudential)等家喻户晓的公司,都在裁员以将业务转移到海外,这让人们普遍感到不公平。

正如 Botin 所指出的,更切中要害的是对客户满意度水平的影响。印度的呼叫中心运营商有时会使出浑身解数,建议客服人员取英文的名字,密切关注当地的天气状况,甚至观看《伦敦东区》(*East Enders*)的剧集。但随着公众对语言问题的不满日益加深,投诉也随之激增。到2010年,在英国接听电话的保证成为苏格兰皇家银行(Royal Bank of Scotland,该银行从未将其呼叫中心迁往海外)等机构广告宣传活动的卖点。

尽管包括巴克莱(Barclays)和汇丰(HSBC)在内的其他全球主要银行同时保留着国内和海外呼叫中心,但桑坦德绝非唯一一家将业务迁回国内的银行。联合公用事业公司、英国电信和电力公司也削减了开支。2011年6月,英国电信公司 New Call Telecom 宣布,计划将孟买的呼叫中心迁回兰开夏郡。

但专家警告称,预测不受欢迎的离岸呼叫中心将消亡还为时过早。"我们没有看到印度呼叫中心的终结,"Stephen Whitehouse 在普华永道表示,"但由于特易购(Tesco)和约翰·路易斯(John Lewis)等零售商的努力,人们对于日常服务的期望已经大大提高了,并且客户希望与他们国内呼叫中心中可以解决问题的人交谈。"

还有一些紧迫的财务因素。那些被迁往海外的潜在成本削减所震撼的公司,很快就发现,管理遥远业务的成本消耗了它们的储蓄。随着印度经济继续高速增长,成本也在上升。2012年,印度呼叫中心员工的流失率高达35%,工资也将飙升12%。New Call Telecom 明确表示,将总部迁往伯恩利的决策是由价格决定的。《呼叫中心焦点》(Call Centre Focus)编辑 Claudia Hathway 表示:"尽管嘴上说要倾听客户的需求,但成本上升是企业回归本土的真正原因。"

> 客户服务业务本身的性质也发生了重大变化。随着互联网自助服务的兴起,对大规模电话协助线路的需求减少了,打电话的要求也越来越高。
>
> 除此之外,所谓的"多渠道"战略的兴起——让客户可以选择使用电子邮件、网络聊天、自动语音服务等任何方式与公司联系——使情况进一步复杂化。尽管电话客户服务最好在英国进行,但其他服务仍可在其他地方有效运行。
>
> (资料来源:Abridged from The Independent, 9th July, 2011)

在20世纪90年代的英国,地方议会被要求为其许多公共服务进行招标以降低成本(假设雇佣员工提供这些服务过于昂贵)。这导致一些服务,如街道清洁、维护、安全、老年护理甚至市政规划等,被外包给私营部门组织,其中许多来自英国以外。当地议会的雇员被转移到中标者手中,他们中只有一部分人的就业权利受到TUPE法律的保护(见 http://www.cipd.co.uk/hr-resources/factsheets/transfer-undertakings-tupe.aspx),许多人发现自己在为外国公司工作。在国家层面,英国中央政府部门的信息系统外包显然没有任何明确的政策或信息共享。到20世纪90年代中期,这导致中央政府逾四分之三的信息系统与一家北美公司签订了合同。这一令人担忧的事实直到后来才变得明显起来,造成了很大的恐慌。现在非常普遍的公共部门的外包,显然有重大的社会因素和风险,就像私营部门一样。

在美国,类似的情况也在发生,一些案例引起了强烈的负面反应。例如,2002年11月,印第安纳州政府撤销了与一家领先的印度IT外包公司的美国子公司签订的价值1500万美元的合同。州长Joe Kernan给出的理由是,该合同不符合印第安纳州为当地企业和工人提供更好机会的"愿景"。

因此,尽管外包的决定已成为供应战略师的普遍选择,但如果外包的设计或管理不善(有证据表明,这种情况经常发生),或政治问题没有得到妥善处理,就可能引发动荡和战略问题。但仅仅是剥离一部分以前属于自己的资产,还只是问题的一部分。我们将看到,要使这种外包成功,需要建立起战略性的买方——供应商关系。

5.2 供应管理:目标

正如我们所看到的,一家公司为其客户提供的大部分价值实际上并不是来自于它自己所做的事情,而是来自于为它所"购买"的组件增加更多的价值。这有时被称为"购买比率"。例如,在一家快餐店里,每顿饭组成部分的成本通常是整顿饭成本的30%左右(餐厅因此增加70%的价值)。一架飞机的零部件成本通常加起来超过总成本的80%;飞机组装者在其全部组装劳动力、管理、设计、销售工作和行政管理中所增加的价值还不到五分之一。许多耐用消费品生产企业的购买比例都在70%以上。在得出这个数字时,重要的是要弄清楚分母是产品(或服务)成本还是销售价格——可能有很大区别!如果我们使用产品成本并将其表示为饼图,则典型的图形可能如图5-2所示。

在这两种情况下,减少饼图大小,从而降低项目的成本,显然需要集中于三个因素,但要有不同的预期。在第一幅图中,是典型的20世纪90年代制造业,劳动力成本下降10%,将导致总体成本下降1%;降低10%的间接费用可以减少4%的总成本。同样减少材料(采购)成本将使整个饼图减少5%——这是一个显著的节省。这一简单的观点导致的结论是,

习惯上，采购商品和服务的成本很低，如50%

外包业务中，采购所占的比例提高到80%

饼图代表项目的总成本

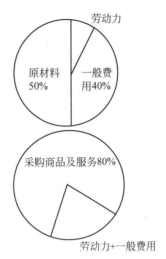

图 5-2　单位成本：内部和外部

在这种成本结构中，材料成本的控制一直比节省劳动力成本或间接费用更为重要。正如采购人员喜欢指出的那样，这样的节省直接进入公司的损益表，以一种增加销售很少能达到的方式提高利润。在第二张图中，可能是在大量外包之后的情况，材料采购成本降低10%，公司的成本就会降低8%。

值得注意的是，在外包制造业务价格较低的情况下，劳动力成本低的性质是暂时的——如案例5-2所述。社会变化发生得很快；随着生活水平的提高，人们自然希望得到越来越多的好处和回报。健康和安全、带薪假期津贴和消除不公平条件等问题，无论在哪里出现，都可能侵蚀低劳动力成本：世界发展中经济体正被要求在几十年内实现西方几个世纪以来所经历的社会变革。我们将在第12章进一步探讨这一点。

5.2.1　为最终客户增加价值

在实践中，正如我们在第1章中看到的，材料成本是由一系列（或一连串）事件造成的；这与供应链的概念有相似之处。这意味着我们可以将增值的观点应用到供应链分析中，始终记住实际的系统是一个混乱的系统，而不是一个简单的链。降低材料成本的一部分，因此供应管理不是简单的攻击明显目标——例如，通过谈判降低价格支付商品或服务，但更复杂的任务是根据组织生产的成本和时间价值分析价值的累积值（如果这个连接可以建立，供应链的最终客户将为这一部分流程支付多少）。

正如我们在第1章中看到的，将要购买的材料实际上是供应商提供的服务的一部分：围绕着交付、展示、处理、创新、售后服务等材料。由此可见，人们不是简单地购买一种产品，而是为一项服务付费。在考虑所获得的价值时，必须牢记这一点。它也是价格谈判的一个主要部分，因为应该为附加值（设计、材料处理、零部件采购等）的成本支付的金额经常是有争议的。

图5-3显示了如何在一个渐进增值的环境中看待企业（以产品供应链的简化形式表示，要注意最终的客户是这个过程的一部分，可以要求他们为所支付的部分增值：例如，"扁平包装"家具的总价值包括业主通过建造它而增加的价值）。

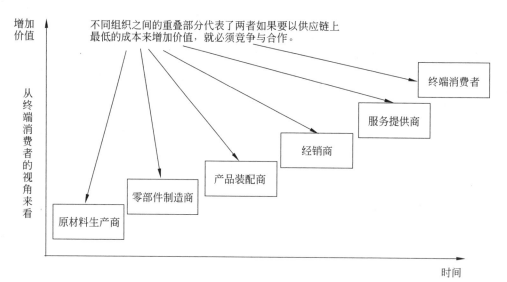

图 5-3　以产品的创造过程为例,建立供应链中价值和成本的关系

图 5-3 中所使用的"简化"的简单性(我们曾经使用它来强调在关系中增加价值),不应该让我们忘记一个组织所处理的整个供应系统的混乱复杂性,正如我们前面看到的那样。其目的是展示在过程的任何阶段增加的附加值如何可能导致最终客户价值的增加,同时在任何时候减少处理产品的时间,成本也会降低。由于这两种方法都应该增加产品在市场上成功的可能性,因此它们都应该有利于供应链中的各方。除此之外,供应链上的每个组织自然都关心在这个过程中增加价值所带来的财务收益——实际上,是代表股东获得的价值。因此,每个组织都必须有一个供应战略在供应链中运作,以使供应链本身具有竞争力。具体如图 5-3 所示。

因此,供应链中的企业有两个关注点——供应链的整体竞争力和自身在供应链中的繁荣。因为它们的收入来自增加的价值(即直接客户准备支付的金额高于其生产成本,但要从下一个客户的角度来看,或者将由最终客户支付),每个公司都希望与其他公司一起来增加更多的总价值。由此可见,供应链中每个阶段的客户和供应商实际上也存在着竞争关系,以从其增值工作中得到利润:它们既是竞争对手,也是合作者。图 5-3 中的方框重叠的地方就是这个竞争的空间——价值应该很大,而时间或者成本应该很小。图 5-4 更详细地显示了重叠部分。

这将在供应链中形成一种动态的伙伴关系,如果这种伙伴关系在市场上有效运作,就能够导致个体繁荣和共同繁荣。

这个概念到此为止:它在实践中是如何运作的?每一个组织都是由其所有者驱动的——有限公司的股东、政府部门或机构的纳税人(通过它们的代表)。在这两种情况下,组织中的董事和经理都对组织的利益相关者负责,包括股东、雇员、客户和受组织活动影响的社会成员。这里的主导力量一般是第一个,也就是所有者。最近,利益相关者的概念已扩展至包括组织的供应商,组织的行动可能在短期内对供应商产生不利影响,在长期内对供应链(从而对组织本身)产生不利影响。这种主导地位导致经理们主要(往往是完全)关心自己的组织——尤其是在有限公司的情况下,股东最直接地知道任何战略的结果。正如我们将在

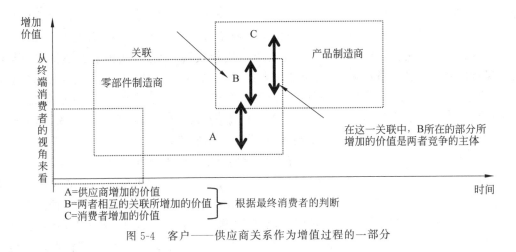

图 5-4　客户——供应商关系作为增值过程的一部分

第 5 章中看到的那样,当我们在可持续发展的必要性和稀缺资源的威胁范围内考虑本组织时,利益相关者的观点变得更加重要。

5.2.2　建立供应基地

当供应战略家思考供应关系的期望性质时,一个自然因素将是它们之间的相互作用,以及每个供应商相对于其他供应商的战略地位(例如,重要与次要、高科技与低技术、长期与临时、新来的与即将退出)。对于供应战略师来说,了解每个供应商如何将其视为客户也是很有必要的,遵循大致相同的思路。这就需要考虑供给基地的结构和概念。

观察 20 世纪后期日本工业结构的人士创造的"一级"这个词,用来描述实力强大的大型企业,它们直接向家喻户晓的或品牌的汽车、耐用消费品和资本设备制造商供货,这些企业在战后日本的复兴中起到了重要作用。供应"基地"的结构——一种由公司组成的金字塔,最终产品组装者位于顶层,这是日本历史社会结构的一个特点,也是形成庞大群体的关键(在 20 世纪上半叶被称为财阀,在下半叶被称为企业集团)。Nishiguchi(1986)指出,这些供应结构不应被视为单独的"山脉",而应被视为一种高山结构,制造企业巨大基地,山峰(众所周知是产品组装商)就是从这里出现(关键是,来自子结构中任何公司的组件都可能在任何"山峰"组织的产品中结束)。

在日本,这些层次都有清晰的标记(并且有很好的文档记录)。在其他地方,它们并不真正存在,只是因为企业的历史发展变得更加自主、国际化、多元化和随机的。然而,层级的形象是如此强烈,以至于人们倾向于在没有逻辑基础的情况下称供应商为"一级"和"二级",尽管这已成为标准做法。毕竟,层是结构的一个非常明确的特性,它有等级地位。在这种情况下,一级是高于二级的,因为是从顶部(即客户公司)开始定位的。但在不同的情况下它很容易颠倒过来(毕竟,多层的婚礼蛋糕第一层在底部!),并横向连接到其他物品所在的同一层(像在体育场或剧院的座位——排列成相互连接的整行)。

将供应链、基地或者网络中的组织随意地称为"一级"(或"二级",等等)的危险在于,由此产生的预期可能与该组织将要处理的活动没有实际相似之处,因为对预期活动至关重要的横向联系可能并不存在,因此,汽车装配商可能要求主要供应商从其他供应商购买零部件,并构建和交付完整的"系统"(例如,由散热器、软管、托架、传感器等组成的整车发动机冷却系统,随时可以安装到汽车中);系统供应商可能被称为"一级",但它们与其他供应商几乎没有联系,系统供应必须与其他供应商进行交互或整合。消费产品(如移动电话)和工业产品(如网络基站)中的许多电子设计都以这种方式进行模块化制造,强化了关键供应商与组装商保持紧密联系并负责协调其他(可能不太重要的)供应商的理念。现在经常听到供应战略师提到"半层(tier-half)",指的是那些被赋予太多责任(比如设计和生产)的供应商,它们必须被视为不完全独立于客户。这个相当奇怪的术语很好地符合这样一个概念,即如此亲密的关系实际上是两个组织之间的重叠,而不是单纯的连接。

20 世纪 80 年代,一些西方供应战略师开始意识到,总体而言,他们的供应商太多了。对于任何规模的组织来说,供应商多于员工都是很常见的。由此出现了一种减少组织定期联系的供应商的数量的做法,以便将与之联系的成本集中在更少的供应商身上,而这些供应商将因此从客户的关注中受益。这被时尚地称为"供应基础合理化"。事实上,它在实践中很少显得合理——常见的问题如图 5-5 所示。在第二张图(合理化后)中,尽管直接供应商的数目减少了 2/3,但实际上供应基地所涉及的供应商也并没有减少。此外,以前的一线供应商,现在被"品牌制造商"(组装商)称为二线供应商,可能会士气低落,并可能对向剩余的一线供应商(以前可能是竞争对手)供货感到不满。在许多情况下,出于政治原因,生产商会规定一级供应商必须从特定的前一级供应商那里采购,从而使剩余的一级供应商陷入商业陷阱。供应战略师必须避免这种情况,如果这种做法要产生真正的好处,就必须设计出一些更理性的方法。当然,有许多组织确实减少了与之合作的供应商数量的例子,通常是通过处理一些在不太重要合同的尾项事宜。案例 5-3 给出了一个示例。

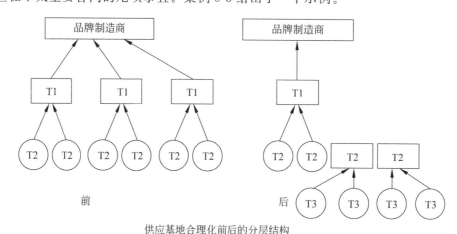

供应基地合理化前后的分层结构

图 5-5　供应基地的层次,在供应基地合理化的一些方法中显示出缺陷

案例 5-3

索尼供应基地合理化:2009 年

2009 年 4 月,索尼执行副总裁 Yutaka Nakagawa 决定对公司的数码相机、游戏机和液晶电视的供应链进行彻底改革。他的目标是在两年内将零部件和材料供应商的数量

减半,并在本周期的上半段将采购成本削减20%。这家科技巨头拥有约2500家供应商,并计划在2011年3月之前将供应商数量减少至1200家。

索尼管理人员在2009年5月通知了供应链中的公司。这一消息让供应商喜忧参半:对那些被裁掉的供应商来说是坏消息,对那些有望看到订单激增的供应商来说则是好消息。

通过向每家供应商购买更多的零部件,索尼预计将降低成本,最终将2008—2009会计年度用于零部件的2.5万亿日元(263亿美元)削减5000亿日元(合52亿美元)。这是索尼计划通过出售工厂和降低其他固定成本来节省31亿美元之外的一部分节省。

(资料来源:Abridged from Business Week 21 May, 2009.

请参阅索尼的采购网页:http://www.sony.net/SonyInfo/procurementinfo/index.html)

供应网络的概念消除了供应基础的等级性质,也降低了刚性(供应商的角色可能会随着承担的责任多少,变得更重要或更不重要)。20世纪末,日本的供应基地得到明确的管理,在技术上形成了等级制度。这可能是因为,通过保留一线供应商(等等)的理念,客户限制了其供应基础中的潜在活力,而这种活力可能是通过认可非分层、非管理的网络而实现的。

当供应关系的本质和供应链的结构成为焦点时,供应链经理就可以开始制定战略了。

5.3 制定供应战略的要素

5.3.1 建立供应战略

如前所述,在形成供应战略时,有四个要求。前两项可同时考虑:
关于组织如何参与其外部活动的政策,以及实施该政策的战略;
采购过程(以及与之相关的职能)应发挥的作用的内部战略;
管理供应关系的一组特定方法。

5.3.2 供应政策及战略

政策的目的是阐明一个组织在某一具体问题上的立场——对某一问题的立场的清晰陈述,或对其价值观和准则的表达。例如,一个组织的董事可能决定,其业务性质意味着组织必须在供应链管理(即在控制增值的过程方面)方面非常有竞争力,而不是协作。当企业所需的资源(包括技能、材料、信息、位置、设备和财务)稀缺,并且可能与之合作的供应商或分包商的数量很高时,这样的供应政策可能是适当的。在这种情况下,简单的掌握或控制 Cox (1997)所称的供应链中的"关键资产"就足以确保组织的成功。事实上,这可能会导致链条上的一两个公司遭受致命的困难,导致它们退出,这在经济上可能无关紧要。在其他情况下,所需的资源可能更广泛地提供,但与之合作的公司的数目或许很小。在这种情况下,政策也许是协作行动,因为成功可能只来自于通过创新和创造性发展来区分产品或服务,在这种情况下,组织及其供应商需要合作。当资源稀缺并且组织需要与特定的供应商("供应伙伴")保持密切联系以确保持续供应时,协作可能也是一种政策,一些组织将其供应政策公布于众,这些政策可以在互联网上找到。在某些情况下,它们涉及具体细节(如可持续性)或使用不同的术语(如"哲学")。有些人还关注它们对供应商的期望,而不是承诺:我们稍后将对此进行探讨。

随着行业趋于更加集中(即并购频繁,形成少数实力强大的公司),管理全球运营成本使得与合适的供应商结盟成为越来越重要的战略因素。例如,在航空航天工业中,有三家大型客机发动机制造商:劳斯莱斯(Rolls-Royce)、通用电气(General Electric)和普拉特惠特尼公司(Pratt and Whitney)。对于飞机制造商来说,发动机供应是一个至关重要的领域,但波音(Boeing)收购通用电气(General Electric)的发动机业务毫无意义,因为后者要求非波音业务支持其研发和生产活动。这种战略不应该被视为供应商的软肋,然而,几年来,在大型飞机的发动机业务行业,供应商必须致力于实现指定的年度"开支"(通常是每年7%)来保持其在供应基地的地位。如果这一点未被接受或实现,客户可能会期望引入另一家可以这样做的公司,供应商在供应网络中的重要性或许因此降低——这可能与其营销战略相悖。

供应政策还可能包括干预资源问题——制造稀缺,从而影响供应链的竞争力或协作程度。这是Cox(1997)方法的一个中心主题,他认为这个主题是普遍适用的。它包括收购,这样就可以成为竞争对手所需资产的所有者,从而掌握主动权。

一个相关的例子是2010年4月,苹果收购了总部位于得克萨斯州的半导体制造商Intrinsity Inc.。2009年,这家供应商与苹果咄咄逼人的竞争对手三星(Samsung)合作开发了1gHz的"蜂鸟A8"处理器。苹果公司以保密著称(它以前也进行过类似的收购),但人们相信蜂鸟A8处理器对iPad的成功至关重要。

其他评论家认为,在某些情况下,控制所有资产的明显好处可能会导致供应市场的长期失调,因为企业所依赖(对于那些不适合自己做的活动)的其他供应商得不到满足并退出市场。这可能意味着,这些被干预企业只能从数量减少的供应商那里购买产品和服务(这些供应商可能来自遥远的国家,不会对它产生多少同情),或者自己制造产品。对于后者而言,所需的投资对企业来说是不可能的也是不明智的,因此,这样给企业留下了一个不合适的活动组合——从寡头手中收购。这对苹果来说可能不是问题(苹果的供应链管理在2010年被评为"世界最佳",见www.supplymanagement.com,2010-06-07),但显然很少有客户公司拥有同样的地位优势。

因此,只有当组织处于竞争环境中,并且有能力战略性地收购和剥离活动和业务时,这种政策才能通过战略付诸实施。如果情况不是这样,战略供应的潜力可能是有限的。

其他因素可能会进入决策过程,例如道德和环境问题、社会考量、组织的性质或地位,包括对其行动自由的限制。这将需要一系列的权衡,例如在低劳动力成本国家采购的商业利益与童工或雇员条件等问题,这可能是这些低劳动力成本背后的部分原因。

一旦制定了政策,就可能形成供应需求的总体战略。这将包括诸如"制造或购买"、供应商位置和战术或战略联盟等事项。第一种可能需要分包或外包。这显然对组织的可持续成功至关重要,这通常不会留给显然拥有既得利益(即"购买"选项优先权)的供应经理(如采购总监)来解决。它几乎总是一个政治决定,可能面临失业和保留或丧失战略能力等情况,因此被视为董事会的一个问题。

亨利·福特(Henry Ford)对这种大规模生产的方法进行了精练的总结:"如果你需要一台机器,但你不买它,你最终会发现你已经为它支付费用,但却没有拥有它。"由于产品寿命长,并在20世纪初强有力地控制了北美大规模生产的消费市场,这一说法的逻辑是强有力的,无论在什么地方这种市场条件仍然存在。然而,随着市场的开放和识别"客户声音"的需要,以及生产设备的专业化和复杂化程度的提高,产品和工艺技术的商业寿命已经缩短,因此,购买"机器"的智慧变得不那么简单了。简短地说,它可能是一个选择,一方面没有一个关键资源通过购买服务运营(冒着为这项服务付出太多而丧失竞争力,甚至不得不放弃这项服务的风险),另一方面,陷入对一项不再具有商业价值的技术的沉没成本投资(因此偿还投资很久以后,它不再提供必要的收入)。前者(可以通过"内部"开发资源来避免)可能导致成本损失和销售损失,而后者(可以通过外包来避免)可能导致现金流危机和资不抵债,或其他问题,如质量差、性能不确定等。事实上,这两者都可能是致命的。再者,答案可能是干预供应市场,抑制出现的技术(例如,通过购买这些技术——比如苹果购买 Intrinsity),以延长"经济租赁"的期限,从而收回投资。这种情况的极端形式将是垄断,在这种情况下,该组织的担忧将会减轻——至少是暂时的。然而,许多行业的技术变革速度使垄断成为一个难以依赖的,甚至不可行的概念。像微软(不再是一家垄断企业)这样的例子非常罕见;纯粹根据这种情况制定供应战略的实际用途是有限的。即使是非常强大的苹果也不太可能成为垄断者——这或许是它保持创新的一个因素。

5.4 采购战略

已经有很多关于决定在哪里以及如何购买产品和服务的方法的文章。在采购组织的技术、操作或商业要求和市场情况的背景下,这些通常与采购的性质有关,而不是与供应商有关。早在 1983 年,斯洛维尼亚管理思想家、战略咨询公司麦肯锡(McKinsey)高级成员 Peter Kraljic 就在《哈佛商业评论》(*Harvard Business Review*)上发表了最受尊敬,也被广泛采用的现代方法。尽管这种方法推出了快 30 年了,Kraljic 的采购矩阵显然仍然为许多采购战略提供了概念基础——有时是原始的形式,有时是经过修改的(通常没有归功于它的创造者)。原文绝对值得一读,基本矩阵,如图 5-6 所示。

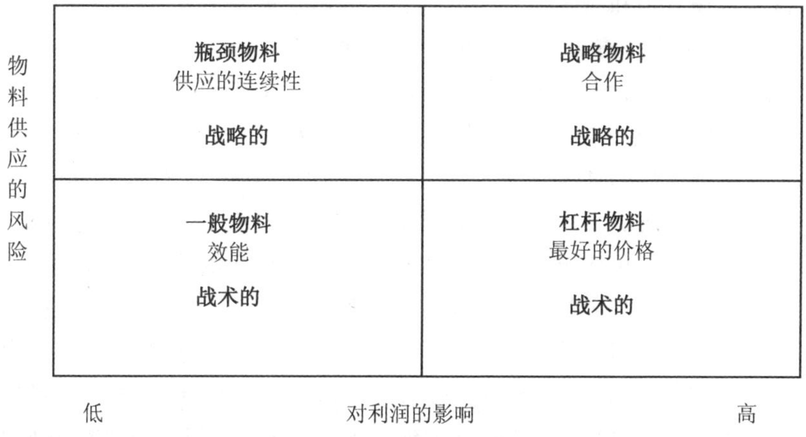

物料供应的风险	瓶颈物料 供应的连续性 **战略的**	战略物料 合作 **战略的**
	一般物料 效能 **战术的**	杠杆物料 最好的价格 **战术的**
低	对利润的影响	高

图 5-6 Kraljic 的采购矩阵

(资料来源:Kraljic,1983)

Kraljic 的观点是，对于任何一种商品，不可预测的风险（例如，停止生产线或无法完成订单）可能是高的，也可能是低的。Kraljic 称之为暴露风险。（采购项目的）组织成本也可分为高成本和低成本。除了购买价格，成本可能还包括许多因素——例如购买、存储、保险和维护物品的成本。将这两个因素结合起来，使供应战略师能够决定应该采取什么方法来管理该项目。那些在右上方的框可能被视为战略上重要的，因此通过与供应商的密切合作来管理，而那些在左下方的框可能通过可以通过自动化购买和库存控制来处理。采取它的起源明显等思想众所周知的帕累托"80—20"的影响（在这种环境下，帕累托观察到 80% 供给该组织的商品和服务的支出可能来自 20% 的供应商）。Kraljic 矩阵多年来鼓励许多行业的供应经理需要考虑的不仅仅是采购决策的直接方面，他在《哈佛商业评论》（HBR）的一篇文章《采购必须成为供应管理》（Purchasing must become Supply Management）中就有所体现。它的简单性吸引了供应战略师，而许多现代战略都不过由这张图表组成（使用不同的措辞，因为分析是根据特定组织的情况定制的）。任何希望被认真对待的专业买家都必须能够认识并使用这一工具——这是一项基本技能。与所有"二乘二"的分析方法一样，该工具也容易受到过度简化的批评——在采购过程中涉及许多其他变量。最近也有关于这些矩阵是否适当的讨论。例如，一件低成本、几乎没有风险的产品，可能仍然是一个至关重要的组成部分，没有它可能就无法运转——就像俗话讲的"半便士的焦油"（因为少了半便士的焦油）毁掉了整艘船。

　　在 20 世纪 90 年代，供应战略师意识到，如果直接的客户力量不能提供他们想要的东西，那么合作方式将是必要的，采购战略往往侧重于关系类型（以及供应商类型）。这通常导致从"战略合作伙伴"到"标准供应商"（或者一些类似的委婉说法）的四级分类。这种战略通常会将资源分配给不同类型的关系，可能与预期的回报挂钩。正如我们将在后面看到的，这些都是基于大规模生产的思想，包括客户对情况的看法是唯一重要的观点——这种方法很难指望从供应基地带来最好结果！（例如，我们在图 5-5 中看到，从品牌制造商的角度来看，第三层供应商仅是第三层而已）。

　　一个流行的市场营销和物流视角的供应战略开始于解决市场需求的波动性问题。许多这样的作者（即从营销或物流渠道的角度来看），例如 Fisher（1997）、Christopher 和 Towill（2001），提出了敏捷供应的概念，敏捷供应指的是对不可预测的需求或供应变化做出快速反应的能力。因此，供应链战略成为降低供应链风险的一种尝试。Christopher 和 Peck（2004）确定了物流敏捷性的两个要素：可见性和速度。首先，他们定义可见性为从渠道一端"看到"到另一端的能力。可见性意味着对上游和下游库存、需求和供应状况以及生产和采购计划有清晰的看法。供应链可见性的实现基于与客户和供应商的密切合作以及业务内部的整合。与客户的协作规划被视为实现需求可见性的重要手段。供应链速度定义为距离除以时间。减少端到端时间（核心企业下单和交付客户之间的时间间隔）将提高速度（Christopher & Peck，2004）。Fisher（1997）进一步提出了供应链战略与产品匹配的思想，其中功能产品应采用精益供应链战略；对于创新产品，应该采用敏捷供应链战略，如图 5-7 所示。有一种情况是企业同时采用两种战略，称为精敏供应链战略（同上）。

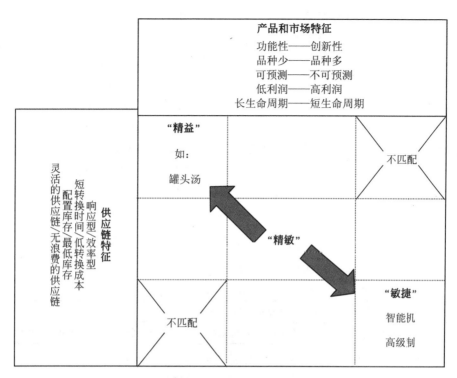

图 5-7　敏捷供应链战略

（资料来源：Fisher, 1997）

5.4.1　内部战略对于采购过程的作用

选择并开发了供应战略和理解采购决策管理的方法后，供应战略师必须决定如何在组织内进行采购。这包括两个部分——位置和过程。

5.4.2　在组织中定位采购和供应管理

地点——采购实际发生的地方——取决于组织结构的方式。一般而言，企业可被设置为与职能部门一起运行，每个职能部门均有职能专家，他们既具备企业运作能力，又是企业在这一专业领域的"耳目"（即他们确保组织的能力在其领域是最新的）。这些垂直的功能支柱（有时被称为"筒仓"，在农业储藏设备中，动物食品等材料被运送到一个直立的圆柱体的顶部，并在需要时，在重力的影响下从底部抽出）形成了它的结构。在它们之间（即横向地从一个职能领域到另一个职能领域）流动着组织的流程——产品开发和订单履行是两项基本活动——就像我们在第 1 章中看到的那样。在过去的几十年里，许多公司已经移除了它们的贮仓功能，并按照流程进行组织，在适当的时候用必要的专门的功能性知识支持"水平"流动。这种情况的操作表现是跨职能团队，其中具有各种功能和商业技能的专家聚在一起（通常是"同地协作"），负责一个特定的流程——例如按时将新产品推向市场。

因此，采购作为供应管理的传统责任角色，可能被定位为一个流程可以进出其中的独立功能部门（在这种情况下，管理的角色是确保与其他部门的交互不会延迟沟通或者增加流程中的成本),或作为一个没有明确"部门"的过程导向的企业中跨职能部门的一部分。[①] 当然,混合安排的例子有很多。无论哪种方式,企业都需要一种内部战略,以确定采购过程的发生方式,这将影响企业的组织方式。

Reck 和 Long 在 1988 年制定了一个著名的实践战略。就像 Kraljic 模型一样,这种有用的方法从 20 世纪 80 年代就一直存在,在实践中经历了多次发展,但仍然在实践中得到很好的尊重和使用。当然,这篇文章也受到了批评,在阅读原文的同时,也值得去查阅一些关于购买战略的文献(本章最后给出了一些建议)。Reck 和 Long 模型描述了一个四阶段的、动态的、分层的框架,管理者在企业中开发和提升采购角色和位置时,这个框架可以用来对应他们所在的阶段。当然,在任何时候,这都需要根据企业的政策和战略来进行。模型如图 5-8 所示。

阶段	定义
被动的	没有战略方向;主要对来自其他职能部门的请求做出反应。
独立的	采用最新的采购技术和实践,但是战略方向取决于组织的竞争战略。
支持的	通过采取加强竞争地位的技术的采购来支持组织的竞争战略。
整合的	采购战略和组织的竞争战略完全整合,是各职能部门制定和实施一个战略计划的整体工作中的一部分。

图 5-8 Reck 和 Long 开发采购角色的模型
(改编自 Reck & Long,1988)

Reck 和 Long 模型使供应战略家能够定义采购过程和功能(即部门)。可以先用它来确定目前的情况,然后再确定适当的位置。从一个阶段转变到另一阶段,意味着采购战略的提升。

其他作者以及许多管理顾问构建了类似的多层次模型,以解释采购可能定位的方式,确保对专业知识的最佳利用,并保持与企业目标的最佳"契合"。自然,供给战略必须与公司的更高层次目标相适应,因此 Reck 和 Long 模型是在公司战略的背景下使用的。Ellram 和 Carr(1994)、Frohlich 和 Westbrook(2001)也对采购和供应战略进行了回顾;Harland 等(1999)和 Gonzalez-Benito(2010)也对这一概念进行了研究。与此同时,只要浏览一下互联网,就会发现管理咨询公司提供了大量供应战略产品——从日用品销售人员到全球专家!

有两种态势从根本上影响了采购作为供应过程一部分的定位:新信息和通信技术(ICT)的连续浪潮,以及商业组织和市场在全球的大规模扩张。当然,这两者是相关的。ICT 使一些实践成为可能,如电子采购(即无纸化和即时),与供应商通过共享调度信息访问组织的内部网(从而消除了安排交付的需要,并要求供应商在组织内部监控库存产品并在必要时进行补充),通过内部网和互联网技术几乎无限地沟通和信息交换。所谓的"电子采购"兴起于 20 世纪 90 年代,并在随后的 10 年迅速发展。它通常将 Kraljic 的模式等结构与快速而广泛的沟通结合起来,鼓励组织内部的人购买自己的需求,使用电子目录,保持企业对"最佳采购"的了解。这种方法现在被广泛用于购买从商务旅行到产品组装的电子元器件的

[①] 在部门中提到采购,采购是被资本化的。

所有东西。它可以把采购活动从专家手中转移到一线经理手中，甚至更低层次的操作人员手中。可以使用公司信用卡进行购买，这样预算持有者就可以根据计划监控支出，并对其负责。这种采购责任的"原子化"的好处是，专家可以专注于战略事务（包括为所涵盖的项目建立框架协议）和战略项目的关系管理。潜在的问题是，对支出的控制将会丧失。尽管有严格的预算管理，但被赋予购买需求自由的个人在实践中可能不遵守公司的指导方针（即所谓的"背离购买"，见下文）。如果个人是直线经理，需要补充生产部件，可能只有一个或两个指定的来源可以使用（由信息系统控制）。然而，如果所需要的物品是一台笔记本电脑，那么可能有几十种——通过目录访问此类物品的供应商激增，正是这种不受控制的活动，会导致组织内部出现行政拥堵。

技术是无止境的，原则是明确的。将采购责任交给整个组织的非专业人士需要纪律和支持，但可能导致正式（集中）采购部门的规模缩减，从而实际上节省了组织的资金。

过去10年，网上拍卖得到了广泛采用。在网上拍卖中，供应商通过由客户或其代理经营的现场屏幕活动来竞标业务。在线拍卖（曾被称为"反向"拍卖，因为在竞价过程中价格会被压低）现在很常见，无论是在互联网交易所，还是仅仅作为采购过程中的工具。最初对供应商利益的大部分担忧已经减轻，而这些方法被简单地视为未来采购的方式（通常可以看到，电子通信取代了纸张）。然而，实际上，网上拍卖只是取代了部分采购流程。在许多情况下，买方和潜在供应商亲自讨论合同细节仍然很重要。当客户选择在全球范围内运行在线拍卖时，这可能是一个复杂的问题（参见 Hawkins et al., 2009）。

5.4.3 全球采购和国际采购办公室

业务和市场的全球化给供应管理的定位带来了进一步的挑战。制成品的顾客期望它在任何国家都能有效地运作，并能与在世界不同地方生产的其他产品兼容。对国际连锁酒店、快递服务和航空公司也有同样的一致性期望。例如，在拉丁美洲生产的产品的生产系统成本（包括材料和部件的供应）必须尽可能接近在韩国生产的产品的生产系统成本，以便能够在最简单的基础上做出选址决定（工资水平、补贴、后勤等）。

为了满足这一需求，全球运营商制定了全球采购和供应惯例——在全球范围内与其他全球参与者打交道。其中的一种管理办法是将某一特定产品或商品领域的专门技术知识的责任分配给一个具体的以地理位置划分的办事处，如全球电脑制造商采购主管可能会说，"我们在 DRAMs（动态随机存取存储器芯片，用于笔记本电脑的内存和工作站电脑、游戏机，等等）方面的采购专家位于上海：任何需要购买 DRAMs 的人只需与上海联系就能从我们的全球供应合作伙伴那里获得最好的交易（当然，是通过内部网进行联系的）。"在这种情况下，上海可能被称为记忆芯片的"主要买家"。

供应管理需要解决这个问题的另一种方法是设置商品委员会工作小组，成员来自世界各地的所有操作部门，这些部门之间保持着不断联系，偶尔也会见面，也可以通过内部网、电话或视频会议。它们起源于IBM，并已被广泛采用，特别是在美国和公共采购领域。

在实践中，商品委员会成为该组织的知识库，在采购和供应方面发展专业知识和"好的交易"。相对于"主要买家"方法的优势在于，专业知识是分散在各个部门的，可以从多种投入和视角中发展,而不是只局限于一个团队的努力(Jia et al.,2014)。在商品委员会工作的人经常把他们的同事视为与他们进行全球交流的人,因为他们可能相隔数万里,从未真正见过面。

多年来,大公司一直在运营所谓的国际采购办公室(IPO),特别是在亚洲,最大限度地利用在那里采购的机会(Jia et al.,2014a、b;Sart et al.,2014、2015)。这显然是一个受地理和发展轨迹驱动的战略。然而,就像案例5-4中的摩托罗拉案例所显示的那样,IPO可能不仅仅是一个采购渠道。

 案例 5-4

摩托罗拉在新加坡进行大规模供应链投资

2006年至2008年间,摩托罗拉在新加坡投资6000万美元,以集中和优化全球供应链运营。摩托罗拉董事长兼首席执行长Ed Zander说,这笔新投资将用于他所说的摩托罗拉"控制塔",它将使摩托罗拉能够管理包括移动设备、网络和联网家居产品在内的整个业务的供应链管理活动。

该计划于2006年启动时,摩托罗拉每年在制造和分销等供应链运营领域管理的业务价值超过100亿美元。摩托罗拉负责整合供应链的执行副总裁Stu Reed表示,在这笔新的新加坡投资之前,该公司在全球运营着不同的供应链业务。他说:"这是我们第一次推动中心化,在此之前,供应链活动不存在'控制塔'。"

投资用于人力以及制造技术的研发。摩托罗拉计划与当地学术界合作,加强生产流程,并在新加坡雇佣约200名专业人士,以支持其供应链运营。

Zander说,该公司几年前意识到,它需要世界级的供应链能力来保持竞争力。他指出:"未来10年,你们的成本结构、制造质量和竞争方式,都将由你们的供应链决定。"

在被问及摩托罗拉希望从集中供应链管理中节省多少成本时,Zander表示:"这不是为了省钱,这是为了更快地进入市场和提高(产品)质量。"经营最好的公司通常拥有最好的供应链。Reed指出,加强供应链运作通常可以带来"两位数"的生产率增长,并使企业对产品周期变化的反应速度加快30%~40%。

Zander说,摩托罗拉的手机产品周期通常为6个月到9个月。该公司在多个地区开展业务,一些产品专门销往中国和印度等特定市场。他说,在如此复杂和快速变化的环境中运营,意味着摩托罗拉需要加强其供应链业务,以获得未来的成功。

(摘自:BusinessWeek,6th June,2006)

我们现在有了供应战略的基础:
一项关于我们如何看待我们的供应市场以及我们希望如何在其中运作的政策;
执行此政策的战略;
一种计划采购活动的方法,根据项目对组织的重要性进行分类;
供应管理的内部战略,包括如何定位组织的采购专长,以及如何管理采购过程;

一种满足全球供应需求的方法,包括在区域办事处之间分享专门知识和确保信息系统支持采购决策。

剩下的就是采购和供应管理了!

5.4.4 采购和供应管理的过程

采购和供应过程的性质包括响应组织内部对产品和服务的需求,并根据需要提供必要的资源。这包括知识、能力和行动。确定组织需要的服务和产品以及对其来源的偏好,可能来自以下三个方向中的任何一个。

第一个是产品或服务的用户(有时称为"内部客户")。很明显,一个产品的设计师会关注产品内部的零部件,并密切关注可能的供应来源。同样,资源设备的预算负责人对他们想要的模型有清晰的想法。全球集团的酒店经理会知道哪种是最适合的洗衣服务;公司餐厅的餐饮经理会知道购买新鲜蔬菜的最佳地点,并希望与当地供应商保持良好的关系;根据长期的经验,负责维修设备的主管可能对维修项目的类型、品牌或供应商有偏好,并且可能对尝试新的、更便宜的替代方案不感兴趣。这里的风险是,预算负责人可能不了解指定某一部件供应商的商业后果,或者可能不了解市场的最新情况。这同样适用于资源设备的购买(酒店经营者或餐饮经理不太可能遇到这个问题,因为他们可能会非常了解采购决策的直接商业后果)。然而,用户是采购物品的传统需求来源,且会超出识别通用资源的范围,可能提出那些不在稳定关系的资源、建议,甚至指定采购部门应该与之签订供货合同的项目供应商。

这样做的商业问题是显而易见的:供应商将会知道,买方除了从他们手中购买商品之外别无选择,并将以此议价能力进行相应的谈判。因此,在涉及购买之前,让产品的设计者或产品的用户指定每个销售代表的组件或产品就不足为奇了。潜在的问题可以通过尽早决定采购来战略性地解决,也许可以建议设计者考虑潜在的供应商。

因此,战略供应经理是采购意向的第二个来源,他必须保持和增进对供应市场的了解,就像市场营销经理对销售市场的了解一样。如果做到了这一点,供应经理就会对组织业务中使用何种资源的决策产生真正的影响。

通过与商定的供应商进行采购而签订的合同以外的采购项目,被称为"独立采购"("maverick"是牧民们对与母亲分离的无烙印小牛的称呼。最近,这个词已经发展成指某人对某事采取独立立场)。独立采购的问题是,尽管购买者可能会得到一笔好交易(早期的手机就是最好的例子),但是附加在购买上的合同细节可能会使独立采购的公司陷入昂贵或困难的境地。另一种强制执行个人偏好的形式可能被称为"首席唐娜采购",见案例5-5。

 案例 5-5

首席唐娜采购

20世纪90年代中期,英国一家NHS医院决定将外科医生在手术中使用的橡胶手套采购合理化,作为其采购实践审查和成本节约措施的一部分。合理的范围包括几种型号和所有必要的尺寸。采购部门要求外科医生将他们对手套的需求保持在这个范围内。

高级顾问要求一种不同的、更昂贵的手套。为了控制成本,当他被要求换一种手套时,他的回答是:"我使用我喜欢的手套。你想让病人死吗?"

(资料来源:abridged case from the Author's research)

采购意向的第三个来源是组织外部:供应基地。为一个组织提供服务和产品的供应商通常能够利用他们从与各种客户合作中获得的专业知识,使该组织受益。管理这些资源必须小心谨慎,因为组织必须保留自己的战略选择,而不是依赖供应商进行资源管理。组织内的其他人可能怀疑供应经理将供应商的想法引入产品设计(尤其是当他与设计者的偏好相冲突时),并且职能专家和采购部门之间的关系紧张在实践中几乎在整合外部和内部资源管理的任何情况下是很常见的,设计人员可能不擅长谈判技巧,而且这可能会给采购过程带来问题,见案例5-6。如果要充分发挥管理适当的供应过程的战略优势,就必须利用供应基础的思想和专业知识。

 案例 5-6

让设计者参与与供应商的谈判

在一家全球电脑生产商的英国分部,一位买家正在与一家复杂技术部件供应商进行谈判。这个团队包括客户公司的设计师、一名工程师。在一次关于解决问题的讨论中,工程师对供应商说:"你要知道,你是我们唯一能得到这些东西的人。"买主的心往下一沉!

(资料来源:abridged case from the Author's research)

尽管以上第三个采购意向来源得到广泛的认可,但似乎大多数买家的培训仍然集中在告诉供应商该做什么,然后开发复杂的方法来管理这种相当傲慢的姿态所导致的问题。这通常被称为"管理供应商"。与此同时,供应商与大量客户合作,自然会很好地了解自己的业务(服务或产品):如果客户试图管理他们,他们可能会保护自己免受客户需求的成本和战略影响,从而建立一个传统的关系战场。在大规模生产中,这是一般的做法:在其中,供应商(尤其是被认为会通过行业协会或其他机制与其他供应商"结盟"的供应商)会在交易中增加成本,为客户因运营傲慢而造成的困难买单。在大规模生产后的日子里(见第1章),最终客户或消费者需要他们想要的,而不是接受供应商提供的,这个战场的成本可能对供应链是惩罚性的。倾听供应商的意见已经成为一些采购者接受的行为。即使是一百年前发明方法的公司,现在也在寻求新的方法。在组织的其他部门,大规模生产思维的消亡意味着,从认识和管理供应关系开始,在采购和供应方面需要一些更好的工作方式。

5.5 管理关系的技巧

根据企业在市场中的地位,企业对供应商关系的看法非常不同。2008年金融危机冲击英国时,不同机构制定的两项政策形成了有趣的对比。见案例5-7。

案例 5-7

处理关系的不同方法

2009 年,英国大型零售商乐购从 12 月 1 日开始对所有非食品供应商将付款期限从 30 天改为 60 天(提前 60 天通知)。这笔延迟支付给供应商的钱,将能够释放数百万英镑,来迎接即将到来的重要的"圣诞交易季"。乐购将其财务部门改组为乐购银行(Tesco Bank),向客户销售零售贷款。换句话说,乐购把供应商当作免费贷款的来源,以利息的形式把钱卖给顾客。2010 年 10 月,乐购在英国杂货市场占有 30.8% 的份额,半年利润增长 12%。

与此同时,德文郡议会意识到,迫在眉睫的经济衰退将对供应商造成沉重打击,甚至可能导致企业倒闭。其回应是将支付期限从"行业标准"的 30 天减少到 20 天,从而帮助供应商解决现金流问题。

(资料来源:Financial Times, 24th October, 2008)

5.5.1 供应商关系管理

在本章的下一部分我们将研究供应经理处理供应链关系(即与原材料供应商、组件供应商和服务组织关系)的方法,并探索一些可能需要开发的方法以确保供应链是有效的。这被称为供应商关系管理(SRM)。[请注意与客户关系管理(CRM)的相似之处,这是工业营销方法的核心特征——所谓的企业对企业或 B2B。参见 Ford 等,2011]。

在此过程中,我们将研究精益供应的原则——在精益生产系统中提供精益供应链所必需的供应管理活动。为了这些目的,我们不需要关心"精益""敏捷"和"大规模定制"之间的语义差异——在供应链环境中,尤其是在关系和基础物流之外,没有显著差异。重点是发展关系,以确保战略供应完美运作。为了能够快速改变以适应市场环境(即敏捷),通过大规模生产思维(即精益生产)来消除关系中的非增值活动。

在探索从大规模生产思维向精益供应的转变过程中,我们将使用 SRM 的三个方面:如何评估供应链中的绩效;如何进行发展;信息和知识如何在供应链中共享。

在每种情况下,我们都将考虑"传统"方法,这种方法已经发展了一个多世纪的大规模生产,在某些情况下可能以浪费(非增值)或反生产的做法为特征。这里令人惊讶的一点是,如果以批判的眼光来看待,一些建立良好、专业化的做法可能就属于这一类。然后,我们将在实践中探索精益供应的原则,通过消除浪费活动,来对抗大规模生产方式(自 1990 年开创性著作《改变世界的机器》(The Machine that Changed the World)出版以来,制造商和服务机构 20 年来一直在这么做)。

5.5.2 供应关系管理中的假设与假定

1880 年,成功的美国零售商 Gordon Selfridge 与导师 Marshall Field 在芝加哥共事时,提出了"顾客永远是对的"这句话(他还想出了"圣诞节前只有××天的购物日!")。1908 年,在巴黎,Cesar Ritz 用法语创造了同样的一句话。这句话,以及它背后的思想,似乎为供应战略师建立了一个有致命缺陷的假设,即绝对可靠。事实上,这句话是一种手段——一种软化顾客态度并促使他们购买的销售手段。顾客越放松,越容易上当受骗,就越有可能做成生意! 当工业购买者开始相信这一点时,他们将在此基础上管理供应关系;假设所有的问题都是供应商的错,然后想办法将其归咎于供应商,然后告诉他们该怎么做。当然,这让采购变得有趣,但也增加了供应商的成本,他们必须将这些成本包括在必要的报复活动中。它还为客户增加了成本(即管理关系),但这些成本通常作为管理供应关系的必要部分而被忽略(它们会带来乐趣)。我们可以看到,在传统的大规模生产供应关系中,很多活动增加了成本,但没有增加价值。责备就是一个很好的例子。

当有人受到责备时,他有三种可能的反应。

投降:承认这是他的错;

否定:暗示这不是任何人的错;

报复:指责那个吹毛求疵的人。

在商界,前两种情况都是不可持续的:没有人愿意与反复承认自己犯了错误或试图暗示"事情总会发生"的人打交道。唯一可持续的战略是:当受到指责时,立即的反应总是报复。供应商很少能够直接指责客户,因此必须以更微妙的方式"报复"客户。通常,这是通过收取风险溢价来实现的——风险溢价是为供应商在忍受指责时必须做的工作提供资金的价格组成部分。当然,这是不可能确定的规模,没有公司会承认它。然而,处理被指责的成本是如此之高,以至于如果不考虑风险溢价,供应商可能就无法盈利。

我们将看到,大规模生产方法在很大程度上,是建立在对 Selfridge 的格言(即客户永远不会犯错)的误解之上,这种误解可能导致浪费实践和关系价值的降低。

5.5.3 顾客还是别的

我们已经习惯于将购买商品或服务的组织称为"客户",以至于忽略了这个词的真正含义,尤其是它的局限性。对此的反思可能会揭示出我们在人际关系中合理的期望,以及组织在其中扮演的角色,这对我们的目的很重要。我们可以使用三个常见的术语:

顾客(customer)。这是一个通常从供应商那里购买东西的组织;他们"给出他们的习惯",如买东西是他们的习惯,等等。然而,他们的责任仅限于得体的行为:明确自己想要什么,履行承诺,做出购买,并按照商定的条款付款。除此之外,如果有任何事情没有达到预期,供应商可能被期望提供补救或赔偿。

消费者(consumer)。这是一个与大规模生产相关的术语,它首次将产品的最终用户与制造商分离开来。对于产品的生产者来说,最终用户只是一个统计数据,不应该与生产者有任何联系。因此,玉米片生产商需要了解市场信息——趋势、偏好等,以规划其产品组合和产量计划,但绝不希望有任何一位消费者有个人投诉。保险或互联网服务等服务也是如此,这就是为什么这些企业雇佣代理人来控制消费者的原因。导致客户对呼叫中心的"帮助热线"不满的问题之一(见案例 5-2)是,终端用户认为这些设施是用来提供"客户服务"的,而他们自己就是客户。事实上,他们是消费者,而呼叫中心实际上是为了保护供应商免受他们个人的投诉!

客户(Client)。这个术语通常用于提供被认为是"专业"的服务:建筑师、律师、牙医(或许还有性工作者)。实际上,该表达式的基础是服务的接收者对成功的结果分担责任。如果病人不经常刷牙,牙医就不能提供口腔卫生;如果客户不告诉律师真相,他们就不能提供成功的结果,等等。正如我们在第 1 章中看到的,产品的工业供给实际上是一种服务——产品本身被其他增值因素所包围,如设计、运输、售后服务、校准等。在战略关系中,购买商品或服务的组织的地位实际上更接近于"客户",而不是"顾客",他们分担互动成功结果的责任。因此,客户总是正确的想法不能应用于寻求长期战略关系的工业供应,而基于此的 SRM 实践将不可避免地降低关系的有效性。

尽管有这样的反思,但就我们这里的目的而言,"顾客"一词仍保留客户的概念。因为客户地位是新的概念,可能会引起混淆。然而,在开发更"负责任"的工业客户时,将这个问题牢记在心是很重要的。

5.6 SRM 和绩效评估

绩效评估是战略的重要组成部分。这需要事先确定成功的标准,根据标准及其组成部分严格监控业绩,并仔细解释结果。在供应管理领域,这一过程的建立已经花费 30 多年,通常以称为"供应商(或卖方)评估"的方案为代表。供应商评估的原则是,客户将自己的期望和要求清晰地表达出来,根据这些期望和要求监控供应商的表现,然后将评估结果转化为对供应商表现的评估,有时还会辅以改进的建议途径。请注意,在整个推理过程中,供应商应该为货物或服务供应中出现的任何错误负责。

供应商评估始于 20 世纪 60 年代,其源头可追溯至 20 世纪 30 年代北美沃尔特·休哈特(Walter Shewhart)的工作引发的质量管理运动(见第 8 章)。第二次世界大战后日本质量管理的发展得到了戴明(Deming)、朱兰(Juran)等美国顾问的支持,这本身也导致了西方对质量问题的重新关注。这种关切的一部分集中在进货和材料的质量上。在国防(航空航天)和汽车工业中,开始出现典型的"供应商质量保证"计划。这些方案通常采用一些统计分析数据,这些数据涉及客户设定的绩效标准,即供应商必须"跳出"的"圈"。

对产品质量的关注逐渐被对供应商组织的服务和适当管理方法的关注所取代(在大西洋两岸以及从美国和欧洲借鉴过来的其他工业化国家)。因此,方案中出现了计算供应商性能的复杂算法,往往伴随着各种庆祝活动的年度颁奖典礼,客户通常以一种优越的方式授予供应商"年度最佳供应商"的称号。

有趣的是,日本制造商没有像西方制造商那样开发此类计划。相反,它们似乎把从美国空想家那里学到的理念融入了制造过程。任何有关制造业的讨论都涉及质量问题(而服务业中就没那么突出,比如日本的银行,它们的质量是出了名的差,最终导致了始于 1993 年的长达 10 年的经济衰退)。当日本公司开始在西方建立业务并从西方供应商那里采购时,它们发现除了灌输自己的"哲学"之外,有必要创建这样的计划。尼桑和本田等汽车公司制定了一项计划,评估供应商的质量、成本、交付、开发和管理(QCDDM)。这些计划是单向的、自上而下的过程,但是它们实际上是在处理发展中国家的问题(见后面关于供应商发展的一节)。这引起了西方制造业的想象,在简短版本的 QCDM 中仍然广泛存在,对于 D 由不懂的说法,比如开发(development)、设计(design)或交付(delivery)。

在 20 世纪 80 年代,一些公司开始制定涉及双向评估的计划:客户将告诉供应商其表现有多好或多差,并寻求供应商将客户的看法作为回报。遗憾的是,供应商自然会倾向于称赞,担心会遭受客户的批评,而供应商良好的反馈会鼓励企业相当天真地称自己为"首选客户"。"这显然不是一个真正有价值的过程!"然而,一些方案显然是真诚的,在20世纪90年代中期百安居(B&Q)大胆的"QUESST"项目中,供应市场状况随后导致了重大变化。见案例5-8。

案例 5-8
供给市场条件对评估政策的影响

1995年,英国领先的DIY零售商百安居(B&Q)推出了一项名为QUEST的供应商评估计划。虽然它是以供应商为中心的,但值得注意的是,在10个评估类别的第一个类别中,根据供应商对B&Q作为客户的表现的关键反馈对其进行评级。这家零售商明确表示,它希望得到真正的批评——关于如何改进的建议(如果供应商不提供任何建议,将得不到任何积分!)。

然而,在随后的几年中,发展中经济体供应市场的增长改变了百安居对供应商发展的关注重点,该零售商不得不在基本方面指导新兴供应商,如良好的工厂管理和工人权利等。

百安居仍然希望收到关键供应商的反馈,但供应网络的现实意味着,它的"自上而下"的指导供应商现在是必要的,以确保产品质量、可持续性和真正的价值。该公司在发展中国家寻求英国供应零售商的业务。

供应商/卖方评估有一个基本缺陷:对供应活动的履行负有责任,因此,除了完美的履行之外(例如,准时交货低于100%),不能简单地将责任归咎于供应商。客户(不仅仅是其采购部门)在交易中的行为方式也对供应和相关成本的平稳运行或其他方面产生了重大影响。简而言之,顾客(客户)和供应商共同承担(不一定平等)合同成功的责任;任何绩效评估方案都需要反映这一点,而不是只关注"明信片的一半"。

供应商/卖方评估产生于大规模生产模式开始出现裂缝时,预计结果没有改善供应,(而且可能趋势会被自豪的客户所展示和衡量)反而导致了过程的系统性腐败,作为供应商学习如何处理几十个不同的客户的评估计划,通过巧妙的管理避免了全面遵守所有这些规则而促成的商业灾难。

供应商评估的原则是合理的,但有局限性。很明显,有许多不同类型的方案在运行,在某些情况下,供应商实际上得到了帮助。然而,在评估领域,供应战略师需要发挥他们的想象力和创造力。如果不值得衡量供应商的个别业绩(在一场责备与辩护的游戏中,几乎总会出现哪些结果)甚至不值得衡量双方的业绩(顾客和供应商——同样,如果它真的超越了"指责与玩笑"模式的话,这也就变成了一场"指责和反指责"的游戏)。因此,必须为绩效度量找到其他一些重点,这是战略管理的关键部分。

除了熟练的公司对发展中国家的供应商单向使用评价之外,供应商/卖方评价在战略供应管理中没有地位。然而,这种大规模生产思维的例子仍然存在(见 Hald & Elleraard, 2011; Field & Meile, 2008)。

一个彻底创新的精益方法可能如何处理这个问题？如何才能消除和替换浪费的实践？答案在于，考虑全局——关系。

评估关系并不是一个新的想法，但是在这种情况下，它可以说是在1980年代末作为精益供应工作（作为关系评估）的一部分出现的（Lamming，1993：252）。与此同时，格拉斯哥商学院（Macbeth et al.，1994）的学者们正在开发一种关系定位工具（Relationship Positioning Tool），使用双方之间的一个协调者，为评估提供理论基础和共同的评估框架。每个组织的绩效图（由顾问/协调人）独立绘制，然后进行比较和讨论，以确定前进的道路。

这方面的进一步发展是管理双方作为一个实体本身所共有的独特关系。也就是说，业务增值在链中的一个阶段和下一个阶段之间的重叠（如图5-4所示）被视为具有"模糊"责任的共同拥有的活动，而不是简单、明确的划分，至少在业务目的上是这样。这方面的法律困难或大或小要视情况而定。20世纪90年代初，"伙伴关系"一词在这种背景下变得流行起来，一些组织声称，伙伴关系体现了共同利益。这很好地提高了对共同责任的认识，但也带来了潜在的问题，尤其是在出现问题的时候。在英国，根据1891年的《合伙法》（Partnership Act），合伙人的任何一方都要对另一方承担连带责任（比如，法律行业的合伙）。因此，两家公司以这种方式行事可能招致不必要的责任——即使它们实际上并不称自己的关系为合伙关系，或者甚至声称不是合伙关系（留给法院来解释）。在美国，一个主要的电子产品制造商在其供应链管理中使用这个术语引起了一场重大的法律战，后来这个术语在北美不受欢迎。也许唯一的解决办法就是成立第三方——一家合资公司。当风险很高时，这正是一些公司所做的。

假设客户和供应商不需要达到这些长度，那么将组织供应的联合运作视为一种共同的责任是合理的，并且度量其性能成为一种共同的利益。由于关系的任何一方（客户或供应商）的活动都可能影响到绩效，因此其中一方没有必要简单地指责另一方（除了作为关系中"竞争"部分的战术战略）。相反，双方可以共同评估这种关系，并采取适当行动以减少这种关系所面临的困难，从而提高增值过程的效率和成本效益。

这项技术是由巴斯大学的研究人员以关系评估过程（RAP）的形式率先提出的（见图5-9），随后在英国航空航天工业中作为关系评估过程（见案例5-9）。21世纪初，采购与供应管理咨询领域开始涌现出大量的关系评估模型（通过咨询，这也许是一个很好的实践例子，它使学术研究落后了大约十年）。

案例 5-9

关系评估作为航空航天工业部门战略

1989年柏林墙倒塌时，全世界欢欣鼓舞。但对欧洲航空业来说，随着"和平的爆发"，订单出现了下滑。"在英国，民用航空的发展与军用飞机的发展有着本质上的联系，客机业务将遭受与军用飞机同样的打击。"

英国飞机公司协会(SBAC)认为,在这段时期内,需要制定一项全行业的国家战略,以保持该行业的竞争力——直到军事业务再次复苏。该方法以改善供应链关系为基础。SBAC 建立了一个名为航空供应链关系(SCRIA)的倡议。这其中包含了大量的常识,以及与行业中真正致力于变革的客户和供应商之间开诚布公的关系。这个行业的公司都很清楚精益制造原则(这是在前十年汽车行业发展起来的),并且已经在实施它们了。SBAC 的主要成员也了解精益供应方面正在进行的工作,并了解巴斯大学的关系评估过程模型(RAP)。巴斯的学者被要求为 SCRIA 建立一种版本的 RAP。这后来就成了 SCRIA RET:关系评估工具。这是一项颠覆性的创新,要求摒弃传统的大规模生产、供应商/卖方评估作为在关键问题绩效评估的唯一方法。它体现了关系管理中的精简原则,通过关注特定的改进来解决问题,因为关系的各个方面或特征是由客户和供应商共同管理的。

随着 20 世纪的结束,军事航空航天行业的瓶颈有所缓和。但是,SBAC 受到全部门变革倡议的影响和价值的启发,希望继续这个想法。精益航空航天方案给该部门带来了重大利益,并与 SCRIA 合并成为"21 世纪供应链"或 SC21。"关系评估这一由学术研究发展而来的突破性创新,在 SC21 中得以延续,作为精益供应以及关系管理矩阵中的一部分,沿用至今已有十年。"

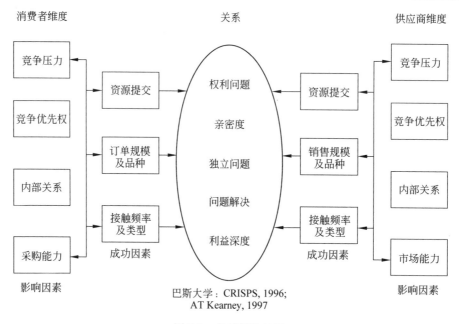

图 5-9 关系评估过程

(资料来源:改编自 Lamming et al.,1996)

在 21 世纪,供应商关系管理已成为一种流行的管理模式,顾问公司现在定期为其提供模型,与此同时,学者 Johnson 等于 2008 年发表了一篇有关 RAP 的有趣的综述和发展论文(参见 Johnsen 等,2008)。

5.6.1 SRM 及其发展

30 年来供应商评估的发展，或许揭示了塞尔弗里奇（Selfridges）著名宣言中最严重的不当使用。这一建议推广到商业和工业供应方面，留下了一种技术遗产，在这种技术中，客户扮演绝对可靠的专制者的角色，而供应商则变得狡猾和足智多谋，靠机智和诡计为生。如上所述，冲突双方的活动都增加了成本。正如供应商评估需要对大批量生产后的供应战略有一个全新的视角和方法一样，与其相近的供应商发展也具备了新的视角。

顾客应该把供应过程中的所有缺陷归咎于供应商的见解，这不仅导致了单向评价心态，还导致了顾客可以在"供应商发展"方面告诉供应商如何经营其业务（显然是假设供应商自己不知道如何去做）。这让人回想起早期的大规模生产，像年轻的亨利·福特（Henry Ford）这样富有创新和远见的制造商，自然会担心新供应商的能力，因为他们已经习惯了早期的模式，交货较慢，应用工艺的时间也较长。这样的供应商在现代意义上不能被归为"战略合作伙伴"，这种情况下，由工业客户来主导是很自然的。然而，在 20 世纪早期的美国，有几家高质量的零部件制造商（例如博世）诞生，因此供应商开发的技术肯定受其早期的批评者的影响（博世实际上比福特在美国更成熟）。

在更近的 1980 年代，在供应商评估的支持下，这种方法越来越受欢迎，这意味着到 1990 年代中期，许多客户寻求凭借这种方法起源的行业（同样是航空航天和汽车）以"发展"其供应商。尽管在这段时间中可以看到一些逻辑，比如说全球电子公司告诉小部件制造商如何采用统计过程控制，但航空公司告诉其面包店供应商如何制作面包（而不仅仅是制定这些面包的类型和质量）的理由很难理解。然而，后一个例子是真实的，它说明了一种时髦的管理理念可以偏离其相关基础多远。

供应商开发实际上是一种"发展中国家"战略——当来自发达国家的组织希望在新的外国合资企业中建立供应线时，就会使用这种战略。正如我们在百安居案例中看到的那样，该公司以这种方式重新调整了供应商评估计划的重点（案例 5-5）。这也适用于重新发展的经济，这在美国人于 20 世纪早期进入欧洲和 20 世纪 40 年代进入日本，日本人于 20 世纪 80 年代进入美国和英国的战略中是显而易见的。当时英国电视产业处于荒废状态，三家日本顶级制造商来到威尔士（因为煤矿的关闭和钢铁生产规模的按比例缩小，威尔士劳动力富足）导致工业财富的基本再生（同时，该地区的汽车工业也有类似的发展）。

供应商开发的技术是由客户根据绩效特征和属性方面的指标组成，通常打包成一个活动——通过一个引人注目的标题或缩写来标识。这通常与供应商评估方案结合在一起（如前所述，包含所有潜在缺陷）。客户可选择通用的方案，例如 ISO 9000 系列，因为供应商系统认证足以保证服务绩效。

供应商开发有两种常用的方法：它们被称为"级联"和"干预"（Lamming，1996）。25 年过去了，这些技术仍然经常使用（参见图 5-10）。在第一种情况下，在左边，客户组织开发了一个新概念，它希望在整个供应链中采用这个新概念，以某种方式（通常在咨询师的帮助下）对其进行阐述，并将其"向下"串联到其直接的或一线供应商。人们或隐或显地期望直接供应商将这个想法进一步向下传递到其自己的供应商（所谓的"第三层"）。这样做的机制各不相同，但很少超过证明文件和陈述（有时在"年度供应商奖"颁奖典礼上，其作为供应商评估方案的一部分）。供应商遇到并适应了许多这样的方案，它们必须制定一种战略，使其能够在这些混乱的方案和有时相互矛盾的组合中生存下来。供应商可能被期望在处理这种复杂性时发展专门的知识,表面上遵守所有的要求,实际上却近似于一个共同的操作模型。如图 5-10 所示。

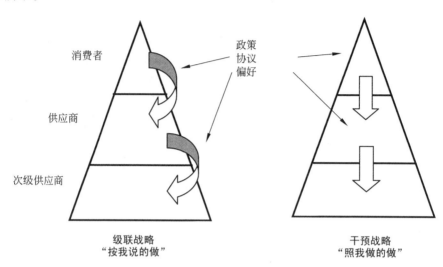

图 5-10　供应商开发中的级联战略和干预战略

(资料来源:Lamming,R.C.,1996)

　　第二种战略与第一种战略的基础相同:好的想法源于客户,并传递给供应商。然而,在这种情况下,客户"干预"供应商的业务,实际上是在运营层面帮助供应商发展特定的技能。在这种情况下,客户显然是在流程中进行了真正的投资,供应商可能更尊重这一点,认为这是一种有价值的贡献(而不是简单地发布权威性的法令)。从客户的角度来看,在实施过程中与供应商的人员一起工作,实际上可能会使想法"坚持"下去。

　　干预战略的风险在于,供应商可能仅仅是依赖于客户的新想法,盲目跟风,从不提供启发性的想法或创新。除了遵从性之外,客户没有从中得到任何东西,因此从实践中学到的很少。因此,应谨慎使用这一战略,而且只能在有限的时期内使用。日本汽车装配商在进入英国和美国时也遵守了这条道路:干预是一段有限的时间内,供应商将开发自己的能力(尽管客户仍然带来了新的挑战和计划,确保供应商意识到终端市场的压力,但这些压力必须通过整个供应链传递回来)。

　　随着时间的推移,人们可能会期望高级供应战略师构建一种从与供应商的互动中获取可用的知识的方法,以便客户也寻求开发,而不仅仅是供应商。这可能是一种双向的"垂直"活动,也可能是一种认识到实际情况复杂性的网络开发案例,即任何参与者都可以向其他玩家学习并帮助其开发。如果这种主动行动的明确目标不是简单地从供应商那里获得效率(大规模生产思维),而是创新(可能是破坏性的)、破坏非增值活动、探索不同的做事方式,同时消除浪费,那么这将是一种精益方法。

　　这种方法在 20 世纪中叶的日本很常见,当时制造商通常把供应商召集到供应商协会(日语单词是 kyoryokukai)。在这种方法中,客户与供应商组织一系列会议,并希望形成一个开发小组——目标是改善客户产品的总体供应情况(从而使供应链中所有人受益)。这些会议可能会在中立区域进行,客户可能有必要缺席,但至少在最初的"联系"之后。供应商协会仍然是日本体系的核心特征,并已在西方多个行业成功采用,20世纪90年代初佳能在法国树立了第一个样板,如图5-11所示。

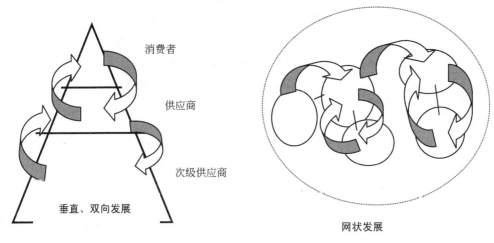

图5-11 双向垂直开发(客户和供应商)和网络的发展

(资料来源:Lamming, R.C.,1996)

图5-1所示,尽管21世纪初英国核工业发展的供应网络创新计划提供了一个很好的早期例子,但这种想法在实践中仍然不是标准(见案例5-10)。

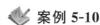

案例 5-10

英国核工业的供应发展

在世纪之交,英国核能产业经历重大重组,部分原因是20世纪90年代私有化政策的结果,还有部分是由于社会上大多数人意识到,也许不情愿,但核能一定会在未来的能源中发挥作用,因此有必要进行再开发。

作为再开发的一部分,英国核燃料公司(BNFL)进行了重组,为私有化做准备。它将大量的注意力集中在供应链上。当时,它是一家国际性企业,在16个国家拥有2.3万名员工。它的活动包括整个核能源循环,从反应堆设计和燃料制造、核能发电站利用回收的废料来发电到淘汰和清理多余的核设施。该公司拥有庞大的供应基地,提供材料和服务,其中许多具有高度专业化的高科技性质。

1998年,BNFL决定设立"年度供应商奖励计划",以表扬在过去一年中取得优异成绩的供应商。在许多行业,这被视为一种正常的供应管理方式,但在开始实施之前,BNFL的采购战略师做了一些深入的思考。他们集思广益,参与工作,广泛咨询,并与供应商沟通。他们意识到,走这条路只是在遵循一种过时的想法——将业绩视为供应商的责任,而事实上,这也反映在客户身上。他们意识到,作为开发过程的一部分,供应商也应该发展,而不仅仅是开发。抛开他们认为过时的大规模生产的想法,BNFL开始致力于一个激进的、精益的想法。他们认为,利用BNFL和供应商之间的良好关系(单独或集体)作为实现互利和消除供应网络噪声的手段,可以使供应网络以多种方式发展。他们设计并实施了一项新计划——供应网络创新计划(SNIP)。在这个方案内,项目小组由 BNFL 的人员和一个供应商组成(实际上有时会同时成为两个或三个供应商,相当于一个小型网络)。每个团队将建立在一个确定的开发项目的基础上,该项目将为 BNFL 和供应商提供利益和学习。在需要投资的地方(人们的时间等),将制定成本效益分析,以显示双方的业务逻辑,并确定成功的标准(事实上,这已成为标准)。这些项目将计划运行约 9 个月,届时将对其成功情况进行评估。(实际上,许多项目在这段时间之后仍在继续进行,并在几年内产生了共同利益)。最令人印象深刻的项目将被提交给一年一度的由 BNFL 资助的庆祝活动,这一活动有大量的供应商参加,在那里参与这些项目的人员(BNFL 内部人员以及那些来自供应商的人员)将获得这一庆典的纪念品,比如小型的定制的雕塑——不是奖项而是团队成功的象征。在许多行业组织的 200 名代表面前,供应商和 BNFL 因其成就而受到表彰的内在奖励意义重大。

该计划取得了巨大成功,为 BNFL 及其供应商带来了重大的经济利益。许多项目(大约 30 个,在 1999 年至 2003 年期间)为 BNFL 节省了大量成本,并为供应商增加了业务或改善了条款。当该公司的大部分业务转移到私营部门,其主要部门作为成功的独立业务出售时,SNIP 概念作为采购战略的一个特征得以保留。有许多成功的故事,其中许多是在供应(而非供应商)开发方法上真正的创新。SNIP 是精益供应在工作中的一个例子:通过网络开发实现互惠互利,一个组织摒弃了"客户永远是正确的"这一有缺陷的咒语,并消除了系统中的噪声或浪费,这些都是大规模生产对绩效评估的态度所造成的。

除了关系管理之外,供应开发自然会采用其他思想,例如供应商在开发新产品时的早期参与,以及对未来计划的讨论。有关这方面的讨论,请参见 Cousins 等人(2007:216)。

无论以何种方式将技能、知识、学习和技术的发展融入供应战略,重要的是不要忽视客户以及供应商应在关系的各个方面寻求发展和改进的程度。不这样做是对资源的浪费——没有遵守企业开发精益原则。这是一个在供应商和客户之间保持战略自主权的问题,认识到供应链"合作伙伴"之间存在的根本竞争,并管理两者的局限性,以便每个人都能将商业机会开发到确保其持续、联合活动的必要水平。

5.6.2　SRM 与信息共享:开卷谈判

多年来,客户要求供应商在商业投标中披露各种敏感的成本和价格信息,以保持共同的竞争地位,这种做法一直很流行。其原则是,如果供应商向客户展示特定产品或服务(有时包括其边际利润)的成本构成,客户将能够帮助供应商降低成本,从而降低价格。有时,这是共同努力的一部分,即在声称客户自己的产品或服务可能在市场上更具竞争力的情况下,从而确保供应商的业务。当然,供应商很少会被这种战略愚弄,当他们看到一种谈判战略时,他们会认出这种战略。

开卷谈判的原则直接来自于大批量生产的思维:理论上基本上是合理的,但在实践中似乎是有缺陷的。供应商必须管理资源以实现企业目标——通常是股东价值和所使用资本回报的问题。为此,它必须管理风险和回报。商业就是要承担风险(即进行投资),然后确保回报足以证明这样做是正确的。当双方竞争时,一方将努力确保另一方因风险而不会获得足够的回报,并因此遭受损失。然而,如果他们是合作的,他们每个人都能得到适当的奖励,这对双方都是有利的。因此,要进行真正的战略行动,各方必须自由决定自己的回报率。

在供应链中,组织既相互竞争又相互合作。因此,必须确保每个人都能得到适当的回报,但对于谁实际承担了什么风险,以及如何分享回报(显然是共同产生的——各方都依赖对方),将会存在持续的紧张关系。

供应战略,需要供应关系的一方(供应商)承担冒险而另一方(顾客)不承担,后者寻求表达,有时用夸张的语言,以前这些奖励应该(或可能)是什么,似乎不太可能长期取得成功。因此,当客户规定供应商必须透露私人信息(即供应商必须承担一个很大的风险)和奖励是什么(即供应商不应该对至关重要的风险回报业务平衡做出战略决定),供应商不可避免地会采取唯一明智的商业行动,并采取欺骗手段(交易成本经济学中描述,自我寻求诡计)。这可能包括成本信息被曲解、不如实叙述、不完整和晦涩难懂。客户相信他们可以提取有价值的信息,或许是由它的成本分析师和流程工程师组成的大军支撑着,将采取相应的行动,但是可能在一段时间之后才发现他们没有从预期的事务中获得价值(例如,一些欧洲汽车制造商在经过十年公开宣布的此类举措后未能盈利,可能与此相关)。

解决这个问题的唯一方法是以某种方式管理风险,以便使供应商共享信息的行为具有经济意义。如果客户承担风险,并要求供应商这样做,可能会出现真实的信息和知识。因此,对于有价值的供应战略,敏感信息的交换必须是双向的——客户不仅需要信息,还必须共享信息。这样的"透明度"可能会导致专注于实际改进的活动,但这通常需要供应商对客户确实承担了风险且抱有极大的信心。由于这种方法可能会真正消除单向开卷谈判所鼓励的无意义的浪费,因此它有资格成为一种精益供应技术。

在这方面的研究发展出了"价值透明"的管理技术,这一概念深刻地挑战了既定的思维。这在英国和美国的公司进行了试验,有关解释请参见 Lamming 等人(2006)。然而,目前这种做法并不常见。这显然对实践中的既定方法(以及对那些在这些方法上投入了个人信誉的人)构成了太大的威胁,在某些情况下实际上被认为是不可能的。或许,在这个领域,能够认识到将大规模生产应用于现代生产的弊端的供应战略师必须进行探索和创新。

5.6.3 政策和战略

有了政策、供应战略、采购和供应过程的内部战略,以及管理关系的一套技术,供应战略人员可以在财务和技术方面对经营战略作出重大贡献。因此,组织结构可能会发生根本变化,可能导致更多被驱散的、碎裂的、地方化的活动,在这种情况下,供应管理活动变得更加重要。

这可能会挑战甚至威胁到一些传统的战略和组织分析方法。然而,当摆脱大规模生产的包袱时,供应管理可以采用精益、清晰的逻辑和实用主义,这是长期不能被忽视的。

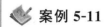
案例 5-11

一个面对复杂问题的供应管理案例

为了说明精益供应和供应链管理干预战略之间的差异,我们可以考虑一个西班牙制造商的案例——南卡(Nunca)。该公司位于西班牙东北部,生产一种高技术、高复杂性的消费产品，客户在产品销售之前，会对其进行最后的润色（在某些情况下，只有少数行动），然后通过分销商向最终客户进行营销。

该产品的单位成本大约包括70%的采购组件和材料。除此之外，Nunca还经常从客户那里免费获得材料。

Nunca这个名字很有名，尤其是在设计方面。为客户制造的许多设备实际上都是Nunca设计的，购买这些设备的消费者很欣赏这一点。著名的Nunca标志在客户的产品上也有展示。

Nunca的客户都精通于与Nunca类似的制造工艺，但都习惯于大批量生产。另一方面，Nunca则选择专门为其客户制造高档次的利基产品（或构成成品很大一部分的设备），以推向市场。免费发放给Nunca的组件通常是客户购买用于大批量产品的组件，也适用于Nunca生产的小批量利基模型。

20世纪90年代末，一个与Nunca打交道多年的大型法国客户"Choux"开始将这家西班牙公司视为"合作伙伴"。虽然Nunca制造的设备几乎构成了Choux产品的总价值，在某些情况下（也就是说，Choux销售给消费者的"包装"基本上是添加了Choux徽章的Nunca产品。），这种关系一直是主仆关系之一，Nunca只允许在采购组件时作出很小的决定。对于Choux来说，这是一个非常有限的对"一级"供应商的期望。

作为其供应商发展方案的一部分，Choux开始干预Nunca的供应业务。Nunca有自己的供应商认证（供应商评估）计划，但Choux坚持自己去拜访二级供应商。Nunca了解精益生产和供应，但当Nunca的管理团队解释实施后者的计划时，Choux并没有认真对待。然而，Nunca在维持制造商的质量或及时性方面有时确实遇到了问题。

这是一种干预战略，只有以合作的方式进行，才能被视为合作方式的一部分。然而，在这种情况下，Choux的代表坚持按照他们规定的方式进行活动，这往往使Nunca在其供应商面前感到尴尬。

Nunca不能拒绝Choux的建议，尽管有解决某一特定问题的更好的办法。它还需要发展与供应商的关系，但发现Choux的干预在这方面具有破坏性。

最后，Choux表现出民族主义倾向，经常拒绝宽恕Nunca对供应商的选择（不仅仅是西班牙供应商），而是要求一家法国公司获得这项业务，尤其是Choux已经从这家公司购买的业务。如果Nunca坚持下去，并确实设法让它的合作供应商之一同意优先提供Choux选择的组件，最后，众所周知，法国人会等到出错的时候说"我早就告诉过你"。

Choux在这个案例中使用了一种干预战略。因此，它无法发展精益供应，因为Nunca的潜在贡献没有得到重视。但是，它不能在短期内失去Nunca。Nunca的战略是在自己的运营中发展精益生产，并向客户（以及其他人）证明，它有能力运营自己的精益供应基地，或许需要客户的合作而非独裁干预。

最后，Nunca的高级管理人员（包括主席和首席执行官）多次访问巴黎，使Choux相信，他们的供应管理是适得其反的。因此，Choux修改了合同的措辞，使Nunca有更多的余地为技术和物流事项作出贡献。然而，到那时，Nunca已经开始争取对公司的贡献评价更高的一批新客户（非欧洲客户）。

这描述了20世纪90年代中期法国和意大利汽车工业的一个实际案例。整个过程仍然是普遍的做法。由于这是对客户行为的批评，涉及的组织是经过伪装的。

总　　结

- 供应的战略管理是管理组织运作的关键部分。随着企业变得更加全球化和外包趋势的增加，它甚至可能是最关键的部分。
- 供应过程不是一个链条——它是一个网络，甚至是"混乱的"。以一种直截了当的方式来管理是不可能的；也许可以在其中进行管理，为自己的活动寻求战略，从而影响而不是控制其他人的活动。
- "供应链管理"一词是一种常用的说法，可以作为一个出发点，作为实际情况的一种近似。事实上，供应商关系管理为管理供应过程提供了一个更现实的关注点。
- 供应链中的组织既是竞争者又是合作者。它们的业务是相互依存的，但它们还必须争夺可从中获利的增值业务。
- 供应"基础"的结构可能包括在实践中没有得到支持的假设和预期。简单地称供应商为"一线"可能不会带来像战后日本那样的结构供应基础所预期的好处。
- 为了制定供应战略，需要有一个有关组织在供应链中如何表现的政策、实施这一政策的战略、内部采购和供应过程的战略定位和一系列管理供应链上关系的技术进行全面把握。
- 购买商品或服务的组织不是消费者，更准确地说是客户。这意味着他们可能对交互的成功结果负有共同责任，并且应该专注于自己以及供应商在关系中的绩效改进。
- 一些现有的和实践的供应商关系管理技术基于大规模生产的思想，可能不适合后大规模生产时代。构成精益供应一部分的创新技术——从供应关系和过程中去除噪声或废物——可以替代这些过时的方法，尤其是那些基于"客户永远是正确的"大规模生产理念的方法。

关键问题

1. 运营经理在精通供应链管理中获得的优势方面面临哪些挑战？以重工业、轻工业、使用原材料的服务业组织和几乎没有原材料的服务业组织为例。
2. 举例说明组织如何以新的方式管理供应，从而在其销售市场中实现差异化。
3. 在其市场地位中，哪些因素可能会影响组织管理供应商关系的方法？
4. 追溯亨利·福特对当今供应关系的影响；哪些技术可以归因于他的大规模生产理念？在精益思想的指导下，这些技术目前正以何种方式受到质疑？
5. 客户和供应商在哪些方面既是竞争对手又是合作者？如果其中一方拥有垄断地位，将如何适用？

扩展阅读

Cousins, P.D., Lamming, R.C., Lawson, B. and B. Squire (2007). *Strategic Supply Management: Concepts and Practice*. London UK: FT Prentice Hall.

CPO Agenda Magazine www.cpoagenda.com.

Evangelista, P., McKinnon, A., Sweeney, R. and Esposito, E. (Eds.) *Supply Chain Innovation for Competing in Highly Dynamic Markets: Challenges and Solutions*. Hershey, PA, USA, IGI Global.

IFPSM E-zine www.ifpsm.org.

The Lean Institute www.lean.org.

The Lean Enterprise Academy www.leanuk.org.

Procurement Leaders www.procurementleadrs.com.

Van Weele, A.J. (2010) 5th Edition *Purchasing and Supply Chain Management* Cenage Learning, London.

The following journals are the main source of up-to-date literature in this area:

Journal of Purchasing and Supply Management.

Journal of Supply Chain Management.

International Journal of Operations and Production Management.

Journal of Operations Management.

Supply Chain Management: an International Journal.

Industrial Marketing Management.

Production Planning and Control.

参考文献

[1] Caniëls, M.C.J. and Gelderman C.J. (2005) Purchasing strategies in the Kraljic matrix—A power and dependence perspective *Journal of Purchasing and Supply Management* 11 (2-3), pp.141-155.

[2] Choi, T.Y, Dooley, K.J, Ruanglusanathan, M. (2001), "Supply networks and complex adaptive systems: control versus emergence", *Journal of Operations Management*, 9, pp.351-366.

[3] Christopher, M. and Peck, H. (2004) Building the Resilient Supply Chain' *International Journal of Logistics Management* 15(2), p.1.

[4] Christopher, M and Towill, D. (2001) An integrated model for the design of agile supply chains, *International Journal of Physical Distribution & Logistics Management* 31(4), 235-246.

[5] Christopher, M., Peck, H., and Towill, D. (2006) A taxonomy for selecting global supply chain strategies 17(2): 277-287.

[6] Cousins, P. D., Lamming, R. C., Lawson, B. and B. Squire (2007). *Strategic Supply Management: Concepts and Practice*. London UK: FT Prentice Hall.

[7] Cox, A.W. (1997) "Relational Competence and Strategic Procurement Management: Towards an Entrepreneurial and Contractual Theory of the Firm" *European Journal of Purchasing and Supply Management*, 2(1): 57-70.

[8] Ellram, L.M. and Carr, A. (1994) Strategic Purchasing: a history and review of literature *Journal of Supply Chain Management* 30(2): 9-19.

[9] Field, J.M. and Meile, L.C. (2008) Supplier relations and supply chain performance in financial services processes *International Journal of Operations and Production Management* 28(2), pp.185-206.

[10] Fisher, M. (1997), "What is the right supply chain for your product?", Harvard Business Review, March/April.

[11] Ford, D., Gadde, L-E., Håkansson, H., Snehota, I., (2011) *Managing Business Relationships* (third edition), Chichester: Wiley.

[12] Forrester, J.W. (1958), Industrial Dynamics-a Major Breakthrough for Decision Makers *Harvard Business Review* 36 (4), pp.37-66.

[13] Frohlich, M.T. and Westbrook, R. (2001) Arcs of Integration: an international study of supply chain strategies Journal of Operations Management 19(2): 185-200.

[14] González-Benito, J. (2010) Supply strategy and business performance: An analysis based on the relative importance assigned to generic competitive objectives *International Journal of Operations & Production Management* 30(8): 774-797.

[15] Håkansson, H., Ford, I.D., Gadde, L-E, Snehota, I and Waluszewski, A. (2009) Business in Networks Wiley, Chichester, UK.

[16] Hald, K.S., and Ellegaard, C. (2011) Supplier Evaluation Processes: the shaping and reshaping of supplier performance International Journal of Operations and Production Management 31(8), pp.888-910.

[17] Harland, C. (1996), "Supply Chain Management: Relationships, Chains and Networks", *British Journal of Management*, 7 (March), pp.63-80.

[18] Harland, C.M., Lamming, R.C. and Cousins, P.D. (1999) Developing the Concept of Supply Strategy *International Journal of Operations and Production Management* 19(7), pp.650-673.

[19] Hawkins, T.V., Randall, W.S. and Wittmann, C.M. (2009) An Empirical Examination of Reverse Auction Appropriateness in B2B Source Selection *Journal of Supply Chain Management* 45(4), pp.55-71.

[20] Houlihan, J.B. (1987) International Supply Chain Management *International Journal of Physical Distribution and Logistics Management*, 17(2): pp.51-66.

[21] Jia, F., Orzes, G., Sartor, M. and Nassimbeni, G. (2017). Global sourcing strategy and structure: Toward an integrated conceptual framework. International Journal of Operations and Production Management, 37, 7, pp.840-864.

[22] Jia, F., Lamming, R., Sartor, M., Orzes, G., and Nassimbeni, G. (2014a). "Global purchasing strategy and International Purchasing Offices: Evidence from case studies", International Journal of Production Economics, 154, pp.284-298.

[23] Jia, F., Lamming, R., Orzes, G., Sartor, M. and Nassimbeni, G (2014b). "International Purchasing Offices in China: An dynamic evolution process model", International Business Review 23, pp.580-593.

[24] Johnsen, T.E., Johnsen, R. and Lamming, R.C. (2008) Supply Relationship Evaluation: the Relationship Assessment Process and Beyond *European Management Journal*, 26(4): 274-287.

[25] Johnsen, T.E. (2011) 2011Supply network delegation and intervention strategies during supplier involvement in new product development *International Journal of Operations & Production Management* 31(6): 688-708.

[26] Kidd, P. (1994) *Agile Manufacturing- Forging New Frontiers* Addison Wesley, Reading UK.

[27] Kraljic, P. (1983) "Purchasing must become supply management" *Harvard Business Review*,

(Mar./Apr.) 61(5): 109-117.

[28] Lamming, R. C. (1993) *Beyond Partnership: strategies for innovation and lean supply* Prentice Hall, London.

[29] Lamming, R. C. (1996) "Squaring Lean Supply with Supply Chain Management" *International Journal of Operations and Production Management* vol.16 (2), pp.183-193.

[30] Lamming, R.C., Cousins, P.D. and Notman, D.M. (1996) "Beyond Vendor Assessment: The Relationship Assessment Process" *European Journal of Purchasing and Supply Management* 2(4), pp.173-181.

[31] Lamming, R.C., Johnsen, T., Harland, C.M. and Zheng, J. (2000) "An Initial Classification for Supply Networks" *International Journal of Operations and Production Management* 20(5/6), 675-691.

[32] Lamming, R. C. (2000) 'Japanese Supply Chain Relationships in Recession', *Long Range Planning*, 33(6), pp.757-778.

[33] Lamming, R.C., Caldwell, N.D., and Phillips W.E., (2006) A Conceptual Model of Value Transparency in Supply *European Management Journal* 24 (2/3), pp.206-213.

[34] Macbeth, D.K. and Ferguson, N. (1994) *Partnership Sourcing: an Integrated Supply Chain Approach* London: Pitman.

[35] Nishiguchi, T (1986) Competing Systems of Automotive Components Supply: an examination of Japanese "Clustered Control" and the "Alps Structure." *First Policy Forum, International Motor Vehicle Program*, Massachusetts Institute of Technology, Cambridge MA.

[36] Nollet, J., Ponce, S. and Campbell, M. (2005) About "strategy" and "strategies" in supply management *Journal of Purchasing and Supply Management* 11(2-3), pp.129-140.

[37] Pfeffer, J. (1997), *New directions for organization theory*. New York: Oxford University Press.

[38] Reck, R.F. and Long B.G. (1988) "Purchasing: a Competitive Weapon" *International Journal of Purchasing and Materials Management* (Fall), pp.2-8.

[39] Sartor, M., Orzes, G., Nassimbeni, G., Jia, F., and Lamming, R. (2014). "International Purchasing Offices: Literature review and research directions", Journal of Purchasing and Supply Management, 20, pp.1-17.

[40] Sartor M., Orzes G., Nassimbeni G., Jia F., Lamming R., (2015), "International purchasing offices in China: roles and resource/capability requirements", International Journal of Operations & Production Management, Vol. 35, No. 8, pp. 1125-1157.

[41] Williamson O.E. (1975) *Markets and Hierarchies* New York: Free Press.

[42] Williamson O. E. and Masten, S. E. (eds) (1999) *The Economics of Transaction Costs*, Cheltenham: Elgar.

[43] Womack, J., Jones, D. and Roos, D. *The Machine that Changed the World*, Free Press New York.

第 6 章

库存管理、MRP、ERP 和 JIT

学习目标

1. 理解对制造和服务环境进行库存管理的战略意义。
2. 深入了解战术"解决方案"不起作用的原因。
3. 理解只有当物料需求计划(materials requirement planning, MRP)、制造资源计划(manufacturing resource planning, MRPⅡ)、企业资源计划(Enterprise Resource Planning, ERP)和准时生产生产方式(just in time, JIT)被熟练地管理,在外部网络与在内部有同样出色的运作才能成功(我们在第 5 章深入讨论过)。

在本章中,我们将研究一系列与库存管理主题相关的领域。成功地管理库存是包括精益生产过程在内的世界级操作实践的必要组成部分(Holweg, 2007)。从一开始就应指出:

管理库存也许是一项艰巨的任务,包括物流、采购和供应领域,涉及物料来源、发展和培养买方与供应商的关系。库存管理是企业的一项重要战略任务。

6.1 库存的主要战略问题

库存管理不仅仅是处理实物。战略决策将决定组织处于业务的核心。例如,投资决策、外包和回流都改变了组织的基本商业模式。

单是物流的成本就可能是巨大的。正如《工业周刊》所指出的:

如果你觉得最近运输和储存你的制成品的成本要比以前高得多,那么你完全正确。2010 年,美国商业物流总成本增长 10.4%,达到 1.2 万亿美元。这一数字占美国国内生产总值(gross domestic product, GDP)的 8.3%。

(资料来源:"Recovery Not Reaching Supply Chain Yet", Industry Week, July 20, 2011)

为此,一些公司在库存管理方面投入巨资,福特就是一个例子:

福特(Ford Motor Company)在 2009 年实现了多源空间数据无缝集成(Seamless Integration of Multisource Spatialdata, SIMS),并在一台拥有 4 万个处理器的超级计算机上进行了碰撞测试和流体动力学测试(思考一下:福特仅在北美的经销商每周就有约 5 万辆汽车的订单)。新系统的影响是显著的:它的建议为经销商每辆车节省了 90 美元,并将经销商之间的车辆交易从 40% 减少到 30%。推荐订单和已输入的总订单之间的匹配率达到 98%。对于福特来说,SIMS 每年的价值远超 1 亿美元,"如果对经销商们来说不是更高的话"。

(资料来源:Fortune,2014,16th June)

同样,航空航天企业也在库存系统方面进行了大量投资:

到 2020 年,普惠(Pratt & Whitney)的喷气发动机产量将增加两倍,这需要依靠的是供应商生产约 80% 的零部件。作为该计划的一部分,该公司已与 90 家主要供应商签署了 100 多亿美元的长期协议。

(资料来源:Industry Week,2014)

有些公司已由外包转为内包,其中一个主要推动力与存货管理有关,详情如下:

将生产转移到海外有很长的历史,而把生产转移回去却不是这样。85 岁的位于弗吉尼亚州(Virginia)的家具制造商斯坦利家具(Stanley Furniture)将把所有在海外生产的儿童家具生产线带回美国。

尽管该公司表示,2008 年召回在斯洛文尼亚(Slovenia)生产的 300 个婴儿床并不是该公司改变路线的原因(该产品对婴儿构成危险),但总裁格伦·普里拉曼(Glenn Prillaman)表示,整个行业的召回数量已经让消费者变得谨慎起来。"加强控制公司的库存管理,会让我们处于更有利的地位。"他补充说。

斯坦利可能是这种趋势的一部分,因为一些公司发现,使离岸生产如此具有吸引力的因素——廉价的商品和劳动力——可能不再能弥补运输成本、质量控制和知识产权问题等问题。美国通用电气(General Electric Co.)首席执行长——杰夫·伊梅尔特(Jeff Immelt)最近呼吁对美国制造业岗位进行再投资,他宣布了将旗下航空零部件集团的部分业务迁回美国的计划,他将这种策略称为"内包"。

(资料来源:Back in the U.S.A. Fortune International (Asia),28th Sep. 2009,(160)5:30-30)

Sandro、Bertrand 和 Walmir(2014) 描述了外包过程中可能出现的问题类型:

经过多年的企业流程和运营职能外包,现在许多因素导致我们重新思考和整合以前的外包流程。外包活动中涉及的最大难题之一是如何降低失败的风险。为什么传统外包会失败?一般来说,两个客户(那些购买外包服务的客户)和提供者(执行服务的人)面临着威胁和缺陷:①没有实现目标而分离;②遇到困难导致合同重新谈判(甚至补救);③提前终止他们的安排;④改变他们最初的目标。

然而,有证据表明,在许多公司内部都存在一种与离岸外包相反的趋势——在岸外包,正如以下所述:

也许对美国制造业最大的刺激是回流。近年来,越来越多的公司将制造业岗位从中国和其他国家带回美国。2012 年,通用电气(General Electric)宣布计划向肯塔基州路易斯维尔(Louisville)的一家用电器厂投资 10 亿美元,重新分配了之前在中国和墨西哥的 4000 份工作岗位,并在工厂的地区供应商中增加了近两万个工厂职位。同时,这一做法得到了最广泛的推广。沃尔玛(Wal-Mart Stores)还帮助刺激了对美国制造业的需求,这要归功于 2013 年启动的一项计划,即到 2023 年额外购买价值 2500 亿美元的美国制造商品,沃尔玛希望这将创造多达 30 万个新的就业岗位。

(资料来源:New Yorker:"Why Donald Trump Is Wrong About Manufacturing Jobs and China",March 14,2016)

第6章 库存管理、MRP、ERP和JIT   179

下面是沃尔玛的一个例子：

  沃尔玛举办供应商会议，宣传"美国制造"。这家零售巨头承诺在未来10年内再购买500亿美元的美国制成品，以此鼓励制造商致力于在美国生产。该公司正试图通过促进和加快供应商之间的回流努力，将其门店生产的产品转移回国内。

（资料来源：Shih，2014）

  我们在整篇文章中都指出，把制造业和服务业看作是向客户提供的全部服务是很重要的，因为没有优秀的产品，就没有出色的服务；相反，没有良好服务的优秀产品也不为客户所接受（Ellram et al.，2007）。

  成功地管理库存与技术解决方案无关；相反，要记住库存管理的一个关键因素是，它很大程度上与服务相关，它与管理整个供应网络的关系有关（我们在第5章中对此进行了探讨），并且这与服务操作完全相关。

  有时，重大的合并和收购决定是为了向客户提供更好的服务，这可以从案例6-1 戴尔的收购中看出。

 案例 6-1

"部分多云"
戴尔和易安信公司（EMC）的合并进一步证明，IT行业正在重塑自身

  在2015年10月12日公布的协议中提到，戴尔将以670亿美元收购EMC，这是有史以来最大的技术交易，增加了许多行业的合并浪潮……如果出现另一家EMC的收购者，它仍然可以取消，但这看起来不太可能。埃利奥特管理公司（Elliott Management）持有EMC 2.2%的股份。以Elliott Management为首的激进投资基金一直在推动EMC提高股价。埃利奥特将从这笔交易中获得超过20%的利润。所以它表示，"强烈支持"合并。戴尔及其私募股权公司银湖（Silver Lake）完成收购所需要的大约450亿美元债务融资已经到位。

  然而，这笔交易并非没有风险。一方面，巨大的债务负担是其中之一，尽管戴尔已经成功地偿还了2013年为了收购而借入的资金。另一方面，正如惠普（Hewlett-Packard Development Company，HP）的老板 Meg Whitman，技术保守派的对手，指出如何整合两家公司将是另一个挑战。

  戴尔（Dell）和EMC长期以来一直清楚它们周围的混乱。1984年，戴尔先生在他大学的卧室里创立了他的公司，在那里他用现成的零件制造了个人电脑，并在2013年将他的公司私有化：他想要带领他的公司完成转型，而不受季度业绩和维权投资者的干扰。（这笔交易在一定程度上逆转了这一决定，这要归功于涉及上市软件公司VMware的一些金融工程，EMC持有VMware的大量股份；作为交易的一部分，EMC股东将获得VMware新"追踪"股票的大约1/10的股份，该股份将由戴尔的控股公司发行。）

  对于Tucci先生来说，他已经展示出了购买那些出售云计算关键组件公司的诀窍——买了之后不去管他们。EMC松散的"联盟"中最有价值的资产是VMware，它的"虚拟化"软件通过在服务器上分配工作，使数据中心更加高效。

然而,戴尔和 EMC 仍然依赖于最初使它们发展壮大的业务。由于戴尔不再公布财务业绩,人们很难知道到底发生了什么。但分析人士表示,尽管戴尔努力销售更多的企业技术,如服务器和存储设备,但其大部分收入仍依赖于个人电脑。但是,由于云计算和智能手机的崛起,个人电脑业务继续下滑。研究机构 Gartner 的数据显示,与去年同期相比,今年第三季度全球个人电脑出货量下降了近 8%。

各种各样的数字存储设备和相关软件是 EMC 的支柱,它们的出货量仍然在增长,但没有以前那么快——因为许多公司现在选择在云中存储数据或者从竞争对手那里购买更便宜的设备。在八九年前,存储设备的销售率以每年两位数的速度增长,去年下降到 2%。作为合并声明的一部分,EMC 公布了低于分析人士的预期财务状况的季度业绩。

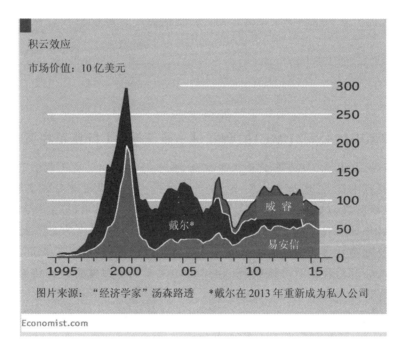

所有这些都有助于解释戴尔和 Tucci 为何热衷于合并他们的公司。瑞士银行(Union Bank of Switzerland,UBS)的 Steven Milunovich 表示,这笔交易将加强戴尔向企业销售计算基础设施的业务,而非个人电脑的业务。同时也与 IT 行业的另一项发展项目相结合:硬件融合。传统上,服务器、存储设备和网络设备是分开购买的。现在,它们越来越多地由一个供应商以集成包的形式提供,省去了顾客组装的麻烦,让它们顺利地一起工作——EMC 在与大型网络设备制造商思科(Cisco)的合资企业中开创了这一趋势。

下一步,一些自己制造机器的大型云计算运营商已经在采取行动,将基础计算机中的不同组件合并起来,并让软件根据需要将它们转换成服务器、存储设备或路由器。擅长制造商用硬件的戴尔似乎希望能够将这种融合设备卖给那些想要建立自己"私有"云的公司,甚至是那些大型云供应商,其中许多供应商现在都有合同制造商来组装硬件。

> 一个更广泛的问题是，合并是否会引发一系列其他交易。IT 行业的解构和重建已经开始，即使全面整合尚未迫在眉睫。惠普已经决定在 11 月 1 日将公司一分为二。今年年初，甲骨文公司（Oracle Corporation）被提到是 Salesforce.com 的潜在买家（Salesforce.com 是一家提供基于网络的商业软件的大型供应商）。
>
> 如果以历史为鉴，这个行业曾经的领导者将不再是它未来的领导者，毕竟，在自豪的大型主机公司中，只有 IBM 和思爱普仍然屹立不倒。即使在合并后，也不能保证戴尔能保持在顶级的地位。到目前为止，这个行业的老前辈中唯一一家看起来肯定会占据一席之地的公司是微软，它已经成功地建立了一个规模可观的云业务 Azure。另一家大型云提供商——谷歌，也很可能成为新的 IT 巨头之一。但是，最大的云提供商是亚马逊，因此它看起来更有可能成为技术领域的新领军者。
>
> （资料来源：Economist, "Partly cloudy".17th October 2015. Vol. 417 Issue 8960，pp.67-68）

云计算的使用量在过去 10 年里有了巨大的增长。这个使用量大部分与通过复杂的供应网络转移大量库存和相关信息的过程有关，如图 6-1 所示。

图 6-1 云计算的使用量

（图片来源：Economist, "Partly cloudy".17th October 2015. Vol. 417 Issue 8960，pp.67-68）

6.2 问题：库存管理的战术"解决方案"

许多西方公司倾向于将库存管理视为一种"战术"活动——同样的"战术"态度也适用于一般的运营管理。因此，直到最近，采购和供应管理基本上是在本组织较低的层级进行的，并已被降格为类似于运营管理的反应性的职能。在西方，这意味着采购被视为一种"购买功能"，对生产和服务水平的要求做出反应——而这些要求反过来又由市场决定。

从一个非常务实的角度来看，《工业周刊》提供了一些减少库存的方法，如下所述。

12 种减少库存的方法

在一家制造公司里,存货有很多不同的特征,这取决于谁来看。会计视存货为资产,控制人员视存货为负债,生产主管视存货为安全网,而物料经理则视存货为钢丝。然而,对于存货的看法的一个共同之处是,每个人都认为持有存货会使成本变得高昂。以下是供应链咨询公司 Cornerstone Solutions 提出的十几个减少库存的方法:

1. 减少需求可变性;
2. 提高预测精度;
3. 重新审视服务水平;
4. 解决产能问题;
5. 减少订单的数量;
6. 减少生产批量;
7. 缩短供应商的交货时间;
8. 缩短生产提前期;
9. 提高供电可靠性;
10. 重新配置供应链;
11. 减少项目的数量;
12. 消除可疑的行为。

(资料来源:"12 Ways to Reduce Inventories",Industry Week,Sep 2008,(257)9:60)

我们将在本章后面讨论库存管理中使用的一些软件应用程序。尽管技术可以提供帮助,但还不够。库存技术中一个越来越有趣的领域是如下所述的射频识别(radio frequency identification,RFID)。

虽然 RFID 已经存在了几十年,但在零售巨头沃尔玛公司要求其关键供应商在运往沃尔玛位于得克萨斯州达拉斯的配送中心(DC)的每个托盘上采用这些芯片之前,它一直呆在技术工作台上。沃尔玛的最终目标是在其每一家 DC 和零售商店部署 RFID,减少库存和保持补充货架是所有零售商店的全部和最终目的。该大学 RFID 研究中心的初步分析表明,一个自动化的、支持 RFID 的库存系统在实验商店的准确率提高了 13%,RFID 研究中心主任 Bill Hardgrave 指出:"库存管理软件的准确性决定了订货和补充等重要流程。但是,库存管理软件的准确性往往较低,有时不准确度高达 65%。"相比之下,实验商店 13% 的改进,表明 RFID "可以显著减少不必要的库存"。他声称,对主要零售商及其供应商来说,这些减少的库存的价值可以用"数百万美元"来衡量。

(资料来源:"Wal-Mart Lays Down the Law on RFID". (cover story) Industry Week,May,2008,(257)5:72-74)

然而,战略观点在多大程度上真正被使用 RFID 的公司所接受还不清楚。正如我们现在所看到的,近几十年来,库存管理一直是企业面临的一个战略问题和挑战。

6.2.1 回顾

在 20 世纪 50 年代至 80 年代,人们普遍认为,企业应该尽可能地进行垂直整合。因此,看看下面的图 6-2,先前的期望是:只要有可能,公司将拥有所有的"供应链"或"供应网"。

我们在这里使用术语"链",因为它常常被这么用,但是,正如我们在第 5 章中看到的,公司通常在网络中运行,而网络通常是复杂的,而不是线性的"链"。

纵向一体化战略出现的原因是复杂的,它包括下列因素:

供应链内部控制的需要(包括成本、交付的保证和质量感知);

公司业务组合中业务活动多样化的可能性;

人们普遍认为,"我们的业务做得越大越好",在供应链内的活动(包括整个企业)可以作为一项资产显示在资产负债表上。

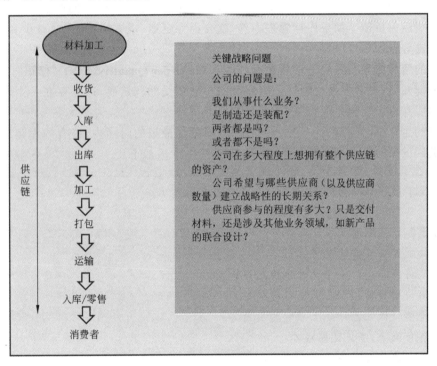

图 6-2 "供应链"内的问题

(摘自 Brown,2000)

《哈佛商业评论》(*Harvard Business Review*)捕捉到了这种策略背后的原理:

> 自 20 世纪 20 年代现代工业公司诞生以来,制造业战略建立在三个基础之上:供应和生产活动的垂直整合以控制成本,并保持原材料和其他投入的可预测性;严谨的研究创造卓越的产品;提供规模经济的市场主导地位。有了这些措施,制造商就可以确保拥有持久的成本优势、稳定的收入增长和巨大的竞争规模障碍。通常的回报是两位数的利润率和资本回报率。
>
> (资料来源:Wise R and P. Baumgartner,1999:133)

然而,随着时间的推移,很明显,这种策略存在重大缺陷。20世纪80年代,当西方公司开始了解日本公司是如何管理买方和供应商之间的关系时,这一问题被公之于众。Brown (1996:224)评论道:

> 在材料(或库存)管理方面,西方制造业与日本制造业之间的对比最为明显。这一领域也是西方组织学习的重要领域之一,因为西方国家试图效仿日本的一些做法,这些做法是日本在关键行业取得成功的基础。

然而,对于许多不愿承诺关系透明化的公司来说,买方与供应商的关系仍然存在(New, 2010)。

自20世纪80年代以来,人们的思维方式发生了重大转变,从将存货作为资产(可以作为公司"价值"的一部分显示在资产负债表上)的观念,转变为这样一种观念:存货可能成为公司的一项巨大负债。如果库存管理不善,就会因为延迟、成本增加、产量减少和对市场需求反应迟钝等被削弱竞争能力。

差劲的解决方案——经济订货数量(Economic Order Quantity,EOQ)"修正"。

我们都知道,对客户来说缺货或零库存是不可接受的。然而,这里存在一个矛盾,因为持有过多库存也可能给企业带来重大问题。

所有的企业都必须持有一定水平的库存(尽管在最短的时间内,持有的库存越少,通常对供应链内的所有企业来说都是最好的),其典型的原因如下:

> 充当不同操作之间的缓冲区;
> 考虑到供需率之间的不匹配;
> 考虑超出预期的需求;
> 允许延迟或提前的交货;
> 避免将产品交付给客户时出现延误;
> 利用价格折扣;
> 在价格较低且预计会上涨时购买商品;
> 满负荷生产,降低运输成本;
> 为紧急情况提供掩护。
>
> (改编自 Waters,2003:7)

然而,上述许多原因不过是内部业绩不佳或买方与供应商关系不佳的借口。类似地,在制品和成品库存往往被当成出现的经营和库存管理失误的掩护或"缓冲"。如果成品库存的存在是为了"迅速为消费者提供好的产品",那么就应该采取行动,确保在内部的流程中提高速度,而不是保持大量的制成品"以防万一",因为目前的流程无法迅速作出反应。此外,由于产品/部件的更新换代快速,在高科技市场上保持成品库存是危险的。当然,有些行业是季节性的或极不稳定的,淘汰的威胁很低,在这种情况下,持有原材料和成品库存是有意义的——然而,这种方法在许多行业几乎没有意义。

汽车行业的一个问题是成品水平,如图6-3所示。正如我们将在关于"及时"的讨论中看到的那样,在管理库存方面存在着需要解决的重大挑战。

图 6-3　汽车工业制成品库存的一个很好的例子

持有存货的问题如下：

库存持有的潜在问题

1. 存储成本；
2. 利息被套牢（因此成为资本的损失）；
3. 废弃存货；
4. 企业可用资金减少；
5. 持有的物品价格下跌；
6. 变质、盗窃、损坏。

相反，库存"缺货"的问题如下：

与缺货有关的问题

1. 未能满足客户需求；
2. 需昂贵的紧急程序来纠正情况；
3. 需更高的库存重置以补充成本。

缺货可能是一个大问题，让客户感到沮丧和恼怒。即使是最忠实的顾客，如果发生缺货事件，也可能会尝试更换，例子如下：

在材料（或库存）管理方面，西方制造业与日本制造业之间的对比最为明显。这一领域也是西方组织学习的重要领域。Jay Armstrong 刚刚打破了他在堪萨斯农场 50 年的家族传统：他买了自己的第一件不是 John Deere 品牌的主要设备。Armstrong 从 Dragotec USA 订购的意大利产玉米联合收割机将于 5 月抵达。Deere 公司价值 5.9 万美元的收割机要到 8 月份才能发货。他说："除了迪尔的绿色和黄色，我过去对所有颜色都看不见，我的色盲现在已经消失了。"

近年来，Deere公司一直致力于成为一家按订单生产的公司。这提振了价格和利润，因为库存越少，公司所需的原材料和营运资金就越少。但随着农业经济的走强，减产和该行业最紧张的库存已导致Deere设备短缺。这将Armstrong等客户推向了竞争对手。

在截至1月31日的12个月中，Deere公司库存缩减了28%。在最近12个月公布的销售的百分比数据中，Deere公司的库存仅占销售额的12.3%，包括爱科（Agco）和卡特彼勒（Caterpillar）在内的15家农业和建筑设备制造商中处于最低水平。较少的产品对该公司的经销商有重大影响。"这意味着我正在失去市场份额。"Larry Southard说。他是爱荷华州中部一家经销商的共同所有人，该经销商90%的销售额来自迪尔的齿轮。他估计，如果他的经销商有足够的库存来满足客户的需求，而且产品发货速度更快，那么今年的销售额将会增长20%。Southard表示："我怀疑，我们一个月至少会失去6笔交易。"

他说，原因之一是，最近为玉米和大豆等作物订购了拖拉机的农民，从9月份开始收割作物，却可能要到12月或1月才能拿到拖拉机。

伊利诺斯州莫林迪尔公司的发言人Ken Golden说，Deere公司对库存管理的"高度重视"改善了公司的财务状况，使其能够为客户设计更好的产品。在经济衰退期间，一些设备制造商的销售出现下滑，Deere公司精明的做法无疑缓和了其利润受到的冲击。该公司过去12个月的利润下滑52%，低于Agco的65%和卡特彼勒的75%。瑞银分析师Henry Kirn表示："Deere（在管理库存方面）可能略领先一步"，因为它一直"专注于将库存清出仓库，并使库存随着时间的推移变得更精简。"

迪尔首席财务官James M. Field在2月18日的电话会议上表示，该公司关于全球经济衰退对北美农民的影响的判断过于悲观。Deere公司在去年11月预测，在截至10月31日的12个月里其净销售额下降19%之后，今年的净销售额将下降约1%。迪Deere预计生产吨位将下降3%。今年2月，该公司上调了预期，预计2010年销售额将增长8%，原因是农业现金收入的增长远远超过预期。

Deere公司的Golden说，该公司正在提高产量，以配合增长的订单。尽管如此，堪萨斯州（Kansas）的农民Armstrong仍然认为，由于公司的库存紧缩，不好的购买体验可能会持续。他表示："Deere的商业计划试图控制供应，而不是销售产品和提供服务，这一计划将反过来困扰他们。"

最重要的是，库存管理在经济低迷时期至关重要。但随着业务的加强，在不放弃未来销售的前提下实现利润最大化是困难的。

（资料来源："Low Inventory Angers John Deere Customers". BusinessWeek, 26th April, 2010）

然而，持有存货会导致巨大的成本。这些成本包括不经常大量订购的情况，从而降低订购成本并增加批量折扣，或者经常少量地订购，以降低存储成本并改善现金流。这个问题的"解决办法"被认为是经济订货数量（economic order quantity，EOQ），这实际上是使总库存和订货成本最小化的订货数量。

然而，应当指出的是，EOQ的假设前提不够充分，包括需求恒定的思想，几乎没有不确定性,只有订单和存储成本是相关的,且订单只针对单个项目。此外,EOQ 只确定要订购多少,而不确定何时下订单。对此可以采取两种办法:连续审查制度或定期审查制度。在持续审查制度下,当持有的存货位于预先指定的重新订购地点时,才会下订单。再订购点是通过计算库存在一段时间内的平均使用情况,以及与从下订单到交货之间的预期交货时间对比来确定的。因此,EOQ 公式存在的主要问题如下所示。

> **EOQ 公式是基于以下假设**
>
> 1. 所有的成本都是已知的,并且不会变化——对一个项目的需求也是同样已知的,并且不会变化。
>
> 2. 由于第一点,每件商品的单位成本和重新订购的成本都是固定的,不会随着数量的变化而变化。
>
> 3. 每个订单只交一次货——这在满足采用 JIT 的条件的基础上是可以接受的,但在 EOQ 方法下,这种"一次性交货"的方式意味着买方将承担持有库存的成本,直到实际需要这些材料,持有库存的成本才会在一段时间内下降。一次性交货并不一定会加快材料的使用速度,这样做可能只是鼓励在需要材料之前将材料放到工作区域。这种做法将产生瓶颈,并增加在制品的工作量。

EOQ 公式掩盖了一些重要问题,包括以下方面。

1. 订货成本

在 EOQ 公式中,这被视作常数,不用考虑:

(1) 下单的距离;

(2) 沟通方式:电话、传真、电子数据交换(Electronic Data Interchange,EDI)及下单时间;

(3) 下订单的特定人员的工资成本。

2. 库存成本

就所有实际目的而言,试图确定库存的成本是不可能的。Waters(2003)认为:通常计算库存的成本的时间是一年,因此,持有库存的成本可以表示为"每年每单位 10 英镑"。

另一种方法是根据购买商品的实际成本收取一定比例的费用(例如 25%)。因此,一件 100 美元的物品的存储费用为 25 美元。这样做的问题是,在任何时期持有一件物品,特别是如果该物品是高科技部件,就会有过时的风险,从而使库存本身成为多余。此外,试图计算出一项商品可能有库存的"标准时间",往好里说就是伪科学,往坏里说就是提高单位组件的间接成本的一种手段,其目的是增加另一项主要间接成本——仓储。EOQ 方法与准时生产管理是格格不入的,我们将看到准时生产管理是在需要时而不是在那之前"确定"材料和组件的确切数量。EOQ 公式鼓励持有缓冲库存,支持"以防万一"的心态,而不是"及时"的方法。

通常添加缓冲库存是为了应对不确定性,比如高于平均使用量或延迟交付库存。在定期审查制度下,并没有固定的订单数量,因为订单通常在固定的时间间隔内发出,订单数量是通过比较计划库存水平和实际库存水平来确定的。例如,大多数酒店和酒吧都有一个确定的"常规库存"水平,并每周重新订购一两次。实际上,这两种库存管理的基本方法有很多组合,包括基本库存、可选补货和可视化系统。

那么,很明显,EOQ"解决方案"根本不是真正的解决方案。这种方法表明,学者和实践者可能都喜欢为复杂的动态变量寻找"答案"。

对于打算以战略方式管理库存的库存管理人员来说,一个好的起点是在"作业成本分析法(ABC)"分析中评估库存的范围。

6.2.2 ABC 分析

ABC 分析尽管过于简单,却是一种非常准确的库存管理方法。它基于这样一个事实:组织总库存范围内的组件具有不同的价值或成本。ABC 分析可以用两种方法进行。第一,它可以通过关注特定产品并分析其成本来实现;第二,它可以通过查看公司内的整个产品系列和分析整个系列的组件成本来实现。(在生产多种不同产品的地方要用到。)

在 ABC 分析中,基本规则是:如果我们将一个成品分解成一个零件列表或"材料清单"(我们将在后面讨论),并列出所有的组件,然后将它们列入成本列表,我们会发现,大约 20% 的组件的数量占产品成本的 80%。当然,这个"经验法则"并不是一成不变的,比如说,17% 的部件占了 76% 的成本。ABC 分析很重要,因为它有助于关注库存管理中的关键问题。A 类组件是那些在买家—供应商的战略关系中需要管理的组件。

基本的 ABC 分析如图 6-4 所示。

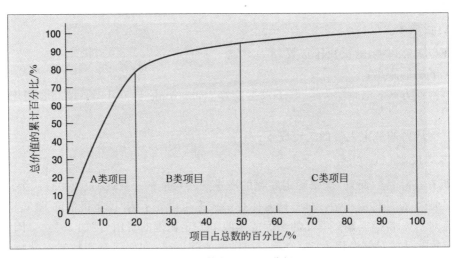

图 6-4 简化的 ABC 分析

一旦我们进行了 ABC 分析,我们就可以使用强大的系统来管理库存。最近一些最重要的库存管理方法包括 MRP、MRP Ⅱ 和 ERP,我们将依次了解它们。

6.2.3 制造业物料需求计划(MRP)的出现

物料需求规划(MRP)的产生,是因为人们认识到,在大批量生产环境中,支撑工艺时代的物料管理的假设不适用于大规模生产时代。早期的库存控制系统将需求看作是独立的,也就是说,需求是由客户直接从外部产生的,因此,由于需求随着时间的推移而积累,客户的需求通常更为稳定。虽然来自一个客户的需求可能是"起伏不定的",但是来自许多客户的需求可能会创建相对统一的需求。这种独立的需求在今天仍然适用于许多经营活动,特别是那些直接面向公众的大规模零售,如超市、餐馆、百货商店等。事实上,美国经济中44%的库存是批发和零售的商品(Krajewski & Ritzman, 2010)。然而,就对零部件的需求而言,这种相对统一和持续需求的概念不太可能适用于组织内部。在这种情况下,需求是相互依赖的。这意味着需求是"起伏不定的",因为对零部件的需求会随着时间的推移而变化,这取决于产出的数量;这种需求并不会聚集成平稳的需求,而是由计划的活动日程所决定的;最后,基于独立需求的重新排序系统只关注运用历史,而忽略了未来的计划。

MRP 是由 IBM(International Business Machines Corporation)的 Joseph Orlicky 和咨询师 Oliver wright 在 20 世纪 60 年代和 70 年代(Orlicky, 1975)开发和改进的。它从生产计划中获得零部件和原材料的非独立需求(dependent demand),并根据交货提前时间和生产需求确定订单点,取代了再订货点系统。物料需求计划由主生产计划(Master Production Schedule, MPS)、库存记录和产品结构导出。产品结构是指生产一项产品所需要的图表、工程图或材料数量清单,通常称为物料清单(Bill of Materials, BOM)。结构通常显示为层次结构或"零件分解图"(参见下面的图 6.6)。例如,最终产品(0 级)可能由组件(1 级)组成,每个组件由子组件(2 级)组成,每个子组件集可以由零部件(3 级)组成,依此类推。

MRP 系统通常采用商业软件的形式。这种商业化已经导致了与系统相似的方面出现不同的术语,尽管有一些常用的术语,但一般来说,所有 MRP 系统都涉及以下管理:

MRP 管理活动的范围

1. 总需求(gross requirements),即在给定时期内生产计划产量所需的材料总量;
2. 可用库存,即在任何给定时间段内可供使用的实际库存;
3. 已分配的库存,即由于已分配给其他用途,如备件,库存不能作为计划的一部分;
4. 安全库存,即不可用于计划的库存,因为其存在是为了应对不确定性;
5. 净需求,即满足预定需求所需的材料数量;
6. 计划收获,即已经订购并预计从供应商处收到的库存,可以假设在计划期间有库存;
7. 计划订单接收,即计划收到的材料数量,满足或大于净需求(如果订单规模限制要求);
8. 计划订单的发布,即为满足计划而制作订单接收,在限定的时间内计划的产量。

从本质上讲,MRP 非常简单。它只需要寻求下列问题的答案:

管理 MRP/MRP II 的关键问题

1. 要生产多少产品?
2. 这些产品什么时候需要做?

3. 就材料和部件而言,最终产品的组成是什么?
4. 目前库存的零部件和材料的数量和类型是什么?
5. 确定一个数字(从问题 3 的答案中减去问题 4 的答案)然后再考虑:需要向供应商订购多少产品?
6. 供应商的交货时间是多少?
7. 因此,什么时候必须下订单?

一旦找到了这些问题的答案,以零部件为基础的"数字运算"就开始了。基本计算结果,如图 6-5 所示。

时间段(每周)	1	2	3	4	5
所需经费毛额		50		150	
在途量		100		50	
库存(库存余额)	100	150	150	50	50
计划下达订单	100		50		
交货期=一周					

注:有些系统在"预定收据"和"计划收据"之间存在差异,这一点在上文没有列出。为了简单起见,上面的示例假设在某段时间内请求的"计划订单发布"将成为"下一段时间的预定收据",因为准交货期为一周(改编自Brown, 1996)。

图 6-5 基本的 MRP 计算

MRP 系统的另一个特性是"零件分解图",即成品被"分解"成"不同级别"的部件,以便清楚哪些部件依赖于其他部件。例如,在图 6-6 中很明显,三轮车的一些部分是一级的,而其他部分是二级的。这对于跟踪组件在公司产品范围内的"排列"位置非常重要。

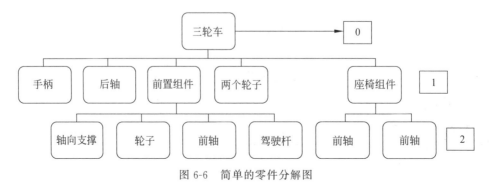

图 6-6 简单的零件分解图

使用这些数据后,计算机化的系统通常会产生一个物料需求计划、优先级报告、性能报告和行动通知,以引起管理层对异常情况的注意。事实上,MRP 成功的一个要求是它应该是一个集成的、跨功能的过程。奥利弗·怀特列出了 25 个关键点——他称之为 ABCD 检查表——公司可以根据这些关键点来评估其对 MRP 的采用程度。显然,这是为了鼓励运营、销售和财务部门之间的密切联系。ABCD 检查表如下。

ABCD 检查表

1. 公司有正式的由总经理制定的月度销售和运营计划。
2. 公司拥有与其操作系统完全契合的业务规划流程。
3. 公司的所有部门都使用一组通用的数字来驱动业务。
4. 有一个单一的数据库,驱动所有材料和产能规划。
5. 系统支持每日计时段,并可每日运行。即 MPS(Master Production Schedule)、MRP 和 CRP(Commercial Rent Planning)。
6. 公司拥有适当的数据精确度,以支持卓越的业务。
   a) 库存记录 98%~100%
   b) 物料清单 98%~100%
   c) 工艺路线 98%~100%
7. 主生产计划是现实的,因为没有过去的生产计划,也没有对关键资源的过载。
8. 主计划项目的所有组件和成分都有有效的物料计划。
9. 所有工作中心都有有效的能力计划。
10. 公司致力于按计划完成任务。它实现了:
    a) 按时向客户全面交付 98%~100%
    b) 工厂按时完成计划 98%~100%
    c) 供应商及时交货 98%~100%
11. 预测至少每月更新一次,客户承诺的订单与主计划直接相关。
12. 新产品导入和工程的变更在公共系统中得到有效管理。
13. 公司有一个计划,即减少交货时间、批量和库存,以获得竞争优势。结果是可见的。
14. 公司有足够的理解用户需求的水平,以支持卓越的业务。
    a) 80%的员工受过初等教育
    b) 有组织的持续教育方案
15. 公司正在通过利用供应商的时间安排表和相关技术与供应商合作。
16. 公司正通过更紧密的联系和共享信息与客户建立伙伴关系。
17. 公司正在改善其客户服务水平和加速库存周转。
18. 公司将业绩计量作为监视和改进所有业务流程的机制。
19. 公司使用这样的措施来持续监测和提高其在市场上的竞争地位。
20. 公司致力于持续改进以保持竞争优势。

> D 类用户一般既不是 MRP 操作的用户，也不相信 MRP 数据。通常，店员会有一个手写的记录册，当他们想知道库存真正有什么时，任何人都可以参考。手工记录和排程是对糟糕的数据准确性和 D 级绩效的致命背叛。即使 MRPⅡ（Manufacture Resource Plan, MRPⅡ）要求的所有条件都具备，缺乏准确的数据也会使输出变得毫无价值。D 类用户把 MRP 包当成（非常昂贵的）打字机！
>
> 一个 C 类用户可能拥有一个非常好的 MRP 系统，这在 20 世纪 50 年代和 60 年代是很常见的。该系统将启动订单，而进度跟踪人员将加快执行呼声最大的客户的订单。它们永远不会比 C 类更好，因为它们不会使用可用资源尝试管理 MRP。C 类的指标是缺少管理的主计划和综合能力规划。
>
> B 类用户将通过销售和操作计划以及托管主调度过程进行容量资源管理。但没有适当控制 ERP/MRPⅡ 的所有要素，通常表现为必须获得次要的优先信息，才能通过生产获得"热门"工作。
>
> 一个 A 类用户将在检查表上得到 18 分或更多，既不需要短缺表也不需要进度追踪。相反，生产控制和监测通常使用规划系统的产出来进行。98% 以上的准时交货将很快成为公司文化的一部分。错过发货甚至是库存错误会成为令人担忧的主要原因，而不仅仅是一种生活方式。
>
> （资料来源：http://www.bpic.co.uk/pdf_docs/abcd_checklist.pdf）

然而，MRP 并不是一个很好的解决方案。Oliver wright 认为只有不到 10% 的公司是他所说的"A 类"用户（即公司在上面的清单中得分至少 18 分或更多）。

MRP 还要求高数据完整性，也就是说，数据的准确性必须是高的和一致的。由于传统上库存水平的数据准确性较差，以及供应商报价的交货时间的情况更加糟糕，MRP 的普遍失败并不让我们感到意外。精度原本就低——例如，交付一个组件的准备时间通常可以引用——输入数据库——比如，14 周。这样做有几个问题：任何人都可以预测 14 周内需要什么材料，并且对于交货承诺来说，一周的时间单位已经过于宽松了。

MRP 在以下四种情况下运行最佳

大容量，流水线流程。

产品结构复杂，材料清单层次繁多。

生产批量相对较大。

波动性有限。瓶颈、仓促的工作、高废品率和不可靠的供应商造成了不适合 MRP 系统的不稳定环境。

6.2.4 从 MRP 到 MRPⅡ

MRP 发展成 MRPⅡ，MRPⅡ 本质上包括 MRP，并添加了其他管理成分，如工具配置、工艺流程、容量可用性和工时需求。因此 MRP 是 MRPⅡ 的子集，如图 6-7 所示。

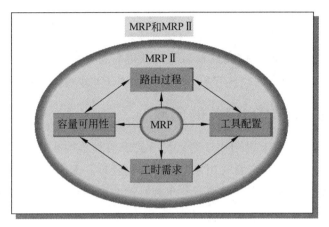

图 6-7　MRP 作为 MRP Ⅱ 的子集

工厂经理经常会提到 MRP，而实际上他们拥有的系统是 MRP Ⅱ。这两个术语几乎可以互换。如果执行得当，MRP Ⅱ 可以为材料规划和产能管理作出巨大贡献。

问题在于，管理人员往往希望立即解决库存管理不善的问题。他们不相信仅通过 MRP/MRP Ⅱ/ERP 软件就能解决这些问题。高层管理人员缺乏对物资管理的战略性重视，是造成失败的一个重要原因。但是，当有一个战略性的和全面的方法来管理库存时，下面的"闭环"系统就变成了现实，如图 6-8 所示。

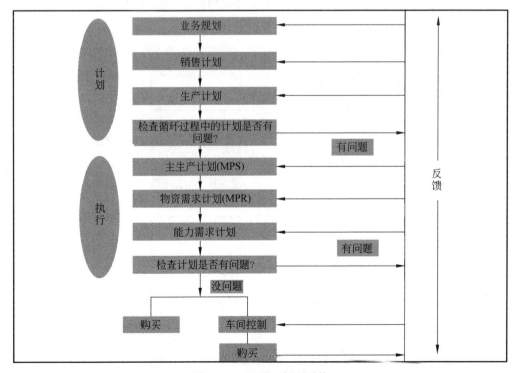

图 6-8　MRP Ⅱ：闭环系统

此外，MRP 应该会促使企业与供应商的关系更好，因为从理论上讲，所有的交货时间都是已知的，因此不会对供应商提出不合理的交货要求。诚然，交货时间是有可能更短的，特别是当 MRP 与 JIT 一起使用时（我们稍后将对此进行讨论），但是这更多地与通过与供应商的关系不断追求交付能力的改善有关，而不是对 MRPⅡ 本身的反思。

6.2.5 解决与 MRP 相关的问题

没有什么可以阻止 MRP 被用作计划系统。关于 JIT（准时生产）的工具和技术，我们将在本章的后面讨论，以便仅在需要时用来"拉动"物料管理。无论如何，在给定的时间段内必须有某种"总体规划"，因为库存不可能凭空出现！因此，MRP/MRPⅡ 可以作为一个详尽的管理工具，通过它可以确定产品的数量，从而在整个过程中跟踪子组件。MRP 不应该用来把还不需要用到的部件或材料"推"到工作站。JIT 的支持者（以及 MRP 的批评者）已经指出，大多数公司的 MRP 系统都这样运行——但是，这更多地与管理层错误地使用 MRP 有关，而不是系统本身。MRP 可以提供一个规程，使关键领域，如主生产计划、材料清单、供应商的交货时间和其他数据完整可靠地、准确地被相关各方知晓，这对于任何运行良好的管理信息系统都是必不可少的。

MRP 鼓励在公司内部采取全面的方法。正如 Waters（2003：279）指出的：

MRP 的引入需要对组织进行相当大的变革，而这些变革的需求来自各个领域。

MRP 系统还可以用来突出交付速度和可靠性方面的业务能力问题。

MRP 内部的联系如图 6-9 所示。

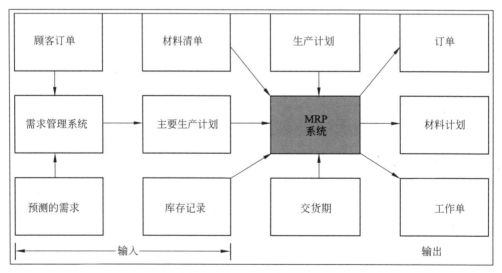

图 6-9　MRP 系统内的联系

MRP 成为向库存战略管理演进的重要一步，如图 6-10 所示。

第 6 章 库存管理、MRP、ERP 和 JIT

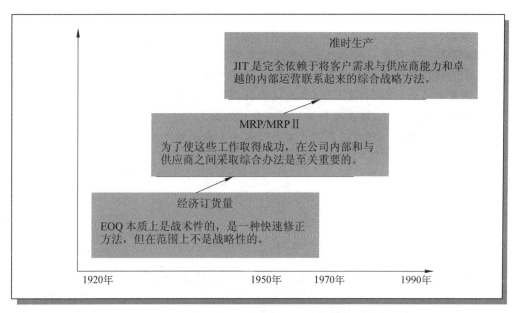

图 6-10 制定库存管理的战略重要性

6.2.6 企业资源规划

ERP 系统超越了 MRP 和 MRP II，整合内部和外部业务流程。虽然 ERP 系统已经变得很流行，但是实施 ERP 是费时且昂贵的。和所有软件的"解决方案"一样，ERP 也有它的支持者和批评者。系统的基本流程如图 6-11 所示。

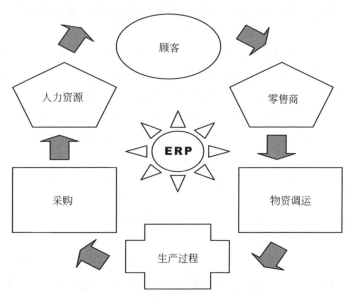

图 6-11 企业资源规划(ERP)系统如何连接供应链
(Brown et al,2001)

虽然 MRP 和 MRP II 仍在使用，但 ERP 在一定程度上已超过 MRP。使用 ERP 的好处包括：

> 对业务的所有部分所发生的事情都有更大的可视性。
> 基于流程的更改可以帮助提高业务的所有部分的效率。
> 对运营有更好的"控制感"——这反过来提高了持续改进和质量。
> 可以更好地与客户、供应商和其他业务伙伴沟通。
> 能够整合包括供应商的供应商和客户的客户在内的整个供应链。

然而，ERP 的缺点包括：

> 非常贵。
> 定制非常困难。
> 实施可能会给公司带来重大的组织变革。
> 执行的承诺可能是一场旷日持久、几乎永远不会结束的故事！

以下例子显示执行 ERP 的挑战：

> 2007 年初，位于切斯特菲尔德（Chesterfield）的不锈钢紧固件有限公司（工程集团 IMI 的子公司，并且是制造高完整性特殊紧固件产品的世界领先企业）认识到，它必须更换老化的 ERP 系统。由于缺乏客户关系管理能力，并且依赖于电子表格程序进行主调度，很明显，该系统已不再适合使用。
>
> 但是用什么来代替呢？ERP 系统凭借自身优点提供竞争优势的日子已经一去不复返了。对于传统的制造商来说，现在拥有 ERP 系统仅仅是做生意的一部分，就像拥有电话系统一样。
>
> 但这并不意味着选择 ERP 系统是一个不重要的、不关键的决定。其实远非如此。ERP 系统运行起来是昂贵的、复杂的，如果不引入和小心地运行，就可能妨碍和阻碍业务。简而言之，选择 ERP 系统很大程度上就是"草率成婚后悔多"的情况。
>
> SAP（System Applications and Products）在英国的制造业主管 John Hammann 强调："ERP 系统需要足够灵活，让企业在预期的时间框架内实现增长最大化。它们不应该成为抑制剂或制动器。"
>
> 当然，事实上，许多公司已经知道这一点。这就是为什么在这个过程中会有如此多明显的关注，也是为什么参加 ERP Connect 2011 等活动如此受欢迎的原因。
>
> 但是，选择 ERP 系统还有另一个鲜为人知的原因（它与成本、技术、供应商的规模或其他任何常见的选择标准无关）。
>
> 这就是竞争优势。简而言之，每一家制造企业都有一个或多个具有竞争力的差异化因素，使它们能够脱颖而出。但是，在选择过程中，这些具有竞争力的差异往往没有足够明显地体现出来，而是湮没在冗长的查找功能清单中，而这些功能对企业来说实际上并没有那么重要。

结果呢？这一体系阻碍了业务的发展，损害了竞争力，并有失去客户、降低利润率和销售增长的风险。事实上，回到几年前，由于供应商迫切地想要以任何价格出售产品，大量的公司被推向了不合适的系统。

例如，早在2000年，麦塔研究公司（META Group）就得出了一个令人沮丧的结论：ERP的平均实施时间为23个月，成本为1500万美元，而企业的净现值为负150万美元。没错：负的投资回报率。

不过，值得赞扬的是，供应商已经意识到这个问题，不再那么轻易地承诺过高而交付不足。结果呢？供应商对给定系统的真正优势有了更清晰的认识，使他们能够准确把握未来系统在增强竞争优势方面真正能提供什么，从而使他们能够坚定地集中精力充分利用系统。

微软（Microsoft）产品经理 Steve Farr 表示，"我们鼓励潜在客户经历一个'发现阶段'：业务受到了什么损害？他们想对此做些什么？微软的 AX 和带有 NAV 标志的 ERP 系统深受中型制造商的欢迎。如今，推动销售的主要是战略性业务问题。"

例如，按订单制造的制造商，特别是以项目为基础的企业，不会从 ERP 系统中获得太多的好处，而 ERP 系统主要针对的是重复的消费品制造企业。

在后一种情况下，材料的清单和路线基本上是静态的，而竞争问题主要是灵活的调度、基于拉动力的补充和供应链。在前者中，重要的是将成本和人力与重要的特定项目联系起来的能力，再加上材料清单和工艺路线，很可能是特定项目的一次性选择。

IFS 全球销售总监 Antony Bourne 表示："'合适'至关重要。我们专注于按订单制造和合同制造市场，我们的 ERP 系统能很好地满足这些市场中的制造商的需求。"

与此同时，Infor 通过其 System 21 Aurora ERP 系统（该公司提供的多个此类系统之一），声明拥有工业流程的专业知识。

那么回到 Stainless Steel Fasteners 公司，ERP 系统的最终选择来自这样一种认识，即企业的竞争优势在于平衡复杂的产品配置——理论上约有2000万种变体能够被订购，以及卓越的库存管理和强大的客户关系管理。

因此，该公司董事总经理 Stephen Wilkinson 指出：Exel Computer Systems 的 EFACS E/8 使 Stainless Steel Fasteners 公司能够降低库存水平和采购价格。

他表示："如果我们想做出最佳的战略和战术决策，就必须获得客户、订单和库存水平的历史信息。我们处理的材料具有不同程度的可用性和价格波动——通过记录谁倾向于购买什么以及何时购买的历史记录，我们可以把握购买时机，利用十分有利的条件。"

（资料来源："Can ERP Boost Your Business's Competitive Edge?" The Manufacturer.com 区域：IT in manufacturing April, 2011）

MRP 和 ERP 的基本问题是它们可以成为库存管理的"推动"系统。这意味着，在操作员准备好之前，可能会有订购材料，然后在系统中"推动"它们的危险。如图6-12所示。

20世纪50年代，一些日本公司开发了一种基于"拉动"方法的替代方法，其中最有名的是丰田。它被称为"准时生产"（just-in-time, JIT）。

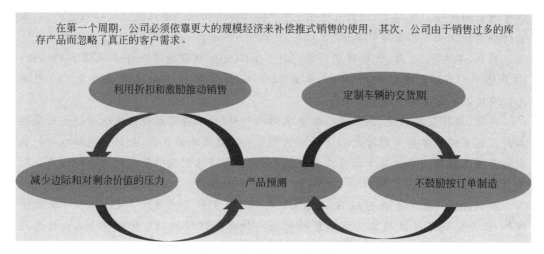

图 6-12 推式策略和拉式策略

（资料来源：Holweg & Pil, 2001）

6.3 精益运营

关于精益的说明在这里很重要。精益并不完全与库存有关，尽管这是管理精益的一个关键因素。虽然JIT是精益生产的一个主要部分，但是精益生产和准时生产是不可互换的。然而，精益并不仅仅与制造业有关，因为它的影响已经渗透到整个服务行业（Swank 2003；Womack & Jones, 2005），包括高等教育（Balzer, 2010）和医疗保健（Matthias & Brown, 2016）。

精益的本质是处理所有形式的浪费，浪费包括所有不会产生增值的操作。精益生产包括以下所有内容：

采用准时生产管理的一体化生产，始终保持低库存；

强调预防，而不是质量检测；

生产是由客户的需求拉动的，而不是为了适应机器负荷或其他内部调度的想法而进行的；

工作以团队形式组织，使用多技能的员工解决问题，消除所有不增值的生产过程；

紧密的垂直关系，整合从原材料到客户的完整供应链。

1990年出版的第一本关于精益的书是《精益——改变世界的机器》，其中大胆断言，精益生产将遍及所有类型的制造业：

……精益生产不可避免地会蔓延到汽车行业之外，它的采用将改变几乎所有行业的一切：消费者的选择、工作的性质、公司的财富以及最终国家的命运。

但近30年后，这一预言仍未完全实现。毫无疑问，精益已经产生了深远的影响，读者明智的做法是就这一点咨询主要的原创作家，如 Womack J.、Jones D. 和 Roos D. (1990)；Womack、Jones (1996) 和 Lamming(1993)。

下面描述了实现精益的好处：

按需生产（ON-DEMAND MANUFACTURING）

越来越多的制造商通过只生产他们确认能卖出去的产品来削减成本。2007年，当外科器械制造商Conmed决定精简生产流程时，高管们做了常见的选择。这家在尤蒂卡（Utica）的公司将更多的生产线转移到中国，或者它将投资于自动化。

Conmed选择了第三条道路：彻底改革生产。拥有600名工人的尤蒂卡工厂的长装配线已经被U形的小型工作站所取代。堆积如山的塑料盒子装满了足够多的零件，足够维持数周的生产，它们已经被仅仅几个装有准确所需数量的零件的箱子所取代。

工人们不再疯狂地生产那些在仓库里闲置的产品。相反，他们只生产客户当时需要的数量的产品。Conmed计算出，全世界的医院每90秒就会使用一种一次性设备，用于在矫形外科手术中插入和移除关节周围的液体。所以这正是一个新产品从装配线上生产出来所需要的时间。越来越多的产品，比如切骨器械，只有在医院下了订单后才会生产。负责全球业务的副总裁David A. Johnson表示："我们的目标是将我们的业务尽可能紧密地与产品的最终买家联系起来。"

精益制造，是以最少的时间、材料和金钱耗费生产产品，是几十年前由丰田汽车等日本公司首创。现在，越来越多的美国企业正在尝试一种更为极端的精益形式。除了提高工厂的效率外，它们还将产出与当前需求挂钩，而不是按照3个月至6个月的预测。在北卡罗来纳州达勒姆市的TBM咨询公司（TBM Consulting）负责业务发展的董事总经理William A. Schwartz说，"越来越多的公司做出虔诚的承诺，生产他们确认可以卖出去的产品。"TBM公司为化学品、建筑材料和包装食品生产商制定了按需生产战略。

在资本匮乏的时期，企业无法通过让零部件和成品闲置在库存中来套现。现在，即使公司下了订单，也不能保证其能获得资金来完成购买。希曼公司（Seaman Corp.）是伍斯特（Wooster）一家为工业和建筑业生产重型织物的公司，它的首席执行官Richard Seaman指出，在过去经济衰退的大多数时间中，企业对下个月需求的预测一般都在5%以内。他说，"在过去的四五个月里，这一情况发生了翻天覆地的变化。"向精益生产的转变有助于帮助公司适应新的环境。希曼公司曾经在六周内完成了大量的订单。现在，一些面料在下单48小时后就可以出货了。

把所有人联系在一起

下一个挑战是更清楚地了解客户端的现状。天弘（Celestica），这个价值77亿美元的电子设备合同制造商，正在推出一个名为Liveshare的系统。该公司希望在两年内，Liveshare能够让天弘所有的客户、全球的工厂网络和4000家供应商共享每种产品的需求、生产、库存和发货方面的实时数据。一些供应商已经在使用Liveshare了，但是他们的计划还包括主要的电子产品的买家。

比方说，百思买（Best Buy）的一名采购经理需要购买天弘组装的热门视频游戏机。如今，多数买家会使用电话、传真和电子邮件来评估天弘能以多快的速度发货。但是，买家检查天弘的在线数据库时,就会看到显示出生产线上有多少台游戏机正被推出生产线的最新图表。天弘可以查看百思买的库存和销售数据,估算出该连锁店需要多少台游戏机。"这将是一个多么巨大的突破。"首席执行官 Craig Muhlhauser 感叹道。

并非所有的商品都可以或应该按订单生产。Conmed 2008 年的销售额为 7.42 亿美元,其中约 80% 来自出售给医院的数百万件一次性用品,而这些医院对一次性用品的需求相当稳定。对于批量生产的商品,Conmed 根据每隔几个月更新一次的需求预测来确定每小时的产出目标。在此之前,大量货物一直存放在仓库里,直到售出为止。

在 Conmed 的尤蒂卡工厂,液体注射设备的组装区曾占用了 3300 平方英尺,并储存有价值 9.3 万美元的零部件。现在,它只覆盖了五分之一的空间且只储存了价值 6000 美元的零件,人均产出增长 21%。这些改进所带来的节约效果是否优于在中国所能达到的水平?那里的工资虽然低得多,但很大程度上被长时间的交货、库存积压、质量问题和不可预见的延误所抵消。Johnson 说,"如果更多的美国公司采用这些生产方法,我们就可以与任何人竞争。"

(资料来源:Lean and mean gets extreme. BusinessWeek,23rd March,2009)

然而,务必记住,精益运营不仅仅是为了节约成本。这样的节省是实施精益实践的结果,特别是遏制浪费(Muda)。对成本节约的关注可能是短视的,而管理者需要做的是改进质量、布局和库存的关键指标。然而,正如《行业周刊》(2015)指出的那样,尽管如此,成功实施精益带来的成本效益可能会令人印象深刻:

首先,让我们明确一点:精益生产不是一种降低成本的策略。精益的核心是为客户提供价值,并将过程中的浪费最小化。然而,在许多情况下,降低成本是消除浪费和优化价值流的副产品。此外,正确的改进计划和项目,不管它们是否根植于精益思想,都有可能降低成本。具体来说,根据 2014 年工业周刊最佳工厂奖得主和最终入围者的记录显示,由于具体的持续改进措施,每个员工在日历年的平均节省金额为 6694 美元。在低端市场,就是每名员工 206 美元;而在高端市场,这一数字飙升至每名员工 2.2 万美元以上。

ERP 和精益如何共同起作用的具体描述如下:

在 MRP/ERP 的"推动"和精益的"拉动"中寻找和谐

对于许多大型和中型制造商来说,要使全公司范围的企业资源规划(ERP)系统能够与工厂车间的精益计划相结合,就需要一种微妙的平衡。在过去的 20 年里,ERP 被绝大多数的制造企业所实施,如今 ERP 就像 20 世纪 50 年代的机油一样无处不在。与此同时,成千上万的制造商采用了基于丰田生产系统的精益管理原则。精益员工驱动的生产线持续改进理念与全公司范围内的材料规划软件之间的勉强结合,让制造商陷入了困境。阿尔伯塔省埃德蒙顿市 Durabuilt 门窗公司总经理 Amar Randhawa 表示,"当我们第一次实施精益计划时,我们就觉得自己陷入了两难境地。ERP 和精益是非常矛盾的。

例如，我们生产车间的工作流程是根据 ERP 设定的，我们必须对 ERP 进行更改，以实现精益。"精益和 ERP 的主要冲突在于物料计划和生产调度。ERP 采用自上而下的方法，依靠物料计划和销售预测。相反，精益坚持基于拉动的生产调度原则，通过工厂内的看板系统将库存保持在最低水平，根据需要补充材料和部件。实际上，这是"推"与"拉"的典型冲突。尽管存在这些差异，制造商正在寻找创造性的方法，使他们的精益计划和 ERP 系统共存，甚至共同工作。例如，一些制造商发现将 ERP 用作记录系统、记录处理过的订单、消耗的材料和发运的成品非常有用，同时将 ERP 应用于工厂之外。其他人则使用"中间件"来弥合精益和 ERP 之间的差距。一家公司已经成功地将 ERP 和精益结合起来，它订购了一个定制的 ERP，然后对其进行调整，使其与精益生产方式相结合。许多 ERP 软件公司已经整合了精益功能，包括支持流程制造、向供应商发送看板的电子信号和排序。但制造商普遍认为精益和 ERP 是分离的，以至于位于加州库比蒂诺的软件供应商 Ultriva 通过将其供应链软件定位为工厂车间精益和 ERP 之间的桥梁，找到了一个蓬勃发展的利基市场。Ultriva 首席执行官 Narayan Laksham 表示："目前，我们约有 150 家工厂使用我们具有 SAP 及其他 ERP 系统的软件。一些 ERP 供应商已经尝试改造他们的精益软件，但是他们的需求预测驱动着他们的系统，而实际需求驱动着精益。"

保持精益和 ERP 分开

采用将 ERP 大部分保留在精益驱动工厂之外的策略，已经成功地为天合汽车集团 (TRW Automotive Holdings Corp) 的欧洲基础制动部门实施。该部门由来自五个国家的加工厂组成。该部门生产制动卡钳、刹车鼓、助推器、防抱死制动系统、电子稳定控制系统，以及各种悬挂部件。TRW 的欧洲制动部门在每一个工厂内部依赖精益运作。但当涉及与客户和供应商打交道时，ERP 提供信息。投资组合主管 Michel Berthelin 表示："所有进出工厂的物料信息都被输入 ERP。"TRW 采用这种方法的原因很简单。Berthelin 解释道，"这些系统往往会发生冲突，ERP 是基于 MRP 的，它的工作能力是无限的，而忽略了我们人类所面临的问题。"因此，Berthelin 说，"我们基本上是在为工厂以外的任何事情运行 ERP。ERP 反映了来自客户的订单。"在自动化计算的辅助下，每个工厂的物流规划人员从 ERP 中获取客户订单数据，并手动调整需求水平，以便每天生产的相同数量的每种产品的零件。这种需求水平调整每周进行一次，以反映新的需求数据，并预测未来几周的平均产量。Berthelin 补充说："我们的内部流程和供应基础的需求预测超过四周，因此没有人看到需求的激增。"通过这种方式，ERP 提供了关于客户订单的原始信息，然后每个工厂都根据客户驱动的数据计算自己的需求水平。反过来，需求水平又决定了工厂每天生产什么。

需求均衡的重要性

Berthelin 说："这个水平阶段，使工厂内基于拉动式生产的看板系统与包含客户订单的 ERP 进行通信非常重要。通过这样做，我们正在平衡我们的生产计划和客户的需求周期。"换句话说，通过聚合一个月的订单，TRW 的每个工厂的制动部门调度程序能够随着时间的推移将工作负载平摊。这消除了需求的激增,否则可能会对精益生产造成严重破坏,而精益生产在物料流动平稳、生产进度相对平稳的情况下效果最好。调整需求水平可确保零件在以正确的时间生产,以满足客户的需求。Berthelin 说:"我们努力使订单排序的需求对我们来说不是一个问题,因为我们生产零件的速度要与客户需要这些零件的速度相同。"除了订单流程,ERP 在生产流程结束时再次发挥作用,因为刹车部件已经完成,可以交付给客户。TRW 欧洲基础制动部门,高级物流经理 Paul Ridealgh 补充称:"当成品被拿到卡车上运往客户时,它们会以条形码告知 ERP 系统,这些零部件将运往客户。"TRW 的欧洲经理们认为,以看板为驱动的精益工厂运营方法结合 ERP 与供应商和客户沟通,是使精益和 ERP 共存的最佳途径。Berthelin 说:"将需求均衡和看板卡与 ERP 结合,是一个非常成功地方法,用以监控营运资金的使用。"Berthelin 建议制造商谨慎使用基于 ERP 的材料规划。他表示,"ERP 需要被密切监控和不断检查,因为它可能是非常不可靠的。例如,有时客户的订单可能不一致。此外,两种系统(精益和 ERP)之间的界限需要明确界定,以避免混淆。"Ridealgh 补充道:"如果你认真对待你的精益计划,你将会让精益和 ERP 共存。我们从未见过一家制造商成功地在工厂里同时使用精益和 ERP。"

使 ERP 支持精益化

一家为精益和 ERP 不匹配找到创造性解决方案的制造商是 Durabuilt 门窗公司,该公司运营着一座有 450 名员工,占地面积为 18 万平方英尺的工厂。Durabuilt 使用 Cantor 独家定制的版本,这是总部位于赫尔辛基的 Glaston Corp.开发的 ERP 系统,Durabuilt 将这个定制版本称为 Duraquote 360。公司从 2008 年开始使用 ERP 系统,并在过去的三年里践行精益管理原则。Durabuilt 的四名 IT 员工必须做的第一件事就是调整 ERP 系统,以支持工厂采用精益管理原则。总经理 Randhawa 说:"我们已经将装配线修改为单件流程,我们必须调整 ERP 来支持这一点。就连 ERP 的工作流程都已经设定好了——我们必须生产 50 个或 100 个盒子,才能进行下一个订单。"现在,不再是成批的零件放在箱子里等待几个小时才能使用,而是在需要的时候把零件送到生产线上。Randhawa 很快就断言 ERP 对于公司的精益工作是必不可少的。他表示:"如果我们没有 ERP 系统,我们的精益计划就不会奏效。"在 Durabuilt 有 ERP 系统之前,公司先发送纸质文件到采购部订购材料,然后到收货部等待材料的到货。他说:"现在我们不需要转送文件,材料的订单直接交给供应商。有些通过电子方式,有些通过传真。这是一个更快的过程,我们不会因为人为失误而错过任何东西。现在我们在系统中设置了计算材料提前交货时间的功能,这样我们就可以提前向客户提供准确的交货日期。"通常,订单是由销售人员输入 ERP 系统的。订单会被送到调度部门,在那里,如果订单有时效性,一个由 17 名调度人员组成的团队就可以对立刻订单进行批量生产。如果细分市场每隔几周只需要一定数量的门窗,则可以分阶段生产。最后由 Durabuilt 的卡车装载着成品门窗,运送给整个地区的客户。

> **制定生产计划**
>
> 然后,调度人员使用 Durabuilt 360 ERP 系统创建和调整生产计划,同时,考虑到每条生产线的产能和各种订单、它们的复杂性和时间敏感性,每天对其进行微调。最后,调度人员必须权衡 Durabuilt 车队的运输时间表(这些卡车负责在整个地区运送门窗)。对于 Durabuilt 来说,就像许多制造商试图平衡精益和 ERP 相互冲突的能力和需求一样,这是一个微妙的平衡。
>
> (资料来源:IndustryWeek,2012)

6.3.1 准时生产(JIT)

JIT 在本质上比早期的库存管理和 MRP 系统更全面。它不仅涉及能力、材料和库存,还包括质量管理的各个方面,如持续改进和全面质量控制。优秀的、世界级的质量是 JIT 成功的重要前提。因此,准时生产管理不仅仅是一项减少库存的工作。事实上,首先,仅仅是减少库存就会产生重大问题。

准时生产(JIT)是对西方传统制造业的彻底转变。这种方法第一次确定了权衡不是操作的一个基本方面。JIT 与容量管理相关联。例如,丰田每月都会制定一个固定的生产计划。生产水平每个月都会发生变化,但丰田坚持按月计划生产的做法,这是通过将一个月的生产水平"固定"下来管理产能的不确定性。然后将此时间表传达给丰田的供应商。这意味着,丰田与其供应商之间的产能已同步,因此可以对制造业务的交付进行十分有确定性的计划。JIT 使成本、交货时间和质量得到改善。回想起来,JIT 最吸引人的地方可能是它完全是在没有计算机的情况下开发的(尽管后来很多计算机化操作已经被纳入其中)。当西方经理专注于 MRP 中的计算机程序,而忽略依赖如"14 周交货时间"等数据的荒谬之处时,日本人却在解决当下的需求——靠自食其力来创造价值,使用常识,而不是依靠一些复杂的事。

准时生产(JIT)是由丰田的前生产主管 Taiichi Ohno 在 20 世纪 80 年代提出的。世界级的 JIT 简化了生产,暴露了问题和瓶颈,并减少了浪费。我们将在关于质量的第 9 章中看到,Suzaki(1987)引用了丰田公司 Jujio Cho 指出的七种类型的浪费,如下所示。

> **七 大 浪 费**
>
> **1. 生产过剩的浪费**
> 超过客户需求;
> 生产顺序不一致;
> 不合格的部分;
> 过早或过晚生产下一操作的需求
> **2. 等待的浪费**
> 人员;
> 产品;

机器(即瓶颈);
客户

3. 运输的浪费
并没有增加价值;
付出努力及成本;
库存情况;
没有控制,就没有所有权

4. 过程本身
基本原料;
基本流程;
价值工程,价值分析;
制作/购买;
为什么要这么做?;
工艺流程选择

5. 存货
针对可变性的缓冲;
储存多余零件;
在制品降低响应性;
资金紧张

6. 移动
工艺流程选择;
工作效率;
维持操作员流程;
维持工作流程;
首先改进方法,然后注入资金

7. 不合格品
废料成本;
创建库存(以防万一);
整改成本;
导致交付性能差

因此,JIT操作不使用安全库存,因为它们被视为浪费。该系统的核心是看板系统(Kanban),是日语中"卡片"的意思;在实践中,看板可以采取多种形式——卡片、磁条、电子通信、塑料容器等,它们是工作中心与工作中心之间内部进行通信的手段。有关该部分的信息写在看板上,包括参考编号、存储区域和相关的工作中心。如今,很多信息都是以条形码的形式出现的。在JIT系统中,只有在使用看板的情况下,才能使用、移动或生成部件。通过固定尺寸的桶或容器进一步简化了零件的移动,目的是容纳同一部件的特定且相对较少的单元。不同的部件永远不会放在同一个容器中。在典型的生产环境中,工作站上的操作员有一个或多个看板。当有一个库存为空时,这就变成了从存储区域或下一个工作站获得看板的替换库存级别的授权。工作站上出现空看板是提示该操作员生产足够的部件来填充它。因此,生产是由下游的下一个操作员的需求所产生的活动,这就是为什么它是一个"拉动"系统。

MRP 和 JIT 系统并不相互排斥。许多操作中将这两者混合,并试图利用两者的最佳元素。MRP/MRPⅡ将用于物料计划,JIT 将根据需要"拉动"材料。

日本制造方法的另一个要素是,通过生产数量相对较少的相同产品组合来降低生产计划变化的影响。运营计划是每天计划的,以实现每月的计划产量。然而,当工厂从生产一种产品切换到另一种产品时,采用统一的工厂负载可能会增加机器设置的频率。因此,日本人,尤其是丰田的 Shigeo Shingo,花了许多年的时间来寻求实现"个位数"设置的方法,也就是能够在不到 10 分钟的时间内将机床从一个设置切换到另一个设置。到 20 世纪 70 年代末,丰田的一组冲压工能够在不到 10 分钟的时间内将 800 吨重的压力机从一个部件更换到另一个部件,而在美国的一家汽车厂,同样的操作(即相同的两个部件)需要 6 个小时。他们只是通过区分机器运行时可以进行的外部设置和需要机器停止的内部设置来完成这一操作。外部设置可能包括将模具从存储区域转移到机器,并将机器或其组件预热至工作温度。如果可能的话,还可以通过标准化机器、输送机和起重机移动模具的设置功能,消除不必要的调整,同步操作人员的任务,以及自动化一些程序,如进料和定位工作来缩短设置时间。此外,在日本的工厂里,周末停产的时候,换班小组会到工厂里练习设置。同样的方法也可以在一级方程式比赛中当修理加油站更换轮胎时观察到。他们在 10 秒钟内就能把 4 个轮子都换掉,并且把大量的燃料加到油箱里,而一般的驾车者要花半个小时才能换一个轮子!

6.3.2 JIT 的挑战

准时生产(JIT)是一个非常简单的概念,但对许多公司来说,实施起来却异常困难。Zipkin(1991:40)的声明正契合了这一点:

> 混乱的风暴围绕着 JIT。问任何两个曾经使用过 JIT 的经理"JIT 是什么"和"是做什么的",您可能会听到截然不同的答案。一些经理认为 JIT 给了他们的公司新的生命,其他人则谴责这是一场骗局。

JIT 的本质是准确的部件数量将在要求的时间准时到达工作地点,而且在 JIT 中,材料的供应将在数量和时间上与材料的需求完全匹配。

尽管准时生产管理方法起源于日本,但很明显,这些技术已被转移到西方,并取得了不同程度的成功。

对许多公司来说,准时生产将给公司的经营方式带来巨大的挑战。其原因包括内部和外部的因素:内部因素包括对质量的严格要求——"一次做对",因为 JIT 不能容忍返修和废弃,因为只有将准确的材料"拉"出来,才能满足特定工作站的组件要求。JIT 的内部挑战如表 6.1 所示。

与精益一样,准时生产的一个主要因素是消除浪费,带来可衡量的效益,而不是总是以成本为中心,如灵活性、对客户要求的快速响应、创新和交付速度以及可靠性。

表 6-1　JIT 对业务的影响

	传 统 操 作	JIT/进步的方法
质量	拒绝和返工（不可避免地会出现故障）的"可接受"水平。 专家功能。	保持"第一次合格，每一次都合格"不变，不断追求过程改进。 每一个人都有责任保证质量。
库存	是一种资产，资产负债表的一部分，因此也是公司价值的一部分；是保持生产运行所需的缓冲。	是一种负债，通过隐藏一些问题来掩盖操作绩效。
批次尺寸	确定一个经济秩序，以实现设定时间和生产运行之间的平衡。	批次大小必须尽可能小，目标大小是1。
订购的材料	由经济订购量决定。	从数量上讲，供应完全满足需求，且不少于需求；在需要的时候交货，而不是在之前和之后。
瓶颈	是不可避免的；说明机器利用率很高。	没有排队——生产的速度可以防止延迟和排队。
劳动力	通过引入更多的自动化可以降低的成本。	能够解决问题的有价值的资产，应该得到经理的支持。

（改编自 Brown,1996）

> 在世界级的运营中，不应该有空闲时间、等待或缓冲，日语中的术语是：
> Muda：浪费
> Mura：机器或工人的不一致
> Muri：对工人或机器的过度要求

当"缓冲"库存很少时，这三个因素就会变得突出。相反，这三个因素会被持有的库存量所掩盖。在任何阶段持有库存都可以"掩盖"经营业绩不佳的问题，而减少库存首先会使这些问题浮出水面，然后公司将集中精力改进生产/经营领域，如图 6-13 所示。

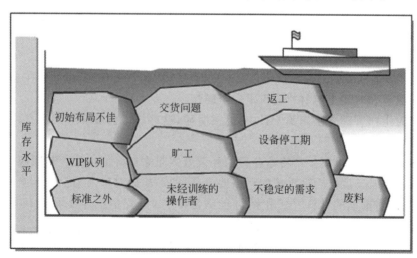

图 6-13　JIT 对业务的挑战

有趣的是,当这些问题出现时,战略重要性就显现出来了。公司必须采取战略措施:内部持续不断地改进以降低库存水平,同时与供应商结成战略联盟,以提高交付、创新和降低总成本,而不是采取"快速修正"策略——购买更多的库存来解决问题。

我们在本章前面已经提到了推和拉的区别。向 JIT 过渡的挑战和好处如图 6-14 所示。

推与拉战略的对比

	做预测(MTF)	按订单定位(LTO)	按顺序修改	混合建单	真正接单制造(BTO)
目标	根据长期需求预测生产标准的产品。及时管理库存使生产有效率。	使用 MTF。但增加存货的能见度(如通过互联网)。提高客户的选择性。	当系统内的产品规格易于修改时,提供客户订单。	依赖于对高成交量的预测。稳定的产品和为订单制造的低价值的产品。	仅在客户下订单之后才开始生产。建立顾客需要的所有部分可见的价值链。
好处	高效的生产。工厂作业的局部优化。	更有可能在仓库中找到合适的产品。执行费用昂贵。	生产高度定制的汽车。	稳定的生产基础。从下订单到交货时间较短。更少的库存。更少的贴现。	除样品外没有库存。没有折扣。
缺点	在市场上的已完成产品的库存水平高。MTF 需要替代的产品规格和折扣才能出售老化的库存。客户订单与预测的容量竞争。MTF 忽略了客户真正的需求。	废料库存水平高。仍然需要折扣。客户订单仍与预测的容量竞争。将产品转移到离客户较近的地方的额外成本。	客户只有在适合的时候才会下订单。未售出的订单能以任何方式建立。如果需求下降就有可能恢复 MTF。	存货仍在市场上。仍然需要折扣以应付预测误差。当需求转移时有恢复 MTF 的风险。	系统对短期需求很敏感。因此如果没有积极的管理需求,这种波动是不会起作用的。积极的管理收入,要求利润最大化。

图 6-14 推拉策略中的 14 个关键因素
(资料来源:Holweg & Pil,2001)

除了 JIT 的内部要求外,还有一些外部因素:一些西方公司在实施准时生产方面的主要失败之处在于,它们无法与供应商建立长期的战略伙伴关系。虽然我们在第 5 章中对此进行了深入的讨论,但在这里也有一个关于 JIT 的说明。

在本章的早些时候,我们曾说过,管理层以前认为的智慧是,由于我们列出的原因,拥有尽可能多的供应链。随着时间的推移,这种看法发生了变化,尽管这并不意味着在供应网络中买方和供应商之间存在互利的战略关系。事实上,波特(1980:125)在很大程度上是用对立的术语来描述买方与供应商的关系——例如,波特认为买方应该追求"向后一体化的威胁"和"使用锥形一体化"。然而,随着时间的推移,尽管仍有许多公司采用这种方法,这种情况却发生了变化——买方和供应商之间的关系发生了变化,联合买方和供应商以减少浪费的压力在这里显而易见:

丰田的成本削减计划被称为 CCC21,或者说 21 世纪成本竞争力建设,无论以何种标准衡量,都取得了显著的成功。再过一年,该计划有望在五年内为这家汽车制造商节省约 100 亿美元。CCC21 不仅以更低的成本采购零部件,而且丰田还提高了零部件的质量。CCC21 团队拆解了一家日本供应商生产的喇叭,找到了消除 28 个部件中的 6 个的方法,从而节省了 40% 的费用。没有哪个部分能不起眼到逃过渡边(Watanabe)小分队的注意。他最喜欢的例子是:每扇门上方的内饰把手,曾经有 35 种不同的款式。现在,丰田的全部 90 款车型只使用了三种基本款式。丰田汽车的零件部负责人把这个过程称为"拧干毛巾上的最后一滴水"。

(资料来源:Business Week "A 'China Price' For Toyota",21st Feb,2005)

很明显,由于已经达成了伙伴关系协议,这种伙伴关系就不是建立在自满和安逸的基础上的。相反,对供应商提出了要求,但由于日本(和其他世界级的)买家帮助供应商改进其业务,降低了成本,加快了交货速度,这些要求是可以实现的。Schonberger 和 Knod(2001:291)总结了伙伴关系的方法:

在合作方式中,我们的想法不是改变供应商。规则是:坚持与一个供应商合作,以便它可以保持在学习曲线上,了解客户的实际需求,并可能与客户一起参与产品和工艺改进。

为了加强买方和供应商之间的关系,双方必须表现出相当大的信任。

Sako(1992)建议需要建立三种信任:
合同信任——遵守正式的、合法的承诺;
能力信任——任何一方都有能力提供承诺的东西;
善意信任——类似于"道德":相信适当的行为会随之而来。

建立这种伙伴关系的能力是 JIT 成功的关键,这是一个重大挑战,需要最好的管理专业知识。但是很明显,有时这种专业知识并不到位,在这十几年来,这种情况已经很明显了!
2000 年,《财富》杂志(Fortune,15th May,2000)深入分析了许多在汽车行业的企业的买方—供应商关系:

汽车零部件公司与其客户(即汽车制造商)之间的关系,就像受虐狂与施虐狂之间的关系。事实当真如此,零部件制造商为了获得一份合同,将利润率降到了最低水平,是否中标之间的差价可能只有千分之一。然后,真正的痛苦就开始了。制造商要求零部件制造商满足严格的生产计划,以适应生产的大幅波动,并且每年将合同执行的价格降低几个百分点。如果零部件被证明有缺陷,零部件制造商可能不得不分担汽车制造商额外的保修成本,或者支付集体诉讼的损害赔偿金。

英国《金融时报》评论称,在零售服务领域,买方与供应商的关系远非完美,反而存在着令人震惊的行为:

报告称,从 2001 年 9 月起,他们实施了一个名为"减缓计划"(Project Slow It Down)的项目。有系统地拖延或减少对供应商的付款,供应商不能查阅应付账目的电脑记录,而且不知道为什么买方没有付款。

(Financial Times,29th Jan,2003:19)

一些零售商似乎在发展所谓的"互利的买方与供应商关系"方面存在重大问题,如下所示:

> 在发现Tesco故意拖延付款以提高利润后,食品杂货市场监管机构已下令Tesco在与供应商打交道的方式上做出"重大改变"。
>
> 食品杂货法规裁决员Christine Tacon表示,Tesco严重违反了管理食品杂货市场的法规。她说,一些供应商不得不等上两年,才能拿到杂货店欠下的数百万英镑。她认为,由于延期付款的性质多种多样且普遍存在,Tesco的违规行为是相当严重的。
>
> "我发现最令人震惊的是它的传播如此之广。我与之交谈过的每一家供应商都有他们的买方延期付款的证据。"Tacon说。
>
> 由于Tesco长期不正确地利用价格变化,一家供应商被拖欠了数百万英镑,但Tesco用了两年时间支付这笔钱。
>
> 她在长达60多页发布的报告上说:"这些钱往往数额巨大,偿还时间也太长了。"
>
> (资料来源:The Guardian, 28th January, 2016)

尽管汽车行业率先采用了JIT,但是在该行业中仍然存在许多问题。其中之一与汽车从客户订单转移到交付给客户所花的时间有关,已制作完成的汽车被保存在很大的区域,以防万一。图6-15说明了这个问题。

问题

3DCar计划显示,在英国完成一项订单平均需要40天,但实际上只花了1.5天来建造这辆车。

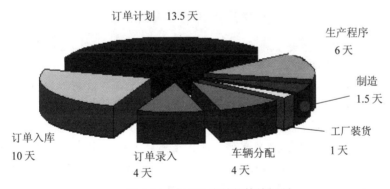

图6-15 与JIT有关的持续问题

(M.Howard教授,埃克塞特大学;Graves教授,巴斯大学)

JIT的另一个挑战是,即使存在互利的关系,双方都在努力不断地改进其业务,但是同一行业内的这种关系可能会遇到无法预见的问题(Sako,2004)。尽管JIT比传统大规模生产下的"以防万一"(批量购买)方案要好得多,但这些问题可能会对JIT产生毁灭性的影响,它是一种非常脆弱、几乎是微妙的现象。

显然,随着时间的推移,库存管理已经从主要的战术活动发展到公司内部的高级战略地位。随着时间的推移,从EOQ到MRP和JIT的变化显示出了深刻的发展。JIT不仅仅是库存管理,因为它代表了企业如何利用我们前面讨论过的"拉动"系统来提高产品质量的根

本变化。随着外包的发展和买方与供应商关系的增长,跟踪库存可能是一个巨大的挑战,如下所示:

> 波音公司(Boeing)说,它无法提供参与该项目的全部分包商名单,但行业分析人士估计,这些分包商的数量超过了1990年开始建设的777飞机的900多家。波音公司发言人Loretta Gunter证实,建造这两架飞机的过程明显不同。她表示:"波音787的一级分包商比波音777少,因为每一家都可以提供更大的零部件。同样,他们中的许多人正在把更大的工作外包给他们的代劳厂商。"
>
> 波音公司的新制造模板开发了航空航天行业的想象力。最近空中客车公司(Airbus)的行政官员告诉分析师,该公司将增加其外包业务以提高竞争力。
>
> (资料来源:How Many Small Businesses Does It Take To Build A Jet? Fortune, Jul/Aug, 2007: 42-45)

在服务部门中使用JIT的一个有趣的例子——对相关人员有很大的好处,如下所示:

http://www.nytimes.com/2013/07/27/nyregion/in-lieu-of-money-toyota-donates-efficiency-to-new-york-charity.html?pagewanted=1&_r=4&.

6.3.3 当JIT出错时

尽管JIT可以是一种非常强大的管理操作的方法,对管理库存有直接的影响,但当JIT出错时,这可能是灾难性的。

> **准时生产的库存的缺点**
>
> 波音等美国公司已经学会了利用紧张的库存来提高利润。现在,随着日本130家工厂的关闭,相关人员正在研究其中的风险。在华盛顿州埃弗雷特一家大型喷气式飞机工厂上方的一个控制中心,一群波音员工正在仔细研究日本供应商的数据,以确保该公司有足够的零部件在美国生产787梦幻客机。
>
> 日本供应商的名单很长。日本制造商帮助设计并生产了787飞机35%的部件、777飞机20%的部件和767飞机15%的部件。他们生产的飞机部件其他任何公司都无法复制,而且如果飞机部件出现短缺,波音也无法找到新的供应商来生产飞机部件。到目前为止,这家飞机制造商表示,其库存足以维持数周的运营。
>
> 30年前,日本曾教导美国企业通过保持低库存来提高利润。现在,它们告诉了美国企业其中的风险。三菱重工制造787机翼(没有公司能做那项工作)。由于缺少零部件,通用汽车公司决定于3月17日关闭位于路易斯安那州什里夫波特市,组装Chevrolet Colorado和GMC Canyon的工厂一周。迪尔推迟了挖掘机和采矿设备的交付。本田汽车(Honda Motor)也延迟了将在5月份提供给美国经销商的日本制造的本田和阿库拉(Acura)车型的订单。
>
> 咨询公司Dun & Bradstreet供应管理解决方案主管、惠普前采购主管Jim Lawton表示:"现在的库存不是几个月的,而是几天甚至几个小时的。在这种情况下,如果供应中断,就没有地方可以买到产品。"

从20世纪80年代开始,为了与日本制造商竞争,美国公司开始依赖单一供应商提供关键零部件。从一家公司批量购买比分批订购要便宜。加州埃尔塞贡多市的研究人员IHS iSuppli说,地震造成的破坏已经中断了全球25%的硅产量,由于Shin-Etsu化学公司和MEMC电子材料公司拥有的工厂倒闭。彭博社(Bloomberg)收集的数据显示,截至3月22日,地震迫使130多家工厂关闭,其中多数为汽车和电子产品工厂。一些受影响的工厂生产的产品甚至直接销售给消费者,另一些则卖给制造商。

据知情人士透露,全球第三大个人电脑制造商戴尔(Dell)的管理人员担心,来自日本的光盘驱动器和电池供应可能会中断。该消息人士称,制造硅片的工厂发生电力故障,也可能在6~10周内导致电脑芯片市场出现短缺。该消息人士在讨论与供应商有关的问题时要求匿名。戴尔在一份声明中说,"它没有看到任何重要的即时供应链中断"。

在波音埃弗雷特工厂的指挥中心,工程师们可以从一个窗口和一个40英尺的屏幕上看到飞机的生产,屏幕上会显示供应商运营、天气预报和全球新闻的实时视频。翻译人员24小时待命。据波音日本总裁Mike Denton透露,自"二战"结束以来,总部位于芝加哥的波音公司从日本购买零部件,并在多个地方发现了损坏。Mike Denton正在与当地官员合作,让公司运转起来。787机翼的前缘由塔尔萨的精神航空系统控股公司(Spirit AeroSystems Holdings)制造,然后运往名古屋的三菱重工(Mitsubishi Heavy),在那里组装完整的机翼,然后运往埃弗雷特。波音和三菱重工使用特殊的高压炉来烘烤飞机和机翼外壳的复合塑料部分。波音公司晚了三年才推出787,经费超出了预算数10亿美元。

物流是Dun & Bradstreet增长最快的业务。Lawton说,大约只有10%的公司有应对供应中断的详细计划。他还补充到,随着企业寻求其他来源,其他国家可能会出现供应短缺。位于马萨诸塞州剑桥市的精益企业研究所(Lean Enterprise Institute)的创始人James Womack表示,尽管存在风险,但企业不会放弃准时生产库存,因为这个方法节省的成本太大了。他表示:"一旦他们掌握了形势并制订了计划,我预计他们能够很快恢复可观的产量。永远不要小看日本。"

结语:日本教会了美国公司准时生产供应链的价值;而这场危机暴露了它的弊端。

(资料来源:Blomberg Business Week Supply Chains,March 24,2011)

6.3.4 关于准时生产的一些最后的想法

准时生产虽然是当今许多行业的必要要求,但它无疑是一个微妙而脆弱的体系,正如我们刚刚看到的,当事情出错时,这可能会带来巨大的问题。问题包括供应商,而且可能不是运营管理的问题,可能是会破坏整个供应链,以及给实体建筑带来的破坏的恶劣天气或海啸。此外,我们必须注意到,在一个可持续性和"绿色运营"的时代,JIT为了将库存最小化而每天频繁地交付相同类型的库存,这很可能会受到JIT缺乏可持续性的挑战。当供应商必须按照非常严格的交货时间表交货时,经常出现污染和交通堵塞。因此,如果JIT系统要生存下去,JIT很可能将不得不从本质上进行改变,因为与20世纪80年代和90年代相比,21世纪的商业世界人们的心态是非常不同的。

案例 6-2

美国制造深受全世界喜爱

一些公司喜欢吹嘘它们正在把工业设施带回美国。无论你往哪里看,制造业的流行语"回流"(inshoring)总会突然冒出来,自豪地提醒那些愿意听的人:一些企业正在把就业岗位带回国内。但是,美国最大的汽油动力手持户外动力设备销售品牌、全球最大的链锯销售品牌 STIHL Inc.却从未离开美国。STIHL Inc.是 Andreas Stihl 于 1927 年创建的美国子公司,1974 年开始在一个租用的 3 万平方英尺的仓库里组装链锯。四十年后,这个仓库现在占地约 150 英亩,屋顶下面积超过 100 万平方英尺。在这里,2000 名员工为美国和全球 90 多个国家生产超过 260 种不同型号的设备,如吹风机、修整机、刷切机、多功能工具和链锯。作为 STIHL 集团的七个国际制造工厂之一,美国工厂生产的 STIHL 电动工具产量最高。那么 STIHL Inc.将这一令人美慕的成功归功于什么呢?该公司总裁 Fred Whyte 表示:"有一件事一直以来都被视为一件无足轻重的事情,那就是家族企业。这意味着我们要专注于长期目标。我不需要站在股东面前谈论上个季度或下个季度的收益。相比之下,我们的规划期限是两年或三年。"这种稳定延伸到了董事会:在 STIHL 漫长的历史中,只有三位董事(全都是 STIHL 家族成员)担任过首席执行官。Whyte 补充说:"当公司在领导层面有了这种一致性,公司发展起来就会比每隔几年就换一个目标和愿景不同的 CEO 容易得多。我们的愿景始终如一。"

STIHL Inc.还吹嘘它的产品结合了著名的德国工程技术和良好的美国传统技术。Whyte 说,"德国的工程技术一直被视为世界上最先进的技术之一。"他指的是宝马(BMW)、奥迪(Audi)和梅赛德斯(Mercedes)。然而,如果你想成为美国市场的参与者,你就必须成为美国市场的制造商。弗吉尼亚海滩已被认为是一个完美的制造业基地,它提供了一个既有难得的人才,又有深水港和立法支持的地方。虽然美国市场近年来经历了一些动荡时期,但 STIHL Inc.却很好地经受住了风暴。事实上,即使电力设备市场整体在经济衰退最严重的一年里暴跌了 16%,STIHL Inc.也只下跌了 1%。Whyte 认为他知道原因。"我们有非常忠诚的客户,"他解释道,"当人们打算花钱的时候,他们希望美元能有好的回报。他们在寻找能持续一段时间的东西。"

为了确保高质量的产品,并保持在全球市场的竞争力,STIHL 公司采用了垂直整合的方法。弗吉尼亚海滩生产线上的工人利用各种生产工艺制造活塞、曲轴、油箱、轴承座等,然后组装成最终产品。这确保了内部制造的部件质量优良,并有助于降低供应链风险。或者,正如运营副总裁 Christian Koestler 所说,"你不只是检查质量,你还要生产出高质量的产品。"这种集成的效率来自于高度自动化。该公司于 2000 年推出了首个机器人。国际机器人联合会(International Federation of Robotics)提供的统计数据显示,到今年年底,STIHL Inc.将有 150 多个机器人上线,使得 STIHL Inc.的自动化程度是美国平均水平的五倍。自动化领域的最新进展是添加了协作机器人,STIHL Inc.是美国第一家(也是弗吉尼亚州第一家)将这些技术引入其运营的制造商之一。与寻找廉价劳动力的公司不同,这种效率并不以牺牲人力工作为代价。Koestler 说:"没有哪个 STIHL

公司的全职员工因为自动化而失业。"如果一个车站是自动化的，员工要么接受再培训，被转移到另一个车站，要么得到升职。在其他功能中，机器人承担单调或高度重复的任务，员工们开始把机器人视为同事，甚至给它们起绰号。通常，自动化是鼓励员工进一步发展职业生涯的催化剂。例如，一个热处理工人帮助 Koestler 制作了第一个机器人，他对这台机器十分着迷，以至于他回到学校后，仍在机器人领域进行研究，现在是部门主管。其他员工也从装配工变成了高技能的技术人员。在 STIHL Inc.，促进员工成长并不是一个新概念。

自 20 世纪 80 年代初以来，该公司提供了一个学徒计划以从内部培训员工，精心挑选了通过该项目的员工，给了他们更高的学位和更高的薪水。STIHL Inc.通过德国美国商会(German American Chamber of Commerce/AHK)为其学徒项目获得了著名的 IHK 认证，该认证被人们认为是国际标准，这是美国企业第三次获得该认证。"这是我们的金牌，"Koestler 说，"德国，这个完善学徒计划的国家，已经承认了我们，承认了美国的教育质量。"除了对于所有敬业员工的个人体验、高科技机器人和先进流程，STIHL Inc.同样重视其零售网络。STIHL Inc.没有通过大卖场销售产品，而是采用了独特的两步分销策略和 8500 多家独立服务经销商的网络。这不仅保证了更高水平的客户服务，而且还为公司提供了小企业所拥有的关键优势。在大众商店，销售人员可以帮助顾客根据价格来选择商品。在经过授权的 STIHL 经销商那里，体验是非常不同的。销售和营销副总裁 Nick Jiannas 说，"我们的经销商会问正确的问题。"他举了一个例子：一位销售人员询问客户的需求，包括一件商品的使用频率。"然后经销商可以推荐合适的设备来管理和满足客户的期望。"同样，经销商也可以继续成为一种资源，因为客户可以在销售点挑选零部件并维修他们的机器。除了加强客户服务外，这一模式还包括一个符合 STIHL 家族原则核心的小型企业要素。Jiannas 表示："我们希望通过这些本土企业进入市场，但我们将这种想法扩展到了经销商基础之外。"

STIHL 不仅希望客户在当地购买电力设备，还希望他们利用这次进城之旅参观当地的工厂、杂货店和其他企业。这一信念促使 STIHL Inc.帮助建立了"独立自主的我们站起来"(Independent We Stand)的倡议，这个运动目前在全美拥有超过 12 万家独立企业。根据该倡议的网站，当地企业每占据一平方英尺，当地经济平均增长 179 美元，而连锁商店的平均增长 105 美元。虽然 STIHL Inc.继续在国内蓬勃发展，但它也在全球范围内开展业务，向 90 多个国家的约 130 家经销商发货。Jiannas 说，"拥有广泛的客户群有助于我们保持稳定。"例如，尽管俄罗斯目前面临经济不确定性，但包括美国在内的其他国家的市场仍在发挥重要的制衡作用。这种平衡以及公司明确的使命宣言，帮助 STIHL Inc.保持领先地位。Whyte 表示："通过忠于我们创始人的价值观和愿景，打造高质量的产品，并通过我们的经销商进行零售，这些经销商为他们销售的产品提供服务，我们就已经成为第一了。"这是该公司自 2009 年以来一直持有的一个信念，而且从没想过放弃。

(资料来源：Businessweek (2015)，Built In America，Beloved Worldwide)

总　结

- 多年来，库存管理是日本和西方制造方法的主要区别之一，尽管有证据表明，许多西方公司在库存管理领域正在改善。
- 如果管理不善，库存可以作为一种手段，覆盖内部运营和供应商业绩不佳方面的问题。"权宜之计"采购方式（如 EOQ）不会为企业提供任何战略优势。
- 公司必须专注于提高运营绩效，以避免"以防万一"的做法。这样，库存成本就会降低，同样重要的是，公司在交货可靠性、快速反应和灵活性方面的能力也会大大提高。
- 物料需求规划（MRP）、制造资源规划（MRP Ⅱ）和企业资源规划（ERP）是控制库存的有力手段。然而，MRP 不应该被用来"推动"生产系统中的材料；相反，MRP 是一个管理规划系统，在这个系统中，所有组件都可以在特定的时间段内预先计划。
- 准时生产（JIT）是世界级战略制造的一部分。然而，JIT 不仅仅可以帮助减少库存；这是一个彻底的转变，不再是以传统的"推动"方式围绕着大批量生产（以库存为基础），而是一个"拉动"系统的基础上，为客户的"定制"成为生产的重点。
- "及时"的一个重要特征是买方与供应商之间的关系。"传统的"买方对供应商的方式没有什么意义。相反，制造企业必须专注于重点供应商，并与他们建立战略伙伴关系。

关键问题

1. 在本章所述情况下，运营策略必须扮演什么角色？
2. 运营的哪些方面在这里发挥作用，以帮助公司确保成功？
3. 为什么库存管理成为战略因素？
4. 推动和拉动系统的主要区别是什么？
5. 成功的 JIT 需要具备哪些内部和外部功能？
6. EOQ "解决方案"的缺点是什么？
7. 为什么 ABC 分析的价值与买方和供应商的关系有关？

扩展阅读

Brown，S.（2000）：Manufacturing the Future - Strategic Resonance for Enlightened Manufacturing London：Financial Times/Pearson Books.

Danese，P. Romano，P. Boscari S.（2017）"The transfer process of lean practices in multi-plant companies" International Journal of Operations & Production Management，Volume：37 Issue：4，pp.468-488.

Economist，"Manufacturing complexity"，17th June 2006，Vol. 379.

Gosling, Jonathan Jia, Fu Gong, Yu Brown, Steve (2016) "The role of supply chain leadership in the learning of sustainable practice: toward an integrated framework" Journal of Cleaner Production Volume 137, pp.1458-1469.

Lincoln, J. Ahmadjian, C. Mason E. (1998): Organizational Learning and Purchase-Supply relations in Japan California Management Review Vo. 40. no. 3, pp.241-264.

Powell, D (2013) "ERP systems in lean production: new insights from a review of lean and ERP literature", International Journal of Operations & Production Management, Vol. 33 Issue: 11/12, pp.1490-1510.

Sako M. (2004) "Supplier development at Honda, Nissan and Toyota: comparative case studies of organizational capability enhancement" Industrial & Corporate Change vol. 13 no. 2, pp.281-308.

Samuel, D. Found, P. Williams, S.J. (2015) "How did the publication of the book The Machine That Changed The World change management thinking? Exploring 25 years of lean literature", International Journal of Operations & Production Management, Vol. 35 Issue: 10, pp.1386-1407.

参考文献

［1］ Balzer, William K. (2010) "Lean Higher Education, Increasing the Value and Performance of University Processes", Productivity Press.

［2］ Brown S. (1996), Strategic Manufacturing for Competitive Advantage Prentice Hall, Hemel Hempstead.

［3］ BusinessWeek "A 'China Price' For Toyota" 21st Feb, 2005.

［4］ BusinessWeek, Lean and mean gets extreme. 23rd March, 2009.

［5］ Business Week "Low Inventory Angers John Deere Customers" 26th April, 2010.

［6］ Businessweek "There Are No Liquid Lunches in the Cloud". 6th July, 2015.

［7］ Businessweek "Unlocking The Value Of The Cloud". 15th June, 2015.

［8］ Businessweek.(2015) Built In America, Beloved Worldwide 29th June, Issue 4432, pp.S1-S10.

［9］ Ellram L.M., Tate, W.L., and Billington, C: (2007) "Services Supply Management: the next frontier for improved organizational performance" California Management Review Vol. 49, No. 4 Summer. pp.44-66.

［10］ Financial Times 29th Jan, 2003.

［11］ Fortune "Stepping on the Gas Believe it! The world's largest auto-parts company is racing to join the new economy" 15th May, 2000.

［12］ Fortune, How Many Small Businesses Does It Take To Build A Jet? Jul/Aug2007, pp.42-45.

［13］ Fortune International (Asia): "Back in the U.S.A". 28th September 2009, Vol. 160 Issue 5, p.30.

［14］ Fortune (2014) Ford's $100M Data Machine 16th June Vol. 169, Issue 8.

［15］ Goldratt E.M and J. Cox (1986): The Goal North River Press.

［16］ Holweg M (2007): "The Genealogy of Lean Production" Journal of Operations Management Vol. 25 Issue 2, pp.420-437.

［17］ Holweg and Pil (2001): "Successful Build-to-Order Strategies Start with the Customer" Sloan Management Journal Fall, pp.74-83.

［18］ Industry Week (2008) "Wal-Mart Lays Down the Law on RFID".May, Issue 5, pp.72-74.

[19] Industry Week (2008) " 12 Ways to Reduce Inventories" Sep, Vol. 257 Issue 9, p.60.

[20] Industry Week (2011) "Recovery Not Reaching Supply Chain Yet", 20th July.

[21] Industry Week (2012) "Can Lean and ERP Work Together?" April, Vol. 261 Issue 4, pp. 32-34.

[22] Industry Week (2014) "Leaning in to the supply chain". Sept2014, Vol. 263 Issue 8, pp.24-28.

[23] Industry Week (2015) "Don't Cut Costs, Optimize Manufacturing Operations". Sep2015, Vol. 264 Issue 7, pp.26-26.

[24] Krajewski, L. Ritzman, L. (2010): Operations Management: Strategy and Analysis Prentice Hall New Jersey.

[25] Lamming R. (1993) Beyond Partnership: Strategies for Innovation and Lean Supply Prentice Hall, Hemel Hemstead.

[26] Matthias, O., & Brown, S. (2016). "Implementing operations strategy through Lean processes within health care: The example of NHS in the UK". International Journal of Operations & Production Management, 36(11), pp.1435-1457.

[27] New, S. (2010): The Transparent Supply Chain. Harvard Business Review, Vol.88 Issue 10, pp.76-82.

[28] New Yorker: (2016) "Why Donald Trump Is Wrong About Manufacturing Jobs and China" March 14.

[29] Orlicky, J. (1975) Material Requirements Planning, McGraw Hill:New York.

[30] Porter, M: (1980) Competitive Strategy. Free Press. New York.

[31] Sako M (1992): Prices Quality and Trust: Inter-firm Relations in Britain and Japan Cambridge University Press Cambridge.

[32] Sako M. (2004) "Supplier development at Honda, Nissan and Toyota: comparative case studies of organizational capability enhancement" Industrial & Corporate Change vol. 13 no. 2, pp.281-308.

[33] Sandro C, Bertrand Q, Walmir M (2014) "Outsourcing Failure and Reintegration: The Influence of Contractual and External Factors" Long Range Planning 47, pp.365-378.

[34] Schonberger, R. and Knod, E. (2001) Operations Management: Improving.

[35] Customer Service. New York: Irwin.

[36] Shih W (2014) "What It Takes to Reshore Manufacturing Successfully" Sloan Management Review Fall. vol. 56(1).

[37] Swank, C.K. (2003). The Lean Service Machine. Harvard Business Review 81 (10), pp.123-129 (case study of Lean in transaction-intensive services).

[38] Suzaki, K. (1987) The New manufacturing Challenge: Technqiues for Continuous Improvement, Free Press:New York.

[39] The Guardian (2016) "The Guardian view on Tesco: every little (bit of scrutiny) helps" 28th January.

[40] The Manufacturer.com "Can ERP Boost Your Business's Competitive Edge?" Zone : IT in manufacturing April 2011.

[41] Delbridge R, Oliver N, and Wilkinson B (1993): "Winners and Losers - The 'Tiering' of Component Suppliers in the UK Automotive Industry" Journal of General Management vol. 19 Turnbull Autumn, pp.48-63.

[42] Waters, D. (2003) Operations Management: Producing Goods and Sevices, Addison Wesley: Harlow.

［43］ Wise R and P. Baumgartner（1999）："Go Downstream: The New Profit Imperative In Manufacturing" Harvard Business Review，Sep/Oct99，Vol. 77 Issue 5，pp.133-142.

［44］ Womack J，Jones D and Roos D.（1990），The Machine That Changed the World，Rawson Associates，New York.

［45］ Womack, J. Jones D.T.（1996）Lean Thinking: Banish Waste and Create Wealth in Your Corporation Simon & Schuster London.

［46］ Womack, J.P., Jones, D.T., (2005) "Lean Consumption". Harvard Business Review Vol. 83，No. 3，pp.58-68.

［47］ Zipkin P（1991）"Does Manufacturing need a JIT Revolution?" Harvard Business Review January-February 69(1): 40-50.

第 7 章

流程变革管理

🎯 学习目标

1. 了解布局和流程选择的战略意义,它们共同构成了流程变革的核心。
2. 理解布局和流程选择的战略重要性——这些为组织能够做什么和不能做什么提供了大量线索。
3. 意识到在技术上"砸钱"不是解决之道,尽管适当的技术投资是必要的。
4. 了解流程选择将如何帮助指导组织,包括如何避免其被拉入其无法竞争的细分市场。

组织采用的实体布局和流程变革是战略运营管理的关键因素:

> 更具体地说,这是因为实体布局和流程变革过程(或有时称为流程选择)提供了有关组织可以做什么以及它不能做什么的大量线索。

这是十分重要的,因为组织有时会被市场机会所吸引,但这种吸引被证明是徒劳的,因为没有适当的布局和流程选择。或者,组织可能会被现有的流程"卡住",尽管这些流程在过去是有用的,并且与之相关,但可能不适合当今的竞争环境。这个观点被哈克曼(Huckman)捕获(2009:91)。

> 这是一个典型的问题:你的企业通过构建运营优势来获得成功,使其能够比其他任何人更好地开发和交付产品或服务。然后,多年来,由于机会主义或防御性的原因,并随着业务的自然扩大,它失去了优势:如核心优势萎缩,效率或质量受损。使你很容易受到竞争对手的挑衅。

行业中到处都是这样的例子:由于缺乏对布局和流程变革的战略重要性的理解,具有良好意图的公司未能实现其战略使命。例如,巴布科克(Babcock)和威尔科克斯(Wilcox)曾是财富 500 强企业,他们试图进入核能行业(Hill,2000),这是一个著名的运营管理案例。这种尝试是一场灾难,因为在许多灾难性的管理决策中,巴布科克和威尔科克斯没有采取必要的变革——从生产线到工作流程。像许多组织一样,它们继续做自己知道的事情——致命的"我们在这里做事的方式"——会扼杀组织内的创新和变革举措。

正如我们在第1章所看到的,制造业有三个主要的时期:工艺时期、大规模生产时期和当前时期。这个时代被称为许多事情,包括灵活的专业化、大规模定制、敏捷制造和精益生产。这些术语试图描述数量和种类的同时需求,这些需求对运营管理产生了巨大的责任。这是因为当前的时代,随着快速变化、多变和动态的全球市场、不断的创新和巨大的灵活性需求,需要能够使公司准确地满足客户需求的流程(即,不依赖妥协)。解决这种情况的关键问题是,在当前销售和供应市场动荡的情况下,不使用以前在大规模生产(享受完全不同、波动性小得多的市场)下采用的方法和流程。这与在转化流程中使用技术尤其相关。新的市场需求的性质要求运营管理能力能够提供灵活性——这来自于"灵活"制造和定制服务标题下的一系列运营可能性。

正如我们在第4章所看到的,工艺技术是创新的关键部分。然而,创新并不局限于新产品的推出(这一点非常重要);它包括获取和管理新工艺流程技术。然而,从本质上讲,对工艺流程或产品技术的投资是不够的。创新流程的一个重要组成部分是确保有足够和适当的人力能力(专有技术和学习)来配合和补充对新工艺流程技术的投资:这是技术管理和运营管理之间的接口。

流程和产品技术通常是创新流程中的两个主题;这是因为流程技术必须到位以支持新产品创新。如果没有这种能力,新产品开发将失败。新技术也可能对公司整体能力的更广泛问题产生重要影响。产能不应该仅仅从数量上看,还应该从公司能够提供的各种产品上看。这种生产各种产品的能力是公司整体产出的一个重要特征。

管理技术是一项复杂的任务,因为技术是不确定和动态的,必须与其他领域相结合,如人类技能和能力、文化方面(工作实践)和财务协议。流程选择——技术将输入转化为工厂内产品的手段——始终是一项重大的战略决策。这是因为,对于不符合公司或工厂竞争的市场要求的流程中的不当投资,预计不会有任何数量的反应性、战术性措施可以对其进行追溯性补偿。决策必须基于当前和未来的市场需求以及公司内有影响力的集团内的反技术或工程放纵或特性。当然,高科技公司将投入巨资,试图成为其业务的创新者,思科就是这样,如图7-1所示。

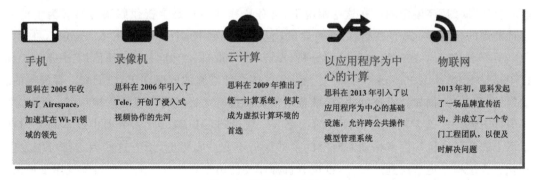

图7-1 思科的技术进步

(Chambers,2015)

我们现在将讨论作为选择工艺流程技术主要考虑因素之一的财务因素,它反映了所需投资的数量和性质。

7.1 流程自动化和技术中的财务因素

大多数产品和服务的市场状况意味着技术投资很少是选择是否投资的问题,唯一的选择往往是工艺流程技术投资的类型和金额。随着时间的推移,许多工业部门目睹了由于缺乏投资而倒闭的公司——这些公司成为准备投资工艺流程技术的竞争对手的牺牲品。在某些情况下,这种投资的缺乏导致了整个工业部门的消亡,包括过去的英国汽车制造商和整个欧洲和美国的造船元素。这些行业代表了一系列属于流程选择标题的变革类型:投资的缺乏在高产量、高技术部门以及低产量的产品生产部门十分明显。

当涉及工艺流程技术的投资时,有两个同样危险的立场。对于新来的运营管理者来说,这两种情况似乎都不切实际,但令人沮丧的是,这两种情况的证据都很常见。第一个是根本不投资;第二个是向技术"投钱",希望通过某种方式,这一行动能够确保公司的成功。如果一家公司不投资,它可能会越来越无法在其市场上与其他竞争者竞争。不投资的诱惑——管理层的懒惰——是最容易陷入的金融陷阱之一。在短期内,如果没有犯错误,这类工厂可能存活下来。更令人担忧的是,该公司的净资产回报率——RONA:如果单独使用所有会计比率中最具误导性的一个——似乎会有所改善!然而,从长期来看,工厂或服务无疑将变得缺乏竞争力,而且通常面临倒闭。在政治从来没有深入到表面之下的全球制造业中,当本国的情况有利于紧缩时,这种策略可能被秘密地使用来证明从外国撤出工厂是正当的。

证明投资是一件很困难的事情,它与科学分析同样依赖于管理直觉:没有任何计算可以确定某一特定投资将产生特定回报。换句话说,我们不能说投资的"x 数额"等于特定时期内的"y 回报值"。但我们必须时刻牢记,最大的成本将来自于不投资。这可能意味着,在某种程度上,证明投资是一种"信仰的飞跃"——超出了直接会计技术的范围。这可能涉及大量资金,而且在投资时间和可能获得的利益之间往往有一个重要的时期。这些好处,例如提高交付的速度和准确性、更大的灵活性和更高的质量,在开发运营能力后的一段时间内可能不会对"底线"产生影响。在这些情况下,财务比率并不总是会提供解决方案。为了证明会计准则的合理性,人们进行了各种尝试,包括投资回收期(Monohan & Smunt, 1984; Willis & Sullivan, 1984)、盈亏平衡分析(Starr & Biloski, 1984)和净现值(Hutchison & Holland, 1982 & Kulatilaka, 1984)。然而,这些会计措施的问题在于,它们有一种静态的、固定的"感觉"。例如,"投资回报"标准忽略投资回报期之后可能出现的任何回报。此外,净现值(NPV)——通常用于评估投资的比率——假设市场份额、价格、劳动力成本和公司在市场上的竞争地位等因素将随着时间的推移保持不变。实际上,所有这些因素都可能发生变化。为了科学地考虑到这一点,投资分析师需要使用参数估计——一种目前仅用于最大、最长期投资的复杂技术(如政府对主要武器系统、船舶等的投资)。更重要的是,如果公司保留过时的生产方法,防止其在成本、交付速度和可靠性以及新产品创新等关键竞争基础上竞争,这些运营因素可能会退化。

在过去,投资的理由是它应该导致就业人数减少,从而降低劳动力成本。这显然忽略了劳动力成本通常只是产品成本的一小部分这一点。这有两个传统的原因——第一个让人惊讶,很难相信。由于管理费用传统上是以工时费为基础进行补偿的(例如,管理费用可能会按劳动力成本的300%计算到产品上),因此人们希望劳动力成本的减少可以导致管理费用的减少。这种荒谬事实上在过去的行业中很普遍,也许揭示了一种公式化的管理方法会导致市场短视。

同样重要的是——在20世纪80年代和90年代,美国许多工厂在机器人制造上花费了大量资金——有这样一个论点:技术硬件不会招致与人类员工相关的无法估量的成本;在管理人力资源时,机器不会罢工、有工会或工资协议,也不会带来可能引起工厂经理和主管重大头痛的任何其他烦恼。显然,投资的理由必须不仅仅是简单地替换劳动力成本,而是在产品质量、交付速度和交付可靠性等其他领域具有竞争优势的原则。此外,出现的一个主要问题是,人的能力是柔性制造系统中技术硬件的一个非常必要的补充资产:看起来最复杂的计算机控制通常会从其控制回路的某个阶段的"人为中断"中受益。

汽车制造商需要花费大量资金投资于工艺流程技术。问题是,我们将在下面与通用汽车(General Motors)一起看到,花费的金额与随后的成功之间没有相关性。

在许多西方制造企业中,投资多少技术的问题变得更加困难,因为参与商业战略决策的高级管理人员中没有技术或制造部门的,后者的投入可能有助于指导技术投资决策的范围和适当性(Brown & Blackmon, 2005)。这在某些情况下的后果是,大量的技术投资对公司没有任何好处。

例如,通用汽车最自动化的工厂之一是2010年4月21日在密歇根州的哈姆特拉克,通用汽车宣布将向哈姆特拉克工厂投资1.21亿美元,以确保通用汽车能够跟上下一代雪佛兰Malibu的需求。然而,尽管自动化水平很高,但长期以来,这家工厂的生产率和质量都低于通用汽车在加利福尼亚州弗里蒙特的劳动密集型工厂Nummi项目(新联合汽车制造业),这是通用汽车和丰田在一家旧通用汽车工厂的合资企业,而且遗憾的是,这家公司在2010年倒闭了。

从1980年到1995年,通用汽车在制造自动化领域投入了800亿美元(当时这家巨头公司的年营业额约为1 000亿美元)。然而,这种大规模投资并没有给通用汽车带来显著的好处。20世纪80年代初,通用汽车在国内市场的份额约为60%,到20世纪90年代末,这一份额已降至30%左右,到2018年已进一步降至20%以下。

通用汽车的国内市场份额继续下滑,自20世纪80年代初以来,新的竞争对手已经进入美国市场,如图7-2所示。

事实上,通用汽车的竞争对手,尤其是日本品牌,出于正确的理由投资了正确的技术。日本在美国的新型汽车采用了精益、灵活的制造技术——人与技术能力的结合,这需要北美的汽车生产商用近十年的时间来理解。通用汽车投资灾难背后的一个原因是,投资决策包括大幅裁员。它做到了这一点——在六年的时间里——从1986年的876 000人到1992年的大约750 000人(Brown, 1996)。事后看来,在这一时期,通用汽车的问题在于,不重视将工艺流程技术作为人类技能和创造性的补充特征,而是大规模地用前者代替后者。

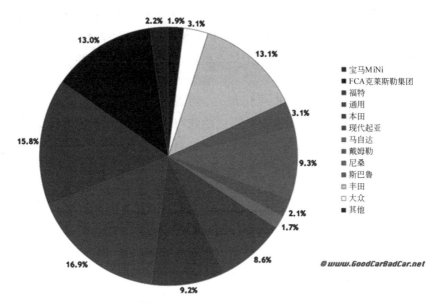

图 7-2　汽车在美国的市场占有率(2016 年 6 月)

7.2　流程技术带来的机遇和威胁

正如《商业周刊》(2017)与丰田公司(Toyota)所指出的那样,投资成本可能是巨大的,而且是激进的:

> Antis 说,丰田正在彻底检修乔治敦工厂的装配线,以便能够制造 11 辆各种尺寸和形状的汽车,并在客户偏好发生变化时快速在其中转换。这家日本公司已投资 13 亿美元,并花了一年时间,在周末和节假日对工厂进行了一个又一个部门的彻底改造,并在几乎所有的工作中安装新的技术和操作方法。自 35 年前凯美瑞汽车推出以来,丰田首次从头开始重新设计汽车,100%的新零件。(丰田)正在安装激光器,将在 0.3 秒内焊接金属零件,而当前凯美瑞的焊接时间为 2.0 秒,这使得每辆车上的焊接数量增加了四倍,而不会减慢装配速度。这一变化,加上双横臂后悬架系统,使汽车更坚实地行驶。该公司还安装了冲压机,利用巨大的电震来加热钢板,这样它们就不会在凯美瑞设计师想要将汽车塑造成微妙的不太通用的形状的时候碎裂。

显然,技术可以取代人力劳动:自从 19 世纪初英国的"路德派"在工业革命中摧毁了威胁到他们生计的织布机和"纺纱厂"以来,这一直是一个令人担忧的问题。计算机也被视为一种威胁。例如,在 20 世纪 40 年代末,计算机的先驱 Norbert Weiner 预测,这种新技术将摧毁足够多的工作岗位,使 20 世纪 30 年代的萧条相比之下显得平淡无奇。正如 Brynjolfsson 和 McAfee(2014)所述:

> 自1996年以来,中国的制造业就业实际下降了25%。尽管产量增长了70%,但该行业的中国工人人数却减少了3 000多万。美国工人和日本工人并没有被中国工人取代。美国和中国的工人被自动化技术所取代,效率更高。

《财富》(2017)增加了以下见解:

> "一个机器人每年更换2 400个工时,用于包装单个零件。……自动化和编程将成为美国制造业的未来。"对于非熟练工人来说,这是个坏消息。2016年世界经济论坛的一项调查估计,由于2015年至2020年间的自动化,全球将失去160万个制造和生产工作岗位。

对技术的投资可以为公司及其员工提供利益,主要是通过确保工厂的持续运营。公司可以从一致的流程质量和更快的变更(设置)中获益,这将带来更大的灵活性。机器人可以让人类摆脱烦人的、重复的和单调的任务,让他们做更多的创造性活动。

投资决策至关重要,必须以使公司或工厂在市场上更具竞争力为目标。此外,错误的流程选择决策可能严重降低公司满足特定市场客户需求的能力。流程选择和技术都是至关重要的,因为客户的关键竞争因素(包括成本、交付速度和灵活性)可以通过它们的组合得到增强。如果在技术和流程选择上进行了适当的投资,那么由此产生的能力和能力应成为公司竞争武器的核心部分。

不足为奇,工艺流程技术在劳动力内部和跨地理区域具有深远的影响。《商业周刊》(2015年)指出,在意大利,此类投资是如何取得压倒性的积极效果的:

> 根据意大利研究公司Prometeia的分析,使用3D打印和其他类似技术有可能将意大利小型制造商的收入提高15%,或至少160亿欧元(178亿美元)。这些技术发挥了最大的作用,将数字经济的要素注入实体世界中,使众多小公司能够与跨国公司竞争,这与自制YouTube视频与传统视频制作的竞争方式大同小异。快速原型和其他创新的出现意味着"你可以通过多样性、定制和对市场需求的快速响应来弥补你的缺点,"多伦多大学的商业教授和院长Paolo Collini说,"如果有些东西不起作用,你就停止生产,当你还没有填满仓库。对于一个设计师来说,这是一个梦想。你可以冒更多的风险。"

在处理技术时,问题的一部分在于,技术本身会受到质疑——正如《财富》杂志(2015)所观察到的那样,这种质疑通常很快就会出现:

> 今天,我们连接了大量不同的数字设备——冰箱、汽车、制造设备,以至于有了一个术语:物联网。据Gartner称,到2020年,将有260亿个互联网连接对象。其中许多将依赖于集中的云。IBM和三星都将从这一转变中获益,但它们质疑集中式模式是否总是最好的方法。所有这些云计算机的运行成本都很高,而且价格可能超过由此产生的服务所产生的收入。如果我们想把周围的世界连接起来,为什么不让所有这些物体直接连接起来呢?

这种情况将对复杂网络中存在的各种类型的合作关系产生深远影响,包括第5章和第6章讨论的买方—供应商关系。

然而，毫无疑问的是，技术将影响人力资源——要么与人共事，要么在某些情况下取代人工。这不仅适用于以前的劳动密集型制造业工作，也适用于专业白领工作，如本文所示：

自从轮子发明以来，技术已经取代了人力。不过，一般来说，机器都是为了执行相对低技能、低工资、高重复性的工作。最不可数字化的工作属于娱乐治疗师、医疗行业成员、社会工作者、教师和管理人员。原因是：电脑在个人互动和即兴决策方面还不如人类。

但情况正在改变。

由于人工智能、自然语言处理和廉价的计算能力的进步，一度被认为不适合自动化的工作突然出现了。

例如，十年前，研究人员认为汽车绕过障碍物和交通中导航的复杂性超出了硅材料的能力范围。现在几乎所有的汽车制造商（以及像苹果这样的公司）都在研发无人驾驶汽车。计算机能做的工作的数量和类型在短短几年内急剧增加，从可预测的到难以想象的。

中层管理者：上个月，全球最大的对冲基金宣布正在开发自动化管理决策的算法，包括雇佣和解雇员工。Bridgewater Associates 雄心勃勃的 Prios 项目是基于身家亿万的创始人 Ray Dalio 的理念，该公司希望在五年内推出。

律师：下次当你被一个交警罚款时，你可能会雇佣一个机器人律师。DooPoPe 已经帮助超过 160000 人在伦敦、纽约和西雅图辩护，不久将扩展到旧金山、洛杉矶、丹佛和芝加哥。填写一份调查问卷，如果合法的机器人认为你有一个合法的案例，它会发出一封信来质疑传票。公司声称成功率为 60%。

记者：由 Narrative Science 和 Automated Insights 等公司创建的人工智能机器人已经为福布斯和美联社等客户推出了商业和体育报道。在 2015 年 6 月接受《卫报》采访时，叙事科学联合创始人 Kris Hammond 预测，到 2030 年，90% 的新闻业将被计算机化，而一些勤劳的 J-Bot 将更快地获得普利策奖。

治疗师：类似于人类的"社交机器人"已经被用来帮助孩子们学习自闭症谱系中适当的社交行为。治疗机器人宠物为老年痴呆患者提供陪伴。美国军方正在使用计算机生成的虚拟治疗师来对阿富汗士兵进行创伤后应激障碍筛查。

教师：诸如 McGraw Hill Connect 和 Aplia 等软件允许大学教授一次管理数百名学生的课程作业。大规模开放在线课程（MOOC）将其覆盖范围扩大到数千个以上。在日本和韩国，实际的物理机器人被用来教学生英语。

演员：彼得·库欣（Peter Cushing）于 1994 年去世，他在 2016 年的《星球大战外传：侠盗一号》（Rogue One: A Star Wars Story）中重演了自己的角色，这要归功于工业光魔公司的一些数字魔法。但他并不是第一个从坟墓里回来的人类演员。保罗·活克（Paul Walker）、奥黛丽·赫本（Audrey Hepburn）、劳伦斯·奥利维尔爵士（Sir Laurence Olivier）、李小龙（Bruce Lee）和马龙·白兰度（Marlon Brando）都被数字化复活，用于电影和商业广告。

食谱作者：2015 年 1 月，IBM Watson——一个赢得了 Jeopardy 奖的计算平台——出版了一本食谱。该书的 65 个食谱包括如何制作克里奥尔虾羊肉水饺和酿造蹄和蜂蜜麦芽酒。

送货员：Aloft 酒店正在尝试使用机器人管家（称为"Botlr"）将毛巾或洗漱用品送到您的房间（它不接受小费，但鼓励发送推文）。Starship Technologies 的送货机器人 Roomba 可以把食物和包裹运送到一定半径内的目的地。Doordash 和 Postates 已经宣布与 Starship Technologies 建立合作关系。

（资料来源：Guardian，2017）

7.3 布局和流程选择

7.3.1 布局

如前所述，我们知道制造业有三个时代：工艺时代、大规模制造时代和当前时代。这三者都与转化工艺流程的性质和流程选择有直接的关系。它们还与要理解的设施布局类型相关：在将布局链接到流程选择之前，我们先从这个因素开始。布局的基本类型有以下几种。

（1）固定布局；
（2）工艺流程布局；
（3）基于单元的流程和产品布局的混合；
（4）产品布局。

1. 固定布局

当产品可能很重、笨重或易碎时，使用固定布局，在这种方法中，操作人员来到产品本身。产品在"现场"完成，在完成流程中不移动。产品被安置在一个特定的集中区域。如图 7-3 所示。

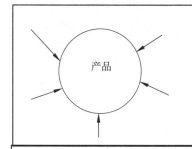

操作员对"固定"的产品进行处理。可能同时对产品执行多个操作。每个操作都会添加到产品中，直到完成为止。

实例

在制造业中，固定布局用于造船、飞机制造和各种形式的制造。在服务中，牙医就是这样一个例子：在"手术"期间，患者保持"固定"或原地不动。

图 7-3　固定布局

2. 流程布局

在流程布局中，工厂或服务地点将特定的活动或机械分组在一起。在制造业中，这允许生产一系列或多种产品。这些机器没有按特定的顺序排列。因此，产品不会按指定的顺序移动，而是在特定产品需要时按要求移动到机器中心。面向流程的布局的最大优势在于它们所带来的设备和人工分配的灵活性。特定机器的故障不会停止整个流程，因此工作可以转移到部门中的其他机器上。这种布局非常适合于小批量零件生产或工作批次，以及生产各种不同尺寸和形式的零件。示例如图 7-4 所示。

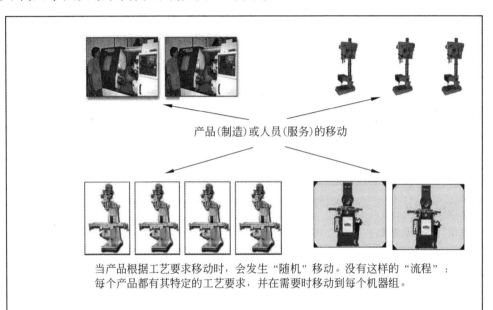

图 7-4　不同领域中的流程布局

美国阿诺德·帕尔默医院的布局显然采用了一种流程方法。这是一个聪明的设计，因为布局有一个核心，为各种功能和部门提供了支持，如图 7-5 所示。

此布局的好处如下：

 案例 7-1

核心枢纽布局的好处

与传统的"赛道"设计（每层都有一个中央护理站的长走廊）不同，当医院增加新大楼时，设计了一个圆形的"吊舱"系统。整个想法是缩短医院最宝贵的稀缺资源——护士的

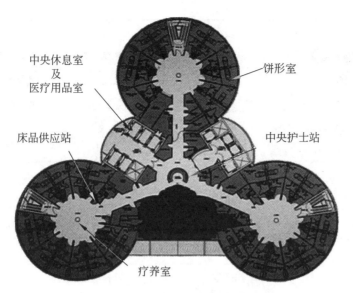

图 7-5　阿诺德·帕尔默医院布局

(资料来源:Heizer & Render 2009,TBC)

步行时间。一般的护士(大约 45 岁)每天在走廊上来回走 2.7 英里,到达中央护理站。布局设计流程持续了一年多。超过 1000 次的医生、护士和病人会议变成了图纸,然后变成了"测试"布局。医院在一英里外租了一个仓库,并制作了各种房间的全尺寸模型。当我们参观时,我们被鼓励对布局的每一个方面进行评论,从电源插座的位置到墙上的图片,到客人的活动折叠床,再到浴室。结果是一栋圆形建筑,每 34 个房间的集群都有一个中央护理室。护士步行时间的变化很多:新布局减少了 20%!

(资料来源:13th February, 2011:http://heizerrenderom.wordpress.com/2011/02/13/video-tip-layout-of-the-new-arnold-palmer-hospital/

3. 混合工艺流程/产品

使用上述方法,机器或活动点(例如操作剧院和百货公司的部分)不专用于特定产品系列(客户),但可用于一系列产品。图 7.6 所示的另一种方法是围绕一个集中的产品系列单元将机器或活动进行分组。

在制造业中,机器或活动通过最佳方式组合在一起,以支持特定产品系列的制造或提供一组类似的服务。一个特定群体或"单元"周围的产品或服务的种类可能相当大,但产品的本质将保持相似,因此将保证其自身的单元不同于其他产品系列单元。

4. 产品布局

在产品布局中,机器专用于特定产品(或非常类似的小范围产品),每个制造阶段都与下一个阶段不同,如图 7-7 所示。

上述每一个站点都按特定的操作顺序进行布置,以生产特定的产品或提供重复的服务。这种布局已用于某些外科手术中,如图 7-8 所示。

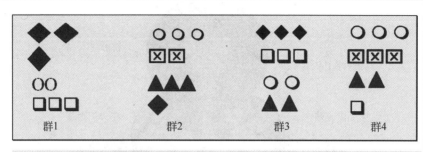

图 7-6 产品族单元中的流程布局

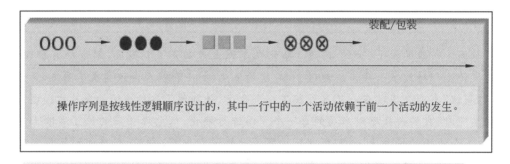

图 7-7 产品布局

因此,实体布局提供了一些重要的洞察,了解一个组织可以做什么,不能做什么。当我们了解流程选择的更广泛方面时,这些变得更加明显。

7.3.2 流程选择

正如我们将看到的,流程选择将提供关于企业如何竞争以及它能做什么和不能做什么的基本的、主要的线索。这五种类型是:规划、承包、批量处理、生产线、持续流程。

五种流程选择类型之间的基本区别如图7-9所示,随后将对每种类型进行讨论。

正如我们将看到的,工艺流程流程变革的选择实际上在很大程度上决定了公司在其能力和竞争能力方面的"销售"。同一家公司可能使用多个工艺流程类型,但通常会有一个最适合支持该公司在市场上的主导"核心"工艺流程。我们需要清楚地了解每个流程变革的性质。

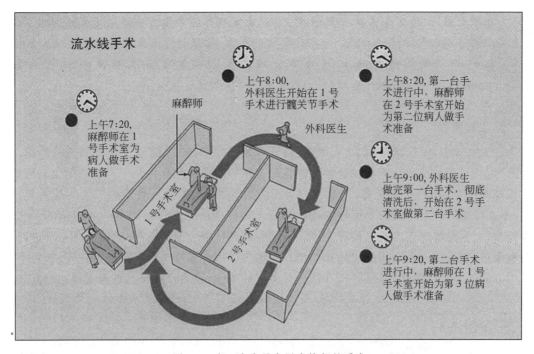

图 7-8 在一个产品布局中执行的手术

（资料来源：Slack，Chambers and Johnston，Operations Management，6th Edition）

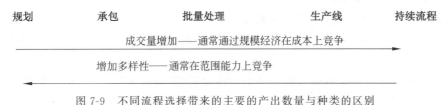

图 7-9 不同流程选择带来的主要的产出数量与种类的区别

1. 项目流程

在项目制造环境中，产品的性质往往是大规模和复杂的。在项目制造中进行的产品设计，本质上是独特的，因为它们没有以完全相同的方式重复。项目制造和工作制造的区别在于，在项目完成流程中，项目制造中的产品往往是"固定的"。项目的进度安排往往是在"分阶段完成"计划中进行的，在该计划中，每个完成阶段都将与其他后续或并行阶段分开。在最简单的管理层，将使用诸如甘特图之类的工具。此外，还将采用更复杂的方案，如项目网络规划。

案例 7-2

在制造业中，包括各种类型的土木工程、航空航天和一些主要的高科技项目——例如，飞行模拟器制造将倾向于属于这一类。项目往往是"一次性的"，在这种情况下，产品完全相同的重复是不可能的。各种形式的施工——桥梁制造、隧道施工和船舶建造——是项目流程选择的一种常见应用。

> 在制造环境中,这将流程选择(项目)与固定的布局类型联系起来。在服务业中,所有类型的咨询都属于这一范畴。与每个客户的关系、期望和结果应被视为"独特的"。与客户端的每个会话都应该被视为唯一的。这意味着项目流程链接到施曼纳(Schmenner)的"专业服务"类别,我们将在本章稍后讨论。

2. 工作流程

在制造业中,工作流程用于"一次性"或非常小的订单需求,类似于项目制造。然而,不同之处在于,产品在制造流程中经常可以移动。感知的独特性往往是工作制造的关键因素。体积非常小,与项目制造一样,产品在设计上往往是"一次性的";短期内不太可能重复,因此,不太可能对特定产品的专用技术进行投资。对自动化的投资是用于一般用途的工艺流程技术,而不是特定于产品的投资。许多不同的产品在整个工厂运行,材料处理必须进行修改和调整,以适应许多不同的产品和类型。详细的计划将围绕每个产品的排序要求、每个工作中心的能力和订单优先级展开。因此,与重复的"生产线"制造相比,日程安排相对复杂。

> **案例 7-3**
>
> 在制造业中,工作流程与传统工艺流程制造联系在一起。制作特殊的高级时装就是一个很明显的例子。作业流程在以下方面很常见:
>
> 1. 制造新产品的原型——即使产品的最终产量可能很高,生产"一次性"或非常低的产量也是有意义的,这有助于工作制造。
> 2. 制造独特的产品,如机器、工具和夹具,以制造其他产品。流程选择(作业)链接到流程布局。
>
> 在服务业中,工作流程链接到施曼纳矩阵中的"服务商店"。汽车修理和许多医院服务活动都是工作流程。

3. 批量处理

随着产量开始增加,无论是在单个产品(即总产量)方面,还是在制造类似的"类型"或"系列"产品(即在任何一个组或系列中的更多产品)方面,该流程都将发展为批量制造。批量生产的困难在于,竞争焦点往往会变得模糊——管理层的注意力集中在优化沐浴条件上,从而损害客户服务。因此,批量处理流程通常很难管理;关键是根据"工作"或"生产线"特征映射产品范围。批量生产可以根据成品的相似性来安排,也可以通过通用工艺流程分组来安排。作为一个起点,每种产品都必须根据其体积来确定;然后将安排集中的制造"单元",以便将低体积和高体积分开。自动化,尤其是对于批量生产量较低的产品,往往是通用的,而不是专用于某一特定产品,该产品的产量不需要对自动化进行特定的产品投资。日程安排通常很复杂,必须定期进行全面审查——这适用于新产品、一次性产品和更高数量的标准产品:所有这些类型的产品都需要进行日程安排。

在批量处理中,操作员必须能够执行许多功能。这对于"作业"类型的流程显然也是如此,但在批量处理中,这种灵活性至关重要,因为它允许操作员根据需要移动到不同的工作站。在使用自动化的情况下,设置所需时间很短,理想设置时间是只容纳一个单元的运行长度所需的时间,根据需要切换到其他模型。

分批处理是工程中最常见的流程形式,也是最难管理的流程。只有通过确定每种产品的数量,并将其分为小批量和大批量部分,公司才能集中精力,进而以客户为导向进行管理。

案例 7-4

制造流程中的典型例子将是塑料制模生产——通过确定需要大量劳动力投入的产品(例如,玻璃增强塑料中的手工层压)和大量"标准"产品(在相当大的自动化程度上是合适的)来区分这些产品。其他的例子包括面包制作——生产类似类型的批次。一般来说,分批处理流程与工艺流程布局相联系,尽管大批量处理往往具有一种生产线(产品)布局,这取决于产品的复制频率。

在服务中,"批量处理"已成为呼叫中心路由程序中的常见现象。对许多电话呼叫中心的响应信息是:"按'1'可获得此项服务;按'2'可获得此项服务",依此类推。如果服务中心添加信息:"按'0'进行所有其他查询",这将使服务提供回到工作类型服务中。这将等同于施门纳矩阵中的大众服务或服务商店,具体取决于与客户有关的定制程度。

4. 生产线流程

随着特定产品数量的增加,生产线流程变得更加合适,从而导致比小批量生产更标准化。每一个制造阶段都将与下一个不同,且在每一个制造阶段都会增加价值和成本,直到产品完成。该生产线专门用于特定产品(可能会有不同型号),并且在现有生产线的生产流程中,很难甚至不可能实现与前一产品显著不同的新产品。为了满足交付预期,单个操作流程时间应该很短。生产计划和控制的简化可以获得竞争优势,每个工作站的任务本身也应该简化,这两个功能都是 20 世纪 50 年代日本准时生产流程发展的基础。在生产线中,应该只有非常少量的在制品,如果存在,则说明生产线负载不平衡,表明有必要进行改进。传统会计系统将在制品视为一种资产,但实际上是一种公司的负债,因为它代表着不可销售的材料:未经管理,这会破坏现金流,并扼杀对市场需求的快速反应。工作站应尽可能靠近彼此,以尽量减少它们之间的物料搬运。物流和控制至关重要,必须避免缺货。

案例 7-5

大体积的"标准"产品——例如特定型号的汽车、电视、高保真录像机和电脑——适合于生产线流程,通常以 U 形排列。流程选择(生产线)将其与布局的产品类型相关联。在服务中,如果服务提供的标准化程度较高,则可以采用连续的线型流程。这相当于施曼纳的服务工厂象限。如果产品中有高度有形的元素(如快餐),那么后台设施将类似于工厂,交付方式将经历特定阶段。在不太有形的元素中,服务可能类似于一个生产线流

> 程,例如,可以为特定类型的服务流程设置要采用的流程。例如,在处理大量"标准"应用程序(用于抵押贷款)时,通常会有固定的一系列事件。

由于关于自动化的许多讨论(将在本章后面讨论)是基于生产线流程的开发,因此我们必须在此讨论生产线流程的一些缺陷。生产线制造的缺点包括:

(1) 经常会出现缺乏工艺流程灵活性的情况,在现有技术上引入新产品可能很困难。这在某种程度上可以通过类似的子组件得到缓解,这些子组件包含在新产品的设计中,然后允许在现有生产线上生产新产品。

(2) 相对于批量和工作制造流程,随着标准化和批量生产的增加,技术投资也在增加。使用特殊的、特定于产品的技术,通常涉及大量特定于公司的投资(例如通用汽车在自动化领域的 800 亿美元投资)。每个工作站取决于下一个工作站——因此,生产线的速度由特定工作中心的最低容量决定;此外,在"标准"生产线中,如果一组机器不运行,整个生产线可能会停止,从而阻止所有生产。

我们经常将生产线布局与亨利·福特联系起来,但现在有证据表明,除了亨利·福特的影响,还有一位英国工程师 Woollard 帮助开拓了生产线。此外,他使用的一些术语适用于现代精益生产:

> 生产流程的理想安排应类似于一个分水岭;河流是主要的装配轨道,由子装配线形状的支流供给,而这些子装配线由机械线的溪流供给,溪流又由代表材料传送带的典型的小溪供给。各部分应连续向前流动。应该没有弯曲、没有涡流、没有水坝、没有风暴、没有冰冻来阻止水流流向河口水域——经销商,最终流入大海——客户。
>
> (Wollard,1954:48)

Emiliani 和 Seymour(2011:67)在陈述以下内容时提供了更重要的背景:

> 亨利福特经常被丰田经理和其他人引用为丰田生产系统(TPS)发展的主要影响源,也称为精益生产。然而,这种归因可能更多是出于对未来业务关系的尊重、钦佩和渴望,而不是对产品的实际直接影响。操作方法:由于福特的经营规模太大,丰田高管无法使用。此外,对福特的认可可能与他的整体经营和管理理念有更多的关系,从来没有提到英国汽车制造商莫里斯汽车有限公司或 Frank G. Woollard 的开创性工作对丰田汽车公司的影响,尤其是在其形成时期(1933—1950)。这一点很重要,因为 Woollard 在 20 世纪 20 年代中期利用我们今天所认识的丰田生产系统的独特特征实现了流程化:工作单元、零件系列、标准化工作、准时制、超市、自动控制(Jidoka)、节拍/周期时间、快速转换、多技能工人、按增值顺序排列设备等。
>
> 此外,Woollard 了解在流动环境中持续改进的理念和实践,他说了对流动路线进行修改的必要性,不应引起焦虑,而应是一件值得高兴的事情。流动生产的优点在于,它将所有不一致之处都公之于众。因此,提供纠正这些问题的机会,并且流动生产赋予公司活动的高可视性将持续不断的改进。

5. 持续流程

当一个流程可以(或必须)连续保持全年运行时,使用此选项。该产品的体积通常非常大,该工艺流程仅用于生产一种产品。通常需要对专用工厂进行巨额投资。许多自动化往往是显而易见的,劳动力投入是一种"监管",而不是作为整个流程的一项整体投入的高技能。

案例 7-6

在制造业中,化学精炼厂、高炉或炼钢厂以及大量的食品加工都是连续生产的例子。严格地说,在服务业中,没有真正的等价物。例如,即使技术可能允许金融交易 24 小时进行,但从一个账户转移到另一个账户的金额也会有所不同,这不是一个交易进行了数千次的情况。

7.3.3 服务流程选择——使用矩阵

上面提供了服务流程选择的示例。管理服务运营的主要挑战之一是了解服务提供的性质。这一挑战有助于使用"流程图",该流程侧重于一系列亟待解答的问题:

劳动强度是高还是低?

与客户的接触程度是高还是低?

互动是高还是低?

定制选择的程度是固定的还是适应的?

该方案的性质是有形的还是无形的?

该方案的接受者是人还是物?

在每一个因素中,关键问题都是服务提供者和客户之间的互动程度。许多矩阵为如何映射服务的性质提供了额外的见解。在服务文献中,施曼纳(1986)提出了一个有用的分类法,他认为服务可以根据其劳动强度和定制化水平分为四种类型:服务商店、服务工厂、大众服务和专业服务,如图 7-10 所示。

施曼纳矩阵将定制的程度与流程变革中的劳动力投入水平联系起来。然而,正如施曼纳所观察到的,一个服务,虽然本质上根植于一个特定的象限,但可能会有意识地或以其他方式进入其他象限。例如,治疗师在处理多个患者时可能会"批量"处理相同类型的问题。这样做的原因很可能是出于善意,即"加速"愈合流程。然而,在这样做时,治疗师正在从专业服务象限转移到其他领域,甚至可能模仿服务工厂的元素。

施曼纳矩阵还有进一步的用途,因为它不仅有助于映射服务的实际性质,还提供了管理者在特定服务类型中定位所面临的挑战的指示,如图 7-11 所示。

还有其他一些重要的矩阵,特别是 Lovelock(1983)提供的。其中之一检查服务提供的性质是有形的还是无形的,然后将其与接受者是谁或是什么进行对比——接受者是人是物,如图 7-12 所示。

这有助于我们了解服务的多样性,包括在某些情况下,客户必须亲自到场才能接受针对其身体或思想的服务,但不需要在场也能接受其他针对商品或无形资产的服务。这将对服务设计产生重大影响,尤其是服务设施的设计。

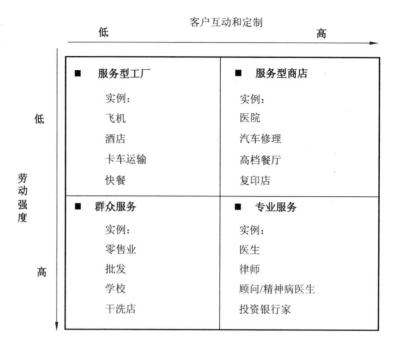

图 7-10 施曼纳服务矩阵

(资料来源：Schmenner，1986)

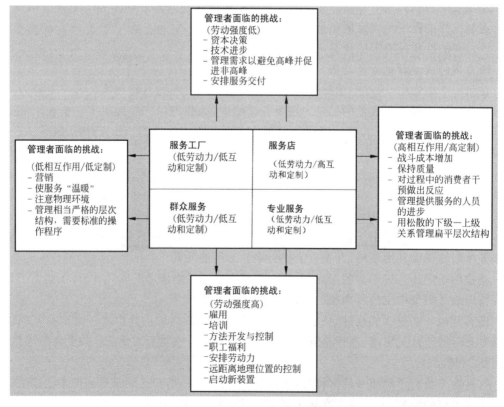

图 7-11 服务运营经理面临的挑战

(资料来源：Schmenner，1986)

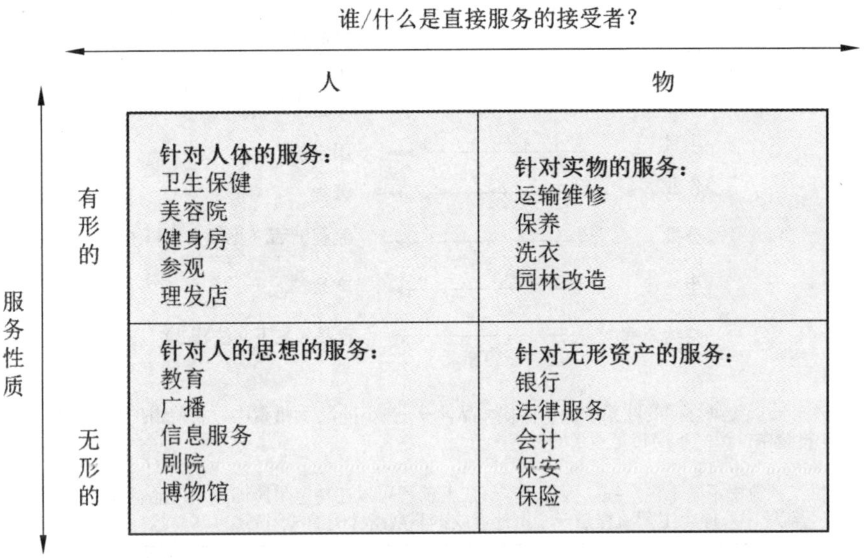

谁/什么是直接服务的接受者？

服务性质	人	物
有形的	**针对人体的服务：** 卫生保健 美容院 健身房 参观 理发店	**针对实物的服务：** 运输维修 保养 洗衣 园林改造
无形的	**针对人的思想的服务：** 教育 广播 信息服务 剧院 博物馆	**针对无形资产的服务：** 银行 法律服务 会计 保安 保险

图 7-12 服务运营中的进一步映射——有形程度以及服务接受方的性质

（资料来源：Lovelock，1983）

Lovelock 还提供了更深入的见解，他阐述了查看"谁做什么"的维度对服务转型中涉及的站点数量的重要性。如图 7-13 所示。

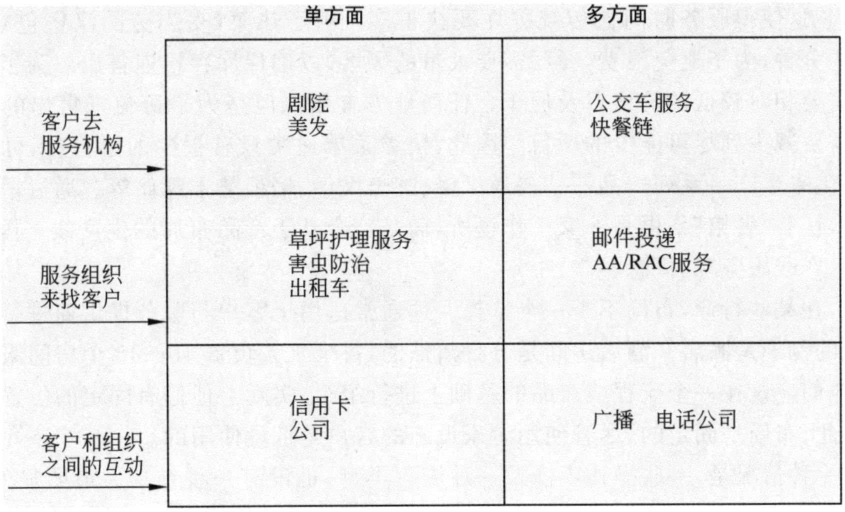

	单方面	多方面
客户去服务机构	剧院 美发	公交车服务 快餐链
服务组织来找客户	草坪护理服务 害虫防治 出租车	邮件投递 AA/RAC服务
客户和组织之间的互动	信用卡公司	广播　电话公司

图 7-13 总结流程选择和布局之间的链接

正如我们所指出的，流程的基本选择和布局类型之间有着明确的联系。我们可以对此进行总结，如图 7-14 所示。

需要注意的是，运营和行业并不是永远与一种流程或一种布局联系在一起。20 世纪 70 年代初，Ted Levitt（1972）讨论了生产线服务或服务"工业化"的概念。他通过讨论快餐的概念来阐明这个概念。这一行业的成功和巨大增长背后的创新，是热餐生产和服务的构思和设计方式。在快餐出现之前，一旦顾客从菜单上做出选择，饭菜就会按照订单生产出来。

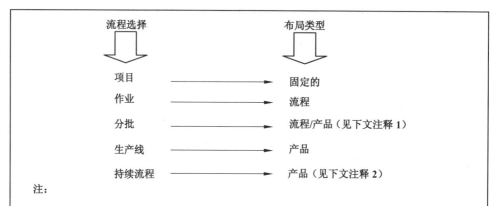

图 7-14 流程选择与布局类型之间的联系

这意味着餐厅可以提供各种各样的食物,因为只有在下了订单后才开始生产。多样性要求一个流程布局,餐厅过去是(现在仍是)工作场所。如果是快餐,在顾客进入餐厅之前就要制作餐点。它是煮熟的,包装好后放在架子上出售——服务器所要做的就是在客户到柜台时组装订单。这使得服务时间比传统餐厅要快得多。由于热菜(麦当劳的汉堡包)的保质期短,约为 7 分钟,为了避免浪费,餐厅需要大量的顾客,以确保库存迅速售出。为了达到高产量,产品需要相对较低的价格以及便于在任何地方食用。但是为了避免未售出的存货的产生,菜单需要减少到尽可能少的项目。因此,快餐菜单通常只有很少的原材料,可以通过多种方式加工来生产一系列产品——普通汉堡、芝士汉堡、培根芝士汉堡等。通过增加数量和减少品种,快餐"餐馆"不再是一家工作场所,而是一个基于产品布局的生产线。因此 Levitt 提出了"生产线服务"的概念。

然而,在某些行业,布局不是一个选择。这通常适用于客户与服务提供商进行交互的操作。典型的例子是酒店。酒店房间是分批清洁的,每个工人负责 10~15 个房间服务。理想情况下,他们应该在一个流程或产品的基础上进行组织,实际上他们有固定的位置。主题公园也是如此,布局是固定的,尽管使用游乐设施的客户是批量使用的。

还有一种情况是,一些操作不涉及一种流程类型,也没有一种布局。最明显的情况是,在那些有前台和后台(如银行),或者有台前和幕后(如餐馆)的服务运营中。在这些操作中,客户可能是在一个车间中处理的,通常是作为一个工作车间;而支持前台的材料和信息处理可能是批量生产,甚至是流水线生产。

在这种操作中,在过去,通常情况下,后台操作和前台操作是相同的流程类型。然而,许多操作现在已经"分离"成操作的两个部分,这样就可以选择要使用的最佳流程。例如,银行继续根据工作场所原则和流程布局处理分行的客户。然而,在它的后台,管理层已经通过建立一个大型数据处理设施来支持大量的分支机构进行生产。

一旦可以将操作的一部分与另一部分分离,就可以考虑将操作的一部分外包。例如,大型酒店从事两种类型的餐饮经营。它有餐厅,也就是工作间;还有宴会,也就是批量生产和交付——尽管整体安排,例如,一个婚礼将被视为一个项目。

在一些酒店,有两个厨房,一个用于餐厅,一个用于宴会套房,尽管这会导致由于设备和员工的重复而效率低下。如果只有一个生产厨房,为应对一个操作而设计的设备和工作活动,通常会发现很难处理另一个操作——通常宴会服务中断并减慢餐厅服务速度。部分原因是,许多酒店现在将宴会餐的生产外包给专业的熟食供应商。外包的另一个原因是,因为供应商可以比他们自己能够做到的更低的单位成本供应餐食。这是因为供应商的工艺流程和布局能够实现低成本生产和规模经济。

7.4 流程选择的战略重要性

正如我们前面提到的,流程选择的类型在很大程度上决定了公司可以和不能做什么。这提供了该公司所从事业务的实际性质的主要线索。如图 7-15 所示。

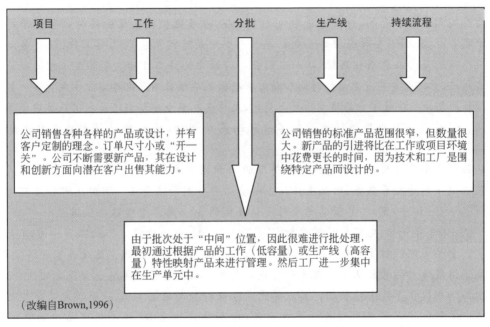

图 7-15　流程选择与营销策略之间的联系

制造业和服务业企业面临的一个危险是,所用流程类型与客户期望之间可能存在不匹配。例如,在服务业中,我们已经注意到专业服务的性质(围绕工作类型设置)意味着人们期望高定制和高劳动力投入。然而,危险在于,例如,律师、医生和其他专业人员可能会开始批量处理服务流程,从而以获得规模经济或努力经济的名义破坏定制。这将产生危险的后果——例如,临床心理学家可能会将某些问题集中在一起,以加快治疗流程,但这样做会忽略一对一顾问/患者关系中预期的更深层次的问题。

显然,在服务和制造环境中,管理流程转换对运营经理来说是一个非常重要的挑战。成功并非完全靠拥有正确的技术来实现。其他技能和隐性知识也会发挥作用。我们用塔可钟(Taco Bell)的例子来说明这一点:

案例 7-7

塔 可 钟

1999年，在美国购买的墨西哥快餐中每4份就有3份是由一家公司——塔可钟公司生产的。然而，除非该公司在整个80年代都没有改变其业务，否则这种市场支配地位可能永远不会出现。

在20世纪80年代早期，塔可钟是典型的。它本质上是由一个工作车间运营。几乎所有的食品生产都是在现场进行的——食品是从其原始状态制备的：诸如玉米卷的碎牛肉等食品在大桶中煮了几个小时；制备鳄梨和其他酱汁；清洗、清洁和煮熟豆子。一旦这些物品准备好出售，它们就会根据客户的订单进行组装。这意味着顾客在收银台的平均等待时间为105秒，在高峰期甚至更慢。

这种经营方式给管理带来了许多挑战。工作人员必须安排和组织轮班，以便他们将主要时间用来准备食物，并在休息期间清洁设备，以及他们在忙碌的同时收集订单并为客户服务。据估计，餐厅经理每天都要花一个小时的时间来完成这项工作，以使劳动力供应尽可能与潜在需求相匹配，从而达到公司劳动力的成本目标。食品成本控制也是当务之急，这意味着要花费大量的时间和精力来确保菜单项目不是准备得太少或太多。但这一操作的复杂性导致了食品质量的巨大变化，无论是在单个单元内还是在供应链中的单元之间。这并没有因为原材料质量的不一致而有所帮助，这些原材料主要是在当地采购的。

强调内部食品生产意味着厨房与餐厅的面积比率为70∶30。此外，定制食品的主要装配线平行于柜台服务，因此生产线上的员工都背对着消费者。当时塔可钟没有得来速（Drive through）窗口，尽管其竞争对手销售额的50%都源自于这个渠道。

从1983年开始，塔可钟的首席执行官约John Martin对实体布局做了一些重大的改变。食品装配线被重新配置为与服务台成直角的两条较短的线。这改善了产品流程，提高了消费者对运营的认知。电子销售点的引入不仅改善了订单接受和现金处理，而且为食品预测提供了改进的数据。其他的改变包括增加新的菜单项，将新单元的平均尺寸从1 600平方英尺增加到2 000平方英尺，增加得来速窗口，还升级了员工的装饰和制服。

然而，外部压力意味着Martin也必须采用新的操作流程。到20世纪80年代中期，美国快餐市场已经成熟，竞争激烈。以前的业绩是根据增长来判断的，这可以通过开设新的部门来实现。在成熟的市场环境下，市场占有率显著提高。劳动力短缺也意味着劳动力成本的增加，在该行业增加了18%，但塔可钟公司由于其相对较大的熟练劳动力而增加了50%的劳动力成本。虽然有汉堡或鸡肉概念的连锁店可以利用食品成本下降的优势抵消这一增长，但塔可钟的食品成本仍占销售额的30%左右。所以到了1989年，塔可钟在成本上涨的挤压下，在市场上只是一个相对较小的参与者。

在一系列举措中，该行动得到了转变。K-Minus是一个项目，它把厨房变成了一个加热和组装单元。几乎所有的食物准备（蔬菜和肉类的切碎、切片和混合）和烹饪都被取消了。牛肉、鸡肉和豆子装在预先煮熟的袋子里,生菜被预先切碎,硬玉米饼预炸,鳄梨沙拉酱提前装在盒里。这就改变了厨房与餐厅的比例成为30:70,降低了各单位的人员的编制,提高了各单位的运营能力。SOS(服务速度)计划是为响应市场调查而设计的,市场调查显示顾客希望他们能更快获得食物。因此,对菜谱进行了调整,开发了一个加热的临时区域,使60%的菜单项(占销售额的80%以上)预先包装好待售。这将客户等待时间缩短到30秒,高峰小时容量增加了50%以上。最后,TACO(公司运营的全自动化)是一个IT项目,旨在实现店内运营的计算机化,并将每个部门联网到总部。TACO向每位经理提供46项关键绩效指标的每日报告,协助生产和劳动力调度,并协助库存控制。这使得餐厅经理每周花在文书工作上的时间减少了16个小时。

这些流程变化和技术投资也伴随着人力资源管理的变化。餐厅经理的工作现在与K-Minus、SoS和Taco的工作大不相同。塔可钟认识到经理们现在应该更加关注前台和客户,因此,各单位内部的管理结构随着工作描述和薪酬方案而改变。更高的薪酬与业绩有关,因此高层管理人员每年可以赚8万美元,比以前的工资标准相比较有大幅度提高。对新餐厅经理的选择标准也进行了调整,以反映新的经营风格。

1988年至1994年间,塔可钟的销售额翻了一番,利润翻了3倍。尽管如此,竞争仍然很激烈。有了正确的流程,马丁现在可以寻求其他方法来提高运营绩效。因此,在20世纪90年代中期,随着团队管理单位的发展和TACO内部学习组织的发展,重点从技术转向人力资源。

7.4.1 流程选择和竞争因素

正如我们在第2章中看到的,当我们介绍各种运营战略流程模型时,Hill(2000)对公司的"订单资格"和"订单赢得"标准进行了非常有用的区分。简而言之,订单资格标准是指一家公司为了竞争而需要的那些因素,而订单赢得标准则是指一家公司为了赢得市场地位而需要达到的那些因素。Hill建议,订单资格和赢得标准可以映射到流程选择上,如图7-16所示。

	项目	工作	分批	生产线	持续流程
订单赢得标准	交付 质量 设计 能力	交付 质量 设计 能力	↔	价格	价格
合格标准	价格	价格	↔	交付 质量 设计 能力	交付 质量 设计 能力

注:以上列表仅供参考,有比所列更多的订单赢得和资格标准。此外,重要的是要权衡特定应用或行业的标准。

图7-16 将流程选择与订单资格/赢得标准相联系

该框架可以成为公司"映射"流程选择如何将其与竞争因素联系起来的强大工具。在任何特定的情况下，对这些标准的重要性进行排名或加权非常重要。重要的是，企业不要认为订单资格要素是不重要的，因为正如 Hill 所说，这些资格要素可能导致订单流失。公司不能简单地"跳过"订单资格标准。例如，PC 生产商认识到价格是订单赢得要素，不能为了进一步降低价格而跳过最新技术、交付等订单资格标准。

7.4.2 关于流程图

尽管映射流程可能有用，但它存在一些问题（Spring 和 Boaden(1997)对此提出了很好的批评）。此外，我们还要补充一点，重要的是不要过于严格地使用这个框架，原因如下：

一家公司可以在一个流程选择下为两个市场生产相同类型的产品。每个市场的特定需求可能不同，即使流程选择是相同的。例如，其中一位作者是一家生产飞行模拟器的公司的管理顾问。这两个市场是商业和军事市场，对这两个市场的要求在成本、交付可靠性和附加功能方面完全不同，即使每个模拟器产品都是在项目流程选择下生产的。然而，在流程选择映射模型下，我们期望竞争需求是相同的，因为它们共享相同的流程选择。但事实并非如此。

在许多环境中，订单资格和订单赢得标准通常与它们几乎无法区分的点非常相关。例如，在英国的公共部门，价格本身已不再是一个订单资格标准，并已被纳入与感知整体价值相关的一系列更广泛的标准中，仅低成本并不能确保进入市场。因此，医院不会只根据价格授予合同——供应商的感知价值和声誉是关键要求。同样，公共部门活动（如道路建设和维护）中的"最低成本合同授予"不再将成本视为独立因素。相反，价格被视为整体感知价值的一部分，是竞争的许多重要因素之一。

Hill 正确地警告说，随着时间的推移，曾经的订单赢得标准可能会成为订单合格标准。在竞争对手复制技术或公司失去对差异化特性的控制的情况下，这一点尤为明显。在这里，随着时间的推移，使用权重或评分标准非常重要。

这种模式的一个关键问题是："产品如何赢得市场订单？"这也存在另一个问题——产品不能赢得订单。企业可以通过多种方式做到这一点，包括无形但强有力的因素，如声誉、整体感知、货币价值和其他主观但重要的购买决策因素。

西方的大多数制造业都是批量生产的，而且该模型似乎不能很好地适应这种"中间"路径。

该模型仍然很重要，可以澄清通常哪些是困难的战略决策，但也许更好的方法是添加预先确定的标准，如图 7-17 所示。

我们认为，在许多细分市场中，资格预审标准是一个重要的概念。例如，在一个项目环境中，潜在的供应商甚至不被允许为一个项目投标，而很少有人知道他们拥有资格预审标准。这可能包括一些明显的东西，例如 ISO 认证（最流行的是 ISO 9000）。然而，它可能围绕一些不太实际的因素，如感知的经验、专有技术和声誉。对公司来说，恼人的是，这些特征可能需要相当长的时间才能累积，但一旦发生产品召回等单一事件，这些特征就会消失。

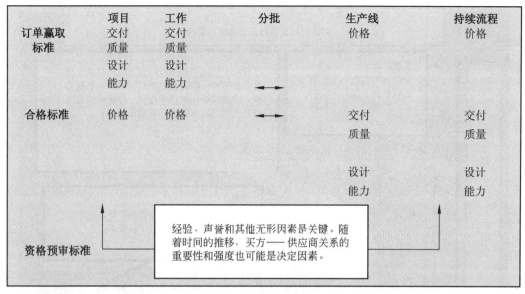

图 7-17 资格预审标准的重要性

7.5 制造/运营时代对流程选择的影响

到目前为止,我们已经将流程选择与布局类型联系起来,然后指出每个流程选择如何链接到其他流程选择。我们可以通过将以前和当前的制造时代映射到流程选择类型,从而进一步推进这一阶段,如图 7-18 所示。

大量生产一种产品的"传统"生产线工艺流程显然不能满足品种的要求。然后,这就改变了对操作的需求,如图 7-19 所示。

7.5.1 大规模定制的出现

大规模定制不是一种特定的流程类型,但它从根本上取决于流程变革。Davis(1987:169)创造了"大规模定制"一词,并指出:

"市场的大规模定制意味着可以达到与工业经济的大规模市场相同的大量客户,同时,可以将他们单独视为前工业经济体的定制市场。"

从本质上讲,这个大规模定制的时代结合了工艺时代的精华,即产品个性化但成本高昂和大规模生产的精华,即产品价格低廉但高度标准化(Fralix, 2001)。

大规模定制公司包括各种各样的产品和服务,不能被认定为同质群体。Lampel 和 Mintzberg(1996)说明了从"纯标准化"到"纯定制"的产品范围,如图 7-20 所示。

客户参与运营流程被认为是大规模定制的定义特征之一。

大规模定制克服了通常被视为数量和品种之间的权衡。这是通过多种方式实现的,比如灵活制造和敏捷生产,我们将在下面讨论。MacCarthey 等人(2003)认为,实际上有五种基本的方法可以实现大规模定制,这是从 6 个关键操作流程的配置中得出的。6 个关键流程如下:

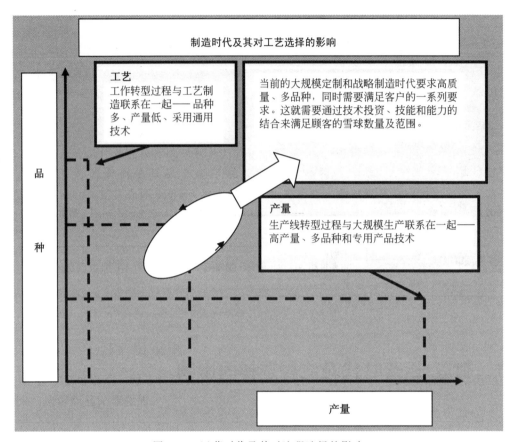

图 7-18　运营时代及其对流程选择的影响

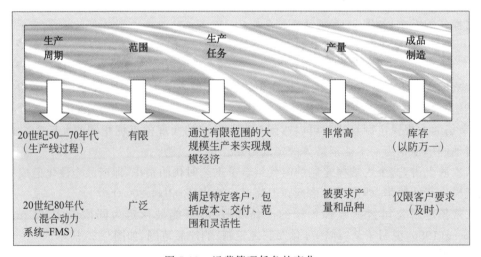

图 7-19　运营管理任务的变化

（1）产品开发设计；
（2）产品验证或制造工程（将产品设计转化为物料清单和一套制造工艺流程）；
（3）订单接受和协调；

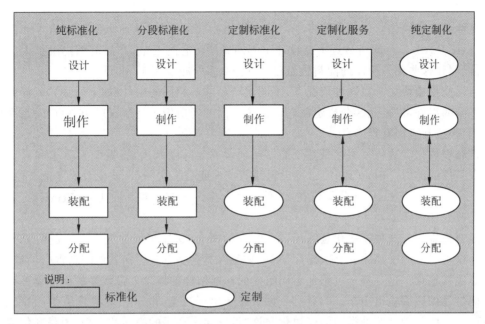

图 7-20 从"纯标准化"到"纯定制化"
（引自 Lampel & Mintzberg, 1996）

(4) 订单履行管理（安排运营中的活动）；
(5) 订单实现（管理实际生产和交付）；
(6) 订单后流程（如技术援助、保修和维护）。

正如我们已经看到的，工作车间按订单生产，生产线按库存生产（保持低库存水平对于世界级的运营至关重要）。在上述六个流程中，公司也有选择。因此，产品开发和设计可以在接受任何订单或响应订单之前进行。同样，产品验证也可以提前建立，或者根据订单进行修改。最后，订单实现能力可以是固定的或可修改的。因此，12 种不同的组合在理论上是可行的，尽管有些是相互排斥的。例如，如果产品系列是在接受订单之前设计的，则无需进行可修改的产品验证，也无须实现灵活的订单履行。

Pine(1992)认为，大规模生产创造了规模经济，而大规模定制是基于范围经济。到目前为止，以上讨论的方法，如 JIT，在适应广泛的产品范围的同时，实现了批量生产（批量）的效率。但是 Pine(1992)继续指出，"实现大规模定制的最佳方法是创建模块化组件，这些组件可以配置成各种各样的最终产品和服务"。这样的零件标准化不仅降低了生产成本，增加了可定制的产量，还缩短了新产品的开发时间，缩短了生命周期。比萨外卖配送多年来一直采用这种方法。典型的菜单提供了一系列使用特定配料的标准比萨，但是消费者可以定制这些配料，他们可以要求将这些配料中的任何一种或多种添加到任意一种标准比萨中。因此，从 10 个披萨和不到 100 种配料的范围来看，实际上可以生产数千种不同的比萨。这种方法的其他例子包括在销售点按照客户规格混合的房屋涂料、Black & Decker 电动工具、Wendys 汉堡连锁店、Lutron 电子照明设备和小松重型设备。

Pine(1992)在 Abernathy 和 Utterbuck(1978)和 Ulrich 和 Tung(1991)的基础上，概述了 6 种模块化。它们不是相互排斥的，而是可以在一个操作中组合在一起。这 6 种模块化如下。

组件共享模块化。这是指在多个产品中使用相同的组件,从而降低库存成本和简化生产。Forte Posthouse 酒店最近重新设计了不同餐厅概念的菜单,产品范围继续扩大至各种菜肴,但制作这些菜肴所需的配料数量已从 4 000 多个减少到 1 000 多个。

组件交换模块化。在这种情况下,不同的产品共享相同的组件(如上所述),相同的产品具有不同的组件,以彼此区分或定制它们。这方面的经典例子是斯沃琪,它生产一系列标准手表,但颜色和表面有很多种。

定制模块化。这种模块化是基于能够在预设或实际限制内,根据个人需求和需要调整或改变组件的能力。Pine(1992)通过定制裁剪技术证明了这一点,该技术生产适合的服装;National Bicycle Industrial 公司可在 18 种型号上生产 1 100 多万种变体;Peerless Saw,使用激光改变任何锯的尺寸。

混合模块化。这种模块化是基于一个配方的概念,这样当组件混合在一起时就变得不同了。这可以应用于油漆、化肥、餐厅菜单、早餐谷类食品以及任何其他配料混合的流程。

总线模块化。这是基于可添加不同组件的标准结构的概念。最明显的例子就是可以安装不同灯具的照明轨道拖车。"总线"一词来源于电子工业,电子工业将其用作计算机和其他电子设备的基础。这种类型的模块化允许"可以插入产品的模块的类型、数量和位置的变化"。

分段模块化。这种类型的模块化是基于不同类型的组件,通过使用标准接口以各种可能的方式装配在一起。乐高积木就是典型的例子。虽然这实现了最大限度的多样性和定制,但这是最难实现的。很少有产品能像乐高积木那样简单(或尺寸精确:完全互换性需要非常高精度的基本"积木")分段模块化的例子包括 Bally 工程结构(使用标准面板生产多种不同形式的制冷装置)、Agfa 公司的处理系统可处理所有形式和大小的信息;美国运通(它捕捉每一笔交易,以便可以提供个性化的产品和服务,以满足客户的购买需求和购买力)。

Gilmore 和 Pine(1997)提到了"定制的四个方面":协作(设计师与客户紧密合作);适应性(标准产品在使用流程中由客户更改);装饰性(标准产品的包装对每个客户都是唯一的)和透明(产品根据特定的个人需求进行了修改)。相反,Lampel 和 Mintzberg(1996)讨论了各种大规模定制策略的连续性,包括不同的流程配置(从标准到定制)、产品(从大宗商品到独特商品)和客户交易流程的性质(从一般到个性化)。

Da Silveira 等人(2001)对大规模定制的感知需求进行了有用的总结:
(1) 客户对品种和定制的需求必须存在;
(2) 市场条件必须适当;
(3) 价值链准备就绪;
(4) 技术必须可用;
(5) 产品应可定制;
(6) 知识必须共享。

毫无疑问,大规模定制给企业带来了许多挑战。Zipkin(2001)对三种挑战进行了分类。
(1) 启发:为满足顾客的需求和需要而建立的精密系统的要求。Zipkin(2001)认为在生产流程中获取客户的投入是很困难的。
(2) 工艺流程灵活性:生产工艺流程高度灵活的要求。Zipkin(2001)认为,开发这种技术既昂贵又耗时。

（3）物流：强大的面向客户的物流系统的要求。Zipkin（2001）认为，通过供应链处理和跟踪单个客户订单会带来各种挑战。

Loef、Pine 和 Robben（2017）建议，提供大规模定制的方法有九大策略。

大规模定制九大策略

三种策略，主要在于公司创造产品。

1. 适应性的产品：公司在改变产品功能方面拥有最终决定权，但客户可以根据自己的需求和偏好进行选择。例如，Nespresso 机器使消费者随心所欲地为自己制作一杯咖啡，但是，Nespresso 决定消费者可以选择咖啡胶囊的种类。

2. 组合式产品：与潜在客户合作以更好地了解个人需求后，公司策划了一套产品，同时考虑了客户对产品的功能和表现。例如，在阿姆斯特丹的 Zuidas 区规划 Xavier 大楼房地产的开发商和建筑师收集了潜在居民意愿信息。然后为大楼内提供的公寓范围设计平面布置图，这样买家就可以决定部分布局和装修。

3. 个性化产品：公司只改变产品的表现形式，并决定如何最好地做到这一点。例如，Joie de Vivre 在旧金山创造了一系列酒店，这些酒店都提供相同的核心功能，但每一个都围绕着不同的杂志主题，如《滚石》《连线》和《国家地理》——因此客人可以个性化选择。

三种策略，主要在于影响平台。

4. 适应性平台：公司为每个客户提供了从平台接收到的单个产品。例如，Netflix，提供各种各样的电影和电视，而且可根据推荐算法提供建议。

5. 社区平台：公司允许客户决定他们想要的产品的功能和表现。例如，总部位于旧金山的 TechShop 是一家由 10 个地点组成的全国自助式连锁工厂。它为会员提供工业工具和设备，让他们可以在店内制作他们想要的东西。

6. 个性化平台：公司只允许客户更改平台提供的产品，而不是其核心功能。NIKE ID 就是一个很好的例子，它的消费者可以设计自己的鞋子，并不是改变鞋的性能，但能改变鞋的外观。如颜色、标志位置和个人姓名首字母。

三种策略，在于公司和客户的协作：

7. 适应协作：公司直接与客户合作，以增强他们的能力。根据个人需求定制核心产品。例如 Lutron 控件，基于宾夕法尼亚州库珀斯堡市，大规模定制其照明控制，以连接到个人住宅、办公室和其他建筑。然后用户可以自己编程灯光效果以满足他们的需求或心情。

8. 创建协作：公司和客户都完全参与创建每个人独有的产品。例如 Mosaic Life Care，来自密苏里州圣约瑟夫的心脏健康中心，为每位患者制定"生活计划"，或社区成员的目标和里程碑，然后患者与医院系统一起努力实现这些目标和里程碑。

9. 个性化协作：公司直接与客户合作，改变产品的非功能性、表现方面。例如另一家医院，俄勒冈州达拉斯市的 Mid-Columbia Medical Center 培训其护理人员让患者选择便利设施，如医院病服的颜色、风格和墙上的画，以及设定他们喜欢的探视时间。

他们还建议，可以采取混合策略：

创建协作：为了船员和客人能够一起工作来识别和满足顾客的独特需求，嘉年华设计了海洋奖章，一个可穿戴的设备，上面有每位客人的姓名、集合点、游轮和旅行日期。该设备使嘉年华能够识别每位客人并定制其游船和岸上经历。

个性化平台：客人可以在手机、平板电脑、电视或船舶显示器上，使用个性化的数字礼宾应用程序——Ocean Compass。来提出任何要求，查看体验路线并订购纪念品。

个性化协作：嘉年华根据每个客人的个人资料制作个人体验邀请，并会根据客人的选择不断更新。

社区平台：客人可通过社交媒体平台与其他客人和不在船上的家人朋友分享体验、照片和回忆。

 案例7-8

大规模定制——示例和挑战

1. 协同定制

协作定制者与客户交谈，帮助他们认识到他们需要什么，以及认识到能够满足这些需求的因素，并按照这些指导原则创建定制产品。

这种方法属于大规模定制，主要面向以定制为中心的客户。此外，这种方法旨在帮助那些难以准确发现自己想要什么，并发现自己在各种各样的选择之间困惑的客户。通过减少对单个客户的选择，协作的定制程序有助于理解客户的需求，并努力向他们说明这一点。

2. 适应性定制

遵循适应性定制方法的企业向客户提供一种标准产品以及一些定制选项。由于技术的可用性这种方法确保产品的设计方式最终可以让客户非常容易地对其进行定制，且非常适合于在不同情况和场合对产品有不同期望的客户群。

宾夕法尼亚州的Lutron电子公司就是最好的例子。它的客户可以利用它的照明系统营造家庭所需的氛围，或者通过各种可用的开关在工作时间内最大限度地提高生产率。该照明系统的设计使客户能够为阅读、浪漫时刻或热闹的聚会创造不同的心情。它将不同的灯光连接在一起并允许客户选择效果来实现。

3. 装饰性定制

装饰性定制商对不同客户群的标准产品进行不同的广告宣传。当客户使用相同的产品，但希望以不同的方式呈现时，这种方法会很有效。这些产品不是定制的，而是以不同的包装形式，以适应不同类型的客户。例如，产品的优点和属性以不同的方式进行广告宣传，并以不同的方式进行展示，同时促销计划以不同的方式沟通和设计，产品大多带有客户的名字。尽管这类定制顾名思义是装饰性，但它为许多客户提供了巨大的价值。每年，客户在名牌运动衫和T恤衫等产品上花费数十亿美元。

Planters 公司（Nabisco）利用装饰性定制来满足零售客户的不同销售要求。与 Dominick 相比，Jewel 需要不同的促销套餐，相比 7—11 和 Safeway，沃尔玛则需要更多的混合坚果和花生。过去 Planter 的标准包装仅包括小、中、大罐。然而，现在公司可以很容易地在不同的集装箱、标签和尺寸之间进行切换，以满足客户的需求。

4. 透明定制

透明定制是指向单个客户提供定制产品，而不告诉他们产品是专门为他们生产的。这种方法适用于客户不想不断重复其需求的情况，或者客户需求是可预测或明显的情况。从事透明定制的企业在不与客户直接沟通的情况下检查客户的行为，然后谨慎地为客户定制产品。

俄亥俄州的 Chemstation 已经成功地识别了客户的需求，并为他们提供了令人惊叹的标准产品。其工业皂，可用于商业用途，如工厂地板清洁和洗车，在推出时被市场完全接受。Chemstation 还分析了每个客户的洗涤要求，并为他们生产合适的清洁剂。该公司通过持续监控来记录客户的使用模式，并在肥皂快要用完时，把肥皂送到顾客家，而不需要客户打电话和下订单。

5. 挑战

高成本的挑战：大规模定制的最大挑战可能是它不是所有市场、客户和产品的合适选择。大多数客户对定制灯泡或洗衣粉不感兴趣。此外，定制产品的成本更高，客户必须等待才能得到。例如，普通的陆地斜纹棉布靴大约 35 美元，而定制的一双大约 54 美元。

对于奢侈品来说是成功的，而对于基本产品来说则不是成功的：如果我们考虑到盈利和做生意的前景，那么对于大多数商业类型来说，定制所获得的利润并不超过生产定制产品的复杂性和成本。Yankee Group 的 Lisa Melsted 认为，大规模定制对于大多数企业来说不是经济可行的选择，主要取决于产品类型。这一概念更适合高端奢侈品，如设计服装和汽车。

定制产品退货面临的挑战：大规模定制也会在产品退货时给制造商带来很多问题。主要是，这种情况不会发生，因为产品是根据客户的喜好创建的，但会发生一些退货。在这种情况下，没有反向定制机制的企业往往面临许多问题。此外，另一个客户想要和其他人一样的产品的机会太小，这会使业务陷入一个棘手的境地。因此，大多数这样的公司没有任何退货政策，或者只是在允许的情况下承担退货损失。

供应链面临的挑战：大规模定制的最大障碍是大多数企业的供应链无法有效地处理这一问题。供应商系统主要是为生产预先安排的产品而优化和设计的，而不是为了满足任何不可预见的需求。许多供应商甚至没有集成最新的供应链管理应用程序，如即时库存和自动化计划，这导致了灵活性、特异性和可视性较低的大规模定制。

当前商业世界中的供应链是基于推模型的，而与大规模定制相关的供应链是基于拉模型的，这十分难以管理。只有当企业在大规模定制和大规模生产之间进行折衷，以创建标准产品，并以未来可定制的方式配置时，这种供应链问题才能得到解决。对于大多数企业来说，在供应链开始阶段启动定制流程在经济上是不可行的。

> 这意味着大多数企业只能部分实现大规模定制。然而,即使这种偏好也能给制造商带来优势。随着概念扩大了产品的范围,它有助于制造商迎合不同类型的消费市场。它还将制造商引入新的目标市场,并允许他们探索为他们制造产品的可能性。
>
> 　　大规模定制需要几年时间才能成为家喻户晓的名字。一些理论家认为,即便如此,这也更有可能是对传统大规模生产的粗略适应。相反,没有定制就不会有不能存在的产品被定制,不管这个概念发生了什么。
>
> (资料来源:https://www.cleverism.com/mass.customization.what.why.how/)

服务环境中也采用了大规模定制,结果令人印象深刻:

> 为了在旅游业的竞争中获得优势,缅因州旅游局决定向任何访问其网站并自愿提供旅行计划信息的人邮寄一份免费的个性化旅行计划书。这些可变的元素包括旅行者说他们打算参观的景点的照片、列出他们逗留期间发生的活动的日历、一封定制信以及一份展示他们感兴趣的地区和活动的文件。包装是按需印刷的,其中包括一张反馈卡,为受访者提供了在该州最著名的零售商之一——L.L.Bean 购物狂欢的机会。
>
> 　　邮寄个性化包裹的费用比邮寄标准信息包裹的费用高出大约 15%,但结果明显收益超过了费用。根据施乐 1:1 实验室的调查,24.1%的人对这个个性化的套餐作出回应,50%以上的人提供反馈,73%的人表示这个指南是有帮助的。
>
> (资料来源:Let's Get Personal: Mass Customization in Travel Marketing 21st March 2010 http://sparksheet.com/let%E2%80%99s-get-personal-mass-customization-in-travel-marketing/)

7.5.2 柔性制造

柔性制造是大规模定制的一个要素,向柔性制造转变是日本汽车制造业的主要竞争优势之一,随后出现在西方制造业。由于客户需求和期望迫使公司提供各种各样的车型,汽车市场的各个细分市场正在分散。因此,尽管一个大型生产商在其产品寿命期内曾生产 100 万个型号相同的产品,但到 2000 年,生产 25 万个特定型号的产品都很罕见。因此,围绕传统的规模经济理念和不灵活的生产线流程构建的流程必须转变为"客户驱动"的流程,包括灵活的制造系统。我们不应该过分批评过去围绕线流程的方法;它们在 100 年前是最先进的,只是不再满足当前的市场需求。生产线流程(批量生产)完全适合过去的市场需求的。

这并不是说,灵活的生产导致了产品复杂性的激增:诀窍在运营时提供市场"明显的多样性",同时在实际操作时降低市场的多样性。这在制造厂提供的产品的真实变化量减少中很明显。

这并不意味着其狭窄的专用生产线将回归大规模生产。相反,生产部门专注于批量处理领域的发展——创造采用柔性制造系统(FMS)和成组技术的解决方案。FMS 和成组技术是不同的方法,或者说是"阶跃变化",而不仅仅是对"传统"批量生产的修改。它们是可以实现品种和数量的变化主要因素。为了适应全球新的竞争对手不断变化的动荡环境,大规模生产系统必须进行调整。在大规模生产的流程"战略"强调生产效率的地方,现代世界级的制造企业强调产品质量、差异化以及其他任何对客户重要的因素。

FMS 所能提供的优势超出了硬件的灵活性。真正的优势在于工厂专有技术和增强的技能。因此,对计算机集成制造(CIM)和先进制造技术(AMT)等技术的投资被视为具有战略重要性,因为它们可以为企业提供具有竞争力的选择。

AMT 投资可以使公司根据集团技术或共享的设计特点提供一系列产品或组件。这反过来又提供了基于范围经济而非规模经济的战略选择。

必须谨慎对待这一点。显然,公司声称它可以提供任何客户想要的任何业务,都是不现实的。丰田可能能够在一个平台上生产出许多不同的产品,但这家汽车巨头无法回应客户的要求,比如说,飞机或轮船,因为丰田的技术仍然集中在汽车生产上。因此,术语"灵活"必须在特定产品的边界内看到。(然而,在公司集团层面,一些技术转让可能会使姊妹部门在不同的产品或服务方面表现出色。例如,丰田集团有一个制造预制房屋的部门;SAAB 制造飞机和汽车,几乎每家大公司都提供某种金融服务。)

FMS 允许公司在范围经济而不是规模经济上竞争。由于技术更为灵活,允许进行多种产品变化,因此实现的总产量几乎与制造大量标准化产品一样大。这意味着竞争的基础从低价格的商品产品战略转移到强调低成本的特殊选择和定制产品。

这深刻地改变了游戏规则。正如我们在第 2 章中看到的,波特(1980)在竞争战略中指出,为了盈利,企业面临两种选择:低成本或差异化。这反映了当时的工业经济理论,但现在企业必须在这两个方面进行竞争——在一系列其他客户需求背景。由于竞争的本质,曾经具有差异化特征的产品(至少在一段时间内)能够提供持续的竞争优势,已经成为许多市场的"公平竞争环境"(基本预期)。这是因为技术往往易于复制。计算机工业就是这样的例子。多年来,苹果能够为其"差异化"产品收取高价。然而,一旦其他人仿效了这项技术,价格就变得至关重要,所有 PC 上都有差异化软件。因此,低成本和差异化本身就不足以满足需求。相反,一系列新的竞争要求(包括速度、灵活性和定制)已成为主要的竞争驱动因素。灵活性已成为世界级运营的核心能力。

生产单元的实际布局提供了制造如何变得灵活的洞察力。如图 7-21 所示,柔性制造系统通常布置在小的 U 形单元中。这种形状的原因包括:

工人们被安排成小组来操作这些单元。单个单元可以制造、检查和包装成品或组件。每个单元都对其产品的质量负责,每个工人通常能够执行一系列的任务。同样,流程选择是单元排列中的关键:生产线下的流程、引入品种或更改产品意味着停止整个装配线。这类故障和短缺对于打算低成本生产的大批量生产商来说是非常昂贵的日常开支。为了弥补这一点,他们必须储备大量的零部件,"以防万一"。我们在第 6 章中讨论了准时生产(与电池制造相关)的关键重要性,但我们可以在这里说,在传统生产线流程下,部分成品的库存也往往很高。部分生产流程的部件经常闲置,等待下一阶段。这是浪费的主要来源。大量的位于仓库中的库存,是大规模生产的一个特点。相比之下,通过 U 形单元的灵活制造和低库存水平是相辅相成的。下面是一个例子:

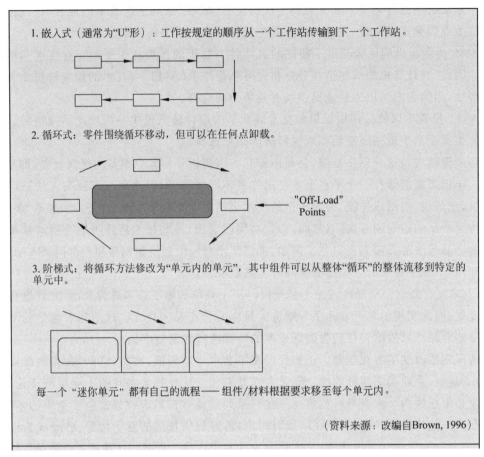

图 7-21 典型 U 形生产线或单元的布局

> 今天走进奥托立夫 35 万平方英尺的设施,你会觉得自己走进了一个时钟。你几乎能听到滴答声。88 个紧凑的 U 形生产单元已经取代了主楼层的装配线。每个工作站都由一组工作站和少数员工组成。拧紧螺丝,扫描成品并登记在库存中,然后将其交给下一位同事,由其标记并将其放入一个盒子中,以便取用和装运。司机安全气囊、乘客安全气囊都有单独的生产单元,它们的销量在过去的 3 年里增长了 50%。
>
> (Fortune, 6th September, 2004)

7.5.3 敏捷生产

与大规模定制一样,敏捷生产不是一个特定的流程选择,但它完全依赖于敏捷性的流程变革,从而在向客户提供的产品中成为现实。很明显,我们所处的时代已经从"任何颜色的汽车只要是黑色的"的大规模生产产品演变为以客户为中心的产品,如 Ridderstrale 和 Nordstrom(2000)在第 1 章中所指出的:"让我们告诉你所有客户想要什么。"在任何行业、任何市场上的任何客户都希望得到既便宜又好的产品,而且是之前就想要的。这属于大规模定制和敏捷生产的范畴。正如 Brown 和 Bessant(2003:708)解释的那样,这两个术语有些混淆:

对于大规模定制和敏捷制造模式的定义和主要区别,似乎没有明确的共识。例如,Feitzinger 和 Lee(1997)在讨论大规模定制时也将"敏捷供应网络"作为一个必要因素。此外,Da Silveira 等人(2001)在其关于大规模定制的文献综述中提到了敏捷制造作为一个特征。我们建议,尽管理解这两者可能很重要,但我们补充说,敏捷制造和大规模定制并不是相互排斥的模式。相反,我们认为大规模定制最好被视为企业敏捷能力的一个有力的因素。

Bessant 等人(2001:31)以下给出了敏捷性的定义:

制造业的敏捷性包括能对当前的市场需求和配置做出快速有效的响应,以及在面对广泛的竞争力量时积极开发和保持市场。

Gunasekaran 和 Yusuf(2002:1357)补充:

敏捷制造可以说是一种相对较新的后大规模生产概念,用于产品和服务的创造和分配。这是一种能够在一个充满竞争和变化的环境中茁壮发展,并能快速响应市场变化的方法。该市场基于客户的价值评估驱动产品和服务,它包括快速的产品实现、高度灵活的制造和分布式企业集成,单凭技术并不能造就一个灵活的企业。公司应在考虑市场特征的情况下,找到使其敏捷化所必需的战略、文化、业务实践和技术的正确组合。

Bessant 等人(2001)提出了一种新的敏捷制造能力模型,该模型由四个关键的相互关联的参数组成。参考模型的四个主要维度是:

敏捷战略——包括了解公司所在部门的情况、致力于敏捷战略、使其与快速发展的市场保持一致以及有效沟通和部署敏捷战略的流程。
敏捷流程——提供实际的设施和流程,以实现组织的敏捷运作。
敏捷联系——与公司以外的人,特别是客户和供应商密切合作并从中学习。
敏捷员工——发展灵活的、多技能的员工队伍,创造一种能够在整个组织中蓬勃发展的主动性、创造性和支持性文化。

敏捷制造实践的参考模型如图 7-22 所示。

通过了解敏捷性的配置、维度以及一些理论基础,可以提供进一步的见解。敏捷性的维度如图 7-23 所示。

当然,大规模定制和敏捷实践之间有相当大的重叠,其中一个可以满足另一个需求。因此,最好不要将这些范例视为"最佳实践"的相互冲突和相互竞争的方法,而应视为在当今高度竞争和苛刻条件下需要具备的互补技能和能力。

7.5.4 综合在一起

在生产或服务设置中运行成功的流程变革没有隐藏的秘密。当然,有许多公司会陷入通过最新技术产品购买"即时解决方案"的陷阱。然而,这些方法充其量只能掩盖在理解组

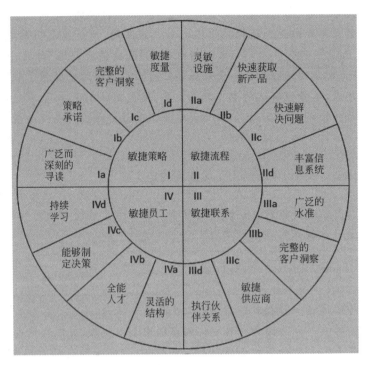

图 7-22　敏捷制造实践的参考模型

（资料来源：Bessant et al.，2001）

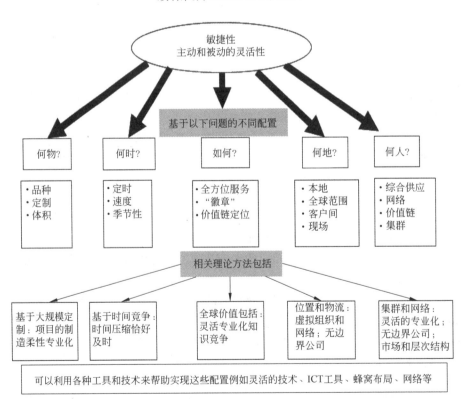

图 7-23　敏捷的维度

（来自 Brown & Bessant，2003）

织内部流程变革的基础上存在的基本错误。有时需要对流程和整个业务模型进行根本性的重新思考,以应对许多市场的当前波动,如下所示。

案例 7-9

在服装方面,这是核心而且是致命的

境况不佳的美国时尚偶像 GAP、J.Crew 和 Abercrombie&Fitch 正在调整它们的商业模式,以适应更快、更便宜的市场。H&M 及其同龄人可能还会吃它们的午餐。在过去的 12 个月里,美国的服装图标已经完全过时了。美国第一夫人米歇尔·奥巴马(Michelle Obama)青睐的 J.Crew 公司(J.Crew)亏损 10 亿美元。A.Ropostale 的市值减半。安泰勒在母公司将自己出售给 Ascena 零售集团之前关闭了数十家分店。而 GAP,典型的美国品牌,宣布将关闭大约 1/4 的北美商店,由于多年的市场份额损失。在一个可以利用仙女似的教母行业里,一些高管现在正把他们的信仰放在 Pixie 的细节上,或者把它做成 Pixie 的踝裤。例如,GAP 的领导层持有一条价值 35 美元的裤子,这条裤子由其 Old Navy 子公司出售,价格相对较低,是该公司转型的模板。Pixie 的价格低廉,组装迅速,而且符合潮流,展示了美国零售商多年来未能实施的做法的好处,如果美国时装业要保持活力,它们将需要采用这些做法。裁剪、印花弹力裤的定义特征是生产它的供应链。目前,美国公司需要大约 9 个月的时间才能将产品推向市场。这是瑞典 H&M、西班牙 Zara 和日本优衣库等"快速时尚"零售商的两倍。结果:Gap 有很多过剩的库存,当产品不再流行时,被迫廉价出售。Old Navy 的 Pixie 是一种新的、更快、更灵活的制造模式。该品牌以小批量生产为主,在批量生产之前测试需求,与供应商的合作比以往任何时候都更紧密,并通过保持库存的织物来适应新的趋势。到目前为止,这一战略已经取得了成效:在经历了严重的经济衰退之后,过去 4 年来,Old Navy 的销售额增加了 10 亿美元,而且增长很快。GAP 现在正试图在其同名品牌和 Banana Republic 复制这个系统。Abercrombie&Fitch、AnnTaylor 和 J.Crew 同样希望对不断变化的客户偏好做出更快的反应。考恩公司(Cowen&Co.)零售分析师 Oliver Chen 表示:"消费者的权利发生了戏剧性的转变,消费者想要的是比以往更快的最新趋势。""在许多情况下,客户在比市场上的速度要快。"Old Navy EVP 的 Jodi Bricker 说。但速度和灵活性只是美国服装公司"海莉玛丽通行证"的一部分。该行业还需要让购物者摆脱 40% 的减价销售。美国品牌已经下降到折扣底线,以跟上超级市场的快速时装店和上升的低价商店,如 Ross 和 T.J.Maxx。反过来,折扣迫使其降低服装质量,以保护利润。各公司现在正寻求挽回这种做法对其品牌造成的一些损害的方法。

Abercrombie & Fitch 已经放弃了它的商标,并且正在改进它的面料和水洗。Banana Republic 的顾客可以在织物上寻找更多的弹性,或者在毛衣上寻找更复杂的针脚。GAP 品牌总裁 Jeff Kirwan 称其质量更高是品牌转型的"基础"。无论美国的服装商做什么,如果他们想继续保持其剩余的市场份额,就必须迅速做到这一点(见图 7-24)。优衣库在美国的数量为 42 个,而 4 年前只有少数几个。H&M 旗下的美国门店目前距离 GAP 仅几步之遥,今年将有 370 家美国门店和数十家其他门店。GAP 很快将降到

500家全系列商店,不到2000年峰值的一半。今年秋天,所有这些公司都将有一个新的竞争对手:Primark——一家爱尔兰快速时尚连锁店,它已席卷欧洲,其价格甚至让H&M都感到恐惧。Primark也出售印花九分裤,售价12.41美元。

(资料来源:Fortune, 2015)

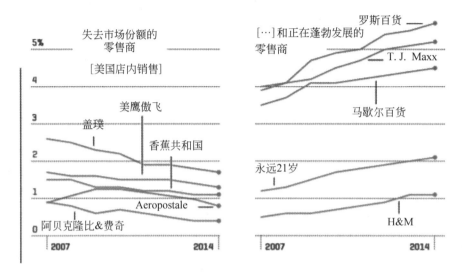

图 7-24　美国服装品牌的市场发展状况

(资料来源:Fortune, 2015)

总　　结

- 布局和流程对制造和服务运营具有重要的战略意义。可供选择的方案在本质上也是相似的——它不是无限的多样性,而是少量的方案,并且在两者之间进行转换绝不是免费的。因此,有一个重要的战略目标,即保持流程变革与市场需求一致,并了解变化的影响。
- 流程选择的五种基本类型是:项目、作业、批量生产、生产线和连续流程。
- 布局的基本类型包括:固定布局、流程布局、混合布局(单元布局)和产品布局。
- 布局(操作的物理性)和流程选择(转换)之间存在联系。
- 流程选择将表明公司可以做什么和不能做什么。流程选择可能会显著影响公司的销售和提供的产品。
- 由于需要满足产量和品种要求,生产技术越来越集中在产量和品种之间的连续性。
- 工艺流程技术不是一个快速解决方案,必须在技能和能力的基础上进行投资。任何投资都必须支持公司在其选定的市场上,不应该由特定的技术专家随意决定,而应该是公司的整体决定。

- 在一些工厂进行了大量投资,结果获得的竞争优势很小。然而,如果进行了适当的投资,它应该允许公司在世界一流的水平上运营,前提是它能满足公司竞争市场的需求。
- 工艺流程技术是满足市场需求的一项要求。为了满足这些需求,技术可用于快速转换、设置时间、体积、品种混合、交付速度和可靠性要求,以及确保工艺流程质量。然而,技术不能被视为人力资源能力的替代品。
- 技术投资是一项战略决策。必须进行投资,使公司能够支持公司竞争的市场。

关键问题

1. 描述布局类型通常如何与流程选择相关联。
2. 流程选择提供了哪些关于公司如何竞争的线索?
3. 为什么工艺流程技术投资往往是一个难以作出的决定?
4. 描述订单赢得、订单资格和资格预审标准之间的差异。
5. 为什么敏捷生产和大规模定制成为运营管理的重要战略问题?

扩展阅读

Berman B. (2002): "Should Your Firm Adopt A Mass Customization Strategy?" *Business Horizons* July-August, pp.51-60.

Dominik D, Tim Minshall T (2017) "Implementation of rapid manufacturing for mass customisation" *Journal of Manufacturing Technology Management*, Vol. 28 Issue: 1, pp.95-121.

Dubey, R. and Gunasekaran, A. (2015), "Agile manufacturing: framework and its empirical validation", *International Journal of Advanced Manufacturing Technology*, Vol. 76 No. 9, pp. 2147-2157.

Economist (2016): https://www.economist.com/news/special-report/21700758-will-smarter-machines-cause-mass-unemployment-automation-and-anxiety.

Hannola, L., Friman, J. and Niemimuukko, J. (2013), "Application of agile methods in theinnovation process", *International Journal of Business Innovation and Research*, Vol. 7 No. 1, pp. 84-98.

Holweg M and Pil, F (2001): "Successful Build to Order Strategies- Start with the Customer" *Sloan Management Review* Fall, pp.74-83.

Huckman R. S. (2009): Are You Having Trouble Keeping Your Operations Focused? *Harvard Business Review* September, pp. 5-91.

Jordi Loef, J Pine J. II, Robben, H (2017) "Co-creating customization: collaborating with customers to deliver individualized value", *Strategy & Leadership*, Vol. 45 Issue: 3, pp.10-15,

Zhang, M, Zhao, X, Lyles, M, Guo, H (2015) "Absorptive capacity and mass customization capability", *InternationalJournal of Operations & Production Management*, Vol. 35 Issue: 9, pp.1275-1294.

参考文献

[1] Abernathy, W.J. and Utterbuck, J.M. (1978) "Patterns of Industrial Automation", *Technology Review*.

[2] Bessant J., Brown S, Francis D., and S. Meredith (2001) "Developing Manufacturing Agility in SMEs" *International Journal of Technology Management*, pp.28-52.

[3] Brown S (1996) *Strategic Manufacturing for Competitive Advantage* Prentice Hall Hemel Hempstead.

[4] Brown S. (1996), *Strategic Manufacturing for Competitive Advantage* Prentice Hall, Hemel Hempstead.

[5] Brown S and Bessant, J: (2003): "The Strategy-Capabilities Link in Mass Customization" International Journal of Operations & Production Management Vol. 23, No. 7, pp. 707-730.

[6] Brynjolfsson E. and McAfee, A. (2014) *The Second Machine Age: Work, Progress, and Prosperity in a time of Brilliant Technologies* W.W. Norton & company New York.

[7] Businessweek (2015) "3D-Printed In Italy".Faris, Stephan. 11th May, Issue 4426, pp.60-65.

[8] *Businessweek* (2017) "Remodeling a Sedan Plant for the SUV Era". 3rd July, Issue 4529, pp.18-19.

[9] Brown S and Blackmon K (2005): "Linking Manufacturing Strategy to the Strategy Mainstream: The Case for Strategic Resonance" *Journal of Management Studies* 42: 4, pp.793-815.

[10] Chambers, John. (2015) "Cisco's CEO on Staying Ahead of Technology Shifts".

[11] *Harvard Business Review* Vol. 93 Issue 5, pp.35-38.

[12] Da Silveira, G., Borenstein, D., & Fogliatto, F. S. (2001): "Mass customization: Literature review and research directions". *International Journal of Production Economics*, 72: 1-13.

[13] Davis, S. (1987): *Future perfect*. Reading, M.A.: Addison-Wesley Publishing.

[14] Emiliani M.L. and Seymour P.J. (2011): "Frank George Woollard: forgotten pioneer of flow production" *International Journal of Management History* Vol 17. No. 1: 66-87.

[15] *Fortune*. "Elite Factories" 6th September, 2004.

[16] *Fortune*. "The Cloud Is Dead. Long Live The Cloud" 1st May 2015 Vol. 171 Issue 6, p.58.

[17] *Fortune*. "*In Apparel, It's The Quick And The Dead*" 1st August 2015, Vol. 172 Issue 2: pp.12-14.

[18] *Fortune*. "Is This Robot A Friend—Or A Foe?" 15th March 2017, Vol. 175 Issue 4, pp.22-24.

[19] Fralix, M. (2001): "From mass production to mass customization" *Journal of Textile and Apparel, Technology and Management*, 1(2): 1-7.

[20] Gilmore, J. H.& Pine J.(1997): "Beyond goods and services" *Strategy & Leadership*, May/Jun97, Vol. 25 Issue 3, pp.10-18.

[21] Gunasekaran A. and Yusuf Y (2002) "Agile manufacturing: a taxonomy of strategic and technological imperatives" *International Journal of Production Research* Vol. 40, no. 6, pp.1357-1385.

[22] *Guardian* (2017) "Actors, teachers, therapists-think your job is safe from artificial intelligence? Think again" Thursday 9 February.

[23] Hill T. (2000), *Manufacturing Strategy* Macmillan, Basingstoke.

[24] Huckman, Robert S.(2009): Are You Having Trouble Keeping Your Operations Focused?

Harvard Business Review, SepVol. 87 Issue 9, pp.90-95.

[25] Hutchison G and Holland J (1982) "The Economic Value of Flexible Automation" *Journal of Manufacturing Systems* Vol 1. no.2, pp.215-227.

[26] Jordi Loef, J Pine J. II, Robben, H (2017) "Co-creating customization: collaborating with customers to deliver individualized value", Strategy & Leadership, Vol. 45 Issue: 3, pp.10-15.

[27] Kulatilaka N 1984): "Valuing the Flexibility of Flexible Manufacturing Systems" *IEEE Transactions on Engineering Management* Vol.35 no. 4, pp.250-257.

[28] Lampel, J. & Mintzberg, H. 1996. "Customizing customization" *Sloan Management Review*, 38: 21-30.

[29] Levitt, T. (1972) "The Industrialization of Service", *Harvard Business Review*.

[30] Lovelock, C.H. (1983): "Classifying Services to Gain Strategic Marketing Insights". *Journal of Marketing*, SummerVol. 47 Issue 3, pp.9-21.

[31] MacCarthey, B. Brabazon, PG. and Bramham, J. (2003) "Fundamental modes of operation for mass customization" *International Journal of Production Economics*, 85, pp.289-304.

[32] Monohan G and Smunt T (1984) "The Flexible Manufacturing System Investment Decision" *Proceedings of ORSA/TIMS Conference* November.

[33] Porter M (1980) *Competitive Strategy* Free Press. New York.

[34] Pine, B.J. (1992) *Mass Customization: The New frontier in Business Competition*, Harvard Business School Press: Boston, MA.

[35] Ridderstrale and Nordstrom (2000) *Funky Business* FT Books London.

[36] Schmenner, R.W. (1986) "How can services business survive and prosper?" *Sloan Management Review*, 27, 3, pp.21-32.

[37] Spring M. and R. Boaden (1997): "One more time: how do you win orders?: a critical reappraisal of the Hill manufacturing strategy framework" *International Journal of Operations & Production Management* Vol 17 Issue 8 Date 1997 ISSN 0144-3577.

[38] Starr M and Biloski A (1984) "The Decision to Adopt New Technoplogy" *Omega* vol. 12 no.4, pp.353-361.

[39] Ulrich, K.T. and Tung, K. (1991) "Fundamentals of Product Modularity", Working Paper No. 3335-91-MSA, Sloan School of Management, MIT.

[40] Willis R and Sullivan K (1984) "CIMS in Perspective" *Industrial Engineering* February, pp.28-36.

[41] Woollard, F.G. (1954), Principles of Mass and Flow Production, Iliffe & Sons, London.

[42] Zipkin, P. (2001) "The limits of mass customization" *Sloan Management Review*, 42(3): pp.81-87.

第 8 章

人力资源和战略运营管理

🎯 学习目标

1. 了解人们在运营中扮演的关键角色。
2. 认识到 SOM 在调动员工参与度方面所面临的挑战。
3. 提升对高绩效工作系统中主要要素的认识。
4. 理解 SOMs 是如何通过以下方式来影响系统的发展：
   创建适当的结构；
   促进学习和发展；
   传达明确的共同目标感；
   开发高参与性的工作系统。

  人具有重要意义。这一显而易见的观点是战略运营管理多年来吸取的重要经验之一。回想一下公共或私营部门组织中任何一个方面的运作——可以看出人对其成败的影响。我们或许可以用复杂的计算机系统来管理我们组织中材料和活动的库存和流动，但它们取决于各个操作者是否在适当的时候录入正确的数据。"精益"思想已经彻底改变了各种环境下的生产力，其中很大一部分是通过使用最接近操作任务的人员的想法和经验来制定更好的方法，以实现生产力的发展。但这并不是偶然发生的——这一切都取决于他们是否受过训练，是否有能力，是否有意愿贡献自己的想法。

  服务质量和客户体验都跟客户与创造和交付体验的人之间的关系有关。在第一线的人是最艰苦的，这个接触点可以成就或毁掉服务设计人员全部的努力。无论是俱乐部的酒吧服务员、公司的职员、银行的呼叫中心操作员还是商店的销售助理，交易的成功（或其他）取决于他们与客户的接口。随着时间的推移，这可能会建立或者破坏企业声誉，最大、最知名的企业也不例外——人为因素是有效提供服务的核心。

  正如我们将在第 9 章中看到的，从门诊管理到海上石油勘探，任何组织的可靠性、一致性和安全操作，以及它们的业务，有能力和愿意承担质量责任的程度，最终都会落到人的头上。

  当然，把所有的问题都归结于人并不总是对的——许多例子都可以说明其根源在于管理人力资源的方式。对英国石油公司 BP Deepwater Horizon 的灾难评估凸显了一个重大问题，即管理层给员工施加了过度的压力，使其在安全标准和程序上妥协。在一些面向消费者的行业，如纺织品和服装行业，管理者越来越担心作为新兴经济体的一些工厂的工作条件,这也导致主要零售商需要重新思考他们的采购政策。

所有这些都对战略运营管理提出了挑战。尽管任何组织的员工都有潜力,但要挖掘出这些潜力——例如,让员工系统性地高度参与解决质量的问题——并不容易。对于团队合作、授权、知识和学习型员工来说,创新意识无处不在,但要实现这些主题,就需要从根本上改变人们在组织内的思维和行为方式。获得对新工作方式的承诺和认可都需要领导力、沟通和激励的巧妙结合,以及新工作组织的恰当设计。

简单的方法是不够的,例如,"授权"听起来不错,但是当它应用于复杂的系统或关乎安全的操作时,允许人们自由地决定他们做什么和如何做,可能有些危险。"团队合作"要求的不仅仅是把一组人放在一起,有效的团队则是通过精心挑选、努力培训和积累经验的结果。员工"参与解决问题"(有时被称为改善或持续改进)需要一个支持和支持系统,并长期致力于将其确立为"我们在这里做事的方式"。

那么,我们学到了些什么呢?——以及我们能做什么?——如何帮助创造条件,使"人的因素"能够以积极的方式被调动起来?本章的一个中心主题是,将责任移交给作为该领域专家的"人力资源"部门是不够的。过去,与人有关的问题可能是人事和劳资关系领域专家的职责范围,他们致力于招聘、奖励、工作条件等基本问题。但近年来,这已成为运营管理的一个关键问题。

8.1 创建高绩效工作场所

如果员工是重要的资产,那么关键任务将是人力资源管理的"发展"方面——例如,需要培养和训练员工,让其为组织的运营做贡献。但是,需要将训练有素、灵活的人力资源与主流运营整合在一起——战略运营管理的关键之一将是学习如何激励和指导这些资源。

那么,战略运营经理在设计和运营这样高性能的工作场所时应该考虑什么呢?研究表明,我们可以将关键因素整理成一个简单的模型,在本章的其他部分中,我们将更详细地研究这些领域,如图 8-1 所示。

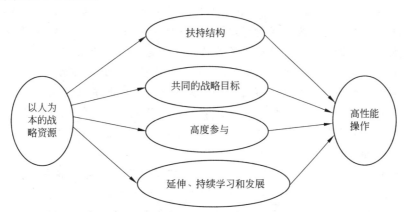

图 8-1 战略运营管理中的人力资源问题

为什么人在运营管理中很重要?

在我们详细研究"如何"之前,我们有必要知道,人力资源是如何在战略上对运营产生影响的。

案例 8-1

飞 得 很 高

在过去 30 年中，一个重要的商业革命是低成本航空旅行的显著增长。由成熟市场和几个关键玩家主导的旧游戏，已经被新玩家以不同的方式进入所改变。如今，该公司竞争激烈，在稳定的服务流和流程创新的推动下向前发展，并向以前从未考虑过这一选择的数百万乘客开放航空旅行。

支撑安全低成本飞行理念的是一种完全不同的商业模式，这需要持续增长的高生产率。实现这一目标在很大程度上取决于人力资源实践，尤其是员工在提供高水平的服务并持续改进运营的各个方面的参与度。在西南航空公司的案例中，作为整个行业的"祖父"，西南航空公司对这种情况再熟悉不过了。

该公司成立于 1971 年，它并不是从一个非常有前途的位置起步的。它没有专门设计的飞机，而是使用工业标准设备。它没有使用主要的国际预订系统的权利，而且多年来，它的飞机无法进出其主要区域机场——达拉斯沃思堡。所以它不得不与较小的当地机场打交道。它选择的细分市场并不是很小的利基市场，而是在试图形成以销售一种商品为主的主流业务——低价格、不虚张声势的航空旅行。然而，西南航空的生产效率始终显著高于行业平均水平，它有更多的乘客/员工，以及更多客运里程/员工。其最显著的成就之一是缩短了机场的周转时间，使其飞机比其他飞机更快地返回空中。大约 80% 的航班在 15 分钟内完成了周转，而行业平均周转时间约为 30 分钟。西南航空公司所取得的这些成就都不是以服务质量为代价。西南航空是唯一获得业界"三最"桂冠的航空公司（丢失行李最少、乘客投诉最少、准时性能最佳），而且它能够定期重复这一壮举。

重要的是，它成功的大部分原因不是通过专业设备或自动化，而是通过高参与度的创新实践。公司对员工做出了强有力的承诺——例如，尽管公司在困难时期，但从未解雇过任何人，并且在培训员工和团队建设上投入了大量资金。这一承诺在"9·11"恐怖袭击事件发生不久后的一段时间内得以体现，尽管"9·11"恐怖袭击事件严重损害了航空业的发展。尽管联邦政府紧急提供了大约 150 亿美元的支持，但大多数航空公司仍在恢复运营盈利能力中挣扎。为了减少损失，大多数航空将航班数量减少了 20%，并解雇了 16% 的员工。但西南航空公司是个例外，该公司为了维护其通过几十年时间打造的强文化，维持了其现有员工水平。正如联合创始人兼董事长 Herbert Kelleher 所指出的，"没有什么能像裁员一样扼杀公司的文化。在西南航空公司，从来没有人被解雇过，这在航空业上是史无前例的。这正是我们的巨大优势。"

也许并不奇怪，西南航空公司作为理想的工作场所而享有令人美慕的声誉，《财富》杂志在对"美国 100 家最适合工作的公司"的调查中列出了这一点。许多评论员自然地将其强大的财务实力与之联系起来，以及生产力表现和建立与维持以共同目标为特征的关系的能力。

西南航空公司并不是个例外，尽管它是航空业的领跑者。但在许多其他行业，也可以找到类似的模式。通用电气长期成功的故事很大程度上归功于最初由杰克·韦尔奇（Jack

Welch)发起的"锻炼"计划,该计划充分利用了其庞大员工队伍的主动性和想法。丰田则通过其员工高度参与项目的不断改进,成功地保持了世界上生产效率最高的汽车制造商的地位。而 3M 在百年经营中的生存和实力,很大程度上要归功于早期 CEO 之———William McKnight 所奠定的深厚的文化基础。他的观点总结如下:

> 随着业务的增长,我们越来越有必要授权责任,鼓励男性和女性发挥主动性。这需要相当大的容忍度。我们把权利和责任委托给的那些男人和女人,如果他们是好人,他们会想着以自己的方式去完成他们的工作。
>
> 错误是不可避免的。但如果一个人本质上是正确的,那么从长远来看,他所犯的错误并不像管理层承诺当权者必须如何完成工作时犯的错误那么严重。
>
> 当错误发生时,管理中破坏性的批评会扼杀主动性。如果我们要继续发展,就必须有许多具有主动性的人。

这并不是孤立的例子,许多其他的研究都指出了同样重要的信息。几十年前,有令人信服的证据表明,战略人力资源管理的好处在于,将人视为解决方案的一部分,而不是问题的一部分(Datta, Guthrie & Wright, 2005)。例如,20 世纪 80 年代对全球汽车行业的研究导致了"精益思维"的出现。其研究表明,按照已经组织好的方式工作或者按照人力资源管理的方法工作,在很大程度上有显著的绩效差异(Womack, Jones & Roos, 1991)。

Jeffrey Pfeffer 在其在对美国公司的研究中指出,积极主动的人员管理与各行业公司绩效之间存在着很强的相关性(Pfeffer, 1998),这一发现从他对中小型企业的调查中得到了支持(Way, 2002)。在对高绩效英国公司的定期调查中,同样地,"通过与人的伙伴关系提高竞争力"模式也经常出现(CIPD, 2006)。正如一项主要的回顾性研究所评论的那样,"自 20 世纪 90 年代初以来,英国和美国进行的超过 30 项的研究报告都毫无疑问地表明,人员管理与企业绩效之间存在着相关性,这种关系是积极的,而且是累积的。实践越有效,结果越好。"(Caulkin, 2001)

随着时间的推移,情况似乎是稳定的。伦敦商学院的 Alex Edmans 利用了美国"100 家最佳公司"的数据,在美国开展了一项自 1984 年以来的定期研究,研究对象不仅是员工满意度,还包括公司绩效。他从这项研究以及对其他 13 个国家的研究结果表明,企业价值与人力资源实践之间存在着明显的联系。他从中得出结论:

> 在 14 个国家,员工满意度与未来股票回报率之间存在着联系。在大多数国家中,员工满意度与更高的未来股票回报率有关。(Edmans, 2012)

在这背后,人们认识到需要将注意力从把人视为问题的一部分转移到人是解决方案的关键部分。例如,英国特许人事与发展研究所的一份报告就收集了证据以支持这样一种观点。在 21 世纪,"泰勒主义任务管理"让位给了知识管理,后者寻求通过开发一个组织的人力资产来实现成本效益,而前者将劳动力视为一个应当被最小化的成本。(CIPD, 2001)

Nick Bloom 根据其在英国的工作经历(后来被许多其他国家复制)指出"管理实践"对生产力的巨大影响,突出了涉及人力资源管理和员工参与创新性工作的问题(Bloom & amp;van Reenen, 2006)。美国的研究也得出了类似的结论(Pfeffer, 2007)。在长期开展的英国工作场所员工关系调查定期研究中,管理者和员工的观点,反复表明"高绩效工作系统"的重要性——基本上是人力资源实践的配置,支持高水平的激励、创新,并导致高生产力(Brown, Bryson, Forth & Whitfield, 2009; ELD, 2009)。

正如我们在第 7 章中看到的塔可钟连锁餐饮品牌的例子，员工满意度与质量和生产力之间是有着密切联系的（Heskett et al.，2008）。塔可钟连锁餐饮品牌的数据表明，员工保留率最高（员工满意度的主要指标）的门店始终优于员工流动率高的门店。平均而言，高员工保留率的门店销售额是最差的门店的两倍，而利润则比最差的门店高出 55%。

因此，证据似乎很充足——竞争优势并非来自于经营规模、特殊的市场地位或主要新技术的部署，而是来自于这些组织对其员工的所作所为。团队合作、员工参与、决策的分散性、员工培训、组织的灵活性，所有的这些都融入了行为模式。我们把我们在企业做事的方式称之为公司文化。虽然它可以被看作是"软的"和"无形的"，但有证据表明，拥有这样一种文化和拥有一项重大专利或一个有利的位置一样，都是一种强大的战略资源。但这种文化并非偶然出现的——它们必须被建立和维护。

在辅助专用网站上，你可以找到一个对 Cerulean 公司总经理 Patrick McLaughlin 的访谈，他在采访中谈到其对于战略人力资源管理的方法，它由激发员工的想法、热情和创造力来实现。与 Veeder Root 运营总监 Hugh Chapman 和 Denso 的 Emma Taylor 进行的视频访谈也提供了一幅类似的画面，展示了目标可以通过培养高绩效员工参与度来实现。

事实是这样的，过去的人们被视为生产要素，是工厂和办公室里工作的"手"，现在我们已经认识到人力资源是可以提供巨大的潜在贡献的。无论是在系统的、广泛的问题解决方面、团队合作的灵活性，还是在"知识工作者"的新兴角色中，人类的独特能力都得到了认可。在"基于资源"的战略观点中，我们要鼓励组织确定并建立其核心能力。现在很清楚的是，企业的主要（但仍经常使用不足）资源是组织中涉及的人员，即"人力资源"。

8.1.1 让技术发挥作用

在战略运营管理中，需要关注人力资源方面的问题还有另一个令人信服的原因——如果我们不关注人力资源方面的问题，那么我们的尖端技术就很可能无法发挥作用！从最早的时候开始，我们就需要共同努力，完成除了最简单的任务以外的所有任务。无论是觅食、狩猎、建造房屋或发展生产性农业，我们都知道合作是有意义的。很快，"技术"就成为一种帮助解决这一问题的方法。

我们今天将"技术"视为机械、设备、小玩意儿——一种物理的东西，它使我们能够完成极其复杂的任务。但这个词的起源和概念要简单得多，其来自希腊的"techne"一词——去做，去塑造。技术是关于工具以及我们使用工具的方式。它虽然是设备，但它也是我们部署它的技能，也是我们如何使用它去组织工作的方式。像锤子和凿子这样简单的工具可以让我们在木头或石头上建造基本的建筑，但它们也可以帮助我们在城市里建造一座屹立几个世纪的作为人类文明象征的大教堂。

技术随着我们组织更复杂的任务的能力而发展。例如，更加强大的工具与更加复杂的组织模型的联合与使用，使我们从简单的乡村服装制造和建筑业发展到制造业。工业革命使生产力大幅度提高，人们可以获得大量的商品，而这些商品以前却是少数富人才能拥有的。亨利·福特的 T 型工厂为普通人创造了汽车，其价格是每个人都能负担得起的——通过相同的工具和组织结合起来。

技术发展的一个关键趋势是体现人们对设备本身贡献的技能和动力。早期阶段的发展涉及机械化，即用机械代替体力劳动。但是在过去的两个世纪里，加速发展的趋势则是自动化——将人类智能和决策融入设备的控制和操作。计算机和机器人是一系列替代人类双手和大脑的技术中最新的一种。

我们可以在早期社会中占据绝大多数人口的农业领域中看到这一点。随着农业革命的发展,就业率开始急剧下降,因为机械化使劳动力得以转移到城市,以及进入越来越多的工厂。如今,电脑控制的拖拉机在全球定位系统的引导和激光的指引下,可以比最熟练的犁手犁出更直的犁沟,而且在以公里为单位测量田地的农场时也可以这样做。其结果是,该部门的就业人数非常少——尽管其生产率比以往任何时候都要高。同样地,制造业已经从劳动密集型活动转向日益由尖端机械控制和主导的活动。这种情况首先出现在那些规模大、复杂性高和需求速度远超人力干预的行业——化工、炼油、钢铁制造。但它如今已经扩散到所有其他制造业任务中,因此制造业的就业率再次下降。我们现在开始在服务中看到同样的模式,特别是在那些处理信息和处理数据的"后台"操作中。虽然客户界面可能仍然依赖于"人工",但剩余的大部分活动可以——并且已经——自动化。想想互联网在股票市场交易、假日预订或零售等领域带来的变革,很明显,用自动化系统取代人的趋势正在加快。最近的研究预测,由于人工智能的部署,就业会发生重大变化,也会对许多"白领"技能产生特殊影响(WEF,2016)。

机器人的发展

中国台湾制造商——富士康是电子行业的重要公司,生产各种合同产品,包括苹果以及索尼、诺基亚、戴尔和惠普等其他品牌。该公司的大部分生产都在中国大陆,雇用了大约 100 万名工人。2011 年 7 月,该公司宣布将投资一个巨大的机器人项目,用 100 万个机器人取代工厂里的许多工人。

据《南华早报》报道,到 2016 年,富士康已经裁减了约 6 万个工作岗位,在 BBC 富士康科技集团的一份声明中,证实了富士康正在实现许多制造任务的自动化,"我们正在应用机器人工程和其他创新的制造技术来取代以前由员工完成的重复性的任务,并通过培训,使我们的员工能够专注于制造过程中更高附加值的元素,如研发、过程控制和质量控制。"

问题在于,人们很容易被这种技术的潜力所诱惑,认为这条轨迹只有一个目的地——完全自动化。无人驾驶的交通工具、无人工作的工厂、提供各种需求的自助服务——这是普通科幻小说中的内容。总体而言,这些吸引力是显而易见的——通过减少和消除人为干预的需要来提高生产力。

但是,正如一系列长期的研究所证明的那样,简单地更换人员对我们的影响也是有限的(Parasuraman & Wickens, 2008; Ettlie, 1999; Kaplinsky, den Hertog & Coriat, 1995; WEF, 2016)。经验表明,在这种情况下,我们仍然需要人才——同时过度依赖设备端的技术可能会造成灾难性的后果。

人具有重要意义——尽管人需要的技能和拥有的经验可能会改变,以此来反映一种不断变化的平衡。需要人工干预的活动(如直接的操作或搬运)已经被自动化机械所取代,但随着这一现象的出现,此类活动对编程、维护和监督技能的需求也越来越大。在昆士兰或俄亥俄州耕地的自动拖拉机,现在需要能够在机械工程到软硬件诊断和维修等一系列学科中为它们提供支持的高技能机械师。机器人可能更快、更灵巧,而且能够24小时不间断地轮班工作,但从设计到维护,它们都需要类似的支持。飞行员现在大部分时间都花在观察飞机驾驶舱里一系列令人困惑的自动控制装置上——但是当一个意想不到的危机出现时——比如哈德逊河上的鸟击事件——他们的技能、判断力和经验都是安全解决问题的关键。

这对战略运营管理的影响是显而易见的——如果我们要充分利用我们在先进技术上日益昂贵和广泛的投资,那么我们还需要投资于培训、组织和管理那些利用自己的经验和技能提供支持的人。

8.1.2 把人们从等式中去掉

在考虑运营管理的演变时,要回答一个困难的问题是,人们的潜在贡献是如何被边缘化的?显然,这不是运营经理阴谋的产物,而是几个世纪以来努力提高运营效率和效力的不幸的副产品。为了知道发生了什么,我们需要简要回顾一下运营管理的历史。

直到最近,管理农业生产仍是所有国家面临的主要挑战。虽然管理的形式往往不那么开明(包括相当大的奴隶制成分),但人们所做的和他们所生产的之间却有着明确的关系。在需要专业技能的地方——工匠们充当车轮匠、铁匠、泥瓦匠、木匠等——有一个规范和专业化的行业协会。这里重点强调了学习过程,从学徒期到短工再到熟练技工,这一过程建立了明确的绩效标准和所谓的"专业"价值观。一个工匠所生产的东西和他本人之间又有着密切的联系,这就使其对于产品质量产生了一种强烈的自豪感。

工业革命改变了这一切。劳动力逐渐向城市转移,机械化的进程越来越快,这导致人们需要重新思考如何进行管理运营。它的起源可以追溯到亚当·斯密(Adam Smith)和他对制针过程的著名观察,这标志着分工概念的出现。通过将任务分解成由熟练工人或特殊机器执行的较小的、专门的任务,可以将生产率最大化。在接下来的一百年左右的时间里,相当多的重点被试图放在进一步扩展这一目标上,方法是将任务分割开来,然后尽可能地将由此产生的较小任务机械化,以消除变化并加强总体管理控制。

由此产生的模型更多地将人视为几个"生产要素"中的一个——并且在一个快速机械化的世界中,人们通常扮演着一个边缘的"机器看管"的角色。与此同时,协调新兴工厂不同的运营需要,导致间接活动的增加以及行动、思考和决策的分离。整个19世纪,随着对制成品需求的增加,这一过程加快了,人们做了大量工作来设计以可重复的质量和低价格生产大量产品的方法。

这种"美国制度"强调了"工作机械化"的概念。正如Jaikumar(1988)所说:

> 虽然英国的体系在实践中看到了机械师的技能和机器多功能性的结合,但美国的体系将还原论和再现性的科学原理引入机械领域。它检查了产品制造过程中涉及的工艺,将其分解成简单操作的序列,并通过用夹具限制刀具的运动来使简单操作机械化。通过使用简单计量器来验证产品性能,确保其再现性。现在每个操作都可以被研究和优化了。

这种制造业的融合蓝图被称为"福特主义",这反映了亨利·福特(Henry Ford)在开发和系统化此类方法方面的巨大影响。他的汽车制造模式基于一系列的创新,这些创新减少了对熟练劳动力的需求,将大部分装配过程机械化,将零部件以及成品的准备和制造操作一体化,并使整个过程系统化。正如 Joe Tidd(1989)指出的那样,福特系统的基本元素已经广泛存在了,关键是把它们合成一个新的系统。

例如,1902 年,在 Olds Motor Works 中首次使用了汽车生产线的理念,而 Leland 1906 年的凯迪拉克设计则因使用可互换、标准化部件的创新而获得了奖项。高产量、低成本生产的挑战导致福特工程师将这些理念的应用扩展到新的极端——包括对高度专业化的机床和搬运系统的大量投资,以及扩大分工和分离劳动,以提供主要任务给为机器供料的工人。这种模式对生产率的巨大影响可以从 1913 年为飞轮装配安装的第一条装配线上看出,在那里装配时间从每人数分钟缩短到只需仅仅 5 分钟。到 1914 年,底盘部门使用了三条生产线,将装配时间从 12 小时左右缩短到了不足两小时。

这种方法超越了实际的装配操作,包括原材料的供应(如炼钢)、运输和分销。在鼎盛时期,一家遵循这一原则的工厂能够在较短的交付周期内进行高产量生产(每天 8000 辆汽车)。例如,由于可以实现流畅的流程,从铁矿石到成品汽车只需要 81 个小时,其中包括从矿山运输原材料到工厂所花费的 48 小时!在红河等综合工厂的全盛时期,生产率、质量、库存和其他制造绩效指标都处于即使是当今做得最好的日本工厂也羡慕的水平。

下面的列表强调了这一制造蓝图的一些关键特征,典型的是亨利·福特的汽车工厂,但这些关键特征在整个 20 世纪 20 年代及以后的许多其他行业都有应用。

1920 年,福特/泰勒系统制造业的特性

产品和组件、制造过程设备、制造过程中的任务和过程控制的标准化。

通过时间和工作研究,来确定执行特定操作和工作分析的最佳条件,将任务分成小的、高度可控的和重复的步骤。

所有运营领域内的职能和任务的专业化。一旦工作分析和工作研究信息可用,就可以决定哪些活动是特定任务的核心,并培训操作员顺利有效地执行这些活动。那些不利于这种顺利表现的活动被分离出来,反过来又成为另一个工人的任务。因此,例如,在机器车间,获取材料和工具、维护机器或将零件推进下一个制造阶段或质量控制和检验的活动,都是实际操作机器切割金属的这个核心任务之外的活动。因此,个人任务有相当大的缩小和常规化,且分工有所扩大。另一个结果是,针对如此狭窄任务的培训变得简单且可重复,因此新工人可以很快投入工作,并且根据需要进入新的区域。

统一的生产率和整个制造过程的系统化。最好的例子可能是汽车装配线,生产线的速度决定了所有的活动。

基于成果产出、生产率的支付和激励计划。

消除工人的自由裁量权,并将控制权移交给专家。

将工作控制权集中在官僚层级内的管理层手中,广泛依赖于规章制度和程序——按部就班地做事。

面对劳动力差异很大的挑战,其中许多人缺乏制造技能。而且在很多情况下,把英语作

为第二语言的人英语学得很差。福特和他的工程师们运用科学管理原则开发了一种制造汽车的替代方法。"大规模生产"系统从生产率低、质量多变变为高度可变的活动,极大地改变了汽车制造业。

毫无疑问,这是一种"更好"的汽车制造方式——至少在总体生产数据方面(尽管生产条件是否存在问题可能更值得商榷)。但是它设置的陷阱是为了帮人们树立强大的信念,即只有专家才能参与设计和提炼。亨利·福特曾经抱怨过:"为什么当我只想要一双手的时候,我也能得到一个人呢?"

这种手与脑分离的理由是,一个精心设计的系统不应该由于不必要变异的引入而受到干扰。一个后果——事后很容易看到,但在生产率和质量显著提高的背景下就不那么明显了——是许多早期的大规模生产工厂变得像是由一大群人类和机器人组成的巨型机器。查理·卓别林的著名电影《摩登时代》中提供了这种工作场所的画面。

这引发的悖论很容易表现,但很难理解。组织需要创造力和学习的积极性才能在充满敌意的环境中生存。在当今动荡不安的时代,来自各个方面的挑战——全球市场竞争的不确定性、政治和社会的不确定性、前沿技术正在以令人目眩的速度被推翻——唯一确定的是,我们需要创造力和学习能力。那么,当人们如此擅长于贡献这一点时,为什么要花这么多精力来消除它们呢?

8.1.3 再把它们放回去

当然,还有其他模式,认为在工业和服务业的运营中,人们扮演了不同的角色。即使在大规模生产的早期,研究工作也在试图理解人们如何在工业环境而非工艺环境中更有效地工作。尤其是在西方电气公司的霍桑工厂进行的一系列实验导致了所谓的"人际关系"管理学院的出现,该学院试图将人们重新整合到工作流程中,而不是将他们边缘化(Lewin,1947)。

另一个重要的发展是认识到团队合作在提高生产力和灵活性方面的价值。例如,英国的工作着眼于煤炭行业的机械化和自动化问题。其目的是通过使用一种新的采煤工艺来提高生产率,但早期的机械实验却令人失望。塔维斯托克研究所的研究人员强调了这样一个事实,即新系统和新设备打破了旧系统下的生产团队,通过同时在社会和技术系统上工作,他们创造了一个与新技术有效合作的模型。这种"社会技术系统设计"对石油化工等资本密集型产业的发展和汽车工业的试验(例如,1960年代在沃尔沃的卡尔马工厂的实验)产生了强大的影响(Miller & Rice, 1967)。

"社会—技术"工作设计方法的出现

20世纪40年代末,英国国家煤炭委员会开始引进新技术来提高煤矿的生产率。这种"长壁"系统包括切割两个平行的水平轴,然后使用先进的机械在两个轴之间的长面上切割煤。虽然与传统的使用镐和铲子模式的采矿团队相比,该系统提供了显著的潜在优势,但在实践中,人们对实现这些优势表示担忧。

> 英国国家煤炭委员会与塔维斯托克社会研究所的研究人员合作,开发了一种替代方法,围绕这一新系统重组了劳动过程。不是每个矿工负责一个独立的任务,而是工人组织形成相对自治的小组,在最少的监督下轮流执行任务和轮班。随之而来的是生产率提高,并伴随着更高的工人满意度和对整个系统的持续改进(Trist & Bamforth, nd)。
>
> 这种社会和技术系统的共同开发模式,在工人参与技术设计和实施的情况下,被称为"社会—技术系统"方法,为在广泛领域成功实施新技术奠定了基础。例如,20世纪70年代在卡尔马沃尔沃汽车厂和20世纪80年代在乌德瓦拉工厂的实验,都是有意尝试用一种基于团队合作和小团体自治的不同方法取代该行业典型的高度机械化的大规模生产模式。这在一定程度上是为了应对严重的劳动力短缺——人们只是不想在被视为不愉快和缺乏人性的工厂工作。在许多方面,这些在许多国家复制的实验,预期了团队合作法和单元生产法,这是现代"精益"系统的主要特征。

尽管这些更加以人为中心的方法是显而易见的,但思维和组织的主导形式继续反映着福特、泰勒及其追随者的原则。直到20世纪70年代,这一观点才开始出现严重的裂缝——本质上反映了这些系统在满足市场分散和需求模式转变的不断变化的需求方面的问题。尤其是在非价格因素领域——质量、灵活性、多样性、速度——满足日益增长的高性能需求变得越来越困难,因为系统是围绕着稳定、无限制需求的假设,而市场中价格是关键的竞争因素。全球竞争的增长加剧了这种状况——越来越明显的是,那些不适应提供价格和非价格优势的企业将被那些适应提供价格和非价格优势的企业所取代。

"大规模生产"方法固有的不灵活性,尤其体现在人们在一个类似机器的大型组织中只作为可替换的齿轮参与的方式上。正如Piore和Sabel(1982)所说:

> 大规模生产为那些发展它的行业提供了巨大的生产力收益,这些收益随着这些行业的发展而增长。这些技术路线的进步带来了更高的利润、更高的工资、更低的消费价格和一系列新产品。但这些收益是有代价的。大规模生产需要大量投资高度专业化的设备和训练有素的工人。在制造业的语言中,这些资源是"专用的";适用于特定产品的制造——事实上,通常仅用于制造一个模型。因此,只有当市场规模足够大,能够吸收单一、标准化商品的巨大产出,并且足够稳定,能够使参与商品生产的资源不断得到利用时,大规模生产才是有利可图的。

随着需求开始出现分化,组织开始寻找提供定制的方法——这是"定制"企业多年来一直在做的事情。但是订购需要一种非常不同的组织和管理方法——这取决于人类的技能及其灵活的部署——因此,这通常与小型专业企业有关。针对"大规模定制"这一日益增长趋势的一个解决方案是利用强大的新技术,使设计和制造具有一定的可编程性,从而使操作更加灵活。但这些都要求参与运营的员工具备同样的灵活性和技能——这又一次推动了亨利·福特及其追随者的机械化模式的发展。

8.1.4 通过人来提高生产力——向"精益"学习

尽管许多西方制造商在20世纪70年代经历了日益严重的生产率、质量和灵活性问题,但显而易见的是,其他地方——尤其是日本——情况并非如此。在日本,制造业似乎能够通过速度、灵活性、质量和高生产率来管理交付客户价值的过程。不可避免地,人们把注意力放在这些成果是如何实现的上面——很明显的是,在战后时期,一种完全不同的组织制造业模式一直在发展。

早期模仿日本经验的尝试经常失败。例如,在20世纪70年代后期广泛采用的质量管理小组通常会导致只有短期收益,而后收益逐渐幻灭,继而不得不放弃这些计划(Dale,1995;Lillrank & Kano,1990)。在很大程度上,这可以归因于一种错误的信念,即西方企业必须去尝试和理解针对于质量问题只有一个可转移的解决方案。当然,现实情况是,"日本"模式涉及到一种完全不同的组织和管理生产的哲学。

随着西方公司开始探索日本实践的其他方面——例如生产计划、库存控制、流动、维护和灵活性的方法(Schonberger,1982)等问题,这一点变得越来越明显。紧急模式就是这样的一种模式。在这种模式中,人们被视为解决生产问题的关键部分——以及作为发现问题和解决新问题的资源。为了调动这种潜力,有必要对培训进行投资,而且这种投资范围越广,人们在整个制造工厂中的使用就越灵活。在培训了具有发现和解决问题能力的员工后,将大部分运营决策的责任交给他们是有意义的。因此员工参与了质量、维护、生产调度和均衡生产等工作。为了最大限度地提高决策权下放的灵活性,新形式的工作组织,尤其是基于团队合作的工作组织是有意义的。

正如我们在第2章中看到的,这些概念中没有任何特别的日本特色——相反,它们只是代表了任务和责任的重新整合,这些任务和责任在19世纪被工厂系统的传统和20世纪福特/泰勒主义的大规模生产系统地分割与分离。尽管如此,已经出现的差距是巨大的,特别是20世纪80年代后期对世界汽车工业的一系列研究突出了这一差距。

从对世界各地汽车装配厂生产率的详细研究中可以清楚地看出,日本运营的工厂在许多方面都表现得非常好。通过努力去确定这些重大优势的来源表明,其主要差异不在于更高水平的资本投资或更现代化的设备,而在于组织和管理生产的方式。

> 我们的发现令人大开眼界。日本工厂只用了美国豪华汽车工厂一半的努力、欧洲最好工厂一半的努力、欧洲普通工厂1/4的努力、欧洲最差豪华汽车制造商1/6一的努力。与此同时,日本工厂大大超过了除欧洲工厂以外的所有工厂的质量水平——而这家欧洲工厂需要花费日本工厂四倍的努力来组装类似的产品(Womack et al.,1991)。

其他部门的研究证实了这一模式。例如,Schroeder和Robinson(2003)报告说,日本公司每个员工会收到大约37.4个想法,这些来自于大约80%的劳动力,其中近90%的想法正在被实施。(Schroeder & Robinson,2004)。美国企业的比较数据显示,每名员工有0.12个想法,员工参与率低于10%,想法实施率约为30%。欧洲的类似研究既突出了有关于员工参与的潜力,也突出了这种做法传播相对较少的现象(Boer,Berger,Chapman & Gertsen,1999;Bessant,2003)。

人们可以通过建议和实施他们的想法来为创新作出贡献的想法并不新鲜。以正式的方式采用这种方法的尝试可以追溯到18世纪,当时第八任幕府将军Yoshimune Tokugawa把意见箱引入日本。1871年,位于苏格兰丹伯顿的丹尼斯造船厂实施了一项激励计划,鼓励人们针对如何提高生产力的技术提出建议;他们试图找出"任何使工程质量更好或成本更经济的变化"。1894年,National Cash Register公司做出了相当大的努力来调动员工所代表的"百脑",而Lincoln Electric公司在1915年则开始实施"激励管理系统"。National Cash

Register 的想法,尤其是关于建议方案的想法,回到了日本——1905 年日本纺织公司 Kanebuchi Boseki 将它们引入日本。

尽管这是一个简单的原则,但直到 20 世纪末,它在大多数西方组织中都被忽视了。另外,在日本,它却蓬勃发展,成为一个强大的创新引擎。川崎重工(平均每年报告近 700 万条建议,相当于每周每名工人近 10 条)、日产(600 万条建议/每周每名工人 3 条建议)、东芝(400 万条建议)和松下(同样有 400 万条建议)等公司都证明了这种方法的重要性。美国和日本质量运动的先驱者之一——Joseph Juran 指出了"矿中黄金"的重要性,这意味着工厂中的每个工人都有可能做出有价值的持续改进,前提是他们能够提出建议。

公司层面的研究支持这种观点。IDEAS UK 是一个独立机构,为希望建立和维持员工参与计划的公司提供建议和指导。它产生于英国建议计划协会,为企业提供了一个学习和分享高参与度方法经验的机会。2009 年,对 160 名组织成员进行的年度调查显示,成本节约超过 1 亿英镑,平均实施的理念价值 1400 英镑,投资回报率约为 5∶1。整体劳动力的参与率约为 28%。

具体例子包括西门子标准驱动器(SSD)的建议方案,该方案产生的想法每年可为公司节省 75 万英镑。这家电气工程巨头每年收到约 4000 个创意,其中约 75% 的创意得以实现。制药公司辉瑞的方案节省了大约 25 万英镑,Chessington 冒险世界的方案节省了大约 5 万英镑。当然,这在很大程度上取决于公司规模——例如,由于员工的参与,宝马迷你工厂在其位于考利的工厂节省了近 1000 万英镑的成本。

其他国家也有类似的数据——例如,美国员工参与协会进行的一项研究表明,公司可以通过实施建议系统,每年为每位员工节省近 200 英镑。Ideas America 报告了大约 6000 个计划的运作情况。在德国,Zentrums Ideen Management 报告的具体公司节约包括(2010 年数据)Deutsche Post DHL 节省 2.2 亿欧元、西门子节省 1.89 亿欧元、大众节省 9.4 亿欧元。重要的是,收益不仅限于大公司,其中还包括中小型企业 Takata Petri 节省的 630 万欧元、Herbier Antriebstechnik 节省的 310 万欧元、Mitsubishi Polyester Film 节省的 180 万欧元。在对代表 150 万工人的 164 家德国和奥地利公司的调查中,他们发现约 20%(32.6 万)的工人参与其中,贡献的创意接近 100 万(95.5701 万)条。其中 2/3(621 109 条)的实施就节省了 10.86 亿欧元。产生这些资产所需的投资约为 1.09 亿欧元,回报率令人印象深刻。一些关键数字的总结如表 8-1 所示。

表 8-1　德国和奥地利公司的高度参与创新

关 键 特 征	
想法/100 名工人	62
员工参与率	21%
想法实施率	69%
节约工人数(欧元)	622
单个工人投资(欧元)	69
实现每个已实施创意的投资(欧元)	175
每个创意想法的节约数(欧元)	1 540
每位员工每年的创意数量	从 6 个到 21 个不等

在这一令人印象深刻的列表中,在添加公共部门的众多例子中,越来越多地使用员工敬业度计划来提高生产力,并制定创新的公共服务提供方法(Bason,2011)。

网站上有一个采访,采访的对象是 Emma Taylor,她负责让员工参与到大型汽车零部件公司 Denso 的子公司的持续改进中。

8.1.5 通过人员提高灵活性和生产力

这种对历史的深入审视突出了几个关键点:

情况会发生改变——因此没有一种固定的模式能适用于每种情况。工艺系统不足以应付 20 世纪不断扩大的市场爆炸性需求,因此大规模生产就必须出现。以同样的方式,大规模生产不再是适合 21 世纪的模式(尽管我们必须小心不要良莠不分一起抛弃。但在某些紧急情况下,仍有许多功能非常重要)。

人们仍然是等式的关键部分——他们是可以以不同方式调动的资源。事后看来,批评福特/泰勒模型很容易,但我们也应该记住,它们代表了他们所处时期非常有效的解决方案。福特早期工厂从非熟练工人和文盲的工人那里获得生产力,并维持质量水平的一致性,表明那个时期的许多想法是相关的。它们广泛分布在制造业和服务业,成为烘焙、银行业、快餐和地砖等多种行业的规范。

网站上的阿拉文科眼科诊所案例展示了这种模式如何保持其作为大幅提高生产力的来源,尤其是在医疗保健等服务中的应用。

但是这个模型的弱点在于它忽视了人类的特征,这些特征使得他们在不确定的条件下非常有用——创造力、问题解决能力、团队合作的灵活性等。在一个以不确定性为特征的环境中,我们需要找到组织模式,并最大限度地利用这些特征。

针对运营管理挑战的良好解决方案并非特定于某些国家/地区——它们可以被广泛采用和传播。日本的"奇迹"催生了"精益革命",尽管由于战后的种种情况使得日本出现了一种新模式,但基本原则仍具有更广泛的相关性。正如大规模生产在美国工厂中发展,但随后广泛扩散,精益生产(及其他模式)在日本开始出现,已经在全球运营管理议程中占据主导地位。

好的解决方案不是特定于固定行业的,而是广泛分布的。前面大部分讨论的都是关于制造业的,因为这是变革发生的地方,我们可以清楚地看到人们与他们所做的任务之间的关系。但同样的模式也在服务业中出现。例如,麦当劳的快餐生产和服务模式在 18.5 万家零售店中被复制,亨利·福特对这种模式感到非常欣慰。

人们提供了灵活性——在制造和服务运营中,当"敏捷性"和"定制"需求日益增加时,人力资源成为实现这一目标的核心。自动化是一种强大的资源,但即使是最先进的系统也缺乏人类互动所能提供的灵活性和适应性。

8.2 当前战略人力资源管理的"良好实践"

正如我们前面看到的,探索战略性人力资源管理实践和组织绩效之间联系的研究有几个共同的主题。

首先,在这些实践中的投资和下游绩效之间有着明显的联系。无论我们是单个企业的案例研究还是行业范围的研究,这种投资与减少劳动力流动或缺勤、提高生产率、为解决问题的创新做出更大贡献等重要因素有着高度的相关性。

其次,这些研究并不是说单一实践会在一夜之间改变事情。相反,成功来自持续一段时间的系统和综合的方法。改变一个组织的行为方式是一个不断强化和建立不同价值观的事情。

最后,关于良好实践维度的研究具有一致性——战略运营经理在设计和运营如此高性能的工作场所时应该考虑什么?我们可以将关键因素组合成一个简单的模型(如图8-2),该模型概述了该领域战略运营管理面临的挑战。

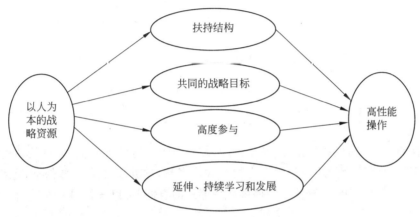

图 8-2　战略运营管理中的人力资源问题

在每一个标题下都有许多因素:在接下来的章节中,我们将更详细地探讨它们,关键元素如表 8-2 所示。

表 8-2　战略行动中人力资源管理的关键要素

领　　域	关　键　要　素
以人为本是战略资源	就业保障 选择合适的人 重视并奖励他们 发送正确的信号
共同的战略目标	战略领导力 共享规划流程 策略部署 信息共享 员工参与度和所有权
扶持结构	适当的组织设计 工作和工作组织设计 下放决策权 支持性沟通

续表

领　　域	关　键　要　素
延伸和持续学习与发展	致力于培训和发展 嵌入学习周期 测定 持续改进文化
共同参与	团队合作 跨境工作 参与和参与机制 利益相关方的关注和参与

8.2.1　对作为战略资源的人的承诺

"高绩效"组织（如西南航空、谷歌、丰田或阿拉维德）的核心是相信员工能够做出的重要和潜在的贡献。由此而来的一系列实践则强化了这一信息，使普通人有时能够做出非凡的贡献。其中包括：

就业保障——人的基本需求之一是保障，在一个不确定的世界里，提供某种程度的就业保障是展现人力资源价值的一种强有力的方式。当然，这并不能完全被保证，也存在着"躺在羽毛上睡觉"的员工的风险——但提供某种形式的合同，可以分担风险并获得与公司成功密切相关的收益。

例如，美国最成功的公司之一是林肯电气公司，它以此为基础运作：

> 我们的就业保障声明，任何服务3年或以上的员工都不会因为缺勤而被解雇。该政策并不保护任何未能正常履行其工作的员工，但它确实强调管理层有责任保持一定的业务水平，使每个员工都能高效地工作。就业保障制度源于我们的信念，即恐惧是一种无效的激励因素。从焦虑中解脱出来，人们就可以尽自己最大的努力！（引自Pfeffer，1994）

反之亦然；如果人们觉得他们的努力可能会对其就业保障产生负面影响，他们就不会这样做。因此，引入让员工参与改善活动来提高生产率的计划，只有以某种形式保证员工不会因为不提升自己而被解雇，此计划才会奏效！

招募合适的人——如果人们要在传递想法、能量、热情和参与度方面发挥关键作用，那么就得确保他们拥有这些能力，同时让他们明白在组织中使用这些能力是值得的。同样，确保他们对它的价值和方向感到满意，对于将这些能力与实现战略联系起来也很重要。因为这在很大程度上取决于团队合作，只有确保他们能在团队中很好地工作，作为一个拥有特殊技能的个人，也作为团队的一员，才能为共同解决问题做出贡献。出于所有这些原因，高绩效组织花了很多钱，也使用了复杂的工具，如心理测量和评估中心以及简单的面试和申请表，试图确保从一开始就招聘到"合适"的人。

奖励系统——通过奖励来激励人们。传统观点集中在简单的奖励系统上，如通常在计件工作等系统中将工资与产出联系起来。但是，对激励因素的进一步理解，以及对质量、灵活性和速度等广泛因素的绩效需求，促进了新方法的出现。其中包括获得技能、有效团队合作以及参与发现和解决问题获得的报酬；也许更重要的是认识到非财务奖励是整体计划的重要组成部分(Brown et al., 2009)。

发出正确的信号——尽管有一些证据表明支付高工资与提高绩效相关,但更重要的是工资和地位差距的缩小。一个关键问题——最近人们对银行和金融服务领域"奖金文化"的担忧日益加剧——是员工考虑到自己工作的地方的"公平"的程度。是否有这些标志,例如,独立的分层布置的设施,如办公空间、食堂、停车场等。这意味着有些人比其他人更有价值?或者他们是否传达了所有人都在同一个团队中的感觉,例如,使用共享设施、公司制服和其他可以帮助减少这种身份差异的标志。最终,任务是建立一套共同的价值观,将组织中的人联系在一起,使他们能够参与组织的发展。

8.2.2 共同的战略目标

成功的组织并不是偶然发生的——它们有明确而彻底的方向感,并且能够动员工对其战略目标的支持。虽然有人格魅力的领导人能够有所作为,但仅仅依靠这 现象是不够的。相反,高绩效组织需要建立共同目标感的方法。

这可以通过多种方式实现,尤其是通过参与规划过程本身。越来越多的公司利用研讨会和其他机制来获得员工对战略问题的投入和讨论,而许多其他公司则尽力确保这些想法在整个组织中得到传播,例如,通过团队简报、时事通信、视频等。其他人利用评估过程提供参与战略规划的机制,特别是使个人目标与组织目标相一致的机制。

这里的一个关键问题是有时被称为"策略部署"的东西——本质上是将企业的高级战略目标与个人和团体可以参与的特定任务和目标联系起来的过程。这需要两个关键的推动因素,为业务创建清晰一致的战略,并通过级联流程进行部署,从而建立人们对目标和子目标的理解和拥有权。

这是许多日本"改善"系统的一个特征,可能有助于解释为什么持续改进战略收益有如此强的"跟踪记录"。在此类工厂中,整体业务战略被分解为重点突出的三年中期计划;通常这个计划会有一个口号或座右铭来帮助员工识别它。这构成了激励宣传的基础,但真正的效果却是提供了一个背景,使今后三年的努力能够集中起来。中期计划不仅是用模糊的术语来规定的,而且有具体和可衡量的目标——通常被描述为支柱。反过来,这些项目又被分解成可管理的项目,这些项目有明确的目标和可衡量的成就里程碑,而竞争情报正是系统地应用于这些项目的经典例证(Bessant, 2003)。

网站上有一些关于许多公司政策部署的详细案例研究。还有一个英国公司维德鲁特的视频,在视频中,总经理 Hugh Chapman 解释了政策部署和政策改善是如何在他的业务中运作的。最后是对另一位董事总经理 Patrick McLaughlin 的详细采访,内容是他如何让员工参与到 Cerulean 公司的生产率提高计划中来。

这种类型的策略部署需要合适的工具和技术,例子中包括 Hoshin 计划、方法——为什么图表、"保龄球图表"和简报组(其中一些方法将在第 9 章中详细讨论)。

达成共同目标的另一种方式是让员工成为主要股东或股东。同样,强调利益分享的奖励制度——与反映高度积极参与的延伸战略目标相联系的奖励计划——为确保对共同目标的承诺提供了强有力的机制。

与此相关的是需要对正在发生的事情和组织的发展方向有共同的理解。双向模式运行的信息共享和有效的通信系统对于建立共享目的至关重要。正如一位经理所说,"如果你想创建一个高度信任的组织,在一个人都是为了一个人和一个人的组织里,你不能有秘密!"
(John Mackey, CEO of Whole Foods markets, cited in (Pfeffer & Veiga, 1999))

8.2.3 有利的结构——混乱的极限

很容易从把视为自主创新个体的人转变为组织模式,而组织模式中几乎没有组织。"让它发生"可能看起来是一个吸引人的口号——但现实是,简单地让人们放松可能无助于组织的更广泛目标(即使这对参与者来说很有趣!)。

这一点的核心是结构的概念——在这里,重要的是要清楚,解决方案不仅仅是简单而松散的。虽然亨利·福特时代组织的分层设计有很大的局限性,但简单地替换一种新的"一刀切"的模式可能是错误的。

几十年来,我们对组织结构的研究发现,取决于公司规模、公司技术、公司工作环境等因素,以及公司试图做什么(战略)。在某些情况下,将决策权下放给维护独立单元的车间自我管理团队非常有意义,例如,在高度不确定的以客户为中心的业务中,每个订单都是一个特殊项目。但是,在我们试图协调许多不同人在复杂产品或组件生产中的活动时,这种模式可能不是最好的主意。例如,授权制药企业中从事药品生产和包装行业的人员使用自己的判断并提出自己的解决方案可能不是最安全或最可靠的经营方式。

一般来说,组织结构受组织内要执行的任务性质的影响。本质上,任务的程序化越少,不确定性越大,就越需要围绕关系结构的灵活性,例如生产、订单处理、采购等活动。决策的特点是变化很小。(事实上,在某些情况下,这些决策可以通过采用包含在计算机系统等中的特定决策规则来自动化。)但是其他人需要判断和洞察力,并且每天都有很大的不同——包括那些与创新相关的决定。这种活动不太可能适合于常规的、结构化的和形式化的关系,而是需要灵活性和广泛的互动。

对这个问题有价值的见解最初来自于 20 世纪 50 年代末 Burns 和 Stalker 的研究,他们概述了称之为"有机"和"机械"组织的特征(Burns & Stalker, 1961)。有机形式适合快速变化的条件,而机械形式适合稳定的条件。这种模式的相关性可以从越来越多的案例中看出,在这些案例中,组织进行了重组,变得不那么机械化。

例如,像美国通用电气这样的公司经历了痛苦但最终成功转型,从僵化的机械结构转变为松散的分散形式。结构彻底改变的其他例子包括巴西白色家电公司塞姆科和丹麦助听器公司奥迪康(Semler, 1993)。

Guidewire

Guidewire 是一家软件初创公司,寻求为主流保险公司提供索赔和管理的后端系统。该公司采取不同的结构方法,每个月重组一次。使用一个叫作 Scrum 的过程,并组织成冲刺团队,每个月都对公司能做的所有事情进行优先排序,并从列表的顶端进行选择。每个月结束时该公司都会回顾完成的工作,并回顾整个过程。两者都被输入项目重新排序过程中,该过程将在下个月重新开始。Guidewire 在这种模式下做得非常成功。截

> 至2007年,该公司为美国近40家顶级保险公司提供服务,员工数超过350人。它一直在持续增长,不仅赢得了奖项,还拓展了业务,并试图通过转向基于网络的方法来保持其敏捷性,该方法将5000多个合作伙伴联系在一起。

思考组织设计的另一个重要方面是不同外部环境和组织形式之间的关系。证据再次表明,环境中的不确定性和复杂性越高,就越需要灵活的结构和过程来处理它。这在一定程度上解释了为什么一些快速增长的行业,例如电子或生物技术,往往与更有机的组织形式联系在一起,而成熟的行业往往涉及更机械化的安排。

帮助我们理解组织设计的一个重要贡献来自Joan Woodward发起的与正在进行的工业过程相关的研究(Woodward,1965)。这些研究表明,不同行业的组织结构各不相同;那些具有相对较高自由裁量权的企业(如小批量生产)往往具有更分散和有机的形式,而在那些涉及大规模生产的企业中,更多的等级和高度结构化的形式占优势。值得注意的是,尽管流程工业也是资本密集型的,但其允许更高水平的自由裁量权。

许多其他因素也会影响组织的结构,包括公司规模、员工年龄和公司战略。20世纪70年代,关于什么样的组织结构决定了自己成为"偶然性"模式的争论持续了很长时间(Child,1980)。这里的基本思想是,没有单一的"最佳"结构,但成功的组织往往是那些在结构和运营突发事件之间发展出最合适的"契合"的组织。因此,如果我们试图复制像麦当劳这样的公司的运营,以便它在世界上数千个地方提供相同的产品和服务标准,那么以机械和高度受控的形式来构建它是有意义的。但如果我们试图开发新药或应对快速变化的"流行"市场,我们将需要一个更加灵活和宽松的结构。

组织设计中可用的不同结构选项的一些例子,如表8-3所示。

表8-3 明茨伯格的结构原型

组织原型	主要特点	创新的含义
简单结构	集中式有机类型——集中控制,但可以快速响应环境变化。通常很小,由一个人直接控制。在决策权所依赖的个人头脑中设计和控制的。优势是反应速度和目标明确。弱点是容易受到个人判断失误或偏见以及资源限制的影响。	高科技领域的小型初创企业——"车库企业"通常是结构简单。优势在于能量、热情和企业家才能——简单的结构创新型公司通常极具创造力。弱点在于长期稳定和增长,以及过度依赖关键人物,这些人可能并不总是朝着正确的业务方向前进。
机械型组织	集中的机械化组织,由系统集中控制。一种被设计成复杂机器的结构,人们被视为机器中的齿轮。设计强调整体的功能和零件的专业化,以至于它们可以方便快捷地互换。它们的成功来自开发有效的系统、简化任务和常规行为。这种系统的优势是能够处理复杂的集成过程,如车辆装配。弱点是个人异化的可能性,以及在僵化的系统中僵化的积累。	机器官僚,依靠专家进行创新,这被引入系统的总体设计中。例子包括快餐(麦当劳)、大规模生产(福特)和大规模零售(特易购),其中每一个都有相当大的创新,但集中在专家和系统层面的影响。机器官僚机构的优势在于它们的稳定,以及它们专注于为复杂任务设计系统的技术技能。弱点是它们在面对快速变化时的僵化和不灵活,以及非专业人士创新的局限性。

续表

组织原型	主要特点	创新的含义
部门化形式	部门化有机形式,旨在适应当地的环境挑战。这种模式出现在较大的组织,指专业化、半独立的单位。例如战略业务单位或运营部门。这种形式的优势在于能够利用中枢的支持来进攻特定的利基市场(区域、市场、产品等)。弱点是部门和中枢之间的内部摩擦。	这里的创新通常遵循"核心和外围"模式,在这种模式中,整个组织或一般性质的研发工作在中心设施中进行,而更多的应用和具体工作在部门内进行。这种模式的优势包括能够集中精力发展特定领域的能力,并调动和分享在组织其他部门获得的知识。弱点包括从中心研发向部门努力的"离心式拉动",以及阻碍知识共享的部门之间的摩擦和竞争。
专业化组织	部门化机械形式,权力位于个人手中,但通过标准进行协调。这种组织的特点是专业技能水平相对较高,其典型代表是咨询公司、医院或法律事务所的专家团队。很大程度上,是通过对标准的共识("专业精神")来控制的,个人拥有高度的自主权。这种组织的优势包括高水平的专业技能和将团队聚集在一起的能力。	这种结构代表了组织内外的设计和创新咨询活动。正式的R&D、信息技术或工程团队就是很好的例子,重视技术和专家的卓越。这种模式的优势在于技术能力和专业标准。弱点包括难以管理具有高度自主权和知识权利的个人。
临时性组织	项目型组织,旨在处理不稳定性和复杂性。临时性组织并不是长久的,但是提供了高度的灵活性。以团队为基础,具有高水平的个人技能,但也有合作能力。内部规则和结构很少,旨在完成工作。该模型的优势在于其应对高度不确定性的能力和创造力。弱点包括由于未解决的冲突而无法有效合作,以及由于缺乏正式结构或标准而缺乏控制。	这是最常与创新项目团队联系在一起的形式——例如,在新产品开发或重大流程变更中。美国航天局的项目组织是人类登上月球计划中最有效的组织之一;在十年项目建设期间,该组织几乎每年改变一次结构,以确保能够应对项目不断变化和不确定的性质。灵活组织机构的优势在于高度的创造力和灵活性——文学中提倡的"特殊团队"模式。弱点包括缺乏控制和项目对更多组织成员造成的超额负担。
任务导向型	与共享共同价值相关联的紧急模型。这种组织是由有着共同目标且通常是利他目的的成员组成的——例如在志愿组织和慈善组织中。优势是高度的承诺和个人积极主动而无须参考他人的能力,因为他们拥有共同的总体目标。弱点包括缺乏控制和正式制裁。	任务驱动的创新可能非常成功,但需要精力和清晰的使命感。全面质量管理和其他价值驱动的组织原则的各个方面都与此类组织相关联,追求从内部驱动的持续改进,而不是响应外部刺激。优势在于明确的共同目标和赋予个人在这方面积极主动的能力。弱点在于过分依赖重要的具有远见的人来提供明确的目标,以及缺乏对企业使命的"认同"。

(资料来源:Tidd and Bessant,based on Mintzberg)

8.2.4 延伸和持续学习与发展

在考察高绩效组织时,一个不断出现的教训是其对培训和发展的承诺。如果一家公司要充分利用新设备或生产在设计、质量或性能上具有新颖性的产品和服务时,那么它需要认识到这在很大程度上取决于相关人员的知识和技能(值得提醒我们自己的是,我们将在第9章中详细探讨的日本"质量奇迹"植根于对劳动力培训和发展的强大而持续的投资。)

培训和发展有两个贡献。首先,当然,它们使人们具备理解和操作设备或其过程中需要的技能和能力。但它作为激励因素也有相当大的潜力——人们重视获得新技能和能力的经验,并且也觉得自己是组织的一部分。

同样,如果我们希望人们承担更多的责任,展示更多的主动性——所谓的"赋权"练习——那么培训和发展为这一过程提供了重要的帮助。如果我们关心利用创造力和鼓励实验,那么我们需要认识到这取决于人们是否有必需的技能和信心来运用它们。

第三个关键点则涉及利用培训和发展来激发灵活性和适应性。正如我们在第 4 章中看到的,生存和增长取决于不断改变我们为世界提供的东西以及我们创造和交付世界的方式——创新。这不是偶然发生的——我们需要的是一个"学习型组织",能够适应和改变以跟上多变动荡的环境。这样一个组织是"善于创造、获取和转移知识,并善于修改其行为以反映新的知识和见解"的(Garvin,1993)。

当然,组织不学习,是组织内部的人学习;我们需要寻找的是组织发展起来的那些行为模式,以促进学习过程,特别是如何调动个人和共享学习。任何"学习型组织"都需要不断发现和分享新知识——换句话说,这是一个持续和共享的学习过程。落实这一点,需要员工了解如何学习,越来越多的组织已经认识到这不是一个自动的过程。因此,它们设计并实施了培训计划,与其说是为了让员工掌握技能,不如说是为了培养学习习惯。例子包括提供外语课程、爱好技能和其他与工作无关的活动的公司,其双重目标是激励员工并让他们重新养成学习习惯。

Garvin 认为以下机制在学习型组织中同样重要:

工作人员的培训和发展;

基于问题解决周期的正式学习过程的开发(例如"戴明轮");

监控和测量;

文档;

实验;

显示;

挑战现有做法;

使用不同的视角;

反思——从过去中学习。

以上述所有方式的学习是许多不同部门"世界级"企业的一个特征。它们快速有效地学习,不仅从自己的成功中学习,也从错误和失败中学习——它们利用训练有素的劳动力智力来纠正这种情况。然后,这种学习在竞争领域表现出来,如成本更低、交付速度和可靠性更高、过程质量更高和新产品开发更快。

当然,自相矛盾的是,组织需要停止它们正在做的事情,以拥有足够长的时间来思考如何做得更好。这种"呼吸空间"通常很难获得。许多成功的组织都为新思想的形成留出了空间,在这些空间中,可以对业务本身以及如何改进业务进行反思。

例如,3M 以其"15%"的政策而闻名,该政策允许员工在一定时间内探索和实验新的知识,并且有效地"允许"他们在非正式项目或非任务分配中指定的方向上进行思考和创新。这可能会导致生产力损失——但 3M 认为,它也是使业务保持增长的产品和服务突破性创意的常规来源(Gundling,2000)。同样,谷歌希望其工程师将一部分时间花在个人和实验项目上,以此作为发展和保持高度参与创新文化的一种有意尝试(Iyer and Davenport,2008)。

让员工参与持续改进是战略运营管理的一个关键挑战。建立和维护这样的系统为员工进行学习提供了"引擎",它可以与改进和发展的战略目标相联系。

8.2.5 共享参与——团队的重要性

虽然个人活动是有空间的,但在组织中工作的主要优势之一是团队效应。在团队效应中,一起工作的好处超过了同样数量的人单独工作的好处。但是简单地把一群人扔在一起并不能组成一个团队;只有注意团队设计和操作,并训练有效团队合作的技能,整体才能大于各部分的总和。

团队已经成为一个流行的概念,因为组织认识到它们所能提供的灵活性和解决问题能力的价值。研究表明,在解决问题的任务中,团队比个人更流畅(产生的想法的数量)和更灵活(产生的不同想法的数量),这一属性使他们成为处理当前环境不确定性的合适工具。与此同时,要求一致的心理压力意味着团队成为组织内阐明和强化行为模式(一种文化)的有力方式。并且为组织活动建立有效的规范,其通常可以通过开发和支持团队规范来实现。

已经有大量的研究来尝试和理解团队是如何工作的,以及团队是如何发展的(West,Tjosvold & Smith, 2005)。这两个结论非常明显——第一,与组织的设计一样,团队的设计和工作取决于它想要做什么以及它工作的环境。第二,无论出于何种目的,高绩效团队都不是偶然出现的——它们必须被建立和维持。它们是团队建设中选择和投资的结合,结合对其角色和任务的明确指导,以及对管理团队流程和任务方面的重视。例如,美国研究人员针对各种工程公司开展的旨在识别有效绩效的关键驱动性因素和障碍的工作发现,有效的团队建设是项目成功的关键决定因素(Thamhain & Wilemon, 1987)。其他研究强调建立和管理内部团队的组成部分,以及它与组织其他部分的接口(Jassawalla & Sashittal, 1999)(Dufrene & Lehman, 2010)。

总结这些关于有效团队工作的研究突出了以下几点的重要性:
明确定义的任务和目标;
有效的团队领导;
团队角色的良好平衡以及与个人行为风格的匹配;
组织内部有效的冲突解决机制;
继续与外部组织联络。

这些关于团队合作的发现并不新鲜——但它们却非常稳定。我们不应该对此感到惊讶,因为尽管商业环境和组织可能会发生巨大变化,但组织关系和行为的基本心理基础却相对稳定。人们更倾向于以我们学到很多的方式行事——我们可以利用这一点来帮助管理者进行战略运营管理。

例如,20世纪50年代和60年代,对"群体动力学"的大量研究发现,团队的形成有一个模式。团队通常经历四个发展阶段,俗称"形成期、激荡期、规范期和执行期"(Tuckman & Jensen, 1977)。实际上,它们被放在一起,然后经历一个解决内部分歧和围绕领导、目标等冲突的阶段。从这个过程中产生的是对共同价值观和规范的承诺,这些价值观和规范支配着团队的工作方式,只有在这个阶段之后,团队才能继续有效地完成任务(Dufrene &

Lehman，2010)。

显然，对团队绩效的一个关键影响是参与人员的混合——就个性类型和行为风格而言，群体的角色要求和相关个人的行为偏好之间必须有很好的配合。这也是大量工作的主题，最有用的模型之一来自英国 Meredith Belbin(2004)的经典研究。在这种团队行为模式中，他将人们分为许多首选的角色类型——例如，"工厂"(一个新想法的来源)、"资源调查员""塑造者"和"终结者/完成者"。研究表明，最有效的团队是那些背景、能力和行为风格各不相同的团队。在一个著名的实验中，被称之为"阿波罗"，结果表明，实验团队中才华横溢但相似的人的表现一直不如混合的普通团队。

团队建设不是影响绩效的唯一方面。其他影响因素包括：

团队规模；

团队结构；

团队流程——组织会议和作出决策的方式；

团队领导；

团队环境/组织背景。

团队越来越被视为组织内部的一种沟通机制——事实上，这也是处理组织间问题的一种沟通机制。跨职能团队可以将产品开发或流程改进等任务所需的不同知识集合在一起，但它们也代表了一个论坛，在这个论坛上，往往可以解决观点上根深蒂固的分歧。但是，如上所述，建立这样的团队是一项重大的战略任务——它们不会偶然发生，它们需要额外的努力来确保价值观和信仰的隐性冲突能得到有效解决。

团队还为实现许多组织所渴望的那种分散和敏捷的运营结构提供了强大的支持机制，以此作为等级控制的替代，使在定义的自治区域内工作的自我管理团队可以非常有效。

但是，尽管目前相当重视团队合作，我们也应该记住团队并不总能给出答案。特别是，将名义上的团队放在一起是有危险的，因为未解决的冲突、个性冲突、缺乏有效的团队流程和其他因素会降低团队的有效性(Maginn，2003)。

改进学校

学校的管理对运营经理来说是一个巨大的挑战。如何从有限的资源中获得最佳效果是一个问题；保持学术水平是另一个问题。将这两种要求结合起来，要求对人进行最好的管理和领导。Hill 等人(2016)研究了学校中的领导行为类型，并发现了这五种类型的领导与学生考试成绩之间的联系。五种类型的领导者是：

外科医生；

士兵；

会计师；

哲学家；

建筑师。

> 每种领导类型都有长处和短处,它们都有各自独特的领导特点。在这五类人中,建筑师是唯一具有真正长期影响力的领导者,因为他们默默地重新设计学校,改造学校所服务的社区。他们认为改善学校需要时间,因此,要从长远的角度看待他们需要做的事情。"毕竟,罗马不是一天建成的。"正如另一位建筑师所说。他们重新设计学校,为其教师创造合适的环境,为其社区创造合适的学校。简而言之,他们对学校、其利益相关者、其服务的社区及其在社会中的角色采取全方位的 360 度视角。在许多方面,他们结合了其他领导者的最佳部分,但他们以不同的顺序和不同的原因做出这些改变——来改变学生和社区。

8.3 变革管理和组织发展

前面的讨论主要集中在我们所学到的要素上,这些要素对于建立和维持一个高绩效的组织非常重要。但变革是组织生活的核心——无论是以新程序、新技术、新结构还是新地点的形式。这使得变革管理——有计划、有效地引入这些新系统、结构或程序——并且成为一大挑战,在组织需要持续不断地重新审视自己的环境中,这种挑战可能会变得更大。

福特/泰勒模型的一个根本缺陷是假设它代表了"一种最佳方式"——有可能设计出代表"完美"制造系统的东西。就生产率而言(例如,在运营的第一年相对于手工生产的 300% 的增长),以及就其对成本的影响而言(当竞争对手进入福特时,能够降低并继续降低价格以保持竞争力),这无疑是有效的。作为一种就业选择,这也很有吸引力——尽管条件艰苦,劳动力流动率高,但由于工资高,人们还是蜂拥到他的工厂工作。福特面临的问题是,世界不会一成不变,如果你在"一种最佳方式"上投入巨资,那么改变这一现状将是一项代价高昂的业务。

可以说,福特的工厂代表了对当时市场环境最有效的回应。但在 20 世纪 20 年代,这种环境发生了快速的变化,以至于最初作为制造业制胜公式的东西开始逐渐成为变革的主要障碍。T 型车的生产始于 1909 年,在大约 15 年的时间里,它一直是市场的领导者。尽管利润率下降,该公司还是设法利用其工厂技术和组织蓝图来确保其持续盈利(Abernathy,1977)。但是到了 20 世纪 20 年代中期,日益激烈的竞争(特别是来自通用汽车公司的产品差异化战略)正从试图为客户提供低成本的个人交通工具转向其他设计功能——如封闭车身——福特越来越被迫为 T 型车增加功能。最终结果很明显,市场需要一种新的车型,而 1927 年停止了 T 型车的生产。

转换到新的车型是一项巨大的工程,需要耗费大量的时间和金钱——因为高度一体化和高产的福特工厂的蓝图只是为了让一款车型做得更好。在经历转型的那一年,福特损失了 2 亿美元,被迫解雇了数千名员工——仅底特律就有 6 万人。15 000 台机床报废,另外 25 000 台机床必须重建——尽管 A 型车最终变得有竞争力,福特还是输给了通用汽车。

如今,我们面临着一个更加不确定的环境,唯一确定的是改变本身。因此,这种反应不可能是"最好的方式",因为即使有可能发现它,明天的环境也可能使它过时。因此,我们需要培养有计划的组织变革的能力——通常被称为"组织发展"(OD)(Sullivan,2010)。

OD 有很长的历史,但关键信息是清楚的——人们不适应变化!我们知道,当引入重大的结构或组织变革时,人们通常会因为各种原因而抵制,但并非所有这些原因都是合理的或清晰的(Smith & Tranfield, 1990)。即使组织结构保持不变,但引入了新的工作方法或技术(例如新的信息技术系统)以及新系统,这对技能、工作关系甚至就业保障意味着什么,人们也会对此感到担忧。

研究表明,这种焦虑的一个关键因素是感觉,即创新需要个人不具备的能力或技能,或者提出无法完全被理解的挑战。因此,培训和发展——不仅是狭义的"专有技术",也是围绕变革战略理论("专有技术")的教育的一个组成部分——可以为此类创新项目的运转提供强大的润滑剂。

下面的列表给出了一些典型的——也是可以理解的——抵制变革的原因,并提醒我们在设计有效的变革方案时所面临的挑战。

为什么人们不喜欢改变?

他们看不到目的或需求;

他们感到无力去表达任何观点——不管他们喜不喜欢,这都是对他们的伤害;

他们害怕这将需要他们去做他们觉得力不从心的事情;

他们害怕这会让他们丢掉工作或换成不太愉快的工作;

他们担心失去权利或对自己工作的控制;

他们确信有比你提议的更好的方法;

他们看不出这对他们有什么好处;

他们觉得自己已经被要做的事情压得喘不过气来,而且缺乏新的资源。

(资料来源:"Change management is simple-either change the people or change the people!" (attributed to Hewlett-Packard))

这个方案可能表面上看起来是为变更管理问题提供了一个解决方案。但是简单地摆脱那些不愿参与的人并不是一个很好的选择,它回避了真正的问题,那就是试图找到让他们参与进来的方法。它还涉及失去技能、经验和知识的风险。变革管理是关于理解变革的不确定性和不适是很自然的事情,理解这种不确定性的典型来源,然后积极地尝试和处理这些问题。

有效实施变革的关键指导方针包括:

在最高层建立一个明确的战略。(这个过程本身将涉及相当大的挑战和冲突,以便对一套共同的目标达成真正的一致和承诺。)一旦这样做了,下一步就是将这一共同愿景传达给组织的其他成员——本质上,这将涉及一个贯穿整个组织的级联过程,在此过程中,为其他人提供了挑战和"拥有"共同愿景的机会。

沟通。这可能是成功实施的唯一最有效的关键,但要想成功,需要付出巨大努力。它必须是主动的,而不是被动的、开放的(而不是允许信息在"需要知道"的基础上流动)、及时的(在变革之前——非正式的沟通网络无论如何都会传播这些信息,而缓慢的正式系统会损害可信度),最重要的是,双向运作。除非有渠道让人们表达他们的反应和想法,表达他们的关切,否则任何自上而下的交流都无法成功地产生承诺。

早期介入。经理们经常抵制员工参与的想法,因为这似乎大大增加了做出决定或完成某件事情所花费的时间。但是允许员工参与,这在变革过程中尽早发生有两个重要的好处:第一,如果没有它——即使已经试图进行咨询或提供信息——人们将不会对项目产生一种"所有权"感或对项目的承诺,并可能在以后表示他们不参与各种形式的抵制;第二,参与和鼓励参与可以显著改善整个项目设计。正如我们在本章中看到的,高效组织的关键之一是有效调动公司所有员工在解决产品和过程设计问题时的创造力。虽然这可能会增加项目早期阶段的时间和成本,但这里的改进和问题解决比项目后期要便宜得多,成本效益也更高。

营造一种开放的氛围。在这种氛围中,个人的焦虑和担忧可以得到表达,组织内部的想法和知识可以发挥积极的作用。另外,这需要产生一种对项目的"拥有"感和对整个组织共同目标的承诺——而不是"他们和我们"的氛围。

设定明确的目标。对于重大变革方案,特别重要的是设定人们可以瞄准的明确目标。人们需要关于他们表现的反馈,建立明确的里程碑和目标是提供反馈的重要方式。此外,成功的组织发展的一个关键特征是创造一种持续改进的氛围,在这种氛围中,目标的实现会得到奖励,但同时也伴随着下一个目标的设定。

投资培训。传统上,训练被认为是一种必要的惩罚,为了让人们能够按下正确的按钮来操作一种特殊的新设备,组织必须承担这种代价。成功的组织变革更多地取决于将培训视为一种投资,不仅是发展特定技能,而且是创建一种替代类型的组织——一种理解变革为什么发生的组织,一种能够管理变革中涉及的一些行为过程的组织。

8.3.1 展望未来

正如我们所见的,战略运营管理面临的问题会随着时间的推移而改变——我们需要更新和改变我们处理这些问题的方法。尤其是在人力资源的作用和实现高绩效的组织方面。20世纪标志着劳动强度向资本强度转变,人和体力劳动逐渐被机械化和自动化所取代。在21世纪,这种转变可能同样引人注目——并且越来越关注知识作为竞争优势来源的问题。仅仅拥有资产或技术或获得原材料或廉价劳动力不再足够——在全球商业经济中,这些优势是可以匹配的(Teece, 1998)。

关键区别在于知识——尤其是企业可以积累和保护的特定知识。正如我们在第4章中看到的,我们现在处于一个"开放创新"的世界,即使是最大、资源最丰富的公司也认识到"并非所有聪明人都为我们工作"。因此,重点正从知识创造转向知识流动和交易,在全球范围内的组织之间建立联系,并越来越多地通过虚拟网络进行交易。因此,随着如此多的知识四处传播,对于组织来说,理解和管理他们所知道的和可交易的东西变得至关重要。

这可能是以编码知识的形式——在专利或受版权保护的材料中——但是很可能是以嵌入在组织中工作的人的思想和行为模式中的知识的形式(Tidd & Bessant, 2009)。这些资源的潜力是相当大的——从研究科学家和工程师拥有的隐性知识到如何从车间员工拥有的过程和机器中获得最佳效果的日常实践知识(Nonaka, Keigo & Ahmed, 2003)。获取和分享这些知识——并通过实验和经验创造新知识——也许是发展组织竞争优势的关键部分。

其中一个重要的部分是动员劳动力发现问题和解决问题的能力,在第8章中,我们详细探讨了建立这种"高度参与创新"文化的方法。毫无疑问,它们与成功的业绩联系在一起,但它们也不是一夜之间就能建成的。相反,它们需要对本组织行为的长期变化以及支持这种变化的基础结构和程序的持续承诺和支持。

案例 8-2

宝洁公司在"连接和发展"方面的成功,很大程度上归功于它在全球范围内和越来越多的外部了解情况的人之间调动了丰富的联系。它利用实践社区——由互联网支持的"俱乐部",在那里拥有不同知识的人可以围绕核心主题聚集在一起,并部署一支由创新"侦察兵"组成的小队伍,这些侦察兵被授权充当知识跨越组织边界流动的探索者、经纪人和守门人。内部网技术将内部"思想市场"中的大约 10 000 人联系在一起,而像 Innocentive.com 这样的网站将这一原则延伸到公司之外,并创造了一个新的合作可能性的世界。

3M——另一家拥有一个多世纪的强大创新血统的公司——同样,它的成功很大程度上归功于建立和管理关系,公司研究副总裁 Larry Wendling 谈到了 3M 的"秘密武器"——丰富的正式和非正式网络将整个组织成千上万的 R&D 人和面向市场的人联系在一起。它的突破性创新的悠久历史——从遮蔽胶带到防泼溅雪地靴、思高、录音磁带,再到便利贴及其各种衍生产品,这主要源于人们建立联系。

随着服务经济的崛起,人们越来越依赖人力资源以提供服务,尤其是在关键的客户界面。即使服务可以自动化——例如在银行和保险业务中——对某种形式的人际互动的需求仍然是决定竞争力的关键因素。消费者不愿意只使用自动化系统,人类对于非标准和异常问题的解决能力的需求意味着,即使在这些服务行业,人也将继续发挥作用。在许多其他方面,是感知到的服务质量——通过与客户的互动以及"后台"高效流程来表达——带来了竞争差异。

例如,慕尼黑机场经常被评为欧洲最具创新性的机场和全球领先的创新者之一。作为一个战略创新者,它有明确的创新战略、专注的创新预算、令人印象深刻的创新成功史和令人赞叹的未来创新管道。它还明确地让员工跨越组织内部的界限参与有重点的创新计划。例如,作为全德国项目"开放式创新:公司内部的开放式创新"的一部分,机场与传统上不负责创新活动的员工一起开展重点创新项目。例如,在无障碍停车的话题上,创意被收集、讨论并进一步发展成一套定义明确的创新投资商业计划。该流程在"开放式工具"的支持下在线和离线运行,该工具是一个在线社区平台,具有分布式白板功能,并为跨业务部门、角色和职责的员工提供专门的开放式创新流程支持。

同样,移动电话运营商奥兰治(法国电信集团的一部分)在过去三年里一直在运行一个名为"idee-cliq"的员工参与项目。据估计,每天约有 30 000 名员工使用该网站,他们产生的想法已经为公司节省了约 10 亿英镑。

在合作同伴的网站上,有一段对 David Simoes-Brown 的 100% 开放视频采访,他在采访中谈到了这个和其他一些例子。

这不仅仅是商业组织的问题——公共服务和非营利组织面临着相同的挑战。在一个可用于解决教育、医疗保健或法律和秩序等重大社会问题的资源有限,但需求却在无情增长的环境中,不断创新的必要性显而易见。在整个组织中调动知识,向他人学习并与他人交流成为一项关键挑战。

案例 8-3

南安普敦社区保健

南安普敦社区医疗保健地区的护士发展团队由 6 名团队成员组成,他们为大约 176 名居家病人提供实际护理,这些病人主要是老年人,但也包括那些需要治疗的病人和长期慢性病患者。自从启动基于团队的改进计划以来,团队已经从士气低落、毫无成效的状态转变为内部和整个组织都受到激励的状态。这个计划的实施如此成功,以至于组织中的其他服务部门现在已经采用它来帮助提高护理质量和生产力。

"在经理的支持下,生产性社区服务计划帮助我们制定了一项行动计划,方法是对流程提出质疑,找出问题所在,然后决定我们需要做些什么来改进。这有助于我们解开行话,清楚我们想朝哪个方向前进,并更多地了解我们正在收集的信息。"

(资料来源:UK National Health Service Institute website)

8.3.2 调动内在企业家精神

剖开任何一个组织,你会发现在组织表层下都有一群潜在的企业家。对新产品、服务、流程、新商业模式有想法的人——各种有趣的可能性。他们比外部企业家更有显著的优势——他们对公司非常了解。他们明白谁有什么特殊的知识,他们对客户有着密切的了解,他们对需要谁来完成工作有一认知。换句话说,他们是推进新事业的完美团队。

只是他们没有这样做。对于大多数组织来说,站在尚未开发的潜力之上是一种令人沮丧的感觉,对于这些员工中的许多人来说,看到正式的创新战略得到实施,但却错过了他们认为可能有所作为的想法。同样令人沮丧的是,有时这种挫败感会蔓延开来,开始影响他们的日常工作,他们会变得不满——在极端情况下,他们会放弃并离开去寻找新的世界。

但是如果组织试图创造更多的空间和激励呢?如果他们认识到未开发的潜力,努力实现它,并在新想法出现时接受它们,会怎么样?内在企业家精神这一主题(有时称为"内部企业家精神")是一个古老的主题,但仍然是一个挑战——现在有一些强大的新工具来帮助实现这一主题,尤其是在大型组织中使用在线和离线混合方法。

过去,尝试将建议计划和其他将劳动力作为解决问题的资源的困难之一是其复杂性。审查建议、提供反馈、汇集资源、跟进项目——同时试图完成"日常工作"意味着这些计划的绩效往往很差。但是这些天,在线协作平台的使用却激增。它们的历史可以追溯到早期意见箱的自动化——本质上,它们使许多人能够发表自己的想法,并获得一些对其地位的认可和反馈。作为实现快速收集想法的一种方式,它们运行良好,但是当它们开始帮助管理想法时,真正的好处就开始显现出来了——选择和开发想法,并让人们了解想法最新的进展。

这种创新管理软件已经迅速成熟。通常平台支持以下功能。

(1) 寻找想法

创意支持——开放门户,让人们贡献自己的想法。

用于存储和跟踪提交的所有想法的数据库。

评论工具,这样其他人可以添加他们的回应和反应——一种"脸谱"式的评论功能。

共享想法开发,其中不同的评论可以用来提炼和改进想法。

分组——这样想法(以及提出想法的人)就可以联系在一起。

(2) 选择想法

给系统的用户一个评定和评价想法的机会,同样是用简单的分数和评论改进。

吸引多种视角——例如用户、各种专家甚至"投资者"的评估——那些名义上有钱投资、帮助管理"股票市场"的人。

反馈和状态——透明度,让每个人都能看到他的想法发生了什么,它们处在流程中的什么位置。

(3) 实施想法

提供在线会议的场所,让团队可以进一步推进他们的想法,并对其进行全面评价。

离线支持团队提出他们的想法。

线上和线下的推介活动,在这些活动中对创意进行判断,并做出关于正式驳回和支持的决定。

(4) 目标思维能力

利用各种各样的活动,沿着关键的战略方向瞄准和集中思维。

(5) 知识管理

从平台中捕获和整合所有信息,寻找模式,挖掘联系,帮助重新部署组织内部和整个组织的知识。现在可用的选项范围如表 8-4 所示。

表 8-4 在线协作平台中的选项

功 能	特 征
(1) 简单的前端构思	自动化意见箱,提供一个"众源"想法并收集它们的机制。
(2) 交互式前端	让其他人参与评论、提炼、评论想法。
(3) 目标交互式前端	利用有针对性的活动和挑战,要求挑战的"所有者"/发起人在具有战略重要性的特定方向上提出想法。
(4) 构思和判断	增加了他人评估和判断的可能性,有助于选择"好"的想法。可以引进专家/行家评判,还可以考虑"投资者"——调动"创意市场"来了解哪些创意获得了大众的支持。
(5) 建立实践社区	使团队能够在早期选择后形成并互动,进一步发展他们的想法。可能通过一些会议来发展想法。可能涉及各种培训投入,以帮助强化核心理念,并为最终选拔回合的"投球"做好准备。
(6) 与主流创新系统的连接	包括向高级管理人员推销某种创业理念,高级管理人员将选择和分配发展资源来推进这一理念。在这一点上,这个团队可能会增加专家来帮助推进这个想法。使用组织关键绩效指标和与这些指标相关联的奖励系统来衡量结果。
(7) 融入创新体系	这种创新模式成为文化的一部分,与其他活动并行运行。知识被捕获和存储,重新用于支持新的有针对性的活动,并创造性地重组。
(8) 扩展到组织外的参与者	动员模型引入供应商、用户和其他人,作为共建基础设施的一部分。

在配套网站上,你可以找到利用这种在线协作平台公司的详细案例研究——全球自由系统、汉莎系统、空客、威乐和诺基亚。

8.3.3 与人的伙伴关系

在这种不断变化的背景下,运营经理需要使用的关键资源是人力资源——尤其是在灵活性、解决问题和创新能力方面。通过使用技术来自动化和简化产品和服务的创建以及交付过程,使得运营能够得到显著改善。但是处理异常和管理客户界面将继续依赖于人力资源,它们的成功将与这些人的培训水平和能力相关联。

如果战略性人力资源管理在未来将发挥如此重要的作用,那么将如何处理以及需要做些什么?在本章概述发展的同时,我们也看到了使人们参与进来的任务正在发生变化。在福特/泰勒模式中,问题是在正式维护的基础上雇佣、解雇和管理合同及其他雇佣问题。对策是建立一个人事管理的专门职能部门,具备劳资关系、就业法律和合同、支付系统等方面的能力。

随着人们越来越认识到人力资源的潜在贡献,有必要将人的发展视为资产——就像设备需要重组一样。因此,随着培训范围的扩大以及使用与职业发展相关的更具创造性的激励形式(包括非财务方法)和评估系统,这一角色从就业转向发展。认识到需要改变组织的形状和运作,使人们能够做出更多贡献,这意味着组织发展也进入了大家的视野。因此,由此产生的现代人力资源管理模式在本质上更具发展性,并长期面向个人和组织。

流程的下一步可能是将这一广泛的人力资源管理活动的责任越来越多地转移给运营经理。正如我们在本章中所讨论的,这组资源的战略开发和部署可能是运营管理部门未来面临的最重要的任务,虽然专业知识可以在相关结构和流程的设计和实施中提供宝贵的帮助,但是人力资源管理的责任中有越来越多的部分可能被纳入战略运营管理部门的日常和未来规划角色中。

战略运营经理未来需要寻找什么?本质上,他们的作用将越来越多地是促进和协调高度参与和忠诚的劳动力的活动——这将取决于构建和维护本章概述的那种条件。我们面临的挑战是学习在明确的、有界限的范围内——实验室,而不是工厂或办公室——实现更多的自我指导和自主性。敏捷性来自于能够做出反应和积极主动,但首先来自于快速学习。在一个我们不知道会发生什么的环境中,只有挑战本身是新的,需要新的应对措施,实现这种敏捷性才是关键。

总　　结

本章回顾了人力资源的战略开发和部署对组织绩效产生重大影响的方式。

粗略地说,我们已经在20世纪初的状况中走了很长一段路,当时人作为问题的一部分,被视为一些需要被消除的东西,或者是被当作最糟糕的被搁置一旁,因为它们是精心设计的制造系统操作中不必要的变化来源。

当今的观点却大相径庭,认为人们的灵活性和解决问题的能力是应对以不确定性为特征的世界的关键资源——在这个世界中,商业系统和组织必须不断变化。未来很可能会越来越重视组织学习、记忆和更有效地运用集体知识的能力——这也是一个取决于组织内部人员的关键过程。

第8章 人力资源和战略运营管理

战略运营经理可以通过以下方式影响此类系统的开发：

创建适当的结构；

促进学习和发展；

传达明确的共同目标；

开发高度参与的工作系统。

把人放在舞台中心而不是将其边缘化，这需要对组织和管理采取新的方法，这一章试图强调需要进行这种管理的关键领域。对于战略运营经理来说，这些都是巨大的挑战——不仅他必须创建和实施新的结构和程序，以支持员工更积极地参与业务的发展和改进——其关键作用还在于帮助组织"忘却"那些将人推到一旁的理念以及相关的实践。

 案例 8-4

XYZ 系统的人力资源和战略运作

乍一看，XYZ 系统似乎不是任何人心目中的"世界级"制造企业。XYZ 位于中部一个以农业为主的小镇，大约雇用了 30 名员工，以生产加油站的前院生产仪表和其他测量设备。它的产品被用来监测和测量加油站下面的大型燃料箱以及向它输送燃料的油罐车的液位和其他参数。尽管 XYZ 规模较小（虽然它是一个更大但分散的集团的一部分），但它已经设法控制了欧洲 80% 的市场。它的生产流程甚至与大型制造商相竞争，它的交付和服务水平令业界羡慕。它因其质量获得了一大笔奖项，但仍设法在广泛的产品中做到这一点，有些产品可以追溯到三十年前，仍然需要维修和保养。从复杂的电子和遥感到基础的技术他们都会使用——例如，他们仍会制造一个木制测量棒。

XYZ 的成功可以用盈利来衡量，也可以从它作为英国最好的工厂之一而获得的许多奖项来衡量。然而，如果你走进 XYZ 的大门，你将不得不努力寻找它是如何获得这个令人羡慕的职位的证据。这不是高度自动化的业务——这是不合适的。它也没有用现代设施布置；相反，它充分利用了现有的环境，并对其和自身进行了组织、整合，以达到最佳效果。

区别在哪里呢？从根本上说，这是对劳动力采取的方法。这是非常重视培训的组织——对培训的投资远远高于平均水平，每个人每年都获得 x 小时的培训，不仅是在他们自己的特定技能领域，而且涵盖了广泛的任务和技能。这样做的一个结果是，员工非常灵活，接受过培训，能够执行大部分操作，并能迅速转移到最需要的地方。支付系统鼓励这种合作和团队合作，其结构简单，强调技能、质量和团队合作的支付。战略目标清晰简单，在政策部署过程中，在分解成一系列可管理的小型改进项目之前，会与每个人进行讨论。在所有的工作中，都有"保龄球图表"的副本，它简单地列出了要作为改进项目的任务，以及这些任务如何有助于企业的整体战略目标。如果他们达到或超过了这些战略目标，那么每个人都将获得利润分成和员工所有权计划。

> 作为一家小公司,等级制度并不存在,但积极的领导和鼓励一起讨论和探索问题增强了团队合作的意识——运营管理总监走来走去实行某种形式的MBWA式管理也没有坏处!
>
> 也许真正的秘密在于人们感觉能够发现和解决问题,经常尝试不同的解决方案,也会经常失败——但至少学习和分享这些信息,其他人可以借鉴。在工厂里走来走去,很明显这个地方不是静止不动的——虽然对新机器的大规模投资不是每天都有的事情,但小的改进项目——他们称之为"经营方法改善(Kaizens)"——无处不在。更重要的是,运营总监经常对他发现人们在做什么感到惊讶——很明显,他不清楚人们在从事哪些项目以及他们在做什么。但是如果你问他这是否让他担心,答案是清楚的——也是有挑战性的。"不,我不介意也不知道具体发生了什么事。员工都知道策略,他们都清楚我们要做什么(通过保龄球图表)。他们都接受过培训,知道如何运行改进项目,并作为一个团队工作。我信任他们。"

关键问题

1. 听到公司经理和董事长说"人是我们最大的资产"是司空见惯的事,但这往往只是说说而已。人们能以什么方式改变一个企业的经营方式?这种潜力是如何实现的?

2. 人力资源管理是如何以及为什么从简单的招聘和奖励转变为更具战略性的运营角色的?人员管理以何种方式成为战略运营经理的核心关注点?他们能以何种方式使人力资源为企业做出具有战略重要性的贡献?

3. 20世纪80年代,人们对"熄灯"工厂非常热情——这是一个完全自动化的操作,几乎不需要任何人。30年后,为什么人们认为这个想法已经失宠?为什么许多行业的先进组织现在把人视为他们业务中的关键资源?

4. "它的美妙之处在于,每用一双手,你就有了一个自由的大脑!"一位经理的这句话凸显了员工参与的潜力,但事实仍然是,大多数组织仍然无法在系统和持续的基础上吸引员工。这样做的主要障碍是什么?作为高级管理人员,你将如何努力提高员工参与不断改善业务方面的积极性?

5. 有许多关于未来压力主题的蓝图,如"学习型组织"或"知识型企业"。这种愿景可能取决于人力资源,实现这些愿景对如何开发和管理这些资源提出了挑战。高级管理人员如何为这些组织的设计和运作做出贡献?

扩展阅读

Belbin, M. (2010). Team roles at work. London, Butterworth-Heinemann.

Bessant, J. (2003). High involvement innovation. Chichester, John Wiley and Sons.

Katzenbach, J. and D. Smith (2005). The wisdom of teams: Creating the high performance organization. Boston, Harvard Business School Press.

Kotter, J. (1996). Leading change. Boston, Harvard Business school Press.

Marchington, M. and A. Wilkinson (2008). Human Resource Management at Work: People Management and Development. London, Chartered Institute of Personnel and Development.

Philips, J. (2003). Return on Investment in Training and Performance Improvement Programs (Improving Human Performance). London, Butterworth-Heinemann.

Schein, E. (2010).Organizational Culture and Leadership. San Francisco, Jossey Bass.

Schroeder, A. and D. Robinson (2004).Ideas Are Free: How the Idea Revolution Is Liberating People and Transforming Organizations. New York, Berrett Koehler.

参考文献

[1] Belbin, M. (2004). *Management teams-why they succeed or fail*. London: Butterworth-Heinemann.

[2] Bessant, J. (2003). *High involvement innovation*. Chichester: John Wiley and Sons.

[3] Bessant, J., Smith, S., Tranfield, D., Levy, P., & Ley, C. (1993). Organization design for factory 2000, 2(2), 95-125.

[4] Bloom, N., & Van Reenen, J. (2006). *Measuring and Explaining Management Practices Across Firms and Countries* (p. CEP Discussion Paper No 716). London School of Economics, London.

[5] Boer, H., Berger, A., Chapman, R., & Gertsen, F. (1999). *CI changes: From suggestion box to the learning organisation*. Aldershot: Ashgate.

[6] Brown, W., Bryson, A., Forth, J., & Whitfield, K. (2009). *The evolution of the modern workplace*. Cambridge: Cambridge University Press.

[7] Burns, T., & Stalker, G. (1961). *The management of innovation*. London: Tavistock.

[8] Caulkin, S. (2001). Performance through people. London: Chartered Institute of Personnel and Development.

[9] Child, J. (1980). *Organisations*. London: Harper and Row.

[10] Christensen, C., & Raynor, M. (2003). *The innovator's solution: Creating and sustaining successful growth*. Boston: Harvard Business School Press.

[11] CIPD. (2001). Raising UK productivity: why people management matters. London: Chartered Institute of Personnel and Development.

[12] Dale, B. (1995). *Managing quality* (2nd ed.). London: Prentice Hall.

[13] DTI. (1997). Competitiveness through partnerships with people. London: Department of Trade and Industry.

[14] Edmans, A. (2012). "The link between job statisfaction and firm value." Academy of Management Perspectives 26: 1-19.

[15] Ettlie, J. (1999). *Managing innovation*. New York: Wiley.

[16] Gundling, E. (2000). The 3M way to innovation: Balancing people and profit. New York, Kodansha International.

[17] Heskett, James L.; Jones, Thomas O.; Loveman, Gary W.; Sasser, Jr., W. E., & Schlesinger, L. A. (2008): "Putting the Service-Profit Chain to Work". *Harvard Business Review*. Vol. 86 Issue 7/8, pp.118-129.

[18] Hill, Alex; Mellon, Liz; Laker, Ben; Goddard, Jules. (2016a) "The One Type of Leader Who Can Turn Around a Failing School". *Harvard Business Review* Digital Articles. 20th October, pp.2-12.

[19] Hill, Alex; Mellon, Liz; Goddard, Jules; Laker, Ben. (2016b) "How to Turn Around a Failing School". *Harvard Business Review* Digital Articles. 8/5/2016, pp.2-6.

[20] Iyer, B. and T. Davenport (2008). "Reverse engineering Google's innovation machine." *Harvard Business Review* Vol. 86 Issue 4, pp.58-68.

[21] Jaikumar, R. (1988). *From filing and fitting to flexible manufacturing*. Cambridge, Mass.: Harvard Business School.

[22] Kaplinsky, R., Hertog, F. den, & Coriat, B. (1995). *Europe's next step*. London: Frank Cass.

[23] Lewin, K. (1947). Frontiers in group dynamics: Concept, method and reality in the social sciences, 1(1), pp.5-41.

[24] Lillrank, P., & Kano, N. (1990). *Continuous improvement: Quality control circles in Japanese industry*. Ann Arbor: University of Michigan Press.

[25] Miller, E., & Rice, A. (1967). *Systems of organisation*. London: Tavistock.

[26] Nonaka, I., Keigo, S., & Ahmed, M. (2003). Continuous Innovation: The Power of Tacit Knowledge. In L. Shavinina (Ed.), New York: Elsevier.

[27] Pfeffer, J. (1998). *The human equation: Building profits by putting people first*. Boston, Mass.: Harvard Business School Press.

[28] Pfeffer, J., & Veiga, J. (1999). Putting people first for organizational success, 13(2), pp.37-48.

[29] Piore, M., & Sabel, C. (1982). *The second industrial divide*. New York: Basic Books.

[30] Schonberger, R. (1982). *Japanese manufacturing techniques: nine hidden lessons in simplicity*. New York: Free Press.

[31] Schroeder, A., & Robinson, D. (2004). *Ideas Are Free: How the Idea Revolution Is Liberating People and Transforming Organizations*. New York: Berrett Koehler.

[32] Semler, R. (1993). Maverick. London, Century Books.

[33] Sullivan, R. (2010). Practising organizational development: A guide for leading change. San Francisco, Jossey-Bass.

[34] Teece, D. (1998). Capturing value from knowledge assets: The new economy, markets for know-how, and intangible assets. *California Management Review*, 40(3), pp.55-79.

[35] Thamhain, H., & Wilemon, D. (1987). Building high performance engineering project teams, *EM*-34(3), pp.130-137.

[36] Tidd, J. (1990). *Flexible automation*. London: Frances Pinter.

[37] Tidd, J., & Bessant, J. (2009). *Managing innovation-Integrating technological, market and organizational change* (4th ed.). Chichester: John Wiley.

[38] Tuckman, B., & Jensen, N. (1977). Stages of small group development revisited, 2, pp.419-427.

[39] WEF (2016). The future of jobs: Employment, skills and workforce strategy for the fourth Industrial Revolution. Davos, World Economic Forum.

[40] Womack, J., Jones, D., & Roos, D. (1991). *The machine that changed the world*. New York: Rawson Associates.

[41] Woodward, J. (1965). *Industrial organisation : Theory and practice*. Oxford: Oxford University Press.

[42] Zornitsky, J. (1995). Making Effective Human Resource Management A Hard Business Issue. *Compensation & Benefits Management*, Winter, pp.16-24.

第 9 章

做得更好——管理并提高质量

🎯 学习目标

1. 理解质量在创造可持续竞争优势中的战略重要性。
2. 理解质量及其管理的关键维度。
3. 探索改进的流程方法。
4. 认识到持续改善质量的重要性。
5. 了解战略运营管理为整个组织构建、维持和质量改进做出贡献的方式。

2009年,丰田成为世界上最大的汽车制造商,但自20世纪80年代以来,它已经享有令人羡慕的生产率最高的声誉。它卓越的声誉建立在对质量问题的关注上——正是这种品质让它得以进入并主宰了全球市场。丰田汽车的车型经常荣登美国 J. D. Power Associates 质量年度调查等排行榜的榜首,客户和经销商对其质量优良以及一直的认知是一致的。

然而在2009年,该公司的质量声誉遭受了巨大的打击,数百万辆汽车因需要维修几个关键零件而被召回,尤其在刹车系统上。诉讼案件激增,一些意外死亡案件被认为是由有缺陷的汽车引起的。最终,在众多的负面新闻报道之后,公司董事长丰田章男被迫公开道歉,他在道歉中解释说,公司没有足够的人才来支持公司的快速增长。他承认,随着丰田10年前开始迅速扩张,公司的战略重点被误导了,"丰田的传统优先顺序"被扭曲了,对于产品安全和质量第一,销量成本第二的强调发生了反转。据估计,该公司为此付出的总成本为55亿美元,但这还不包括对精心打造了70多年的声誉造成的严重损害。

(资料来源:Robert Cole,Harvard Business Review,2010)

在本章中,我们将探讨两个核心主题。首先是"质量"的核心问题——它是什么,为什么它如此重要,以及我们如何在组织中管理它。我们将研究质量管理的思想和实践是如何演变的,以及确保质量管理成为有效运营管理的关键部分的一些框架。其次,我们将探讨另一个重要的问题——我们如何管理我们所做的各方面工作的持续改进——本质上是朝着完美的质量、零浪费的方向前进?

在大多数行业，质量不是一个选项。举个例子，对于航空公司的飞行员或医院的助产士来说，如果他们的工作没有达到完美的标准，后果是不堪设想的，而仅仅试图达到"可接受"的失败水平也是无稽之谈——哪怕每 100 次起飞中就有 1 次飞机失事或者每 500 次分娩中就有 1 名婴儿死亡非常可怕的！同样地，任何认真对待自己作品的艺术家都不会想创作出一些无法反映他们最大努力的东西，也不会去想创造一个不具有持久价值的物品。

然而，就在不久以前，这些关于质量的观点在商界并不常见。早期的许多制造理论都包含如"可接受的质量水平"等的术语和概念，以及一种假设错误会发生、事情会出错的基本哲学。这影响到了服务业的发展，并成为基础运营假设的一部分。质量被认为是重要的，但人们相信，通过复杂的过程交付复杂的产品和服务，不可避免地会出现无法预测或预防的缺陷和问题。[①] 因此，整个部门的专家被招募来管理质量问题的影响，因为质量问题是商业运作中的普遍现象。这包括检查员，他们的工作是在不合格品出厂前进行检查并找出不合格品；提供客户支持的人员，处理投诉和保修索赔；还有一大群在公司里跑来跑去的人，他们试图修复或更换有问题的产品，并解决服务上的小毛病。

不用说，这种质量"管理"会导致额外的成本，而且可能是相当大的。我们必须考虑的不仅是直接雇佣员工的成本；还有浪费精力生产一些质量差的东西，对声誉和商誉的风险；浪费时间和精力来吸引顾客，然而顾客并不满意，并将不满告诉他们的朋友；等等。提出质量评估的关键人物之一是 Philip Crosby，他开始在 ITT 公司内部研究这些问题。他试图用一些数字来衡量质量的实际成本，并意识到这些成本可能占到销售收入的 40%，这让他和公司都感到震惊！(Crosby, 1977)。(例如，1984 年，当 IBM 第一次开始研究这个问题时，估计其 50 亿美元的利润中有 20 亿美元是由于提高质量产生的，而不是因为修正错误。)

9.1 质量为竞争优势

毫不夸张地说，围绕质量这一主题的思想和实践已经发生了一场革命。不仅迫切需要解决这一巨大的隐藏成本，而且还存在将改进质量作为竞争优势来源加以利用的巨大机会。在摩托车和汽车、消费类电子产品、银行和保险等一系列行业中，注重系统和显著的质量改进的企业，改变了竞争格局。正如航空航天业的一位评论员所指出的，"在华尔街，实现 6σ（一种非常高质量绩效的衡量标准）才会被关注——这就是我们努力的原因！"

其结果是，质量已经从公司把它看作是一种简单的权衡——"你可以买到便宜的，或者买到质量好的"——变成了一种竞争的迫切需要。一般来说，客户根据价格和一系列非价格因素（如设计、品牌、响应速度和定制）做出购买决定。在这些非价格因素中，质量居于重要地位。我们可以描绘出过去 30 年质量的演变，质量从一个无关紧要的因素，发展成为一个理想的特性，再成为进入某些市场的必要资格。

早期人们对质量的思考大多发生在制造业，但很快就清楚地认识到，这些经验教训同样适用于服务业。在许多情况下，质量甚至更为重要。首先，因为服务包含了许多有形的组成部分，没有人会满意煮得不熟或服务不周的餐食，也没有人会满意没有打扫干净的卧室。但

---

① 在最基本的统计层面上，这是有一定道理的；任何事件都有随机变化的因素，但这一水平非常小，即使如此，也可以采取行动，确保这不会对整体质量的感知产生负面影响。

人们对服务的认知不仅限于此,还包括整体体验——以及成为回头客的可能性。(例如,据估计,(通过良好的服务)购买一件像送货上门的比萨这样微不足道的东西,就能让顾客终身受益,其潜在价值约为 1.2 万美元!(Bentley, 1999)

对于运营经理来说,质量是至关重要的。我们将看到,质量不是专家的职责,而是每个人的责任。它渗透到组织运营的各个方面,质量意识的培养和保持已经成为战略运营经理必须承担的任务之一。

9.1.1 什么是质量

在我们探讨运营经理如何影响质量绩效之前,有必要思考一下"质量"这个词的含义。字典上说它是"一件事物的卓越程度",而 19 世纪画家兼艺术评论家约翰·罗斯金(John Ruskin)提出了一个有价值的补充观点:"质量从来不是偶然的,它总是智慧与努力的结果。"Robert Pirsig 认为,质量不是一种物质属性,也不是一种精神概念,而是一种集两者于一身的东西:"即使质量无法定义,但你知道它是什么"。(Pirsig, 1974)

朱兰(Joseph Juran)将质量称为"适用"(Juran, 1985)。但问题是:谁来使用?从这个角度来看,Feigenbaum (1983) 给出了一个更好的定义——当然是关于市场如何看待质量——他认为质量是 (J. Feigenbaum, 1983: 7):

> 复合产品和服务的总体特征。通过这些,所使用的产品或服务将符合顾客的期望。

将质量定义与质量控制联系起来时,他进一步加深了我们对质量定义的理解(A. Feigenbaum, 1956: 11):

> 控制必须从识别客户的质量要求开始,只有当产品被顾客满意地拿在手里时,才算结束。

这种面向用户的方法有助于将注意力集中在客户而不是生产者身上,但也可以说它需要一些修改。特别是正如 Garvin 指出的,它没有处理两个关键问题(Garvin, 1988):

——如何将可能存在很大差异的个人对质量的看法整合起来,以在市场层面上提供一些有意义的东西?

——如何识别暗示质量的关键产品/服务属性?

从生产者的角度出发,出现了另一套定义,这些定义与建立标准和衡量标准有关(Juran & Gryna, 1980)。设计质量代表了设计者为了满足他们对顾客需求的诠释而希望看到的有意的质量。它是一个多属性定义,但是它的优点是允许针对每个属性进行度量,以评估是否达到有意的质量级别。

与此相关的是质量的符合性,它表示交付的产品或服务在多大程度上符合原始设计规范。质量符合性能够实现到什么程度,将依次取决于用于创建它的各种因素——人员、流程、设备、原材料质量,等等。这等同于 Crosby 的"符合需求"的质量理念(Crosby, 1977)。

因此,我们需要将质量看作是连接需求和方法的业务流程,而不仅仅是发生的事情。图 9-1 说明了这一点。从本质上讲,市场需求被转化为产品/服务策略,而产品/服务策略又传递给参与产品和服务设计的各个参与者,以便提供合适的规范。正因如此,质量可以通过与该规范的符合性来度量。在过程方面(我们如何实际创建和交付我们的产品),质量将受到两件事的影响——流程的整体能力(保持误差等)和过程中质量控制的方式。符合规范的程度将取决于这两个因素,如图9-1所示。

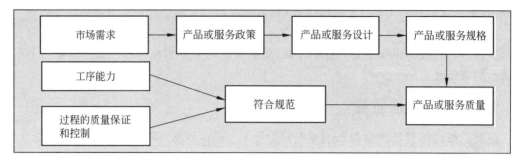

图 9-1 设计过程中的质量

另一种看待这个问题的方法是将质量看作四组相互关联的因素的结果,如图9-2所示。

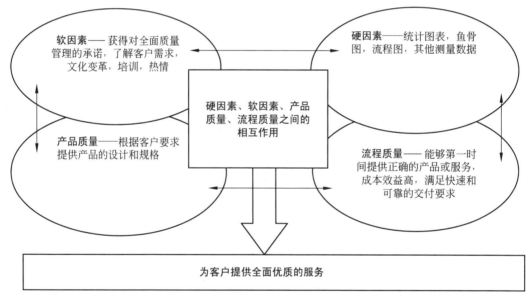

图 9-2 理解提供全面优质服务

(来自 Brown,2000:119)

9.1.2 服务怎么样

这种想法大多是围绕制成品发展起来的,但同样的原则也适用于服务设计和交付。显然,确保质量的一个关键因素是衡量客户对他们所收到的产品或服务的反应。理解这一点可以为公司未来可能的成功提供战略反馈。起初,确认顾客对他们的购买是否满意似乎很简单——问问他们就知道了。对于具有有形特征的产品,可以向顾客询问这些特征及其满意度。可在服务业,情况就没那么简单了。Parasuranam 等人基于测量客户对服务的期望和他们对实际体验的感知之间的差异,开发了 SERVQUAL 模型(Parasuraman, Zeithaml & Berry, 1985)。他们确定了5个他们适用于所有服务的关键特征——有形性、可靠性、响应性、保证性和共情性。尽管这种方法具有普遍适用性,但它经过了修改,以反映不同服务行业的具体特点,并且只与其他形式的质量度量技术一起使用。SERVQUAL 模型如图 9-3 所示。

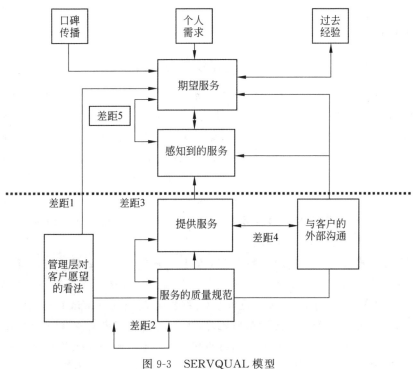

图 9-3　SERVQUAL 模型

Parasuraman 等人(1985)指出了可能导致服务质量失败的五个问题

(1) 不了解客户的需求;
(2) 无法将客户的需求转化为能够解决这些需求的服务设计;
(3) 无法将设计转换为可实现的服务期望或标准;
(4) 无法按照规范交付服务;
(5) 产生无法满足的期望(客户的期望与实际交付之间的差距)。

该组织面临的任务是确保消除这些缺口,使"承诺"所提供的与实际交付相一致。虽然 SERVQUAL 模型是世界上运营领域应用最广泛的研究工具之一,但它也存在一定的争议,最大的问题是询问客户的期望,以及将之付诸实施的难度(Parasurman, 1995)。

不幸的是,客户满意度的测量比简单地问问题要复杂得多。完全满意的顾客可能永远不会再购买,因为顾客的忠诚不仅仅来自满意,还有另外两个因素——购买对顾客的相对重要性和改变的简单性。从战略的角度来看,我们应该追求的是客户忠诚度,而不仅仅是满意度。满意的客户也可能会购买竞争对手的产品或服务,因为购买对象对他们来说并不重要,因此他们不介意使用哪个品牌。同样,满意的顾客购买竞争对手的产品或服务时,他们看不到产品之间的任何区别——实际上,产品是所谓的"商品"。因此,企业需要确保其产品或服务是——或者看起来是——对于消费者是一次物超所值的消费,并且其品牌有其他品牌没有的特点。从运营的角度来看,产品的独特性和品牌的差异化源于创新(在第 4 章讨论的),营销的作用是确保顾客也能感知到这一点。

> **案例 9-1**
>
> ### 路边餐饮连锁
>
> 　　了解客户是制造优质产品和提供优质服务的关键。20 世纪 80 年代,有两家主要的路边餐馆连锁店,其中一家的首席执行官决定进行市场调查,研究为什么开车的人会在他的餐馆停车,而不是在他的竞争对手那里停车。这位首席执行官在这个行业很有经验。事实上,早在 20 年前,他就曾前往美国调查路边餐饮的概念,并在回国后创办了第一家这样的餐厅。
>
> 　　尽管有经验,但他从未做过市场调查。消费者的需求如此之大,以至于在没有此类数据的情况下,这些餐馆已经成功地开张和运转。但考虑到竞争日益激烈,他认为现在是时候更详细地了解客户及其偏好了。
>
> 　　研究人员提出的第一个问题自然是"你为什么要在这家路边餐馆停下来?"CEO 很惊讶地发现 55% 的受访者给出的主要原因是使用卫生间设施。正如他自己所说:"我在这个行业已经 20 年了。我原以为我是做餐馆生意的,没想到我是做厕所生意的。"因此,该连锁店的运营策略发生了变化。在那之前,洗手间被故意安排在餐厅的后面,这样顾客就必须穿过餐厅才能到达洗手间。他们的理论是,这样做会让他们感到内疚,所以他们会留下来买东西。经过市场调查,该连锁店决定,从那一刻起,在所有新建的餐馆中,他们将把洗手间设施放在前门附近,让人们更容易使用。他们的理论是,这将使更多的人止步——一旦在此驻足,他们就会购买东西。此外,卫生间建得更大,配备了更高质量的设备。与此同时,引进了一种比以前更频繁地检查卫生间洁净度的程序。

9.2　质量是一个战略问题

　　在很大程度上,由于世界贸易中竞争频发,质量已上升到战略议程中极高的位置。试想,如果一个市集上有许多摊位,摊主试图吸引顾客购买产品。当有很多摊位都提供相同的产品,那么两个因素会影响我们的购买选择。其中一个因素当然是价格,但我们也受到所谓的"非价格"因素的影响,可能是产品的设计,也可能是产品能在多大程度上满足我们的需求。非价格因素中最重要的可能是质量,除非没有其他地方可以购买,否则我们大多会选择价格公道、质量好的摊位。

　　全球市场也是如此——非价格因素发挥着极其重要的作用,尤其是质量改变了全球贸易模式的运作方式。早在 20 世纪 80 年代,当时相机、电视机、音乐设备、汽车和摩托车等行业都被日本生产商所主导时,我们就开始看到一些这样的早期例子。这不是一种基于价格竞争的模式(尽管这些产品的日本原版确实以物美价廉而闻名)。相反,它的出现是因为制造商已经开发了生产这些产品的方法,结合了具有竞争力的价格和一贯的高质量。面对这样的竞争,其他国家别无选择——要么提高自己的水平以满足这些新的质量标准,要么退出该行业。

例如,在20世纪80年代,质量成为美国"三大"汽车制造商面对的主要问题。其主要原因是,日本工厂的能力远远优于他们的美国竞争对手(Womack, Jones & Roos, 1991)。正如Tom Peters(1995)在反思20世纪80年代初美国汽车工业的状况时所言:"我们的汽车是垃圾!"

这一模式在整个行业中多次出现——首先是在制造业,但在服务领域的扩散速度也在加快。由于大多数服务不享有专利或其他保护,能够提供更高水平服务的新来者进入的壁垒很低,特别是在质量方面。Kanter(1996)指出,"世界级"这个词和超越竞争对的关系不大——这个词仅仅表示在全球竞争中的能力(Kanter, 1996)。为了在市场上竞争,很可能有必要把"世界级"的质量能力作为一种订单资格要素(Hill, 1993)。很明显,它主导了印度、中国和巴西等"新兴"经济体进入世界市场的想法,这些经济体认识到,持久竞争优势不在于较低的劳动力成本(这为经济增长提供了一个非常不稳定但自由的基础环境),而是能够在价格和质量上竞争。

这样做的结果是,消费者对他们所消费的一切事物的心态发生了变化——包括私人部门提供的产品和服务,以及越来越多围绕医疗、教育、法律和秩序等公共服务的产品和服务。他们对优质服务的期望很高,客户知道,作为纳税人,他们可以施加压力,提高所提供服务的质量水平。而且,交付服务不完美的代价可能不仅仅局限于金钱——在某些情况下,它们实际上可能是一个生死攸关的问题。

这一趋势的影响给消费者带来了巨大的好处,但它显然给那些负责创造和提供产品和服务的人带来了巨大的压力。运营经理如何确保质量标准不仅与竞争边界保持一致,而且保持在这个水平并不断改进,以创造竞争优势?这是本章其余部分的重点——我们可以通过回顾当前"世界级"质量管理水平的发展来回答这些问题。

9.2.1 回顾

我们在前几章已经看到,从手工生产到大规模生产,再到现代生产,对制造业和各种服务业的经营管理产生了深远的影响。在质量方面也是如此。

在制造业的早期,质量本质上是建立在工匠的制作过程上。例如,"以工作为荣"的观念是中世纪行会体系的核心支柱,在此体系中,对质量的关注被训练成学徒的内心和思想。工业革命摧毁了这种对产品一对一的认同,导致了工艺伦理的丧失,并逐渐被工厂体系所取代。虽然质量很重要,特别是那个时期桥梁、机械和其他产品中大幅的新技术的开拓性应用,但它常常与满足激增的需求和高生产率相悖。

19世纪后半叶,制造业的注意力转移到了美国,此时泰勒(Taylor)和福特(Ford)的思想尤为重要。泰勒模型中有效的工厂,质量是车间领班管理的八项重要职能之一,而拉德福德(Radford)在1922年出版的影响深远的《制造业的质量控制》一文中,进一步强调检查任务作为一个单独职能的存在(Taylor, 1947 & Radford, 1922)。

泰勒的模型不仅成为20世纪20年代和30年代大规模生产工厂的蓝图,也成为许多其他类型企业的蓝图。它通常强调检查作为质量的主要控制机制,支持产品和工艺设计中逐步细化的过程,以消除变化和误差。值得注意的是,大多数人没有参与其中,管理质量的任务落在少数几个专家身上。

1931年,沃尔特·休哈特(Walter Shewhart)根据他在贝尔电话实验室的经验写了一本名为《工业产品的经济控制》的书。对质量监测和测量方法的研究标志着统计质量控制概念的出现,它是20世纪20年代简单检查程序的一种复杂化替代(Shewhart,1931)。他的团队成员,以及包括戴明(William Edwards Deming)和朱兰(Joseph Juran)在内的其他人帮助建立了美国质量控制协会。在这个论坛中,支撑今天质量管理的许多关键思想首先得到阐明,但它们的影响力有限,当时对质量控制原则的理解很少超出车间的范围。但他们确实在战时找到了用武之处,当时对产量和质量的压力迫使一系列工业部门做出了重大改进。

对大多数公司来说,20世纪50年代是一个繁荣时期——"从未有过这么好的日子"。这种相对宽松的市场环境的一个后果是,战争年代的紧张状况得到了缓解,生产率增长和质量改进实践的普遍放缓。

1951年,朱兰(Juran)出版了他的《质量控制手册》,在这本书中,他不仅强调了质量控制的原则,还强调了在全公司范围内采取更彻底的方法预防缺陷和管理质量的潜在经济效益(Juran,1951)。他认为,缺陷成本通常是可以避免的,而每个运作者减少或消除缺陷的预防措施的经济回报可能在500美元到1000美元之间,他称之为"金矿中的金子"。

几年后,Armand Feigenbaum将这些想法扩展到"全面质量控制"的概念,他在其中注意到,质量不仅仅是在制造过程中决定的,而是从产品的设计开始,并扩展到整个工厂。(Feigenbaum,1956)正如他所说:

> 首先要认识到的原则是,质量是每个人的工作。

在20世纪60年代,"质量保证"(QA)的概念开始得到国防工业部门的推广,以应对北约国防部门要求对质量和可靠性做出某些保证的压力。(1950年,美国海军只有30%的电子设备在任何时候都能正常工作,这一事实可以说明问题的严重程度。)这些方法的基础是广泛应用统计技术来解决诸如预测设备随时间推进的可靠性和性能等问题。

这种与国防部门的联系(以及后来与航空航天工业的联系)导致了由分包商为军事客户提供的产品,包括部件和材料的质量标准的正式化。在美国和英国,所谓的"军事规范"和"国防标准"催生了对供应商进行正式评估的做法,目的是将供应商认定为可靠的来源。(见第5章)

上述质量保证和供应商评估措施的结合产生了供应商质量保证(SQA)的概念。为了确保日益严格的标准得到遵守,开始对供应商进行认证和检查,要求供应商提供证据证明其有能力维持产品和工序的质量。此类供应商评估通常与重要合同的授予挂钩,拥有认证也可以作为一种营销工具来确保新业务的开展,因为它表明了优质供应商的地位。然而,为了与迄今为止质量管理的总体基调保持一致,SQA坚持认为质量是过程"外部"的东西——就好像它只是检验的结果。

到20世纪70年代中后期,已经有许多SQA在运行,它们都很复杂,而且对于每个客户重点常常是不同的。因此,供应商面临着确保合规和认证的重大任务。这种拥挤导致需要对核准计划以及就良好质量保证措施的规则达成一些共识,进入某种形式的中央等级。现在有一些国家和国际标准涉及整个质量保证领域,要求建立和编纂完整的质量保证体系,获得认证(例如ISO 9000)已成为参与许多全球市场的先决条件。

9.2.2 东方的承诺——质量管控的新方法

毫无疑问,这种程序对提高西方的质量水平做出了贡献。但是,它们仍然代表着一种传统观点,认为质量是专家的领域,主要通过在所有阶段的检查加以控制。远东发生了一些非同寻常的事情。在20世纪60年代,特别是70年代,很明显,日本公司不仅设法摆脱了提供劣质产品的形象,而且实际上通过在这一领域的改进取得了显著的竞争优势。事实上,它们成绩的提高是在第二次世界大战之后开始的长期学习过程的结果。

1948年,日本科学家和工程师联合会(于1946年建立)成立了一个质量控制研究小组,并邀请戴明举办一系列研讨会。这些措施极具影响,特别是在介绍一些统计方法方面,以及在鼓励利用系统的方法解决问题方面。1951年,日本为了纪念他设立了戴明质量奖。高质量成为战后日本工业发展的关键标准,1949年工业标准化法的出现也表明了国家的支持,这是由国际贸易和工业部(MITI)提出的,旨在改善生产和销售的产品范围。

20世纪50年代初,在正式程序和标准化的支持下,SQC在整个组织中得到了越来越多的应用。值得注意的是,这一趋势是由工程师和中层管理人员主导的,当时高级管理人员并不认为这是一项关键的战略发展。全公司质量控制的概念真正出现在20世纪50年代后期,当时出现了新的机制,统计质量控制的工具被系统地应用于各个领域。最初在西方发展起来的思想再一次在这里产生了影响。朱兰于1954年到访日本,他相当重视管理层在质量规划和其他与质量有关的组织问题中所承担的责任,Armand Feigenbaum两年后也来到日本,从朱兰那里得到启发,带来了有关公司全面质量控制的信息。

从这次经历中得到的一个经验是,需要让这些人更多地参与到生产过程中来,教他们为什么以及他们必须做什么来保证质量。这一概念的一个关键特征是,工人不仅仅是在泰勒/福特模型中可简单地互换资源。正如日本质量运动创始人的后代之一Kaoru Ishikawa(1985)所说:

> 如果日本工人被迫在泰勒制度下工作,而不鼓励自愿意志和创造性倡议,他们就会失去对工作本身的许多兴趣,以敷衍了事的态度做他们的工作。

在很多方面,这是一个显而易见的观点——毕竟,把人当作"机器上的齿轮"的可能造成很多后果包括:

工人提不起兴趣;
产品缺陷增加;
劳动效率下降;
没有质量意识(为什么烦恼?);
缺勤率增加;
劳工流失率增加。

9.2.3 重新学习西方的质量课

对日本全面质量模型的认识(在许多情况下对市场份额产生影响)的提高,导致人们对质量领域重新产生了兴趣和动力,并开始在西方采用日本的做法。例如,Garvin(1988)报告说,马丁公司在1961年设法提前一个月提供了一种没有缺陷的潘兴导弹,这在当时是一个很了不起的成就,当时广泛的检查和测试是常态,最终客户认为缺陷几乎是不可避免的。尤其重要的是，实现这一目标的办法是使所有雇员都集中追求于"零缺陷"的共同目标。正如公司管理层所表述的：

> 缺乏完美的原因很简单，就是没有人期待完美。（Halpin in Garvin，1988）

这促使他们和其他人尝试让工人参与到旨在提高质量意识和"第一次就把事情做好"的计划中来。1975 年，洛克希德公司建立了第一个西方质量圈，其他公司也紧随其后。公司很快开始意识到没有提供更好质量的即时工具——许多早期的 QCs 在短期成功后失败了。公司逐渐认识到需要更多的应用于公司范围的方法，包括工人的参与和质量管理的全面系统方法。

新的工具有助于这一进程的推进，特别是统计过程控制（SPC）的概念。统计过程控制是在 1940 年代提出的，但在强调工人参与的整个系统中更容易执行。统计过程控制在 20 世纪 80 年代初得到了广泛的应用，不仅改善了质量控制，更重要的是改变了责任定位。它把质量控制带回了生产环节，而不是放在生产过程的最后。这种方法需要工人的参与，需要最高管理人员的承诺，不仅需要把质量看作一种应用于产品的概念，而且要把解决问题的技术扩展到质量领域以外，简而言之，就是全公司范围的质量控制或全面质量管理。

质量方面的发展情况如表 9-1 所示。

表 9-1 质量的主要发展

强 调	主 题	日 期	关 键 人 物
检查	工艺生产	20 世纪之前	
	检查	20 世纪初	
	标准化零件和测量	20 世纪初	
	控制图和验收抽样	20 世纪 20 年代	Walter Shewhart Harold Dodge Harry Romig
统计过程控制	统计过程控制理论	1931 年	Walter Shewhart
	美国专家访问日本	20 世纪 40 年代	W. Edwards Deming Joseph Juran Arnold Feigenbaum
质量保证	质量成本 全面质量控制	20 世纪 50 年代	Joseph Juran Arnold Feigenbaum
	日本质量控制小组	20 世纪 50 年代	Kaoru Ishikawa Taiichi Ohno
	可靠性工程 零缺陷	20 世纪 60 年代	

续表

强 调	主 题	日 期	关 键 人 物
全面质量管理	稳健设计	20 世纪 60 年代	Genichi Taguchi
	质量功能部署	20 世纪 70 年代	
	设计制造/组装	20 世纪 80 年代	
	西方的全面质量管理	20 世纪 80 年代至今	

(根据 Nicholas, 1998:20)。

9.2.4 现今的质量

今天的情况与大规模生产的质量方针大不相同。质量已重新纳入主流的运营思想,对发展和维持高标准经营的关注贯穿整个企业,并越来越多地在公共部门体现。这被视为国家的当务之急,它影响国际竞争力,因为它太重要了,所以不能任其发展。(这一点可以从一些政府支持的方案中看出,这些方案促进采用质量标准,例如 ISO 9000 系列(见下文),这些标准衡量了流程的整体质量。这些特点是 20 世纪 90 年代的工业化国家的特征,但如今已在"新兴"经济体中广泛传播,成为它们进入全球市场战略规划的一部分)。

质量是涉及经济各个领域的东西,如表 9-2 所示。

表 9-2 质量挑战的例子

部 门	质 量 问 题
医疗保健	2016 年,英国国民健康服务(NHS)在与患者安全相关的问题付出的诉讼成本约为 14 亿英镑。这在很大程度上与在病人安全、疏忽等方面提供的服务质量差有关,服务质量差是问题的核心。
医疗产品	2014 年,美国 FAD 因缺陷、渗漏等质量问题召回 3 000 多万件商品。
药品	1 560 万件产品因规格不合格或异物被美国 FDA 召回。
汽车	2014 年,超过 6 400 万辆汽车被制造商召回,以解决生产过程中的安全和其他质量问题。仅丰田就为此付出了 26 亿美元的代价。
石油勘探	英国石油公司(BP)的深水地平线(Deepwater Horizon)项目仍在进行中,但需支付金额约为 120 亿美元。

重要的是,我们也不再认为质量是少数专家的领域(和问题)。如今,质量是每个人的问题,每个人都可以为其发展和维护做出贡献。我们将看到,员工参与发现和解决问题正开始被认为是竞争优势的一个重要且低成本的来源。

了解当今质量实践的一些关键组成部分——在创建和交付始终如一的高质量产品和服务时,构建和保持质量涉及哪些内容,将是非常重要的。"全面质量管理"一词很重要;但是这个词本身有变得毫无意义的风险。从本质上讲,战后日本和后来的西方所发现(或重新发现)的原则几乎没有什么变化,质量仍然源于强调每个人的参与的方法,以及源于将质量思维和行动融入所有操作中的观点,以及对于卓越的追求。目标应该始终是毫不妥协的实现"零缺陷",尽管朝着这个目标迈出的每一步都是有益的,但理解出"没有最好只有更好"也很重要。

在将这一理念付诸行动的过程中,我们专注于三个方面:将质量融入我们所做工作的过程,实现这一目标的工具和技术,每个人对持续改进的参与和承诺。

9.3　从流程的角度看质量管理

本质上,质量是业务流程中包含的一系列活动的结果。以这种方式来看它的好处是,可以映射流程,监视和度量输出,并使用这些信息来确定流程本身可以在何处以及如何进行改进。这种思维是21世纪初发展起来的原始统计方法的核心,但它可以应用于更广泛的范围,探索引入质量的所有领域以及对过程的影响。

在最简单的层面上,我们可以考虑一台制造零件的机器:我们获得期望的产出标准,并可以使用它来比较实际的产出和预期的产出;如果存在差异,我们就知道存在影响质量的问题,然后我们就可以应用工具和技术来发现和纠正问题,并最终防止其再次发生。这种方法可以在一台机器上、在一系列机器上、在安排这些机器的无形过程上、在机器的上游和下游等各种相关活动上使用。我们甚至可以看看质量管理过程本身以及其如何改进。

采用流程方法是提高质量的一个强有力的开始,并且具有通用性的优势——只要我们能够定义过程并指定投入和产出以及相关的度量,我们就可以应用这种方法。接下来,如果我们能保证这个流程是可行的,那么这个流程中所产生的质量就会是好的。这种思维是围绕全面质量管理的许多国家和国际标准的基础,比如 ISO 9000。在这个过程中,组织需要定义和记录其所采用的每一个流程,并展示质量保证和改进是如何构建到其中的。如果这样做,那么它就有了确保高质量和改进质量的框架。(当然,可以对程序有着更高级的描述,并为监控和测量写合适的程序,这些监视和测量过程在实践中与事情的工作方式没有任何关系——但是原则上,这种基于过程的标准是一个强大的工具。)

9.3.1　流程图

正如我们在第3章中看到的,流程图是可以帮助改进服务中的流程的强大工具之一。它起源于制造业早期的工作研究(有时称为方法研究),以及泰勒(Frederick Taylor)、弗兰克(Frank)和吉尔布雷斯(Lilian Gilbreth)等人的开创性努力。他们将研究一个流程——一系列相关联的活动,并对其详细分析,计算出所花的时间、移动的距离和其他衡量标准。以图表的形式绘制流程,这就可以回顾过程,并探索步骤可以在何处组合以及如何组合、减少、适应——在本质上推进改进。

流程图的强大之处在于,它可以用于探索任何操作——不管是在制造业还是服务业中。例如,在航空公司值机柜台的排队问题、改善工厂周围的货物流通、安排医院的运作,以及新增汉堡连锁店的快餐产量。

在合作网站上,你可以观看英国一家医院的医生使用过程映射来帮助改善医疗保健的各个方面的视频。

帮助跨部门学习也是很有价值的,这些部门可能看起来完全不相关,但实际上使用了类似的流程。例如,利用过程流程图来识别关键的基础操作,以减少机场周转时间的方法,这些改进的方法可以通过观察其他类似的情况来实现——例如在制造中大型机械的转换或 Formula 1 赛车的进站。

在合作网站上,你可以读到阿拉文德眼科诊所的资料,他们通过过程流程图和借鉴快餐业和汽车制造业的经验,在成本和质量方面取得了显著的进步。

9.3.2 质量的标杆管理

流程思想的延伸是使用基准来比较质量指标的表现(例如,缺陷部件的百分比)和不同公司实现这种绩效的实践。这种方法最初是由施乐公司开发的,它为质量改进提供了强大的学习和开发援助(Camp,1989)。定期的标杆管理可以促进改进(因为必须消除绩效的差距),也可提供关于组织工具、机制和实践方面要尝试的新想法。

这些评估和改进思想的进一步发展以综合框架的形式出现,这些框架提供了"理想"质量组织的定义,公司可以根据这些定义对自己进行标杆管理。这种模式有时与某些奖项相关——例如日本的戴明(Deming)奖——但它们的真正价值在于提供一个广为人知的目标,供企业在其质量改进活动中使用。在美国,Malcolm Baldrige 奖提供了这样一个框架,在欧洲,最初由欧洲质量管理基金会(EFQM)开发的模型也得到了广泛的应用。这类计划最初是在 20 世纪 80 年代制定的,现在已广为传播,例如,欧洲质量奖的获奖者越来越多地来自波兰和土耳其等较新的经济体。它们的影响也扩大到较小的公司和不同的部门,有助于普遍提高对全面质量管理主题的兴趣和认识。

重要的是,这些模型不仅关注企业内部的流程,而且越来越多地关注企业与更多社区的互动;同样,它们不仅关心产品质量的各个方面,而且还考虑公司内部工作生活质量等问题。

图 9-4 再现了 EFQM 方法中使用的模型,并显示了对绩效(本质上是衡量"结果")和创建绩效的实践(衡量"促动要素")的关注。这些模型被公司用来进行自我评估,或者由一组训练有素的外部独立评估人员提供反馈和指导(这些数字代表了每个类别可以获得的分数,因此给出了一个相对重要的参考)。

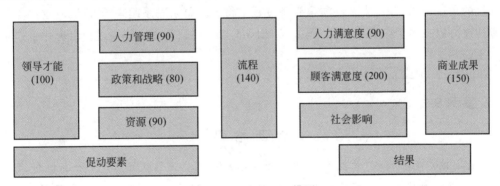

图 9-4　The EFQM 模型

标杆管理的一个局限性是它关注的是质量的可度量方面,但可能会忽略其他关键特性。在一篇颇具影响力的论文中,Kano 和同事提出了一个关于顾客满意和顾客"快乐"的模型。他们的论点是,有些功能是意料之中的,而影响客户选择的唯一因素是这些功能没有出现,标杆管理往往就是在这种层次上运行的。但除此之外,当产品或服务的特性具有令顾客感到惊喜或愉悦的能力,就会强烈影响顾客购买或消费的决定(Kano,Saraku,Takahashi & Tsuj,1996)。

例如，一名火车乘客不太可能对火车的准时发车和到站感到高兴（这类事情是有基准的），因为这是人们所期望的，但乘客可能会因为发现服务中包含提供免费的报纸和咖啡而高兴。

9.3.3　打开质量管理工具箱

虽然本章主要是讨论关于质量管理为战略运营管理带来的挑战，但是也有必要花点时间研究一下有助于质量管理的工具和技术。一般来说，质量管理有"七个基本工具"：

帕累托分析：我们认识到80%的失败通常是由20%问题导致的，因此要先找到这20%并解决它们；

直方图：用于以可视形式表示信息；

因果图：（鱼骨图或石川图）用来识别影响，并通过影响追溯到问题的根源；

分层图：使用适用于每一层的统计技术来识别不同层次的问题和症状；

检查表：可系统处理的可能原因的结构化列表或框架。当发现新问题时，将它们添加到列表中；

散点图：用于绘制变量之间的关系图，并帮助识别相关性或其他模式存在的位置；

控制图：使用统计信息（统计过程控制，SPC）开始分析过程，探究为什么这些错误在这个时候发生。

一旦对问题及其贡献问题有了基本的了解，就可以引入其他解决问题的技术。由于要寻找尽可能多的不同方法来处理问题，创造性的技术在这里尤其有用。头脑风暴和其他相关的技术经常被使用。还有许多新的和强大的工具与更先进的方法形式相关联，这些方法与更广泛的质量管理问题相关联——有时被称为质量管理的"七个先进工具"。这些包括亲和图、关系图、矩阵图、树形图、箭头图、矩阵数据分析和过程决策进度表。所有这些工具都从系统的角度考虑，并提供了在质量管理过程中将不同要素联系起来的方法。（这些工具的完整描述可以在多个来源中找到，例如(Oakland, 2003)。其中一些描述会出现在合作伙伴网站上。）

 案例 9-2

六　西　格　玛

最近被广泛应用的"管理革新"之一是"六西格玛"。虽然这显然是一个新概念，但实际上，这是一个建立在良好基础上的全面质量原则之上的方法，应用于公司范围内的严格框架。六西格玛由美国通用电气公司首创，它的名字来源于一个统计术语，用来衡量一个给定的过程偏离完美的程度。六西格玛背后的核心思想是，如果你能测量你在一个过程中有多少"缺陷"，你就能有条不紊地找出消除它们的方法，并尽可能接近"零缺陷"。为了达到六西格玛质量，一个过程产生的缺陷概率必须小于3.4%。"机会"被定义为不符合或不满足所需规范的可能性。

> 通用电气在20世纪80年代末开始注重质量。一项名为"Work-Out"的大型员工参与计划建立了一种方法,"使我们的文化向所有人开放,消除了官僚作风,使无边界行为成为我们文化中的自然组成部分,从而创造了导致六西格玛出现的学习环境。现在,六西格玛,反过来将质量思维——过程思维,嵌入我们公司在全球的每一个层面和每一项业务中"。
>
> (资料来源:GE website, http://www.ge.com/sixsigma/)
>
> 在其核心,六西格玛围绕以下几个关键概念。
>
> **关键质量**:对客户来说最重要的属性。
>
> **缺陷**:未能满足客户的需求。
>
> **流程能力**:您的流程可以提供什么。
>
> **变化**:客户所看到和感觉到的改进。
>
> **稳定的操作**:确保一致的、可预测的流程,以改进客户的看法和感受。
>
> **六西格玛的设计**:满足客户的需求和流程能力的设计。
>
> (资料来源:通用电气网站,http://www.ge.com/sixsigma/)
>
> 也许对其成功的关键贡献之一是对执行和持续衡量所采取的高度自律的方法。从武术的框架来类比,六西格玛包括一个严格的训练和发展过程,在这个过程中,能力是由等级衡量的,从初学者到黑带。
>
> 有很多相关的论坛,可以找到关于工具、技术和案例经验的详细信息,例如 www.sixsigma.com 或美国质量协会 www.sixsigmaforum.com/.

9.3.4 从工具到"全面"质量管理

到目前为止,我们已经研究了质量的过程方面和一些能够有效管理质量的工具。我们现在需要增加第三个基本因素——人们积极参与质量控制和改进的程度。

人们普遍认为,日本最初实现质量成功的核心是公司全面质量控制的理念——这一主题最初由 Feigenbaum(1956)在20世纪50年代中期提出。这一概念的基础是能够设计、生产和销售满足客户需求的商品和服务——这将我们带回到对质量的最初定义。但 CWQC 认识到,这个概念有很多方面,例如:

客户服务;

管理质量;

公司质量;

劳动力质量;

材料、工艺、设备等的质量。

因此,质量成为全面的质量,渗透到组织内部(所有部门和职能)以及公司的供应网络中。从我们前面看到的大规模生产时代的检验到全面质量管理(TQM)的发展,揭示了质量有着日益增长的战略意义。质量发展的每个阶段的范围如表9-3所示。

表 9-3 质量和有关活动的发展阶段

发 展 阶 段	活 动
检验	收集、分拣、分级和纠正措施。
质量控制	质量手册,产品测试,基本质量规划,以及统计数据。
质量保证	第三方审批;提前的规划;系统审计;统计过程控制。
全公司的质量控制	对公司各方面的质量进行测量,并使员工参与持续改进。
全面质量管理	全公司范围内的质量控制原则适用于整个系统,并以积极的方式强调持续改进等要素;供应商和客户的参与;员工参与及团队合作。

(改编自 Brown(1996))

全面质量管理包括以下几点:

高层管理人员的承诺——在他们对质量的承诺方面,特别是在他们愿意投资于培训和全面质量管理的其他重要特性方面,做出"表率"。

持续改进——Deming、Juran、Crosby 和其他质量"大师"在实际质量方法上可能略有不同。然而,对于"质量大师"和参与质量管理的公司来说,一个共同点是质量是一个"移动的目标",因此,一个公司必须有一个始终提高业绩的战略承诺(我们将在本章对此进行更深入的讨论)。

业务的所有方面——质量驱动关系到公司内部和外部的所有人员,以及供应链的所有方面。

长期承诺——全面质量管理不是"权宜之计",理想情况下,它是管理质量的一种永恒的方法。从检验到全面质量管理的每一个阶段的发展,前一阶段都包含在下一阶段之中。因此,全面质量管理需要包括全公司范围的质量控制,而不是忽视它。

9.3.5 质量功能部署(QFD)

在启用这类全面质量管理的前提之一是确保整个组织都能听到"客户的声音"(VOC)。虽然与客户关系密切的人(如市场营销人员)可能会获得清晰的信息,但这些信息需要传达给组织中其他参与设计和交付的人员。这一需求推动了几种方法的开发,这些方法旨在围绕交付全面质量的挑战整合不同的观点。质量功能部署(QFD)就是一个在实践中得到广泛应用的例子。

虽然倾听客户的需求一直是一种很好的商业实践,但是 QFD 将某种程度上的任意实践正式化了,即只倾听客户的需求,然后通过创建最重要的客户需求排名来满足一些客户的需求。它还能确保所有相关的职能部门都能听到这些。它包括构建一系列相互连接的矩阵——通常称为质量屋,因为完成的矩阵类似于一栋房子。1989 年的 Hauser 和 Clausing 对如何建造这样一座房子做了很好的描述。矩阵的每一部分在评估时都很重要:

1. 客户需求;
2. 企业可控的行为;
3. 这些行为之间的关系。

由此成立一个小团队来研究新产品或改进。一个典型的团队可以由营销、工程和生产部门的成员组成。此外,团队中还有客户代表,团队将与客户进行一系列讨论,以确定需求和优先顺序。从这些资料中,可以找出满足这些需要的解决办法。

矩阵传达关于下列问题的信息:

用客户自己的语言识别和记录客户的需求。

每个客户需求的相对重要性——并不是所有的客户需求对客户来说都是同等重要的。为它们分配相对权重反映了需求的相对重要性。

业务参数——将可以用来满足客户需求的业务参数列在质量屋的天花板上,这些参数是用业务语言编写的。

关系矩阵——客户需求和业务参数之间的关系是在矩阵的主体中开发的。这些关系通常被指定为"强相关""中度相关""弱相关"或"不相关",并且矩阵是用每个关系的符号表示的。

业务参数的计算排序——整合之前识别的信息的基本计算结果展示在质量屋的这个区域。对业务参数进行排序时,得分最高的参数将对最重要的客户需求产生最大的影响,并满足最多的客户需求。

竞争对手的地位——在竞争激烈的市场中,对竞争对手和你自己的能力进行现实的评估是很重要的。

业务参数之间的相关性——这一步的目的是定义技术需求之间的关系,特别是那些可能需要在最终分析中进行权衡的需求。

有关 QFD 的更完整的描述和一些例子可以在相关网站上找到。

9.3.6 质量管理小组

将高级人员对质量的承诺转化为"前线"运营的一个关键因素来自于小组的活动,这些活动为全面质量管理的许多改进工作提供了一个重点。最初被称为质量管理小组,它们代表了质量工具和技术的机制与行为组成部分之间的关键联系,而行为组成部分使质量系统得以发展。

这种方法的起源于日本人在许多不同背景下的工作,尽管存在着多样性,但在什么是有效的质量控制和核心要素的简单性方面,有相当大的一致性。它包括一个小团体(5～10人),他们在公司定期开会,检查问题并讨论质量问题的解决方案。他们通常来自同一个业务领域并且是自愿参加这个小组。该小组通常由领班或副手担任主席,并使用 SQC 方法和解决问题的辅助工具作为他们解决问题活动的基础。在考虑质量保证体系时经常被忽视的一个重要特点是,通过正规培训,促进参与者工作领域的改进,也有机会通过在参与者工作的领域中发挥个人创造力来促进,其中涉及个人发展因素。

质量控制的基本活动周期是从问题的选择,到分析、生成解决方案、演示,再到向管理层报告和管理层实施。一旦分析问题并确定了根本问题,就可以确定处理问题的方法。这里有价值的技术包括头脑风暴(有很多变体)和目标导向。然而更重要的是,小组的结构和运作要听取任何人提出的建议(不论在组织、职能或工艺技能背景等方面的水平如何),并允许高水平的创造力——即使其中一些想法在当时显得疯狂和不切实际。头脑风暴的原则非常重要,尤其是在创意产生的过程中,专家的协助和"不批评"规则的执行尤为重要。

质量管理小组不必局限于当前的问题——它还可以参与预测。每个阶段可能产生的未来问题可以被预测和探索,也许可以使用失效模式影响分析(见上文)。最后,该小组向管理层提出解决方案,期望他们实施该方案。在质量保证体系的存在和有效性中的一个关键的成功因素是管理层愿意坚持全面质量管理的原则,并采纳改进的建议。

这种小组活动是推动质量向前发展的一种强有力的方式,但它不是参与的唯一手段。已经出现了从大型团体/特别小组方法到个别问题解决方法等许多不同方法,因此有必要将方法的选择与公司的特定文化和业务相匹配。另一个重要的方面是,这些群体在多大程度上是"协调一致"的,而不是"脱节的"的(正如早期的质量保证体系)。有证据表明,只有当战略质量改进成为企业日常运营的一部分时,它才会发生。

实践中的质量管理小组

Harry Boer 和他的同事对组织配置和管理这些活动的方式进行了广泛的国际调查研究,发现了很大的差异(Boer, Berger, Chapman & Gertsen, 1999)。特别是,在选择不同的方法时,需要认识到先前的和文化的影响。例如,斯堪的纳维亚公司长期以来的团队工作和责任下放的传统意味着,这种团体可以采取一种更"协调一致"的方式,对执行和建议承担相当大的责任。这与日本模式形成对比,日本模式采用更多的脱节的和间接的方法(Imai, 1987; Lillrank & Kano, 1990)。他们的调查涉及 7 个国家的 1000 多个组织,提供了一份关于高度参与创新的接受程度和经验的使用说明。其中一些主要发现是:

总的来说,大约 80% 的组织意识到了这个概念及其相关性,但是在它的实际实施上,特别是以更发达的形式(见第 4 章)实施只涉及大约一半的公司。

这些努力的直接收益包括质量提升(16%)、生产力提升(15%)、交付绩效提升(16%)、交付周期缩短(15%)和产品成本降低(8%)。

大部分工作集中在车间活动,而不是组织的其他部门。

沿着这条路走下去的动机各不相同,但主要集中在质量改进、降低成本和提高生产率的目的上。

人均每年提出建议为 43 条,其中约有一半得到实际执行。

几乎所有这些活动都是在"协调一致"的基础上进行的,即作为正常工作模式的一部分,而不是作为自愿的"脱节的"活动。虽然大约有三分之一的活动是在个人基础上进行的,但大多数活动都是以小组合作形式进行的。

9.4 持续改进(CI)

持续改进的基本原则很清楚,俗话说——"没有最好,只有更好"。CI 并不是假设一个"非常成功的"变化就能解决浪费和缺陷,而是对这个问题进行长期的系统性的处理。对其做一个比喻是"滴水穿石"——这不会在一夜之间发生,但累积的效果就像一个强大的钻头一样有效。在质量管理的背景下,CI 不仅意味着对问题不断进行解决的过程,而且意味着尽可能多的人参与到这个过程中来。它或许可以更准确地称为"高参与度的创新",因为它是为了让组织中的大多数人至少在常规渐进创新的水平上做出贡献。

当然,人们没有理由不参与这一进程。毕竟,他们都具备老练的发现问题和解决问题的能力——一位经理很好地表达了这一点,这名经理曾经说过"它的美妙之处在于,利用双手你会拥有一个自由的大脑!"证据处处可见——做出这种承诺的有组织的系统现在很常见,事实上自19世纪以来就已经被记载于《世纪》(Schroeder & Robinson, 2004)上。

该网站上有几个案例展示了CI的实际应用,还有对三家不同公司(一家小型仪表公司、一家大型汽车零部件公司和一家呼叫中心)运营经理的视频采访,解释了实施这种方法的一些挑战。

但是让CI发生说起来容易做起来难。在西方的早期尝试中,效仿日本的成功经验,常常导致幻想破灭——企业成立了解决问题的团队,并投入巨资培训所有员工,以掌握相关工具和技术。结果却发现,大约6个月后,他们的项目就失去了动力。很明显,引入和嵌入构成CI的新行为模式需要时间和精力,而且没有什么魔法能在一夜之间实现这一点。

案例9-3

粉 红 佳 人

走进日本Ace Trucks(叉车的主要生产商)的工厂,首先映入你眼帘的是配色方案。事实上,只要眼睛没有问题,你绝不会忽视它——在机床和其他设备常见的相当暗淡的灰色和绿色中,有亮眼的粉红色闪光。不仅仅是一种安静柔和的色调,而是一种充满活力、令人震惊的粉红色,即使是最注重形象的火烈鸟也会喜欢这种颜色。仔细观察就会发现,这些粉红色的闪光与色斑并不是随机出现的,而是与机器的特定部分和部件有关。这种引人注目的效果部分来自于大量涂成粉红色的零件,这些零件分布在整个车间和所有不同的机器上。

这里所发生的一切,既不是试图重新装修工厂,也不是一件失败的室内设计。吸引眼球的效果是经过深思熟虑的——颜色是为了吸引人们对经过改造的机器和其他设备的注意。每一个粉红色斑都是改善设备某些方面从而改进项目的结果,其中大部分是支持推动"全面生产维护"(TPM),其中工厂的每个项目都是100%可用的。这是一个像全面质量"零缺陷"一样的雄心勃勃的目标,从统计学的意义上来说或许是不可能的,但是它集中了所有相关人员的思想,并导致广泛和令人印象深刻的问题发现和解决。在许多日本公司中,TPM计划每年节省10%~15%的成本,而这些节省是从一个以精益著称的系统中挤出来的。

把这些改进部件涂成粉红色在吸引人们关注这家工厂的潜在活动方面发挥了重要作用,在这些活动中,系统性的问题发现和解决是"我们在这里做事的方式"的一部分。视觉信号提醒每个人继续寻找新的想法和改进,并经常为其他想法或关于已经存在的想法可以转移到的地方提供刺激。对工厂进行更仔细的观察,就会看到各种形状和大小的其他形式的展示图,虽然视觉效果不那么引人注目,但功能强大。这些图标关注趋势和问题,并展示取得成功的改进。还有能看到在方法或工作实践方面提出问题或提出改进建议的照片和图表、用鱼骨头的符号和形状覆盖的挂图和白板以及其他工具来推动改进流程。

9.4.1 持续改进之旅

对CI的研究一直关注于试图理解这一旅程的地理位置,并试图绘制一些基本的地图,以便组织能够使用这些地图来定位自己并指导下一步的工作。它还允许收集和识别有用的资源,用来克服在CI道路上前进的各种障碍。

这种研究的一个例子是由CI演变的五个层次或阶段组成的模型(Bessant,2003)。每一项工作都需要时间来完成,而且完成上一阶段也不能保证组织将会进入下一个阶段。持续改进意味着必须找到方法来克服与不同阶段相关的特定障碍。

在第1级几乎没有CI的活动,如果有的话,本质上是随机的,频率上是偶然的。人们确实不时地帮助解决问题,但没有正式的尝试在这项活动上动员或发展,许多组织可能会主动地限制持续改进发生的机会。在正常状态下,CI不被寻找、不被识别、不被支持,甚至常常不被注意。毫无疑问,这种变化几乎没有什么影响。

第2级包括建立一个正式的流程,以结构化和系统化的方式发现和解决问题,并培训和鼓励人们使用它。为支持这项计划,企业会做出某种形式的奖励,以鼓励人们继续参与。创意将通过某种形式的系统来管理,以便尽可能多地推进创意,并处理那些无法实现的创意。支撑整个架构的是由适当机制(团队、工作组或其他)促进者所组成的基础结构,以及某种形式的指导小组,以使CI能够发生,并随着时间的推移监控和调整其运作。没有最高管理层的支持和其对资源的承诺,这一切都不可能实现。

第2级当然有助于改进,但这些改进可能缺乏重点,而且往往集中在局部层面,对组织的更多战略关注的影响很小。危险的是,一旦养成了CI的习惯,它可能会缺乏明确的目标,进而开始消失。为了保持进展,有必要进入CI的下一个级别——关注战略重点和系统改进。

第3级包括将CI习惯与组织的战略目标结合起来,这样团队和个人的所有局部级别的改进活动都可以保持一致。为了做到这一点,需要将两个关键行为添加到基本的配套体系中——策略部署以及监视和度量。战略(或策略)部署包括沟通组织的总体战略,并将其分解为可管理的目标,从而针对不同领域的CI活动制定目标。与此相关的是,需要学习监视和度量流程的性能,并使用它来推动持续改进的周期。

第3级活动代表了CI对结果产生重大影响的部分——例如,在减少生产时间、废品率、过剩库存等方面。它与实现外部可测量标准(如ISO 9000)的努力结合起来特别有效,在这些标准中,监控和测量为消除差异和跟踪根本问题提供了驱动力,但这并不是旅程的终点。

第3级持续改进的限制之一是,活动的方向仍然主要由管理层确定,并且限定在规定的范围内。活动可能发生在不同的层次上,从个人到小组再到跨职能团队,但它们在很大程度上仍然是响应性的,并由外部指导。第4级则带来了一个新元素——赋予个人和团体"权力",让他们能够自主地进行试验和创新。

显然,这不是一个可以轻易采取的步骤,在许多情况下,这是不合适的——例如,既定的程序对安全至关重要。但是,相对于外部导向的活动,"内部导向"的CI原则很重要,因为它允许开放式的学习行为,而我们通常会将这种学习行为与专业研究科学家和工程师联系在一起。它需要对总体战略目标有高度的理解和承诺,并进行高水平的培训,以便进行有效的试验。

第5级是这段旅程的一个理论终点——每个人都全身心地投入实验和改进中,分享知识,创建完整的学习型组织。表9-4说明了每个阶段的关键要素。

表 9-4 持续改进能力演化阶段

发展阶段	典型的特征
(1)"天然"的持续改进及其背景	解决问题的随机性； 没有正式的努力或结构； 偶尔爆发，有时不活动和不参与； 解决问题的主要方式是由专家解决； 短期的利益； 没有战略的影响。
(2)结构化的持续改进	创建和维持持续改进的正式尝试； 使用正式的解决问题的流程； 参与度的利用； 培训基本持续改进工具； 结构化思想管理系统； 识别系统； 经常操作并行系统。
(3)目标导向型持续改进	以上所有，加上战略目标的正式部署； 根据这些目标进行监视和度量持续改进； 顺序系统。
(4)主动/授权持续改进	所有上述工作，加上机制、时间等的责任，都被移交给了解决问题的部门； 内部导向的持续创新而不是外部导向的持续创新； 高水平的实验。
(5)全面持续创新能力——学习型组织	以持续创新作为生活的主导方式； 自动获得和学习的共享； 每个人都积极参与创新过程； 渐进式和激进性创新。

9.4.2 学习持续改进

沿着持续改进这条路走下去不单单是服务时间的问题，甚至也不是资源的问题——尽管没有资源，事情也不可能发展得长远，就像一辆没有汽油的汽车不可能走得远一样。但在 CI 的道路上取得进步的本质是学习——不断地获取、实践，直到它们成为一种根深蒂固的企业文化，即"我们在这里做事的方式"。

必须学习的基本行为模式或例程如表 9-5 所示。

表 9-5 持续改进的行为模式

能力	构成行为
"养成 CI 习惯"——培养持续参与 CI 活动的能力	人们利用一些正式的问题发现和解决循环； 人们使用恰当的简单工具和技术来支持 CI； 人们开始使用简单的度量来形成改进过程； 人们（作为个人或团体）发起和执行 CI 活动——他们参与这个过程； 被以明确和及时的方式回应的想法，要么付诸实施，要么以其他方式加以处理； 管理者通过分配时间、金钱、空间和其他资源来支持 CI 过程； 管理者以正式（但不一定是财务）的方式认可员工对 CI 的贡献； 管理者以身作则，积极参与 CI 的设计和实施； 管理者通过鼓励从错误中学习，而不是惩罚错误，从而支持实验。

续表

能　力	构 成 行 为
"聚焦 CI"——创造并保持将 CI 活动与公司战略目标联系起来的能力	个人和团体利用组织的战略目标和宗旨来聚焦和优先考虑改进； 每个人都明白（即能够解释）公司或部门的战略、目标和宗旨是什么； 个人和团体（如部门、CI 团队）根据部门或公司的目标，评估他们所提出的变更（在开始初步调查之前和实施解决方案之前），以确保这些变更与部门或公司的目标保持一致； 个人和团队监控或测量他们的改进活动的结果，以及它对战略或部门目标的影响； CI 活动是个体或群体工作的组成部分，而不是并行的活动。
"传播信息"——产生跨组织边界进行 CI 活动的能力	在 CI 内部各部门（如跨职能部门）以及各自的工作领域，人们可以进行合作； 人们理解并共享一个整体视图（流程理解和所有权）； 在 CI 活动中，人们是面向内部和外部客户的； 与外部机构（客户、供应商等）进行具体的 CI 项目； 相关的 CI 活动涉及来自不同组织层次的代表。
"持续改进中的持续改进"——培养战略管理 CI 发展的能力	持续监控和开发 CI 系统，指定个人或团体监视 CI 系统，并测量 CI 活动的发生率（即频率和位置）和 CI 活动的结果； 有周期性的规划，以（a）对 CI 系统定期审查，并在必要时进行修改（单回路学习）； 定期检查 CI 系统与整个机构的关系，这可能会带来重大的更新（双循环学习）； 高级管理人员提供足够的资源（时间、金钱、人员）来支持持续发展的 CI 系统； 持续进行的评估确保组织的结构和基础设施与 CI 系统始终相互支持和加强； 负责设计 CI 系统的个人/团体将其设计为符合当前的结构和基础设施的 CI 系统； 负责特定公司流程/系统的人员持续进行评审，以评估这些流程/系统与 CI 系统是否保持兼容； 负责 CI 系统的人员，确保在计划重大组织变更时，对其对 CI 系统的潜在影响进行评估，并在必要时进行调整。
"言出必行"——培养清晰表达和展示 CI 价值的能力	"管理风格"体现了对 CI 价值观的承诺； 当事情出错时，各级员工的自然反应是寻找原因等，而不是责怪个人； 通过自己的积极参与，各级员工都表现出一种共同的信念，相信小步骤的价值，相信每个人都能做出贡献，并见证逐步的改进。
"学习型组织"——通过 CI 活动培养学习能力	每个人都从他的经历中学习，无论是积极的经历还是消极的经历； 个人寻求学习/发展的机会（例如积极尝试、设定自己的学习目标）； 各层个人和团体分享（提供）他们从所有工作经历中学习的经验； 组织阐明和巩固（获取和分享）个人和团体的学习成果； 管理者接收并在必要时对所有正在发生的学习采取行动； 人员和团队确保通过使用提供的机制来进行学习； 指定的个人使用组织机制来安排在整个组织中进行的学习。

学习这些行为要从进入一个新的层次开始，然后涉及这个层次上的广泛扩展和修改。有很多问题需要解决，有很多故障需要解决，但最终还是会到达一个需要升级的阶段。在这个时候，组织需要后退一步，重新配置其 CI 的方法——而这就需要不同类型的学习。

在这两种情况下，学习不仅仅是实践行为——它还包括在特定的点上找到克服障碍的方法。但学习并不容易,甚至许多组织根本不学习,一些组织在特定的时间点受到阻碍,从此再也没有前进过——这就很好地解释了为什么这么多CI的项目,尽管早期热情高涨,并做出了承诺,但最终逐渐消失。

9.4.3 建立协作改进的文化

正如我们在第8章中所看到的,意见箱的想法有局限性——虽然它旨在从员工那里获取改进的想法,但它的反应往往很慢。仅仅管理大量的建议就会束缚经理们的手脚,而且执行起来很缓慢。但最近围绕在线平台的发展创造了强大的新工具,通过这些工具,改进建议不仅能够被捕获,还可以得以展示和评论,改进和发展。建立一个关注改进进程的在线社区是可行的,而不是像小型CI团队和质量管理小组面对面所做的那样。

通过使用这类平台,空中客车和诺基亚等组织,已经能够在全球范围内调动数千名员工为改进付出努力,并由于质量改进和其他渐进式创新而节省大量资金。

在合作网站上,你可以阅读空客(Airbus)、汉莎航空(Lufthansa Systems)、诺基亚(Nokia)和利宝环球(Liberty Global)的案例研究,以及它们对此类方法的运用。

9.4.4 保持整体质量——长期目标

案例 9-4

转移注意力

2010年4月20日,英国石油公司拥有的"深水地平线"钻井平台在墨西哥湾钻井时发生爆炸,造成11名船员死亡,爆炸形成的火球可以在60公里外看到。随后的大火无法被扑灭,油井最终沉没,之后持续漏油,造成了世界上最严重的环境灾难之一。诉讼仍在继续,但估计迄今为止,英国石油公司为此付出的成本约为410亿美元(相当于其2009年全部利润的2.5倍),而且这些成本还没有考虑到可能征收的罚款。据估计,每桶石油泄漏,最高可被罚款2300美元——此款总计可能接近200亿美元。从对事故原因的详细研究中,我们可以清楚地看到,英国石油及其操作人员疏忽大意,使生产压力超过已实施的安全程序。英国石油公司(BP)深水地平线(Deepwater Horizon)漏油和海上钻井事故国家委员会(National Commission on The BP)表示:"墨西哥湾漏油事件中的公司做出了削减成本和节省时间的决定,该决定导致了这场灾难的发生。"

这与本章开头提到的丰田的故事有相同之处——同样的大公司遭受了巨大的损失,声誉也受到了损害,原因不是它承认自己的质量体系存在问题,而是没有遵守这些体系。正如丰田汽车总裁丰田章男(Akio Toyoda)在公开道歉中承认的那样,随着丰田10年前开始迅速扩张,该公司战略重点偏离了,扭曲了"丰田传统的优先顺序",因此,对产品安全和质量的重视以及对销量和成本的重视的顺序被颠倒过来。

> 遗憾的是,这些并不是孤立的事件——在运营管理中存在着一种内在的压力,导致忽略了有效质量管理所需的对细节的关注。但这些原则其实很容易被掌握——真正的管理挑战是确保它们在每个人的日常工作中都占据着重要的位置。

全面质量管理背后的理念看似简单,但真正的挑战在于确保它们成为组织基本文化的一部分。灌输这种行为模式并不容易,需要通过培训、演练和领导来定期强化。即使是开发良好的质量体系也存在这样的风险(见上述案例):一个再好的体系也可能会失控。可能导致全面质量管理理念失败的原因包括:

过分依赖程序,使人们失去了工作的意义,质量管理变成了官僚主义的填表方式,很好地管理流程中的质量,但是没有认识到流程本身需要审查以及本身可能产生的变化(业务流程再造的基础(Hammer & Champy, 1993));

太多的流程更改,因此没有机会开发稳定的模式;

流程的变化会导致混乱、技能和工作模式的转变,甚至是裁员——这意味着人们感到价值被低估或缺乏安全感,并背弃了对质量的承诺;

没有在创新和稳定之间找到正确的平衡——创新过多会导致事情失控,创新不足就会有停滞不前的风险。

9.5 展望未来

从上面的讨论可以清楚地看到,即使是最先进的企业,在全面质量管理上也还有很长的路要走。由于这个原因,未来的方向很可能是致力于把全面质量管理融入企业的日常生活中,而不是将其视为一种特殊的项目或方式。我们可以看到在某些特定的领域,在思考质量以及如何将质量纳入战略运营工作,出现了新的挑战。

其中一个领域是在一种本质上非重复性的环境中。质量理论的大部分来自于流程化的工作,这些过程的本质是多次重复的——例如,大规模生产工厂的运营。在经济活动中,有相当一部分活动不是处理这类工作,而是处理一次性交易或短期工作,这些活动所占比例还在上升。包括大多数建筑工作、工程原型、定制设计和服务交付等。这里的挑战之一是快速学习并利用通用的流程和原则,将学习到的知识转移到新环境中。许多专业人员致力于这种方法,但很少有人努力使其常规化,从而支持项目型企业的质量改进。

第二个需要进一步发展的领域是非生产环境领域。全面质量管理的大部分注意力集中在直接制造领域或交付时的服务方面,例如客户关怀计划。但是许多间接的活动支撑着这些直接活动——例如研发、金融、订单处理等等,而挑战是将全面质量管理原则引入这些环境中。这意味着要调整工具、机制和结构,并寻找激励和使不同群体参与进来的方法。例如,研发的挑战一部分在于吸引专业人士的兴趣和承诺,而这些专业人员通常认为他们已经实践了全面质量管理,不需要采用更正式的方法。在未来,可能还会从产品和服务的设计中更多地看到对建设质量的重视。

本章已经提到了两种趋势,它们很可能在未来的质量发展进程中发挥越来越重要的作用。只有在出现问题时,安全才会成为一个问题,而发生问题时的成本往往不能用简单的财务术语来衡量,而是用人类和社会的痛苦来衡量的。但确保安全运营并非偶然——它来自于采取全面质量管理方法,并始终如一、可持续地加以应用。值得注意的是,跨部门学习安全问题的经验和管理方式有相当大的空间,以便我们在"良好实践"方面有越来越大的趋同性。

同样,"可持续性"的问题也越来越多地被公共和私营部门或组织意识到,这意味着努力将创造和交付我们需求渐增的产品和服务的负面影响降至最低。无论是关于减少碳排放、减少浪费、减少资源需求还是控制污染,挑战都是我们在本章中一直在考虑的质量问题。同样地,质量已经成为"每个人的问题",因此,令越来越多的员工参与到整个组织的可持续发展中来,可能变得越来越重要。

最后,发展的一个主要领域是组织间全面质量管理的概念。越来越多的人认识到,不仅要考虑企业内部的运营,还要考虑整体价值观。改进这样的系统的性能可以采用全面质量管理的原则,但同样需要开发新的工具和技术,以处理在发展运营此类工作所需要的新关系时所涉及的一些问题。

 案例 9-5

神奇的汽车

这家日本公司是一家大型企业集团,在航空航天和汽车领域拥有核心利益。现在公司 80% 的销售来自汽车业务,这是公司发展的主要来源。然而,日元的高汇率和日益激烈的全球竞争意味着,该公司必须将相当大的注意力放在保持以质量为主导的竞争地位上。它们对这一危机的反应是有系统地进行有目标的持续改进,有三个核心主题:开发新的、有吸引力的产品,维持生产力水平,从内部重建公司。

长期计划包括同时进行改善质量、降低成本、激励员工、加强教育和培训,具体的"延伸"目标如下:

零缺陷,零事故,零故障,劳动生产率提高 20%。

实现这些目标的支柱是:Jishu Hozen——自愿的工人检查和维修;Kaizen Teian——个人改善活动;教育和培训;计划维护;开发管理;质量维护活动,包括 ISO 9000;以零缺陷和零故障为目标的工具、模具的维护管理。

他们首先设立单独的任务小组来处理各自的领域,并开发了一个旨在促进全面质量管理的正式结构。他们特别强调了"全面生产性维护——TPM——其目标是围绕机器可靠性和可用性进行质量改进"。

和其他日本公司一样,三年中期计划是在持续改进中集中和重新集中注意力的关键机制。在这种情况下,最近的计划涉及过去十年来的三个主要主题:全面质量管理,旨在提高生产力和质量;旨在减少浪费的丰田生产系统;全面生产性维护,旨在通过更可靠的工厂获得更高的机器效率和实用性,并提高生产率。

可视化这一点很重要，其中主导的形式是"设备和工人升级"。整个工厂都有故事和展示板，包括一个主图，它是一个巨大的甘特图，记录到目前为止的进度和未来的计划。每个特别小组每天开会，会议围绕着他们自己的故事板进行。实施全面生产性维护包括以下几个部分：日常审核和改进周期，即高频率的小创新；小而有规律的培训投入——"一分制课程体系"；激励员工的事件；

单个的改善活动（小，易于实现）；小团队改善（质量改善小组的后继者）；执行5S活动以确保工作场所清洁有序；预防性维修分析；设计维护；"零导向"——以零浪费、零缺陷、零停工等为目标；循序渐进的方法；自愿参与和高度参与。

实施全面生产性维护包括一个为期五年的计划，其中包括两个中期计划阶段。第一部分介绍了全面生产性维护的基本机制，活动包括意识、培训和实践，以形成行为惯例。第二部分——当前阶段，涉及获得日本生产管理协会全面生产性维护特别奖的目标。值得注意的是，公司正在使用非常清晰的行为建模方法——阐明所期望的行为，并系统地加强它们，使它们成为日常。

策略部署是这些广泛目标与在车间级的具体改进活动之间的联系。对于全面生产性维护的8个支柱，每一个都有特定的目标，这些目标可以被分解为改进项目。例如，"自己维修机器""最大限度地提高机器效率"或"减少启动时间"。这些模糊的目标是量化的，且分析了如何实现这些目标以及实现这些目标必须解决的问题，使用简单的工具，如五个为什么和鱼骨图。诊断是自上向下的，可以利用设定的实际数值目标或操作人员可以维修自己机器的程度进行诊断，由一个专业工程师组成的团队执行这项任务。

与其他工厂一样，在提高全面生产性维护方面也有一个循序渐进的过程，这与培训投入有关。例如：

步骤：1. 把机器清理干净；

2. 学会检测不同的敏感点；

3. 制定润滑和清洁工作的程序；

4. 对不同关键点进行全面检查；

5. 自主检查；

6. 调整和排序；

7. 在自我管理（无监督）模式下执行。

该公司非常重视将这些行为嵌入文化的机制，从而使这些行为成为员工做事的方式和教导给他人的方式。第二阶段（当前中期计划）的一个重要方面是找到实现这一目标的机制。这包括大量使用培训和开发的方法——例如，每个员工接受10小时的关于全面生产性维护的初始培训，然后每月接受3小时的在职培训。他们还被分配了每天30分钟的时间来进行各自的维修活动，并学习和改进这一点。

除了工人的发展和个人的改进之外,在特定的领域也有 CI 项目,这些项目是小组以团队模式进行工作的——例如,无溅射焊接或清洗发动机冷却剂的项目,这些项目涉及在数周或数月的时间内对问题区域进行持续改进的活动。这类活动能令安装时间的大幅缩短,如小松 1000 吨压力机的更换时间不到 10 分钟,每班更换 4—5 次。以往这类项目安装需要 3 个月左右的时间。

有大约 30 个小组工作——10~15 组在进行修整,12 组在组装车身的方面工作,6~8 组在冲压车间。组长把一半的时间花在小组上,对其进行协助、培训等,其余的时间则作为流动资源,用于病假、假期等。

改善活动的发展经历了 20 多年或更久。一开始并没有出现个人的改善想法,所以发起了一项主题是"什么让你的工作更容易?"的运动。在此之前,重点是在操作人员自己的工作领域之外。从日本人力关系管理协会(Japanese Human Relations Management Association)收集的数据中可以看出建议的演变。数据显示,该网站目前有 100% 的"合格员工"(约占总劳动力的 85%)参与。在他们的建议中,88% 左右得到了实施,节省了约 32 亿日元。

目前,他们每个月大约会从一个员工身上收集到 20 条建议,每月收到约 4 万条建议。困难之一是如何处理这些建议,这主要是组长的责任。许多想法都是对标准操作程序的小改动,工头/团队领导有权做出这些改动。

一位经理意识到认识并奖励低层次简单想法的重要性,他表示:"如果我们不鼓励底层的肥沃土壤,我们以后就永远不会有更优质的想法。"强有力的高层做出的承诺也能保证员工的动力。在推行全面性生产维护计划时,第一阶段以 5S 原则为基础,包括清理机器及厂房。厂长举行了现场简报,解释了他的关注点和在全面性生产维护背后的想法,然后领导建立了"部门主管示范生产线",这条线由所有的高级管理人员整治和改进,以作为示范。具有象征意义的是,厂长是第一个拿起扫帚开始这个过程的人。紧接着是"助理主管模型线",再次强调了自上而下的付出。

总　　结

- 本章探讨了战略运营管理的两个互补的挑战——质量控制和质量改进。
- 质量已经从"额外的选择"变成了我们消费的产品和服务的一个基本特征。国际竞争力不仅取决于价格因素,也取决于非价格因素,而质量是其中最重要的因素。
- 从历史上看,质量是工匠在制作产品时要考虑的因素之一。随着时间的推移,通过工业化的过程,有一种分离产生了,在这种分离中,关注质量设计和控制的专家从个人手中了结了直接责任。在过去的 40 年里,主要的发展是质量责任的逐步重新整合;如今,质量被视为"每个人的问题",而不是专家的问题。

- 如今,战略运营经理面临的一个关键挑战是确保此类产品和服务的设计,以及创造和交付产品和服务过程中的运营管理的质量。这样做的结构包括战略、工具、程序、结构和员工参与的组合,并被归入"全面质量管理"中。
- 有多种支持质量维护和改进的工具,包括基本和更高级的工具,以及质量功能部署(旨在为流程带来顾客意见)等框架和六西格玛等系统方法。
- 全面质量管理的核心是员工参与,发展持续改进能力需要在组织中建立和加强一些关键行为,包括那些与系统地发现和解决问题相关的行为。这还需要在培训和建立支持结构方面进行大量的投资,以实现思想管理、奖励和认可改进以及战略协调。
- 在许多方面,全面性生产维护中最大的挑战不是在其构成要素上,而是在它们的实现上。有证据表明,尽管企业认识到质量的必要性,但它们并不总是能够做出相应的反应——或者说,即使它们这样做了,它们也难以长期保持这种业绩。

关键问题

1. 在20世纪70年代,菲利普·克罗斯比(Philip Crosby)的一本书的书名叫《质量是免费的!》。在发展企业质量管理方面的投资,在哪些方面能够收回成本,并对公司的整体能力产生影响?

2. "全面"质量管理是一个结合了工具、策略、结构和参与的综合方法。一个成功的项目的关键组成部分是什么?战略运营经理如何在组织中建立和维持全面质量管理?

3. 你认为有效推行全面质量管理的主要障碍是什么?如何克服这些障碍?

4. 质量管理过去是由专业经理执行的专业职能。为什么这已成为一个主流任务,并成为SOM工作的关键部分?SOMs如何帮助建立能够在质量上竞争的企业?

5. 一个精心设计的全面质量管理计划在长期内是如何失败的?作为一个运营经理,您可以采取哪些步骤来确保使它保持活力和有效性?

扩展阅读

Asif, M., E. de Bruin, et al. (2009). "Why quality management programs fail: A strategic and operations management perspective" International Journal of Quality and Reliability Management 26(8): 778-794.

Avery, C. and D. Zabel (1997). The Quality Management Sourcebook. London, Questia.

Bessant, J. (2003). High involvement innovation. Chichester, John Wiley and Sons.

Goetsch, D. and S. Davis (2009). Quality Management for Organizational Excellence: Introduction to Total Quality. London, Pearson.

Imai, M. (1997). Gemba Kaizen. New York, McGraw Hill.

Ross, A. (2017). Sowing the seeds of business transformation. Romsey, UK, Codexx Associates.

Schroeder, A. and D. Robinson (2004). Ideas Are Free: How the Idea Revolution Is Liberating People and Transforming Organizations. New York, Berrett Koehler.

Vanichchinchai, A. and B. Igel (2009). "Total quality management and supply chain management: similarities and differences." The TQM Journal 21(3): 249-260.

参考文献

[1] Abernathy, W. (1977). *The productivity dilemma: Roadblock to innovation in the automobile industry*. Baltimore: Johns Hopkins University Press.

[2] Bentley, J. (1999). Fit for the future. Egham, UK: Chartered Institute of Purchasing and Supply.

[3] Bessant, J. (2003). *High involvement innovation*. Chichester: John Wiley and Sons.

[4] Bessant, J., Caffyn, S., & Gallagher, M. (2001). An evolutionary model of continuous improvement behaviour. *Technovation*, 21(3), pp.67-77.

[5] Boer, H., Berger, A., Chapman, R., & Gertsen, F. (1999). *CI changes: From suggestion box to the learning organisation*. Aldershot: Ashgate.

[6] Brown, S. (1996). *Strategic manufacturing for competitive advantage*. Hemel Hempstead: Prentice Hall.

[7] Camp, R. (1989). *Benchmarking - the search for industry best practices that lead to superior performance*. Milwaukee, WI. Quality Press.

[8] Crosby, P. (1977). *Quality is free*. New York: McGraw-Hill.

[9] Feigenbaum, A. (1956). Total quality control, (November), p.56.

[10] Feigenbaum, J. (1983). *Total quality control* (3rd ed.). New York: McGraw-Hill.

[11] Garvin, D. (1988). *Managing quality*. New York: Free Press.

[12] Hammer, M., & Champy, J. (1993). *Re-engineering the corporation*. New York: Harper Business.

[13] Hauser, J. and D. Clausing (1988). "The house of quality." *Harvard Business Review* (May-June): 63-73.

[14] Hill, T. (1993). *Manufacturing strategy* (2nd ed., p. 230). London: Macmillan.

[15] Imai, K. (1987). *Kaizen*. New York: Random House.

[16] Ishikawa, K. (1985). *What is total quality control?* Englewood Cliffs, N.J. Prentice-Hall.

[17] Juran, J. (1985). *Juran on leadership for quality*. New York: Free Press.

[18] Juran, J., & Gryna, F. (1980). *Quality planning and analysis*. New York: McGraw Hill.

[19] Kano, N., Saraku, N., Takahashi, F., & Tsuji, S. (1996). Attractive quality and "must-be" quality. In J. Hromi (Ed.), *The Best on Quality* (pp. 165-186). Milwaukee: American Society for Quality Control.

[20] Kanter, R. (1996). *World class*. New York: Simon and Schuster.

[21] Lillrank, P., & Kano, N. (1990). *Continuous improvement: Quality control circles in Japanese industry*. Ann Arbor: University of Michigan Press.

[22] Oakland, J. (2003). *Total quality management* (3rd ed.). London: Elsevier.

[23] Parasuraman, A., Zeithaml, V., & Berry, L. (1985). Measuring and monitoring service quality. *Journal of Marketing*, 49(Fall), pp.41-50.

[24] Pirsig, R. (1974). *Zen and the art of motorcycle maintenance*. New York: Bantam.

[25] Radford, G. (1922). *The control of quality in manufacturing*. New York: Ronald Press.

[26] Schroeder, A., & Robinson, D. (2004). *Ideas Are Free: How the Idea Revolution Is Liberating People and Transforming Organizations*. New York: Berrett Koehler.

[27] Shewhart, W. (1931). *Economic control of manufactured products*. New York: Van Nostrand Rheinhold.

[28] Shiba, S., Graham, A., & Walden, D. (1993). *A new American TQM: Four practical revolutions in management* (p. 565). Portland, Oregon: Productivity Press.

[29] Taylor, F. (1947). *The principles of scientific management*. Harper and Row (original published in 1911).

[30] Tranfield, D., Smith, S., Whittle, S., & Foster, M. (1994). Strategies for Managing the TQ Agenda. *International Journal of Operations & Production Management* 14(1), pp.75-89.

[31] Womack, J., Jones, D., & Roos, D. (1991). *The machine that changed the world*. New York: Rawson Associates.

第 10 章

能力和调度管理

🎯 学习目标

1. 理解能力管理的战略重要性。
2. 能够利用特定方法来管理调度。

管理能力是战略运营管理的核心特征。在某些方面，管理和理解能力与我们在第 7 章中讨论的流程可以选择结合在一起，因为了解这两个领域可以使公司能够做出明智的决策，决定它在市场中能做什么和不做什么。

> 因此，理解能力至关重要，因为通过这样做，管理者可以对业务做出战略决策，包括：
> 是否承担新的承诺和商机；
> 是否脱离现有模式；
> 是否提高制造和服务能力水平以应对不断变化的客户需求。

10.1 战略能力的例子

战略能力会影响到一些涉及组织相对长期定位的决策，例如在制造企业中有分配和建造新工厂、减少或扩大现有工厂以满足当地市场的特定能力需求。许多零售商在建立新店铺方面表现出了战略地位。在这样做的过程中，他们创造了 Porter(1980) 所描述的"壁垒"。这是各种类型的组织宣布其在可预见的未来开展业务的地方。最近很多公司在中国和东亚、东南亚地区的扩张活动显而易见，如下所示。

> 广汽本田汽车是本田汽车在中国的生产和销售合资企业，已宣布计划将其年产能从目前的 36 万辆扩大到 48 万辆。
>
> 广汽本田目前的总产能为 36 万台，包括黄埔工厂的 24 万台和增城工厂的 12 万台。该公司决定在 2011 年下半年将增城工厂的年产能翻番至 24 万台。
>
> 为了扩大生产能力，增城工厂将增加新设备。此外，广汽本田旨在通过各种改进，包括进一步推进 2006 年引入该工厂的完整废水回收系统，提升该工厂作为环保工厂的地位。

该扩张的总投资预计约为人民币 9.3 亿元。广汽本田的总就业人数预计将从目前的 6 800 名增加至 8 000 名。结合广汽本田的产能扩张和东风本田第二工厂的加入，计划于 2012 年下半年开始运营，年产能为 6 万辆。到 2012 年下半年，本田在中国的年度汽车总产能将从目前的 65 万辆增加到 83 万辆。

（资料来源："Honda to expand automobile production capacity in China"，Published by Datamonitor on 26 May，2010）

中国迅速采取行动，推出电动汽车的营销策略：

如果您想买电动汽车，请考虑预订中国之旅。本周，全球汽车制造商聚集在上海车展上展示它们的最新产品，各种新潮电动车层出不穷。

奥迪展示了 E-Tron Sportback 概念，这是一个潜在的特斯拉 Model X 的竞争对手。大众汽车推出了 Crozz，这是其后 Dieselgate 的一部分。雪佛兰、别克、雷诺、雪铁龙和捷豹也展示了它们的电动汽车。当地的"中国选手"，如 Denza、Chery、Lynk&Co 和 Nio 也是如此。

在本月的纽约国际汽车展（New York International Auto Show）上，道奇（Dodge）展示了能让人喘不过气来的"恶魔"（Demon）；大众（Volkswagen）则展示了其巨大的阿特拉斯（Atlas）运动型多用途车（SUV），这款车将在美国上市，只有一个动力系统选项：V6 发动机。

（资料来源：WIRED，2017）

瑞安航空增加了击败竞争对手的能力：

瑞安航空公司首席执行官迈克尔·奥利里（Michael O'Leary）在完成 175 架现有型号 737-800 飞机的交易后表示，瑞安航空公司希望在今年年底之前确定包括价格在内的条款，因为他准备将机队增加到 500 架以上。

奥利里在巴黎航空展上表示，虽然瑞安航空公司试图增加重新设计的单通道飞机，此时空中客车公司的 A320neo 仍在运行，但波音公司的模型具有优势，因为它多提供了 9 个位置。他说，这家欧洲公司积压的订单也意味着它很难以足够快的速度提供飞机来满足航空公司的需求。

"能够提供 189 个席位而不是 180 个席位非常引人注目，"O'Leary 说，"能力差异相当于每年 100 万美元的差异，EasyJet、Wizz 和其他公司无法与瑞安航空公司竞争，其中一个原因就是我们拥有更大的飞机。"

（资料来源：Bloomberg Business Week，19th June，2013）

这里展示了一个有关印度风电能力的有趣例子：

DPSC 有限公司是一家位于加尔各答的电力生产商，今年生产效率增长了 14%，但它貌似推迟了一项"将风力发电能力提高一倍"的计划，原因是印度尚未恢复对该行业的补贴，世界第三大风力涡轮机市场——印度，在政府撤回减税政策和基于发电的风电场补贴之后,截至 3 月 31 日,发电量暴跌 42% 至 1,700 兆瓦。该公司目前已建成 Wind World(印度)有限公司涡轮机的风力发电项目。Wind World 在去年超过苏兹隆能源有限公司(SUEL),成为印度最大的风力涡轮机制造商。

(资料来源:Bloomberg Business Week,3rd June, 2013)

大数据和业务分析,给企业带来了巨大的库存能力问题和挑战,因为在绝对存储能力不断增加的时候,其中一些将与管理库存相关联,每个客户的定制需求也急剧增长。总结如下:

"客户的期望正在发生变化,现在很多电信公司都无法管理他们提供给消费者所要求的新相关服务所需的信息。"Amdocs 全球营销主管 Christopher Williams 如是说。Amdocs 是为全球最大的通信、娱乐和媒体服务提供商提供软件和咨询解决方案的市场领导者。他们积累了大量存储在各种系统中的信息,但公司多年积累的分析能力已经不足以提供客户要求其电信提供商提供的服务、支持和定制业务。

(资料来源:Businessweek "Data Analytics:Go Big or Go Home",27th July, 2015)

数据大小的显著增长如图 10-1 所示。

数据如何"变大"

比特 (bit)	计算机使用的最小数据单位	
字节 (B)	=8 bit	
千字节 (KB)	=1000 bytes	
兆字节 (MB)	=1000000 bytes	
千兆字节 (GB)	=1000000000 bytes	
太字节 (TB)	=1000000000000 bytes	=1000 GB
拍字节 (PB)	=1000000000000000 bytes	=1000000 GB
艾字节 (EB)	=1000000000000000000 bytes	=1000000000 GB
泽字节 (ZB)	=1000000000000000000000 bytes	=1000000000000 GB
尧字节 (YB)	=1000000000000000000000000 bytes	=1000000000000000 GB

图 10-1 数据存储的增长

(资料来源:Businessweek "Data Analytics:Go Big or Go Home". 27th July,2015)

能力决策还可能包括 Hewlett Packard 证明的股权剥离:

惠普宣布,将中国数据网络业务控股 51% 的股权出售给清华大学,收取至少 23 亿美元的费用。

(资料来源:Reuters Technology News,22nd May, 2015)

有时,能力决策涉及分业,以确保战略重点:

> 2014年10月6日,惠普宣布计划将PC和打印机业务从其企业产品和服务业务中分离出来。该拆分预计将于2015年10月完成,并将因此产生两家上市公司：Hewlett Packard Enterprise 和 HP Inc。
>
> (资料来源：Reuters Technology News,22nd May, 2015)

能力并不总是意味着扩张,它可能涉及缩小规模、外包和封闭的战略决策,如下所示：

> Park表示,全球三大造船厂均位于韩国,拥有多达80％的液化天然气油轮市场,整个行业都可以利用天然气需求增长带来的好处。其他类型船舶和海上钻井平台的订单下降导致包括现代重工、三星重工和新加坡吉宝在内的造船厂亏损或利润下降,迫使它们削减产能并削减就业。日本三菱重工有限公司正在考虑剥离其造船业务,川崎重工业有限公司表示正在考虑是否继续从事这项业务。世界最大的造船厂大宇造船公司正在等待其两大债权人的第二条可能性出路,以完成挂单的工作并继续维持下去。
>
> (资料来源：Businessweek,2017)

此外,当缺乏存储库存的能力时,可能会带来巨大的问题：

> 问题是,我们在美国的存储能力已经不足。如果石油供应压倒了存储能力,美国可能会减少进口,最终放慢自己生产的速度,因为不会有任何地方供应过剩。价格也可能会下跌,甚至是大幅下跌。花旗集团的莫尔斯和他的分析师团队曾预测,今年春天的某个时候,随着能力达到极限,油价将再次暴跌,可能低至每桶20美元。由于无法存放原油,生产商和贸易公司可能不得不以优惠价格向炼油厂出售石油,这最终可能迫使生产商停止提炼。
>
> 石油投资者似乎正在认识到存储能力不足可能导致另一次价格崩溃。
>
> (资料来源：Businessweek,"Too Much Oil and No Place to Put It",16th March,2015)

进行市场细分、快速响应不断变化的需求至关重要。这种能力必须成为业务范围的一部分,以确保正确的数量和快速的交付速度。这些能力也必将成为我们在第2章中讨论的运营战略的一部分。

增加产能使公司能够在世界各地开设工厂和服务网点。在某些情况下,位置可能受到行业趋势的影响(例如为了在特定地理区域开发流动的劳动力资源)。许多连锁店在全球范围内大幅扩大产能：沃尔玛和星巴克就是最好的例子。

正如我们前面提到的那样——组织必须灵活,因为时间和需求会迅速变化。例如,戴尔计算机公司在爱尔兰的制造工厂规模扩大了一倍,这是其在欧洲长期战略定位的一部分,然而不久后它关闭了工厂。

这些例子清楚地显示了那些利用能力的公司的战略意图,以实现增长和扩展现有或全新领域的目标。

10.2 能力的定义和测量

能力可解释为:
> 在指定时间内生成的系统的潜在输出,由系统转换输入的大小、比例和配置决定。

在任何过程的任何阶段,都会限制能力。机器有每小时最大输出、卡车有最大负载、生产线有运行速度限制、飞机有一定数量的乘客座位、计算机有每秒处理的指定的字节数等。

因此,通常通过观察在任一给定单位时间段内可以处理多少来测量能力。这通常应用在材料加工操作、信息处理操作和一些客户处理操作(CPO)的情况。例如,汽车厂设计成每次轮班生产一定数量的汽车,保险公司员工的工作模式旨在每小时处理一定数量的索赔,快餐店希望能够在规定的时间内为一定数量的客户提供服务(通常每 90 秒一次)。

Waters(2001)认为"设计能力"(定义为"理想条件下过程的最大输出")和"有效能力"之间存在差异,"有效能力"定义为"在正常条件下实际的最大输出"。他解释说,由于设置时间、故障、停工、维护等原因,通常有效能力低于设计能力。虽然在许多情况下都是如此,特别是在材料加工操作中,但有些情况下有效能力可能大于设计能力。例如,世界上有许多公共交通系统,例如远东地区的伦敦地铁和大都市铁路,乘客的日常出行比系统设计的要多。同样,在正常情况下,可能会认为酒店在 24 小时内仅售出一次房间,但某些酒店(例如机场的酒店)每天不止一次地出售房间。任何环境中的超量预订都可能是一个问题,例如作者在这两家航空公司的出行经历。

以下是其中一位作者的两封信的摘录。

案例 10-1

航空业的超额预订和不良能力管理
——愤怒的乘客案例

×××航空公司
客户服务部
20××年 6 月 16 日
尊敬的先生/女士:

我非常遗憾地写信给你,表达我们在从盖特威克机场到纽瓦克的最后一班航班中遇到的缺乏客户服务和低劣服务质量的失望。过程如下:

1. 我们在 3 月 29 日早上预订了从盖特威克到纽瓦克的×××航班。这次预订是两名成人(我的妻子和我)和我们的女儿,我们已经说明我们需要为我们的宝宝提供一个摇篮。

2. 当我们办理登机手续时,我们被告知不会提供摇篮,因为我们只是"请求"而不是"预订"它,我不知道这究竟意味着什么,这两个术语之间的区别毫无意义。

3. 令人气愤的是工作人员不屑一顾的态度,你们的员工的回应包括"你不是唯一有孩子的家庭"(我们没有假设我们是!),还有"所有座位分配都是先到先得,这是常识"。如果是这种情况,那么问题是:如果以先到先得的方式来分配座位,那么请求提供摇篮的重点是什么(要求分配到可以容纳该乘客的飞机上的特定座位区域),不是因为特殊需要吗?

4. 更令人讨厌的是,我们被告知座位已经分配给早些时候预订的那些有孩子的家庭了。然而,当我们绕着飞机的机身走动时,发现这只是一个谎言。

5. 当问到为什么我们的请求没有兑现时,我还不得不忍受关于所有航空公司如何制定超额预订的标准之类的无意义陈述。我是一位对航空业非常了解的工商管理学教授,我真的不需要在这个行业上听一堂基础课。

6. 最后,在登机口,我们被告知我们其实很"幸运",因为该航空公司在飞行途中设法说服了其他几名乘客改变座位。

总结一下,问题如下:

(1)我们已经预定了一个摇篮,从屏幕上的数据可以清晰地看出来,但后来工作人员告诉我们没有。

(2)我们被误导并谎称已经给位于其他有孩子的家庭,事实显然并非如此。

我曾经多次选择×××航班出行。但是,对这封信的回复态度将决定我、我的家人和同事是否将继续选择贵公司出行。

期待您的回信。

此致

敬礼

出于航空公司的信誉,7月1日得到了回复,其中包括以下内容:"因为我们重视你作为客户的价值,我将另行寄送一份有形的善意信物。"

然而,截至11月,公司尚未提供此类"凭证"。于是作者发了另一封信:

××××航空公司

客户服务部

20××年11月5日

您好。

您可能还记得我在6月16日给您写过信,并且您在20××年7月1日回复了我对在盖特威克—纽瓦克航班上遇到的糟糕服务质量的不满。

我很感激您回复并在信中说明:

"因为我们重视你作为客户的价值,我将另行寄送一份有形的善意信物"。

但是截至今天,什么都没有出现。鉴于您来信的语气和内容十分真诚,这个结果非常令人失望。

我相信你会回复,我期待着你的回复。

此致

敬礼

一周后,该航空公司向作者手机应用商店发送了一张价值50美元的礼品券。

相比之下,让我们看一下案例10-2:

案例 10-2

××××航空公司
客户关系部
邮政信箱
20××年3月12日
尊敬的先生/女士:

我写信给您,表达我对××××最近飞往雅典的航班糟糕服务质量的巨大失望。事实如下。

3月4日飞往雅典

1. 我们预订了3月4日从希思罗机场到雅典的××××航班,3月8日返回。这次预订包括两名成人(我的妻子和我)和我们的女儿,我们已经说明我们需要为我们的宝宝提供一个摇篮。并对摇篮的预订进行了确认。

2. 当我们办理登机手续时,我们被告知无法坐在一起,我将排在第20排,我的妻子和孩子将排在第27排。

3. 然后我们被告知××××将能够容纳我们一起坐在第27排,那里有摇篮。

4. 当我们登上飞机时,我们发现了问题,我们在第27排的座位不是摇篮架所在的位置!为了移动座位,我们经历了大约15分钟的大惊小怪、争吵和冲突。

5. 为了(贵公司的)信用,我们最终被转移到商务舱区域,并且把摇篮带了过去。

6. 我们这次飞行的最终结果是,为了达成一致意见,我们不得不承受相当大和不必要的压力。更糟的是……

3月8日飞往希思罗机场

1. 我们再次向航空公司确认,我们需要在3月8日返航时使用摇篮。

2. 当我们登上飞机时,我们又发现了一个问题。他们没有提供摇篮,我们被错误地告知,757不能容纳摇篮(即使我们的座位前面就有一个摇篮支架)。

3. 你们的空乘人员(提供了姓名)表现出极大的同情心并试图弥补这个问题。

4. 然而,经过大量的折腾后,我们又被转移到了商务舱,但这次没有摇篮架,而我和我的妻子与我们的孩子分隔开进行了整整4小时的飞行!

显然,上述情况是不可接受的。我们被承诺这两个航班将会提供摇篮;我们忍受了大量的大惊小怪和压力,这分明是可以避免的,我们感觉××××的服务质量很差。我们被转移到商务舱并没有解决问题。事实上,在返程航班上,我们本来希望经济舱会有一个摇篮,然后顺利的进行同意、预订、确认和付费!

我曾经多次选择××××航班出行。但是,对这封信的回复态度将决定我、我的家人和同事是否将继续选择贵公司出行。

我们期待您的回音。

此致

敬礼

> **3月17日,他们提供了"标准"答复,没有地址,甚至没有发件人的信息。**
>
> 20××年3月17日
> 亲爱的顾客:
> 感谢您在雅典的航班上填写我们的评论卡。
> 　我理解您的失望,我很抱歉我们无法将您安排妥当。
> 　对于您要求的孩子的摇篮座位,我们会尽量让您在空中的体验舒适而轻松,但恐怕我们无法保证对每个人都能给到特定的座位。希望您能尽快再次选择我们的航班。
> 　此致
> 敬礼

本案例的关键问题:
1. 为什么航空公司通常会超额预订?它们又是如何管理与客户期望相关的能力的?
2. 鉴于这两家航空公司的回复性质,您会选择哪个航班?为什么?

Waters(2001)认为"实际产量通常低于有效产能"。如果管理不善,情况肯定会如此。正如我们将要看到的,管理能力是一项具有挑战性的任务,因为将输出与有效能力相匹配非常困难。但是,通过区分设计能力和有效能力,我们可以确定"利用率"和"效率"之间的差异。利用率是实际产出与设计产能的比率,而效率是产出与有效产能之比。在某些业务中,管理层非常关注利用率。例如,许多受能力限制的服务(如酒店、航空公司和剧院)的关键绩效指标是利用率的度量,即房间占用率、乘客负载量和座位占用率。在其他业务中,特别是那些采用大批量生产流程的业务,重点则往往集中在效率措施上(Liu et al., 2017)。

10.3　能力管理的重要性

战略能力管理,即了解一段时间内的最大和可达到的投入和产出能力,使公司能够做出重要的战略决策。其中之一就是拒绝潜在的机会。Hill(2000)描述了有多少公司患有"不能说没有综合征"。他认为,有时候企业会开始增长和扩张,并开展业务,因为它们既没有能力也没有实力满足客户。在服务业中,能力的主要焦点往往是人而不是机器,当然,在自动化取代人类活动的地方并不都是如此。例如在银行和金融业的"后台"运营中,可能缺席和有其他非生产性因素假期的人类与机器不同,这可能会影响能力,一个简单示例如下。

> 如果我们聘请专业人员,我们必须支付52周×40小时 = 2 080小时的薪水,
> 但最大能力与实际能力大不相同,
> 我们可能需要扣除(例如):
> 20×8 小时(假期)　　　　　160
> 5×8 小时(病假津贴)　　　　40
> 8× 8 小时(公众假期)　　　　64
> 　　　　　　　　　　　　　 ───
> 　　　　　　　　　　　　　 264

所以需要支付 2 080 减去 264 = 1 816。

国际劳工组织估计人类在 70% 的时间内有效地工作,但这不是一个完全科学的数字,而是基于国际劳工组织多年来对人类工效学的观察研究。因此,假设用 70% 利用率的估计并计算的话,将会得到 1 816×70% = 1 271 这个数字。这意味着虽然我们支付了 2 080 小时的工作时间,但实际有效工作只有 1 271 小时。在这里使用比例:

$\dfrac{2\,080(最多)}{1\,271(实际)}$　　得出的结果是 1.64

如果我们每年雇用价值 150 000 欧元的人工,我们每小时需要支付 150 000 / 2 080 = 72.12(欧元),但是我们有每小时 72.12×1.64 = 118.28(欧元)的基本费用。

(注意:这里没有列出加班费、退休金和其他费用!)

在本书中,我们认为运营管理的目的是在消费者需要时提供(通常是产品和服务方面的组合)适当的质量标准,并且准备并支付代价。能力规划和调度管理在实现此目标方面的作用是确保消费者在需要时提供产品和服务。这是通过尽可能有效地管理流程来实现的(Kostami, Kostamis & Ziya, 2017)。

能力管理侧重于运作的两个方面。

第一,将输入及其组织转化为过程。转换输入是用于处理最终输出的资源。它们包括工厂、机械和技术等硬系统,以及所谓的软系统,本质上是工作流程和人力资源。能力规划主要侧重于有效和高效地利用这些转型投入。在运营管理术语中,它们通常被称为:能力规划、聚合规划或主调度对于操作中的单独进程,能力管理包括诸如生产控制、加载或活动调度之类的活动。

第二,确保转换输入的有效利用取决于通过系统的输入流量。这需要采用适当的库存管理战略。

10.3.1　输入和输出能力

我们需要区分产出和产能输入。当然,它们是相互联系的,但我们需要关注每一项因为投入可以作为产出的约束。

产出能力的示例如下。

组织	产出能力的指标
汽车厂	汽车数/小时数
律师事务所	处理的案件数/周
炼油厂	桶数/天
电气公司	兆瓦电/小时
纸张制作人	吨纸/周

输入能力的示例如下。

组织	输入能力的指标
喷气发动机厂	机器小时/月;劳动时间/月
航空公司	座位/飞行次数
旅馆	客房数量/床数
杂货店	结账行数
仓库	立方英尺的空间
网球俱乐部	球网数量
百货商店	平方英尺数

能力管理的关键约束之一是瓶颈问题。

Schmenner 和 Swink(1998)的"瓶颈定律"指出,如果流量在整个过程中保持一致,那么生产率就会提高。将其应用于加工车间的制造业中,已由此出现了许多规则:

吞吐量受瓶颈能力的制约;

平衡物质流,而不是充分利用所有资源;

库存将积聚在瓶颈;

瓶颈输出的任何减少,都会降低整个系统的产量;

任何非瓶颈输出的增加都不会增加整个系统的输出。

管理瓶颈是调度的一个重要特征。其中一个解决方案来自 Goldratt 和 Cox(1986),他们谈到优化生产技术。OPT(Optimized Production Technology)本质是基于软件,以定位和处理系统中可能存在的瓶颈。以下列出了 OPT 的十项原则。

优化生产技术的十大原则

1. 平衡流量,而不是能力。
2. 非瓶颈的利用水平由系统中的某些其他约束决定,而不是由其自身的能力决定。
3. 资源的利用和激活不是一回事。
4. 在一个瓶颈中丢失一个小时意味着整个系统永远丢失一个小时。
5. 在非瓶颈中节省一个小时是不可能实现的。
6. 瓶颈可以控制系统中的吞吐量和库存。
7. 转移批次有时不能等同于处理批次。
8. 流程批处理应该是可变的,而不是固定的。
9. 交货时间是计划的结果,无法预先确定。
10. 应同时考虑到所有约束来建立时间表。

10.3.2 能力难题

从内部资源管理的角度来看,能力规划的第一个难题是如何最大限度地利用能力,如果受到工作能力的限制,那么就需要最大限度地提高效率。但是,如果不能出售,产量就没有多大意义。因此,能力管理的第二个难题将会是"如何将运营的生产产出与市场需求相匹配"。这些波动的需求增加了对利用率和有效管理能力的挑战。

有两个主要变量需要管理:产品/服务产品的总需求以及向消费者提供的各种产品/服务产品的范围。前者界定了作业生产能力的大小,后者定义了这种能力的范围。这些都可能随着时间而改变。这些可以被视为 4 个 "V",如下所示。

能力的 4 个 "V"

体积 Volume——总产出需求　　类型 Varieties——输出范围

变化 Variation——总需求变化　　可变性 Variability——每种输出的需求变化

除了 4V 之外,还有两个影响能力管理的因素可能会增加其复杂性:需求的可预测性和产出的"易腐性"。在存在高变化和可变性的市场中,如果对需求的确定性高,则可以降低能力管理的复杂性。一些公司通过"确定"在特定时间段内产生的金额来管理这一点,从而创造确定性。这将通过在单位时间(一周或一个月)内制定主要生产计划来实现,其中输出将被确定并且信息将被提供给供应商和客户。同样,如果产品不易变质,变化和可变性问题也较少,因为长保质期可以使库存成为缓冲变异的缓冲剂,即使这可能增加成本。能力规划的这些关键方面的总结,如表 10-1 所示。

表 10-1　影响能力管理复杂性的因素

能力因素	直接的	复杂的
种类	低	高
变化	低	高
变化性	低	高
可预测性	高	低
易腐性	低	高

早在 1967 年,汤普森写道:"理想的运作是产品以连续的速度生产,仿佛输入以稳定的速度和特定的质量连续流动着"。在这种"理想"操作中,能力管理很简单,能力稳定,没有变化(因此没有变异)。然而,50 年过去了,企业现在经常变得不稳定和不确定,并且对这些条件的规划要求很高(Delgado-Alvarez et al., 2017)。

连续流动过程倾向于诸如石油之类产品的产出,这些产品是具有相对长的保质期的商品,其需求在中期内是合理可预测的。需要注意的一个关键点是,变化、可变性和可预测性是市场力量的固有特征,而易腐性是产出的固有特征。企业可以尝试平滑需求并使其市场更具可预测性,例如,引入预订系统,但只有当消费者准备接受这种影响时,他们才能这样做。同样,企业往往试图使其产品不易变质,以促进平滑生产能力,但受到产品本身物理性质的限制。另一方面,品种是企业根据其经营规模和范围做出的战略选择。在制造的早期阶段,人们认识到各种成本增加,这也是亨利福特只想制造黑色汽车的原因之一。这就是可变性定律,它表明随机变异性越大(无论是过程要求还是过程本身或过程中固有的),过程的生产率越低(Schmenner & Swink, 1998)。

到目前为止,对能力的讨论主要集中在总需求上。但是,我们知道许多操作都由复杂的过程组成,也可以分成子系统。4V、可预测性和易腐性也会影响每个子系统的利用率和有效性能。因此,能力和调度管理变得越复杂,不同子系统的数量越多,其使用的灵活性就越大。

10.3.3 服务能力

一些服务的性质,特别是客户处理操作,规模经济是有限的,因为在某些情况下,公司的实物资产必须位于客户所在的位置。因此,虽然制造商可能对其所在国家/地区具有高度选择性,而将其产品从某地运往其他地方,但服务公司往往需要实体存在(只要它们能够确定对其服务的足够需求)。例如,由全球主要连锁酒店经营的超过 200 万间酒店客房中,89% 位于仅仅 1200 个地点,它们通常是首都城市、门户城市(拥有国际或国内机场)和主要工业中心。

毫无疑问,互联网在酒店管理能力方面发挥了关键作用。Trivago 是一个帮助客户和酒店管理预订的推动者。

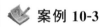

案例 10-3

Equinix 客户成功案例:Trivago

酒店搜索专家提供商通过 Equinix 数据中心发现全球酒店的规模、联系和专业信息:

"企业愿景始终是全球性的。我们需要扩展业务,并需要一个可以让我们接近我们想要运营的市场的合作伙伴,Equinix 为我们提供了我们所需的战略位置,以便最好地与最终用户建立联系。"Trivago 数据中心运营主管 FlorianSchürfeld 这样说道。

执行概述

Trivago 成立于 2005 年,从一家初创的德国企业发展成为一家全球在线品牌。随着消费者改变搜索和预订酒店的方式,公司经历了巨大的变革。此外,越来越多的人开始使用移动设备,这迫使企业重新构建其 IT 模式以实现数字化优势。

Equinix 的每一步都与 Trivago 并驾齐驱,确保最佳的连接性、可扩展性和技术路线,以支持这一国际扩张。通过利用 Platform Equinix™ 上部署的 Interconnection Oriented Architecture™,该公司的应用程序和服务更能贴近用户,如优化云连接,以增强安全性和可靠性,并提高性能。

业务挑战

Trivago 专注于重塑旅行者搜索和比较酒店的方式。该公司的使命是:作为旅行者首选的独立信息来源,让旅行者们以最低的价格找到理想的酒店。

"我们的目标是为用户提供最佳体验,"Trivago 数据中心运营主管 FlorianSchürfeld 表示,"我们的网站需要尽可能地快,并且尽可能接近客户。"

自 2005 年推出测试计划以来，Trivago 一直是 Equinix 的客户。"即使在成立之初的那段时间，这个公司也知道它需要一个全球数据中心合作伙伴，并且不会在安全性或可靠性方面做出妥协。"Schürfeld 解释道。

今天，Trivago 继续在杜塞尔多夫的 Equinix International Business Exchange（IBX®）办事处开展业务，并在当地扩展到法兰克福，以及在国外扩张到美国的硅谷和华盛顿特区。近年来，该公司已扩展到美洲和亚太相当大一部分地区。

公司简介

Trivago（纳斯达克股票代码：TRVG）成立于 2005 年，总部位于德国杜塞尔多夫，是一家全球酒店搜索平台。截至 2016 年 12 月 31 日，Trivago 的平台可以访问 190 多个国家的约 130 万家酒店。Trivago 的平台可通过 55 种本地化网站和 33 种语言的应用程序在全球访问。

关于 Trivago

Trivago 已经发展成为一个强大的全球品牌，其灵感来自透明和真实的文化，这会影响我们日常执行的质量和效率。对于 Trivago 来说，重要的是重塑旅行者搜索和比较酒店的方式。同时，该公司致力于通过为广大的旅行者提供访问权限，使酒店广告商能够发展业务。

公司：Trivago.com

总部：德国杜塞尔多夫

（资料来源：http://www.equinix.co.uk/resources/success-stories/trivago/）

10.4　多单元操作

企业管理能力的一个关键战略问题是它拥有和经营自己资产的程度。对于需要利用大量资产，特别是地产的公司来说，这是一个特别重要的问题。这些公司往往是在经营酒店、餐馆和零售店"连锁店"的消费者服务公司。在这种情况下，财产本身及其位置是运营战略的基本要素。例如，在酒店业，康拉德希尔顿以确定业务成功的三个关键——"位置，位置，位置"而闻名。

这种服务链具有特定的特征并且面临特定的操作挑战。第一，生产在地理上分散在许多单元，因为它们都位于市场附近。第二，这些单元大多数都很小，根据定义，它们不能集中到一个大单元中以实现规模经济。第三，生产是本地化的。虽然一些后台活动或操作可能是集中的，但所有前台交付都是在与消费者联系的地方进行的。第四，每个销售点将在服务链建立的品牌标准内运营。正如制造商使用品牌向消费者保证产品质量的任何地方都可以购买和消费，服务链也使用品牌来确保消费者在他们访问的任何商店中服务的一致性。

多个单元的本地化、小规模操作既是挑战，也是机遇。三大挑战分别是：

快速成长；

找到合适的位置；

确保每个商店满足当地市场,同时符合品牌标准。

在消费者服务公司中,需要快速增长的原因有二。第一,竞争对手很容易复制新的服务概念。这与可能受专利保护的新产品不同,很难定义服务的概念并在法律上保护其免受他人的商用。在大多数情况下,所有消费者服务公司都可以使用它们采用的品牌名称,而一些公司,如麦当劳,则非常积极地保护自己的品牌。第二,很难找到理想位置,在竞争之前获得这些位置需要快速增长。

但快速增长很难,因为公司可能缺乏资金支持所需的资金和现金流。房地产建设或收购是资本高度密集型的。因此,许多公司采用特许经营作为其快速增长的手段。但是,有证据表明,投资成本越高,风险越高。因此,个体特许经营者可能会被公司特许经营者所取代。

特许经营有三个主要优势。第一,特许经营者通常"拥有"并开发该单元。因此,他们提供资金以实现快速扩张。第二,特许经营者通常选择他们正在扩展的社区、地区甚至国家的地方。这种丰富的本地知识对于出口的合适方向的发现有很大帮助。第三,同样的本地知识还应确保有效管理运营,无论是为当地客户提供服务,还是在当地劳动力市场中运营。在Wahlberg案例中可以看到一个有趣的例子,一个以其创始人的名字命名的特许经营权。

 案例 10-4

WAHLBURGERS

Paul Wahlberg无法集中注意力。他不停地环顾四周,眼神停留在贴在灯上的贴纸上,然后是一块很小的地毯污渍。最后他不能再忍受了,并且纠正员工更换灯泡的方式。这不是一个应该在全国范围内开设快餐店的人。这个男人应该回到他狭小的厨房里,因为他几十年来一直在波士顿的餐馆做饭,包括Alma Nove,一家以他美丽的母亲命名的意大利餐馆——Alma。他回到桌子后,他的眼睛不停地来回扫视。"我必须修饰一些油漆,"他说,"我不是在告诉你在哪里。"Paul的两个兄弟,Mark(和一群魅力四射的潮流人士为伍)和Donnie(哥伦比亚广播公司,出演Blue bloods),都是魅力四射、动作迅速的名人,走在哪里都有经纪人、经理以及HBO随行人员跟随。直到今年早些时候,他们也是Paul在Wahlburgers的商业伙伴,在距离波士顿30分钟路程的郊区Hingham有一个小商场汉堡店。2015年,Wahlburgers计划在佛罗里达州、拉斯维加斯、纽约、中东和几个机场开设数十家分店。他们通过A&E上的一个名为Wahlburgers的卡通真人秀来推销它,它并不适合50岁的严肃又害羞的Paul,他的灰色毛衣甚至拉到了顶。这是一个关于一个神经质的厨师的节目,他被冷酷的、随和的著名兄弟嘲笑和恐吓。"在一个完美的世界里,Paul将拥有一家餐厅,八年内可能会开设第二家餐厅。"43岁的Mark在洛杉矶的一个高尔夫球场打电话说。但是,一旦Paul引用了这个姓氏,Mark就决定计划一个完整的连锁店并推销真人秀节目。"我说,'Paul,如果你想建立一个一次性的,可以称之为Paul汉堡店。'我希望发展一个真正的事业,传递给后代。"(其中,三兄弟有八个孩子。)45岁的Donnie必须找到一种方法让Paul和Mark妥协,让Mark减速以保证质量,让Paul加速开始扩张。2014年,Donnie每次在纽约拍摄Blue Bloods时都会乘坐火车前往Hingham。有时他会写菜单的评价,但更多的时候他会试图说服Paul:Wahlburgers

必须更快地成长。"Paul 如此易冲动,以至于一切都变得躁动起来。甚至一个西红柿切错,他就会处于精神崩溃的边缘。"他说。虽然有九个兄弟姐妹,但是 Donnie 总是最亲近 Paul 的那个,所以他决定扩大他哥哥的汉堡店规模。它们的售价为 7.15 美元至 9.50 美元,并且具有足够高的质量可以满足那些为体验特殊旅行而又不是那么富裕的粉丝,因为他们不喜欢低级,这是南方人的本质,也是 Wahlberg 品牌的精髓。"人们普遍认为 Mark 和 Donnie 是勤劳和谦逊的人,"营销机构 Walton Isaacson 的合伙人 Cory Isaacson 说道,她在 The Real Housewives 上推广了 Bethenny Frankel 的 Skinnygirl 纽约品牌,"如果 Katy Perry 打开一个汉堡包,没有人会认为她实际上与它有关联。"基于这个逻辑,Wahlburgers 相信他们可以赢得美国正在进行的汉堡战争。几年前,当麦当劳摇摇欲坠时,战斗就开始了。麦当劳在遭受了 2001 年以来最糟糕的销售下滑后解雇了首席执行官。与此同时,所谓的更好的汉堡类别已经夺走了市场份额,五个人从 2001 年的 5 家店增长到 1 270 家,在一月份股票交易的第一天,Shake Shack 的市值翻了一番,它现在价值超过 28 亿美元,仅有 69 家商店,然而每个位置超过 4100 万美元。这类食品如同脂肪一样迅速增长:Smashburger(320 家)、Elevation Burger(52 家)、Counter(40 家)和 Umami Burger(24 家)正在全国快速增长。Wahlburgers 试图通过成为像 Umami 和 Counter 这样的餐馆以及像 Shake Shack 和 Smash Burger 这样的快餐店来区分自己。每个特许经营权的三分之一专门用于柜台服务,但也有服务器和一个完整的酒吧。Paul 坚持这个概念,即使他的兄弟、外部投资者和他们的首席执行官(帕内拉面包的前首席运营官)首先在 Facebook 上推出的 Rick Vanzura 自助服务正推动劳动力成本降低。"这不是我想要带入世界的。"Paul 说。让老年人感到舒适,调酒师会时常和流行音乐一起跳舞,其中一些歌曲由他的兄弟们来演唱,这才是他想要的。Vanzura 从 Panera 带来的一件事是相信他可以控制质量(不像麦当劳),拥有少数特许经营商所拥有的大量商店,所有这些商店必须至少拥有 500 万美元的净资产才能被考虑作为合作伙伴,"人们会说我们所做的事情是从单个单位增长到前所未有的量级。"Vanzura 吹嘘道。为了得到他的工作,他去了一群 Blue Bloods 去见 Donnie,NKOTB 的粉丝经常潜伏在那里。("我习惯在工作环境中接受面试。一位经纪人正带我去他的预告片,我看到一群中年妇女在那里等待。"他说。)他在纽约的 Nobu 见到了 Mark。在那里他们不停地被端着厨师送来的特色菜的服务员打断。Mark 是一个很好的合作者,Vanzura 说:"当他打电话给特许经营者并说,'我支持这一点,并确保它会得到很多曝光。'这带来了很大的影响。"

  如果没有 Mark 的电视创意,这一切都无法实现。在 2014 年节目开始播出之前,最初的 Wahlburgers 渡过了一些非常难熬的夜晚。后来,Paul 看到人们在外面排队,在 11 点就提前 1 小时营业了。去年,他们在这家小餐馆做了 40 万张的支票。这家公司是私营的,所以 Paul 不会透露它的年收入。尽管这档节目看起来更像是开玩笑而不是电视节目,但 Wahlburgers 确实已经播出到第三季节目。据尼尔森说,它平均有 200 万观众,并获得了艾美奖提名。它的成功为这家连锁店提供了一个已经相当成熟的称霸汉堡领域的机会。"他们正在迈阿密的拉斯维加斯扩张,"QSR(quickservice restaurant)杂志的编辑 Sam Oches 说道,"这就是名人厨师的所作所为：搬到非常适合旅游的地方。"但负责市场研究公司 Technomic 的食品服务的 Darren Tristano 认为,分拆服务餐厅限制了增长。"如果你在一个社区寻找一个可以坐下来吃饭的地方,那就可以了,"他说,"但是当你从总体机会来看美国的时候,并没有那么多的市场。"辛厄姆,一个新英格兰爱国者队教练,住在比尔·贝利奇克居住的托尼·波士顿郊区,当然有资格这样说。现在是上午 11:30,Wahlburgers 的人们早餐主要吃肉糜。Alma 四处走动,与顾客聊天。她也在节目中出现,并且已经成为一个真正的真人秀明星,每周六在节目中准时露面。在抚养了著名的孩子后,她热爱自己的名声："我的朋友们说,'这难道不会让我发疯吗？'你在开玩笑吗？人们都抢着想跟我说话！"Paul 摇头表示不同意。当坐下来吃午饭,当女服务员们争抢着给他挂帽子,一些顾客拥挤着让他签名时,他看起来很沮丧。"一直以来都是'哟哟哟,你是 Mark 和 Donnie 的兄弟',"他说,"我更喜欢那样。"

(资料来源：BusinessWeek,1st June,2015)

10.4.1 多单位企业的经营管理

多单位联营企业面临的第三个问题是确保每个单位的有效运行。在直接拥有和经营出口的联营企业中,操作功能通常通过"区域经理"角色完全控制每个单元的性能。如何具体实现取决于许多方面,这些维度有：

工作范围——这是区域管理层面的任务和责任范围；

组织一致性——这是公司内所有管理层面的共同愿景并共同努力实现共同目标的程度；

地理密度——这是一个区域内相对于区域大小的单位数；

单位符合性——这是一个区域内单位是否相同的程度。

当 Sasser 等人(1978)首次提出服务公司生命周期的概念时,他们着重关注美国快餐和连锁餐厅的发展。这些连锁店展示了高市场渗透率、强烈品牌相同单位的特征、严格和狭义的区域经理职位描述、严格规定的绩效标准、有效的组织范围系统和强大的组织文化。这种多站点业务的原型是麦当劳。那时,可以推断区域经理的有效性需要相对狭窄、严格定义的工作范围,高度的组织一致性,地理密度高和高单位整合。

但美国越来越多的证据表明,联营企业已经放弃了这些既定的多地点管理传统。例如,百事可乐公司的首席执行官概述了他如何重塑必胜客、肯德基和塔可钟(Taco Bell)的管理模式的,方法是大幅增加(从 12 人增加到 24 人)区域经理的控制权、赋予经理和员工权利、扁平化层级结构以及投资信息技术。

看起来区域经理的战略角色与运营角色的定位并不是针对具体部门的。在英国的一项研究中(Goss-Turner & Jones,2000),区域经理的工作范围似乎差别很大——从那些明确具有狭义的区域经理角色的人员,其任务集中在单位检查和控制,到那些负责发展业务的广泛责任。有迹象表明公司采用了两种不同的商业策略。第一个重点是通过严格控制运营单位来实现高水平的利润。第二个是通过与客户服务相关的战略服务愿景来关注销售增长和市场份额,从而形成差异化战略。看来第一类公司的多单位经理的工作范围较窄。同样,这不一定是行业特定的。虽然本研究中的酒店区域经理往往比餐馆或酒吧的工作范围更窄，但这似乎反映了他们的策略，而不是与单位层面业务的相对复杂性有关。

另一种解释可能不是公司采用的策略，而是公司在成熟市场中运作的态度。当然，酒店和酒吧在一些国家是成熟的企业，尤其是英国，有些餐馆不那么便宜。Baden-Fuller 和 Stopford(1994)提出了两种可选择的思维方式。"成熟企业"认为该行业稳定，相信盈利能力来自于利益相关者，将自己视为外部经济力量的受害者，争取市场份额，并寻求规模经济。然而，"动态业务"寻求新的运营方式，为客户提供更好的服务，相信利润源于他们自己控制事件的能力，将市场份额视为创造价值的回报而不是实现价值的手段，并利用创新来实现竞争(Silva et al.，2014)。有证据表明，像美国的 Taco Bell 这样的公司采用了这种动态的观点。

这种转变可能会对组织的一致性产生影响。新的思维和运作方式需要一段时间才能在公司内部发展。这种一致性概念主要涉及组织系统或文化。在一项英国和美国之间的对比的研究中(Goss-Turner & Jones，2000)可以看出，正式系统在那些经营英国国际品牌特许经营公司的公司中最为明显。另一方面，作为文化规范而不是正式制度占主导地位的公司脱颖而出。看起来，与美国典型企业的情况不同，大多数企业并没有同时拥有强大的体系和文化，而是在一种体系中实力强大，而在另一种体系中实力较弱。相对缺乏强大的文化可能与英国的商业方法有关，在概念特许经营(餐馆)中缺乏明确的身份，管理的传统非常强烈(在酒吧中)，很少有公司单一经营概念。相对缺乏强大的系统，特别是集成的 IT 支持，可能是由于英国基础设施的年份和与美国相比缺乏新建设单元。该研究中的大多数公司都在投资 IT 来解决这个问题。

业务单位可能有多种不同的形式——销售量、销售收入、运营能力、员工人数等等(Ağrall，Taşkın & Ünal，2017)。这些因素之间往往紧密相符，即单位的实际能力越大，其销售收入越大。在单位大小不同的公司中，存在调整区域大小以反映这一点的趋势。但是，没有证据表明存在用于确定区域大小的任何形式方法，例如公式或统计分析。根据 Goss-Turner 和 Jones(2000)的说法，具有最高单位整合水平的公司是通过新建或绿地开发的公司。但与美国不同，大多数英国连锁酒店业务都有相对较旧的房地产投资组合，尤其是酒吧和酒店业，这显著降低了单位整合度(Jones，1999)。

许多英国酒店连锁店反映了公司内部的各种业务，开发了品牌，特别是酒店和酒吧行业。因此，这些大公司在地理密度和单位整合之间存在潜在的权衡。可以组织具有高密度但低一致性，或低密度和高一致性的区域。

根据他们的工作(Goss-Turner & Jones，2000)，企业可以选择如何在多单元链中组织运营职能。区域管理器有以下四种类型。

(1) 原型

典型的多站点服务公司的区域管理符合麦当劳模式——品牌完全相同的单元，区域经理严格和狭义的任务，严格规定的单位绩效标准，以及强调对单位的运营控制。这种多单元经理的工作范围相对狭窄，组织一致性很高，注重运营绩效。企业希望具有较高的地理密度，因为它认为区域经理应该尽可能地在单位中。

(2) 企业家

创业领域的管理人员负责一个单一的概念,也要紧密地打上品牌,以及开发每个部门成为一个企业的潜力。在这种情况下,可以完全通过文化规范对区域管理者施加控制。组织一致性也往往受文化驱动。因此,这些管理人员具有广泛的工作范围,将一系列技能应用于运营单位,以反映当地和区域的影响。

(3) 多品牌经理

多品牌背景下的区域经理有多个概念需要管理,通过将几乎相同的"游戏规则"应用于所有这些概念——即严格的成本控制、标准一致性和收入增长。工作范围仍然很窄,但由于经理负责多个品牌或类型的操作,因此具有更大的灵活性。在这种情况下,实现高水平的组织一致性可能很困难。通常地理密度很高,因为定义区域的基本原理就是基于此。

(4) 业务经理

"业务经理"负责不止一个品牌,并在总体政策指导和营销策略的背景下为每个单位应用创意解决方案。像他们的公司一样,这些经理需要充满活力,指导和影响他们的单位经理,而不是控制他们。地理密度对他们来说不是大问题,因为他们不认为必须在每个单位花费大量时间。

Goss-Turner 和 Jones(2000)认为,个体经理不可能轻易地从一家公司跳槽到另一家具有不同特征的公司。例如,过去以高地理密度运营的区域经理可能不喜欢大面积运营组织,管理用于严格控制单个品牌的人可能会受到多品牌的更多战略责任的挑战;那些习惯于明确定义的工作的人可能会发现,缺乏定义并强调文化规范令人不安。这似乎得到了行业惯例的证实,大多数公司都是从内部任命区域经理。

10.4.2 特许经营者——特许经营关系

在以特许经营为增长方式的公司中,仍然要求有效和高效地运营单位。特许经营者希望单位能够盈利,因为特许经营费通常基于一定比例的利润,同时他们也希望确保品牌标准。这些公司不是拥有区域经理,而是拥有特许经营权。虽然这些管理者所扮演的角色基本相同,但他们所做的工作却完全不同。特许经营人必须在公司与其特许经营商之间达成的法律特许经营协议的背景下运作。

特许经营合同与它们可能适用的任何市场以及所在的任何国家都有许多相似之处。特许经营商同意根据特许经营"制度"规定的政策和程序经营业务。这种系统通常规定了待售产品、库存项目、营业时间、工厂维护、人员配备水平、保险范围、会计程序和审计程序。作为回报,特许经营商获得全国品牌营销,以及一系列管理援助,如帮助选址和开发、培训、标准操作手册和融资。运营系统和获得援助权利的特许经营费通常采用特许权使用费的形式,例如销售额的百分比。此外,特许经营商通常需要从特许人或指定供应商处购买原材料。合同还将有任何一方终止协议的条款。如果被特许人在规定的"系统"和合同条款的范围之外运营单位,特许人通常可以终止合同,并且在开设竞争业务方面将对特许经营商施加限制。

在大众媒体中,特许人和特许经营者之间的关系经常被描述成一种胁迫——大企业控制和胁迫小人物。例如,Eric Schlosser(2001)在他的《快餐王国》一书中,谈到特许人和特许经营者之间的冲突是"平凡的",特许经营者因害怕报复或终止合同而"害怕批评他们的连锁店",以及急于扩张的公司"侵占"他们的特许经营者的领域。这种关系往往以多单位形式采用的方法得到进一步支持,以监督和规范其业务(业主或特许经营)的质量。典型的方法是建立一个神秘购物者计划,由一个隐姓埋名的质量检查员装为普通的消费者随机访问每个单元。

10.5 大规模服务的能力和调度

在大规模生产时代,服务运营开始得到重视,最初的观点是它们更像制造业(Chang et al., 2014)。哈佛商学院的 Ted Levitt 在 1972 年和 1976 年撰写了两篇关键文章——《服务的生产衬里》(The Production-Lining of Service)和《服务的工业化》(The Industrialisation of Service),使这一观点得到了人们的充分阐述。20 世纪 50 年代末,以麦当劳(McDonalds)为代表的汉堡快餐连锁店取得了成功,部分原因在于它们似乎提供了一系列价格各异的产品,这些产品由少量"零部件"制成,并使用少量工艺。包括相同的食品(肉馅饼、面包、沙拉食品和酱汁),相同的过程(烧烤、烘烤、组装和包装),以及基本的汉堡包(可以通过添加一片奶酪、变成芝士汉堡,巨无霸包括两个小饼而不是一个,依此类推)。同时,在制造业中,许多业务采用了各种形式的大规模定制,如第 7 章所述。但是,其他人需要减少可变的程序以删除冗余过程和重复模块。在某些服务中,通过所谓的模块化提供减少其实一直存在问题(Salider et al., 2017)。

与 Levitt 的观点相反,Sasser、Olsen 和 Wyckoff(1978)提出了一些关于服务的新观点。这些新想法源于他们对服务的分析,即无形、异构、易腐和"同时"。服务是"易腐"的,因为今天没有消费的人直到明天才能存储。正如 Sasser 所说:"今天未使用的酒店房间明天不能卖两次"。这种易损性源于许多服务的生产和消费同时发生的事实;"生产"仅在消费者到达使用服务设施时发生。这些设施还具有服务提供和物理基础设施的固定能力。例如,飞机或电影院有一定数量的座位,酒店有一定数量的卧室,学校有最佳的班级规模。由于服务提供和固定能力的易损性,服务能力管理更加强调管理需求。因此,从 20 世纪 80 年代开始,组织的运营和营销职能之间的协同作用日益增强,特别是那些提供服务的组织。

这些发展导致了一个悖论。一方面,越来越多的作者和研究人员正在积极致力于服务和制造不同的理论和模型。另一方面,越来越多的从业者和运营经理使用类似的想法和方法,无论他们是从事商品生产还是服务提供。造成这种混淆的原因很清楚。通常,文献中引用的工业化服务的例子不是纯粹的客户处理操作(CPO),而是具有与快餐一样的材料处理的强大元素,或者与自动柜员机一样的信息处理。因此,它们可以像批量生产操作一样进行管理也就不足为奇了。与此同时,那些更多的 CPO 仍然像以前一样作为工作场所运营,尽管由于更好的预测和优先级管理,它们的利用率比以前更高。在酒店采用收益管理就是一个很好的例子。在讨论"优先级管理"时,Westbrook(1994)认为它是批量生产操作的关键要素,因此组织可以追求某种类型的订单来填充能力,并选择哪些客户订单具有优先权。酒店是一种特殊的批量生产操作,它每 24 小时生产一些可供出售的房间。因此它的输出非常容易"腐烂"。收益管理是一种优先级管理方法,包括一系列系统和程序,旨在最大限度地在固定供应条件下销售产品或服务,其中创收能力随着时间的推移而减少。以下案例说明了这一点。

 案例 10-5

酒店收益管理

朴次茅斯酒店是国际连锁酒店的一部分。它有 160 间客房,位于英格兰南部海岸。总经理的业绩和酒店业绩由公司根据盈利能力、销售收入、客户满意度和员工满意度进行评估。因此,收益管理是提供收入和促进盈利的关键工具。总经理强调战略决策在收益管理系统中的作用。每年制定一份商业计划,分为 7 个细分市场(高级、企业、会议、休闲、促销、旅游/团体和特殊公司)来设定销售目标。这些目标来自对酒店之前业绩的分析、对每个细分市场实现利润率的分析、对竞争对手的分析以及对环境的分析。这导致设定了这些细分市场的费率,其总体目标是提高整体平均费率表现。1996 年,一项关键决定是大幅度降低货架率,调整销售组合,并将特殊公司(特别协商、折扣价格)的数量从 200 个减少到 20 个。这导致了平均房价的增加并达到 4.00,即使机架价格低了 10.00 英镑。它的目的是确定经理所谓的"公平价格"(或价格-价值关系),从而吸引充足的业务量,并且无需谈判价格。

整个管理团队每季度会对业务计划进行审核。客房绩效由总经理、销售经理、预订经理、前台经理和财务总监组成的小组进行专门审查。该小组还每周召开一次销售战略会议。本周活动的例行日程基于对前一周表现的评估(房间销售、入住率、实际收入、平均房价、拒绝的潜在销售额)、竞争对手评审(向被视为直接竞争的 5 家酒店每天拨打两次电话,以确定房间可用性和机架费率)、按市场分类预测 35 天、月度财务预测、3 个月的入住率预测。会议分析了偏离计划的原因,并提出了确保未来计划实现的行动。在这家 Whitbread Round the World Race 酒店的情况下,特殊活动也被考虑并做出回应这些。

这些年度、季度和周度计划会议使主要负责管理收益管理系统的预订经理能够每天采取适当的行动。超过 80% 的酒店预订将在酒店的预订办公室进行,包括经理和两名全职预订人员。每天,收益管理系统都会显示一份报告,显示每个"费率类别"下 7 天的当前预订水平。这些类别与 7 个细分市场相关,但不完全相同。A 是机架费率,B~H 是此费率的不同折扣级别。由于他们为酒店提供的业务量,"特殊公司"可能会支付大幅折扣的机架费率,但仍被归类为 A。该系统还提供了 7 种费率类别,类别 A~H 中可接受的"可接受"停留时间的细分。在回答询问时,预订者确定费率类别和所需的停留时间。如果酒店接近满房,较低的费率类别(例如 D~H)可能会被阻止,因此预订者将被告知此费率不可用并且以最低可用的类别费率入住。如果所要求的逗留时间跨度预测率更高,那么预订者也可以以这些较低的费率为由拒绝业务。任何预订的人都可以超越系统。这些拒绝(由于酒店预订或住宿时间不匹配,或者由于客户不接受提供的费率)会保留详细记录。这些被视为"失去的销售机会",在每周会议上与实际入住率进行分析。如果酒店已经预订完毕或者提前一段时间进行了询问,那么这种销售可能会被"丢失"。如果酒店没有完全入住,最近一周的拒绝将被审查。预订经理可以根据每周审查会议上超额预订政策和政策决定的调整来调整每日需求预测。该系统还具有子系统,该子系统使得能够决定会议或团体预订。根据需求预测,子系统预测销售组合并确定机架价格的潜在排量水平。在此基础上,它为会议建议出什么样的费率。

给从事收益管理的核心团队是预订经理和两名预订员。在战略决策方面,预订经理得到总经理的大力支持和鼓励,以及与酒店管理团队其他成员的有效合作。在运营方面,预订经理与前台经理及其团队保持联络,特别是关于通过前台办公室预订的10%至15%。与接待员相比,预订者所显示的知识水平和技能有明显的区别。预约经理在上任之前通过模拟练习进行了为期两周的入门课程,但他实际上花了6个月的时间来真正理解这个系统。他亲自监督了预约人员的培训,他们也花了几个月才完全胜任。另外,接待员接受过最低程度的培训。他们的"预订"中有很大一部分实际上是在房间可用的夜晚"步入"。鉴于强调将"销售损失"保持在最低限度,预订经理总是跟进已经超越系统的接待员所做的预订(通常接受较低的费率类别)。

收益管理团队没有直接激励。酒店的管理团队根据他们的表现获得奖金,而员工则可以根据个人表现收集家用物品和其他消耗品的积分。然而,该公司强调员工满意度和普遍的企业文化,创造了一个良好的绩效会得到总经理认可和赞扬的环境。支持收益管理的技术基于中央预订系统,可以在中央销售办公室或每个单独的单元中进行预订。该系统向预订者提供房间可用性和费率(如上所述),并记录所有相关数据以进行预订。许多子系统使用该数据来促进产量管理,包括需求预测系统、拒绝模型、访客历史数据库、团体需求预测系统和旅行社佣金系统。该连锁店还有一个支持记录账户、访客入住和退房、审计和工资单的酒店信息系统。

10.5.1 管理能力的策略

随着时间的推移,很明显,在提高管理能力时运营可以采用两种基本战略。斯塔尔(1978)提出了一种"总体规划模型",它包括了两种策略:"改变W(劳动力),使P(生产)尽可能地匹配需求",或"不改变劳动力,从而随着时间的推移保持P不变"。Sasser、Olsen和Wyckoff(1978)认为这些策略可能适用于服务运营。在追逐需求策略下,重点将放在将产出与需求相匹配,因此需要预测需求。在能力战略中,重点是最大化利用率。如图10-2所示。

管理人员面临着将需求与供应能力相匹配的决策,这些决策既适用于短期,也适用于更长期、更具战略性的能力决策。这三种能力是:

领先——需求增长前增加产能;
滞后——需求增长后增加产能;
平均——维持平均能力。

如图10-3所示。

其中第一个,"领先"能力可以成为一个组织积极增长的标志,它将在地理上"放弃一个位置"并积极创造需求。日本移植在这方面取得了巨大的成功,以这种方式处理某些类型的制药和生物技术能力管理。"领先"能力可被视为"寻求风险"的策略。

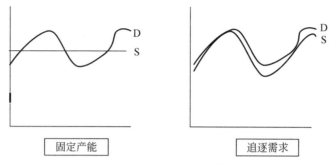

图 10-2 固定产能和追逐需求

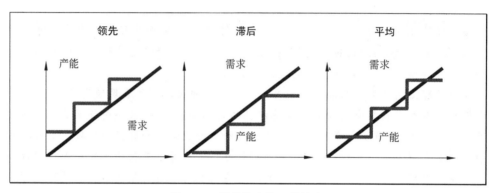

图 10-3 管理能力的三种策略

第二个"滞后"能力是一种更具反应性、风险规避的方法,即组织响应特定需求,尽管如此,它仍然是一种强有力的方法。例如,艾滋病流行病的悲剧已经导致一些制药公司为应对这一悲惨现象而提高了能力。

第三种类型——平均能力,通常用于服务组织内,以消除需求和供应之间的差距。正如我们前面提到的,有些服务无法存储能力,因此关键任务是将需求与供应相匹配,以满足双方的能力需求。

各组织用于管理需求和供应波动的进一步战略是:

无论需求水平如何,都能提供相同水平的供应。该策略可以称为服务操作中的需求平滑,或制造操作中的分级生产。

将供应水平与需求水平完全匹配,这种策略通常称为追逐需求。

调整需求以更好地匹配供应,这种策略称为需求管理。具体如下。

1. 水平能力策略。组织用于匹配需求和供应的一种策略,是在需求之前生成和存储输出。这些策略依赖于构建库存。其他类型的业务,例如服务业务,仅限于采用库存建立策略。在许多服务组织中,供需之间的不匹配将导致排队等候。

2. 追逐策略。使用追逐策略的组织会调整其活动水平以反映需求的波动。

3. 需求管理策略。使用需求管理的组织试图改变需求,以使波动时期趋于平稳。

Shore(1973)认为,"总体规划的本质是制定一种策略,通过这种策略可以经济地吸收需求的波动"。从这个意义上讲,这种能力管理方法主要涉及通过提高可预测性来管理数量并减少或控制变化的影响。因此,重点是预测。

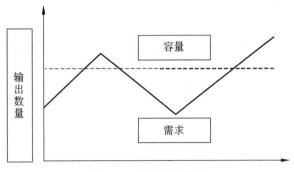

图 10-4　水平能力策略

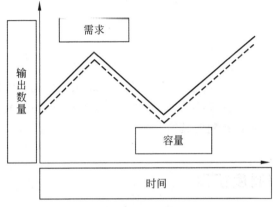

图 10-5　追逐策略

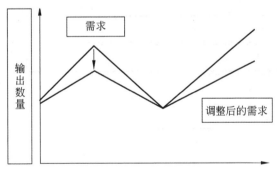

图 10-6　需求管理策略

总体规划的两个阶段首先是将所有生产产出加在一起以达到总生产水平（相当于我们所谓的"产量"），其次是预测产出的波动（我们称为"变异"）。事实上，这种方法消除了或者更确切地说忽略了变化和变异。

一旦制定了战略或总计划，就必须将其付诸实践。在制造业中，特别是在大批量生产或生产线流程到位的情况下，这通常是通过主生产计划，正如我们在第 6 章中讨论的那样。这样的计划包括有关承诺交货日期、所需资源和材料、装配能力、设置成本和库存。具体方法将取决于组织的竞争优先事项。按库存生产策略计划生产产出的材料、按订单生产策略计划输入或购买项目的材料以及按订单组装策略计划组件的材料,均为利用制造通用组件以用于各种输出项目。

虽然产量、品种、变化和可变性来自成品产量,但它们会反馈到生产过程的每个阶段。同样,关于完成输出的预测会导致对每个过程阶段的预测;虽然在该过程的每个阶段可能存在组件的易腐性。"以购代产"通过将生产转移到供应商,能力管理方法减少了投入和在制品活动的多样性。通常,该过程的最后阶段是组件的组装。因此"以购代产"决定确定过程还应包括这些组件的"制造"程度。通过外包部分或全部组件生产的做法,减少了操作中的各种子流程,并且如果减少了各种输出,就可以更容易地管理产能,因此,流程的多样性是降低。

外包用于能力规划的深刻含义是从操作中控制的过程转变为需要与供应商协调的过程。20世纪80年代所谓的"供应链管理"的增长(尽管正如我们在第5章和第6章所看到的那样,从网络而不是链条的角度思考可能更好)表明,这种情况越来越多地被认为是运营管理的一个关键方面。操作一直面临着决定是否使用中间商提供的原材料或加工材料的挑战。即使是典型的工作购物者、铁匠,也没有冶炼自己的矿石来生产铁。所采用的管理能力的关键差异在于外包战略方法的构想,供应链管理因此从中出现。因此,关于是否制造或购买的决定从零散地考虑个别项目转移到关于整个组件组和整个过程组的决策。我们在第3章中看到了 Taco Bell 如何重新配置其流程。正如以下研究所示,Taco Bell 还改变了他们管理调度的方式。

10.5.2 能力/调度接口

我们在本章的大部分内容中讨论了能力的类型。能力具有明显的战略后果,但也与日常安排有关。实质上,能力和调度之间的联系之一是时序,如图10-7所示。

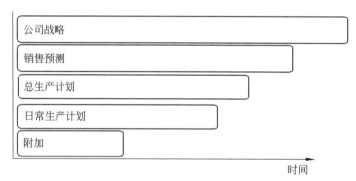

图 10-7 长期生产能力和每日生产计划之间的联系

10.5.3 调度方法

鉴于运营调度对于利用率和效率如此重要,订单排序或者 Westbrook(1994)所定义的"优先级管理"是至关重要的。从工艺时代开始,订单排序已经使用一系列标准确定。非正式调度方法包括以下内容:

非正式调度方法的示例

优先考虑最好的客户。例如,预订大量床位的酒店客户(通常是大公司)不仅可以享受折扣房价,还可以享受"最后一个房间"。

确定紧急情况的优先顺序。这尤其适用于医疗环境,例如事故和急诊部门,这些部门通常具有"分诊"系统。

给最苛刻的客户带来压力。

基于系统订单排序的其他调度"好规则"包括以下内容:

系统顺序排序的示例——调度方法

先到先得。这是最公平的系统,通常应用于通过操作人员处理的地方。

最早到期日。

最短或最长的总处理时间。这是基于获得最少或最多时间的工作的想法。

最短的时间。此排序基于将处理时间与到期日期匹配,以便可以尽快将完成的输出发送给客户。

最低转换成本。选择作业的基础是它们几乎不需要机器设置或转换。

最短的第一次/最后一次操作——"最短的第一次操作优先"方法使工作变得活跃并且旨在良好地利用工厂。问题是它可以在后续阶段创建正在进行的工作和瓶颈。根据最短的上一次操作来装载作业,以确保在大部分成本累积的时刻(即最后阶段)不会保留作业。但是,这可能会在整个过程的早期阶段造成瓶颈。

临界比率。这是通过将到期日的时间除以处理时间来确定的。小于 1 意味着工作将在承诺的交付日期之后完成。在这种情况下,可以采取措施减少员工加班等的处理时间。订单按最低临界比率排序。

调度是一门艺术,而不仅仅是软件计算带来的科学。运营经理必须做的是了解调度的战略后果,以便客户在充分利用有限资源的同时提高满意度。没有任何软件的解决方案能够为这种紧张的关系提供"完美的答案",因为在对"首先安排的内容"做出判断时总会有权衡——无论选择一个客户而放弃另一个客户,或者是选用这个过程而不是另一个,这需要知识渊博的运营经理,他们可以超越"解决方案",并且可以在进行调度时根据良好的业务技能做出明智的调度决策。

 案例 10-6

虚拟计划,真实手术

2016 年 10 月,纽约外科手术团队成为头条新闻,因为他们开展了非同寻常的手术。布朗克斯区 Montefi 矿石医疗中心的医生将 13 个月大的双胞胎分开,这对双胞胎出生时头部连在一起,脑组织融合在一起。复杂的程序得到了一系列重写精准医疗技术的帮助:3D 打印和成像。医疗保健正在经历一场转型,这种转变独立于关于保险和监管的全国性辩论。医疗保健服务正在变得更加个性化。它发生在护理的每个阶段,从可以召唤医生的电话应用程序到个性化药物和基因疗法的即将到来的时代。3D 打印并非以药物为出发点,但该技术创造定制对象的能力使其成为个性化医疗革命中不断增长的一部分。可以生产塑料玩具或汽车车身零件的同类 3D 打印机可以制造人体器官:更换髋部和其他植入物以及假肢,所有这些都精确地塑造了一个人件。其中一些工作已经渗透到"制造商"社区。这里有一个全球性的志愿者网络,可以为儿童打造假手,在伦敦有一位艺术家创造了"设计师"的人工肢体。生物材料的三维印刷也在进步。位于圣地亚哥的 Organovo 可以打印人体细胞和组织。目前,这项工作旨在测试药物治疗。总有一天,它可以创造出用于人类的组织。同时,3D 打印允许外科医生为精细程序执行复杂的高级手术规则。"它确实正在改变外科医生进行手术的方式。"3D Systems 医疗设备副总裁 Katie Weimer 表示,该公司拥有专门的医疗保健部门,为医院和外科医生提供服务。该公司称之为"虚拟手术计划"。使用 MRI 和 CT 等标准医学扫描,3D 打印系统可以创建内部解剖学的三维数字模型。医生可以从任何角度查看器官和系统,并在屏幕上操作和剪切东西。然后,这些数字化的解剖部位可以用塑料和其他材料"印刷",以提供精确的纹理和组织抗性。3D 打印系统提供的一项服务是患者心脏的物理复制品。"这感觉就像一颗心,不仅看起来像一颗心脏,而且像心脏一样反应,"Weimer 说,"医生可以进行切割和缝合,或者可能通过它进行切割。"数字化过程还允许外科医生创建工具和切割指南,以便在手术期间使用,具体针对患者和手术。所有这些辅助工具都被用来帮助外科医生为连体双胞胎 Anias 和 Jadon McDonald 的挑战性手术做准备。男孩们的头部结合在一起,创造了一种既不能坐起来,也不能被父母以传统方式抱着的局面。大多数双胞胎在 2 岁时头部死亡,分离是最好的选择。外科医生的高科技计划始于 CT 和 MRI 扫描,后者成为 3D 数字模型。3D 打印系统为神经外科医生 James Goodrich 博士和整形外科医生 Oren Tepper 博士领导的 Montefi 矿石医疗团队提供了这些数字模型和实际尺寸的物理模型。Tepper 博士说,"医生通过计算机对这对双胞胎进行了虚拟分离,就像飞行员做飞行模拟计划一样。"他们切割血管和骨头,让两个婴儿像在手术室里一样分开。他们研究了重建的要求,这需要从他们共享的现有骨骼中重建每个男孩的头骨。初步手术插入组织扩张器以增加分离后可用于拉伸皮肤。然后,团队能够使用 3D 打印的切割指南将虚拟计划转移到手术室。该程序耗时超过 20 小时,涉及 Montefi 矿石的 30 多名医务人员。医生们尽管知道有计算机化的计划,他们还是得到了巨大的惊喜——他们做到了。这对双胞胎在医院里长大了,他们的大脑融合得很多,这就需要团队的经验和技能。高科技规划有助于使这一过程成为可能,但人类的专业知识是无可替代的。双胞胎面临着漫长的康复期。医生最近称之为"恰到好处"。手术后一周,妈妈妮可·麦当劳第一次能够将 Jadon 抱在怀里(Anias 仍然太脆弱了)。"我曾梦想过这一刻。"她在 Facebook 上写道。

(资料来源:Forbes,2016)

请思考:
1. 描述技术是如何影响服务调度的。
2. 技术是否只是取代了所有调度的"好规则"?

总　　结

能力管理基于对能力、变化、变异性、可变性、可预测性和易腐性的具体特征的理解。有两种主要策略可用于管理能力或追逐需求。

能力的早期运营管理方法基于订单排序、调度活动和过程控制;而材料管理则基于经济订单数量、标准化组件和库存控制。

假设由于某些能力规划方法是在20世纪早期发展起来的,它们与今天不再相关是错误的。有许多业务、企业甚至部门仍然需要并确实正在使用这些方法。

这些业务通常是小规模的,业主在某些部门运营并保持技术不变。

有一些"好的调度规则"可以作为指导。

记住,在调度时没有完美的解决方案,并且过程必须基于合理的业务原因而不是纯粹由软件计算驱动,这一点至关重要。

关键问题

1. 企业如何真正了解其业务的四个V以及易腐性和可预测性的概念?
2. 企业应如何在改进现有能力和调度管理方法之间做出选择?或者从根本上改变流程以重新配置能力概念?
3. 为什么理解全球能力和行业能力具有战略重要性?
4. 如果将全部五种方法应用于您选择的组织,将面临的挑战是什么?
5. "调度中没有完美的解决方案"——为什么会出现这种情况?可以采取哪些措施来帮助策略性地进行调度?

扩展阅读

Aggarwal, V A.; Posen, E.; Workiewicz, M (2017) "Adaptive Capacity to Technological Change: a Microfoundational Approach" Strategic Management Journal. Vol. 38 Issue 6, pp.1212-1231.

Buxey, Geoff (2005): "Aggregate planning for seasonal demand: reconciling theory with practice" International Journal of Operations & Production Management, Vol. 25 Issue 11, pp.1083-1100.

Fuente, D; Disney, S M. (2017) "Exploring nonlinear supply chains: the dynamics of capacity constraints". *International Journal of Production Research*. Vol. 55 Issue 14, pp.4053-4067.

Ivert, L K; Jonsson, P. (2014) "When should advanced planning and scheduling systems be used in sales and operations planning?" International Journal of Operations & Production Management Vol. 34 Issue 10, pp.1-24.

White, D L.; Froehle, C M.; Klassen, K.(2011) "The Effect of Integrated Scheduling and Capacity

Policies on Clinical Efficiency" Production & Operations Management, Vol. 20 Issue 3, pp.442-455.

参考文献

[1] Aralı, S; Taşkın, Z. C; Ünal, A. (2017) "Employee scheduling in service industries with flexible employee availability and demand" *Omega*. Part A, Vol. 66, pp.159-169.

[2] Baden-Fuller, C. and Stopford, J. (1994) *Rejuvenating the Mature Business* Routledge:London.

[3] *Business Week* (2013) 3rd June, 2013.

[4] *Business Week* (2013) 19th June, 2013.

[5] *Businessweek* (2015) "Too Much Oil and No Place to Put It". 16th March.

[6] *Businessweek* (2015) "Data Analytics: Go Big Or Go Home". 27th July.

[7] *Businessweek*. (2015) "The Wahlburgers", 1st July, Issue 4429, pp.59-61.

[8] *Businessweek* (2017) "Finally, Some Good News for Shipyards". 10th April, Issue 4518, pp. 23-24.

[9] Chang, Ching-Hsun; Chen, Yu-Shan; Lin, Ming-Ji James (2014) "Determinants of absorptive capacity: contrasting manufacturing vs services enterprises". *R&D Management* Vol. 44 Issue 5, pp. 466-483.

[10] *Datamonitor* (2010) "Honda to expand automobile production capacity in China" 26th May.

[11] Delgado-Alvarez, C; van Ackere, A; Larsen, E; Arango-Aramburo, S.(2017) "Managing capacity at a service facility: An experimental approach". *European Journal of Operational Research*. Vol. 259 Issue 1, pp.216-228.

[12] *Forbes*.(2016) " Virtual Plan, Real Surgery".30th December Vol. 198 Issue 9, pp.82-83.

[13] Goldratt E.M and J. Cox (1986): *The Goal* North River Press.

[14] Goss-Turner, S. and Jones, P. (2000) Multi-Unit Management in Service Operations: Alternative approaches in the UK hospitality industry, *Tourism and Hospitality Research*: the Surrey Quarterly Review 2,1, pp.51-66.

[15] Hill T. (2000), *Manufacturing Strategy* Macmillan, Basingstoke.

[16] Jones, P. (1999) Multi-Unit Management in the Hospitality Industry: a late twentieth century phenomenon *International Journal of Contemporary Hospitality Management* 12, 3, pp.155-164.

[17] Kostami, V; Kostamis, D; Ziya, S. (2017) "Pricing and Capacity Allocation for Shared Services." *Manufacturing & Service Operations Management*. Spring, Vol. 19 Issue 2, pp.230-245.

[18] Levitt, T. (1972) "Production-lining Service", *Harvard Business Review*, Vol. 50 Issue 5, pp. 41-52.

[19] Levitt, T. (1976) "The Industrialisation of Service", *Harvard Business Review*, Vol. 54 Issue 5, pp.63-74.

[20] Liu, W; Zhao, X; Tang, O; Xu, H. (2017) "Impacts of demand and supply factors on the capacity scheduling performance of logistics service supply chain with mass customisation service modes: an empirical study from China" *Production Planning & Control*. Vol. 28 Issue 9, pp.727-743.

[21] Porter, M: (1980) *Competitive Strategy*. Free Press. New York.

[22] Sasser, W.E., Olsen, M. and Wyckoff, D.D. (1978) *The Management of Service Operations*, Allyn & Bacon:Boston, MA.

[23] Reuters Technology News May 22, 2015.

[24] Schlosser, E. (2001) *Fast Food Nation*, The Penguin Press: London.

[25] Schmenner, R.W. and Swink M. (1998) "On theory in operations management", *Journal of Operations Management*, 17, pp.97-113.

[26] Schonberger R (1986) *World Class Manufacturing* Free Press New York.

[27] Shore, B. (1973) *Operations Management*, McGraw-Hill: New York.

[28] Silander, K; Torkki, P; Lillrank, P; Peltokorpi, A; Brax, S A.; Kaila, M. (2017) "Modularizing specialized hospital services" *International Journal of Operations & Production Management*. Vol. 37 Issue 6, pp.791-818.

[29] Silva, M; Simões, J; Sousa, G; Moreira, J; Mainardes, E (2014) "Determinants of innovation capacity: Empirical evidence from services firms. *Innovation: Management, Policy & Practice*. Vol. 16 Issue 3, pp.404-416.

[30] Starr, M.K. (1978) *Operations Management*, Prentice-Hall: Englewood Cliffs.

[31] Thompson, J.D. (1967) *Organisations in Action*, McGraw-Hill: New York.

[32] Waters, D. (2001) *Operations Management: Producing Goods and Services*, Addison Wesley: Harlow.

[33] Westbrook, R. (1994) "Priority Management: New Theory for Operations Management", *International Journal of Operations and Production Management*, 14 (6): 4-24.

[34] Wired (2017) "In The Age Of Trump, China Eyes Electric Car Dominance" 23rd April.

第 11 章

可 持 续 性

🎯 学习目标

1. 理解可持续发展是一个竞争力问题。
2. 了解如何将可持续发展应用到日常运营决策中。
3. 收获一些关于"可持续性"的专业知识,并通过互联网获得有关该主题的大量资源。
4. 作为一名业务分析师,在理论和实践中形成对于该主题的个人观点。

在过去的 30 年里,关于可持续性(也被称为企业社会责任、可持续发展等等)的著述和争论很多,因此在战略决策中把它作为一个公认的因素来接受是很正常的,如在设计、能源生产、物流和运营管理方面。它的运营,还有它的含义,在详细的运营层面上仍然不为人所理解,也许为关于人类是否应对全球变暖或气候变化负责的激烈争论所掩盖,然而无论是什么原因造成的,气候变化问题现在已经非常明显。

在本书的前几章中,我们注意到当前的商业环境意味着必须以一种能够使公司与来自世界各地广泛且日益激烈的竞争相抗衡的方式来管理业务。"可持续性"在很大程度上是这种日益激烈的竞争的一部分。目前对它的解释是开放的,随着"可持续性"的含义变得更加清晰,人们或许达成了一些共识,它可能会在商业组织之间的战略竞争中变得处于更加核心的地位。也许是出于政治或商业利益的偏见的原因,也总会有人诋毁它。

在这一章中我们将探讨,作为一个商业问题,运营管理者要如何在他们的决策和其他活动中融入可持续性知识。你可能会发现其中一些知识相当奇特,但这就是概念的本质。它需要商业思维、科学、政治、历史和人类行为的结合,把这一切包含在运营管理的含义中。我们应探索资源稀缺与濒危元素、碳交易与生命周期评估等概念,并重新审视匮乏与浪费的概念;我们将批判性地看待企业社会责任等理念,努力探究人口增长和消费水平共同作用的问题。

在此一开始就要着重强调,这将是一种非常实用的可持续发展观点。我们在这里不考虑人类的道德健康,也不考虑"拯救地球"。而是从最广泛的角度来看,可持续性包括伦理、公平、公正、安全以及许多其他全球层面的问题。这些和许多其他深刻的辩论自然是 21 世纪最重要的辩论,但它们将在其他地方得到处理。不过,为了让运营管理者做好准备,要着重考虑他们从这个广阔的角度做出的决定的影响。一些研究结果可能会令人吃惊。

11.1 定义:"三重底线"

联合国布伦特兰委员会(Brundtland Commission)在 1987 年对"可持续性"(sustainability)一词的定义是"既满足当代人的需求,又不损害后代人满足其自身需求的能力的发展"。一年后,Sir John Elkington 在英国成立了"可持续发展"智库。1994 年,他撰写了"21 世纪商业的三重底线"准则。它通常用维恩(Venn)图表示,图中有三个重叠的圆,见图 11-1,它们被称为"经济""环境"和"社会"。在后来的一些版本中,这些词被其他词所取代。John Elkington 自己开发了一个名为"利润""地球"和"人类"的版本。这三个单一的重叠部分有时有标签,例如"可承受的""公平的"和"可行的",但中心的三个重叠部分始终是可持续性或可持续发展。对他而言,Elkington 没有将这著名的成果注册为商标,实际上确实"没有人能保护它"(Elkington,2004)。如图 11-1 所示。

图 11-1 "三重底线"图例

三重底线的目的是提醒战略决策者,为了可持续发展,所有三个方面都需要考虑。只专注于一两个(正如商业组织那样)是不够的,那样不过是积累以后出现的问题。换句话说,忽视这三重底线的任何一部分将导致不可持续的活动。到目前为止,商业战略家们可能已经意识到这一点,但他们认为,仍然有机会从不遵守三重底线的活动中获利,并在问题发生之前撤出。本章的目的之一是表明,这可能不再是运营管理者的选择之一。

11.2 展望 2010 年至 2050 年:不足为奇,令人担忧

有两件事是不可否认的:第一,在过去的 50 年中,地球上的人口翻了一番多,从 1961 年的 31 亿增加到 68 亿。第二,每一个在发达国家和发展中国家,所消耗的资源都比 1961 年多得多。其中有些资源是无法再生的,亦或许有些其他资源可以,但只能随着时间的推移等待被发现。这两个事实的结合使我们面临着运营战略的挑战。

人口增长率随不同的区域而异,预计这种情况将继续下去。原因包括诸如是否实行计划生育,生育率和社会、政治或宗教制度(见下文)。我们不重点关心这些事情,我们需要理解的只是其实际影响及作用。联合国开发计划署的人口数据见表 11-1 和图 11-2,它们与其他预测相符。请注意,在未来几十年增加的人口中,大约 90% 将出生在现在可能被称为"贫困"的国家。

表 11-1 2010—2050 年人口增长预计

年 份	2010	2050
区域	10 亿	10 亿
非洲	1.00	2.00
亚洲	4.10	5.20

续表

年份	2010	2050
欧洲	0.73	0.69
美国/加拿大	0.35	0.48
拉丁美洲	0.58	0.73
全世界	6.76	9.10

(资料来源：UNDP，2010)

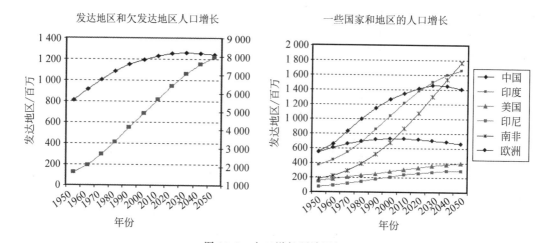

图 11-2 人口增长预计图解

(资料来源：United Nations Population Division. World Population Prospects：2006 Revision
http://www.population-growth-migration.info/population.html
Key：S.S.Africa：Sub-Saharan Africa)

当然，人口增长并不是什么新鲜事，不过以前从来没有出现过这种规模的增长（见图 11-3）。在关于其影响的辩论中，人们通常会提到一位英国经济学家马尔萨斯（Robert Malthus）(1766—1834)。他认为，随着人口呈指数增长，人类将逐渐无法养活自己，而粮食产量只会以算术方式增长。在我们当前的实际情况下，我们考虑他的想法是合理的。但在当时，马尔萨斯把神学家激怒了。他们鼓吹人类作为一个物种或种族在地球上是不可能灭绝的，同时认为所有的技术进步和增长都是好的，不会威胁到人类的生存和繁荣，总之上帝会找到办法的。马尔萨斯的人口论发表于工业革命早期，当时工业革命的影响还没有完全实现，因此可以认为，在工业革命之后不久发展起来的生产方法降低了他的论点对于这一教条的反对价值。事实上，20 世纪早期的农业生产力以每年 10% 的速度增长，从那时起，每公顷土地的产量不断增加。例如，最近，在短短 7 年内就可以种植一棵树（至少对制浆造纸行业来说），而不是传统上的 30 年左右。

然而，马尔萨斯的解决办法不是通过创新寻求增加产出，而是放弃资助穷人——实际上是让他们因饥荒和疾病而死亡。即使在 1798 年，这也是十分荒谬的。今天，虽然非洲的一些灾难具有某些特殊性，但这也是难以想象的（见 Diamond，2005，第 10 章，"卢旺达的可怕故事"）。尽管存在区域性差异，但目前具有以下异常现象：世界上有 10 亿人是文盲，有 7

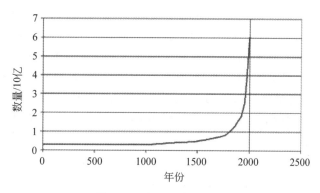

图 11-3　人口历史增长图

(资料来源：United Nations Population Division. The world at six billion (Undated) http://www.population-growth-migration.info/population.html)

亿人没有手机信号,还有 13 亿人没有干净的水,以及世界上 2/3 的人口每天生活费不足 2 美元,这通常被视为一个共同的全球性问题。马尔萨斯的关注点也是非常片面的,仅关注西方(甚至仅有英国)。他还反对自由贸易,这使他与大多数现代思想相左。所以,我们不能指望马尔萨斯给出答案。

同时,仍然有很多人相信上帝会找到解决人类经济问题的方法。例如,2011 年 8 月,得克萨斯州州长 Rick Perry 在休斯敦组织了一场长达 7 小时的"祈祷与斋戒"活动,有 3 万人参加了活动,他们热切地祈祷上帝为美国摆脱大规模经济衰退提供一条出路。当天,标准普尔将美国信用评级从 AAA 下调至 AA+,美国的主权债务为 19.8 万亿美元,占外债总额的 1/4 以上(其中中国为 1.06 万亿美元,日本为 1.09 亿美元)。

所有这些对运营战略家来说可能都是好消息,其意味着消费者和供应来源的大幅增加。30 年来,西方社会就生活在这样直接却充满挑战和机会的无序增长之中。如何有效地将制造和服务业务从欧洲转移到亚洲(离岸),以利用发展中国家的低工资和廉价的全球运输,满足日益增长并且逐渐富裕的东西方社会人们的需求? 然而,由于人们的消费倾向变幻莫测,现在必须面对的挑战却大不相同,不那么受欢迎,而且复杂得多。

马尔萨斯从未预见到(尽管曾经有一两次他差一点就预见了),地球的资源不仅是有限的(我们只有一个地球),实际上这些资源已经被人们 20 世纪的生活方式逐渐耗尽。一旦超过了某一消费水平(即平衡或可持续水平),我们除了获取可再生资源外,还开始消耗地球资本(不可再生的)。在供应链方面,我们仅有的原材料供应商被要求提供 100% 以上的原材料(只是一家客户要求提供,但我们并不是只有一家客户),所以原材料的产能也在缩减。

我们如何衡量这一点,并将其表述为运营战略家能够理解和处理的问题? 幸运的是,这一趋势有数据可循。有一个资源是免费提供的,但是对于这样重要的东西应该总是有多个视角来思考,因为它确实深奥,足以不断地进行探索。

《地球生命力报告》(LPR)是世界自然基金会(WWF)每两年发布一次的报告。2014 年的报告主要追踪人类的消费水平以及对我们唯一的自然资源供应商(地球)的影响(见 https://www.worldwildlife.org/pages/living-planet-report-2014)。两个主要因素对业务战略人员在规划其流程、供应和输出时非常重要。那就是可用资源的多少(对地球来说,这被称为"生物容量")和每个人消耗的数量(包括如何获得和处理)。

第一点不难理解。LPR把它表示为地球表面的一个区域,每个人每年都会因为其所消费的一切(吃、喝、穿、开车、取暖或照明、玩耍、居住或在日常生活中使用)而消耗掉,方式包括生成物品和处理物品。然后,它将全球和全国的这一数据与地球的可用土地面积和渔业(约136亿公顷)进行了比较。LPR估计,1961—2001年间,人均消费面积增长了4倍多,从每人0.5公顷(约占一个足球场面积的60%)增长到2.3公顷(超过3个足球场)。请注意,土地可能在地球表面的任何地方,这取决于可用的材料来源的地理位置。这就促进了"全球公顷"或者"gha"一词的使用。

不难看出其中的逻辑:1961年,下面这些是很少或根本没有的。包括中央供暖和空调系统、计算机、自动洗衣机和滚筒式烘干机、洗碗机、智慧家庭、彩色电视、个人电子、手机、度假和商务旅行、高速公路、塑料包装以及一般过度消费和因素,如垃圾食品(在超市或快餐店)、直销和贪婪的青年文化。当时汽车很少,家用四驱车也不存在,饮食也没什么异国情调。在全球范围内,消耗能源和材料的大都市要少得多,中东、东南亚以及伦敦和柏林等西方开发项目的大规模扩张尚未开始。

同样,消费的增长对运营战略家来说看起来是个好消息——想想那些产品和服务的客户以及材料和零部件的供应商吧!

但是如果我们结合人口增长和消费增长,这种增长的积极方面揭示了问题:136亿的"gha"的供给是固定的(我们只有一个地球,即使创新可能使我们能够更有效地利用其资源,找到新的石油、金属、矿物等来源,也许在此过程中能够排放更少的CO_2)。对它的需求从1961—2001年的31亿×0.5 gha增加到62亿×2.3 gha(LPR 2008)。换句话说,2001年,人类对地球的需求相当于全球142.6亿公顷的资源(材料、能源、粮食等)——超过了地球的容量。LPR表明,到2014年,人类将以平均1.5个"地球"的速度从地球上获取资源,而欧洲和北美等国家生活水平是这个数字的3~5倍(注意,推动这种消费模式的城市的复兴在美国要比其他地方早几十年开始)。这意味着地球需要1.5年的时间来恢复人类在一年内使用的资源。

考虑这个问题的一个方法是想象假定有银行资金1 000 000英镑,然后生活完全依靠利息(假定每年50 000英镑,年利率5%)。如果你的生活方式取决于你实际消费,假定每年75 000英镑,你要开始花费你的资本。你的资本逐渐减少,因此产生的利息也会减少。所以,你花了更多的钱,最终一无所有。当然,早在你没钱之前,你就会陷入沮丧,甚至绝望的状态。如果地球的资源是资本(13.6公顷的土地和渔业),它的可用资源是利息,那么我们目前的支出比利息产生的收入多50%——是我们利息的150%。事实上,在欧洲,这个数字通常是300%。所以,如果你的收入是50 000英镑,但是你的生活方式成本需要75 000英镑来维持,你想支撑你的家庭,你就必须改变你的生活方式。图11-4显示了我们的全球生活方式支出增加时,我们的全球家庭资本是如何耗尽的。

以下是世界自然基金会对此所做的一些有趣的观察。它们都与商业相关:

1. 美国公民平均每年的消费量是非洲人的43倍;
2. 一般的欧洲猫一生中所留下的环境足迹比乍得的普通公民要大;
3. 发展中国家的收入和支出预计将在2010年至2050年间增长500%;
4. 要实现这一目标,我们必须将商品和服务的产量增加两倍,同时在目前的消费率基础上减少33%的资源使用;

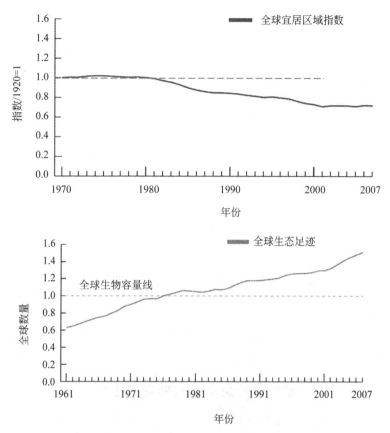

图 11-4 地球资源能力的耗竭以及全球需求的增长

（资料来源：WWF Living Planet Report 2010；也可以参看视频 http://www.ted.com/talks/lang/eng/jason_clay_how_big_brands_can_save_biodiversity.html）

5. 全球 69 亿消费者说 7 000 种语言（其中 350 种是"主要"语言，只有不到 1% 的中国人说英语）。

从商业的角度来说，一个理性的商人会从中得到什么启示呢？或许前两点表明，欧洲猫粮和配饰看起来是个不错的生意？或者，让我们试着向美国提供尽可能多的东西（忽略美国生活入不敷出，经常面临无力支付账单的风险这样一个事实）。第 3 点可能会让我们把注意力转向东方和南方，但第 4 点和第 5 点可能会颠覆我们的理论基础。

那么，对于这一切，运营战略家能为此做些什么呢？为了经营一个可持续发展的"地球村"企业，有可能以不同的方式运营吗？能否通过创新来提供物有所值的解决方案以此来提高地球的有效生物容量？其中科学本身可能很难被理解，但原则是明确的：在生产中使用尽量少的（或浪费更少的）资源，并认识到，供应商可能也会因为资源稀缺而减少给你供应资源，还有客户（人数可能大幅增加），当他们面临同样的情况时，个别的可能想减少购买。这与过去 50 年的"炫耀性消费"和不可持续的增长形成了鲜明的对比！

我们将从三个部分进行探讨：我们的投入（供应链管理）、我们的流程（生产和服务）和我们的产出（产品和服务、副产品和意外结果）。但是，我们首先将处理对这方面的每一部分都有影响的一些一般问题和原则。

11.3 综合主题

11.3.1 企业的社会责任

众所周知,企业的社会责任(CSR)是近30年来一直被人们谈论的热门话题,在此期间,企业社会责任(CSR)经常受到来自各方的攻击。例如,对于业务分析师来说,认为"负责任"的声誉可以为公司的市场价值带来许多好处的说法,有时会遭到嘲笑。不过与此同时,环保主义者常常把它看作是对他们日常工作的一种嘲讽。这个表达与"利益相关者"(stakeholder)同时出现,这是另一个经常引起争议的词。

随着企业在年报甚至广告宣传中加入企业社会责任(CSR),这一概念逐渐被接受。Nespresso等公司充分利用了它们的可持续咖啡网络,同时还成立了其他专门致力于解决企业社会责任(CSR)事项的组织——尤其是Fairtrade。与此同时,超市重视其产品的社会道德和环保来源,并在不同程度上保证准确性。整个审计索赔行业已经建立起来,有时会有内幕被披露,见案例11-1。

案例 11-1

顶级金枪鱼品牌放弃环保主张

2011年1月,英国最大的金枪鱼品牌之一"王子"(Princes)在接受绿色和平组织(Greenpeace)调查后,同意放弃其罐装金枪鱼的环保主张。这家环保组织曾向英国公平贸易办公室(UK Office of Fair Trading)举报称,王子公司的商标误导了公众,并将其金枪鱼称为"充满罪恶的罐头"。王子公司称,将立即停止使用宣传其捕鱼方法和保护海洋生物环境的商标,让消费者参考其网站上的一份环境报告。

在一项调查中,绿色和平组织对王子公司进行了排名,发现其为英国供应了三分之一的罐装金枪鱼,在可持续发展方面,王子公司排在8家品牌金枪鱼公司和自有品牌金枪鱼的超市之后。另一家大型金枪鱼公司John West排名倒数第二。

这两家公司都严重依赖"围网"捕鱼法,这种捕鱼法将聚集在固定木筏下的所有海洋生物捞起并杀死,包括鲨鱼和海龟。这种固定木筏被称为鱼类聚集装置。尽管如此,王子公司还是在商标上声明:"王子公司完全致力于使用保护海洋环境和海洋生物的捕鱼方法。"绿色和平组织的研究人员和休·弗恩利-惠廷斯托尔(Hugh Fearnley-Whittingstall),一位曾领导2011年"鱼类保护运动"的电视厨师,对这一说法提出了质疑。

在费恩利-惠廷斯托尔主持的一档全国性电视节目播出之前,王子公司的一位女发言人告诉《独立报》:"我们承诺更换我们的品牌商标,我们已经提前了一点。"新标签上写着:"欲了解我们海鲜的可持续发展报告,请访问princes.co.uk。"

> 与此同时，英国最大的超市 Tesco 宣布，它们将放弃围网捕捞的做法，并将在 2012 年之前转向更可持续的"杆线法"(pole and line method)。Tesco 表示："一段时间以来，我们一直在朝着这个方向努力——就在最近，我们将'杆线法'方式捕捞制作的罐装金枪鱼的比例提高到了 25%，我们正朝着目标迈出新的一步。"绿色和平组织原本打算把 Tesco 排在最后，但在它改变捕鱼方式后，将其排在第四位，排在 Sainsbury's、Marks & Spencer 和仅销售"杆线法"捕捞制作罐装金枪鱼的 Waitrose 之后。(几个月后，长期以来一直是 Tesco 眼中钉的费利-惠廷斯托尔公开赞扬了超市在鱼类捕捞领域变得更可持续的努力。)
>
> 绿色和平组织的呐喊者乔斯·加曼(Joss Garman)说："王子公司的衰退表明它们已经被消费者唾弃。成千上万的鲨鱼、海龟，甚至海豚都被王子公司的金枪鱼网捕获，而他们本可以像圣斯伯里(Sainsbury)那样使用其他更环保的捕鱼方法。"(值得注意的是，普利茅斯英国国家海洋水族馆(UK National Marine Aquarium in Plymouth)的大卫·吉布森博士(Dr David Gibson)估计，在过去的 15～20 年里，全球鲨鱼的数量已经减少了 90%。)
>
> （资料来源：The Independent (Martin Hickman) Wednesday, 12th January, 2011）

联合国发布了《负责任投资原则》(www.unpri.org)，于 2010 年 5 月发布了《国际社会责任标准草案：ISO 26000》(www.iso.org/iso/social_responsibility)。有趣的是，该标准草案包含了一些非常明确的声明，即 ISO 26000 不是用于认证目的(如 ISO 9000 和 14000)，这也许反映了人们对 CSR(或仅仅是"SR")的理解是多么复杂和非标准化。

一段时间以来，观察人士一直建议将"企业社会责任"一词改为"可持续发展"。在过去几年里，以迈克尔·波特(Michael Porter)和马克·克雷默(Mark Kramer)为首的学者们走得更远，提出了"创造共享价值"，另一种概念，将其作为 CSR 的直接替代说法(见 Porter & Kramer, 2007、2011)。这个概念，以及它的解释，对它来说有一种"商业"和"战略"的感觉，这可能使它对经理和决策者们更有吸引力。

运营管理者可能会在企业制定的 CSR 政策范围内开展业务，同时制定一些明确的业务守则，并与其他约束因素(如健康和安全程序)相结合。因此，在某种程度上，企业社会责任必须在运营中以管控方式加以考虑。不可避免的是，现有的一些做法会与企业社会责任原则相冲突，因此这种管控可能被视为一种不受欢迎的约束。然而，正如我们将在下面看到的，运营经理很有可能通过创新和不同的思维来影响组织的可持续性。

11.3.2 生命周期评估/分析

众所周知，生命周期评估(life cycle assessment, LCA)是一种技术，用于构建关于从产品或服务创建到结束的相关流程(和子流程)的决策框架。英国皇家化学学会将其定义为："一种工具，可以通过其整个生命周期来评估产品、过程或服务从设计到处置的环境影响，即一种所谓的从摇篮到坟墓的方法。"对环境的影响可能是有益的，也可能是有害的，这些影响有时被称为产品或服务的"环境足迹"。LCA 收集和评价与产品整个生命周期有关的材料、能源和废物流动的输入和输出的定量数据，以便确定环境影响。(参见 http://www.rsc.org/images/LCA_20100215_tcm18-97943.pdf。)

热心的环保主义者会对英国皇家化学学会"从摇篮到坟墓"的说法提出异议,他们更喜欢用"从摇篮到摇篮"来提醒我们,材料总是应该被循环利用的(参见 McDonough & Braungart, 2009)。然而,这一理念其实早已经被确立。在生命的每个阶段,产品或服务都会以某种方式影响环境。在生命周期的每个阶段进行评估,应表明在哪些方面可以减少影响(环境或伦理,且与企业社会责任的联系是明确的)。LCA 的历史包含了很多有学问的辩论和偶尔激烈的争论,而且在如何测量影响方面几乎没有共识(就像在如何测量地球温度方面没有共识一样)。

对于运营经理来说,LCA 背后的面向过程的思维方式可能很有吸引力,可以用来分析内部活动和研究供应链的上上下下。征求母公司对企业 LCA 方法的偏好(这种方法应该存在,而且应该很容易获得)是很有必要的,而不是"单干"。一个关键的认识是,一些产品在生产过程中造成的环境破坏(这是不可持续的)比在使用过程中造成的环境破坏更大,我们稍后将对此进行探讨。

11.3.3　外部效应

在处理可持续性议程时,重要的是考虑业务战略的意外后果。经济学家称这些为"外部效应",即你认为在规划业务时可以放心忽略的东西。例如,几年前,吸烟导致的肺癌对餐馆老板来说是一种外部效应。现在它对人们来说是一个约束,也是一个实际性很强的问题。2010 年之前,英国石油公司认为,不完全符合监管要求的风险可以被视为一种外部效应(即罚款的风险,如果被发现,可能很容易受罚),并因此在墨西哥湾灾难中吸取了代价高昂的教训。虽然人们日益认识到海洋酸化的一个主要原因是海洋运输造成的污染,但目前对其几乎甚至没有控制。难道这也是因为被忽略了的外部效应吗?想象一下,如果海运的实际成本上升,以反映船运造成的损害,供应链和全球采购将会发生什么。世界上有几个国家政府被要求禁止砍伐雨林,因为这将对邻国的气候造成灾难性的影响。正如我们将在下面看到的,同一个地球的问题不分国界。

显然,在提供产品和服务的运营中需要创新,以使我们能够维持我们的业务。减少局部影响是一回事(使用更少,回收更多,等等),但运营的影响显然是全球性的,因此决策的范围必须包括长远的因素。

11.3.4　濒临灭绝的元素

我们大多数人都熟悉过度消费导致的资源损耗,尽管在西方我们并不经常感受到这种影响。从一个简单的例子开始,比方说我们吃的鱼。我们已考虑过一些道德问题(案例 11-1),即过度消费的另一个方面。例如,北大西洋 50% 的野生渔业已经被完全开发。这其中 25% 是过度开发,75% 面临商业灭绝①。这些问题可以通过养殖鱼来解决吗?也许可以,但是这种海洋农业也有它本身的问题。

需要强调的是,这些数据提供了一种管理选择,运营管理者是否应该考虑改变其做法?

---

① 资料来源:Millennium Ecosystem Assessment. Christensen et al., 2003 World Resources Institute Washington DC.

如果是的话,在什么时候?参考一些关于濒危物种的预测。我们可以认为,对于我们的子孙来说,老虎将和渡渡鸟一样灭绝,而我们对此无能为力。与1900年的10万只相比,现在的老虎有3 000只,圈养老虎有5 000只。但是,如果今天常见的材料供应耗尽了呢?

英国研究化学家迈克·皮茨(Mike Pitts)在政府资助的研究中从事可持续发展方面的工作。他估计,按照目前的消费速度,锂的储量缩减是未来供应的一个风险,锌的供应在未来100年将面临严重威胁。这对企业重要吗?一切照常地经营意味着什么?目前,也许所有能做的就是收集信息,做出明智的决定。要靠时间尺度,或者说你的视野,这都取决于你自己。

现在人们普遍认为,到目前为止,碳排放的增长是对地球生物承载力(其提供资源的能力)最大的限制性因素(所谓的"人为温室气体"或GHG)。这就是为什么人们对这个问题如此关注。大量的法规和立法已经到位,或者正在制定中,这些都将影响运营经理的决策。我们将在下面考虑这些,因为它们适用于实际生产过程(实际上适用于整个业务)。

大多数人现在都熟悉"碳足迹"的概念——一种针对温室气体对产品和生产过程的影响的评估。现在,计算这个数字相当容易,而且有很多组织都有优秀的网站提供帮助,但大多数是销售商业服务。

在碳管理方面,国际上有许多广为宣传的进展,运营经理应该知道这些进展,但这些进展并不真正值得在这里占用篇幅。互联网将方便快捷地为你带来许多报告、论文和定义,下面是一个简短的指南。

应该从《京都议定书》和政府间气候变化专门委员会(IPCC)开始,因为这是诸如国际减排目标等概念的起源。大多数是在政府和国家级制定,但是,有些概念的提出对企业经营有影响。例如,在碳减排和碳交易计划中(既容易探索,又很有价值),理解碳泄漏的概念是很重要的,这是一个实践性问题。根据《京都议定书》和国际贸易规则,各国的排放是基于生产水平而不是消费水平的。巴西生产并由其他国家进口的大豆和牛肉的情况。正如Zaks et al.(2009)所说,进口国把这些产品的总碳排放责任推给了巴西。

11.3.5 供应链输入

碳泄漏的问题让我们很好地关注供应链的可持续性。在第3章中,我们看到了供应链中的客户(购买者)是如何轻易地承担起关键作用者的职责的,并可能因此而产生事与愿违的结果。在可持续发展的背景下,似乎也会发生同样的事情。稍后我们将讨论认可做法的内容,但值得记住的是,质量和环境管理标准(ISO 9001和ISO 14001)包括供应商管理的概念。

因此,供应链管理者寻求可持续性的第一步通常是要求所有供应商为其提供的材料和产品获得ISO 14001认证。在诸如童工等伦理问题上,可能也会做出类似的规定,例如联合国国际劳工组织的建议和准则。这些相当合理的需求使用了标准系统,但是客户添加一些自己的需求也是很常见的。 且发生这种情况,客户将自己置于假定权威的位置,并且我们在第3章中看到的所有潜在危险都有可能发生。巴登(Baden)等人2008年的研究表明,中小型企业的供应商与较大的客户签订合同,这些客户规定了特定的环境绩效水平,而这些供应商往往在不知情的情况下设定的目标低于供应商能够达到的水平。供应商认为这是一种

"天花板"效应,意味着他们只愿意达到要求的水平,尽管他们可以自行制定更好的环境标准。

Kibbeling 等人 2010 年的研究进一步表明,虽然客户鼓励供应商创新往往能够产生积极的效果,但环境绩效可能并非如此。

与所有的技术发展一样(见第 3 章),与供应商打交道的一种更合适的方式可能是合作,以便供应商将更好的想法投入伙伴关系中。

许多大型组织现在都这样做——飞利浦供应商可持续参与计划(案例 11-2)提供了一个非常好的例子。它涵盖了从策略到具体行动的所有基础。

案例 11-2

飞利浦供应商可持续参与计划

飞利浦供应商可持续发展参与计划建立在五个支柱上:制定我们的要求;建立理解和协议;通过正在使用的 EICC 检查表审计监控已识别的风险供应商;与供应商合作,快速解决问题;维护相关者利益。

公司详细说明如下:

本着飞利浦一贯的经营原则,我们是社会上负责任的合作伙伴,诚信对待供应商。同样,我们将业务授予合法和合乎道德的供应商和合作伙伴,以及致力于公平和坦诚对待其利益相关者的伙伴。我们在 2003 年引入了"一个飞利浦"的供应商可持续发展策略。鉴于供应链中这种可持续性的重要性,这一主题现在已成为我们每月业务审查会议的常规议程项目,包括持续监测纠正行动的实施情况。

我们对供应商的期望

作为构建一个可持续的商业关系以及我们的供应商的基准,我们要求我们的供应商符合飞利浦为供应商制定的可持续发展法则,它由两部分组成:皇家飞利浦电子供应商可持续发展公告和皇家飞利浦电子规定物质及应尽责任清单。

《供应商可持续发展宣言》

我们的《供应商可持续发展宣言》规定了我们要求供应商改善工人条件的标准和行为。《供应商可持续发展宣言》详细规定了从避免使用童工、工作时间限制到安全工作条件的方方面面。

童工政策

我们还在童工事件中明确了我们对供应商的期望。在我们的童工政策中,供应商应遵循国际劳工组织《雇主雇用童工指南》中规定的 3H 方针。

停止雇佣未成年人;

让孩子们远离高危工作;

把工作时间减少到法定水平。

我们如何与供应商进行行业合作促进可持续发展

我们于2006年通过《电子行业行为守则》(EICC)，并加入该守则的执行督导委员会。与EICC成员公司合作开发标准化的工具和流程，提高供应商和我们自己的效率、生产率和简洁性。

我们还独立地对《守则》进行了补充，对结社自由提出了附加要求。本补充是针对不同利益相关者群体的评论而编写的。它的目的是确保雇主和我们供应商的工人之间能够进行建设性的对话。

标准

供应商年度花费超过1 000欧元必须签署并遵守供应商可持续发展宣言。这是我们的采购协议、采购订单和条款条件的组成部分。

培训和能力建设

我们知道，意识和参与对建设可持续的电子产业至关重要，并认识到我们在帮助创建可持续电子产业方面的责任。

我们的培训课程、供应商日常事务和概要旨在建立供应商之间的知识和承诺。我们还参与EICC能力建设项目。

我们鼓励供应商通过完成为飞利浦生产产品的每个ICT供应商自我评估问卷来分析差距和需要改进的地方。

审计方法

为了帮助我们确定供应商可持续性审计的标准，我们根据独立来源确定了风险国家，并确定了飞利浦进行现场可持续性审计的支出阈值，以获得供应商总体可持续性绩效和遵守EICC的代表性情况。

审核由飞利浦内部审计师或eicc认证的审计机构进行。他们使用飞利浦供应可持续性审计工具覆盖整个现场，而不仅仅是飞利浦产品的生产线。

问题解决

如果在审核过程中发现不符合项，飞利浦希望供应商主动解决相关问题。飞利浦将与供应商共同制定纠正措施计划，指导所需的步骤、要点和责任，并跟踪计划的进展。

供应商评级和采购决策

我们致力于将业务授予符合我们可持续发展和业绩标准的供应商。为此，我们将定期根据这些标准对供应商进行审计，对其绩效和改进进行评级。

> 我们在与供应商的管理评审中传达这些结果。这些结果也包含在帮助我们决定使用哪些供应商,并纳入整体供应商评级系统中。

飞利浦这样的计划可能会让供应链管理人员确保他们与具有可持续意识的供应商合作,不过采购地理位置仍然是一个选择。考虑到生命周期评估(LCA)原则以及汽车的情况(见下面的案例11-4),我们知道采购安排的可持续性要求我们考虑生产产品或服务的过程,以及将其引入我们的运输。这样做可能会打破"舒适圈",比如围绕本地采购的"舒适圈"。

11.3.6 食物里程

20世纪90年代中期,英国零售商维特罗斯(Waitrose)曾引起轰动,因为有消息称,该公司旗下任何一家商店贴着"本地"广告的牛肉,很可能都是在当地饲养的,但却被运往英格兰北部的一家屠宰场,并在那里进行屠宰。直觉告诉人们,这种运输肯定是非常浪费的。"食物里程"的概念开始流行起来。然而,现在大量的研究表明,食品生产中的运输成分实际上往往是碳或能源使用的一个次要来源,生产可能更为重要。因此,通过运营一个良好的屠宰场,并将所有的英国牛肉运送到这里,维特罗斯所消耗的能源就会比它在全国其他多个这样的设施所消耗的能源要少。

2008年在美国进行的一项研究显示,虽然美国人消耗的很多食物都要走很远的距离,但生产阶段的温室气体排放量通常占到该产品排放总量的83%,而交通运输仅占11%。研究人员接着指出,由于红肉的温室气体浓度比鸡肉或鱼肉高150%,因此改变饮食习惯将是一种比"买本地货"活动更有效的减少食物温室气体影响的方式(参见Weber & Matthews,2008)。

案例11-3中的报告非常清楚地提出了反对食品里程的理由。

 案例 11-3

你的豆子有多绿

想想超市的常见商品:肯尼亚青豆。这些咖啡豆被空运到商店,当英国品种的咖啡豆过季时,消费者可以购买到新鲜的咖啡豆。每个包裹上都有一个小标签,上面有一架飞机的图像,表明航空燃料产生的二氧化碳是在运送到这个国家的过程中排放的。活动人士认为,这当然是不好的。毕竟,不断上升的二氧化碳水平正在吸收越来越多的阳光,无情地使地球变暖。

但是,如果我们想要改善气候,并不意味着我们应该改变选择英国品种而舍弃肯尼亚空运的豆子。肯尼亚的咖啡豆是高度环保的。非洲农业专家、班戈大学(Bangor University)教授加雷斯·爱德华-琼斯(Gareth Edwards—Jones)表示:"那里的大豆是用手工种植的,没有什么是机械化的。"他们不用拖拉机,用牛粪当肥料,肯尼亚也有低技术含量的灌溉系统,它们还为发展中国家的许多人提供就业机会。所以你得把这些数据和它被空运到超市的里程进行比较。

当你这么做的时候,把这些不同的因素结合起来,你会发现一个反直觉的现象,从肯尼亚空运来的青豆实际上比英国的豆子排放的二氧化碳要少。后者种植在喷洒了油基化肥的田地里,并由燃烧柴油的拖拉机犁地。英国贸易和发展部部长加雷思·托马斯(Gareth Thomas)在英国国际发展部(Department for International Development)的一个航空货运研讨会上说,"开车 6.5 英里去购物,排放的碳比把一包肯尼亚青豆空运到英国还要多。"

(资料来源:The Observer,23rd March,2008)

"食物里程"这个想法有很多错误的例子。施利希(Schlich)和福莱斯纳(Fleissner)2005年的一项研究指出,在德国超市购买的新西兰羔羊每千克消耗的能量低于当地饲养的羔羊,而且在德国消费的德国苹果汁比从巴西进口的橙汁消耗的能量更多。诸如此类的研究试图涵盖所有影响,但将它们置于更大的背景中也很重要。正如我们在上面看到的,在洲际运输中使用的能源可能是原因之一,但据估计,在其他地方多达 50% 的 CO_2 燃烧化石燃料释放的二氧化碳被海洋吸收。当这种情况发生时,海洋将变得更酸,导致浮游生物死亡,然后鱼类死亡,等等。

很快,海上运输将更好地利用新老技术(包括太阳能和燃料电池以及风帆)。

不过,就目前而言,施利希和福莱斯纳的结论只是为运营管理者指出了这一点:"生产和运营的效率和物流决定了特定的能源周转率。"

因此,我们应该把重点转向运营管理,以改善可持续、低碳活动。

11.4　过程:在运营中

在 20 世纪 80 年代,制造业,紧随其后的是服务行业,采用国际标准 ISO 9000 系列(现在为 9001)来进行质量保证,包括供应链中的活动(见第 8 章)。这起源于国防标准在美国和英国的运用,加上英国的 5750 标准和其他一些欧洲国家(尤其是德国 DIN)也是一样的。在环境管理的背景下,随着环境管理意识的提高,该标准产生了进一步的方案,ISO 14000 系列(正式名称为 BS 7750),旨在提倡"最佳生产",其中再次包括供应链管理。ISO 14000/01 是一个成功的标准,现在仍然很受重用。与 ISO 9000/01 一样,环境标准关注的是产品或服务是如何产生的,而不是产品本身。ISO 19011 是一个组织希望同时获得两个标准的认证的组合方案。

11.4.1　可持续发展的创新回应:精益思维

在日本 20 世纪下半叶发展起来的操作方法激发了管理者和西方观察家们的奇思妙想,并且引发了长时间的关于如何规避在同一个需求市场的世界里坚持大规模生产而造成一些问题的研究和学习。这种方法被称为准时制(just in time),在西方采用了日语术语,如muda、muri、kaizen、kanban、heijunka、poka yoka,知名的丰田生产系统(Toyota Production System)经常被看作是这种特殊的制造战略。只需要阅读 Schonberger 1982 年出版的影响深远的著作《日本制造技术:简单的 9 个隐藏教训》(*Japanese Manufacturing Techniques:Nine Hidden Lessons in simple*),就能理解这一切,或许 Monden 的《丰田生产系统》

(Toyota Production System)也可以补充这一点。

贯穿这一切的主题是清除各种形式的废料,这就是所谓的 muda,尽管正如 Schonberger 所报道的,在日本还有其他几个术语用来形容各种各样的废料。丰田的总工程师大野太一(Taichi Ohno)列出了著名的七种废料,全球的生产工程师也开始学习。这些在第 9 章关于准时制的讨论中提到,但是它们也在我们关于可持续性的讨论中适用,如表 11-2 所示:

表 11-2　Ohno 的七种废料与可持续发展问题的联系

Ohno 的废料	可持续发展问题
生产过剩:生产数量超过及时销售量或使用需求量。	废弃未售出的产品本身就是浪费,生产这些产品所涉及的所有资源都是浪费。对于已经提供,但是任何人都不需要的服务也是如此。持有成品会消耗资源,而且可能是不可持续的。
不必要的运输:搬迁过程中浪费的能源(例如,如果你的竞争对手在你的客户家门口建了一家制造厂,那么你的下游配送物流就是完全的浪费!)	显然这是一个问题,但请记住,物流的影响可能会被生产中的低效或不可持续的做法所掩盖(案例 11-3)。物流活动是资源的消耗者。因此,运营过多或不适当的运输是不可持续的。
库存:严格来说,任何库存都是浪费。然而,对于一些企业来说,可能会有人认为(通常是通过市场营销)必须保留一些库存,以快速满足需求并保持敏捷。商店货架上的存货可能有助于销售这种产品。挑战在于:如果不能满足或刺激需求,最少能持有多少库存?	库存需要获取、存储、移动和处理资源:超过最小库存量,可能是不可持续的。
多余人工:不增加价值的人力是浪费。	人力是一种资源,它可能供应充足,但接受过适当培训和装备的人力需要优质资源来维持。在劳工方面,让工作变得过于苛刻,或者过于复杂,可能是不可持续的。
不合格产品:浪费体现在不能销售或使用,或需要返工的产品上。	特殊情况(见上文),产品可能不会被扔掉,但返工也是一种资源的浪费。
过度加工:在某件事情上做的工作超过了客户的要求。	类似的问题与多余人工同理,见上文,但问题是在下游市场出现。
等待:为没有发生的事情付出代价!	或许这本身不是一个可持续性问题,而是劳动力的浪费、资源的消耗,可能是不可持续的。

所有这些类型的浪费都可以在竞争的背景下加以描述,例如表 11-2 所示的不必要的运输。对于库存也是如此,如果你的竞争对手能够在保证需求供应的情况下比你拥有更少的库存,那么他们将拥有更低的成本和更可持续的业务。这种情境适用于各种类型的废料。

在西方,大约在大野大一工作的同一时期,另一位伟大的创新工程师也在思考类似的问题,但是在设计方面,而不是在制造方面。莲花汽车公司(Lotus Cars)创始人兼董事长查普曼(Colin Chapman)是第一个在现代意义上使用"精益"一词来描述没有浪费的赛车设计。他知道赛车的对手是重量,而不是力量的缺乏。查普曼有句名言:"要增加速度,就要减少重量。"在 1963 年至 1973 年间,他的"精益"思想带领莲花车队六次夺得 F1 世界冠军,并彻底改变了这项运动。15 年后,它将引发一场运营管理的革命。

20 世纪 80 年代,麻省理工学院(MIT)开展了一项重大研究,提出了精益制造、设计和供应的概念,该研究有效地结合了这两种思路:Ohno 和 Chapman(基本上是同一种思路),以一种在过去 20 年对运营和商业产生了更广泛影响的方式传授了经验教训。精益的出现不是作为一种提高效率的方式(正如人们经常错误地认为的那样),而是一种创造性的破坏或者说激进的创新。这既呼应了科林·查普曼(Colin Chapman)在反思赛车时所说的话,也呼应了大野太一(Taichi Ohno)在摧毁自上而下的大规模生产控制规则方面的愿景。

正如我们所看到的,可持续性以及寻求"一个地球"行动将需要根本性的创新,以解决自然资源消耗和枯竭的增长问题。在运营层面,这一挑战可以通过将精益思维理解为根本性创新和对 muda 的狂热去除来解决。如果浪费被定义为对资源(材料、能源、空间、财富等)的不必要使用,那么可持续性正好相反,即对这些东西的适当使用。

因此,似乎应该从精益的角度——使用持续改进(或"改善")技术来处理可持续的、单一地球的操作和过程。

回到一些 Ohno 的废料,我们可以在可持续性的背景下探讨一些:

生产过剩

如果生产的产品超过需求,也许是在世界某个特定地区,但从全球范围来看,它们就是浪费。在这方面,世界上的一个长期问题,往往也是严重的问题即粮食分配问题。例如,美国农业部 1997 年的一项研究显示,美国人扔掉 27% 的食物,每人每天大约 500 克。据美国环境保护署估计,美国人每年产生约 3 000 万吨的食物垃圾。在英国,最近的研究显示了类似的情况:每年有 1/3 的食物,大约 700 万吨被扔掉,其中包括 400 万个苹果、120 万个香肠和 280 万个西红柿。据估计,英国每年浪费 102 亿英镑的资源(把生产、存储和运输都考虑在内),浪费造成的温室气体排放占英国全部的 5%(Stuart,2009)。在瑞典,有小孩的父母会扔掉他们所买食物的 1/4(Gustavsson et al.,2011)。利用能源、人类的能力和材料来生产那些被简单丢弃的东西,在短期内仍可能为生产过程的所有者带来收益,但考虑到资源有限,这显然不是可持续的业务,也不符合伦理道德。

不必要的运输

这显然是一种不可持续的能源浪费,也常常因此导致燃料难以再生。但是,必须记住整个情况(参考上文关于食物里程的部分)。目前存在许多有趣的项目值得考虑,包括上面提到的海上创新和陆上创新,如里士满议会的创新。

库存

生产后不立即使用的产品,在生产、包装、运输、储存等方面消耗资源,可能造成淘汰、损坏或者干脆报废。上面讨论的大部分食物浪费都属于这一类。同样,生产和销售这些产品的公司可能在短期内并不关心它的客户有没有从他们的购买中获得任何价值,特别是当他们可能已经为此付出代价后,但这显然不是可持续的业务。

过分加工

在客户要求之外做更多的工作显然是浪费和不可持续的。与定制相比,对单个规范进行标准化的成本可能要低得多(例如,将功能包括在远程控制单元上的成本要比大多数客户希望使用的成本低)。但是,从资源的角度来看,非增值活动所消耗的能源和材料显然无法维持。

与精益生产相关的技术(包括服务运营中的技术)在过去20年里得到了很好的发展,我们不需要在这里重复它们。许多案例研究已经发表,并且可以免费获得(例如,www.leanuk.org 和 www.leanuk.org——由最初的项目主要研究人员 James Womack 和 Daniel Jones 运行的组织)。也许"精益之后是什么?"这个简单而俗套的问题答案是"可持续性"。

如上所述,有些产品在生产过程中对环境造成的破坏比在使用过程中造成的破坏更大。目前在公众的"显微镜下",也许最广为人知的例子就是汽车,参见以下案例。

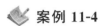

案例 11-4

汽车生产和使用过程中产生的 CO_2 排放

对于希望发展可持续个人交通的国家来说,机动车通常被视为一种挑战。但是,应该把努力集中在哪里,以减少它们对环境的影响?

我们现在能够测量(或者至少得到一个好的估计)汽车制造过程中的排放量。制造商发布这些数据,并以多种方式对其进行检查和验证。排放的常用表达是"CO_2e"或"二氧化碳当量"(因为会释放出其他几种气体,造成同样的污染,但化学家可以计算出混合物的总体积,通常用重量表示)。

例如,三款欧洲畅销乘用车的排放汇总显示:

雪铁龙 C1,基本规格:6 吨 CO_2e

福特蒙迪欧,中等规格:17 吨 CO_2e

路虎发现,最大的规格:35 吨 CO_2e

制造商还公布了使用(即驾驶)汽车排放的数据。例如,2 升汽油、福特蒙迪欧(Ford Mondeo)每公里就能产生 184 克 CO_2。利用这些数字我们可以计算出福特蒙迪欧中型轿车行驶 92 390 公里(57 282 英里)后产生的 CO_2 与其制造过程中排放的 CO_2 相同,即每个排放源排放 17 吨。在汽车生命的这个阶段,为了可持续发展,我们试图减少汽车的制造和使用对环境造成的破坏,我们应该像关注汽车的驾驶一样关注汽车的制造。(顺便说一句,17 吨二氧化碳的排放量相当于一个典型的英国家庭三年的电力和天然气消耗所产生的排放量。)如果蒙迪欧所有者按照 2006 年英国政府统计数据的平均引用,每年开 7 133 英里,并连续八年保持相同的行驶里程,汽车总排放量的一半仍然只是其生产过程排放量的一点(虽然大多数公众的注意力集中在使用)。到目前为止,这款车的生产排放量将占到总排放的 75%。

制造和驾驶对环境的影响程度显然取决于汽车的使用年限:"使用寿命"。如果汽车的寿命是 18.5 万公里(11.47 万英里),那么制造过程中产生的二氧化碳的比例显然会下降到 1/3(即使用过程中产生的二氧化碳的比例为 66%),依此类推。

在这种情况下,可持续发展的论点可能是,我们都应该把所有产品(不仅仅是汽车)保存的时间与通常情况比延长更久,尽管这可能会伤害那些希望我们尽可能频繁地购买新产品的制造商(比如每年购买一部手机)。汽车平均寿命的数据很难确定。一种方法是采用全国公布的汽车行驶英里数、路上车辆总数和车辆销售数字(虽然最后一个数字可能在估计数之间有所不同,但一般可以得到),这提供的平均寿命里程显示,美国 16 万英里,英国 125 000 英里,法国 115 000 英里,欧洲其他地区 105 000 英里,日本 70 000 英里。

如果我们驾驶一辆使用时排放 200gCO_2/KM 以及生产时排放 20t CO_2 的车(也许是更高规格的蒙迪欧),那么行驶达到 10 万公里后才能与生产的排放量持平。那么,为了将汽车制造中的排放影响降低到 20%,汽车寿命就必须控制在 40 万公里/22.8 万英里(到那时,汽车将排放 80 吨 CO_2,加上制造过程中的 20 吨)。有很多例子表明,如果保养良好,汽车能够存活这么长时间,但没有一个估计的平均记录接近这一时间长度。(顺便说一句,"真实世界"的消耗量通常被认为比宣传的数字至少高出 15%,因为官方数据是在实验室条件下、无风以及在"滚动的道路"等条件下产生的,这将增加使用寿命。)与此同时,使用汽车排放的废气也在不断减少。

生产数字也必须仔细考虑。混合动力汽车因其低油耗正变得越来越受欢迎,但它们的生产显然更为复杂,实际上有两个驱动原因。制造汽油动力的雪铁龙 C1 产生 6 吨 CO_2(与蒙迪欧的 17 吨相比)并且汽车排放 CO_2 104 克/公里。这与丰田普锐斯混合动力车的排放量相同。与此同时,丰田对普锐斯的制造排放保密,但在 2010 年 10 月,该公司公开证实了《汽车新闻》(Automotive News)的数据,该数据显示,普锐斯在所有五个排放类别中都低于同类型汽车平均水平。行业分析师对丰田随后的一系列活动感到困惑,其中包括植树,甚至开发吸收氮氧化物的新花卉品种,以抵消普锐斯生产过程中高于平均水平的 CO_2 排放量。与此同时,正如我们之前看到的,混合动力汽车制造目前依赖于稀土供应(钕和镝),这可能(或者说事实上)在几年内无法获得。

电动汽车(如日产聆风)在使用过程中不会产生任何排放,但没有理由认为其制造过程对环境的危害较小。电动汽车还依赖于稀土,当然,还有发电的问题,以及为电池充电的基础设施。

当然还有很多其他的因素,比如汽车报废后的回收(丰田声称普锐斯占 85%),二手市场,轮胎、刹车、油料等消耗品,以及道路和桥梁的磨损。当然还有 CO_2 废气排放只是汽油的一个坏处,它的开采也具有破坏性!

正如分析师迈克·伯纳斯-李(Mike Berners-Lee)和邓肯·克拉克(Duncan Clark)观察到的那样:"有趣的是,投入产出分析表明,汽车行业本身(包括所有零部件制造商和装配厂)使用的天然气和电力,在其制造过程中排放的总排放量中所占比例不到 12%。"其余的分布在各个领域,从金属提取(33%)、橡胶制造(3%)、工具和机器制造(5%),到商务旅行和汽车公司员工文具。其结果是,一辆汽车的实际排放通常在其整个生命周期内与排气管排放相当,尽管普遍的说法与此相反。事实上,从生产制造开始算起以及每行驶 1 英里直到 10 万英里后报废的顶级路虎发现的排放量,可能比雪铁龙 C1 的尾气排放量高出 4 倍。

(资料来源:Abridged from The Guardian 23.10.10 and various other sources, 参见 Berners-Lee, 2010)

产品设计

这并不属于严格意义上的营运范畴,但营运在重新设计产品及服务方面所扮演的角色,已得到广泛认同(从"为制造而设计"到"员工建议计划")。正如我们在上面所看到的,对于一种元素濒临灭绝的担忧,一个好的办法是将其替代产品设计出来。对于一个过程也是如此。

毫无疑问,这篇文章的一个反面观点是众所周知的"计划淘汰"(planned obsolescence)概念。"这意味着制造商希望消费者使用该产品的时间刚好足够保持喜欢,但如果它出现故障,则需要更换该制造商的另一种产品!"使修理一种产品比更换一种产品更昂贵是造成浪费的直接原因。当一些适度的返工可能使产品完全可用时,产品就不必要地被丢弃了。有时,这是合理的技术原因(例如,必须更换一个完整的大灯单位,而不仅仅是一个灯泡,因为光可以更有效地作为一个密封单位)。在其他地方,当一个新的(改进的规格)产品将比劳动力成本更低时,这种设计可能意味着需要几个小时来修复。"产品更替"的营销策略希望,在推出了新版本的产品时鼓励人们扔掉(或者回收)他们现有的产品然后换一个新的,可能有利于制造商(和供应链上下游渠道),但这无疑是可持续发展的一个严重问题(例如,导致每年更换一个手机的濒临灭绝的灾难元素)。延长汽车保存期的想法(见案例 11-4)具有可持续性,但不可避免地会导致汽车制造业的经济危机(见 Guiltinan, 2009)。显然,计划中的报废和产品的更替是 20 世纪另一个大反派的产物:炫耀消费(在研究这个令人烦恼的话题时,应当从托斯坦·维布伦 1902 年的原著《向前进》开始)。

同时,可持续设计也有很多好的例子,包括减少材料的使用,用其他材料替代稀缺的材料、翻新、回收等等(见 Kinokuni, 2010)。

能源使用

最后,我们应该提醒,必须认识到将能源使用与可持续性联系起来的行动措施。这里包含的东西太多了。也许最广为人知的是碳足迹(见上文)。其他减少能源使用的途径包括:设计工作空间使用自然光,减少使用空调等需要考虑不同形式的能源生产:在公司一级以及国家提供的公用事业单位可能提供一些能源(例如木片或生物质锅炉)。

显然,能源成本将不可阻挡地增加,因此节约能源对所有企业来说都是节约成本的同义词。节约成本是运营管理和可持续性的一部分,因此两者之间的联系显而易见。

11.4.2 产品和服务输出

许多关于下游供应链可持续性的讨论,将与上游的讨论相同。食物里程的舒适圈、计划淘汰的罪恶、生命周期评估(LCA)需要确定关注的焦点在哪里,当然还有精益思维。对于服务,交付与创建是同步的,根据定义,上面关于流程的讨论将是相关的。

然而,从更广泛的角度来看,我们应该考虑组织在影响客户可持续活动方面的作用。

逆向物流

这是一个简单的概念,即不需要的产品或附加产品(如包装)以相反方向流向最初交付产品的地方:回收。这已经成为一个独立的工业部门,包括"再制造"、回收未售出商品、回收拆解和回收材料,以及一个充满活力的咨询子部门。随着实践的深入、大量的文献产生,一些管理理念也逐渐发展(参见:Dowlashahi,2010;Chan, et al.,2010;Ramírez,2011)。有些地区逆向物流协会。

选择编辑

多年前人们就认识到,不能指望消费者在购买时根据可持续性问题做出选择。因此,在超市里,处于强大压力的顾客,在有限的预算下,不可能指望避开"5 英镑两只鸡"或是"3 英镑买一件的夏季衬衫",即使这些鸡的饲养者或衬衫的制造者都可能会怀疑。同样地,购买冰箱冷冻室的人不可能为能耗较低的型号多花 10%的钱。20 世纪 90 年代初,当白色家电的能源使用评级系统被引入时,购买 E 级产品是可能的,如图 11-6 所示。

您今天无法购买图 11-6 所示的冰箱,白色家电老板不会库存低于 B 级的任何东西,事实上,现在大多数人都吹嘘自己拥有"AA"的家电。这同样适用于所有领域。零售商正在调整消费者的选择,不是因为再也没有人会购买 E 级家电,就是因为这已经成为一个可持续发展驱动的市场。也许不可避免地有人对某些标签的真实性提出质疑(类似于案例 11-1 中的情况),但它已得到普遍接受。

然而,对于国内紧张的食品采购预算来说,事情就没那么简单了。例如,只有一些超市出售平价的香蕉,尽管其他地方的香蕉更便宜,销量很大。

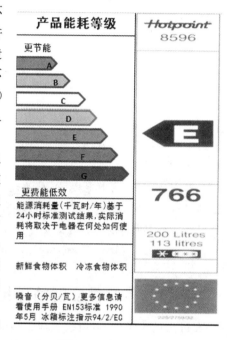

图 11-6 产品能耗等级

总之,我们可以看到,可持续性将运营管理(例如工厂生产过程的微小细节,或小产品的包装设计)与最大规模和最深刻的(地球资源的消耗和元素的消失)方面联系在一起。这种联系一直存在,但在过去,人们只注意到一些重大因素(19 世纪伦敦的雾霾,或者可能是复活节岛人类的灭亡,见案例 11-5)。由于世界各地人口的增长和生活水平的提高,这一点现在更加明显。我们以前所知道的提高生活水平的唯一途径显然是不可持续的。运营战略人员必须成为解决方案的一部分,利用创新和精益思维来消除浪费,创造可持续发展。

案例 11-5

复活节岛

复活节岛是世界上最大的考古遗址之一,也是最偏远的地方之一。发现拉帕努伊岛的勇敢的波利尼西亚人准备留下。他们带来了工具、食物、植物和动物,开始了新的生活。虽然它很小,但有大片的棕榈树和其他树木组成的森林,火山口也有饮用水。黑曜石可以用来制作工具和武器。制作雕像的完美材料凝灰岩非常丰富。

> 岛民一旦定居下来,就逐渐遍布全岛,几乎占据了所有可用的地区。为了种植庄稼,他们采取了毁林烧荒的办法。最终,这导致表层土壤在风暴中被侵蚀,随着时间的推移,土地的生产力下降。
>
> 他们建造房屋和神殿,雕刻巨大的雕像(称为摩艾)。这些雕像是由能工巧匠雕刻的,技艺高超,备受尊崇。
>
> 随着造像的增多,木材和绳子的供应逐渐减少。由于缺乏树木,独木舟无法再建造,限制了近海捕鱼。没有独木舟,他们就不能动身去另一个岛。拉帕努伊人发现自己被困在一个堕落的环境中。
>
> 人口数量的峰值是有争议的,有些人估计高达7000人,其他人则认为还有更高的数字。无论人口多少,再加上环境恶化,这个小岛已无法承受。
>
> (改编自复活节岛基金会 www.islandheritage.org)
>
> 当我们试图想象复活节文明的衰落时,我们问自己:"为什么他们没有环顾四周,意识到他们在做什么,在一切还来得及时就停下来?""他们砍下最后一棵棕榈树的时候在想什么?"
>
> 渐渐地,树变得越来越少,越来越小,越来越不重要了。当最后一棵结满果实的成年棕榈树被砍伐时,棕榈树早已不再具有经济意义。这样一来,每年只剩下越来越小的棕榈树幼苗和其他灌木、小树需要清理了。没有人会注意到最后一棵小棕榈树的倒下。
>
> (参见:Jared Diamond, Discover Magazine August 1995,Diamond(2005),特别是第2章)

11.4.3 多层供应链的可持续性

在过去的十年中,可持续供应链管理(SSCM)受到了业界和学术界的广泛关注。一些组织审查其产品和过程,以提供更环保的产品和服务,并还注意到了可持续性的社会方面,如健康和安全以及社区项目。关于 SSCM 的大量文献综述可以确定这一热点争论。

在过去的几年里,供应链管理的研究兴趣已经逐渐从关注焦点公司到一级供应商,再到多层供应链层面的二级供应商。然而,在这些研究中,虽然供应链学习(SCL)被认为有助于赢得供应链竞争优势(Bessant et al., 2003),但很少有研究关注如何在供应链中学习可持续性(sustainability)。在 Bessant et al.(2003)之后,即使是在二元水平上的学习也鲜有实证研究,更不用说多层供应链可持续性的 SCL 了(Jia and Lamming, 2013;Gosling et al., 2016)。

在实践中,供应链学习在多层供应链中的作用越来越重要。下面通过供应链学习的两个案例(好的和坏的)来说明供应链学习的重要性。沃尔沃与一线供应商合作,将质量管理和供应链管理(SCM)传播给中国的二级供应商,使其受益于供应链的所有成员。美泰在 2008 年召回一部分玩具的主要原因是美泰的主要(一级)供应商(Lee Der)没有传播给二级供应商关于质量控制的相关知识,因此造成了数以万计的玩具召回,导致美泰公司的声誉以及 2008 年市场份额的损失重大(Jia and Zsidisin, 2014)。

Smith 等人(2008)为 PVC 行业提供了一个案例。该行业在 20 世纪 90 年代末面临来自客户、非政府组织(如绿色和平组织)和立法者等利益相关者的各种压力,这些利益相关者对 PVC 的不可持续生产提出了挑战。PVC 的主要生产商挪威海德鲁公司(Hydro Polymers)通过采用一种系统化的方法积极应对这些压力。自然步骤框架（TNS），由瑞典布莱津理工大学（Blekinge Institute of Technology in Sweden）创造，TNS为这个行业确定五个内部和外部挑战，后来把它编撰成完全可持续PVC设计和生产白皮书。海德鲁公司通过大学提供的在线课程传播（学习）了这个框架。主要供应商和客户通过网络研讨会进行培训，参与者获得7.5个大学学分。基于培训带来的系统规划性共享心智模型，伴随着行动和商业发展的层叠效应发生在供应链中，最终达成了10年的部分共识：公司已同意着手合资最终符合TNS可持续性原则的企业。

这个案例生动地展示了一个主动的公司如何在价值链中发挥领导作用，通过在线培训以及供应商会议等机制传播可持续的PVC设计和生产的最佳实践（方法），最终创造出一个新的行业标准。在实践中，主要的西方跨国公司（MNC）积极应对稀缺资源和环境退化的约束，通常要求将可持续发展作为其战略的一部分，往往在其供应链中设定一个领导的角色，以达到各种改善可持续性以及质量、价格和可靠性的实践目的。然而，在供应链管理研究的主流中，令人惊讶的是（由于其在实践中的普遍存在），跨国公司在供应链中的领导作用被研究人员忽视了。例如供应链领导力与可持续性供应链管理（SSCM）实践之间的关系，只有少数例外（如Defee，2009a）。例如，绿色物流管理（green logistics management，GLM）的成功需要原始设备制造商的领导，并声称这是值得未来研究的。卡特（Carter）和罗杰斯（Rogers）可能是第一个呼吁研究供应链学习在实现可持续性方面的作用的人。例如供应链学习与可持续性供应链管理的关系。更不为人知的是，跨国公司在供应链中的领导地位是如何促进供应链成员（包括客户和供应商）学习和采用可持续发展实践的。例如供应链管理背景下供应链领导力与供应链学习的关系。

供应链与其他供应链竞争的观点并不新鲜，关于SSCM的文献也越来越多。这些新兴的"可持续"实践包括在整个供应链中传播、学习知识或传递新思想，从而影响更大的范围。

最后，主动的SSCM战略大都需要而且强调双方的共同努力或协作，包括共同的可持续创新。协作理论强调以创新的方式集体解决复杂问题，旨在解决超越单个企业能力的复杂问题。从多方利益相关者的角度来看，合作不仅限于供应链成员，还包括非政府组织、监管机构、竞争对手和社区成员等非传统成员（Pagell & Wu，2009）。Gosling等人在2016年开发了SSCM策略的类型学概念模型（见图11-7）。

文献中讨论了三种供应商治理机制。评估和参与的不同之处在于，前者侧重于供应商遵守行为准则的程度相对较低，而后者侧重于行为准则之外的主动行动。参与和合作之间的差别是，前者的可持续倡议是由协调公司发起，由供应商参与或加入，其中供应商发挥更积极的作用并领导持续改进；对于后者，双方都积极参与了倡议，并产生了应急实践。

这三种类型的治理机制开创了供应链中不同层次的学习活动，尤其是在建立双回路学习的协作中，可以找到这方面的证据。组织学习的相关模型假设了一个动态的知识创造过程，包括隐性知识和显性知识的社会化和内部化。这表明，通过探索、质疑和挑战现有知识的过程，双回路学习最终会引发新的知识创造。

我们建议，SSCM治理机制的评估/评定/认证类型必须主要涉及焦点公司可持续发展行为准则的显性知识转移。但是，参与或单方合作可能包括隐性知识转移。最后，双方的共同努力或协作主要涉及隐性知识的转移和新知识的创造，这确实与双循环学习或知识创造惯例有关。评估和参与主要在预先确定的框架下进行，而共同努力可能会改变现有的框架

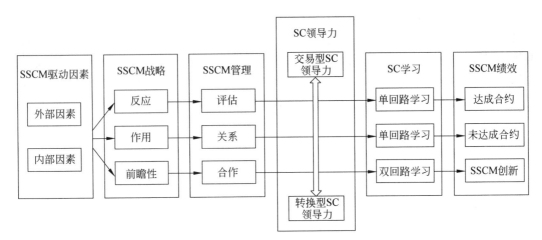

图 11-7　SSCM 战略类型学概念模型
(Gosling et al.，2016)

并引发创新。因此，前者需要单回路学习，简单且自适应的反应不影响潜在的价值观，后者需要双回路学习，寻求新的解决问题的方法和新的核心价值观。

为了反映评估和参与之间的差异，以及描述管理参与类型的一致性，我们尝试性地在单回路和双回路学习之间定义了一个新的组织学习层次："单回路学习+"，其灵感来自范霍夫(Van Hoof)2014 年的"双回路学习+"。在这里，"单回路学习+"意味着学习仍然在现有的框架内，然而焦点公司和供应商将采取更积极的学习态度，而不仅仅是适应环境和遵守低水平的行为准则。在这种情况下，焦点公司和供应商都会在学习过程中做出贡献。

将学习与 SSCM 绩效联系起来，我们建议单回路学习可以使供应商遵守行为准则。"单回路学习+"可能通过识别现有框架内潜在的持续改进机会，帮助供应链实现超越遵从性的结果。最后，双回路学习包括共同努力创造新的知识，并可能通过可持续的产品、过程或组织创新推动 SSCM 创新。例如可持续供应链结构。

在这一因果关系链中，供应链领导力是一个被忽视的因素。弗林特(Flint)等人提出了一个关键问题："谁应该在什么时候参与学习训练？"激励一个持续和健康的供应链学习环境的最好方法是什么？根据传闻里的证据和我们在中国研究跨国公司的经验，供应链领导者组织似乎在供应链学习中扮演着关键的角色。我们认为，交易型领导和变革型领导在供应链管理治理机制和供应链学习之间都发挥着中介作用。而更多的领导力相关理论可能为进一步的探究提供有价值的方向。

Defee 等人(2009)认为交易型供应链领导表现出偶然性报酬和例外管理行为，而变革型供应链领导则更多地表现出启发、智力激励和个别关照。通过供应商评估，供应商将获得激励或制裁，从而鼓励和加强单回路学习。通过合作或共同努力，供应链领导组织可以为这种关系创造一种共同的战略或使命，鼓励供应商更具创新性，最终开发出解决问题的新方法。例如通过认识到每个供应商的独特需求，发现新的机会，并适当地发展他们的技能，进行双回路学习。在这两者之间，一个焦点公司可以使用交易型领导和变革型领导方式，通过遵循供应商的指示和对新方法的思考，来鼓励供应商可持续发展。案例 11-6 和案例 11-7 生动地展示了跨国公司在中国多层供应链中发挥供应链领导作用，是促进供应链学习的两个最佳实践案例。

> ### 案例 11-6
> #### 雀巢奶牛养殖研究所——供应商的供应链创新
>
> 雀巢在双城区的奶牛养殖研究所（DFI, Figure 7）投资约 3000 万瑞士法郎，这是雀巢最大的乳制品投资之一。2014 年 10 月正式对外开放。DFI 的目标是实现中国奶牛养殖的现代化，以可持续的方式满足快速增长的乳制品需求。雀巢通过确保原料奶的稳定供应和安全，从建立 DFI 中获益。它是雀巢公司与合作伙伴合作的平台，旨在通过以下方式帮助奶农学习如何使用最新的农业技术：
>
> 提高农场管理技能，学习如何提高生产力，培训国内外专家，获得拓展业务的实际经验，了解如何更可持续地生产高质量的牛奶。
>
> 雀巢邀请了许多合作伙伴加入这个平台，这个平台涵盖了奶牛养殖和生产的所有关键环节。它寻找的合作伙伴在业内能力雄厚并且享誉全球。最后，第一批合作伙伴是营养品合作伙伴 Alltech 和 Land O'Lakes，挤奶和繁殖协作伙伴 Alta Genetics、GEA、SCR，动物卫生合作伙伴 Boehringer Ingelheim、Elanco、Zoetis，农业设施和设备合作伙伴 Avery Weign-Tronix、East Rock、Foester Technik、Goke Stoti，学术合作伙伴包括威斯康星大学麦迪逊分校、黑龙江东北农业大学和国际农业比较网络（IFCN）。
>
> 业务合作伙伴可以在其特定领域提供专业知识，学术合作伙伴负责在全球和区域级别上设计、交付和考量培训计划。DFI 的设计使学员能够在示范农场体验课堂教学和实践培训。培训学院开业一年多，截至 2015 年底，已为 800 余人提供培训。培训课程包括预防和控制疾病，增加每一栏的牛奶产量，提高牛奶质量和节约饲料，所有这些主题都与农民有关。到 DFI 成立一周年时，又有六个公司成为 DFI 的合作伙伴。
>
> 雀巢一直奉行创造共享价值的理念。即使在三聚氰胺危机期间鲜奶供应过剩的艰难时期，该公司也从未停止向奶农购买鲜奶。帮助农民实现现代化升级，再次体现了创造共享价值的理念。
>
> "我们知道供应商在哪里，我们知道他们在做什么，我们参与运营，我们定期拜访他们，我们建立关系，他们知道我们的质量标准。我不认为我们作为一个公司能够仅仅说现在有一个新的模式是正确的却不给他们机会参与其中，并舍弃他们，即使他们已经和我们在一起 25 年了。我们不会告诉他们，我们不再关心他们了，我们不会把人赶走，那些想离开的人会自动离开。对于其他人，我们告诉他们，如果你想留在这个行业，你必须成长，这些是标准。"DFI 前总经理罗伯特·埃尔哈德（Robert Erhard）表示。
>
> DFI 也为年轻一代提供了一个平台，"对年轻一代的吸引力是不同的。随着越来越多的年轻人离开奶业到大城市工作，我们需要让他们看到在奶业工作的机会——没有引导，他们看不到希望。奶牛养殖业是一种职业，DFI 可以帮助年轻人实现他们的抱负，"Jonathan Dong 表示。DFI 合作伙伴也认可创造共享价值，"DFI 作为一个平台，一个大的实验室，以及一个可供出租的示范农场，人们在这里学习、领会，这就是价值。它帮助奶农提高他们的整体耕作技能。在雀巢，这被称为创造共享价值。这给我留下了深刻的印象。"

"DFI具有良好的商业意义,这是企业社会责任的展示,我们还有一项义务:我们的最终目标是提高奶牛养殖水平,有了 DFI,我们就可以实现这个目标。"GEA 的一位经理说。GEA 是 DFI 的合作伙伴之一,主要负责挤奶设备。这种转变、培训和所有的活动不仅有利于奶农,也有利于雀巢,最终有利于消费者。为了响应政府发起的转型努力,雀巢与其商业伙伴合作建立了一个世界级的培训中心。他们与当地政府一起,将传统的奶农转变为现代的奶农。DFI合作伙伴在短时间内获得了良好的声誉,并更有效地与奶农进行了接触。通过更安全、更好的原料奶,雀巢也增强了消费者对其产品的信心。

(资料来源: Gong, Y., Jia, F*. and Brown, S (2017). "Modernisation of dairy farms: the case of Nestlé's Dairy Farming Institute in China", Emerging Markets Case Studies.)

 案例 11-7

利乐包装:在中国创建回收链

利乐包装的回收链在中国花了大约 10 年的时间(1998—2008 年)才成型。当时利乐中国的环境部是一个小部门,只有一名经理和三名环境工程师,他们的主要职责之一就是开发一个可持续的回收价值链。该部门向中国和全球环境部门的企业沟通报告。与发达国家相比,先进的回收技术在中国并不适用。这个小团队需要为中国找到一个解决方案,并采取了四个步骤来建立回收链:俯瞰回收市场、建立意识和选择合作伙伴、创建回收能力、确保回收能力。

俯瞰回收市场

一开始,研究小组调查了回收市场。环保工程师随着城市规划委员会的成立,访问了中国多个城市。他们跟踪了回收路线:消费者喝完饮料后,他们是如何处理 UBC 的,UBC 是如何进入垃圾箱和垃圾填埋场的;有多少人接触过它,它经历了多少过程;是否有公司对其进行回收再利用。他们意识到回收的挑战在两个方面:第一,中国没有垃圾分类系统,大部分 UBC 垃圾与其他家居废物混在一起;第二,能够回收纸箱的公司数量有限。

他们还发现,主要的回收力量是成千上万的拾荒者和清洁工(后面的讨论将他们称为"收集者"),他们效率高,有动力收集有价值的废物,比如 PET 瓶、奖牌,卖到二级市场,然后赚钱。有些人甚至以此为生。然而对于这些"收藏家"来说,UBC 是一种低价值的材料。最重要的是,只有少数回收商接受它。俯瞰后发现:1)利乐包装不存在回收链;2)如果有足够的市场价值,就有可能建立回收链。

建立意识和选择合作伙伴

在考察了回收市场之后,利乐包装决定帮助在中国建立一个回收链。他们首先需要寻找回收伙伴。他们意识到,如果市场上存在回收能力,那么这些回收商就可以处理利乐包工厂和奶制品公司的废料。

他们可以向收集机构/公司(在余下的讨论中称为"收集公司")购买具市场力量的UBS废料,而收集机构/公司则可向分散的收集商购买UBS废料。

由于利乐包装75%的纸箱是由高质量的纸纤维制成,环保团队首先接触了大型造纸厂。

然而,他们的尝试没有成功。大型造纸厂不愿与利乐合作,尽管它们知道可以得到利乐的支持。与他们的生产线相比,UBC的体积小、不稳定,他们需要在收集过程中付出额外的投资和时间。

"后来我们意识到,我们需要找到那些希望成为先锋、有发展潜力、热爱环保的小公司。"利乐中国前副总裁兼企业传播集群负责人 Carol Yang 说。利乐中国后来就是这样找到回收合作伙伴的。

杭州富伦生态科技有限公司就是其中之一。公司由创始人兼首席执行官杨军于1994年在浙江省阜阳(现杭州市辖区)成立。阜阳造纸历史悠久,已有1900多年的历史。一开始,富伦只是个小公司,周围有300多家造纸厂。杨军在同龄人中一直很有创造力,在刚开始的时候,他更新了设备来处理用过的纸芯管,因为它的硬度,其他人无法处理。偶然的机会,杨军发现UBC含有高质量的纸纤维,他修改了他的设备来处理UBC。与竞争对手相比,杨军用廉价的材料获得了更高的利润。然而,对于一家规模较小的公司,杨军总能感受到来自政府的压力(政府政策不支持小造纸厂,因为他们认为造纸厂的污染更大),他想知道自己公司的发展方向是什么。

创建回收能力

在认识和选择回收商之后,下一步就是发展这些回收商,提高他们的回收能力,提高回收率。利乐中国采用各种方法来提高回收率。Rendy 说,"我们采用了几种方法来提高回收率。首先是回收能力,我们帮助我们的回收伙伴扩大产能,在2020年达到40%的回收速度,我们需要找到其他潜在合作伙伴,或扩大现有的合作伙伴的能力。可以帮助他们升级设备或构建另一个生产线,当然,我们与我们的伙伴一起做,利乐包装不求经济回报;其次,我们帮助他们建立收集网络,我们希望建立一个更好的废物分类系统,因为这样,回收的数量可以增加很多;再次,我们帮助提高回收产品的价值;最后,提高公众的环保意识,作为一项环保计划,促进公众参与。"

利乐在找到回收伙伴后,为他们提供了各种各样的支持。一开始,一种方法是向合作伙伴提供打折的工厂废料,另一种方法是设备投资。利乐还购买了回收设备,让回收合作伙伴免费使用。回收设施的所有权属于利乐包装。一项原则是投资不应超过整个工厂投资的30%。在日常运作中,利乐包装也为这些回收伙伴提供支持。利乐包装还每年组织一次回收合作伙伴会议,与合作伙伴分享行业趋势和先进技术。会议也为回收商提供了一个建立网络的机会。会议通常在回收伙伴的网点举行,让回收商互相参观对方的工厂,互相学习。

确保回收能力

利乐包装采用了一个整体的方法来创建回收链,而回收商使回收网络更加牢固。为了确保回收数量,利乐中国在不断鼓励回收伙伴的同时,也为他们提供奖励。一旦回收商收到利乐中国的设备支持,他们必须签订合同,约定在未来几年达到一定的回收量。他们还提供了代表利乐中国的第三方进行会计审计的机会,每个月这些回收商都会把每月的回收数据发送到利乐包装进行跟踪。审计每年进行一次,然后用公式计算回收率。这个回收率是指 UBCs 的回收率,所以总金额需要删除利乐包装工厂还没被消耗的废弃物数量,然后乘以利乐包装的估计市场份额(回收也收集其他品牌的包装),再除以利乐包装的生产数量。利乐包装与回收商之间也存在冲突,主要集中在回收进度上,利乐中国强调回收链的可持续发展,并将 2020 年的目标作为行动指南,但回收商的目标并不是这样。另一方面,利乐中国相信自己在不断鼓励回收商方面发挥了促进作用。

(资料来源:Gong, Y., Jia, F*. and Brown, S. (2017). "Tetra Pak: Creating a Recycling Chain in China", Ivey Case Publisher)

总 结

1. 人口增长和日益提高的生活水平的结合正在导致一种情况,即现有的生产产品和服务的方式无法在全球一直维持下去。

2. 虽然这与气候变化之间的联系可能是辩论的主题,但很明显,浪费资源是问题的一部分,这在很大程度上是一个行动战略问题。

3. 有一些与此相关的概念是运营管理者需要了解的——有些相当奇特。它们共同为决策提供了基础,只有个别管理者才能决定时机。

4. 有些概念是通用的,适用于所有领域。有些则与操作的特定部分特别相关:供应链、流程、输出的交付。

关键问题

1. 在收集关于可持续性的信息方面,运营管理者的优先事项是什么?
2. 你如何与其他机构(例如供应商)合作以改善可持续运作?
3. 在未来的五年里,你的运营战略的定位将如何变化?会有什么影响?
4. 可持续性如何与精益方法相适应?
5. 可持续发展如何与创新相适应?

扩展阅读

这是一个极其复杂和充满政治意味的问题。建议读者在形成观点之前尽可能广泛地阅读。

Berners-Lee, M. (2010) How Bad are Bananas: the Carbon Footprint of Everything Profile Books, London.

The British Geological Survey www.bgs.ac.uk (especially http://www.bgs.ac.uk/mineralsuk/statistics/riskList.html).

Diamond, J. (2005) Collapse: how societies choose to fail or survive Penguin, London.

Malthus, T. R. (1993) An Essay on the Principle of Population (1798) Oxford World Classics, Oxford.

Stuart, T. (2009) Waste: uncovering the global food scandal Penguin, London.

参考文献

[1] Andrew, R., and Forgie, V. (2008) A three-perspective view of greenhouse gas emission responsibilities in New Zealand *Ecological Economics* 68 (1-2), pp.194-204.

[2] Baden, D. A., Harwood, I. A., and Woodward, D. G. (2009) The effect of buyer pressure on suppliers in SMEs to demonstrate CSR: an added incentive or counter productive? *European Management Journal* 27 (6), pp.429-441.

[3] Berners-Lee, M. (2010) *How Bad are Bananas: the Carbon Footprint of Everything* Profile Books, London.

[4] Bessant, J., Kaplinsky, R. and Lamming, R. (2003). "Putting supply chain learning into practice", International Journal of Operations and Production Management, 23, 2, pp.167-184.

[5] Brundtland, G. H. (1987) *Our Common Future, Report of the World Commission on Environment and Development*, World Commission on Environment and Development, 1987. Published as an Annex to UN General Assembly document A/42/427 *Development and International Co-operation: Environment August* 2, 1987 and subsequently by Oxford University Press.

[6] Carter, C.R. and Rogers, D.S. (2008). "A framework of sustainable supply chain management: moving toward new theory", International Journal of Physical, Distribution and Logistics Management, 38, 5, pp.360-387.

[7] Chan, H.K., Yin, S., and Chan, F. T. S. (2010) Implementing just-in-time philosophy to reverse logistics systems: a review *International Journal of Production Research* 48 (21), pp.6293-6313.

[8] Davis, S. J., and Caldeira, K. (2010) Consumption-based accounting of CO_2 emissions PNAS March 8, 2010, http://www.pnas.org/content/early/2010/02/23/0906974107.full.pdf+html.

[9] Defee, C. C., Esper, T. and Mollenkopf, D. (2009a). "Leveraging closed-loop orientation and leadership for environmental sustainability", Supply Chain Management: An International Journal, 14, 2, pp.87-98.

[10] Defee, C. C., Stank, T. P., Esper, T. L. and Mentzer, J. T. (2009b). "The role of followers in supply chains", Journal of Business Logistics, 30, 2, pp.65-84.

[11] Diamond, J. (2005) *Collapse: how societies choose to fail or survive* Penguin, London.

[12] Dowlatshahi, S. (2010) A cost-benefit analysis for the design and implementation of reverse logistics systems: case studies approach. *International Journal of Production Research* 48 (5), pp.1361-1380.

[13] Elkington, J. (1997) *Cannibals with Forks: the Triple Bottom Line of 21st Century Business* Capstone, London.

[14] Elkington, J. (2004) "Enter the Triple Bottom Line.", pp.1-16(Chapter 1) in Henriques, A. and Richardson, J. (Eds) *The Triple Bottom Line, does is all add up? Assessing the Sustainability of Business and CSR* Earth Scan, London; Stirling VA.

[15] Flint, D. J., Larsson, E. and Gammelgaard, B. (2008). "Exploring processes for customer value insights, supply chain learning and innovation: an international study", Journal of Business Logistics, 29, 1,

pp.257-281.

[16] Gosling,J.,Jia,F.,Gong,Y. and Brown,S. (2016). "The role of supply chain leadership in the learning of sustainable practice: Toward an integrated framework". Journal of Cleaner Production. 137,pp. 1458-1469.

[17] Guiltinan,J. (2009) Creativer Destruction and Destructive Creations: Environment Ethics and Planned Obsolescence *Journal of Business Ethics* 89 (1),pp.19-28.

[18] Gustavsson,J.,Cederberg,C.,Sonesson,U.,van Otterdijk,R. and Meybeck,A. (2011) Global Food Losses and Food Waste: extent, causes and prevention Food and Agriculture Organisation of the United Nations,Rome. http://www.fao.org/fileadmin/user_upload/ags/publications/GFL_web.pdf.

[19] Jia,F. and Lamming,R. (2013). "Dyadic learning in an international context: Evidence from Sino-West supply relationships". International Journal of Operations and Production Management,33(5), pp.528-561.

[20] Jia,F. and Zsidisin,G. (2014). "Supply Relational Risk: What Role Does Guanxi Play?", Journal of Business Logistics,25(3),pp.259-267.

[21] Kibbeling, M. I., Van der Bij, H., Van Weele, A. J. and Di Benedetto, A. C, (2010) CSR orientation as a guiding principle for innovativeness: a supply chain perspective 19th IPSERA Conference, Lappeenranta,Finland,17-19th May,2010, Conference Proceedings,pp.250-269.

[22] Kinokuni,H.,Ohkawa,T.,and Okamura,M. (2010) "Planned Antiobsolescence" occurs when consumers engage in maintenance *International Journal of Industrial Organisation* 28 (5),pp.441-450.

[23] Malthus,T.R. (1993) *An Essay on the Principle of Population* (1798) Oxford World Classics, Oxford.

[24] McDonough, W. and Braungart, M (2009) *Cradle to Cradle: remaking the way we make things* Vintage Books,London.

[25] Monden Y. (2011) *Toyota Production System: an integrated approach to just-in-time* 4th Edition Productivity Press,New York.

[26] Pagell,M. and Wu,Z. (2009). "Building a more complete theory of sustainable supply chain management using case studies of ten exemplars",Journal of Supply Chain Management,45,2,pp.37-56.

[27] Porter,M.E. and Kramer,M.R. (2007) "Strategy & Society: The Link between Competitive Advantage and Corporate Social Responsibility" *Harvard Business Review* 84 (12),pp.78-92.

[28] Porter,M.E. and Kramer,M.R. (2011) "The Big Idea: Creating Shared Value" *Harvard Business Review*,vol. 92,No. 1. See also interview at http://hbr.org/2011/01/the-big-idea-creating-shared-value/ar/1.

[29] Ramírez,A. M.,Morales,V. J. G.,Bendito,V.V.F. (2011) The Influence of Environment and Green Logistics Towards Good Corporate Practices in Europe *Economics & Management* 16,pp.589-596.

[30] Sachs,J.D. (2008) *Common Wealth: economics for a crowded planet* Penguin,London.

[31] Schlich,E.H and Fleissner,U. (2005) The Ecology of Scale: assessment of Regional Energy Turnover and Comparison with Global Food *Int. J of Life Cycle Analysis* 10 (3),pp.219-223.

[32] Schonberger, R.J. (1982) *Japanese Manufacturing Techniques: Nine Hidden Lessons in Simplicity*, Macmillan,New York.

[33] Smith,C.,Brenann,J. and Leadbitter,J. (2008). Norsk Hydro ASA: Sustainable PVC at Hydro Polymers? INSEAD and EABIS.

[34] Stuart,T. (2009) *Waste: uncovering the global food scandal* Penguin,London.

[35] Van Hoof,B. (2014). "Organizational learning in cleaner production among Mexican supply

networks",Journal of Cleaner Production,64,pp.115-124.

[36] Veblen,T. (1902) *The Theory of the Leisure Class: An Economic Study of Institutions* Macmillan,New York.

[37] Weber,C.L. and Matthews,H.S. (2008) "Food-Miles and the Relative Climate Impacts of Food Choices in the United States" *Environmental Science and Technology* 42 (10),pp.3508-3513.

[38] Zaks,D.P.M.,Barford,C.C.,Ramankutty,N. and Foley,J.A. (2009) Producer and Consumer Responsibility for Greenhouse Emissions from Agricultural Production-a perspective from the Brazilian Amazon *Environmental Research Letters* 4 (4),pp.1-12.

第 12 章

运营管理的未来

> 未来已来,只是分布不均。
> ——威廉·吉布森(William Gibson)

🎯 学习目标

1. 拓展你对当前趋势的思考。
2. 展示国际趋势是如何变化的,以及运营经理如何影响它们。
3. 以多条途径与你建立联系,探索形成你自己对未来的看法,为你提供信息,并帮助你做出选择。

在最后一章中,我们将总结本书中讨论的一些主题和趋势,并提出它们在未来的一些发展可能。当然,我们建立的这些情景,只是基于我们自己的想法和观点,我们的目的是引发一些对于即将发生事情的讨论和思考。正如威廉·吉布森说,我们的目标之一是找到"未来已经到来"的地方。

我们将探索一些重要的趋势,然后将它们结合在一起,最后讨论对战略运营管理的影响。

12.1 在未来,我们可以期待什么

12.1.1 服务理念

如果我们将第 3 章讨论的人类消费增加的影响,第 5 章探讨的全球供应链复杂性,可持续性和责任相关的需求和威胁(第 11 章)以及持续改进质量的需求(第 9 章)结合起来,我们可以设想,未来的运营管理将从根本上关注日益激烈的全球竞争以及提供客户服务和满意度的相应需求。这在过去可能被视为销售、营销和售后服务部门的责任,而在未来,这些责任可能会在运营管理的作用中有所体现。

实现这一目标所涉及的两个挑战将是:如何应对造成产品变动的技术和潮流的影响,以及如何应对资源的逐渐短缺,而这些资源是组织做出可操作性选择所必需的。考虑到客户面对选择的压力,服务理念是未来运营管理的必要组成部分,正如我们在本书的几个地方所探讨的那样。这种效应有时被称为"顾客的声音"(Griffin & Hauser, 1993;Schmenner

& Tatikonda，2005）。这个概念与质量功能部署、鲍德里奇奖以及 Joseph Jura 有关（见第 8 章内容），当然，如果客户没有真正地选择的情况下（无论是在购买前由垄断等原因导致，抑或在购买后由转换成本等原因导致），我们也不应该期望公司会提供给客户（换句话说，我们认为企业为提供客户满意度所做出的努力与竞争有关，而不是真正为了客户考虑）。案例 12-1 中描述的案例就是一个令人相当震惊的例子。

 案例 12-1

技术傲慢与服务

大约十年前，本书的两位作者在伦敦参加了一个会议，会上一位"未来学家"，受雇于一家提供电信和互联网服务的大公司，做了一个关于未来的演讲，尤其关注他的行业。会谈包括令人兴奋的、呼之欲出的各种可能性（有些或许在十年后仍然以技术童话的形式出现）。演讲结束后，在现场，演讲者被问到了一个问题。提问者指出，虽然演讲者所赞扬的未来的奇迹确实都是不可思议的，但现实是，他的组织目前向私人客户提供电信和内部网服务（这些客户占据着非常强大的市场地位）是造成大量频繁的客户不满的原因。服务质量差、呼叫中心给出的难懂的回复以及技术故障等事情经常被公之于众，导致公司在客户服务方面的声誉非常差。

提问者将所希望的未来能够带来的好处放在存在问题的实际情况中，问演讲者，企业是否应该在一个客户服务方面不断变糟糕的当下，仍对一个充满闪亮奇迹的未来富有期待。演讲者觉察到有人在奚落他，然而令听众大为惊讶的是，他认为如今的情况确实如此，而且以"最好习惯它！"来回应提问者。

案例 12-1 中的情况可能不是企业希望客户了解到的运营管理的未来，尽管在客户选择有限的情况下，这可能具有商业意义（未来学家无疑是发表一些欠妥的观点以迎合他们的雇主），但它确实反映了运营经理所遇到的一个众所周知的、已确立的问题，我们可能会在未来面临更大的挑战：既要保持现有的运营绩效，同时要不断准备好交付令人惊叹的新客户报价的承诺。对一些行业来说，这种"未来"已经到来，而对另一些行业来说，这种"未来"正在靠近。有时这一问题可能只是初期问题（在制造、设计、交付等方面）；在其他时候，它可能会接近未来学家在案例 12-1 中描述的可怕场景，这种场景可能导致除了垄断企业以外的所有企业倒闭。这位未来学家的观点是：拥有巨大市场地位的公司可以忽视客户的不满，这一设想或许是危险的。古希腊有句谚语："上帝想要毁灭一个人，必定先让他疯狂。"据说，微软的联合创始人比尔·盖茨（Bill Gates）在 20 世纪 90 年代就把这句话改成了"上帝想要毁灭一个人，必定先给予他 30 年的成功"。

为了避免失败，运营经理面临的明确挑战是：需要实现对新产品和服务（或技术）非常及时的流程实施，以及出色的客户售后服务，然而他们没有足够的时间进入市场，也没有持续稳定的运营条件。这些都是大规模生产的特征，与良性、不成熟的消费市场和 20 世纪初的世界地理条件相一致。正如我们在第 5 章所看到的，在那些现代一级方程式大奖赛上存在的科林·查普曼（Colin Chapman）的精益设计理念指出，明天的产品或服务可能与我们昨天所知道的产品或服务大相径庭，如果认为精通当前技术将有助于管理未来，那将是非常危险的。因此,我们对未来的第一个结论是,那些希望一切如常的运营经理会受到冲击,或许就像他们一直以来熟悉的这个领域一样受到冲击。避免这种冲击的唯一方法就是以一种有效的方式不断学习和创新。

12.1.2 一个可持续发展的未来

我们已经在第 11 章中详细讨论了可持续性和责任问题及其对运营经理的影响,在此不再赘述。它们对于考虑未来的重要性是巨大的,很多以可持续发展为导向的组织也提供越来越多的探讨,指出未来实践的方向。我们可以肯定地说,第 11 章所述的许多主题将继续下去,所造成的问题将会恶化。对运营管理的具体影响将随着时间的推移而显现,因此必须保持充分了解情况。未来的一些趋势已经"达到"实际水平,包括再制造或翻新(而非废弃处置)、租赁(而非购买)。

12.1.3 解决产品的订户流动

正如我们在第 5 章中所指出的,在不同的技术与时尚的推动下,产品的订户流动为制造商或服务提供商带来长期利益,也为消费者带来短暂愉悦。其带来的结果是一种"丢弃"的文化,现在看来这种文化是不可持续的。虽然这可以通过设计可回收性、逆向物流和合理回收(工业和个人)来解决,但产品的订户流动总是与以减少消费来实现可持续发展的必要性背道而驰。

尽管原材料和成本的短缺有望促使企业找到其他实现这一目标的途径,但我们不能指望产品生产停止。(产品的订户流动有助于提高销售额,并能确保客户的忠诚度,因此,尽管过度消费有负面影响,但企业始终将其视为一项可取的行为。)因此,运营经理需要一些创新的方式来实现这一经营方式。也许最简单的答案就是尽量少"丢弃",尽可能多地重复利用。

12.1.4 再制造

再制造可以说是我们已经拥有的更加可持续的未来的一个特征。它的内容包括拆解一个产品,然后重建它以获得更长的使用寿命,翻新和重复利用尽可能多的组件。这个相对简单的想法引起了很多人的兴趣,英国的"再制造和再利用中心"(见 http://www.remanufacturing.org.uk/)也做了大量工作。

研究人员 Casper Gray 和 Martin Charter 在 2006 年对这一概念进行了详尽的阐述,包括许多当前实践的例子。他们报告说:"再制造目前在许多工业部门发生着,包括汽车和航空航天;影像工业也参与了再制造,如复印机和墨盒。"通过再制造,卡特彼勒(CAT)和施乐(Xerox)已经通过第 2 次、第 3 次,甚至第 N 次寿命的产品创造了持续的收入机会,施乐声称其产品可以有 7 次寿命,也就是 7 个连续的收入流!(Gray & Charter, 2006)。施乐是如何实现这一点的,如图 12-1 所示。

> 再制造过程始于将机器租赁(而非销售)给客户的商业模式。施乐公司在 5 年或更长时间后从客户手中收回旧机器,具体数目取决于这台复印机已经打印的张数。

在报告中 Gray 和 Charter 还提到说,"施乐的机器是为便于拆卸而设计的,因此包含的部件较少。零部件的设计还考虑到多个产品生命周期的耐用性。因此,施乐的每一代新产品都提供了更多的功能,同时节约能源和材料,并在整个产品生命周期中减少了对有害物质的排放。"

其他积极参与再制造的公司包括卡特彼勒(Caterpillar)、米利肯地毯公司(Milliken

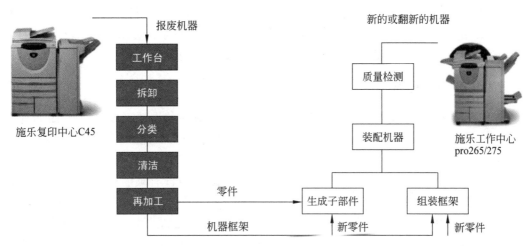

图 12-1 施乐的再制造工艺综述
（资料来源：Gray & Charter, 2006)

Carpets)、帕金斯发动机公司(Perkins Engines)、伟创电子公司(Flextronics)、汉诺威(Hanover)、西门子(Siemens)和美国军方(与 BAE 系统公司合作)。

因此，再制造(结合第 11 章提到的逆向物流以及日常回收)可以为减少未来产品的影响提供一种重要的方式，它甚至能够缓解由产品的订户流动而引起的不可持续性问题。此外，这似乎也是一个降低成本的好方法。

12.1.5 租赁而非购买

我们在第 3 章看到，亨利·福特最初坚持掌控生产汽车所需的一切，在大规模生产时代的良性消费市场中，这样做的确是安全的。然而我们看到，在随后的一个世纪里，这一原则发生了逆转。如今实现目标的方法包括分包和外包。正如我们在施乐的例子中看到的，提高灵活性的另一种可能方式是租赁，而不是拥有所有权。这可能会降低资本设备过时或年久失修的风险，结合再制造的同时还能提高可持续性。对于设备制造商的销售部门来说，这是一种营销选择，对于任何行业的运营经理来说，这也都是一个可行的采购策略。这其中的经济因素将是决定性因素。比方说，如果一个复杂设备的使用率较低或其维修却需要一些专业技能，那么最好是按小时计费(这一概念起源于 20 世纪 50 年代的罗尔斯·罗伊斯的航空发动机租赁)进行租赁，在这种基础上，用户只需支付设备的实际使用或输出费用。正如我们在图 12-1 中所看到的，这种方式在行业内已经得到了认可。租赁或购买的其他因素(包括有利于或反对租赁选择)可能包括拥有关键且高特异性资源的需求、供应商提供的不吸引人的租赁报价以及导致现有设备竞争力下降的产品订户流动率。

随着产品的日常维护和复杂性的降低，租赁似乎没什么意义，尤其是对于相对简单的电器。例如，在英国租用一台 32 英寸的液晶电视，每年的租金超过 400 英镑，最低租期为 17 个月，同样的一台电视售价不到 350 英镑，可能也不需要任何维护。然而，也有一些公司向旅馆提供电视租赁服务，这些酒店可能需要大量的维护和维修。与此同时，信息技术外包的策略也可以被视为一种租赁形式，包括定期升级设备等功能。

20 世纪 90 年代中期，英国电信(BT)采取了一种有趣的租赁方式，当时它是英国最大的小型商用车队拥有者之一。该公司与机油供应商达成一项协议,借此将机油出租而不是购买,并在规定的行驶距离后归还给供应商。供应商对油进行了再利用的处理,在高规格产品工业清理所需的化工产品的供应商那里也可以看到类似的运营操作。

12.1.6 精益思想

正如我们所看到的,20 世纪对生产和服务运营管理效率的推动可以追溯到 19 世纪末 Frederick Taylor 的工作(Louis Brandeis 称为"科学管理")。因此,它的大多数主导范式(Henry Ford 的"大规模生产")可以说是有效的,但就工作条件而言,对人类来说是不自然的。一个多世纪以前,即使是工业革命中忙碌的工厂工人,也没有被隔离开来,而是被迫按照早期大规模生产线的孤立方式工作。劳工动荡的世纪或许反映了对粗暴的去技能化的排斥,这种去技能化从美国工业联合企业出现伊始就被构建到范式之中,因为去技能化在其中是一个必要因素(见 Chandler,1964)。"二战"后日本开发的准时制生产系统与科学管理的范式大相径庭,该新范式在西方被大量采用。这让运营商们更紧密地团结在一起,鼓励他们参与解决问题,消除大规模生产中典型的浪费库存和传送带的现象。

我们在前几章中看到的消除浪费是精益思想的核心(Colin Chapman 的《Lightness》,第 5 章)。遵循这一点,运营经理可以设计、开发、运行并不断改进更具竞争力且资源消耗更少的生产或服务系统。正如我们在第 5 章中所看到的,我们可以肯定地说,未来的特征之一是不断地减少对每种资源的使用。除了解决降低竞争成本的需要外,随着发展中国家经济繁荣,劳动力比率快速增长(见下文中国的例子),这种方法也在材料和资源使用方面具有可持续经营的潜力。

精益与创新有着内在的联系。这包括渐进式和激进式的形式(见第 5 章),当它在供应链中的消费者(或客户)和供应商之间共享时则是开放式的创新(第 3 章和第 5 章)。

因此,运营经理和战略家在未来可能会面临持续的流程创新的需要,寻求减少资源使用的方法,要比过去 20 年做到的还要好,保持竞争力并创建可持续发展的业务。这一挑战的一部分内容将是组织内部的——如何开展业务和筹措资金。还有一部分将是组织外部的,需要一种迄今为止只出现过有限次数的全球视角。毫无疑问,经理们会说他们已经面临这些挑战,即我们的反应将是期待变革的步伐加快。然而,正如我们在第 5 章中看到的,如果它导致计划过失和产品的订户流动,那么,它要么与可持续性相冲突,要么需要一些不同的服务范式。

12.1.7 技术

自 1975 年发明以来,微处理器及其衍生产品一直在稳步改变制造技术。新应用程序的发展显示出继续发展的各种迹象,可能呈指数增长(即一个新应用程序使得其他几个应用程序的出现成为可能)。从这些制造过程中产生的产品本身已经改变了服务运营中可能发生的变化。作为通信和数据管理平台的信息技术已经改变了这两者。无线技术的发展以及纳米技术、互联网协议和卫星通信的出现,使我们认识到全球商业世界成为可能。我们将在下面看到,这在很大程度上促使"未来"在某些地区率先到来,令人惊讶的是新兴经济体的发展赶上其他国家的速度之快,它们甚至可能超过其他国家。目前正在开发的技术将明显地影响业务管理,有时影响的方式是我们无法想象的。

对于运营经理来说,可用的具体应用程序和技术可能取决于他们的业务。技术转让的概念已得到很好地确立,并且过程创新始终包括把在其他地方(可能是在完全不同的部门)行之有效的观念应用到自己的业务中。

这里没有讨论特定技术的空间。但也有一些好的知识资源值得探索。在解决这一当务之急和了解新兴技术时,浏览一系列工程和科学领域的会议报告介绍是除了实验之外无法替代的。

12.2 全球的未来

12.2.1 新兴的地理逻辑

2011年4月,英国新闻媒体兴奋地报道,英国品牌"MG"将重新亮相,自2005年最后一家英国汽车生产商 MG Rover 倒闭闲置了五年后,在伯明翰南部的"长桥(Long Bridge)"工厂创造了两个新车型(该品牌最初是名为"莫里斯车行",成立于1924年)。

这家公司,包括激动人心的运动品牌 MG,已经被中国南京的一家汽车公司收购,后来并入上海汽车工业集团(SAIC)。2005年流失了6 000个工作岗位;2011年新增了400个。在此之前,上汽已在长桥投资500万英镑成立了一家设计工作室和技术中心,自罗孚(Rover)倒闭以来,上汽的设计师和工程师一直在研发新车型。

然而,对我们来说,重要的一点不是哀叹英国制造业的消亡,而是应该注意到,这两款在长桥开发的新车型,将由中国制造的零部件组装,然后运往英国。具有讽刺意味的是,这一战略与大约50年前英国汽车制造商在发展中国家生产汽车时采用的战略相同。被称为CKD("完全拆卸")的车辆部件套件从英国运往世界上一些缺乏技术的地区,以便受监督的操作员可以轻松组装产品。同样的活动后来在电子行业也很流行,零部件将被运往劳动力成本较低的国家,在所谓的"螺丝刀工厂"进行组装。每当一个强盛的国家开始与新兴国家,或者重新崛起的国家合作时,我们似乎可以看到未来战略中的一部分来自于过去的战略。

在 MG 新车型准备就绪之际,日本遭受了东北部地震、海啸和随之而来的福岛核泄漏的可怕灾难。这一系列的灾难间接影响到了日本汽车装备上的生产,因为日本制造的零部件无法供应。公布的受影响零部件名单自然只包括高附加值产品——如气流传感器和电子元件、计算机化发动机管理系统、油电混合动力发动机。日本三家主要汽车组装商都声称,它们80%至90%的零部件都来自英国在欧洲的工厂。

CKD 装配遵循附加值的地理逻辑,导致了分散生产——世界上任何地方生产的系统组件在任何地方组装在一起。它可以用于特定目的,例如,大众汽车(Volkswagen)2010年进入马来西亚时,就利用 CKD 在当地获得生产地位,同时避免了该国对零部件供应征收的非常高的进口关税,梅塞德斯-奔驰(Mercedes-Benz)和宝马(BMW)之前也采用过这种策略。这一现象的物理本质及其风险已经存在,并且这是未来需要考虑的政治方面的问题,因为让这一切发生的信息技术已经存在了相当长的一段时间。

Ian Angell 在2001年出版的《新野蛮宣言:如何在信息时代生存》(*The New Barbaraian Manifesto: How to Survive the Information Age*)一书中预测,技术和交通的进步将意味着,各国在为"失业和不宜雇佣人群"找工作方面将面临重大问题。Angell 声称,这其中的一个影响是,那些在信息时代完美生存的国家将通过提供税收优惠和基础设施投资(例如为员工提供安全和全面服务的封闭居住区、适当的餐饮等)来吸引公司在其区域内开展业务,这些"野蛮"公司(这一次不一定是贬义,在希腊语中指的是任何不属于希腊的人,安吉尔从尼采(Nietzsche)对这个词的使用中得到暗示)。最初,人们可以看到这一点适用于总部和其他办公室职能,但随着经济(或政治)形势的变化,这些职能很容易被迅速重新定位。然而,似乎越来越多的生产和其他流动性较低的设施可能需要以这种方式对待(见下文中国的例子)。

安吉尔的宣言令人望而生畏——正如他所说,它"预示着一个多数人绝望和沮丧的时代,也预示着少数人将会得到救赎"。上汽之所以没有选择在长桥建造一辆不起眼的小型车,是因为英国的低劳动力率,他们意识到当时这个国家的失业率创17年新高(全国失业率为9%,西米德兰地区失业率几乎为10%,是该国第2高),在这种情况下,在自己的祖国复兴一个浪漫的汽车品牌,并在欧洲形成一个说英语的先前阵地存在潜在好处。就像一个世纪前的美国人和20世纪80年代的日本人做的那样。对于大约400名新工人来说,这可能确实被视为对他们的救赎。

12.2.2 区域内发展

如果我们可以假设,未来竞争将不会考虑过去的地理逻辑(即国家边界、自由贸易区、物流成本,甚至劳动力价格),那么我们需要了解每个新参与者出现时会发生什么,以便规划运营投资并设计工作方式。例如,在社会压力完全封闭新竞争者以及更新的参与者出现之前,低劳动率能支持这些新竞争者多久?中国为我们探索区域经济发展的形成和变化提供了一个很好的案例(引用Gibso的格言,未来的主要部分已经到来)。这可能会让我们对其他地方未来的发展有所了解。中国是最近的一个经历着以低劳动力成本为基础的常见经济增长模式的国家,紧随其后的将是劳动力成本上升、技能短缺、消费增加和货币升值。这种情况之前也发生在较小的国家和地区(新加坡、中国香港)和较大的国家(如马来西亚和日本),这些大不相同的亚洲地区都经历了此困难,但仍然是一个成功的世界经济的参与者。问题是,考虑到中国庞大的经济规模和中央计划经济的利弊,中国能否做到这一点尚未可知。

1980年以来,随着大量的外商直接投资流入中国,中国东部沿海地区得到了显著的发展和增长。这样做主要是因为低廉的劳动力成本、国内对产品的潜在需求(预计更加富有的13亿人口),以及外国公司可以向亚洲其他发展中国家供应产品的基础。然而,很少有西方人完全了解中国,也有一些著名的失败案例(见Studwell(2002),从中可以看到现代中国发展的优秀历史)。

中国的劳动力比率开始增长,并在21世纪前10年持续增长(2004—2009年间增长了70%)。

经济繁荣导致劳动人口从2006年的7.64亿增加到2009年的7.8亿,制造业就业人数从2007年的9 800万增加到2008年的9 900万。更高的工资带来更高的消费,同期居民人均可支配收入年均增长10.2%(资料来源:Credit Suisse, 2010;U.S. Bureau of Labor Statistics, 2011)。

2008年的规定对工资增长产生了重大影响,规定引入了最低工资和"福利"费用——雇主必须在工资中增加这一比例。这使得中国的劳动力成为亚洲昂贵的劳动力之一,如

表 12-1 所示。

表 12-1 亚洲部分国家人工成本费用

国　　家	平均最低年薪（美元）	平均强制性福利（%）	总人工成本（美元）
孟加拉国	798	n/a	798
柬埔寨	672	n/a	672
中国	1 500	50	2 250
印度	857	10	943
印度尼西亚	1 027	6	1 089
老挝	1 057	9.5	1 157
马来西亚	4 735	23	5 824
蒙古国	2 004	n/a	2 004
缅甸	401	n/a	401
尼泊尔	1 889	n/a	1 889
巴基斯坦	984	7	1 052
菲律宾	2 053	9.4	2 246
斯里兰卡	1 619	n/a	1 619
泰国	2 293	6.9	2 451
越南	1 002	15	1 152

（资料来源：China Briefing January 2011/IMF World Economic Outlook Database, October 2010 The International Dollar is the IMF Purchasing Power Parity（PPP）unit，参见：http://forums.imf.org/showthread.php? t＝125 for a simple explanation）

预计随着人民币升值，中国的下一个五年计划将继续刺激国内消费，减少对出口的依赖。据估计，这将把普通工人的工资提高到 3000 美元，再加上 50% 的福利费，最低工资总额为 4500 美元。熟练工人的工资将高得多，这使中国在东亚的平均劳动力成本仅次于马来西亚（资料来源：China Briefing，January 2011）。总部位于深圳的富士康（Foxconn），是全球最大的合约电子制造商，农民工是该公司在中国最主要的劳动力，农民工的工资在 2010 年上涨了 30%～40%，预计至少在 2013 年之前，每年还将上涨 20%～30%（资料来源：Credit Suisse，2011）。

随着工资成本的增加，价格竞争力下降，但这可以通过流程创新来缓和。这意味着，在不久的将来，低附加值产品的制造可能会从中国转移到其他地方。一般来说，这些国家的劳动成本较低，但我们在 MG 也可能看到更多的 CKD 活动：为国内生产商保留高技术产品，同时其他国家开展低附加值活动（例如，在中国政府的支持下，瑞典的沃尔沃汽车于 2010 年被杭州的中国低端量产汽车公司吉利收购）。

就中国而言，这种发展伴随着专业工人的日益短缺，而这一问题正在通过发展高等教育来解决。中国现在的毕业生就业人数比任何其他国家都要多(2010年为640万人),这一数字是美国的两倍。英语也已经成为学校中的必修课(2010年约有1000万中国人说英语,接近人口的1%)。

其他的影响因素首先是通货膨胀(2011年7月为通胀率为6.5%,自2009年这一数字从零开始增长至今),预计这将刺激日益富裕的东部地区劳动力对工资进一步上涨的需求,其次是货币升值,使进口变得更加实惠。

因此,区域内的地理位置可能包括从中国向其他亚洲国家(可能是泰国、越南、菲律宾等)转移制造业(由外国和中国生产商),以及向世界其他地方转移制造业(例如墨西哥),这些国家劳动力成本低,政治经济稳定,是北美自由贸易组织的成员国,甚至也能看到"旧世界"的经营模式,比如MG工厂以及沃尔沃。

12.2.3 国内发展

中国东部日益富裕,已经导致了国内的经济地理差异——中国中西部的劳动力成本明显较低。如表12-2所示。

表12-2 中国东部与中部地区劳动比率和福利贡献的不同(2006年)

各地最低工资(月薪,单位:元/月)			最低福利工资占比(%)			
	城市			城市	最低	最高
一线城市(东南沿海)	广州	1 300	一线城市(东南沿海)	广州	33.45	48.45
	北京	1 160		北京	44.30	44.30
	上海	1 120		上海	44.00	44.00
	深圳	1 100		深圳	30.60	30.60
二线城市(东南沿海)	宁波	1 100	二线城市(东南沿海)	宁波	40.00	44.00
	南京	960		南京	37.00	41.00
	杭州	960		杭州	33.00	40.00
二线城市(内陆)	武汉	900	二线城市(内陆)	武汉	37.70	41.70
	重庆	870		重庆	31.00	39.00
	太原	850		太原	39.45	39.45
	长沙	850		长沙	35.10	42.10
	成都	850		成都	35.72	41.72
	郑州	800		郑州	40.50	42.5
	兰州	760		兰州	35.2	50.2
	西安	760		西安	37.2	41.2
	合肥	720				
	南昌	720				

这一因素,再加上这些地区的土地成本较低(如表12-3所示),促使中国政府实施"西部

开发"战略,以鼓励就业向各省和农村地区扩散。

表 12-3 华东与华中地区的工厂租金差异

2010 年第 4 季度工厂租赁成本(东南沿海—内陆,单位:元/m²/月)		
一线城市(东南沿海)	广州	19.4
	上海	24.7
	深圳	26.9
二线城市(东部沿海)	南京	11.7
	杭州	11.9
	宁波	12.2
二线城市(内陆)	武汉	13.3
	重庆	12.8
	成都	13.6
	西安	15.8

(资料来源:China Briefing)

这可能会导致中国东部地区的外国直接投资在不久的将来逐渐枯竭,现有的活动被重新安置,以及人口结构转变放缓。在过去 20 多年里,大量人口从农村转移到城市。富士康(其产品包括苹果、诺基亚、索尼、戴尔和惠普)把 20 万个生产岗位从深圳的工厂转移到成都、重庆、郑州甚至越南等内陆地区(资料来源:《工业周刊》,2011 年 3 月;英国《金融时报》,2011 年 8 月)。然而这一举措也有不利之处:对于决定从数百英里以外的中国东部港口(成都距离上海和深圳超过 2 000 公里)搬迁的出口商来说,这可能会提高运输成本。如表 12-4 所示。

我们可以期待中国在不久的将来走上传统的道路——向增值链上游发展,随之高技能、受过良好教育的工人生产出更高规格的产品(研发支出和对高等教育的投资已经增加了一段时间),组件生产和低增值业务则采取"外包"(见第 3 章)。随着中国收购外国的品牌,能够保持良好的国际网络和国内技术的控制的 MG 模式可能再次出现。这种模式已经使用了一个多世纪(首先是欧洲,然后是大规模生产的美国,最近是日本公司),现在轮到中国了。早期的中国企业包括总部位于青岛的大型家电制造商海尔(Haier),自 20 世纪 90 年代中期以来,海尔已在菲律宾、印度尼西亚和马来西亚运营工厂。我们期待看到更积极的收购策略——2005 年,海尔在收购美国大型家电巨头美泰克(Maytag)时,以极小的差距惜败于惠而浦(Whirlpool)。

2011 年 8 月,富士康董事长兼首席执行官郭台铭宣布,计划到 2013 年将富士康的机器人数量从 1 万人增加到 30 万人(相比之下,当时员工为 100 万人)。他说,他希望通过将机器用于喷涂、焊接等简单而常规的任务来降低不断上升的劳动力成本,进而提高效率。在随后的一份公司声明中,郭台铭补充道,向自动化迈进的目的是"将工人从更常规的岗位转移到制造业中能产生更多增值的岗位,如研发、创新以及其他对我们运营成功同等重要的其他领域"(资料来源:Xinhua and Financial Times,August 2011)。

表12-4 华东地区与华中地区运输成本差异

		铁路运输到附近港口的交通费用(单位：元)		
	起点	至上海	至深圳	最低费用
二线城市（东部沿海）	南京	2 900		2 900
	杭州	2 600		2 600
	宁波	3 000		3 000
二线城市（内陆）	武汉	3 198	4 650	3 198
	重庆	6 200	6 090	6 090
	太原	5 017	7 030	5 017
	长沙	4 332	3 825	3 825
	成都	6 518	7 262	6 518
	郑州	3 917	5 868	3 917
	合肥	2 874	4 643	2 874
	南昌	3 570	3 570	3 570

中国在这种扩张中拥有的优势是有一个庞大的国内市场：中国公司可以在需要的时候将注意力转向国内，以实现经济平衡(减少对出口的依赖和对进口的需求)。

世界上另一个大国印度，也在经历着非常相似的发展，它面临着国内市场的不发达的问题，或许还受到了更严重的社会问题的影响(印度有一半人口生活在贫困之中)。印度的消费量仍然很低，2007年为0.51倍的全球平均消费水平，而中国在2005年至2007年间从1.00倍于全球平均水平增至1.24倍于全球平均消费水平(资料来源：WWF 2010，Chapter 5)。这个世界上最大的民主国家正在与大环境做斗争，但在过去的几年里已经建立了令人印象深刻的现代基础设施，尤其是机场。此外，它的工业联合企业也很强大(印度工业品牌Tata拥有几家英国公司，包括捷豹、路虎和阿斯顿马丁，以及生产自己独特的、本土的品牌"Nano"——在印度以10万卢比(约1500欧元)的价格销售而闻名)。据说二氧化碳排放量为101g/km的双气缸624cc型"Nano"，是即将到来的竞争的一个很好的例子。是什么阻止Tata将这款售价可能只有竞争对手20%的小型车出口到其他市场呢？对服务这些竞争对手的零部件供应商和零售商又有什么影响？

我们可以预期，在不久的将来，印度的发展将与我们在中国看到的类似，也许全球网络也将是相似的(两者在这方面都有着悠久的历史)。鉴于两国不同的政治结构，推测我们在中国看到的内部因素能否(或者以多快的速度)复制到印度，将是一件有趣的事情。

12.2.4 工业4.0和大数据对运营管理/供应链管理的影响

第四次工业革命，又称工业4.0，是指依托物联网、云计算和大数据基础架构的网络物理制造系统。这些进步，加上"制造业数字化"的趋势，注定将彻底改变传统的运营和供应链管理(OSCM)理论、技术和实践。因此，现有的OSCM范例、框架和方法需要重新评估，特别是关注如何更改才能成功应对第四次工业革命的挑战这一方面。目前虽然已经取得初步进展,但还需要更多的努力。使评估更加紧迫的是,工业4.0不仅仅是关于集成计算系统,还关于如何预测未来客户需求的总体概念,以及如何共享、拥有、使用、再生、开发、组织及循环利用资源和数据,以更快、更廉价、更有效和更可持续的制造产品或提供服务。因此,工业4.0要求重新思考和转变生产产品和服务的思维方式,这将推动OSCM的重大结构性转变。

然而,在OSCM学科中,人们对工业4.0及其理论结构、边界跨越特性,甚至定义都知之甚少。虽然技术文献是在技术创新和革新的背景下讨论工业4.0,但这些论述都没有包括对经典OSCM理论和实践的影响和变化。因此,对工业4.0和OSCM的影响进行具体、深入的研究,不仅是需要谨慎的,也是我们学科走在第四次工业革命前沿所必需的。因此,我们发出了征集文章的呼吁。

我们特别感兴趣的是工业4.0对两个关键主题的影响,这两个主题近年来已成为对OSCM至关重要的影响:一是可持续性,即一家公司不仅关注经济福利,还关注社会和环境福利;二是数字化,即数字技术在所有领域的整合。将这些迫在眉睫的优先事项和压力与工业4.0创造的新环境结合起来,有望产生前瞻性的见解,这对于OSCM的研究和实践将是无价的。我们注意到,虽然数字化是第四次工业革命的一部分,但工业4.0需要的不仅仅是数字化。尽管如此,数字化在改变规则及未来可能性方面有着举足轻重的作用,因此谨慎的做法是关注数字化,关注它的定义、在OSCM中的表现以及为充分利用数字化所提供的服务所必需的文化转变。

可以考察的与第四次工业革命相关的典型改变:租赁和共享而非拥有的新商业模式、服务交换而非产品的实物交换、将产品/软件作为一种服务、快速的数据和资源流动、灵活的制造能力、资源节约型和可持续的供应链、延伸的生产者和消费者责任等。随着对这些领域的日益关注和研究,预计该领域的主要学者将做出重大的新贡献,这有助于界定新兴的工业4.0概念,以及它将如何对OSCM的可持续性和数字化方面产生影响。

案例 12-2

基于供应链的商业模式创新:跨境电子商务公司典型案例

跨境电子商务是指在国际贸易领域内,贸易伙伴通过互联网上展示或选择商品、进行谈判和交易,然后通过跨境物流交付或接收产品的电子对外贸易。

到2015年,中国有20多万家企业开展跨境电子商务,5 000多个电子商务平台(新华网,2016年)。在优惠政策的支持下,行业参与者积极推动跨境电子商务的发展。根据艾瑞市场咨询网的数据(2015年),预计跨境电子商务将保持数年的势头,并将成为中国对外贸易额的重要组成部分。2015年上半年,跨境电子商务贸易额超过2万亿元人民币(3 047亿美元),比上年增长42.8%。2016年跨境电子商务贸易额预计达到6.5万亿元人民币(近9 800亿美元),占中国进出口总额的20%(新华网,2016年)。

福州是福建省的省会城市,是最早对外开放的海港之一,在19世纪末20世纪初以造船闻名。在2007年11月在福州成立的纵腾集团是中国首批跨境电子商务公司之一,现有员工1 000余人,办公和仓储面积10万多平方米,客户遍布全球,2016年处理订单近5万份。2016年,公司总销售额超过170亿元人民币(按2016年平均汇率计算,超过24亿美元)。

纵腾已形成以进出口业务为主,向货运代理和海外仓储拓展,集产品开发、采购、销售、仓储、物流、客户服务和系统开发于一体的多元化、高协调的管理模式。所有这些都是在跨境电子商务第三方平台和自营网上购物中心的支持下完成的。

该公司总部位于福州,是一个涉及运营、财务、人力资源和信息技术的行政中心。运营中心由四个部门组成:出口、进口、货运代理和海外仓储。出口部下设商品开发、采购和销售综合部。纵腾在深圳、广州和义乌设有采购中心,在北美、欧洲、亚洲和澳大利亚设有海外仓库。先进的仓储和物流网络有效缩短了订单周期,降低了运营成本,确保最快地向全球客户交付产品和服务。凭借快速发展和先进的仓储经验,纵腾超越众多跨境电子商务公司,成为福建省乃至全国领先的跨境电子商务公司。

纵腾的商业生态系统以新合作伙伴参与和现有合作伙伴角色变化的形式演变,实质上是供应链结构的变化,也可能涉及这些跨境电子商务公司在商业生态系统中的地位变化。

创新的商业模式不仅有助于跨境电子商务企业发展国际竞争力,而且还可以在平台上积累信用信息,从而不断完善。此外,在纵腾的担保下,金融机构也将从中受益。纵腾可以利用云计算和大数据创建一个更全面的业务生态系统,将与金融相关的公司囊括在内,并促进整个商业生态系统的优化和升级。跨境电子商务企业下一代商业模式创新可能是定位于商业生态系统演化的自我更新阶段的供应链金融。

供应链创新(SCI)包括业务流程、结构和技术。纵腾的供应链创新完美地做到了这三点。海外仓库和保税仓库是供应链物流节点的创新,是进行商业模式创新的关键节点。电子商务技术也改变了为客户服务的方式,从而改变了客户关系管理和订单履行的过程。

在研发部的本土化过程中,纵腾通过使用大数据技术优化销售,利用大量的消费者数据、积累的信息和分析系统,可以提前预估消费者的行为和习惯,从而进行需求预测。通过这种方式,纵腾能够根据销售情况制定订单计划,实现研发本地化,通过供应链内的逆向整合,将收入流从价差转向产品研发,实现利润最大化。由于海外仓库的存在,跨境电子商务有三种本地化选择,包括销售本土化、仓储本土化和研发本土化。电子商务商业模式创新的核心是供应链和物流相关创新,包括海外仓库的使用、运输服务、三种本土化和供应链金融。跨境电子商务公司纵腾的信息处理能力(如数据挖掘和大数据分析)推动了其供应链创新。

(资料来源:根据作者收集的原始数据)

12.3 对运营经理的启示

这些趋势显然给运营经理带来了一些新的重大挑战。

12.3.1 技能

除了成功运营所需的技能和知识外,未来负责生产和提供服务的人员还需要了解和熟悉以前没有预料到的外部因素。包括地理、外国政治和经济发展、物流和人口统计的外部性等。这些重要的问题多年来一直由一些组织内的专家来处理,运营经理将始终依赖于这些专家。然而,新的地理逻辑将对设施的选址、生产成本规划、零部件和材料采购等一类的运营战略问题带来复杂的(或是新颖的)选择。这将需要一个信息系统,可以及时通知业务战略人员和管理人员那些影响其决策的预测。对一些(尤其是在大型机构中)人来说,这可能不是什么新鲜事。然而它日益增加的重要性和变化速度必将是所有人的关注点。

12.3.2 应对创新、可持续发展和产品的订户流动

我们在前面的第5章看到了"产品的订户流动"的概念,在本章,它被描述为一个可持续性的问题。消费者购买新产品和处理旧产品(或者回收旧产品)的压力给运营管理带来了问题;开发部门提出了新设计和新产品,然而此时运营经理刚刚稳定了当前版本的产品设计等问题。竞争和资源稀缺的压力增加意味着流程创新(包括设施和资源的物理位置问题)可能会经历"订户流动"。对于运营经理来说,这意味着他们要不断地改变(而不仅仅是调整)自己的系统,有时甚至要在工作和管理方式上做出根本性的改变。对于一些运营经理来说,这种未来已经到来,但我们仍可以预期,变革的步伐也会让所有人感到惊讶。其他压力,如资源短缺或能源成本的提升,可能会阻碍产品的订户流动,或者可能会增加再制造和回收的规模。

12.3.3 90亿人同一地球上的生活方式

人们普遍认为地球上的人口在未来30年左右将达到90亿。这种情况的影响可以从几个方面加以说明。正如Alan Knight所指出的,人类面临的挑战是为地球上的每个人创造一种体面的生活方式,而且这种生活方式是可持续的。这意味着每个区域的工作和生活水平都要接近地球平均水平(见第5章)。对于那些超过3倍于地球平均消费水平的国家(按照我们通常认为的,2007年有20个国家,但也有一些意料之外的国家在内),还有那些超过两倍平均水平的国家(又有20个)来说,这肯定是一个痛苦的过程,而且这一问题不能通过勤俭节约来解决。对消费需求的增加表明,非洲和亚洲的新成员国如果希望拥有西方所积累的一切,必须以完全不同的方式在新的地点进行生产。

12.3.4 没有方向的"家"

几个世纪以来,欧洲的运营经理一直在海外生活和工作。北美人在20世纪也是这样,日本人在过去30年也是如此,现在轮到中国人了。除去沃尔沃(Volvo)和MG等欧洲企业外,中国的总体海外投资规模也在逐渐扩大。以非洲为例,到2011年为止中国对非洲的投资总额估计在800亿美元~1000亿美元之间(资料来源:African Development Bank, 2011)。

对于接受这些海外投资的国家来说,过程是复杂的。20世纪80年代,英国媒体(和学术界)有着很多英国工人适应日本方式的故事,如日产(Nissan)、本田(Honda)、丰田(Toyota)、索尼(Sony)和松下(Panasonic)等公司都在欧洲建厂(70年前美国人的涌入可以说已经开始了美国对欧洲的影响,这种影响至今仍然存在)。很明显,企业经理人需要理解与中国的商业紧密相连的传统观念,就像半个世纪前欧洲人必须理解美国的生产理念一样。有趣的是,看看社会趋势是否会像爵士乐、摇滚乐当年那样。

这一切都是在 Kenichi Ohmae 1995 年所写《民族国家的终结：区域经济的崛起》(*the End of the Nation State：the Rise of Regional Economics*) 一书中预见到的。Kenichi Ohmae 所处理的宏观问题现在是运营管理的日常现实问题。并且这本书对于运营管理的影响正在逐步加深。

你认为这幅未来的图景是机遇还是挑战？是"一杯半满的水"还是"一杯半空的水"？这将取决于你对生活的看法，也可能取决于你所处的职业阶段。我们也应该考虑其他方面的未来趋势，例如，我们没有提到技术和文化适应的深刻影响，人类周期性自我毁灭（即战争）的趋势不应被低估（尽管我们已经看过很多次，但是战争是矛盾的，它往往有益于运营管理和创新）。

我们可以得出这样一个积极的结论：人们总是想要有人为他们提供产品和服务，而这需要策略师和经理们来思考如何做到这一点。未来这项任务将变得更加复杂和困难，但它将始终代表一种崇高的约定和令人满意的活动。

总　　结

在未来，我们认为将会发生或出现的事情：

- 组织需要在没有"稳定的"系统的情况下满足客户的需求，同时接受新技术并为新的市场产品（根据市场营销部门的预测）做好准备，这些产品可能需要以完全不同的方式、在不同的地点、以极低的成本进行生产。
- 继续推动"精益"，这既是为了成本方面的竞争力，也是为了不断减少资源的使用和浪费
- 可持续发展，特别是在碳排放和日益稀缺的资源的背景下，这一点要成为组织的战略驱动力之一。
- 一种新的地理逻辑：运营经理可能无法将任何一个特定地区确定为唯一的总部。
- 流程创新：不断调整和改变运营技术和工作方式。
- 运营经理需要拥有更广泛的技能，包括全球地理知识和意识、理解文化差异以及经济和政治趋势。
- "未来"在世界的某些地方仍然会比其他地方来得早。

关键问题

1. 未来运营经理需要发展哪些新技能？对人力资源战略有什么影响？
2. 未来 10 年，全球区域经济将发生怎样的变化？这对运营管理者意味着什么？
3. 流程创新中的"搅动"与产品的订户流动有何不同之处？
4. 未来挑战的解决方案是日益全球化，还是网络化的单个国家实体？
5. 运营管理必须与哪些其他组织职能部门合作？以何种方式来应对未来的挑战？

扩展阅读

Angell, I.O (2001) *The New Barbarian Manifesto*: *How to survive the information age* London, Kogan Page (New Edition).

Diamond, J. (2005) *Collapse*: *how societies choose to fail or survive* Penguin London.

Gladwell, M. (2000) *The Tipping Point*: *how little things can make a big difference* Abacus Books London.

Ohmae, K (1995) *The End of the Nation State*: *the rise of regional economies* McKinsey and Co. New York (Paperback edition, 1996: Free Press, New York).

Sachs, J.D. (2008) *Commonwealth*: *Economics for a Crowded Planet* Penguin, London.

参考文献

[1]   Chandler, A. (Ed.) (1964) *Giant Enterprise*: *Ford, General Motors and the Automobile Industry* Harcourt Brace and World, New York.

[2]   China Briefing: http://www.china-briefing.com/en/.

[3]   Gray, C. and Charter, M. (2006) *Remanufacturing and Product Design*: *designing for the 7th generation* The Centre for Sustainable Design University College for the Creative Arts, Farnham, UK www.cfsd.org.uk/Remanufacturing%20and%20Product%20Design.pdf .

[4]   Griffin, A., and Hauser, J (1993) The Voice of the Customer *Marketing Science* 12 (1), pp.1-27.

[5]   Knight, Alan www.singleplanetliving.com .

[6]   Schmenner, R.W and Tatikonda, M.V. (2005) Manufacturing process flexibility revisited *International Journal of Operations & Production Management* 25 (12), pp.1183-1189.

[7]   Studwell, J. (2002) *The China Dream*: *the quest for the last great untapped market on Earth* New York, Atlantic Monthly Press .

[8]   http://www.naturalstep.org/ .

[9]   http://www.forumforthefuture.org/.

[10]   Appleyard, M. (2015), "Corporate responses to online music piracy: strategic lessons for the challenge of additive manufacturing", Business Horizons, Vol. 58 No. 1, pp. 69-76.

[11]   Berman, B. (2012), "3-D printing: the new industrial revolution", Business Horizons, Vol. 55 No. 2, pp. 155-162.

[12]   Brennan, L., Ferdows, K., Godsell, J., Golini, R., Keegan, R., Kinkel, S., Srai S.J. and Taylor, M. (2015), "Manufacturing in the world: where next?" International Journal of Operations & Production Management, Vol. 35 No. 9, pp. 1253-1274.

[13]   Elango, M., Subramanian, N., Marian, R. and Goh, M. (2015), "Distributed hybrid multiagent task allocation approach for dual-nozzle 3D printers in microfactories", International Journal of Production Research, Vol. 54 No. 23, pp. 7014 7026.

[14]   Fawcett, S.E. and Waller, M.A. (2014), "Can we stay ahead of the obsolescence curve? On inflection points, proactive pre-emption, and the future of supply chain management", Journal of Business Logistics, Vol. 35 No. 1, pp. 17-22.

[15] Helbing, D. (2012), "The FuturICT knowledge accelerator towards a more resilient and sustainable future", in Ball, P. (Ed.), Why Society is a Complex Matter. Springer, Berlin, pp. 55-60.

[16] Holmström, J., Holweg, M., Khajavi, S.H. and Partanen, J. (2016a), "The direct digital manufacturing (r)evolution: definition of a research agenda", Operations Management Research, Vol. 9 No. 1, pp. 1-10.

[17] Holmström, J., Holweg, M., Lawson B., Pil F. and Wagner S. (2016b), "The digitization of manufacturing," Call for Papers of the Journal of Operations Management.

[18] Ivanov, D., Dolgui, A., Sokolov, B., Werner, F. and Ivanova, M. (2016), "A dynamic model and an algorithm for short-term supply chain scheduling in the smart factory industry 4.0", International Journal of Production Research, Vol. 54 No. 2, pp. 386-402.

[19] Jia, F., Wang, X., Mustafee, N. and Hao, L. (2016), "Investigating the feasibility of supply chain-centric business models in 3D chocolate printing: a simulation study", Technological Forecasting and Social Change, Vol. 102 No. C, pp. 202-213.

[20] Liu, P., Huang, S.H., Mokasdar, A., Zhou, H. and Hou, L. (2014), "The impact of additive manufacturing in the aircraft spare parts supply chain: supply chain operation reference (SCOR) model based analysis", Production Planning & Control, Vo. 25 Nos 13-14, pp. 1169-1181.

[21] Mellor, S., Hao, L. and Zhang, D. (2014), "Additive manufacturing: a framework for implementation", International Journal of Production Economics, Vol. 149 No. C, pp. 194-201.

[22] Rüßmann, M., Lorenz, M., Gerbert, P., Waldner, M., Justus, J., Engel, P. and Harnisch, M. (2015), "Industry 4.0: the future of productivity and growth in manufacturing industries", available at: https://www.bcgperspectives.com/content/articles/engineered_products_project_business_industry_40_future_productivity_growth_manufacturing_industries/ (accessed 20 March 2017).

[23] Seele, P. (2015), "The sustainability panopticon in the digital age", ECLC Working Paper 15/1, Ethics and Communication Law Center, Faculty of Communication Sciences, Università della Svizzera Italiana, Lugano, Switzerland.

[24] Shah, D.V., Cappella, J.N. and Neuman, W.R. (2015), "Big data, digital media, and computational social science possibilities and perils", The ANNALS of the American Academy of Political and Social Science, Vol. 659 No. 1, pp. 6-13.

[25] Spath, D. (2013), "Produktionsarbeit der Zukunft-Industrie 4.0", IOA, Stuttgart, available at: www.produktionsarbeit.de/content/dam/produktionsarbeit/de/documents/Fraunhofer-IAO-Studie_Produktionsarbeit_der_Zukunft-Industrie_4_0.pdf (accessed 18 August 2015).

[26] Waller, M.A. and Fawcett, S.E. (2013), "Data science, predictive analytics, and big data: a revolution that will transform supply chain design and management", Journal of Business Logistics, Vol. 34 No. 2, pp. 77-84.

[27] Wang, Q., Sun, X., Cobb, S., Lawson, G., and Sharples, S. (2016), "3D printing system: an innovation for small-scale manufacturing in home settings? Early adopters of 3D printing systems in China", International Journal of Production Research, Vol. 54 No. 20, pp. 6017-6032.

[28] Weller, C., Kleer, R. and Piller, F.T. (2015), "Economic implications of 3D printing: market structure models in light of additive manufacturing revisited", International Journal of Production Economics, Vol. 164 No. C, pp. 43-56.

[29] Xu, X., Meteyer, S., Perry, N. and Zhao, Y.F. (2015), "Energy consumption model of binder-jetting additive manufacturing processes", International Journal of Production Research, Vol. 53 No. 23, pp. 7005-7015.

［30］ Yoon, J.S., Shin, S.J. and Suh, S.H. (2012), "A conceptual framework for the ubiquitous factory", International Journal of Production Research, Vol. 50 No. 8, pp. 2174-2189.

［31］ Zhong, R.Y., Huang, G.Q., Lan, S., Dai, Q.Y., Chen, X. and Zhang, T. (2015), "A big data approach for logistics trajectory discovery from RFID-enabled production data", International Journal of Production Economics, Vol. 165 No. C, pp. 260-272.

教师服务

感谢您选用清华大学出版社的教材！为了更好地服务教学，我们为授课教师提供本书的教学辅助资源，以及本学科重点教材信息。请您扫码获取。

》教辅获取

本书教辅资源，授课教师扫码获取

》样书赠送

企业管理类重点教材，教师扫码获取样书

 清华大学出版社

E-mail: tupfuwu@163.com
电话：010-83470332 / 83470142
地址：北京市海淀区双清路学研大厦 B 座 509

网址：http://www.tup.com.cn/
传真：8610-83470107
邮编：100084